科技成果转化法律及政策选编

中国科学院科技促进发展局◎组织编写

梁　栋　张　娴◎主　编

知识产权出版社
全国百佳图书出版单位
—北京—

图书在版编目（CIP）数据

科技成果转化法律及政策选编 / 中国科学院科技促进发展局组织编写；梁栋，张娴主编 .—北京：知识产权出版社，2023.8

ISBN 978-7-5130-8770-4

Ⅰ.①科… Ⅱ.①中… ②梁… ③张… Ⅲ.①科技成果—成果转化—科学技术管理法规—汇编—中国 Ⅳ.①D922.179

中国国家版本馆CIP数据核字（2023）第092140号

内容提要

本书立足科研机构科技成果转移转化实践需求，遴选我国现行有效的与科技成果转化密切相关的重要法律法规及国家政策汇编而成。全书结合科研机构实际工作需求，对相关内容作了合理取舍，并按主题分类编排，针对性强、实用性高、查询方便。希望能为广大科技成果转移转化从业人员更加便利地学习和运用相关政策规章，更加高效地开展科技成果转化工作提供支持与帮助。

本书可供从事科技成果转移转化及知识产权运营管理的相关工作人员查阅参考。

责任编辑：尹　娟　　　　**责任印制**：孙婷婷

科技成果转化法律及政策选编

KEJI CHENGGUO ZHUANHUA FALÜ JI ZHENGCE XUANBIAN

中国科学院科技促进发展局　组织编写

梁　栋　张　娴　主编

出版发行：知识产权出版社有限责任公司	网　址：http://www.ipph.cn http://www.laichushu.com
电　话：010-82004826	
社　址：北京市海淀区气象路50号院	邮　编：100081
责编电话：010-82000860转8702	责编邮箱：yinjuan@cnipr.com
发行电话：010-82000860转8101	发行传真：010-82000893
印　刷：北京建宏印刷有限公司	经　销：新华书店、各大网上书店及相关专业书店
开　本：720mm × 1000mm　1/16	印　张：46.5
版　次：2023年8月第1版	印　次：2023年8月第1次印刷
字　数：1018千字	定　价：168.00元

ISBN 978-7-5130-8770-4

编 委 会

序

科技成果转化是科学技术变为现实生产力的重要环节，促进科技成果转化是加强科技与经济紧密结合的重要手段，科技成果转化水平也是一个国家科技实力的重要体现。党的二十大报告就“加快实施创新驱动发展战略”做了重要论述，明确提出要“推动创新链产业链资金链人才链深度融合”“提高科技成果转化和产业化水平”。

改革开放以来，我国的科技成果转化工作取得了长足的进步，但依然任重道远。进入新时代，党中央高度重视科技创新工作，把促进科技成果转化摆在了十分重要的位置，习近平总书记多次强调，要“加快科研成果从样品到产品再到商品的转化，把科技成果充分应用到现代化事业中去”。为持续推进科技成果转化落地，国家及有关部门2015年修订了《中华人民共和国促进科技成果转化法》，2016年颁布了《实施〈中华人民共和国促进科技成果转化法〉若干规定》《促进科技成果转移转化行动方案》等，此后多部门陆续出台了一系列相关的政策文件，逐步形成了多位阶、全方位的法规政策体系。对于在科研机构从事科技成果转移转化工作的广大同志而言，了解和掌握科技成果转移转化相关法律制度和政策规章，保持对现行有效政策法规的敏锐感和熟练度，更有利于工作顺利开展。鉴于科技成果转移转化链条长、涉及范围广，相关政策文件数量多且有条块分割，编撰一部面向实际工作需求，具有一定系统性、又有一定针对性和便利性的工具书，显得十分必要与迫切。

本书面向科技成果转化工作实务，遴选我国科技成果转化相关的现行有效的重要法律规章与政策文件汇编而成。全书从实用的角度选取各方关注的模块，按主题分类汇编，突破了常规政策汇编书籍以发布时间或发布主体组织内容的传统思维，可谓匠心独运。全书按主题分为综合类、权益改革、国有资产管理、平台建设、考核评价、财税管理、科技金融七大部分，为方便读者快速查阅，内容较多的大主题下又划分了多个小主题，编选用心、构思得当、内容全面、体例清晰，为科研机构一线人员提供了一部概览性的“八阵图”，既能够迅速了解全貌，也有利于查对细节，一册在手，节省时间、提高效率，基本满足了广大科技成果转化从业人员的日常工作需求。

科技成果转化法律及政策选编

本书由中国科学院科技促进发展局和中国科学院成都文献情报中心合力完成，是作者团队在长期实践基础上对“简牍盈积，浩如烟海”的相关政策文件的精心选编。相信本书的出版发行能够为科技成果转移转化从业者更加便利地学习和运用相关法律政策、提升实务能力、依法合规开展科技成果转化工作提供支持与帮助，助力我国科技成果转化事业蓬勃发展。也希望作者团队再接再厉、继续探索，开展更多有意义的研究与总结分享。

2023 年 8 月

目 录

CONTENTS

第一部分　综合类

第二部分　权益改革

第三部分　国有资产管理

1. 资产管理和使用

2. 评估备案及产权登记

第四部分 平台建设

1. 创新创业及技术创新中心

2. 科技创新中心及新型研发机构

第五部分　考核评价

5. 科技创新与技术创新

6. 创业投资

7. 研发费用税前加计扣除等

第七部分 科技金融

1. 转化基金

2. 科技金融服务

3. 知识产权质押融资

第一部分

综合类

中华人民共和国促进科技成果转化法

（2015 年修正）

（1996 年 5 月 15 日第八届全国人民代表大会常务委员会第十九次会议通过　根据 2015 年 8 月 29 日第十二届全国人民代表大会常务委员会第十六次会议《关于修改〈中华人民共和国促进科技成果转化法〉的决定》修正）

目　录

第一章　总　则

第一条　为了促进科技成果转化为现实生产力，规范科技成果转化活动，加速科学技术进步，推动经济建设和社会发展，制定本法。

第二条　本法所称科技成果，是指通过科学研究与技术开发所产生的具有实用价值的成果。职务科技成果，是指执行研究开发机构、高等院校和企业等单位的工作任务，或者主要是利用上述单位的物质技术条件所完成的科技成果。

本法所称科技成果转化，是指为提高生产力水平而对科技成果所进行的后续试验、开发、应用、推广直至形成新技术、新工艺、新材料、新产品，发展新产业等活动。

第三条　科技成果转化活动应当有利于加快实施创新驱动发展战略，促进科技与经济的结合，有利于提高经济效益、社会效益和保护环境、合理利用资源，有利于促进经济建设、社会发展和维护国家安全。

科技成果转化活动应当尊重市场规律，发挥企业的主体作用，遵循自愿、互利、公平、诚实信用的原则，依照法律法规规定和合同约定，享有权益，承担风险。科技成果转化活动中的知识产权受法律保护。

科技成果转化活动应当遵守法律法规，维护国家利益，不得损害社会公共利益和他人合法权益。

第四条　国家对科技成果转化合理安排财政资金投入，引导社会资金投入，推动科技成果转化资金投入的多元化。

第五条　国务院和地方各级人民政府应当加强科技、财政、投资、税收、人才、产业、金融、政府采购、军民融合等政策协同，为科技成果转化创造良好环境。

地方各级人民政府根据本法规定的原则，结合本地实际，可以采取更加有利于促进科技成果转化的措施。

第六条 国家鼓励科技成果首先在中国境内实施。中国单位或者个人向境外的组织、个人转让或者许可其实施科技成果的，应当遵守相关法律、行政法规以及国家有关规定。

第七条 国家为了国家安全、国家利益和重大社会公共利益的需要，可以依法组织实施或者许可他人实施相关科技成果。

第八条 国务院科学技术行政部门、经济综合管理部门和其他有关行政部门依照国务院规定的职责，管理、指导和协调科技成果转化工作。

地方各级人民政府负责管理、指导和协调本行政区域内的科技成果转化工作。

第二章　组织实施

第九条 国务院和地方各级人民政府应当将科技成果的转化纳入国民经济和社会发展计划，并组织协调实施有关科技成果的转化。

第十条 利用财政资金设立应用类科技项目和其他相关科技项目，有关行政部门、管理机构应当改进和完善科研组织管理方式，在制定相关科技规划、计划和编制项目指南时应当听取相关行业、企业的意见；在组织实施应用类科技项目时，应当明确项目承担者的科技成果转化义务，加强知识产权管理，并将科技成果转化和知识产权创造、运用作为立项和验收的重要内容和依据。

第十一条 国家建立、完善科技报告制度和科技成果信息系统，向社会公布科技项目实施情况以及科技成果和相关知识产权信息，提供科技成果信息查询、筛选等公益服务。公布有关信息不得泄露国家秘密和商业秘密。对不予公布的信息，有关部门应当及时告知相关科技项目承担者。

利用财政资金设立的科技项目的承担者应当按照规定及时提交相关科技报告，并将科技成果和相关知识产权信息汇交到科技成果信息系统。

国家鼓励利用非财政资金设立的科技项目的承担者提交相关科技报告，将科技成果和相关知识产权信息汇交到科技成果信息系统，县级以上人民政府负责相关工作的部门应当为其提供方便。

第十二条 对下列科技成果转化项目，国家通过政府采购、研究开发资助、发布产业技术指导目录、示范推广等方式予以支持：

（一）能够显著提高产业技术水平、经济效益或者能够形成促进社会经济健康发展的新产业的；

（二）能够显著提高国家安全能力和公共安全水平的；

（三）能够合理开发和利用资源、节约能源、降低消耗以及防治环境污染、保护生态、提高应对气候变化和防灾减灾能力的；

（四）能够改善民生和提高公共健康水平的；

（五）能够促进现代农业或者农村经济发展的；

（六）能够加快民族地区、边远地区、贫困地区社会经济发展的。

第十三条 国家通过制定政策措施，提倡和鼓励采用先进技术、工艺和装备，不断改进、限制使用或者淘汰落后技术、工艺和装备。

第十四条　国家加强标准制定工作，对新技术、新工艺、新材料、新产品依法及时制定国家标准、行业标准，积极参与国际标准的制定，推动先进适用技术推广和应用。

国家建立有效的军民科技成果相互转化体系，完善国防科技协同创新体制机制。军品科研生产应当依法优先采用先进适用的民用标准，推动军用、民用技术相互转移、转化。

第十五条　各级人民政府组织实施的重点科技成果转化项目，可以由有关部门组织采用公开招标的方式实施转化。有关部门应当对中标单位提供招标时确定的资助或者其他条件。

第十六条　科技成果持有者可以采用下列方式进行科技成果转化：

（一）自行投资实施转化；

（二）向他人转让该科技成果；

（三）许可他人使用该科技成果；

（四）以该科技成果作为合作条件，与他人共同实施转化；

（五）以该科技成果作价投资，折算股份或者出资比例；

（六）其他协商确定的方式。

第十七条　国家鼓励研究开发机构、高等院校采取转让、许可或者作价投资等方式，向企业或者其他组织转移科技成果。

国家设立的研究开发机构、高等院校应当加强对科技成果转化的管理、组织和协调，促进科技成果转化队伍建设，优化科技成果转化流程，通过本单位负责技术转移工作的机构或者委托独立的科技成果转化服务机构开展技术转移。

第十八条　国家设立的研究开发机构、高等院校对其持有的科技成果，可以自主决定转让、许可或者作价投资，但应当通过协议定价、在技术交易市场挂牌交易、拍卖等方式确定价格。通过协议定价的，应当在本单位公示科技成果名称和拟交易价格。

第十九条　国家设立的研究开发机构、高等院校所取得的职务科技成果，完成人和参加人在不变更职务科技成果权属的前提下，可以根据与本单位的协议进行该项科技成果的转化，并享有协议规定的权益。该单位对上述科技成果转化活动应当予以支持。

科技成果完成人或者课题负责人，不得阻碍职务科技成果的转化，不得将职务科技成果及其技术资料和数据占为己有，侵犯单位的合法权益。

第二十条　研究开发机构、高等院校的主管部门以及财政、科学技术等相关行政部门应当建立有利于促进科技成果转化的绩效考核评价体系，将科技成果转化情况作为对相关单位及人员评价、科研资金支持的重要内容和依据之一，并对科技成果转化绩效突出的相关单位及人员加大科研资金支持。

国家设立的研究开发机构、高等院校应当建立符合科技成果转化工作特点的职称评定、岗位管理和考核评价制度，完善收入分配激励约束机制。

第二十一条　国家设立的研究开发机构、高等院校应当向其主管部门提交科技成果转化情况年度报告，说明本单位依法取得的科技成果数量、实施转化情况以及相关收入分配情况，该主管部门应当按照规定将科技成果转化情况年度报告报送财政、科学技术等相关行政部门。

第二十二条 企业为采用新技术、新工艺、新材料和生产新产品，可以自行发布信息或者委托科技中介服务机构征集其所需的科技成果，或者征寻科技成果转化的合作者。

县级以上地方各级人民政府科学技术行政部门和其他有关部门应当根据职责分工，为企业获取所需的科技成果提供帮助和支持。

第二十三条 企业依法有权独立或者与境内外企业、事业单位和其他合作者联合实施科技成果转化。

企业可以通过公平竞争，独立或者与其他单位联合承担政府组织实施的科技研究开发和科技成果转化项目。

第二十四条 对利用财政资金设立的具有市场应用前景、产业目标明确的科技项目，政府有关部门、管理机构应当发挥企业在研究开发方向选择、项目实施和成果应用中的主导作用，鼓励企业、研究开发机构、高等院校及其他组织共同实施。

第二十五条 国家鼓励研究开发机构、高等院校与企业相结合，联合实施科技成果转化。

研究开发机构、高等院校可以参与政府有关部门或者企业实施科技成果转化的招标投标活动。

第二十六条 国家鼓励企业与研究开发机构、高等院校及其他组织采取联合建立研究开发平台、技术转移机构或者技术创新联盟等产学研合作方式，共同开展研究开发、成果应用与推广、标准研究与制定等活动。

合作各方应当签订协议，依法约定合作的组织形式、任务分工、资金投入、知识产权归属、权益分配、风险分担和违约责任等事项。

第二十七条 国家鼓励研究开发机构、高等院校与企业及其他组织开展科技人员交流，根据专业特点、行业领域技术发展需要，聘请企业及其他组织的科技人员兼职从事教学和科研工作，支持本单位的科技人员到企业及其他组织从事科技成果转化活动。

第二十八条 国家支持企业与研究开发机构、高等院校、职业院校及培训机构联合建立学生实习实践培训基地和研究生科研实践工作机构，共同培养专业技术人才和高技能人才。

第二十九条 国家鼓励农业科研机构、农业试验示范单位独立或者与其他单位合作实施农业科技成果转化。

第三十条 国家培育和发展技术市场，鼓励创办科技中介服务机构，为技术交易提供交易场所、信息平台以及信息检索、加工与分析、评估、经纪等服务。

科技中介服务机构提供服务，应当遵循公正、客观的原则，不得提供虚假的信息和证明，对其在服务过程中知悉的国家秘密和当事人的商业秘密负有保密义务。

第三十一条 国家支持根据产业和区域发展需要建设公共研究开发平台，为科技成果转化提供技术集成、共性技术研究开发、中间试验和工业性试验、科技成果系统化和工程化开发、技术推广与示范等服务。

第三十二条 国家支持科技企业孵化器、大学科技园等科技企业孵化机构发展，为初创期科技型中小企业提供孵化场地、创业辅导、研究开发与管理咨询等服务。

第三章　保障措施

第三十三条　科技成果转化财政经费，主要用于科技成果转化的引导资金、贷款贴息、补助资金和风险投资以及其他促进科技成果转化的资金用途。

第三十四条　国家依照有关税收法律、行政法规规定对科技成果转化活动实行税收优惠。

第三十五条　国家鼓励银行业金融机构在组织形式、管理机制、金融产品和服务等方面进行创新，鼓励开展知识产权质押贷款、股权质押贷款等贷款业务，为科技成果转化提供金融支持。

国家鼓励政策性金融机构采取措施，加大对科技成果转化的金融支持。

第三十六条　国家鼓励保险机构开发符合科技成果转化特点的保险品种，为科技成果转化提供保险服务。

第三十七条　国家完善多层次资本市场，支持企业通过股权交易、依法发行股票和债券等直接融资方式为科技成果转化项目进行融资。

第三十八条　国家鼓励创业投资机构投资科技成果转化项目。

国家设立的创业投资引导基金，应当引导和支持创业投资机构投资初创期科技型中小企业。

第三十九条　国家鼓励设立科技成果转化基金或者风险基金，其资金来源由国家、地方、企业、事业单位以及其他组织或者个人提供，用于支持高投入、高风险、高产出的科技成果的转化，加速重大科技成果的产业化。

科技成果转化基金和风险基金的设立及其资金使用，依照国家有关规定执行。

第四章　技术权益

第四十条　科技成果完成单位与其他单位合作进行科技成果转化的，应当依法由合同约定该科技成果有关权益的归属。合同未作约定的，按照下列原则办理：

（一）在合作转化中无新的发明创造的，该科技成果的权益，归该科技成果完成单位；

（二）在合作转化中产生新的发明创造的，该新发明创造的权益归合作各方共有；

（三）对合作转化中产生的科技成果，各方都有实施该项科技成果的权利，转让该科技成果应经合作各方同意。

第四十一条　科技成果完成单位与其他单位合作进行科技成果转化的，合作各方应当就保守技术秘密达成协议；当事人不得违反协议或者违反权利人有关保守技术秘密的要求，披露、允许他人使用该技术。

第四十二条　企业、事业单位应当建立健全技术秘密保护制度，保护本单位的技术秘密。职工应当遵守本单位的技术秘密保护制度。

企业、事业单位可以与参加科技成果转化的有关人员签订在职期间或者离职、离休、退休后一定期限内保守本单位技术秘密的协议；有关人员不得违反协议约定，泄露本单位的技术秘密和从事与原单位相同的科技成果转化活动。

职工不得将职务科技成果擅自转让或者变相转让。

第四十三条　国家设立的研究开发机

构、高等院校转化科技成果所获得的收入全部留归本单位，在对完成、转化职务科技成果做出重要贡献的人员给予奖励和报酬后，主要用于科学技术研究开发与成果转化等相关工作。

第四十四条 职务科技成果转化后，由科技成果完成单位对完成、转化该项科技成果做出重要贡献的人员给予奖励和报酬。

科技成果完成单位可以规定或者与科技人员约定奖励和报酬的方式、数额和时限。单位制定相关规定，应当充分听取本单位科技人员的意见，并在本单位公开相关规定。

第四十五条 科技成果完成单位未规定、也未与科技人员约定奖励和报酬的方式和数额的，按照下列标准对完成、转化职务科技成果做出重要贡献的人员给予奖励和报酬：

（一）将该项职务科技成果转让、许可给他人实施的，从该项科技成果转让净收入或者许可净收入中提取不低于百分之五十的比例；

（二）利用该项职务科技成果作价投资的，从该项科技成果形成的股份或者出资比例中提取不低于百分之五十的比例；

（三）将该项职务科技成果自行实施或者与他人合作实施的，应当在实施转化成功投产后连续三至五年，每年从实施该项科技成果的营业利润中提取不低于百分之五的比例。

国家设立的研究开发机构、高等院校规定或者与科技人员约定奖励和报酬的方式和数额应当符合前款第一项至第三项规定的标准。

国有企业、事业单位依照本法规定对完成、转化职务科技成果做出重要贡献的人员给予奖励和报酬的支出计入当年本单位工资总额，但不受当年本单位工资总额限制、不纳入本单位工资总额基数。

第五章　法律责任

第四十六条 利用财政资金设立的科技项目的承担者未依照本法规定提交科技报告、汇交科技成果和相关知识产权信息的，由组织实施项目的政府有关部门、管理机构责令改正；情节严重的，予以通报批评，禁止其在一定期限内承担利用财政资金设立的科技项目。

国家设立的研究开发机构、高等院校未依照本法规定提交科技成果转化情况年度报告的，由其主管部门责令改正；情节严重的，予以通报批评。

第四十七条 违反本法规定，在科技成果转化活动中弄虚作假，采取欺骗手段，骗取奖励和荣誉称号、诈骗钱财、非法牟利的，由政府有关部门依照管理职责责令改正，取消该奖励和荣誉称号，没收违法所得，并处以罚款。给他人造成经济损失的，依法承担民事赔偿责任。构成犯罪的，依法追究刑事责任。

第四十八条 科技服务机构及其从业人员违反本法规定，故意提供虚假的信息、实验结果或者评估意见等欺骗当事人，或者与当事人一方串通欺骗另一方当事人的，由政府有关部门依照管理职责责令改正，没收违法所得，并处以罚款；情节严重的，由工商行政管理部门依法吊销营业执照。给他人造成经济损失的，依法承担民事赔偿责任；构成犯罪的，依法追究刑事责任。

科技中介服务机构及其从业人员违反

本法规定泄露国家秘密或者当事人的商业秘密的，依照有关法律、行政法规的规定承担相应的法律责任。

第四十九条　科学技术行政部门和其他有关部门及其工作人员在科技成果转化中滥用职权、玩忽职守、徇私舞弊的，由任免机关或者监察机关对直接负责的主管人员和其他直接责任人员依法给予处分；构成犯罪的，依法追究刑事责任。

第五十条　违反本法规定，以唆使窃取、利诱胁迫等手段侵占他人的科技成果，侵犯他人合法权益的，依法承担民事赔偿责任，可以处以罚款；构成犯罪的，依法追究刑事责任。

第五十一条　违反本法规定，职工未经单位允许，泄露本单位的技术秘密，或者擅自转让、变相转让职务科技成果的，参加科技成果转化的有关人员违反与本单位的协议，在离职、离休、退休后约定的期限内从事与原单位相同的科技成果转化活动，给本单位造成经济损失的，依法承担民事赔偿责任；构成犯罪的，依法追究刑事责任。

第六章　附　则

第五十二条　本法自 1996 年 10 月 1 日起施行。

中华人民共和国科学技术进步法

（2021 年修订）

（1993 年 7 月 2 日第八届全国人民代表大会常务委员会第二次会议通过　2007 年 12 月 29 日第十届全国人民代表大会常务委员会第三十一次会议第一次修订　2021 年 12 月 24 日第十三届全国人民代表大会常务委员会第三十二次会议第二次修订）

目　录

第一章　总　则

第一条　为了全面促进科学技术进步，发挥科学技术第一生产力、创新第一动力、人才第一资源的作用，促进科技成果向现实生产力转化，推动科技创新支撑和引领经济社会发展，全面建设社会主义现代化国家，根据宪法，制定本法。

第二条　坚持中国共产党对科学技术事业的全面领导。

国家坚持新发展理念，坚持科技创新在国家现代化建设全局中的核心地位，把科技自立自强作为国家发展的战略支撑，实施科教兴国战略、人才强国战略和创新驱动发展战略，走中国特色自主创新道路，建设科技强国。

第三条　科学技术进步工作应当面向世界科技前沿、面向经济主战场、面向国家重大需求、面向人民生命健康，为促进经济社会发展、维护国家安全和推动人类可持续发展服务。

国家鼓励科学技术研究开发，推动应用科学技术改造提升传统产业、发展高新技术产业和社会事业，支撑实现碳达峰碳中和目标，催生新发展动能，实现高质量发展。

第四条　国家完善高效、协同、开放的国家创新体系，统筹科技创新与制度创新，健全社会主义市场经济条件下新型举国体制，充分发挥市场配置创新资源的决定性作用，更好发挥政府作用，优化科技资源配置，提高资源利用效率，促进各类创新主体紧密合作、创新要素有序流动、创新生态持续优化，提升体系化能力和重点突破能力，增强创新体系整体效能。

国家构建和强化以国家实验室、国家科学技术研究开发机构、高水平研究型大学、科技领军企业为重要组成部分的国家战略科技力量，在关键领域和重点方向上发挥战略支撑引领作用和重大原始创新效能，服务国家重大战略需要。

第五条 国家统筹发展和安全，提高科技安全治理能力，健全预防和化解科技安全风险的制度机制，加强科学技术研究、开发与应用活动的安全管理，支持国家安全领域科技创新，增强科技创新支撑国家安全的能力和水平。

第六条 国家鼓励科学技术研究开发与高等教育、产业发展相结合，鼓励学科交叉融合和相互促进。

国家加强跨地区、跨行业和跨领域的科学技术合作，扶持革命老区、民族地区、边远地区、欠发达地区的科学技术进步。

国家加强军用与民用科学技术协调发展，促进军用与民用科学技术资源、技术开发需求的互通交流和技术双向转移，发展军民两用技术。

第七条 国家遵循科学技术活动服务国家目标与鼓励自由探索相结合的原则，超前部署重大基础研究、有重大产业应用前景的前沿技术研究和社会公益性技术研究，支持基础研究、前沿技术研究和社会公益性技术研究持续、稳定发展，加强原始创新和关键核心技术攻关，加快实现高水平科技自立自强。

第八条 国家保障开展科学技术研究开发的自由，鼓励科学探索和技术创新，保护科学技术人员自由探索等合法权益。

科学技术研究开发机构、高等学校、企业事业单位和公民有权自主选择课题，探索未知科学领域，从事基础研究、前沿技术研究和社会公益性技术研究。

第九条 学校及其他教育机构应当坚持理论联系实际，注重培养受教育者的独立思考能力、实践能力、创新能力和批判性思维，以及追求真理、崇尚创新、实事求是的科学精神。

国家发挥高等学校在科学技术研究中的重要作用，鼓励高等学校开展科学研究、技术开发和社会服务，培养具有社会责任感、创新精神和实践能力的高级专门人才。

第十条 科学技术人员是社会主义现代化建设事业的重要人才力量，应当受到全社会的尊重。

国家坚持人才引领发展的战略地位，深化人才发展体制机制改革，全方位培养、引进、用好人才，营造符合科技创新规律和人才成长规律的环境，充分发挥人才第一资源作用。

第十一条 国家营造有利于科技创新的社会环境，鼓励机关、群团组织、企业事业单位、社会组织和公民参与和支持科学技术进步活动。

全社会都应当尊重劳动、尊重知识、尊重人才、尊重创造，形成崇尚科学的风尚。

第十二条 国家发展科学技术普及事业，普及科学技术知识，加强科学技术普及基础设施和能力建设，提高全体公民特别是青少年的科学文化素质。

科学技术普及是全社会的共同责任。国家建立健全科学技术普及激励机制，鼓励科学技术研究开发机构、高等学校、企业事业单位、社会组织、科学技术人员等积极参与和支持科学技术普及活动。

第十三条 国家制定和实施知识产权战略，建立和完善知识产权制度，营造尊重知识产权的社会环境，保护知识产权，激励自主创新。

企业事业单位、社会组织和科学技术人员应当增强知识产权意识，增强自主创新能力，提高创造、运用、保护、管理和服务知识产权的能力，提高知识产权质量。

第十四条 国家建立和完善有利于创新的科学技术评价制度。

科学技术评价应当坚持公开、公平、公正的原则，以科技创新质量、贡献、绩效为导向，根据不同科学技术活动的特点，实行分类评价。

第十五条 国务院领导全国科学技术进步工作，制定中长期科学和技术发展规划、科技创新规划，确定国家科学技术重大项目、与科学技术密切相关的重大项目。中长期科学和技术发展规划、科技创新规划应当明确指导方针，发挥战略导向作用，引导和统筹科技发展布局、资源配置和政策制定。

县级以上人民政府应当将科学技术进步工作纳入国民经济和社会发展规划，保障科学技术进步与经济建设和社会发展相协调。

地方各级人民政府应当采取有效措施，加强对科学技术进步工作的组织和管理，优化科学技术发展环境，推进科学技术进步。

第十六条 国务院科学技术行政部门负责全国科学技术进步工作的宏观管理、统筹协调、服务保障和监督实施；国务院其他有关部门在各自的职责范围内，负责有关的科学技术进步工作。

县级以上地方人民政府科学技术行政部门负责本行政区域的科学技术进步工作；县级以上地方人民政府其他有关部门在各自的职责范围内，负责有关的科学技术进步工作。

第十七条 国家建立科学技术进步工作协调机制，研究科学技术进步工作中的重大问题，协调国家科学技术计划项目的设立及相互衔接，协调科学技术资源配置、科学技术研究开发机构的整合以及科学技术研究开发与高等教育、产业发展相结合等重大事项。

第十八条 每年5月30日为全国科技工作者日。

国家建立和完善科学技术奖励制度，设立国家最高科学技术奖等奖项，对在科学技术进步活动中做出重要贡献的组织和个人给予奖励。具体办法由国务院规定。

国家鼓励国内外的组织或者个人设立科学技术奖项，对科学技术进步活动中做出贡献的组织和个人给予奖励。

第二章　基础研究

第十九条 国家加强基础研究能力建设，尊重科学发展规律和人才成长规律，强化项目、人才、基地系统布局，为基础研究发展提供良好的物质条件和有力的制度保障。

国家加强规划和部署，推动基础研究自由探索和目标导向有机结合，围绕科学技术前沿、经济社会发展、国家安全重大需求和人民生命健康，聚焦重大关键技术问题，加强新兴和战略产业等领域基础研究，提升科学技术的源头供给能力。

国家鼓励科学技术研究开发机构、高

等学校、企业等发挥自身优势，加强基础研究，推动原始创新。

第二十条 国家财政建立稳定支持基础研究的投入机制。

国家鼓励有条件的地方人民政府结合本地区经济社会发展需要，合理确定基础研究财政投入，加强对基础研究的支持。

国家引导企业加大基础研究投入，鼓励社会力量通过捐赠、设立基金等方式多渠道投入基础研究，给予财政、金融、税收等政策支持。

逐步提高基础研究经费在全社会科学技术研究开发经费总额中的比例，与创新型国家和科技强国建设要求相适应。

第二十一条 国家设立自然科学基金，资助基础研究，支持人才培养和团队建设。确定国家自然科学基金资助项目，应当坚持宏观引导、自主申请、平等竞争、同行评审、择优支持的原则。

有条件的地方人民政府结合本地区经济社会实际情况和发展需要，可以设立自然科学基金，支持基础研究。

第二十二条 国家完善学科布局和知识体系建设，推进学科交叉融合，促进基础研究与应用研究协调发展。

第二十三条 国家加大基础研究人才培养力度，强化对基础研究人才的稳定支持，提高基础研究人才队伍质量和水平。

国家建立满足基础研究需要的资源配置机制，建立与基础研究相适应的评价体系和激励机制，营造潜心基础研究的良好环境，鼓励和吸引优秀科学技术人员投身基础研究。

第二十四条 国家强化基础研究基地建设。

国家完善基础研究的基础条件建设，推进开放共享。

第二十五条 国家支持高等学校加强基础学科建设和基础研究人才培养，增强基础研究自主布局能力，推动高等学校基础研究高质量发展。

第三章 应用研究与成果转化

第二十六条 国家鼓励以应用研究带动基础研究，促进基础研究与应用研究、成果转化融通发展。

国家完善共性基础技术供给体系，促进创新链产业链深度融合，保障产业链供应链安全。

第二十七条 国家建立和完善科研攻关协调机制，围绕经济社会发展、国家安全重大需求和人民生命健康，加强重点领域项目、人才、基地、资金一体化配置，推动产学研紧密合作，推动关键核心技术自主可控。

第二十八条 国家完善关键核心技术攻关举国体制，组织实施体现国家战略需求的科学技术重大任务，系统布局具有前瞻性、战略性的科学技术重大项目，超前部署关键核心技术研发。

第二十九条 国家加强面向产业发展需求的共性技术平台和科学技术研究开发机构建设，鼓励地方围绕发展需求建设应用研究科学技术研究开发机构。

国家鼓励科学技术研究开发机构、高等学校加强共性基础技术研究，鼓励以企业为主导，开展面向市场和产业化应用的研究开发活动。

第三十条 国家加强科技成果中试、工程化和产业化开发及应用，加快科技成果转化为现实生产力。

利用财政性资金设立的科学技术研

究开发机构和高等学校，应当积极促进科技成果转化，加强技术转移机构和人才队伍建设，建立和完善促进科技成果转化制度。

第三十一条 国家鼓励企业、科学技术研究开发机构、高等学校和其他组织建立优势互补、分工明确、成果共享、风险共担的合作机制，按照市场机制联合组建研究开发平台、技术创新联盟、创新联合体等，协同推进研究开发与科技成果转化，提高科技成果转移转化成效。

第三十二条 利用财政性资金设立的科学技术计划项目所形成的科技成果，在不损害国家安全、国家利益和重大社会公共利益的前提下，授权项目承担者依法取得相关知识产权，项目承担者可以依法自行投资实施转化、向他人转让、联合他人共同实施转化、许可他人使用或者作价投资等。

项目承担者应当依法实施前款规定的知识产权，同时采取保护措施，并就实施和保护情况向项目管理机构提交年度报告；在合理期限内没有实施且无正当理由的，国家可以无偿实施，也可以许可他人有偿实施或者无偿实施。

项目承担者依法取得的本条第一款规定的知识产权，为了国家安全、国家利益和重大社会公共利益的需要，国家可以无偿实施，也可以许可他人有偿实施或者无偿实施。

项目承担者因实施本条第一款规定的知识产权所产生的利益分配，依照有关法律法规规定执行；法律法规没有规定的，按照约定执行。

第三十三条 国家实行以增加知识价值为导向的分配政策，按照国家有关规定推进知识产权归属和权益分配机制改革，探索赋予科学技术人员职务科技成果所有权或者长期使用权制度。

第三十四条 国家鼓励利用财政性资金设立的科学技术计划项目所形成的知识产权首先在境内使用。

前款规定的知识产权向境外的组织或者个人转让，或者许可境外的组织或者个人独占实施的，应当经项目管理机构批准；法律、行政法规对批准机构另有规定的，依照其规定。

第三十五条 国家鼓励新技术应用，按照包容审慎原则，推动开展新技术、新产品、新服务、新模式应用试验，为新技术、新产品应用创造条件。

第三十六条 国家鼓励和支持农业科学技术的应用研究，传播和普及农业科学技术知识，加快农业科技成果转化和产业化，促进农业科学技术进步，利用农业科学技术引领乡村振兴和农业农村现代化。

县级以上人民政府应当采取措施，支持公益性农业科学技术研究开发机构和农业技术推广机构进行农业新品种、新技术的研究开发、应用和推广。

地方各级人民政府应当鼓励和引导农业科学技术服务机构、科技特派员和农村群众性科学技术组织为种植业、林业、畜牧业、渔业等的发展提供科学技术服务，为农民提供科学技术培训和指导。

第三十七条 国家推动科学技术研究开发与产品、服务标准制定相结合，科学技术研究开发与产品设计、制造相结合；引导科学技术研究开发机构、高等学校、企业和社会组织共同推进国家重大技术创新产品、服务标准的研究、制定和依法采用，参与国际标准制定。

第三十八条　国家培育和发展统一开放、互联互通、竞争有序的技术市场，鼓励创办从事技术评估、技术经纪和创新创业服务等活动的中介服务机构，引导建立社会化、专业化、网络化、信息化和智能化的技术交易服务体系和创新创业服务体系，推动科技成果的应用和推广。

技术交易活动应当遵循自愿平等、互利有偿和诚实信用的原则。

第四章　企业科技创新

第三十九条　国家建立以企业为主体，以市场为导向，企业同科学技术研究开发机构、高等学校紧密合作的技术创新体系，引导和扶持企业技术创新活动，支持企业牵头国家科技攻关任务，发挥企业在技术创新中的主体作用，推动企业成为技术创新决策、科研投入、组织科研和成果转化的主体，促进各类创新要素向企业集聚，提高企业技术创新能力。

国家培育具有影响力和竞争力的科技领军企业，充分发挥科技领军企业的创新带动作用。

第四十条　国家鼓励企业开展下列活动：

（一）设立内部科学技术研究开发机构；

（二）同其他企业或者科学技术研究开发机构、高等学校开展合作研究，联合建立科学技术研究开发机构和平台，设立科技企业孵化机构和创新创业平台，或者以委托等方式开展科学技术研究开发；

（三）培养、吸引和使用科学技术人员；

（四）同科学技术研究开发机构、高等学校、职业院校或者培训机构联合培养专业技术人才和高技能人才，吸引高等学校毕业生到企业工作；

（五）设立博士后工作站或者流动站；

（六）结合技术创新和职工技能培训，开展科学技术普及活动，设立向公众开放的普及科学技术的场馆或者设施。

第四十一条　国家鼓励企业加强原始创新，开展技术合作与交流，增加研究开发和技术创新的投入，自主确立研究开发课题，开展技术创新活动。

国家鼓励企业对引进技术进行消化、吸收和再创新。

企业开发新技术、新产品、新工艺发生的研究开发费用可以按照国家有关规定，税前列支并加计扣除，企业科学技术研究开发仪器、设备可以加速折旧。

第四十二条　国家完善多层次资本市场，建立健全促进科技创新的机制，支持符合条件的科技型企业利用资本市场推动自身发展。

国家加强引导和政策扶持，多渠道拓宽创业投资资金来源，对企业的创业发展给予支持。

国家完善科技型企业上市融资制度，畅通科技型企业国内上市融资渠道，发挥资本市场服务科技创新的融资功能。

第四十三条　下列企业按照国家有关规定享受税收优惠：

（一）从事高新技术产品研究开发、生产的企业；

（二）科技型中小企业；

（三）投资初创科技型企业的创业投资企业；

（四）法律、行政法规规定的与科学技术进步有关的其他企业。

第四十四条　国家对公共研究开发平

台和科学技术中介、创新创业服务机构的建设和运营给予支持。

公共研究开发平台和科学技术中介、创新创业服务机构应当为中小企业的技术创新提供服务。

第四十五条 国家保护企业研究开发所取得的知识产权。企业应当不断提高知识产权质量和效益，增强自主创新能力和市场竞争能力。

第四十六条 国有企业应当建立健全有利于技术创新的研究开发投入制度、分配制度和考核评价制度，完善激励约束机制。

国有企业负责人对企业的技术进步负责。对国有企业负责人的业绩考核，应当将企业的创新投入、创新能力建设、创新成效等情况纳入考核范围。

第四十七条 县级以上地方人民政府及其有关部门应当创造公平竞争的市场环境，推动企业技术进步。

国务院有关部门和省级人民政府应当通过制定产业、财政、金融、能源、环境保护和应对气候变化等政策，引导、促使企业研究开发新技术、新产品、新工艺，进行技术改造和设备更新，淘汰技术落后的设备、工艺，停止生产技术落后的产品。

第五章 科学技术研究开发机构

第四十八条 国家统筹规划科学技术研究开发机构布局，建立和完善科学技术研究开发体系。

国家在事关国家安全和经济社会发展全局的重大科技创新领域建设国家实验室，建立健全以国家实验室为引领、全国重点实验室为支撑的实验室体系，完善稳定支持机制。

利用财政性资金设立的科学技术研究开发机构，应当坚持以国家战略需求为导向，提供公共科技供给和应急科技支撑。

第四十九条 自然人、法人和非法人组织有权依法设立科学技术研究开发机构。境外的组织或者个人可以在中国境内依法独立设立科学技术研究开发机构，也可以与中国境内的组织或者个人联合设立科学技术研究开发机构。

从事基础研究、前沿技术研究、社会公益性技术研究的科学技术研究开发机构，可以利用财政性资金设立。利用财政性资金设立科学技术研究开发机构，应当优化配置，防止重复设置。

科学技术研究开发机构、高等学校可以设立博士后流动站或者工作站。科学技术研究开发机构可以依法在国外设立分支机构。

第五十条 科学技术研究开发机构享有下列权利：

（一）依法组织或者参加学术活动；

（二）按照国家有关规定，自主确定科学技术研究开发方向和项目，自主决定经费使用、机构设置、绩效考核及薪酬分配、职称评审、科技成果转化及收益分配、岗位设置、人员聘用及合理流动等内部管理事务；

（三）与其他科学技术研究开发机构、高等学校和企业联合开展科学技术研究开发、技术咨询、技术服务等活动；

（四）获得社会捐赠和资助；

（五）法律、行政法规规定的其他权利。

第五十一条 科学技术研究开发机构应当依法制定章程，按照章程规定的职能定位和业务范围开展科学技术研究开发活动；加强科研作风学风建设，建立和完善科研诚信、科技伦理管理制度，遵守科学研究活动管理规范；不得组织、参加、支持迷信活动。

利用财政性资金设立的科学技术研究开发机构开展科学技术研究开发活动，应当为国家目标和社会公共利益服务；有条件的，应当向公众开放普及科学技术的场馆或者设施，组织开展科学技术普及活动。

第五十二条　利用财政性资金设立的科学技术研究开发机构，应当建立职责明确、评价科学、开放有序、管理规范的现代院所制度，实行院长或者所长负责制，建立科学技术委员会咨询制和职工代表大会监督制等制度，并吸收外部专家参与管理、接受社会监督；院长或者所长的聘用引入竞争机制。

第五十三条　国家完善利用财政性资金设立的科学技术研究开发机构的评估制度，评估结果作为机构设立、支持、调整、终止的依据。

第五十四条　利用财政性资金设立的科学技术研究开发机构，应当建立健全科学技术资源开放共享机制，促进科学技术资源的有效利用。

国家鼓励社会力量设立的科学技术研究开发机构，在合理范围内实行科学技术资源开放共享。

第五十五条　国家鼓励企业和其他社会力量自行创办科学技术研究开发机构，保障其合法权益。

社会力量设立的科学技术研究开发机构有权按照国家有关规定，平等竞争和参与实施利用财政性资金设立的科学技术计划项目。

国家完善对社会力量设立的非营利性科学技术研究开发机构税收优惠制度。

第五十六条　国家支持发展新型研究开发机构等新型创新主体，完善投入主体多元化、管理制度现代化、运行机制市场化、用人机制灵活化的发展模式，引导新型创新主体聚焦科学研究、技术创新和研发服务。

第六章　科学技术人员

第五十七条　国家营造尊重人才、爱护人才的社会环境，公正平等、竞争择优的制度环境，待遇适当、保障有力的生活环境，为科学技术人员潜心科研创造良好条件。

国家采取多种措施，提高科学技术人员的社会地位，培养和造就专门的科学技术人才，保障科学技术人员投入科技创新和研究开发活动，充分发挥科学技术人员的作用。禁止以任何方式和手段不公正对待科学技术人员及其科技成果。

第五十八条　国家加快战略人才力量建设，优化科学技术人才队伍结构，完善战略科学家、科技领军人才等创新人才和团队的培养、发现、引进、使用、评价机制，实施人才梯队、科研条件、管理机制等配套政策。

第五十九条　国家完善创新人才教育培养机制，在基础教育中加强科学兴趣培养，在职业教育中加强技术技能人才培养，强化高等教育资源配置与科学技术领域创新人才培养的结合，加强完善战略性科学技术人才储备。

第六十条　各级人民政府、企业事业单位和社会组织应当采取措施，完善体现知识、技术等创新要素价值的收益分配机制，优化收入结构，建立工资稳定增长机制，提高科学技术人员的工资水平；对有突出贡献的科学技术人员给予优厚待遇和荣誉激励。

利用财政性资金设立的科学技术研究开发机构和高等学校的科学技术人员，在履行岗位职责、完成本职工作、不发生利益冲突的前提下，经所在单位同意，可以从事兼职工作获得合法收入。技术开发、技术咨询、技术服务等活动的奖酬金提取，按照科技成果转化有关规定执行。

国家鼓励科学技术研究开发机构、高等学校、企业等采取股权、期权、分红等方式激励科学技术人员。

第六十一条 各级人民政府和企业事业单位应当保障科学技术人员接受继续教育的权利，并为科学技术人员的合理、畅通、有序流动创造环境和条件，发挥其专长。

第六十二条 科学技术人员可以根据其学术水平和业务能力选择工作单位、竞聘相应的岗位，取得相应的职务或者职称。

科学技术人员应当信守工作承诺，履行岗位责任，完成职务或者职称相应工作。

第六十三条 国家实行科学技术人员分类评价制度，对从事不同科学技术活动的人员实行不同的评价标准和方式，突出创新价值、能力、贡献导向，合理确定薪酬待遇、配置学术资源、设置评价周期，形成有利于科学技术人员潜心研究和创新的人才评价体系，激发科学技术人员创新活力。

第六十四条 科学技术行政等有关部门和企业事业单位应当完善科学技术人员管理制度，增强服务意识和保障能力，简化管理流程，避免重复性检查和评估，减轻科学技术人员项目申报、材料报送、经费报销等方面的负担，保障科学技术人员科研时间。

第六十五条 科学技术人员在艰苦、边远地区或者恶劣、危险环境中工作，所在单位应当按照国家有关规定给予补贴，提供其岗位或者工作场所应有的职业健康卫生保护和安全保障，为其接受继续教育、业务培训等提供便利条件。

第六十六条 青年科学技术人员、少数民族科学技术人员、女性科学技术人员等在竞聘专业技术职务、参与科学技术评价、承担科学技术研究开发项目、接受继续教育等方面享有平等权利。鼓励老年科学技术人员在科学技术进步中发挥积极作用。

各级人民政府和企业事业单位应当为青年科学技术人员成长创造环境和条件，鼓励青年科学技术人员在科技领域勇于探索、敢于尝试，充分发挥青年科学技术人员的作用。发现、培养和使用青年科学技术人员的情况，应当作为评价科学技术进步工作的重要内容。

各级人民政府和企业事业单位应当完善女性科学技术人员培养、评价和激励机制，关心孕哺期女性科学技术人员，鼓励和支持女性科学技术人员在科学技术进步中发挥更大作用。

第六十七条 科学技术人员应当大力弘扬爱国、创新、求实、奉献、协同、育人的科学家精神，坚守工匠精神，在各类科学技术活动中遵守学术和伦理规范，恪守职业道德，诚实守信；不得在科学技术活动中弄虚作假，不得参加、支持迷信活动。

第六十八条　国家鼓励科学技术人员自由探索、勇于承担风险，营造鼓励创新、宽容失败的良好氛围。原始记录等能够证明承担探索性强、风险高的科学技术研究开发项目的科学技术人员已经履行了勤勉尽责义务仍不能完成该项目的，予以免责。

第六十九条　科研诚信记录作为对科学技术人员聘任专业技术职务或者职称、审批科学技术人员申请科学技术研究开发项目、授予科学技术奖励等的重要依据。

第七十条　科学技术人员有依法创办或者参加科学技术社会团体的权利。

科学技术协会和科学技术社会团体按照章程在促进学术交流、推进学科建设、推动科技创新、开展科学技术普及活动、培养专门人才、开展咨询服务、加强科学技术人员自律和维护科学技术人员合法权益等方面发挥作用。

科学技术协会和科学技术社会团体的合法权益受法律保护。

第七章　区域科技创新

第七十一条　国家统筹科学技术资源区域空间布局，推动中央科学技术资源与地方发展需求紧密衔接，采取多种方式支持区域科技创新。

第七十二条　县级以上地方人民政府应当支持科学技术研究和应用，为促进科技成果转化创造条件，为推动区域创新发展提供良好的创新环境。

第七十三条　县级以上人民政府及其有关部门制定的与产业发展相关的科学技术计划，应当体现产业发展的需求。

县级以上人民政府及其有关部门确定科学技术计划项目，应当鼓励企业平等竞争和参与实施；对符合产业发展需求、具有明确市场应用前景的项目，应当鼓励企业联合科学技术研究开发机构、高等学校共同实施。

地方重大科学技术计划实施应当与国家科学技术重大任务部署相衔接。

第七十四条　国务院可以根据需要批准建立国家高新技术产业开发区、国家自主创新示范区等科技园区，并对科技园区的建设、发展给予引导和扶持，使其形成特色和优势，发挥集聚和示范带动效应。

第七十五条　国家鼓励有条件的县级以上地方人民政府根据国家发展战略和地方发展需要，建设重大科技创新基地与平台，培育创新创业载体，打造区域科技创新高地。

国家支持有条件的地方建设科技创新中心和综合性科学中心，发挥辐射带动、深化创新改革和参与全球科技合作作用。

第七十六条　国家建立区域科技创新合作机制和协同互助机制，鼓励地方各级人民政府及其有关部门开展跨区域创新合作，促进各类创新要素合理流动和高效集聚。

第七十七条　国家重大战略区域可以依托区域创新平台，构建利益分享机制，促进人才、技术、资金等要素自由流动，推动科学仪器设备、科技基础设施、科学工程和科技信息资源等开放共享，提高科技成果区域转化效率。

第七十八条　国家鼓励地方积极探索区域科技创新模式，尊重区域科技创新集聚规律，因地制宜选择具有区域特色的科技创新发展路径。

第八章　国际科学技术合作

第七十九条　国家促进开放包容、互惠共享的国际科学技术合作与交流，支撑构建人类命运共同体。

第八十条　中华人民共和国政府发展同外国政府、国际组织之间的科学技术合作与交流。

国家鼓励科学技术研究开发机构、高等学校、科学技术社会团体、企业和科学技术人员等各类创新主体开展国际科学技术合作与交流，积极参与科学研究活动，促进国际科学技术资源开放流动，形成高水平的科技开放合作格局，推动世界科学技术进步。

第八十一条　国家鼓励企业事业单位、社会组织通过多种途径建设国际科技创新合作平台，提供国际科技创新合作服务。

鼓励企业事业单位、社会组织和科学技术人员参与和发起国际科学技术组织，增进国际科学技术合作与交流。

第八十二条　国家采取多种方式支持国内外优秀科学技术人才合作研发，应对人类面临的共同挑战，探索科学前沿。

国家支持科学技术研究开发机构、高等学校、企业和科学技术人员积极参与和发起组织实施国际大科学计划和大科学工程。

国家完善国际科学技术研究合作中的知识产权保护与科技伦理、安全审查机制。

第八十三条　国家扩大科学技术计划对外开放合作，鼓励在华外资企业、外籍科学技术人员等承担和参与科学技术计划项目，完善境外科学技术人员参与国家科学技术计划项目的机制。

第八十四条　国家完善相关社会服务和保障措施，鼓励在国外工作的科学技术人员回国，吸引外籍科学技术人员到中国从事科学技术研究开发工作。

科学技术研究开发机构及其他科学技术组织可以根据发展需要，聘用境外科学技术人员。利用财政性资金设立的科学技术研究开发机构、高等学校聘用境外科学技术人员从事科学技术研究开发工作的，应当为其工作和生活提供方便。

外籍杰出科学技术人员到中国从事科学技术研究开发工作的，按照国家有关规定，可以优先获得在华永久居留权或者取得中国国籍。

第九章　保障措施

第八十五条　国家加大财政性资金投入，并制定产业、金融、税收、政府采购等政策，鼓励、引导社会资金投入，推动全社会科学技术研究开发经费持续稳定增长。

第八十六条　国家逐步提高科学技术经费投入的总体水平；国家财政用于科学技术经费的增长幅度，应当高于国家财政经常性收入的增长幅度。全社会科学技术研究开发经费应当占国内生产总值适当的比例，并逐步提高。

第八十七条　财政性科学技术资金应当主要用于下列事项的投入：

（一）科学技术基础条件与设施建设；

（二）基础研究和前沿交叉学科研究；

（三）对经济建设和社会发展具有战略性、基础性、前瞻性作用的前沿技术研究、社会公益性技术研究和重大共性关键技术研究；

（四）重大共性关键技术应用和高新技术产业化示范；

（五）关系生态环境和人民生命健康的科学技术研究开发和成果的应用、推广；

（六）农业新品种、新技术的研究开发和农业科技成果的应用、推广；

（七）科学技术人员的培养、吸引和使用；

（八）科学技术普及。

对利用财政性资金设立的科学技术研究开发机构，国家在经费、实验手段等方面给予支持。

第八十八条 设立国家科学技术计划，应当按照国家需求，聚焦国家重大战略任务，遵循科学研究、技术创新和成果转化规律。

国家建立科学技术计划协调机制和绩效评估制度，加强专业化管理。

第八十九条 国家设立基金，资助中小企业开展技术创新，推动科技成果转化与应用。

国家在必要时可以设立支持基础研究、社会公益性技术研究、国际联合研究等方面的其他非营利性基金，资助科学技术进步活动。

第九十条 从事下列活动的，按照国家有关规定享受税收优惠：

（一）技术开发、技术转让、技术许可、技术咨询、技术服务；

（二）进口国内不能生产或者性能不能满足需要的科学研究、技术开发或者科学技术普及的用品；

（三）为实施国家重大科学技术专项、国家科学技术计划重大项目，进口国内不能生产的关键设备、原材料或者零部件；

（四）科学技术普及场馆、基地等开展面向公众开放的科学技术普及活动；

（五）捐赠资助开展科学技术活动；

（六）法律、国家有关规定规定的其他科学研究、技术开发与科学技术应用活动。

第九十一条 对境内自然人、法人和非法人组织的科技创新产品、服务，在功能、质量等指标能够满足政府采购需求的条件下，政府采购应当购买；首次投放市场的，政府采购应当率先购买，不得以商业业绩为由予以限制。

政府采购的产品尚待研究开发的，通过订购方式实施。采购人应当优先采用竞争性方式确定科学技术研究开发机构、高等学校或者企业进行研究开发，产品研发合格后按约定采购。

第九十二条 国家鼓励金融机构开展知识产权质押融资业务，鼓励和引导金融机构在信贷、投资等方面支持科学技术应用和高新技术产业发展，鼓励保险机构根据高新技术产业发展的需要开发保险品种，促进新技术应用。

第九十三条 国家遵循统筹规划、优化配置的原则，整合和设置国家科学技术研究实验基地。

国家鼓励设置综合性科学技术实验服务单位，为科学技术研究开发机构、高等学校、企业和科学技术人员提供或者委托他人提供科学技术实验服务。

第九十四条 国家根据科学技术进步的需要，按照统筹规划、突出共享、优化配置、综合集成、政府主导、多方共建的原则，统筹购置大型科学仪器、设备，并开展对以财政性资金为主购置的大型科学仪器、设备的联合评议工作。

第九十五条 国家加强学术期刊建设，完善科研论文和科学技术信息交流机制，推动开放科学的发展，促进科学技术交流和传播。

第九十六条 国家鼓励国内外的组织或者个人捐赠财产、设立科学技术基金，资助科学技术研究开发和科学技术普及。

第九十七条 利用财政性资金设立的科学技术研究开发机构、高等学校和企业，在推进科技管理改革、开展科学技术研究开发、实施科技成果转化活动过程中，相关负责人锐意创新探索，出现决策失误、偏差，但尽到合理注意义务和监督管理职责，未牟取非法利益的，免除其决策责任。

第十章　监督管理

第九十八条 国家加强科技法治化建设和科研作风学风建设，建立和完善科研诚信制度和科技监督体系，健全科技伦理治理体制，营造良好科技创新环境。

第九十九条 国家完善科学技术决策的规则和程序，建立规范的咨询和决策机制，推进决策的科学化、民主化和法治化。

国家改革完善重大科学技术决策咨询制度。制定科学技术发展规划和重大政策，确定科学技术重大项目、与科学技术密切相关的重大项目，应当充分听取科学技术人员的意见，发挥智库作用，扩大公众参与，开展科学评估，实行科学决策。

第一百条 国家加强财政性科学技术资金绩效管理，提高资金配置效率和使用效益。财政性科学技术资金的管理和使用情况，应当接受审计机关、财政部门的监督检查。

科学技术行政等有关部门应当加强对利用财政性资金设立的科学技术计划实施情况的监督，强化科研项目资金协调、评估、监管。

任何组织和个人不得虚报、冒领、贪污、挪用、截留财政性科学技术资金。

第一百零一条 国家建立科学技术计划项目分类管理机制，强化对项目实效的考核评价。利用财政性资金设立的科学技术计划项目，应当坚持问题导向、目标导向、需求导向进行立项，按照国家有关规定择优确定项目承担者。

国家建立科技管理信息系统，建立评审专家库，健全科学技术计划项目的专家评审制度和评审专家的遴选、回避、保密、问责制度。

第一百零二条 国务院科学技术行政部门应当会同国务院有关主管部门，建立科学技术研究基地、科学仪器设备等资产和科学技术文献、科学技术数据、科学技术自然资源、科学技术普及资源等科学技术资源的信息系统和资源库，及时向社会公布科学技术资源的分布、使用情况。

科学技术资源的管理单位应当向社会公布所管理的科学技术资源的共享使用制度和使用情况，并根据使用制度安排使用；法律、行政法规规定应当保密的，依照其规定。

科学技术资源的管理单位不得侵犯科学技术资源使用者的知识产权，并应当按照国家有关规定确定收费标准。管理单位和使用者之间的其他权利义务关系由双方约定。

第一百零三条 国家建立科技伦理委员会，完善科技伦理制度规范，加强科技伦理教育和研究，健全审查、评估、监管体系。

科学技术研究开发机构、高等学校、企业事业单位等应当履行科技伦理管理主体责任，按照国家有关规定建立健全科技伦理审查机制，对科学技术活动开展科技伦理审查。

第一百零四条　国家加强科研诚信建设，建立科学技术项目诚信档案及科研诚信管理信息系统，坚持预防与惩治并举、自律与监督并重，完善对失信行为的预防、调查、处理机制。

县级以上地方人民政府和相关行业主管部门采取各种措施加强科研诚信建设，企业事业单位和社会组织应当履行科研诚信管理的主体责任。

任何组织和个人不得虚构、伪造科研成果，不得发布、传播虚假科研成果，不得从事学术论文及其实验研究数据、科学技术计划项目申报验收材料等的买卖、代写、代投服务。

第一百零五条　国家建立健全科学技术统计调查制度和国家创新调查制度，掌握国家科学技术活动基本情况，监测和评价国家创新能力。

国家建立健全科技报告制度，财政性资金资助的科学技术计划项目的承担者应当按照规定及时提交报告。

第一百零六条　国家实行科学技术保密制度，加强科学技术保密能力建设，保护涉及国家安全和利益的科学技术秘密。

国家依法实行重要的生物种质资源、遗传资源、数据资源等科学技术资源和关键核心技术出境管理制度。

第一百零七条　禁止危害国家安全、损害社会公共利益、危害人体健康、违背科研诚信和科技伦理的科学技术研究开发和应用活动。

从事科学技术活动，应当遵守科学技术活动管理规范。对严重违反科学技术活动管理规范的组织和个人，由科学技术行政等有关部门记入科研诚信严重失信行为数据库。

第十一章　法律责任

第一百零八条　违反本法规定，科学技术行政等有关部门及其工作人员，以及其他依法履行公职的人员滥用职权、玩忽职守、徇私舞弊的，对直接负责的主管人员和其他直接责任人员依法给予处分。

第一百零九条　违反本法规定，滥用职权阻挠、限制、压制科学技术研究开发活动，或者利用职权打压、排挤、刁难科学技术人员的，对直接负责的主管人员和其他直接责任人员依法给予处分。

第一百一十条　违反本法规定，虚报、冒领、贪污、挪用、截留用于科学技术进步的财政性资金或者社会捐赠资金的，由有关主管部门责令改正，追回有关财政性资金，责令退还捐赠资金，给予警告或者通报批评，并可以暂停拨款，终止或者撤销相关科学技术活动；情节严重的，依法处以罚款，禁止一定期限内承担或者参与财政性资金支持的科学技术活动；对直接负责的主管人员和其他直接责任人员依法给予行政处罚和处分。

第一百一十一条　违反本法规定，利用财政性资金和国有资本购置大型科学仪器、设备后，不履行大型科学仪器、设备等科学技术资源共享使用义务的，由有关主管部门责令改正，给予警告或者通报批评，对直接负责的主管人员和其他直接责任人员依法给予处分。

第一百一十二条 违反本法规定，进行危害国家安全、损害社会公共利益、危害人体健康、违背科研诚信和科技伦理的科学技术研究开发和应用活动的，由科学技术人员所在单位或者有关主管部门责令改正；获得用于科学技术进步的财政性资金或者有违法所得的，由有关主管部门终止或者撤销相关科学技术活动，追回财政性资金，没收违法所得；情节严重的，由有关主管部门向社会公布其违法行为，依法给予行政处罚和处分，禁止一定期限内承担或者参与财政性资金支持的科学技术活动、申请相关科学技术活动行政许可；对直接负责的主管人员和其他直接责任人员依法给予行政处罚和处分。

违反本法规定，虚构、伪造科研成果，发布、传播虚假科研成果，或者从事学术论文及其实验研究数据、科学技术计划项目申报验收材料等的买卖、代写、代投服务的，由有关主管部门给予警告或者通报批评，处以罚款；有违法所得的，没收违法所得；情节严重的，吊销许可证件。

第一百一十三条 违反本法规定，从事科学技术活动违反科学技术活动管理规范的，由有关主管部门责令限期改正，并可以追回有关财政性资金，给予警告或者通报批评，暂停拨款、终止或者撤销相关财政性资金支持的科学技术活动；情节严重的，禁止一定期限内承担或者参与财政性资金支持的科学技术活动，取消一定期限内财政性资金支持的科学技术活动管理资格；对直接负责的主管人员和其他直接责任人员依法给予处分。

第一百一十四条 违反本法规定，骗取国家科学技术奖励的，由主管部门依法撤销奖励，追回奖章、证书和奖金等，并依法给予处分。

违反本法规定，提名单位或者个人提供虚假数据、材料，协助他人骗取国家科学技术奖励的，由主管部门给予通报批评；情节严重的，暂停或者取消其提名资格，并依法给予处分。

第一百一十五条 违反本法规定的行为，本法未作行政处罚规定，其他有关法律、行政法规有规定的，依照其规定；造成财产损失或者其他损害的，依法承担民事责任；构成违反治安管理行为的，依法给予治安管理处罚；构成犯罪的，依法追究刑事责任。

第十二章　附　则

第一百一十六条 涉及国防科学技术进步的其他有关事项，由国务院、中央军事委员会规定。

第一百一十七条 本法自2022年1月1日起施行。

中共中央 国务院 关于构建更加完善的要素市场化配置体制机制的意见

（2020年）

完善要素市场化配置是建设统一开放、竞争有序市场体系的内在要求，是坚持和完善社会主义基本经济制度、加快完善社会主义市场经济体制的重要内容。为深化要素市场化配置改革，促进要素自主有序流动，提高要素配置效率，进一步激发全社会创造力和市场活力，推动经济发展质量变革、效率变革、动力变革，现就构建更加完善的要素市场化配置体制机制提出如下意见。

一、总体要求

（一）指导思想。以习近平新时代中国特色社会主义思想为指导，全面贯彻党的十九大和十九届二中、三中、四中全会精神，坚持稳中求进工作总基调，坚持以供给侧结构性改革为主线，坚持新发展理念，坚持深化市场化改革、扩大高水平开放，破除阻碍要素自由流动的体制机制障碍，扩大要素市场化配置范围，健全要素市场体系，推进要素市场制度建设，实现要素价格市场决定、流动自主有序、配置高效公平，为建设高标准市场体系、推动高质量发展、建设现代化经济体系打下坚实制度基础。

（二）基本原则。一是市场决定，有序流动。充分发挥市场配置资源的决定性作用，畅通要素流动渠道，保障不同市场主体平等获取生产要素，推动要素配置依据市场规则、市场价格、市场竞争实现效益最大化和效率最优化。二是健全制度，创新监管。更好发挥政府作用，健全要素市场运行机制，完善政府调节与监管，做到放活与管好有机结合，提升监管和服务能力，引导各类要素协同向先进生产力集聚。三是问题导向，分类施策。针对市场决定要素配置范围有限、要素流动存在体制机制障碍等问题，根据不同要素属性、市场化程度差异和经济社会发展需要，分类完善要素市场化配置体制机制。四是稳中求进，循序渐进。坚持安全可控，从实际出发，尊重客观规律，培育发展新型要素形态，逐步提高要素质量，因地制宜稳步推进要素市场化配置改革。

二、推进土地要素市场化配置

（三）建立健全城乡统一的建设用地市场。加快修改完善土地管理法实施条例，完善相关配套制度，制定出台农村集体经营性建设用地入市指导意见。全面推开农村土地征收制度改革，扩大国有土地有偿使用范围。建立公平合理的集体经营性建设用地入市增值收益分配制度。建立公共利益征地的相关制度规定。

（四）深化产业用地市场化配置改革。健全长期租赁、先租后让、弹性年期供应、作价出资（入股）等工业用地市场供应体系。在符合国土空间规划和用途管制要求前提下，调整完善产业用地政策，创新使用方式，推动不同产业用地类型合理转换，探索增加混合产业用地供给。

（五）鼓励盘活存量建设用地。充分运用市场机制盘活存量土地和低效用地，研究完善促进盘活存量建设用地的税费制度。以多种方式推进国有企业存量用地盘活利用。深化农村宅基地制度改革试点，深入推进建设用地整理，完善城乡建设用地增减挂钩政策，为乡村振兴和城乡融合发展提供土地要素保障。

（六）完善土地管理体制。完善土地利用计划管理，实施年度建设用地总量调控制度，增强土地管理灵活性，推动土地计划指标更加合理化，城乡建设用地指标使用应更多由省级政府负责。在国土空间规划编制、农村房地一体不动产登记基本完成的前提下，建立健全城乡建设用地供应三年滚动计划。探索建立全国性的建设用地、补充耕地指标跨区域交易机制。加强土地供应利用统计监测。实施城乡土地统一调查、统一规划、统一整治、统一登记。推动制定不动产登记法。

三、引导劳动力要素合理畅通有序流动

（七）深化户籍制度改革。推动超大、特大城市调整完善积分落户政策，探索推动在长三角、珠三角等城市群率先实现户籍准入年限同城化累计互认。放开放宽除个别超大城市外的城市落户限制，试行以经常居住地登记户口制度。建立城镇教育、就业创业、医疗卫生等基本公共服务与常住人口挂钩机制，推动公共资源按常住人口规模配置。

（八）畅通劳动力和人才社会性流动渠道。健全统一规范的人力资源市场体系，加快建立协调衔接的劳动力、人才流动政策体系和交流合作机制。营造公平就业环境，依法纠正身份、性别等就业歧视现象，保障城乡劳动者享有平等就业权利。进一步畅通企业、社会组织人员进入党政机关、国有企事业单位渠道。优化国有企事业单位面向社会选人用人机制，深入推行国有企业分级分类公开招聘。加强就业援助，实施优先扶持和重点帮助。完善人事档案管理服务，加快提升人事档案信息化水平。

（九）完善技术技能评价制度。创新评价标准，以职业能力为核心制定职业标准，进一步打破户籍、地域、身份、档案、人事关系等制约，畅通非公有制经济组织、社会组织、自由职业专业技术人员职称申报渠道。加快建立劳动者终身职业技能培训制度。推进社会化职称评审。完善技术工人评价选拔制度。探索实现职业技能等级证书和学历证书互通衔接。加强公共卫生队伍建设，健全执业人员培养、准入、使用、待遇保障、考核评价和激励机制。

（十）加大人才引进力度。畅通海外科学家来华工作通道。在职业资格认定认可、子女教育、商业医疗保险以及在中国境内停留、居留等方面，为外籍高层次人才来华创新创业提供便利。

四、推进资本要素市场化配置

（十一）完善股票市场基础制度。制

定出台完善股票市场基础制度的意见。坚持市场化、法治化改革方向，改革完善股票市场发行、交易、退市等制度。鼓励和引导上市公司现金分红。完善投资者保护制度，推动完善具有中国特色的证券民事诉讼制度。完善主板、科创板、中小企业板、创业板和全国中小企业股份转让系统（新三板）市场建设。

（十二）加快发展债券市场。稳步扩大债券市场规模，丰富债券市场品种，推进债券市场互联互通。统一公司信用类债券信息披露标准，完善债券违约处置机制。探索对公司信用类债券实行发行注册管理制。加强债券市场评级机构统一准入管理，规范信用评级行业发展。

（十三）增加有效金融服务供给。健全多层次资本市场体系。构建多层次、广覆盖、有差异、大中小合理分工的银行机构体系，优化金融资源配置，放宽金融服务业市场准入，推动信用信息深度开发利用，增加服务小微企业和民营企业的金融服务供给。建立县域银行业金融机构服务“三农”的激励约束机制。推进绿色金融创新。完善金融机构市场化法治化退出机制。

（十四）主动有序扩大金融业对外开放。稳步推进人民币国际化和人民币资本项目可兑换。逐步推进证券、基金行业对内对外双向开放，有序推进期货市场对外开放。逐步放宽外资金融机构准入条件，推进境内金融机构参与国际金融市场交易。

五、加快发展技术要素市场

（十五）健全职务科技成果产权制度。深化科技成果使用权、处置权和收益权改革，开展赋予科研人员职务科技成果所有权或长期使用权试点。强化知识产权保护和运用，支持重大技术装备、重点新材料等领域的自主知识产权市场化运营。

（十六）完善科技创新资源配置方式。改革科研项目立项和组织实施方式，坚持目标引领，强化成果导向，建立健全多元化支持机制。完善专业机构管理项目机制。加强科技成果转化中试基地建设。支持有条件的企业承担国家重大科技项目。建立市场化社会化的科研成果评价制度，修订技术合同认定规则及科技成果登记管理办法。建立健全科技成果常态化路演和科技创新咨询制度。

（十七）培育发展技术转移机构和技术经理人。加强国家技术转移区域中心建设。支持科技企业与高校、科研机构合作建立技术研发中心、产业研究院、中试基地等新型研发机构。积极推进科研院所分类改革，加快推进应用技术类科研院所市场化、企业化发展。支持高校、科研机构和科技企业设立技术转移部门。建立国家技术转移人才培养体系，提高技术转移专业服务能力。

（十八）促进技术要素与资本要素融合发展。积极探索通过天使投资、创业投资、知识产权证券化、科技保险等方式推动科技成果资本化。鼓励商业银行采用知识产权质押、预期收益质押等融资方式，为促进技术转移转化提供更多金融产品服务。

（十九）支持国际科技创新合作。深化基础研究国际合作，组织实施国际科技创新合作重点专项，探索国际科技创新合作新模式，扩大科技领域对外开放。加大抗病毒药物及疫苗研发国际合作力度。开展创新要素跨境便利流动试点，发展离岸创新创业，探索推动外籍科学家领衔承担政府支持科技项目。发展技术贸易，促进技术进口来源多元化，扩大技术出口。

六、加快培育数据要素市场

（二十）推进政府数据开放共享。优化经济治理基础数据库，加快推动各地区各部门间数据共享交换，制定出台新一批数据共享责任清单。研究建立促进企业登记、交通运输、气象等公共数据开放和数据资源有效流动的制度规范。

（二十一）提升社会数据资源价值。培育数字经济新产业、新业态和新模式，支持构建农业、工业、交通、教育、安防、城市管理、公共资源交易等领域规范化数据开发利用的场景。发挥行业协会商会作用，推动人工智能、可穿戴设备、车联网、物联网等领域数据采集标准化。

（二十二）加强数据资源整合和安全保护。探索建立统一规范的数据管理制度，提高数据质量和规范性，丰富数据产品。研究根据数据性质完善产权性质。制定数据隐私保护制度和安全审查制度。推动完善适用于大数据环境下的数据分类分级安全保护制度，加强对政务数据、企业商业秘密和个人数据的保护。

七、加快要素价格市场化改革

（二十三）完善主要由市场决定要素价格机制。完善城乡基准地价、标定地价的制定与发布制度，逐步形成与市场价格挂钩动态调整机制。健全最低工资标准调整、工资集体协商和企业薪酬调查制度。深化国有企业工资决定机制改革，完善事业单位岗位绩效工资制度。建立公务员和企业相当人员工资水平调查比较制度，落实并完善工资正常调整机制。稳妥推进存贷款基准利率与市场利率并轨，提高债券市场定价效率，健全反映市场供求关系的国债收益率曲线，更好发挥国债收益率曲线定价基准作用。增强人民币汇率弹性，保持人民币汇率在合理均衡水平上的基本稳定。

（二十四）加强要素价格管理和监督。引导市场主体依法合理行使要素定价自主权，推动政府定价机制由制定具体价格水平向制定定价规则转变。构建要素价格公示和动态监测预警体系，逐步建立要素价格调查和信息发布制度。完善要素市场价格异常波动调节机制。加强要素领域价格反垄断工作，维护要素市场价格秩序。

（二十五）健全生产要素由市场评价贡献、按贡献决定报酬的机制。着重保护劳动所得，增加劳动者特别是一线劳动者劳动报酬，提高劳动报酬在初次分配中的比重。全面贯彻落实以增加知识价值为导向的收入分配政策，充分尊重科研、技术、管理人才，充分体现技术、知识、管理、数据等要素的价值。

八、健全要素市场运行机制

（二十六）健全要素市场化交易平台。拓展公共资源交易平台功能。健全科技成果交易平台，完善技术成果转化公开交易与监管体系。引导培育大数据交易市场，依法合规开展数据交易。支持各类所有制企业参与要素交易平台建设，规范要素交易平台治理，健全要素交易信息披露制度。

（二十七）完善要素交易规则和服务。研究制定土地、技术市场交易管理制度。

建立健全数据产权交易和行业自律机制。推进全流程电子化交易。推进实物资产证券化。鼓励要素交易平台与各类金融机构、中介机构合作，形成涵盖产权界定、价格评估、流转交易、担保、保险等业务的综合服务体系。

（二十八）提升要素交易监管水平。打破地方保护，加强反垄断和反不正当竞争执法，规范交易行为，健全投诉举报查处机制，防止发生损害国家安全及公共利益的行为。加强信用体系建设，完善失信行为认定、失信联合惩戒、信用修复等机制。健全交易风险防范处置机制。

（二十九）增强要素应急配置能力。把要素的应急管理和配置作为国家应急管理体系建设的重要内容，适应应急物资生产调配和应急管理需要，建立对相关生产要素的紧急调拨、采购等制度，提高应急状态下的要素高效协同配置能力。鼓励运用大数据、人工智能、云计算等数字技术，在应急管理、疫情防控、资源调配、社会管理等方面更好发挥作用。

九、组织保障

（三十）加强组织领导。各地区各部门要充分认识完善要素市场化配置的重要性，切实把思想和行动统一到党中央、国务院决策部署上来，明确职责分工，完善工作机制，落实工作责任，研究制定出台配套政策措施，确保本意见确定的各项重点任务落到实处。

（三十一）营造良好改革环境。深化“放管服”改革，强化竞争政策基础地位，打破行政性垄断、防止市场垄断，清理废除妨碍统一市场和公平竞争的各种规定和做法，进一步减少政府对要素的直接配置。深化国有企业和国有金融机构改革，完善法人治理结构，确保各类所有制企业平等获取要素。

（三十二）推动改革稳步实施。在维护全国统一大市场的前提下，开展要素市场化配置改革试点示范。及时总结经验，认真研究改革中出现的新情况新问题，对不符合要素市场化配置改革的相关法律法规，要按程序抓紧推动调整完善。

国务院关于印发实施《中华人民共和国促进科技成果转化法》若干规定的通知

（国发〔2016〕16号）

各省、自治区、直辖市人民政府，国务院各部委、各直属机构：

现将《实施〈中华人民共和国促进科技成果转化法〉若干规定》印发给你们，请认真贯彻执行。

国务院

2016年2月26日

实施《中华人民共和国促进科技成果转化法》若干规定

为加快实施创新驱动发展战略，落实《中华人民共和国促进科技成果转化法》，打通科技与经济结合的通道，促进大众创业、万众创新，鼓励研究开发机构、高等院校、企业等创新主体及科技人员转移转化科技成果，推进经济提质增效升级，作出如下规定。

一、促进研究开发机构、高等院校技术转移

（一）国家鼓励研究开发机构、高等院校通过转让、许可或者作价投资等方式，向企业或者其他组织转移科技成果。国家设立的研究开发机构和高等院校应当采取措施，优先向中小微企业转移科技成果，为大众创业、万众创新提供技术供给。

国家设立的研究开发机构、高等院校对其持有的科技成果，可以自主决定转让、许可或者作价投资，除涉及国家秘密、国家安全外，不需审批或者备案。

国家设立的研究开发机构、高等院校有权依法以持有的科技成果作价入股确认股权和出资比例，并通过发起人协议、投资协议或者公司章程等形式对科技成果的权属、作价、折股数量或者出资比例等事项明确约定，明晰产权。

（二）国家设立的研究开发机构、高等院校应当建立健全技术转移工作体系和机制，完善科技成果转移转化的管理制度，明确科技成果转化各项工作的责任主体，建立健全科技成果转化重大事项领导班子集体决策制度，加强专业化科技成果转化队伍建设，优化科技成果转化流程，通过本单位负责技术转移工作的机构或者委托独立的科技成果转化服务机构开展技

术转移。鼓励研究开发机构、高等院校在不增加编制的前提下建设专业化技术转移机构。

国家设立的研究开发机构、高等院校转化科技成果所获得的收入全部留归单位，纳入单位预算，不上缴国库，扣除对完成和转化职务科技成果作出重要贡献人员的奖励和报酬后，应当主要用于科学技术研发与成果转化等相关工作，并对技术转移机构的运行和发展给予保障。

（三）国家设立的研究开发机构、高等院校对其持有的科技成果，应当通过协议定价、在技术交易市场挂牌交易、拍卖等市场化方式确定价格。协议定价的，科技成果持有单位应当在本单位公示科技成果名称和拟交易价格，公示时间不少于15日。单位应当明确并公开异议处理程序和办法。

（四）国家鼓励以科技成果作价入股方式投资的中小企业充分利用资本市场做大做强，国务院财政、科技行政主管部门要研究制定国家设立的研究开发机构、高等院校以技术入股形成的国有股在企业上市时豁免向全国社会保障基金转持的有关政策。

（五）国家设立的研究开发机构、高等院校应当按照规定格式，于每年3月30日前向其主管部门报送本单位上一年度科技成果转化情况的年度报告，主管部门审核后于每年4月30日前将各单位科技成果转化年度报告报送至科技、财政行政主管部门指定的信息管理系统。年度报告内容主要包括：

1. 科技成果转化取得的总体成效和面临的问题；

2. 依法取得科技成果的数量及有关情况；

3. 科技成果转让、许可和作价投资情况；

4. 推进产学研合作情况，包括自建、共建研究开发机构、技术转移机构、科技成果转化服务平台情况，签订技术开发合同、技术咨询合同、技术服务合同情况，人才培养和人员流动情况等；

5. 科技成果转化绩效和奖惩情况，包括科技成果转化取得收入及分配情况，对科技成果转化人员的奖励和报酬等。

二、激励科技人员创新创业

（六）国家设立的研究开发机构、高等院校制定转化科技成果收益分配制度时，要按照规定充分听取本单位科技人员的意见，并在本单位公开相关制度。依法对职务科技成果完成人和为成果转化作出重要贡献的其他人员给予奖励时，按照以下规定执行：

1. 以技术转让或者许可方式转化职务科技成果的，应当从技术转让或者许可所取得的净收入中提取不低于50%的比例用于奖励。

2. 以科技成果作价投资实施转化的，应当从作价投资取得的股份或者出资比例中提取不低于50%的比例用于奖励。

3. 在研究开发和科技成果转化中作出主要贡献的人员，获得奖励的份额不低于奖励总额的50%。

4. 对科技人员在科技成果转化工作中开展技术开发、技术咨询、技术服务等活动给予的奖励，可按照促进科技成果转化法和本规定执行。

（七）国家设立的研究开发机构、高等院校科技人员在履行岗位职责、完成本职工作的前提下，经征得单位同意，可以兼职到企业等从事科技成果转化活动，或者离岗创业，在原则上不超过3年时间内保留人事关系，从事科技成果转化活动。研究开发机构、高等院校应当建立制度规定或者与科技人员约定兼职、离岗从事科技成果转化活动期间和期满后的权利和义务。离岗创业期间，科技人员所承担的国家科技计划和基金项目原则上不得中止，确需中止的应当按照有关管理办法办理手续。

积极推动逐步取消国家设立的研究开发机构、高等院校及其内设院系所等业务管理岗位的行政级别，建立符合科技创新规律的人事管理制度，促进科技成果转移转化。

（八）对于担任领导职务的科技人员获得科技成果转化奖励，按照分类管理的原则执行：

1. 国务院部门、单位和各地方所属研究开发机构、高等院校等事业单位（不含内设机构）正职领导，以及上述事业单位所属具有独立法人资格单位的正职领导，是科技成果的主要完成人或者对科技成果转化作出重要贡献的，可以按照促进科技成果转化法的规定获得现金奖励，原则上不得获取股权激励。其他担任领导职务的科技人员，是科技成果的主要完成人或者对科技成果转化作出重要贡献的，可以按照促进科技成果转化法的规定获得现金、股份或者出资比例等奖励和报酬。

2. 对担任领导职务的科技人员的科技成果转化收益分配实行公开公示制度，不得利用职权侵占他人科技成果转化收益。

（九）国家鼓励企业建立健全科技成果转化的激励分配机制，充分利用股权出售、股权奖励、股票期权、项目收益分红、岗位分红等方式激励科技人员开展科技成果转化。国务院财政、科技等行政主管部门要研究制定国有科技型企业股权和分红激励政策，结合深化国有企业改革，对科技人员实施激励。

（十）科技成果转化过程中，通过技术交易市场挂牌交易、拍卖等方式确定价格的，或者通过协议定价并在本单位及技术交易市场公示拟交易价格的，单位领导在履行勤勉尽责义务、没有牟取非法利益的前提下，免除其在科技成果定价中因科技成果转化后续价值变化产生的决策责任。

三、营造科技成果转移转化良好环境

（十一）研究开发机构、高等院校的主管部门以及财政、科技等相关部门，在对单位进行绩效考评时应当将科技成果转化的情况作为评价指标之一。

（十二）加大对科技成果转化绩效突出的研究开发机构、高等院校及人员的支持力度。研究开发机构、高等院校的主管部门以及财政、科技等相关部门根据单位科技成果转化年度报告情况等，对单位科技成果转化绩效予以评价，并将评价结果作为对单位予以支持的参考依据之一。

国家设立的研究开发机构、高等院校应当制定激励制度，对业绩突出的专业化技术转移机构给予奖励。

（十三）做好国家自主创新示范区税收试点政策向全国推广工作，落实好现有促进科技成果转化的税收政策。积极研究探索支持单位和个人科技成果转化的税收政策。

（十四）国务院相关部门要按照法律规定和事业单位分类改革的相关规定，研究制定符合所管理行业、领域特点的科技成果转化政策。涉及国家安全、国家秘密的科技成果转化，行业主管部门要完善管理制度，激励与规范相关科技成果转化活动。对涉密科技成果，相关单位应当根据情况及时做好解密、降密工作。

（十五）各地方、各部门要切实加强对科技成果转化工作的组织领导，及时研究新情况、新问题，加强政策协同配合，优化政策环境，开展监测评估，及时总结推广经验做法，加大宣传力度，提升科技成果转化的质量和效率，推动我国经济转型升级、提质增效。

（十六）《国务院办公厅转发科技部等部门关于促进科技成果转化若干规定的通知》（国办发〔1999〕29号）同时废止。此前有关规定与本规定不一致的，按本规定执行。

国务院关于印发国家技术转移体系建设方案的通知

（国发〔2017〕44号）

各省、自治区、直辖市人民政府，国务院各部委、各直属机构：

现将《国家技术转移体系建设方案》印发给你们，请认真贯彻执行。

国务院

2017年9月15日

国家技术转移体系建设方案

国家技术转移体系是促进科技成果持续产生，推动科技成果扩散、流动、共享、应用并实现经济与社会价值的生态系统。建设和完善国家技术转移体系，对于促进科技成果资本化产业化、提升国家创新体系整体效能、激发全社会创新创业活力、促进科技与经济紧密结合具有重要意义。党中央、国务院高度重视技术转移工作。改革开放以来，我国科技成果持续产出，技术市场有序发展，技术交易日趋活跃，但也面临技术转移链条不畅、人才队伍不强、体制机制不健全等问题，迫切需要加强系统设计，构建符合科技创新规律、技术转移规律和产业发展规律的国家技术转移体系，全面提升科技供给与转移扩散能力，推动科技成果加快转化为经济社会发展的现实动力。为深入落实《中华人民共和国促进科技成果转化法》，加快建设和完善国家技术转移体系，制定本方案。

一、总体要求

（一）指导思想。

全面贯彻党的十八大和十八届三中、四中、五中、六中全会精神，深入贯彻习近平总书记系列重要讲话精神和治国理政新理念新思想新战略，按照党中央、国务院决策部署，统筹推进“五位一体”总体布局和协调推进“四个全面”战略布局，坚持稳中求进工作总基调，牢固树立和贯彻落实新发展理念，深入实施创新驱动发展战略，激发创新主体活力，加强技术供需对接，优化要素配置，完善政策环境，发挥技术转移对提升科技创新能力、促进经济社会发展的重要作用，为加快建设创新型国家和世界科技强国提供有力支撑。

（二）基本原则。

——市场主导，政府推动。发挥市场在促进技术转移中的决定性作用，强化市场加快科学技术渗透扩散、促进创新要素优化配置等功能。政府注重抓战略、抓规划、抓政策、抓服务，为技术转移营造良好环境。

——改革牵引，创新机制。遵循技术转移规律，把握开放式、网络化、非线性创新范式的新特征，探索灵活多样的技术转移体制机制，调动各类创新主体和技术转移载体的积极性。

——问题导向，聚焦关键。聚焦技术转移体系的薄弱环节和转移转化中的关键症结，提出有针对性、可操作的政策措施，补齐技术转移短板，打通技术转移链条。

——纵横联动，强化协同。加强中央与地方联动、部门与行业协同、军用与民用融合、国际与国内联通，整合各方资源，实现各地区、各部门、各行业技术转移工作的衔接配套。

（三）建设目标。

到2020年，适应新形势的国家技术转移体系基本建成，互联互通的技术市场初步形成，市场化的技术转移机构、专业化的技术转移人才队伍发展壮大，技术、资本、人才等创新要素有机融合，技术转移渠道更加畅通，面向“一带一路”沿线国家等的国际技术转移广泛开展，有利于科技成果资本化、产业化的体制机制基本建立。

到2025年，结构合理、功能完善、体制健全、运行高效的国家技术转移体系全面建成，技术市场充分发育，各类创新主体高效协同互动，技术转移体制机制更加健全，科技成果的扩散、流动、共享、应用更加顺畅。

（四）体系布局。

建设和完善国家技术转移体系是一项系统工程，要着眼于构建高效协同的国家创新体系，从技术转移的全过程、全链条、全要素出发，从基础架构、转移通道、支撑保障三个方面进行系统布局。

——基础架构。发挥企业、高校、科研院所等创新主体在推动技术转移中的重要作用，以统一开放的技术市场为纽带，以技术转移机构和人才为支撑，加强科技成果有效供给与转化应用，推动形成紧密互动的技术转移网络，构建技术转移体系的“四梁八柱”。

——转移通道。通过科研人员创新创业以及跨军民、跨区域、跨国界技术转移，增强技术转移体系的辐射和扩散功能，推动科技成果有序流动、高效配置，引导技术与人才、资本、企业、产业有机融合，加快新技术、新产品、新模式的广泛渗透与应用。

——支撑保障。强化投融资、知识产权等服务，营造有利于技术转移的政策环境，确保技术转移体系高效运转。

二、优化国家技术转移体系基础架构

（五）激发创新主体技术转移活力。

强化需求导向的科技成果供给。发挥企业在市场导向类科技项目研发投入和组织实施中的主体作用，推动企业等技术需求方深度参与项目过程管理、验收评估等组织实施全过程。在国家重大科技项目中明确成果转化任务，设立与转化直接相关的考核指标，完善“沿途下蛋”机制，拉近成果与市场的距离。引导高校和科研院所结合发展定位，紧贴市场需求，开展技术创新与转移转化活动；强化高校、科研院所科技成果转化情况年度报告的汇交和使用。

促进产学研协同技术转移。发挥国家技术创新中心、制造业创新中心等平台载体作用，推动重大关键技术转移扩散。依托企业、高校、科研院所建设一批聚焦细分领域的科技成果中试、熟化基地，推广技术成熟度评价，促进技术成果规模化应用。支持企业牵头会同高校、科研院所等共建产业技术创新战略联盟，以技术交叉许可、建立专利池等方式促进技术转移扩散。加快发展新型研发机构，探索共性技术研发和技术转移的新机制。充分发挥学会、行业协会、研究会等科技社团的优势，依托产学研协同共同体推动技术转移。

面向经济社会发展急需领域推动技术转移。围绕环境治理、精准扶贫、人口健康、公共安全等社会民生领域的重大科技需求，发挥临床医学研究中心等公益性技术转移平台作用，发布公益性技术成果指导目录，开展示范推广应用，让人民群众共享先进科技成果。聚焦影响长远发展的战略必争领域，加强技术供需对接，加快推动重大科技成果转化应用。瞄准人工智能等覆盖面大、经济效益明显的重点领域，加强关键共性技术推广应用，促进产业转型升级。面向农业农村经济社会发展科技需求，充分发挥公益性农技推广机构为主、社会化服务组织为补充的“一主多元”农技推广体系作用，加强农业技术转移体系建设。

（六）建设统一开放的技术市场。

构建互联互通的全国技术交易网络。依托现有的枢纽型技术交易网络平台，通过互联网技术手段连接技术转移机构、投融资机构和各类创新主体等，集聚成果、资金、人才、服务、政策等创新要素，开展线上线下相结合的技术交易活动。

加快发展技术市场。培育发展若干功能完善、辐射作用强的全国性技术交易市场，健全与全国技术交易网络联通的区域性、行业性技术交易市场。推动技术市场与资本市场联动融合，拓宽各类资本参与技术转移投资、流转和退出的渠道。

提升技术转移服务水平。制定技术转移服务规范，完善符合科技成果交易特点的市场化定价机制，明确科技成果拍卖、在技术交易市场挂牌交易、协议成交信息公示等操作流程。建立健全技术转移服务业专项统计制度，完善技术合同认定规则与登记管理办法。

（七）发展技术转移机构。

强化政府引导与服务。整合强化国家技术转移管理机构职能，加强对全国技术交易市场、技术转移机构发展的统筹、指导、协调，面向全社会组织开展财政资助产生的科技成果信息收集、评估、转移服务。引导技术转移机构市场化、规范化发展，提升服务能力和水平，培育一批具有示范带动作用的技术转移机构。

加强高校、科研院所技术转移机构建设。鼓励高校、科研院所在不增加编制的前提下建设专业化技术转移机构，加强科技成果的市场开拓、营销推广、售后服务。创新高校、科研院所技术转移管理和运营机制，建立职务发明披露制度，实行技术经理人聘用制，明确利益分配机制，引导专业人员从事技术转移服务。

加快社会化技术转移机构发展。鼓励各类中介机构为技术转移提供知识产权、法律咨询、资产评估、技术评价等专业服务。引导各类创新主体和技术转移机构联合组建技术转移联盟，强化信息共享与业务合作。鼓励有条件的地方结合服务绩效对相关技术转移机构给予支持。

（八）壮大专业化技术转移人才队伍。

完善多层次的技术转移人才发展机制。加强技术转移管理人员、技术经纪人、技术经理人等人才队伍建设，畅通职业发展和职称晋升通道。支持和鼓励高校、科研院所设置专职从事技术转移工作的创新型岗位，绩效工资分配应当向作出突出贡献的技术转移人员倾斜。鼓励退休专业技术人员从事技术转移服务。统筹适度运用政策引导和市场激励，更多通过市场收益回报科研人员，多渠道鼓励科研人员从事技术转移活动。加强对研发和转化高精尖、国防等科技成果相关人员的政策支持。

加强技术转移人才培养。发挥企业、高校、科研院所等作用，通过项目、基地、教学合作等多种载体和形式吸引海外高层次技术转移人才和团队。鼓励有条件的高校设立技术转移相关学科或专业，与企业、科研院所、科技社团等建立联合培养机制。将高层次技术转移人才纳入国家和地方高层次人才特殊支持计划。

三、拓宽技术转移通道

（九）依托创新创业促进技术转移。

鼓励科研人员创新创业。引导科研人员通过到企业挂职、兼职或在职创办企业以及离岗创业等多种形式，推动科技成果向中小微企业转移。支持高校、科研院所通过设立流动岗位等方式，吸引企业创新创业人才兼职从事技术转移工作。引导科研人员面向企业开展技术转让、技术开发、技术服务、技术咨询，横向课题经费按合同约定管理。

强化创新创业载体技术转移功能。聚焦实体经济和优势产业，引导企业、高校、科研院所发展专业化众创空间，依托开源软硬件、3D 打印、网络制造等工具建立开放共享的创新平台，为技术概念验证、商业化开发等技术转移活动提供服务支撑。鼓励龙头骨干企业开放创新创业资源，支持内部员工创业，吸引集聚外部创业，推动大中小企业跨界融合，引导研发、制造、服务各环节协同创新。优化孵化器、加速器、大学科技园等各类孵化载体功能，构建涵盖技术研发、企业孵化、产业化开发的全链条孵化体系。加强农村创新创业载体建设，发挥科技特派员引导科技成果向农村农业转移的重要作用。针对国家、行业、企业技术创新需求，通过“揭榜比拼”、“技术难题招标”等形式面向社会公开征集解决方案。

（十）深化军民科技成果双向转化。

强化军民技术供需对接。加强军民融合科技成果信息互联互通，建立军民技术成果信息交流机制。进一步完善国家军民技术成果公共服务平台，提供军民科技成果评价、信息检索、政策咨询等服务。强化军队装备采购信息平台建设，搭建军民技术供需对接平台，引导优势民品单位进入军品科研、生产领域，加快培育反恐防爆、维稳、安保等国家安全和应急产业，加强军民研发资源共享共用。

优化军民技术转移体制机制。完善国防科技成果降解密、权利归属、价值评估、考核激励、知识产权军民双向转化等配套政策。开展军民融合国家专利运营试点，探索建立国家军民融合技术转移中心、国家级实验室技术转移联盟。建立和完善军民融合技术评价体系。建立军地人才、技术、成果转化对接机制，完善符合军民科技成果转化特点的职称评定、岗位管理和考核评价制度。构建军民技术交易监管体系，完善军民两用技术转移项目审查和评估制度。在部分地区开展军民融合技术转移机制探索和政策试点，开展典型成果转移转化示范。探索重大科技项目军民联合论证与组织实施的新机制。

（十一）推动科技成果跨区域转移扩散。

强化重点区域技术转移。发挥北京、上海科技创新中心及其他创新资源集聚区域的引领辐射与源头供给作用，促进科技成果在京津冀、长江经济带等地区转移转化。开展振兴东北科技成果转移转化专项行动、创新驱动助力工程等，通过科技成果转化推动区域特色优势产业发展。优化对口援助和帮扶机制，开展科技扶贫精准脱贫，推动新品种、新技术、新成果向贫困地区转移转化。

完善梯度技术转移格局。加大对中西部地区承接成果转移转化的差异化支持力度，围绕重点产业需求进行科技成果精准对接。探索科技成果东中西梯度有序转移的利益分享机制和合作共赢模式，引领产业合理分工和优化布局。建立健全省、市、县三级技术转移工作网络，加快先进适用科技成果向县域转移转化，推动县域创新驱动发展。

开展区域试点示范。支持有条件的地区建设国家科技成果转移转化示范区，开展体制机制创新与政策先行先试，探索一批可复制、可推广的经验与模式。允许中央高校、科研院所、企业按规定执行示范区相关政策。

（十二）拓展国际技术转移空间。

加速技术转移载体全球化布局。加快国际技术转移中心建设，构建国际技术转移协作和信息对接平台，在技术引进、技术孵化、消化吸收、技术输出和人才引进等方面加强国际合作，实现对全球技术资源的整合利用。加强国内外技术转移机构对接，创新合作机制，形成技术双向转移通道。

开展“一带一路”科技创新合作技术转移行动。与“一带一路”沿线国家共建技术转移中心及创新合作中心，构建“一带一路”技术转移协作网络，向沿线国家转移先进适用技术，发挥对“一带一路”产能合作的先导作用。

鼓励企业开展国际技术转移。引导企业建立国际化技术经营公司、海外研发中心，与国外技术转移机构、创业孵化机构、创业投资机构开展合作。开展多种形式的国际技术转移活动，与技术转移国际组织建立常态化交流机制，围绕特定产业领域为企业技术转移搭建展示交流平台。

四、完善政策环境和支撑保障

（十三）树立正确的科技评价导向。

推动高校、科研院所完善科研人员分类评价制度，建立以科技创新质量、贡献、绩效为导向的分类评价体系，扭转唯论文、唯学历的评价导向。对主要从事应用研究、技术开发、成果转化工作的科研人员，加大成果转化、技术推广、技术服务等评价指标的权重，把科技成果转化对经济社会发展的贡献作为科研人员职务晋升、职称评审、绩效考核等的重要依据，不将论文作为评价的限制性条件，引导广大科技工作者把论文写在祖国大地上。

（十四）强化政策衔接配套。

健全国有技术类无形资产管理制度，根据科技成果转化特点，优化相关资产评估管理流程，探索通过公示等方式简化备案程序。探索赋予科研人员横向委托项目科技成果所有权或长期使用权，在法律授权前提下开展高校、科研院所等单位与完成人或团队共同拥有职务发明科技成果产权的改革试点。高校、科研院所科研人员依法取得的成果转化奖励收入，不纳入绩效工资。建立健全符合国际规则的创新产品采购、首台套保险政策。健全技术创新与标准化互动支撑机制，开展科技成果向技术标准转化试点。结合税制改革方向，按照强化科技成果转化激励的原则，统筹研究科技成果转化奖励收入有关税收政策。完善出口管制制度，加强技术转移安全审查体系建设，切实维护国家安全和核心利益。

（十五）完善多元化投融资服务。

国家和地方科技成果转化引导基金通过设立创业投资子基金、贷款风险补偿等方式，引导社会资本加大对技术转移早期项目和科技型中小微企业的投融资支持。开展知识产权证券化融资试点，鼓励商业银行开展知识产权质押贷款业务。按照国务院统一部署，鼓励银行业金融机构积极稳妥开展内部投贷联动试点和外部投贷联动。落实创业投资企业和天使投资个人投向种子期、初创期科技型企业按投资额70%抵扣应纳税所得额的试点优惠政策。

（十六）加强知识产权保护和运营。

完善适应新经济新模式的知识产权保护，释放激发创新创业动力与活力。加强对技术转移过程中商业秘密的法律保护，研究建立当然许可等知识产权运用机制的法律制度。发挥知识产权司法保护的主导作用，完善行政执法和司法保护两条途径优势互补、有机衔接的知识产权保护模式，推广技术调查官制度，统一裁判规范标准，改革优化知识产权行政保护体系。优化专利和商标审查流程，拓展“专利审查高速路”国际合作网络，提升知识产权质量。

（十七）强化信息共享和精准对接。

建立国家科技成果信息服务平台，整合现有科技成果信息资源，推动财政科技计划、科技奖励成果信息统一汇交、开放、共享和利用。以需求为导向，鼓励各类机构通过技术交易市场等渠道发布科技成果供需信息，利用大数据、云计算等技术开展科技成果信息深度挖掘。建立重点领域科技成果包发布机制，开展科技成果展示与路演活动，促进技术、专家和企业精准对接。

（十八）营造有利于技术转移的社会氛围。

针对技术转移过程中高校、科研院所等单位领导履行成果定价决策职责、科技管理人员履行项目立项与管理职责等，健全激励机制和容错纠错机制，完善勤勉尽责政策，形成敢于转化、愿意转化的良好氛围。完善社会诚信体系，发挥社会舆论作用，营造权利公平、机会公平、规则公平的市场环境。

五、强化组织实施

（十九）加强组织领导。

国家科技体制改革和创新体系建设领导小组负责统筹推进国家技术转移体系建设，审议相关重大任务、政策措施。国务院科技行政主管部门要加强组织协调，明确责任分工，细化目标任务，强化督促落实。有关部门要根据本方案制订实施细则，研究落实促进技术转移的相关政策措施。地方各级政府要将技术转移体系建设工作纳入重要议事日程，建立协调推进机制，结合实际抓好组织实施。

（二十）抓好政策落实。

全面贯彻落实促进技术转移的相关法律法规及配套政策，着重抓好具有标志性、关联性作用的改革举措。各地区、各部门要建立政策落实责任制，切实加强对政策落实的跟踪监测和效果评估，对已经出台的重大改革和政策措施落实情况及时跟踪、及时检查、及时评估。

（二十一）加大资金投入。

各地区、各部门要充分发挥财政资金对技术转移和成果转化的引导作用，完善投入机制，推进科技金融结合，加大对技术转移机构、信息共享服务平台建设等重点任务的支持力度，形成财政资金与社会资本相结合的多元化投入格局。

（二十二）开展监督评估。

强化对本方案实施情况的监督评估，建立监测、督办和评估机制，定期组织督促检查，开展第三方评估，掌握目标任务完成情况，及时发现和解决问题。加强宣传和政策解读，及时总结推广典型经验做法。

国务院办公厅关于印发
促进科技成果转移转化行动方案的通知

（国办发〔2016〕28号）

各省、自治区、直辖市人民政府，国务院各部委、各直属机构：

《促进科技成果转移转化行动方案》已经国务院同意，现印发给你们，请认真贯彻落实。

国务院办公厅

2016年4月21日

促进科技成果转移转化行动方案

促进科技成果转移转化是实施创新驱动发展战略的重要任务，是加强科技与经济紧密结合的关键环节，对于推进结构性改革尤其是供给侧结构性改革、支撑经济转型升级和产业结构调整，促进大众创业、万众创新，打造经济发展新引擎具有重要意义。为深入贯彻党中央、国务院一系列重大决策部署，落实《中华人民共和国促进科技成果转化法》，加快推动科技成果转化为现实生产力，依靠科技创新支撑稳增长、促改革、调结构、惠民生，特制定本方案。

一、总体思路

深入贯彻落实党的十八大、十八届三中、四中、五中全会精神和国务院部署，紧扣创新发展要求，推动大众创新创业，充分发挥市场配置资源的决定性作用，更好发挥政府作用，完善科技成果转移转化政策环境，强化重点领域和关键环节的系统部署，强化技术、资本、人才、服务等创新资源的深度融合与优化配置，强化中央和地方协同推动科技成果转移转化，建立符合科技创新规律和市场经济规律的科技成果转移转化体系，促进科技成果资本化、产业化，形成经济持续稳定增长新动力，为到2020年进入创新型国家行列、实现全面建成小康社会奋斗目标作出贡献。

（一）基本原则。

——市场导向。发挥市场在配置科技创新资源中的决定性作用，强化企业转移转化科技成果的主体地位，发挥企业家整合技术、资金、人才的关键作用，推进产学研协同创新，大力发展技术市场。完善科技成果转移转化的需求导向机制，拓展新技术、新产品的市场应用空间。

——政府引导。加快政府职能转变，推进简政放权、放管结合、优化服务，强化政府在科技成果转移转化政策制定、平台建设、人才培养、公共服务等方面职能，发挥财政资金引导作用，营造有利于科技成果转移转化的良好环境。

——纵横联动。加强中央与地方的上下联动，发挥地方在推动科技成果转移转化中的重要作用，探索符合地方实际的成果转化有效路径。加强部门之间统筹协同、军民之间融合联动，在资源配置、任务部署等方面形成共同促进科技成果转化的合力。

——机制创新。充分运用众创、众包、众扶、众筹等基于互联网的创新创业新理念，建立创新要素充分融合的新机制，充分发挥资本、人才、服务在科技成果转移转化中的催化作用，探索科技成果转移转化新模式。

（二）主要目标。

“十三五”期间，推动一批短中期见效、有力带动产业结构优化升级的重大科技成果转化应用，企业、高校和科研院所科技成果转移转化能力显著提高，市场化的技术交易服务体系进一步健全，科技型创新创业蓬勃发展，专业化技术转移人才队伍发展壮大，多元化的科技成果转移转化投入渠道日益完善，科技成果转移转化的制度环境更加优化，功能完善、运行高效、市场化的科技成果转移转化体系全面建成。

主要指标：建设100个示范性国家技术转移机构，支持有条件的地方建设10个科技成果转移转化示范区，在重点行业领域布局建设一批支撑实体经济发展的众创空间，建成若干技术转移人才培养基地，培养1万名专业化技术转移人才，全国技术合同交易额力争达到2万亿元。

二、重点任务

围绕科技成果转移转化的关键问题和薄弱环节，加强系统部署，抓好措施落实，形成以企业技术创新需求为导向、以市场化交易平台为载体、以专业化服务机构为支撑的科技成果转移转化新格局。

（一）开展科技成果信息汇交与发布。

1. 发布转化先进适用的科技成果包。围绕新一代信息网络、智能绿色制造、现代农业、现代能源、资源高效利用和生态环保、海洋和空间、智慧城市和数字社会、人口健康等重点领域，以需求为导向发布一批符合产业转型升级方向、投资规模与产业带动作用大的科技成果包。发挥财政资金引导作用和科技中介机构的成果筛选、市场化评估、融资服务、成果推介等作用，鼓励企业探索新的商业模式和科技成果产业化路径，加速重大科技成果转化应用。引导支持农业、医疗卫生、生态建设等社会公益领域科技成果转化应用。

2. 建立国家科技成果信息系统。制定科技成果信息采集、加工与服务规范，推动中央和地方各类科技计划、科技奖励成果存量与增量数据资源互联互通，构建由财政资金支持产生的科技成果转化项目库与数据服务平台。完善科技成果信息共享机制，在不泄露国家秘密和商业秘密的前提下，向社会公布科技成果和相关知识产权信息，提供科技成果信息查询、筛选等公益服务。

3. 加强科技成果信息汇交。建立健全各地方、各部门科技成果信息汇交工作机制，推广科技成果在线登记汇交系统，畅通科技成果信息收集渠道。加强科技成果管理与科技计划项目管理的有机衔接，明确由财政资金设立的应用类科技项目承担单位的科技成果转化义务，开展应用类科技项目成果以及基础研究中具有应用前景的科研项目成果信息汇交。鼓励非财政资金资助的科技成果进行信息汇交。

4. 加强科技成果数据资源开发利用。围绕传统产业转型升级、新兴产业培育发展需求，鼓励各类机构运用云计算、大数据等新一代信息技术，积极开展科技成果信息增值服务，提供符合用户需求的精准科技成果信息。开展科技成果转化为技术标准试点，推动更多应用类科技成果转化为技术标准。加强科技成果、科技报告、科技文献、知识产权、标准等的信息化关联，各地方、各部门在规划制定、计划管理、战略研究等方面要充分利用科技成果资源。

5. 推动军民科技成果融合转化应用。建设国防科技工业成果信息与推广转化平台，研究设立国防科技工业军民融合产业投资基金，支持军民融合科技成果推广应用。梳理具有市场应用前景的项目，发布军用技术转民用推广目录、“民参军”技术与产品推荐目录、国防科技工业知识产权转化目录。实施军工技术推广专项，推动国防科技成果向民用领域转化应用。

（二）产学研协同开展科技成果转移转化。

6. 支持高校和科研院所开展科技成果转移转化。组织高校和科研院所梳理科技成果资源，发布科技成果目录，建立面向企业的技术服务站点网络，推动科技成果与产业、企业需求有效对接，通过研发合作、技术转让、技术许可、作价投资等多种形式，实现科技成果市场价值。依托中国科学院的科研院所体系实施科技服务网络计划，围绕产业和地方需求开展技术攻关、技术转移与示范、知识产权运营等。鼓励医疗机构、医学研究单位等构建协同研究网络，加强临床指南和规范制定工作，加快新技术、新产品应用推广。引导有条件的高校和科研院所建立健全专业化科技成果转移转化机构，明确统筹科技成果转移转化与知识产权管理的职责，加强市场化运营能力。在部分高校和科研院所试点探索科技成果转移转化的有效机制与模式，建立职务科技成果披露与管理制度，实行技术经理人市场化聘用制，建设一批运营机制灵活、专业人才集聚、服务能力突出、具有国际影响力的国家技术转移机构。

7. 推动企业加强科技成果转化应用。以创新型企业、高新技术企业、科技型中小企业为重点，支持企业与高校、科研院所联合设立研发机构或技术转移机构，共同开展研究开发、成果应用与推广、标准研究与制定等。围绕“互联网+”战略开展企业技术难题竞标等“研发众包”模式探索，引导科技人员、高校、科研院所承接企业的项目委托和难题招标，聚众智推进开放式创新。市场导向明确的科技计划项目由企业牵头组织实施。完善技术成果向企业转移扩散的机制，支持企业引进国内外先进适用技术，开展技术革新与改造升级。

8. 构建多种形式的产业技术创新联盟。围绕“中国制造2025”、“互联网+”等国家重点产业发展战略以及区域发展战略部署，发挥行业骨干企业、转制科研院所主导作用，联合上下游企业和高校、科研院所等构建一批产业技术创新联盟，围绕产业链构建创新链，推动跨领域跨行业协同创新，加强行业共性关键技术研发和推广应用，为联盟成员企业提供订单式研发服务。支持联盟承担重大科技成果转化项目，探索联合攻关、利益共享、知识产权运营的有效机制与模式。

9. 发挥科技社团促进科技成果转移转化的纽带作用。以创新驱动助力工程为抓手，提升学会服务科技成果转移转化能力和水平，利用学会服务站、技术研发基地等柔性创新载体，组织动员学会智力资源服务企业转型升级，建立学会联系企业的长效机制，开展科技信息服务，实现科技成果转移转化供给端与需求端的精准对接。

（三）建设科技成果中试与产业化载体。

10. 建设科技成果产业化基地。瞄准节能环保、新一代信息技术、生物技术、高端装备制造、新能源、新材料、新能源汽车等战略性新兴产业领域，依托国家自主创新示范区、国家高新区、国家农业科技园区、国家可持续发展实验区、国家大学科技园、战略性新兴产业集聚区等创新资源集聚区域以及高校、科研院所、行业骨干企业等，建设一批科技成果产业化基地，引导科技成果对接特色产业需求转移转化，培育新的经济增长点。

11. 强化科技成果中试熟化。鼓励企业牵头、政府引导、产学研协同，面向产业发展需求开展中试熟化与产业化开发，提供全程技术研发解决方案，加快科技成果转移转化。支持地方围绕区域特色产业发展、中小企业技术创新需求，建设通用性或行业性技术创新服务平台，提供从实验研究、中试熟化到生产过程所需的仪器设备、中试生产线等资源，开展研发设计、检验检测认证、科技咨询、技术标准、知识产权、投融资等服务。推动各类技术开发类科研基地合理布局和功能整合，促进科研基地科技成果转移转化，推动更多企业和产业发展亟需的共性技术成果扩散与转化应用。

（四）强化科技成果转移转化市场化服务。

12. 构建国家技术交易网络平台。以“互联网 +”科技成果转移转化为核心，以需求为导向，连接技术转移服务机构、投融资机构、高校、科研院所和企业等，集聚成果、资金、人才、服务、政策等各类创新要素，打造线上与线下相结合的国家技术交易网络平台。平台依托专业机构开展市场化运作，坚持开放共享的运营理念，支持各类服务机构提供信息发布、融资并购、公开挂牌、竞价拍卖、咨询辅导等专业化服务，形成主体活跃、要素齐备、机制灵活的创新服务网络。引导高校、科研院所、国有企业的科技成果挂牌交易与公示。

13. 健全区域性技术转移服务机构。支持地方和有关机构建立完善区域性、行业性技术市场，形成不同层级、不同领域技术交易有机衔接的新格局。在现有的技术转移区域中心、国际技术转移中心基础上，落实“一带一路”、京津冀协同发展、长江经济带等重大战略，进一步加强重点区域间资源共享与优势互补，提升跨区域技术转移与辐射功能，打造连接国内外技术、资本、人才等创新资源的技术转移网络。

14. 完善技术转移机构服务功能。完善技术产权交易、知识产权交易等各类平台功能，促进科技成果与资本的有效对接。支持有条件的技术转移机构与天使投资、创业投资等合作建立投资基金，加大对科技成果转化项目的投资力度。鼓励国内机构与国际知名技术转移机构开展深层次合作，围绕重点产业技术需求引进国外先进适用的科技成果。鼓励技术转移机构探索适应不同用户需求的科技成果评价方法，提升科技成果转移转化成功率。推动行业组织制定技术转移服务标准和规范，建立技术转移服务评价与信用机制，加强行业自律管理。

15. 加强重点领域知识产权服务。实施“互联网+”融合重点领域专利导航项目，引导“互联网+”协同制造、现代农业、智慧能源、绿色生态、人工智能等融合领域的知识产权战略布局，提升产业创新发展能力。开展重大科技经济活动知识产权分析评议，为战略规划、政策制定、项目确立等提供依据。针对重点产业完善国际化知识产权信息平台，发布“走向海外”知识产权实务操作指引，为企业“走出去”提供专业化知识产权服务。

（五）大力推动科技型创新创业。

16. 促进众创空间服务和支撑实体经济发展。重点在创新资源集聚区域，依托行业龙头企业、高校、科研院所，在电子信息、生物技术、高端装备制造等重点领域建设一批以成果转移转化为主要内容、专业服务水平高、创新资源配置优、产业辐射带动作用强的众创空间，有效支撑实体经济发展。构建一批支持农村科技创新创业的“星创天地”。支持企业、高校和科研院所发挥科研设施、专业团队、技术积累等专业领域创新优势，为创业者提供技术研发服务。吸引更多科技人员、海外归国人员等高端创业人才入驻众创空间，重点支持以核心技术为源头的创新创业。

17. 推动创新资源向创新创业者开放。引导高校、科研院所、大型企业、技术转移机构、创业投资机构以及国家级科研平台（基地）等，将科研基础设施、大型科研仪器、科技数据文献、科技成果、创投资金等向创新创业者开放。依托3D打印、大数据、网络制造、开源软硬件等先进技术和手段，支持各类机构为创新创业者提供便捷的创新创业工具。支持高校、企业、孵化机构、投资机构等开设创新创业培训课程，鼓励经验丰富的企业家、天使投资人和专家学者等担任创业导师。

18. 举办各类创新创业大赛。组织开展中国创新创业大赛、中国创新挑战赛、中国“互联网+”大学生创新创业大赛、中国农业科技创新创业大赛、中国科技创新创业人才投融资集训营等活动，支持地方和社会各界举办各类创新创业大赛，集聚整合创业投资等各类资源支持创新创业。

（六）建设科技成果转移转化人才队伍。

19. 开展技术转移人才培养。充分发挥各类创新人才培养示范基地作用，依托有条件的地方和机构建设一批技术转移人才培养基地。推动有条件的高校设立科技成果转化相关课程，打造一支高水平的师资队伍。加快培养科技成果转移转化领军人才，纳入各类创新创业人才引进培养计划。推动建设专业化技术经纪人队伍，畅通职业发展通道。鼓励和规范高校、科研院所、企业中符合条件的科技人员从事技术转移工作。与国际技术转移组织联合培养国际化技术转移人才。

20. 组织科技人员开展科技成果转移转化。紧密对接地方产业技术创新、农业农村发展、社会公益等领域需求，继续实施万名专家服务基层行动计划、科技特派员、科技创业者行动、企业院士行、先进适用技术项目推广等，动员高校、科研院所、企业的科技人员及高层次专家，深入企业、园区、农村等基层一线开展技术咨询、技术服务、科技攻关、成果推广等科技成果转移转化活动，打造一支面向基层的科技成果转移转化人才队伍。

21. 强化科技成果转移转化人才服务。构建"互联网+"创新创业人才服务平台，提供科技咨询、人才计划、科技人才活动、教育培训等公共服务，实现人才与人才、人才与企业、人才与资本之间的互动和跨界协作。围绕支撑地方特色产业培育发展，建立一批科技领军人才创新驱动中心，支持有条件的企业建设院士（专家）工作站，为高层次人才与企业、地方对接搭建平台。建设海外科技人才离岸创新创业基地，为引进海外创新创业资源搭建平台和桥梁。

（七）大力推动地方科技成果转移转化。

22. 加强地方科技成果转化工作。健全省、市、县三级科技成果转化工作网络，强化科技管理部门开展科技成果转移转化的工作职能，加强相关部门之间的协同配合，探索适应地方成果转化要求的考核评价机制。加强基层科技管理机构与队伍建设，完善承接科技成果转移转化的平台与机制，宣传科技成果转化政策，帮助中小企业寻找应用科技成果，搭建产学研合作信息服务平台。指导地方探索"创新券"等政府购买服务模式，降低中小企业技术创新成本。

23. 开展区域性科技成果转移转化试点示范。以创新资源集聚、工作基础好的省（区、市）为主导，跨区域整合成果、人才、资本、平台、服务等创新资源，建设国家科技成果转移转化试验示范区，在科技成果转移转化服务、金融、人才、政策等方面，探索形成一批可复制、可推广的工作经验与模式。围绕区域特色产业发展技术瓶颈，推动一批符合产业转型发展需求的重大科技成果在示范区转化与推广应用。

（八）强化科技成果转移转化的多元化资金投入。

24. 发挥中央财政对科技成果转移转化的引导作用。发挥国家科技成果转化引导基金等的杠杆作用，采取设立子基金、贷款风险补偿等方式，吸引社会资本投入，支持关系国计民生和产业发展的科技成果转化。通过优化整合后的技术创新引导专项（基金）、基地和人才专项，加大对符合条件的技术转移机构、基地和人才的支持力度。国家科技重大专项、重点研发计划支持战略性重大科技成果产业化前期攻关和示范应用。

25. 加大地方财政支持科技成果转化力度。引导和鼓励地方设立创业投资引导、科技成果转化、知识产权运营等专项资金（基金），引导信贷资金、创业投资资金以及各类社会资金加大投入，支持区域重点产业科技成果转移转化。

26. 拓宽科技成果转化资金市场化供给渠道。大力发展创业投资，培育发展天使投资人和创投机构，支持初创期科技企业和科技成果转化项目。利用众筹等互联网金融平台，为小微企业转移转化科技成果拓展融资渠道。支持符合条件的创新创业企业通过发行债券、资产证券化等方式进行融资。支持银行探索股权投资与信贷投放相结合的模式，为科技成果转移转化提供组合金融服务。

三、组织与实施

（一）加强组织领导。各有关部门要根据职能定位和任务分工，加强政策、资源统筹，建立协同推进机制，形成科技部门、行业部门、社会团体等密切配合、协同推进的工作格局。强化中央和地方协同，加强重点任务的统筹部署及创新资源的统筹配置，形成共同推进科技成果转移转化的合力。各地方要将科技成果转移转化工作纳入重要议事日程，强化科技成果转移转化工作职能，结合实际制定具体实施方案，明确工作推进路线图和时间表，逐级细化分解任务，切实加大资金投入、政策支持和条件保障力度。

（二）加强政策保障。落实《中华人民共和国促进科技成果转化法》及相关政策措施，完善有利于科技成果转移转化的政策环境。建立科研机构、高校科技成果转移转化绩效评估体系，将科技成果转移转化情况作为对单位予以支持的参考依据。推动科研机构、高校建立符合自身人事管理需要和科技成果转化工作特点的职称评定、岗位管理和考核评价制度。完善有利于科技成果转移转化的事业单位国有资产管理相关政策。研究探索科研机构、高校领导干部正职任前在科技成果转化中获得股权的代持制度。各地方要围绕落实《中华人民共和国促进科技成果转化法》，完善促进科技成果转移转化的政策法规。建立实施情况监测与评估机制，为调整完善相关政策举措提供支撑。

（三）加强示范引导。加强对试点示范工作的指导推动，交流各地方各部门的好经验、好做法，对可复制、可推广的经验和模式及时总结推广，发挥促进科技成果转移转化行动的带动作用，引导全社会关心和支持科技成果转移转化，营造有利于科技成果转移转化的良好社会氛围。

附件：重点任务分工及进度安排表

附件

重点任务分工及进度安排表

序号	重点任务	责任部门	时间进度
1	发布一批产业转型升级发展急需的科技成果包	科技部会同有关部门	2016 年 6 月底前完成
2	建立国家科技成果信息系统	科技部、财政部、中科院、工程院、自然科学基金会等	2017 年 6 月底前建成
3	加强科技成果信息汇交，推广科技成果在线登记汇交系统	科技部会同有关部门	持续推进
4	开展科技成果转化为技术标准试点	质检总局、科技部	2016 年 12 月底前启动

续表

序号	重点任务	责任部门	时间进度
5	推动军民科技成果融合转化应用	国家国防科工局、工业和信息化部、财政部、国家知识产权局等	持续推进
6	依托中科院科研院所体系实施科技服务网络计划	中科院	持续推进
7	在有条件的高校和科研院所建设一批国家技术转移机构	科技部、教育部、农业部、中科院等	2016 年 6 月底前启动建设，持续推进
8	围绕国家重点产业和重大战略，构建一批产业技术创新联盟	科技部、工业和信息化部、中科院等	2016 年 6 月底前启动建设，持续推进
9	推动各类技术开发类科研基地合理布局和功能整合，促进科研基地科技成果转移转化	科技部会同有关部门	持续推进
10	打造线上与线下相结合的国家技术交易网络平台	科技部、教育部、工业和信息化部、农业部、国务院国资委、中科院、国家知识产权局等	2017 年 6 月底前建成运行
11	制定技术转移服务标准和规范	科技部、质检总局	2017 年 3 月底前出台
12	依托行业龙头企业、高校、科研院所建设一批支撑实体经济发展的众创空间	科技部会同有关部门	持续推进
13	依托有条件的地方和机构建设一批技术转移人才培养基地	科技部会同有关部门	持续推进
14	构建“互联网 +”创新创业人才服务平台	科技部会同有关部门	2016 年 12 月底前建成运行
15	建设海外科技人才离岸创新创业基地	中国科协	持续推进
16	建设国家科技成果转移转化试验示范区，探索可复制、可推广的经验与模式	科技部会同有关地方政府	2016 年 6 月底前启动建设
17	发挥国家科技成果转化引导基金等的杠杆作用，支持科技成果转化	科技部、财政部等	持续推进
18	引导信贷资金、创业投资资金以及各类社会资金加大投入，支持区域重点产业科技成果转移转化	科技部、财政部、人民银行、银监会、证监会	持续推进
19	推动科研机构、高校建立符合自身人事管理需要和科技成果转化工作特点的职称评定、岗位管理和考核评价制度	教育部、科技部、人力资源社会保障部等	2017 年 12 月底前完成
20	研究探索科研机构、高校领导干部正职任前在科技成果转化中获得股权的代持制度	科技部、中央组织部、人力资源社会保障部、教育部	持续推进

国务院办公厅关于推广第二批支持创新相关改革举措的通知

（国办发〔2018〕126号）

各省、自治区、直辖市人民政府，国务院各部委、各直属机构：

按照党中央、国务院决策部署，京津冀、上海、广东（珠三角）、安徽（合芜蚌）、四川（成德绵）、湖北武汉、陕西西安、辽宁沈阳等8个区域和有关省市、部门，在知识产权保护、科技成果转化激励、科技金融创新、军民深度融合、管理体制创新等方面先行先试、大胆创新，取得了一批改革突破和可复制推广经验，国务院办公厅已于2017年印发通知予以推广。之后，相关方面继续加强改革探索，形成了新一批支持创新的改革举措，经国务院批准，决定在更大范围内复制推广。现就有关事项通知如下：

一、推广的改革举措（共23项）

（一）知识产权保护方面5项：知识产权民事、刑事、行政案件“三合一”审判；省级行政区内专利等专业技术性较强的知识产权案件跨市（区）审理；以降低侵权损失为核心的专利保险机制；知识产权案件审判中引入技术调查官制度；基于“两表指导、审助分流”的知识产权案件快速审判机制。

（二）科技成果转化激励方面4项：以事前产权激励为核心的职务科技成果权属改革；技术经理人全程参与的科技成果转化服务模式；技术股与现金股结合激励的科技成果转化相关方利益捆绑机制；“定向研发、定向转化、定向服务”的订单式研发和成果转化机制。

（三）科技金融创新方面5项：区域性股权市场设置科技创新专板；基于“六专机制”的科技型企业全生命周期金融综合服务；推动政府股权基金投向种子期、初创期企业的容错机制；以协商估值、坏账分担为核心的中小企业商标质押贷款模式；创新创业团队回购地方政府产业投资基金所持股权的机制。

（四）军民深度融合方面6项。

（五）管理体制创新方面3项：允许地方高校自主开展人才引进和职称评审；以授权为基础、市场化方式运营为核心的科研仪器设备开放共享机制；以地方立法形式建立推动改革创新的决策容错机制。

二、高度重视推广工作

各地区、各部门要以习近平新时代中国特色社会主义思想为指导，全面贯彻党的十九大和十九届二中、三中全会精神，坚定实施创新驱动发展战略，进一步深刻领会和把握推广支持创新相关改革举措的重大意义，将其作为深入贯彻落实新发展理念、推进经济高质量发展、建设现代化经济体系的重要抓手。要着力推进构建与创新驱动发展要求相适应的新体制、新模式，深化简政放权、放管结合、优化服务改革，加快政府职能深刻转变，促进政府治理体系和治理能力现代化，加快打造国际一流、公平竞争的营商环境，更大激发市场活力、增强内生动力、释放内需潜力，推动经济社会持续健康发展。

三、认真抓好组织实施

各省（区、市）人民政府要把推广支持创新相关改革举措列为本地区重点工作，切实加强组织领导，结合各自实际情况，研究制定推广工作方案。要加强督促检查，积极创造条件开展复制推广工作，确保改革举措落地生根、产生实效。国务院各有关部门要结合工作职能，积极协调、指导推进复制推广工作。需国务院批准的事项要按程序报批，需调整有关行政法规、国务院文件和部门规章规定的按法定程序办理。国家发展改革委和科技部要适时督促检查推广工作进展情况及效果，重大问题及时向国务院报告。

附件：第二批支持创新相关改革举措推广清单

国务院办公厅

2018 年 12 月 23 日

（本文有删减）

附件

第二批支持创新相关改革举措推广清单

序号	改革举措	主要内容	指导部门	推广范围
一、知识产权保护方面（共 5 项）				
1	知识产权民事、刑事、行政案件“三合一”审判	整合分散的审判资源，实行知识产权民事、刑事、行政案件审判“三合一”，实现审判力量集中、审判标准统一，提高审判效率，缩短审判周期。	最高人民法院、最高人民检察院、国家知识产权局	全国
2	省级行政区内专利等专业技术性较强的知识产权案件跨市（区）审理	授权市级人民法院跨市（区）管辖省级范围内第一审知识产权民事和行政案件，集中优势审判资源管辖技术性、专业性较强的案件，实现裁判标准统一。	最高人民法院、国家知识产权局	全国
3	以降低侵权损失为核心的专利保险机制	围绕专利应用和维权，开发包括专利代理责任险、专利执行险、专利被侵权损失险等保险产品，降低创新主体的侵权损失。	国家知识产权局、中国银保监会	全国
4	知识产权案件审判中引入技术调查官制度	法院审理知识产权案件时，可以引入技术调查官，帮助法官准确高效地认定技术事实，提高审判质量和效率。	最高人民法院、国家知识产权局	全国

续表

序号	改革举措	主要内容	指导部门	推广范围
5	基于“两表指导、审助分流”的知识产权案件快速审判机制	法官助理庭前指导原被告双方聚焦问题，指导原被告双方填写《诉讼要素表》和《有效抗辩释明表》，帮助原告全面检视己方诉讼请求和证据，向原被告双方释明裁判法律依据；庭审时法官主要审理上述两个表格中的焦点问题，大幅减少反复释明法律规定和讨论原被告双方的无效主张、抗辩质证的时间，提高庭审效率，缩短诉讼周期。	最高人民法院、国家知识产权局	全国
二、科技成果转化激励方面（共4项）				
6	以事前产权激励为核心的职务科技成果权属改革	赋予科研人员一定比例的职务科技成果所有权，将事后科技成果转化收益奖励，前置为事前国有知识产权所有权奖励，以产权形式激发职务发明人从事科技成果转化的重要动力。	科技部、国家发展改革委、财政部、国家知识产权局、教育部、国务院国资委、中科院、司法部	8个改革试验区域
7	技术经理人全程参与的科技成果转化服务模式	以技术交易市场为依托，技术经理人全程参与成果转化，将技术供给方、技术需求方、技术中介整合在一起，集成技术、人才、政策、资金、服务等创新资源，帮助高校、科研院所提高成果转化效率和成功率。	科技部	全国
8	技术股与现金股结合激励的科技成果转化相关方利益捆绑机制	转制院所和事业单位管理人员、科研人员，在按有关规定履行审批程序后，以“技术股+现金股”组合形式持有股权，与孵化企业发展捆绑在一起，提升科技成果转化效率和成功率。	科技部、国务院国资委	全国
9	“定向研发、定向转化、定向服务”的订单式研发和成果转化机制	以校地产业研究院为平台，有针对性为企业设计和实施研发项目，研发团队全程参与企业技术攻关和成果转化，帮助企业突破发展急需的关键技术，提高高校和科研院所科技成果供给的有效性。	科技部	全国
三、科技金融创新方面（共5项）				
10	区域性股权市场设置科技创新专板	根据科技型中小企业的特点，在区域性股权市场推出“科技创新板”，提供挂牌展示、托管交易、投融资服务、培训辅导等服务，开拓融资渠道，缓解科技型中小企业融资难问题。	中国证监会	8个改革试验区域

续表

序号	改革举措	主要内容	指导部门	推广范围
11	基于“六专机制”的科技型企业全生命周期金融综合服务	银行完善以专用风险管理制度和技术手段、专项激励考核机制和专属客户信贷标准为核心的科技金融风险防控机制，试点银行建立专营组织架构体系、专业经营管理团队和专门管理信息系统。面向科技型企业推出远期共赢利息、知识产权质押等多种专属信贷产品，为轻资产、未盈利科技型企业提供有效的金融服务。	中国银保监会、科技部、中国人民银行	全国
12	推动政府股权基金投向种子期、初创期企业的容错机制	针对地方股权基金中的种子基金、风险投资基金设置不同比例的容错率，推动种子基金、风险投资基金投资企业发展早期。	国家发展改革委、财政部	全国
13	以协商估值、坏账分担为核心的中小企业商标质押贷款模式	简化质押登记流程，建立商标质物处置机制，通过贷款贴息等方式，开展商标权质押贷款等无形资产质押融资，拓展中小企业融资途径。	中国人民银行、中国银保监会、工业和信息化部、国家知识产权局	全国
14	创新创业团队回购地方政府产业投资基金所持股权的机制	地方政府产业投资基金在参股高层次创新创业团队所办企业时，约定在一定时期内，创新创业团队可按照投资本金和同期商业贷款利息回购股权，激发创新创业积极性。	国家发展改革委、财政部	全国
四、军民深度融合方面（共6项）				
五、管理体制创新方面（共3项）				
21	允许地方高校自主开展人才引进和职称评审	将职称评审和人才引进自主权下放给地方高校，允许高校因需评聘科研教学人员，自主制定招聘方案、设置岗位条件，依规发布招聘信息、组织公开招聘，及时引进“高精尖缺”人才和稳定骨干人才。	教育部、人力资源社会保障部	8个改革试验区域
22	以授权为基础、市场化方式运营为核心的科研仪器设备开放共享机制	在不改变所有权前提下，科研仪器设备所有方与专业服务机构协议约定服务价格，或约定服务收入分配比例，授权专业服务机构对科研仪器设备进行市场化运营管理，提高科研仪器设备使用效率（免税进口的科研仪器设备按有关政策规定执行）。	科技部、财政部、国务院国资委	全国
23	以地方立法形式建立推动改革创新的决策容错机制	通过制定实施地方性法规，对政府部门、国有企业负责人在推动战略性新兴产业发展和实施创新项目中出现工作过失或影响任期目标实现的，只要没有谋取私利、符合程序规定，可免除行政追责和效能问责。	国家发展改革委、国务院国资委、审计署	全国

国务院办公厅关于印发要素市场化配置综合改革试点总体方案的通知

（国办发〔2021〕51号）

各省、自治区、直辖市人民政府，国务院各部委、各直属机构：

《要素市场化配置综合改革试点总体方案》已经国务院同意，现印发给你们，请认真组织实施。

国务院办公厅

2021年12月21日

要素市场化配置综合改革试点总体方案

为深入贯彻落实《中共中央　国务院关于构建更加完善的要素市场化配置体制机制的意见》，现就积极稳妥开展要素市场化配置综合改革试点工作制定本方案。

一、总体要求

（一）指导思想。以习近平新时代中国特色社会主义思想为指导，全面贯彻落实党的十九大和十九届历次全会精神，弘扬伟大建党精神，坚持稳中求进工作总基调，完整、准确、全面贯彻新发展理念，加快构建新发展格局，充分发挥市场在资源配置中的决定性作用，更好发挥政府作用，着力破除阻碍要素自主有序流动的体制机制障碍，全面提高要素协同配置效率，以综合改革试点为牵引，更好统筹发展和安全，为完善要素市场制度、建设高标准市场体系积极探索新路径，为推动经济社会高质量发展提供强劲动力。

（二）基本原则。

——顶层设计、基层探索。按照党中央、国务院统一部署，在维护全国统一大市场前提下，支持具备条件的地区结合实际大胆改革探索，尊重基层首创精神，注重总结经验，及时规范提升，为全国提供可复制可推广的路径模式。

——系统集成、协同高效。突出改革的系统性、整体性、协同性，推动各领域要素市场化配置改革举措相互配合、相互促进，提高不同要素资源的组合配置效率。

——问题导向、因地制宜。牢牢把握正确的改革方向，聚焦要素市场建设的重点领域、关键环节和市场主体反映最强烈的问题，鼓励地方结合自身特点开展差别化试点探索。

——稳中求进、守住底线。从实际出发，坚持以安全可控为前提，尊重客观规律，科学把握工作时序、节奏和步骤，做到放活与管好有机结合，切实防范风险，稳步有序推进试点。

（三）试点布局。围绕推动国家重大战略实施，根据不同改革任务优先考虑选择改革需求迫切、工作基础较好、发展潜力较大的城市群、都市圈或中心城市等，开展要素市场化配置综合改革试点，严控试点数量和试点范围。党中央、国务院授权实施以及有关方面组织实施的涉及要素市场化配置的改革探索任务，原则上优先在试点地区开展。试点期限为2021—2025年。

（四）工作目标。2021年，启动要素市场化配置综合改革试点工作。2022年上半年，完成试点地区布局、实施方案编制报批工作。到2023年，试点工作取得阶段性成效，力争在土地、劳动力、资本、技术等要素市场化配置关键环节上实现重要突破，在数据要素市场化配置基础制度建设探索上取得积极进展。到2025年，基本完成试点任务，要素市场化配置改革取得标志性成果，为完善全国要素市场制度作出重要示范。

二、进一步提高土地要素配置效率

（五）支持探索土地管理制度改革。合理划分土地管理事权，在严格保护耕地、节约集约用地的前提下，探索赋予试点地区更大土地配置自主权。允许符合条件的地区探索城乡建设用地增减挂钩节余指标跨省域调剂使用机制。探索建立补充耕地质量评价转换机制，在严格实行耕地占补平衡、确保占一补一的前提下，严格管控补充耕地国家统筹规模，严把补充耕地质量验收关，实现占优补优。支持开展全域土地综合整治，优化生产、生活、生态空间布局，加强耕地数量、质量、生态“三位一体”保护和建设。

（六）鼓励优化产业用地供应方式。鼓励采用长期租赁、先租后让、弹性年期供应等方式供应产业用地。优化工业用地出让年期，完善弹性出让年期制度。支持产业用地实行“标准地”出让，提高配置效率。支持不同产业用地类型合理转换，完善土地用途变更、整合、置换等政策。探索增加混合产业用地供给。支持建立工业企业产出效益评价机制，加强土地精细化管理和节约集约利用。

（七）推动以市场化方式盘活存量用地。鼓励试点地区探索通过建设用地节约集约利用状况详细评价等方式，细化完善城镇低效用地认定标准，鼓励通过依法协商收回、协议置换、费用奖惩等措施，推动城镇低效用地腾退出清。推进国有企事业单位存量用地盘活利用，鼓励市场主体通过建设用地整理等方式促进城镇低效用地再开发。规范和完善土地二级市场，完善建设用地使用权转让、出租、抵押制度，支持通过土地预告登记实现建设用地使用权转让。探索地上地下空间综合利用的创新举措。

（八）建立健全城乡统一的建设用地市场。在坚决守住土地公有制性质不改变、耕地红线不突破、农民利益不受损三条底线的前提下，支持试点地区结合新一轮农村宅基地制度改革试点，探索宅基地所有权、资格权、使用权分置实现形式。在依法自愿有偿的前提下，允许将存量集体建设用地依据规划改变用途入市交易。在企业上市合规性审核标准中，对集体经营性建设用地与国有建设用地给予同权对待。支持建立健全农村产权流转市场体系。

（九）推进合理有序用海。探索建立沿海、海域、流域协同一体的海洋生态环境综合治理体系。统筹陆海资源管理，支持完善海域和无居民海岛有偿使用制度，加强海岸线动态监测。在严格落实国土空间用途管制和海洋生态环境保护要求、严管严控围填海活动的前提下，探索推进海域一级市场开发和二级市场流转，探索海域使用权立体分层设权。

三、推动劳动力要素合理畅通有序流动

（十）进一步深化户籍制度改革。支持具备条件的试点地区在城市群或都市圈内开展户籍准入年限同城化累计互认、居住证互通互认，试行以经常居住地登记户口制度，实现基本公共服务常住地提供。支持建立以身份证为标识的人口管理服务制度，扩大身份证信息容量，丰富应用场景。建设人口发展监测分析系统，为重大政策制定、公共资源配置、城市运行管理等提供支撑。建立健全与地区常住人口规模相适应的财政转移支付、住房供应、教师医生编制等保障机制。

（十一）加快畅通劳动力和人才社会性流动渠道。指导用人单位坚持需求导向，采取符合实际的引才措施，在不以人才称号和学术头衔等人才“帽子”引才、不抢挖中西部和东北地区合同期内高层次人才的前提下，促进党政机关、国有企事业单位、社会团体管理人才合理有序流动。完善事业单位编制管理制度，统筹使用编制资源。支持事业单位通过特设岗位引进急需高层次专业化人才。支持探索灵活就业人员权益保障政策。探索建立职业资格证书、职业技能等级证书与学历证书有效衔接机制。加快发展人力资源服务业，把服务就业的规模和质量等作为衡量行业发展成效的首要标准。

（十二）激发人才创新创业活力。支持事业单位科研人员按照国家有关规定离岗创新创业。推进职称评审权下放，赋予具备条件的企事业单位和社会组织中高级职称评审权限。加强创新型、技能型人才培养，壮大高水平工程师和高技能人才队伍。加强技术转移专业人才队伍建设，探索建立健全对科技成果转化人才、知识产权管理运营人员等的评价与激励办法，完善技术转移转化类职称评价标准。

四、推动资本要素服务实体经济发展

（十三）增加有效金融服务供给。依托全国信用信息共享平台，加大公共信用信息共享整合力度。充分发挥征信平台和征信机构作用，建立公共信用信息同金融信息共享整合机制。推广“信易贷”模式，用好供应链票据平台、动产融资统一登记公示系统、应收账款融资服务平台，鼓励金融机构开发与中小微企业需求相匹配的信用产品。探索建立中小企业坏账快速核销制度。探索银行机构与外部股权投资机构深化合作，开发多样化的科技金融产品。支持在零售交易、生活缴费、政务服务等场景试点使用数字人民币。支持完善中小银行和农村信用社治理结构，增强金融普惠性。

（十四）发展多层次股权市场。创新新三板市场股债结合型产品，丰富中小企业投融资工具。选择运行安全规范、风险管理能力较强的区域性股权市场，开展制度和业务创新试点。探索加强区域性股权市场和全国性证券市场板块间合作衔接的机制。

（十五）完善地方金融监管和风险管理体制。支持具备条件的试点地区创新金融监管方式和工具，对各类地方金融组织实施标准化的准入设立审批、事中事后监管。按照属地原则压实省级人民政府的监管职责和风险处置责任。

五、大力促进技术要素向现实生产力转化

（十六）健全职务科技成果产权制度。支持开展赋予科研人员职务科技成果所有权或长期使用权试点，探索将试点经验推广到更多高校、科研院所和科技型企业。支持相关高校和科研院所探索创新职务科技成果转化管理方式。支持将职务科技成果通过许可方式授权中小微企业使用。完善技术要素交易与监管体系，推进科技成果进场交易。完善职务科技成果转移转化容错纠错机制。

（十七）完善科技创新资源配置方式。探索对重大战略项目、重点产业链和创新链实施创新资源协同配置，构建项目、平台、人才、资金等全要素一体化配置的创新服务体系。强化企业创新主体地位，改革科技项目征集、立项、管理和评价机制，支持行业领军企业牵头组建创新联合体，探索实施首席专家负责制。支持行业领军企业通过产品定制化研发等方式，为关键核心技术提供早期应用场景和适用环境。

（十八）推进技术和资本要素融合发展。支持金融机构设立专业化科技金融分支机构，加大对科研成果转化和创新创业人才的金融支持力度。完善创业投资监管体制和发展政策。支持优质科技型企业上市或挂牌融资。完善知识产权融资机制，扩大知识产权质押融资规模。鼓励保险公司积极开展科技保险业务，依法合规开发知识产权保险、产品研发责任保险等产品。

六、探索建立数据要素流通规则

（十九）完善公共数据开放共享机制。建立健全高效的公共数据共享协调机制，支持打造公共数据基础支撑平台，推进公共数据归集整合、有序流通和共享。探索完善公共数据共享、开放、运营服务、安全保障的管理体制。优先推进企业登记监管、卫生健康、交通运输、气象等高价值数据集向社会开放。探索开展政府数据授权运营。

（二十）建立健全数据流通交易规则。探索“原始数据不出域、数据可用不可见”的交易范式，在保护个人隐私和确保数据安全的前提下，分级分类、分步有序推动部分领域数据流通应用。探索建立数据用途和用量控制制度，实现数据使用“可控可计量”。规范培育数据交易市场主体，发展数据资产评估、登记结算、交易撮合、争议仲裁等市场运营体系，稳妥探索开展数据资产化服务。

（二十一）拓展规范化数据开发利用场景。发挥领军企业和行业组织作用，推动人工智能、区块链、车联网、物联网等领域数据采集标准化。深入推进人工智能

社会实验，开展区块链创新应用试点。在金融、卫生健康、电力、物流等重点领域，探索以数据为核心的产品和服务创新，支持打造统一的技术标准和开放的创新生态，促进商业数据流通、跨区域数据互联、政企数据融合应用。

（二十二）加强数据安全保护。强化网络安全等级保护要求，推动完善数据分级分类安全保护制度，运用技术手段构建数据安全风险防控体系。探索完善个人信息授权使用制度。探索建立数据安全使用承诺制度，探索制定大数据分析和交易禁止清单，强化事中事后监管。探索数据跨境流动管控方式，完善重要数据出境安全管理制度。

七、加强资源环境市场制度建设

（二十三）支持完善资源市场化交易机制。支持试点地区完善电力市场化交易机制，提高电力中长期交易签约履约质量，开展电力现货交易试点，完善电力辅助服务市场。按照股权多元化原则，加快电力交易机构股份制改造，推动电力交易机构独立规范运行，实现电力交易组织与调度规范化。深化天然气市场化改革，逐步构建储气辅助服务市场机制。完善矿业权竞争出让制度，建立健全严格的勘查区块退出机制，探索储量交易。

（二十四）支持构建绿色要素交易机制。在明确生态保护红线、环境质量底线、资源利用上线等基础上，支持试点地区进一步健全碳排放权、排污权、用能权、用水权等交易机制，探索促进绿色要素交易与能源环境目标指标更好衔接。探索建立碳排放配额、用能权指标有偿取得机制，丰富交易品种和交易方式。探索开展资源环境权益融资。探索建立绿色核算体系、生态产品价值实现机制以及政府、企业和个人绿色责任账户。

八、健全要素市场治理

（二十五）完善要素市场化交易平台。持续推进公共资源交易平台整合共享，拓展公共资源交易平台功能，逐步覆盖适合以市场化方式配置的自然资源、资产股权等公共资源。规范发展大数据交易平台。支持企业参与要素交易平台建设，规范要素交易平台运行。支持要素交易平台与金融机构、中介机构合作，形成涵盖产权界定、价格评估、流转交易、担保、保险等业务的综合服务体系。

（二十六）加强要素交易市场监管。创新要素交易规则和服务，探索加强要素价格管理和监督的有效方式。健全要素交易信息披露制度。深化“放管服”改革，加强要素市场信用体系建设，打造市场化法治化国际化营商环境。强化反垄断和反不正当竞争执法，规范交易行为，将交易主体违法违规行为纳入信用记录管理，对严重失信行为实行追责和惩戒。开展要素市场交易大数据分析，建立健全要素交易风险分析、预警防范和分类处置机制。推进破产制度改革，建立健全自然人破产制度。

九、进一步发挥要素协同配置效应

（二十七）提高全球先进要素集聚能力。支持探索制定外国高端人才认定标准，为境外人才执业出入境、停居留等提供便利。支持符合条件的境内外投资者在试点地区依法依规设立证券、期货、基金、保险等金融机构。探索国际科技创新合作新模式，支持具备条件的试点地区围绕全球性议题在世界范围内吸引具有顶尖创新能力的科学家团队“揭榜挂帅”。支持行业领军企业牵头组建国际性产业与标准组织，积极参与国际规则制定。

（二十八）完善按要素分配机制。提高劳动报酬在初次分配中的比重，强化工资收入分配的技能价值激励导向。构建充分体现知识、技术、管理等创新要素价值的收益分配机制。创新宅基地收益取得和使用方式，探索让农民长期分享土地增值收益的有效途径。合理分配集体经营性建设用地入市增值收益，兼顾国家、农村集体经济组织和农村居民权益。探索增加居民财产性收入，鼓励和引导上市公司现金分红，完善投资者权益保护制度。

十、强化组织实施

（二十九）加强党的全面领导。坚持和加强党对要素市场化配置综合改革试点的领导，增强“四个意识”、坚定“四个自信”、做到“两个维护”，充分发挥党总揽全局、协调各方的领导核心作用，把党的领导始终贯穿试点工作推进全过程。

（三十）落实地方主体责任。各试点地区要把要素市场化配置综合改革试点摆在全局重要位置，增强使命感和责任感，强化组织领导，完善推进落实机制，在风险总体可控前提下，科学把握时序、节奏和步骤，积极稳妥推进改革试点任务实施。试点过程中要加强动态跟踪分析，开展试点效果评估，重要政策和重大改革举措按程序报批。

（三十一）建立组织协调机制。建立由国家发展改革委牵头、有关部门作为成员单位的推进要素市场化配置综合改革试点部际协调机制，负责统筹推进试点工作，确定试点地区，协调解决重大问题，加强督促检查。国家发展改革委要会同有关方面指导试点地区编制实施方案及授权事项清单，按程序报批后组织实施；在地方自评估基础上，定期开展第三方评估。对取得明显成效的试点地区，要予以表扬激励，及时总结推广经验；对动力不足、执行不力、成效不明显的试点地区，要限期整改，整改不到位的按程序调整退出试点。重要情况及时向党中央、国务院报告。

（三十二）强化试点法治保障。建立健全与要素市场化配置综合改革试点相配套的法律法规与政策调整机制，统筹涉及的法律法规事项，做好与相关法律法规立改废释的衔接。试点地区拟实行的各项改革举措和授权事项，凡涉及调整现行法律或行政法规的，经全国人大及其常委会或国务院依法授权后实施；其他涉及调整部门规章和规范性文件规定的，有关方面要按照本方案要求和经批准的授权事项清单，依法依规一次性对相关试点地区给予改革授权。

中国科学院关于印发《中国科学院促进科技成果转移转化专项行动实施方案》的通知

（科发促字〔2016〕37号）

院属各单位、院机关各部门：

为贯彻落实中央领导关于做好促进科技成果转移转化工作的指示精神，进一步促进我院科技成果转移转化工作，激发创新活力，优化创新创业环境，支撑服务经济转型升级和产业结构调整，实现科技促进经济社会发展，2016年2月25日院长办公会决定启动“促进科技成果转移转化专项行动”，并审议通过了《中国科学院促进科技成果转移转化专项行动实施方案》。现将方案印发给你们，请结合实际认真组织落实。

中国科学院

2016年3月18日

中国科学院促进科技成果转移转化专项行动实施方案

为进一步加快促进科技成果转移转化，中国科学院决定在“率先行动”计划框架下，在建设“科技服务网络”和“技术创新与产业化联盟”等前期工作的基础上，启动“促进科技成果转移转化专项行动”（以下简称“专项行动”），特制定本实施方案。

一、总体思路

（一）指导思想

遵循“三个面向、四个率先”的办院方针，深入贯彻党的十八届五中全会精神，紧密围绕创新驱动发展战略，积极响应“大众创业、万众创新”号召，以我院知识、技术、人才和科技资源为核心，努力支撑和引领产业转型升级，把促进科技成果转移转化、服务国民经济和社会可持续发展摆在我院发展全局的核心位置，为2020年我国进入创新型国家行列、全面建成小康社会做出应有的贡献。

（二）基本原则

——导向引领。关注重大需求，建立问题导向的科研立项机制；关注重大产出，建立贡献导向的成果评价机制；引领我院广大科技工作者积极主动地投身于科技成果转移转化工作。

——开放融合。进一步加强院企、院地合作，推进知识创新与技术创新融合、知识创新与区域创新融合，促使我院科技创新资源与社会生产要素更紧密结合，加快形成创新链、产业链和资金链有效联动的融合发展体系。

——保障改革。深化体制机制改革，为促进科技成果转移转化提供制度和政策环境保障；建立健全“院领导—院机关—分院—研究所”统筹协调的工作体系，为促进科技成果转移转化提供组织保障；整合资源、加大投入，为促进科技成果转移转化提供经费保障。

（三）主要目标

通过实施“专项行动”，努力探索有效促进科技成果转移转化的体制机制，使我院科技成果转化能力显著增强、转化效率显著提升，从事相关工作的专业化人才队伍进一步发展壮大。

围绕“一带一路”、“京津冀”一体化、“长江经济带”和新一轮“东北振兴”等国家战略布局，结合在北京、上海等优势地区建设具有全球影响力的科技创新中心和全面创新改革试验区等重大举措，准确把握相关区域经济社会发展的科技需求，重点推动一批基础好、见效快、带动性强的重大科技成果转化应用，为产业结构优化升级和转型发展做出有显示度的贡献。

通过实施“专项行动”，使我院科技成果转移转化产生的经济社会效益在“十三五”期间有明显增长。到2020年，我院科技成果转移转化使社会企业新增销售收入超过6000亿元/年，利税600亿元/年；院所投资企业提供就业岗位超过15万个，营业收入超过6000亿元/年，利税600亿元/年；院属机构孵化“双创”企业5000家，为不低于2万家企业提供“四技”服务；“十三五”期间专利实施超过1万件次，比“十二五”翻两番。

二、重点任务

为调动全院科技力量全面推动科技成果转移转化工作，针对制约我院科技成果转移转化的关键问题和薄弱环节，加强项目布局从立项到验收的系统设计；面向国家重大需求、面向国民经济主战场，依托并不断完善科技成果转移转化平台，形成以服务经济转型升级和产业结构调整为主线、以支撑和引领新兴产业发展壮大为目标的科技成果转移转化网络；多层次培养有志于科技成果转移转化的专业人才队伍，形成有利于科技成果转移转化、鼓励创新创业的政策环境和文化氛围，真正使科技促进经济社会发展成为我院上下共识的光荣使命。

（一）推动一批重大科技成果产出并落地转化

1. 按照A类战略性先导科技专项已有部署，结合创新研究院建设，狠抓“重大产出”。重点在煤炭间接液化制备超清洁油品和高附加值化学品、甲苯甲醇制对二甲苯联产低碳烯烃技术、甲醇经二甲醚制乙醇技术、海云网络新媒体技术、机器人与智能制造、干细胞与再生医学、动力电池智能制造、绿色循环经济和先进工业生物制造等方面，在“十三五”期间完成一批重大科技成果投入工业生产或升级改造，带动若干重大产业实现千亿元产值。同时，新部署一批有明确应用出口的面向国民经济主战场的研发项目，在总体资源配置中增大用于支持该类工作的经费比重。（重大任务局）

2. 在已部署B类战略性先导科技专项中，推动一批有重大应用前景的科技成果在“十三五”期间分阶段实现转移转化。进一步加强量子通信、脑功能联结图谱、大气污染综合监测预报与节能减排技术、页岩气开发中的关键科学技术、“超导电子学”、“海斗深渊”等面向产业应用的前瞻布局。重点加快量子通信技术推广应用；确立幼年期发育性脑疾病、中青年期精神类疾病和老年期神经退行性疾病早期诊断指标；突破大气灰霾综合立体监测设备在实际应用中的工程化技术瓶颈；形成页岩气开发自主技术体系；开发系列超导传感器、探测器及系统集成产品；实现深海材料与装备国产化。在新部署研发项目中，加强机关各业务部门之间相互衔接，共同对预期成果的转化应用予以支持。（前沿局）

3. 持续推进“科技服务（STS）网络计划”，强化STS项目支持科技成果转移转化和推广应用的目标定位，建立研究所及其科研人员劳动、知识、技术转变为社会财富的顺畅通道。“十三五”期间，在农业发展方式转变、能源结构优化、制造业转型升级、城镇化发展、生态文明建设等领域，系统组织部署一批“解决问题”的项目；重点开展先进制造技术、工艺及装备定制研发，信息技术与制造业深度融合应用示范，关键基础材料、核心基础零部件（元器件）研发与应用，工业节能、交通节能、建筑节能等相关技术与可再生能源以及低碳环保生物技术在工业生产中的集成应用等，通过“产—学—研—用”协同创新，加速实用化技术推广，提升相关行业和产业部门技术研发与应用的能力。（科发局）

4. 设立“科技成果转移转化重点专项”，促进重大成果产出。在我院战略性先导科技专项和研究所“一三五”等已取得关键技术突破的基础上，“十三五”期间进一步深化改革，聚焦目标、突出亮点，梳理凝练出有望在3~5年内产生重大影响的成果，试点组织实施10个左右重点专项。以此为纽带，建立各业务局在项目部署上的联动机制，整合全院力量协同攻关。主要通过“后补助”支持方式，引导相关研究所与国科控股企业、社会企业组成研发联合体，围绕行业或区域特色需求，利用企业资金、社会资本和地方政府的共同投入，加强“联合体”内部跨所、跨学科合作，“量身”提供符合转型升级发展方向、示范效应强和带动作用大的系统解决方案，最大限度释放我院科技成果引领经济社会发展的巨大潜力。（科发局、重大任务局、前沿局、条财局）

5. 通过与院所投资企业及相关产业部门的紧密结合，有效促进创新链、产业链、资本链“三链联动”。“十三五”期间重点布局量子通信上下游产业链，打造拥有核心自主知识产权的包括光电子集成芯片、光通讯、激光制造、生物光子等光子产业集群，促进我国离子医学产业发展，推动建立绿色制版公共平台和互联网印刷平台，开发包括低蛋白大米在内的高附加值医用食品，构建跨太平洋中美气头甲醇新气体产业链，建设垃圾焚烧发电、固体废弃物处理、可再生能源等为主的循环经济产业园，完成小卫星研发、制造、应用产业链布局，建设“健康院”式的现代生物医学新型业态。积极布局新兴产业发展制高点。（国科控股）

（二）建立以知识产权为核心的科技成果管理体系

6. 设立“中国科学院知识产权运营管理中心”，加强对院属单位知识产权的运营管理。通过与研究所现有的知识产权管理和运营机构有效衔接，以市场化方式与社会机构或院办服务机构合作，构建“运营管理中心”加若干“运营服务平台”的知识产权服务体系。对科技成果专利性及其潜在商业价值进行评估，对需要申请的专利进行全过程质量管理和增值培育；对科技成果的应用市场和目标客户进行分析和定向推介，帮助研究所在进行技术转让、技术许可、技术作价投资时作出合理的价值判断；跨所整合专利和非专利科技成果，形成优势组合，实现知识产权的增值和市场收益。（科发局、国科控股）

7. 设立“中国科学院成果转化与知识产权运营基金”，与院知识产权运营管理中心密切配合，对重点专利进行再开发。支持有条件的院属单位争取地方政府和社会资源多元化投入，设立所级成果转化与知识产权运营基金，单独或联合建立专业化科技成果转移转化机构。以市场机制与全球知名知识产权运营公司合作，共同支持我院科技成果工程化、产品化，促进科技成果应用并实现价值最大化。（国科控股、科发局、条财局）

8. 发挥分院的统筹协调作用，不断完善全院科技成果转移转化工作体系。分院对其所联系区域范围内全院的科技合作活动负有管理职责，要积极组织力量采取多种形式主动与当地政府和企业进行科技对接，了解地方发展战略和相关工作规划，掌握真实需求，形成切合本地区实际情况的促进经济社会发展工作方案，有针对性地指导全院的科技成果在当地转移转化。（各分院、科发局）

9. 建立分级管理的科技成果转移转化情况报告制度。院属科研单位按年度向所属分院报告科技成果数量、转化实施情况、相关收入及分配情况等，各分院汇总提交年度进展报告，纳入院年度统计体系并向社会公开，作为全院科研机构绩效考核的重要评价指标。（科发局、各分院、研究所）

10. 在现有“产业化信息网”和“知识产权网”等基础上建设统一的科技成果信息服务平台，与科技论坛、成果对接会等传统形式相结合，对可转化科技成果进行线上线下同步发布。联合专业机构对科技成果信息作进一步筛选和分析，提供更加专业的咨询与评价，促进知识产权投资和科技成果转移转化。探索建立网上招标竞价机制，提供线上线下联动服务，提高科技成果转移转化时的资源配置效率。（国科控股、科发局）

（三）培养培训科技成果转移转化专业人才队伍

11. 在中国科学院大学设立知识产权学院，系统培养知识产权专业化人才；结合中科大教育资源，完善现有培训体系，编制规范教材、推出专修课程、提升培训内涵；继续推行知识产权专员认证考试制度，同时扩大基础培训覆盖面，提高全院青年科技人员创造、运用、保护知识产权的意识和能力。（科发局、前沿局）

12. 在特定区域和领域建设若干科教融合“专业学院”，探索产学研相结合的创新创业人才多元化培养新模式。立足相关区域、领域经济社会发展需求，从全球吸引有实践经验的高水平讲席教师，传道、授业、解惑，并提供体验式训练，激发研究生和青年科技工作者的创业潜质，培养企业家精神，向社会输送具有全球视野的复合型人才。（前沿局、相关研究所）

13. 依托“联想学院”培养创新创业人才。坚持实践性、市场化和国际视野，打造我院创业培训品牌。完善科技与经济结合研修班、科技与经济结合实训班、企业管理培训班以及面向地方的定制培训等系列化培训体系，全力服务“大众创业、万众创新”。着力催生并孵化更多有强大生命力和使命感的科技企业，构建培训、孵化和天使投资融合发展的新模式。（国科控股）

14. 继续派遣科技副职、企业科技特派员等，组织我院科技人员深入基层开展科技成果转移转化活动。鼓励科技人员到企业生产一线开展技术研发攻关，真正为企业解决实际问题，与企业人员共同开展科技成果转移转化工作。通过建立双向多层次的科技人员服务基层长效机制，打造一支面向基层的科技成果转移转化队伍。（科发局）

15. 设立“产研人才扶持项目”，对从事科技成果转移转化、能带动产业升级的科技人才给予重点支持。加强专业化技术转移转化团队建设，加大对高层次技术转移转化人才的引进和支持力度；在公派出国留学计划中，加强对技术转移转化人才的支持；在院属单位中探索建立技术转移转化岗位资质培训制度，在实践中培育并选拔一批技术转移转化骨干人才。（人事局、科发局）

（四）建设促进科技成果转移转化的创新载体

16. 加强科技服务网络节点建设，整合与地方、企业共建的各类转化平台，加强管理，形成合力，面向创新驱动发展的重大需求布局 STS 区域中心，充分发挥 STS 中心聚焦重大科技问题和统筹协调的能力，提升已建平台的科技服务能力和可持续发展能力，推进区域创新体系建设；组织开展技术集成创新、工程化应用示范，促进科技成果产品化与产业化，服务区域产业发展。（科发局、相关分院）

17. 以“技术创新与产业化联盟”为载体，发挥我院投资企业在重点产业选择、产业技术把握、技术创新规划以及研发资源配置等方面的主导作用，选择若干重点细分行业，集中整合我院相关企业和研究所的研发、中试、生产及目标市场等优势，进行关键新技术/新产品协同开发，推动科技成果产业化的同时培育一批行业“隐形冠军企业”，形成我院科技产业创新集群。（国科控股）

18. 建设新型孵化器和投资人超市，融汇产、学、研、用和资本、政策支持，提供全方位科技服务、市场资源和金融服务。整合院内相关力量，形成全国连锁运营和全球合作的科技孵化网络体系，为初创科技企业提供相对全面的支撑服务，帮助创业团队顺利迈出“最先一公里”。（国科控股、科发局）

19. 加强国家工程实验室、工程（技术）研究中心等科研基地建设，通过研发共性技术、开展工程化验证、制定技术标准等方式，成为与企业强强联合的桥梁和纽带。按照国家对此类机构的总体改革要求，发挥其整合科技资源、推动科技成果转化与产业化的支撑作用，建设专业化“众创空间”，提升其对行业和产业科技进步的服务能力，打通应用技术走向市场的“最后一公里”。（科发局）

20. 加强大型仪器开放共享服务平台建设，构建以大科学中心为核心的产业技术创新平台。继续完善“大型仪器区域中心”和“所级公共技术服务中心”两级支撑体系，同时关注国家重大科技基础设施对产业技术研发的服务功能及其自身创新技术的产业化溢出，加大向产业部门的开放力度。打破所与所之间“围墙”，不断提升仪器、设施性能，推动跨所共享的仪器和设施联用，帮助用户共同解决重大产业技术问题。依托上海光源、合肥光源、北京正负电子对撞机、合肥稳态强磁场实验装置、兰州重离子研究装置等设施，构建与运行管理相结合的资源配置新模式，组织专门队伍支持实现科技设施条件平台向社会开放共享。（条财局）

21. 加强全国科学院联盟、野外台站联盟、中国植物园联盟等跨部门平台建设。与地方科学院共建联合实验室、工程中心，共同承担研发项目，组织技术攻关；做好顶层设计下野外台站联网观测研究，推动多学科交叉融合，提升服务国家重大需求的能力；系统开展战略生物资源功能评价与发掘利用研究，打通生物资源转化为生物技术产品的顺畅途径，为生物产业发展提供源头和系统解决方案。（科发局）

（五）营造有利于科技成果转移转化的环境和氛围

22. 制定落实《促进科技成果转化法》的配套政策和制度。出台《中国科学院关于加快科技成果转移转化的指导意见》及人事、考评等配套政策和制度，引导院属单位把促进科技成果转移转化工作与自身管理运行紧密结合、与自身改革发展紧密结合。细化院属单位科技人员离岗创业或到企业兼职的相关规定，明确科技人员创新创业的权利和义务，在全院营造鼓励创新创业的文化氛围，并从科技价值观方面引导科技人员正确理解和认识促进科技成果转移转化的重要意义，理性地投身“双创”。（条财局、人事局、规划局、科发局）

23. 按照“供给侧”改革要求，不断产出高质量科技成果。对我院自主布局的面向国家重大需求、面向国民经济主战场的战略性先导科技专项、STS 项目、重点部署项目，坚持“目标清、可考核、用得上、有影响”的立项标准，严把项目“入口”；对成套技术示范与转移、专项研发与联合攻关、委托研究与专项咨询、公共检测与平台试验等不同性质的项目完成情况，实行分类考核验收，严把项目“出口”。（规划局、前沿局、重大任务局、科发局）

24. 根据研究所分类定位、分类管理的要求，对“四类机构”实施分类评价与考核，进一步完善重大产出导向的评价体系，将科技成果转移转化绩效作为相关院属单位创新绩效考核的重要指标，把对经济社会发展的实际贡献作为年度数据监测的一项重要内容。鼓励并指导院属单位在个人岗位晋升、绩效考核中，针对技术转移和成果转化工作情况制定差异化的评价标准。（规划局、前沿局、重大任务局、科发局、条财局、人事局）

25. 依托我院在海外已建立的科教合作机构，配合国家“一带一路”倡议，结合当地需求，在互联互通、互惠互利的基础上，转移转化适用科技成果。依托“发展中国家科教合作拓展工程”，支持院属单位联合国内相关企业与境外创新型企业、大学或科研机构组建国际协同创新中心，在我院拥有自主知识产权和国际比较优势的领域促进我院成熟技术向发展中国家转移。利用战略合作伙伴关系，结合我院优势资源渠道，推进“引进、消化、吸收再创新”工作。依托院国际人才计划（PIFI），通过引进外国创新创业人才，着手构建国际化的人力资源网络。（合作局、国科控股）

三、组织与实施

（一）统筹加强组织领导

“促进科技成果转移转化专项行动”是我院“率先行动”计划的有机组成部分，在院党组的统一领导下，由科技促进发展局牵头负责推动实施。本实施方案根据职能分工确定了各项重点工作的责任部门，由分管院领导牵头在院机关建立联席会议制度和相应的内部协调机制，分类、分层次、分步骤地推动重大政策事项落实和各项具体任务执行。

（二）多渠道加大资源投入

院设立专项资金5亿元，用于“科技成果转移转化重点专项”的实施，探索通过“后补助”等方式促进重大成果推广应用。同时，在我院自主布局的战略性科技先导专项和重点部署项目中，对面向国家重大需求、面向国民经济主战场的工作给予适度倾斜。积极吸引社会资本并争取国家相关引导资金设立成果转化和知识产权运营基金，对由我院科技成果（知识产权）转化形成的科技企业或项目公司给予投资、融资和经营管理等方面的支持。

（三）全方位加紧对外联络

密切与国家有关部门和地方政府的联系合作，使“促进科技成果转移转化专项行动”的实施与国家和地方的“十三五”规划相衔接，主动融入产业升级、区域转型的大环境。

附件：重点任务分工及进度安排表（略）

中国科学院 科学技术部关于印发《中国科学院关于新时期加快促进科技成果转移转化指导意见》的通知

（科发促字〔2016〕97号）

院属各单位、院机关各部门：

为进一步提升中国科学院科技成果转移转化能力，充分发挥科技对经济社会发展的支撑和引领作用，现将《中国科学院关于新时期加快促进科技成果转移转化指导意见》印发给你们，请结合本单位、本部门的实际情况遵照执行。

附件：中国科学院关于新时期加快促进科技成果转移转化指导意见

中国科学院 科学技术部

2016年8月22日

中国科学院关于新时期加快促进科技成果转移转化指导意见

党的“十八大”明确提出了实施创新驱动发展战略。为加快技术向现实生产力转化，切实提高中国科学院（以下简称院）科技成果转移转化能力，充分发挥科技对经济社会发展的支撑和引领作用，特制定本《指导意见》。

一、指导思想

（一）院鼓励院属单位根据《中华人民共和国促进科技成果转化法》、国务院《实施〈中华人民共和国促进科技成果转化法〉若干规定》和国务院办公厅《促进科技成果转移转化行动方案》，按照新时期办院方针和科研机构改革方向，解放思想，实事求是，积极探索契合国立科研机构的有效举措，加快促进科技成果转移转化。

二、基本原则

（二）落实政策，充分调动科研人员积极性。院属单位要依据国家、地方和院的相关政策，结合本单位目标定位，确定成果转移转化模式，制定实施细则，在确保科研中心工作与核心科研团队稳定的同时，积极推动科技成果有效转移转化。

（三）简政放权，营造良好环境。简化院机关层面工作流程，将科技成果使用、处置和收益管理权利下放给院属单位。院属单位自主决策，院不再审批与备案。科技成果转移转化失败案例，要实事求是认真总结，对于符合规定的，不追究相关人员的领导决策责任。

（四）分类管理，强化绩效评价。结合院“四类机构”分类改革工作推进，以面向国民经济主战场和国家重大需求工作为主的院属单位，应制定科技成果转移转化指标；以从事基础性研究或公益性研究为主的院属单位，也应结合自身特点积极开展成果转移转化工作。

（五）加强制度建设，规范行使权利。院属单位要根据本单位特点，制定相应规章制度，充分发挥经营性国有资产监督管理委员会、学术委员会、职工代表大会的作用，充分听取本单位科技人员的意见，建立健全高效协商、公开透明与规范监督相结合的管理机制，依法依规行使职权。

三、资产管理

（六）院属单位应结合工作实际，制定科技成果市场定价的相关政策。根据科技成果的类型和属性，确定协议定价、在技术交易市场挂牌交易、拍卖等市场化定价方式适用范围和实施流程；需要对成果名称和拟交易价格等信息进行公示的，应当就公示方式、公示范围和公示异议处理程序等具体事项做出明确规定。

（七）对横向课题经费和纵向课题经费施行分类管理，横向课题经费管理实行合同约定优先。科技人员为企业提供技术开发、技术咨询、技术服务、技术培训等服务，是科技成果转化的重要形式；院属单位应依据相关法律法规与合作单位依法签订合同或协议，约定任务分工、资金投入和使用、知识产权归属、权益分配等事项，经费支出按约定执行。

（八）科技成果转移转化所获得的收入全部留归单位，院属单位应依法纳入单位预算，合理支配转化收益。扣除对完成和转化职务科技成果做出重要贡献人员的奖励和报酬后，应当主要用于科学技术研发与成果转化等相关工作。

（九）院属单位应完善无形资产管理制度，切实维护单位利益。要加强对投资股权的监管，保障单位合法权益；加强对单位名称、商誉等特殊无形资产的保护，避免对院的形象造成不良影响。

四、人员管理

（十）结合院分类改革工作，鼓励院属单位根据实际情况自主设置转移转化岗位，培养一支了解知识产权运营和成果转化内在规律的，精通科研、管理和法律的高端复合型专业化人才队伍。健全转移转化人才评价体系，突出市场评价和绩效奖励，实现技术转移人才价值与转移转化的绩效相匹配。

（十一）院研究制定科技人员离岗创业管理办法，鼓励科技人员带着科技成果离岗创业。科技人员离岗创业的，由所在单位合理确定其离岗创业时限，原则上在不超过3年时间内保留其人事关系。离岗创业期满确需延期的，经所在单位同意可适当延长，最多不超过2年。离岗创业期间，离岗创业人员与人事关系所在单位其他在岗人员同等享有参加岗位等级晋升、社会保险、住房、医疗等方面的权利，所在单位与离岗创业人员签订或变更聘用合同，约定离岗创业时限、工资待遇、社会保险、知识产权、技术秘密保护、研究生培养、返回所在单位工作相关事宜、违约责任处理、发生争议处理方式等。

（十二）为促进科技要素合理流动，院属单位应按照相关政策制定本单位的规章制度，允许科技人员在适当条件下兼职从事科技成果转移转化，并在兼职中取得合理报酬。各单位应书面约定兼职人员的权利义务，兼职人员须如实将兼职收入报单位备案，按规定缴纳个人所得税。

（十三）院属单位应对担任领导职务的科研人员获得科技成果转化奖励实行公示制度，各单位应当就公示内容、方式、范围和异议处理程序等具体事项做出明确规定。

（十四）院属单位应按照有关法律法规和本单位的实际情况，制定个性化的促进科技成果转移转化激励政策与实施细则，并报院条财局备案。在确定“科技成果转化净收入”时，院属单位可以根据成果特点做出规定，也可以采用合同收入扣除维护该项科技成果、完成转化交易所产生的费用而不计算前期研发投入的方式进行核算。

（十五）院属各单位正职领导，是科技成果主要完成人或者对科技成果转化作出重要贡献的，可以按照促进科技成果转化法的规定获得现金奖励，原则上不得获取股权激励。担任院属单位正职领导和领导班子成员中属中央管理的干部，所属单位中担任法人代表的正职领导，在担任现职前因科技成果转化获得的股权，可在任职后及时予以转让，转让股权的完成时间原则上不超过 3 个月；股权非特殊原因逾期未转让的，应在任现职期间限制交易；限制股权交易的，也不得利用职权为所持有股权的企业谋取利益，在本人不担任上述职务一年后解除限制。

五、考核机制

（十六）院按照国家规定建立科技成果转化情况分级报告制度。院属单位应按照规定格式，于每年 3 月底之前向所联系分院报告科技成果数量、实施转化情况、相关收入及分配情况，以及其他必要内容。各分院汇总所联系单位报告后，形成分院的科技成果库和相应专家库，提交年度进展报告，纳入院年度统计体系。每年 4 月 30 日前，院形成科技成果转化年度报告，按要求报送至国务院科技、财政行政主管部门指定的信息管理系统。

（十七）根据《“率先行动”计划》的总体部署，院按照“四类机构”定位实施分类评价与考核，将科技成果转移转化情况作为对相关院属单位评价与考核的重要内容。中国科学院鼓励院属单位在科技人员岗位晋升、绩效考核中，将其开展科技成果转移转化的成效作为重要依据；应用型科研机构应该针对技术转移人员制定差异化的评价标准。

六、条件保障

（十八）院设立“科技成果转移转化重点专项资金”和“科技成果转化引导基金”，统筹院内相关资源，采取多种方式，支持和引导院属单位探索科技成果转移转化的创新方式。有条件的院属单位，可参照院转化基金的管理模式在单位内部设立科技成果转化引导基金。

（十九）院设立知识产权运营管理中心，鼓励院属单位充分利用已有的技术转移中心、育成中心、科技园等科技成果转移转化平台，组织科研团队，联合相关企业，共同开展行业共性关键技术的开发和推广工作，探索技术向产业转移的多元机制。

（二十）院属单位在符合国家相关法律法规规章的前提下，可以根据发展需求，执行所在地方党委、政府出台的科技创新相关政策。

（二十一）涉及国家安全、国家秘密的科技成果转移转化，必须经过原定密机关单位的批准，相关单位应根据规定做好保密审查。

（二十二）院实施科技成果转移转化专项行动，建立联席会议制度，统筹协调推动和服务院属单位科技成果转移转化工作。

本《指导意见》自发布之日起执行，中国科学院及院属各单位原有制度与《指导意见》不一致的，以本《指导意见》为准。在执行过程中，涉及人事、资产、评价等需院制定实施细则的，由院机关相关主管部门办理。院属单位要及时研究解决或向院反馈执行中遇到的问题，中国科学院、科技部将定期调研总结，适时对《指导意见》进行完善。

中国科学院科技促进发展局　中国科学院北京分院　中关村科技园区管理委员会关于印发《促进中国科学院科技成果在京转移转化的若干措施》的通知

（科发促函字〔2018〕25号）

中国科学院院属相关单位、中关村示范区各分园：

为全面贯彻落实党的十九大精神，深入实施创新驱动发展战略，推进《国家技术转移体系建设方案》和《中国科学院与北京市合作推进全国科技创新中心建设行动计划》的有关内容，促进中国科学院院属单位在京转化科技成果，支持中关村示范区各分园构建高精尖产业结构，为北京建设具有全球影响力的全国科技创新中心提供有力支撑，中国科学院科技促进发展局、中国科学院北京分院、中关村科技园区管理委员会共同研究制定了《促进中科院科技成果在京转移转化的若干措施》，现印发给你们，请遵照执行。

中国科学院科技促进发展局　中国科学院北京分院（筹）　中关村科技园区管理委员会

2018年5月25日

中国科学院科技促进发展局　中国科学院北京分院　中关村科技园区管理委员会关于促进中国科学院科技成果在京转移转化的若干措施

为深入实施创新驱动发展战略，深化落实《国家技术转移体系建设方案》，根据《中国科学院与北京市合作推进全国科技创新中心建设行动计划》的有关要求，促进中科院科研院所在京转化科技成果，支持中关村各分园构建高精尖产业结构，为北京建设具有全球影响力的全国科技创新中心提供有力支撑，中国科学院科技促进发展局（以下简称中科院科发局）、中国科学院北京分院（以下简称北京分院）、中关村科技园区管理委员会（以下简称中关村管委会）共同制定以下措施。

一、主要举措

（一）共同支持专业化科技成果转移转化平台建设

1. 支持建设一批专业化科技成果转移转化平台。支持中科院院属单位（以下简称院属单位）建设专业化的科技成果转移转化平台（以下简称转化平台），创新转化平台管理、运营和服务模式，实行市场化聘用和利益分配机制，引导专业人员从事技术转移服务，提升科技成果统计和评估、专利申请和运营、市场开拓和营销推广等专业化服务能力。中科院科发局、北京分院和中关村管委会共同培育一批具有示范带动作用的转化平台，先期认定10家转化平台并授牌，纳入中关村科技服务平台支持体系，中关村管委会对其人员经费、硬件投入和场地租赁费用等，给予一次性建设资金支持。（主责单位：中科院科发局、北京分院和中关村管委会；完成时限：2018年12月前）

2. 提升转化平台专业化服务能力。支持转化平台与中关村开放实验室、科技成果中试平台的衔接与协同，提升转化平台为科研人员提供专利申请、专利运营、成果转移转化等服务的能力，逐步建立起为示范区企业和产业联盟等创新主体转化院属科技成果对接服务的渠道；组织院属单位项目参加中关村前沿技术创新大赛，并做好相关服务保障工作；加强与中关村示范区各分园对接，促进科技成果在分园转化落地。根据转化平台年度服务数量和效果，中关村管委会给予服务资金支持，奖励做出突出业绩的转移转化服务人员。（主责单位：院属单位、北京分院、中科院科发局、中关村管委会；完成时限：2018年12月前）

（二）共同支持科技成果中试平台建设

3. 支持建设一批科技成果中试平台。围绕新一代信息技术、集成电路、医药健康、智能装备、节能环保、新能源智能汽车、新材料、人工智能等高精尖产业，中关村管委会、中科院科发局和北京分院共同支持院属单位在中关村示范区各分园建设一批科技成果中试平台。

科技成果中试平台要持续跟踪院属单位重大科技成果产出，通过完善工艺，开展样品样机试制、中试及应用场景实测等手段，实现科技成果技术熟化和工程化应用，推动重大关键技术在分园产业化。

中科院科发局将经过中试熟化的项目纳入中科院科技服务网络计划（STS）优先予以经费支持。中关村管委会将符合条件的科技成果中试平台纳入中关村新兴产业协同创新平台支持体系，对其在设施购置、空间改造、信息系统建设、房屋租赁等方面的支出，给予不超过实际支出额度50%的资金支持；后续根据其促进科技成果在京转化落地的成效，以及为中关村示范区企业提供研发、市场推广等服务情况，给予资金支持。（主责单位：院属单位、北京分院、中科院科发局、中关村管委会；完成时限：2020年底）

（三）共同支持中关村开放实验室开放共享

4. 加强创新资源开放共享。发挥已挂牌中关村开放实验室示范带动作用，北京分院、院属单位、中关村管委会共同支持中科院重点实验室、工程技术中心等加大科研设施对中关村示范区创新主体的开放和共享，为创新主体提供技术开发、咨询、培训等服务；联合创新主体协同攻关，建立企业研发中心，搭建共性技术平台，举办需求对接、技术推介等活动。中关村管委会将符合条件的重点实验室、工程技术中心等认定为中关村开放实验室并授牌，根据其相关投入和服务企业的成效，给予资金支持。（主责单位：院属单位、北京分院、中关村管委会；完成时限：长期）

（四）共同支持科技成果项目在京转化

5. 建立科技成果项目库。中科院科发局和中关村管委会共同支持北京分院建立科技成果项目库，逐步形成科技成果项目库收集、评估、推介、对接等工作机制，开展宣传对接、路演推介等活动。支持转化平台以院属单位承担的国家科技计划和中科院院级计划等项目为重点，深入挖掘拥有高价值专利或具有良好市场应用前景的科技成果项目，定期将筛选后的高价值专利或项目信息注入项目库，并配合开展宣传推介、转化对接等工作。根据相关工作成效，中关村管委会给予转化平台服务资金支持。（主责单位：院属单位、北京分院、中关村管委会；完成时限：2018年12月前）

6. 挖掘支持颠覆性创新项目。中关村管委会和北京分院联合投资机构、知识产权服务机构等机构，围绕人工智能、高端芯片、大数据、医疗健康、颠覆性材料、智能制造、节能环保等中关村重点布局的产业领域，每年挖掘和筛选一批院属单位的颠覆性创新项目。中科院科发局将筛选出的颠覆性创新项目纳入中科院科技服务网络计划（STS）优先予以经费支持。中科院科发局优先向中关村管委会推荐在各类创新创业大赛中的院内获奖项目。符合条件的颠覆性创新项目和获奖项目企业可直接参评中关村前沿技术企业，并享受中关村前沿技术企业相关支持政策。（主责单位：北京分院、中关村管委会、中科院科发局；完成时限：2020年底）

7. 支持在中关村示范区各分园实施成果转化。中科院科发局、北京分院积极鼓励和支持院属单位科技成果在中关村示范区各分园落地转化。北京分院、转化平台积极挖掘、收集院属单位科技成果在京转化信息。在中关村示范区各分园落地转化和产业化的中科院科技成果转化项目，中关村管委会、北京分院和中科院科发局择优对项目科研团队给予资金奖励。（主责单位：中科院科发局、北京分院、中关村管委会；完成时限：2020年底）

（五）建立中关村示范区各分园与院属单位合作机制

8. 促进中关村示范区各分园与院属单位精准对接。支持分园根据重点产业领域，与院属单位建立对接机制，签订合作协议。支持分园与院属单位互派干部挂职交流，促进双方资源、信息交流对接。（主责单位：中关村管委会、中科院科发局、北京分院和院属单位；完成时限：长期）

9. 支持中关村示范区各分园为中科院科技成果转化提供配套条件。对院属单位在分园建设科技成果转化促进平台、中试平台等项目，支持分园盘活园区空间资源，中关村管委会按照支持一区多园协同发展相关政策，给予分园各创新主体存量土地或空间资源盘活改造项目100万~300万元支持；支持分园筹集人才住房，用于保障高新技术人才住房需求，中关村管委会按照人才住房支持相关政策，对纳入人才公租房体系的项目给予不高于实际房租40%的补贴，最高不超过500万元。（主责单位：中关村管委会；完成时限：长期）

（六）联合建立成果转化子基金

10. 推动中科院相关单位与投资机构合作设立成果转化基金。支持北京市科技创新基金管理机构与北京分院对接合作，推动中科院科技成果转化基金与北京市科技创新基金合作设立成果转化子基金，重点投资中科院科技成果在中关村示范区分园转化落地。对符合条件的投资项目，中关村管委会按照支持天使投资和创业投资有关政策并根据成果转化子基金的实际投资额，给予一定比例风险补贴资金支持。（主责单位：中关村管委会、中科院科发局、北京分院；完成时限：长期）

二、支持政策

（一）促进国家、北京市及中关村政策集成适用。按照关于支持中央单位深度参与北京全面创新改革试验的要求，院属单位参照执行北京市及中关村示范区支持科技成果转化相关政策，形成政策合力。

（二）强化政策先行先试。院属单位要及时向中科院科发局、北京分院和中关村管委会反馈成果转化落地中遇到的体制机制障碍和创新突破需求，积极参与、配合中关村示范区制定、落实先行先试政策。对院属单位反映的问题，中关村管委会、中科院科发局和北京分院要积极帮助协调解决，并给予必要支持。

（三）中关村管委会加大政策倾斜和资金支持力度。中关村管委会充分利用支持创新创业的“1+4”资金支持政策体系，对符合条件的中科院科技成果转化项目、团队给予优先重点支持；设立中科院科技成果转化奖励资金，奖励在中关村示范区各分园落地转化成效突出的项目科研团队和转移转化服务团队，并给予北京分院科技成果转化工作支持经费。

（四）中科院科发局加强政策引导，支持中科院科技成果在中关村示范区落地转化。探索建立对科技成果转移转化服务团队的有效激励机制，指导推动院属单位建立完善的促进科技成果转移转化的有效模式，将在中关村示范区开展科技成果转移转化成效显著的院属单位、工程实验室和工程中心、转移转化中心优先认定为双创型研究（院）所、双创支撑平台、双创服务平台；引导和支持“中国科学院科技成果转移转化重点专项项目”优先在中关村示范区各分园转化。

（五）北京分院加强京区院属单位成果转化统筹力度、工作绩效考核和表彰奖励。北京分院加强组织协调，积极收集院属单位科技成果情况、实施转化情况；协调院属单位积极参与中关村示范区科技成果转移转化工作。鼓励院属单位在科技人员岗位晋升、绩效考核中，将其开展科技成果转移转化的成效作为重要依据。对在中关村示范区开展科技成果转移转化活动表现突出的院属单位、转化平台和科研团队给予表彰奖励。

（六）院属单位完善内部激励机制。院属单位应按照有关法律法规和本单位的实际情况，制定个性化的促进科技成果转移转化激励政策与实施细则，为科技成果转化工作开展提供有力支持。根据实际情况制定实施科技成果转移转化服务人员管理办法，设置转移转化岗位，健全转移转化人才评价体系，突出市场评价，聘用市场化、专业化技术转移转化服务人才，按照人员工作成效给予相应奖励。

三、组织实施

（一）加强组织领导。中科院科发局、北京分院和中关村管委会完善工作体系，建立定期沟通机制，每年制定年度任务，明确时间节点，督促院属单位、中关村各分园认真抓好重点工作落实。

（二）加强任务落实。中科院科发局、北京分院和中关村管委会要进一步细化分工，推进各项任务落到实处；指导和推动院属单位、中关村示范区各分园加强任务落实。中关村示范区各分园要结合中关村管委会相关支持政策，积极出台更大力度的配套措施，不断优化园区创新创业环境，为院属单位在园区开展科技成果转化工作提供有力保障。

（三）加强检查推进。中科院科发局、北京分院和中关村管委会定期检查工作推进落实情况，及时发现问题，协调解决推进落实中遇到的困难和障碍，对表现突出的院属单位和分园给予表彰。

本措施由中国科学院科发局、北京分院、中关村管委会负责解释。

教育部　科技部关于加强高等学校科技成果转移转化工作的若干意见

（教技〔2016〕3号）

各省、自治区、直辖市教育厅（教委）、科技厅（科委），新疆生产建设兵团教育局、科技局，教育部直属各高等学校：

为深入贯彻落实《中共中央　国务院关于深化体制机制改革加快实施创新驱动发展战略的若干意见》、《中共中央关于深化人才发展体制机制改革的意见》和《中共中央办公厅关于印发深化科技体制改革实施方案的通知》精神，推动高校加快科技成果转移转化，依据《中华人民共和国促进科技成果转化法》、国务院《实施〈中华人民共和国促进科技成果转化法〉若干规定》和国务院办公厅《促进科技成果转移转化行动方案》，结合高校实际，提出如下意见：

一、全面认识高校科技成果转移转化工作。科技成果转化是高校科技活动的重要内容，高校要引导科研工作和经济社会发展需求更加紧密结合，为支撑经济发展转型升级提供源源不断的有效成果。高校要改革完善科技评价考核机制，促进科技成果转化。高校科技成果转移转化工作，既要注重以技术交易、作价入股等形式向企业转移转化科技成果；又要加大产学研结合的力度，支持科技人员面向企业开展技术开发、技术服务、技术咨询和技术培训；还要创新科研组织方式，组织科技人员面向国家需求和经济社会发展积极承担各类科研计划项目，积极参与国家、区域创新体系建设，为经济社会发展提供技术支撑和政策建议；高校作为人才培养的主阵地，更要引导、激励科研人员教书育人，注重知识扩散和转移，及时将科研成果转化为教育教学、学科专业发展资源，提高人才培养质量。

二、简政放权鼓励科技成果转移转化。高校对其持有的科技成果，可以自主决定转让、许可或者作价投资，除涉及国家秘密、国家安全外，不需要审批或备案。高校有权依法以持有的科技成果作价入股确认股权和出资比例，通过发起人协议、投资协议或者公司章程等形式对科技成果的权属、作价、折股数量或出资比例等事项明确约定、明晰产权，并指定所属专业部门统一管理技术成果作价入股所形成的企业股份或出资比例。高校职务科技成果完成人和参加人在不变更职务科技成果权属的前提下，可以按照学校规定与学校签订协议，进行该项科技成果的转化，并享有相应权益。高校科技成果转移转化收益全部留归学校，纳入单位预算，不上缴国库；在对完成、转化科技成果做出重要贡献的人员给予奖励和报酬后，主要用于科学技术研究与成果转化等相关工作。

三、建立健全科技成果转移转化工作机制。高校要加强对科技成果转移转化的管理、组织和协调，成立科技成果转移转化工作领导小组，建立科技成果转移转化重大事项领导班子集体决策制度；统筹成果管理、技术转移、资产经营管理、法律等事务，建立成果转移转化管理平台；明确科技成果转移转化管理机构和职能，落实科技成果报告、知识产权保护、资产经营管理等工作的责任主体，优化并公示科技成果转移转化工作流程。

高校应根据国家规定和学校实际建立科技成果使用、处置的程序与规则。在向企业或者其他组织转移转化科技成果时，可以通过在技术交易市场挂牌、拍卖等方式确定价格，也可以通过协议定价。协议定价的，应当通过网站、办公系统、公示栏等方式在校内公示科技成果名称、简介等基本要素和拟交易价格、价格形成过程等，公示时间不少于 15 日。高校对科技成果的使用、处置在校内实行公示制度，同时明确并公开异议处理程序和办法。涉及国家秘密和国家安全的，按国家相关规定执行。

科技成果转化过程中，通过技术交易市场挂牌、拍卖等方式确定价格的，或者通过协议定价并按规定在校内公示的，高校领导在履行勤勉尽职义务、没有牟取非法利益的前提下，免除其在科技成果定价中因科技成果转化后续价值变化产生的决策责任。

四、加强科技成果转移转化能力建设。鼓励高校在不增加编制的前提下建立负责科技成果转移转化工作的专业化机构或者委托独立的科技成果转移转化服务机构开展科技成果转化，通过培训、市场聘任等多种方式建立成果转化职业经理人队伍。发挥大学科技园、区域（专业）研究院、行业组织在成果转移转化中的集聚辐射和带动作用，依托其构建技术交易、投融资等支撑服务平台，开展技术开发和市场需求对接、科技成果和风险投资对接，形成市场化的科技成果转移转化运营体系，培育打造运行机制灵活、专业人才集聚、服务能力突出的国家技术转移机构。高校要充分利用各级政府建立的科技成果信息平台，加强成果的宣传和展览展示；鼓励科研人员面向企业开展技术开发、技术咨询和技术服务等横向合作，与企业联合实施科技成果转化。

五、健全以增加知识价值为导向的收益分配政策。高校要根据国家规定和学校实际，制定科技成果转移转化奖励和收益分配办法，并在校内公开。在制定科技成果转移转化奖励和收益分配办法时，要充分听取学校科技人员的意见，兼顾学校、院系、成果完成人和专业技术转移转化机构等参与科技成果转化的各方利益。

高校依法对职务科技成果完成人和为成果转化作出重要贡献的其他人员给予奖励时，按照以下规定执行：以技术转让或者许可方式转化职务科技成果的，应当从技术转让或者许可所取得的净收入中提取不低于 50% 的比例用于奖励；以科技成果作价投资实施转化的，应当从作价投资取得的股份或者出资比例中提取不低于 50% 的比例用于奖励；在研究开发和科技成果转化中作出主要贡献的人员，获得奖励的份额不低于总额的 50%。成果转移转化收益扣除对上述人员的奖励和报酬后，应当主要用于科学技术研发与成果转移转化等相关工作，并支持技术转移机构的运行和发展。

担任高校正职领导以及高校所属具有独立法人资格单位的正职领导，是科技成果的主要完成人或者为成果转移转化作出重要贡献的，可以按照学校制定的成果转移转化奖励和收益分配办法给予现金奖励，原则上不得给予股权激励；其他担任领导职务的科技人员，是科技成果的主要完成人或者为成果转移转化作出重要贡献的，可以按照学校制定的成果转化奖励和收益分配办法给予现金、股份或出资比例等奖励和报酬。对担任领导职务的科技人员的科技成果转化收益分配实行公示和报告制度，明确公示其在成果完成或成果转化过程中的贡献情况及拟分配的奖励、占比情况等。

高校科技人员面向企业开展技术开发、技术咨询、技术服务、技术培训等横向合作活动，是高校科技成果转化的重要形式，其管理应依据合同法和科技成果转化法；高校应与合作单位依法签订合同或协议，约定任务分工、资金投入和使用、知识产权归属、权益分配等事项，经费支出按照合同或协议约定执行，净收入可按照学校制定的科技成果转移转化奖励和收益分配办法对完成项目的科技人员给予奖励和报酬。对科技人员承担横向科研项目与承担政府科技计划项目，在业绩考核中同等对待。

科技成果转移转化的奖励和报酬的支出，计入单位当年工资总额，不受单位当年工资总额限制，不纳入单位工资总额基数。

六、完善有利于科技成果转移转化的人事管理制度。高校科技人员在履行岗位职责、完成本职工作的前提下，征得学校同意，可以到企业兼职从事科技成果转化，或者离岗创业在不超过3年时间内保留人事关系。离岗创业期间，科技人员所承担的国家科技计划和基金项目原则上不得中止，确需中止的应当按照有关管理办法办理手续。高校要建立和完善科技人员在岗兼职、离岗创业和返岗任职制度，对在岗兼职的兼职时间和取酬方式、离岗创业期间和期满后的权利和义务及返岗条件作出规定并在校内公示。担任领导职务的科技人员的兼职管理，按中央有关规定执行。鼓励高校设立专门的科技成果转化岗位并建立相应的评聘制度。鼓励高校设立一定比例的流动岗位，聘请有创新实践经验的企业家和企业科技人才兼职从事教学和科研工作。教育部将组织高校开展将企业任职经历作为新聘工程类教师必要条件的试点，加大对应用型本科和高职院校专业教师在校企之间的交流力度。

七、支持学生创新创业。探索建立以创新创业为导向的人才培养机制，完善产学研用结合的协同育人模式。支持高校与企业、研究院所联合建立学生实习实训和研究生科研实践等教学科研基地，提高学生创新创业实践能力。推动国家大学科技园为学生创新创业提供力所能及的场地、信息网络和商事、法律服务，建立微创新实验室、创新创业俱乐部等，发展众创、众包、众扶、众筹空间等新型孵化模式。鼓励国家大学科技园组织有创业实践经验的企业家、高校科技人员和天使投资人开展志愿者行动，为学生创新创业提供创业辅导以及技术开发合作援助，编写高校师生创新创业成功案例作为高校创新创业教辅材料，支持高校创新创业教育。加强知识产权相关学科专业建设，对学生开展知识产权保护相关法律法规的教育培训。鼓励高校通过无偿许可专利的方式，向学生授权使用科技成果，引导学生参与科技成果转移转化。

八、推进科研设施和仪器设备开放共享。鼓励高校与企业、研究开发机构及其他组织联合建立研究开发平台、技术转移机构或技术创新联盟，共同开展研究开发、成果应用与推广、标准研究与制定。支持高校和地方、企业联合共建实验室和大型仪器设备共享平台，加快推进高校科研设施与仪器在保障本校教学科研基本需求的前提下向其他高校、科研院所、企业、社会研发组织等社会用户开放共享。依托高校建设的国家重点实验室、国家工程实验室、国家工程（技术）研究中心、大型科学仪器中心、分析测试中心等各类研发平台，要按功能定位，建立向企业特别是中小企业有效开放的机制，加大向社会开放的力度，为科技成果转移转化提供服务支撑。科研设施和仪器设备有偿开放的，严格按国家工商、价格管理等规定办理，收入、支出纳入学校财务统一管理。

九、建立科技成果转移转化年度报告制度和绩效评价机制。按照国家科技成果年度报告制度的要求，高校要按期以规定格式向主管部门报送年度科技成果许可、转让、作价投资以及推进产学研合作、科技成果转移转化绩效和奖励等情况，并对全年科技成果转移转化取得的总体成效、面临的问题进行总结。高校要建立科技成果转移转化绩效评价机制，对科技成果转移转化业绩突出的机构和人员给予奖励。高校主管部门要根据高校科技成果转移转化年度报告情况，对高校科技成果转移转化绩效进行评价，并将评价结果作为对高校给予支持的重要依据之一。高校科技成果转移转化绩效纳入世界一流大学和一流学科建设考核评价体系。

十、切实加强领导，认真组织实施。各省级教育、科技行政部门，各高校要认真学习贯彻“创新是引领发展的第一动力”的深刻内涵，将思想和行动统一到党中央、国务院的重大战略部署上来，根据本意见的要求和自身实际情况，采取切实有效的措施加快科技成果转移转化。要切实防范道德风险、廉政风险和法律风险；加强对科技成果转移转化工作的监督检查，对不作为、乱作为的行为严肃问责，对借机谋取私利、搞利益输送的违纪违法问题依法依规严肃查处。教育部将组织实施促进高校科技成果转移转化行动计划，引导高校进一步完善科技成果转移转化的体制机制，为经济社会发展提供科技支撑和智力支持。

本意见自发布之日起施行，执行过程中遇到的问题，请及时向教育部科学技术司、科学技术部创新发展司反馈。此前有关规定与本意见不一致的，按本意见执行。

教育部
科技部
2016 年 8 月 3 日

教育部办公厅关于印发《促进高等学校科技成果转移转化行动计划》的通知

（教技厅函〔2016〕115号）

各省、自治区、直辖市教育厅（教委），新疆生产建设兵团教育局，部属各高等学校：

为贯彻落实《教育部　科技部关于加强高等学校科技成果转移转化工作的若干意见》，推动在高校形成鼓励创新、促进科技成果转移转化的政策环境，现将《促进高等学校科技成果转移转化行动计划》印发给你们，请贯彻执行。

教育部直属高校要在2016年12月底前，其他高校在2017年3月底前完成涉及科技成果转移转化各项制度、工作机制的建立和完善，形成良好的支持科技成果转移转化的政策环境。

教育部办公厅

2016年10月13日

促进高等学校科技成果转移转化行动计划

促进科技成果转移转化工作是高校实施创新驱动发展战略，增强高校服务社会能力的重要手段。为贯彻落实国务院《实施〈中华人民共和国促进科技成果转化法〉若干规定》和国务院办公厅《促进科技成果转移转化行动方案》要求，根据《教育部　科技部关于加强高等学校科技成果转移转化工作的若干意见》，制定本行动计划。

一、总体要求

（一）指导思想

贯彻落实党的十八大和十八届三中、四中、五中全会精神，深入实施创新驱动发展战略，充分发挥高校在科技成果转移转化中的突出作用，推进高校科技成果转化体制机制改革，理顺科技成果转移转化各环节，优化资源配置，充分调动高校科技人员积极性，促进科技成果向现实生产力转化，提升高校科技成果转移转化水平，切实增强高校服务经济社会发展能力。

（二）基本原则

——创新体制机制，畅通转移转化渠道。根据高校自身特点，建立有利于高校科技成果转移转化的管理机制和政策体系，探索科技成果转移转化的新机制和新模式。

——落实改革要求，推动成果转移转化。各省级教育行政部门支持并指导高校科技成果转移转化工作，结合落实高校办学自主权，由高校自主决定科技成果的使用、处置和收益分配。

——发挥市场作用，强化产学研用结合。加强产学研合作力度，建立科技成果协同创新机制，完善科技成果转移转化市场需求导向，畅通创新链、产业链和资金链。

——典型示范引领，稳步推进转化工作。充分调动技术转移机构、大学科技园、区域（行业）研究院等机构积极性，结合专项计划实施，优化资源配置，全面开展科技成果转移转化工作。

（三）主要目标

围绕科技成果转移转化难点问题和薄弱环节，加强高校顶层设计与校内协同，建立适合高校特点的科技成果转移转化体制机制，培养一批复合型科技成果转移转化专业人才，建设一批专业化服务机构，拓宽科技成果转移转化渠道，促进产业技术创新联盟及科技成果转移转化平台建设；采用兼顾市场化运营手段的多种转移转化模式，支持创新创业，激发科技人员从事产学研及科技成果转移转化积极性，提高科研质量和科技成果转移转化效益。“十三五”期间，以企业技术需求为导向，依托高校人才、科技优势，推动一批能支撑经济转型升级，带动产业结构调整的重大科技成果转化应用，显著提升高校科技成果转移转化能力。

二、重点任务

尊重科技发展客观规律，全面认识科技成果转移转化工作对深化高校改革的重大意义，教育部、省级教育行政部门和各高等学校要采取切实有效措施，充分调动各方积极性，促进高校科技成果转化。

（一）加强制度建设，营造成果转化良好环境

1. 建立完善工作机制。成立以学校主要领导为组长、相关职能部门负责人组成的科技成果转移转化领导小组，优化科技成果转移转化工作流程，开列权力清单，明确议事规则；建立和完善科技成果使用、处置的政策措施。

2. 实行成果转化公示制度。建立科技成果转移转化工作公示制度及异议处理办法，公示内容包括科技成果转移转化的各项制度、工作流程、重要人事岗位设置以及领导干部取得科技成果转移转化奖励和收益等情况。

3. 健全人事管理制度。制定科技人员在岗兼职、离岗创业和返岗任职的制度，完善鼓励科技人员与企业工程人员双向交流的政策措施。组织开展将企业任职经历作为新聘工程类教师必要条件的试点工作。

4. 完善成果转化收益分配制度。完善科技成果转化收益分配政策，保障参与科技成果转移转化各方的权益。对完成“四技”合同项目科研人员的奖励和报酬，参照科技成果转化收益分配政策。

（二）创新服务模式，形成技术转移服务体系

5. 创新科技成果转移转化新型孵化模式。建立各种形式的“创新创业俱乐部”，在大学科技园等创新资源集聚区域建设专业服务水平高、创新资源配置优、产业辐射带动作用强的众创空间，为教师、学生

创新创业提供技术研发、孵化空间、信息网络、法律服务和资本对接等服务。

6. 加强技术转移机构建设。整合校内各类技术转移、转化机构，促进高校技术转移机构与市场化第三方技术转移机构在信息、人才、孵化空间、技术转移平台载体等方面的共享、共建力度，形成集对接市场需求、促进成果交易、投融资服务等为一体的科技成果转移转化服务体系。与地方政府、大型企业共建技术转移机构，积极创建国家技术转移示范机构。

7. 加大专业人才队伍培养力度。推动组织高校技术经纪人联盟，采取特邀讲座、案例研讨、实例调研、参与创新创业竞赛等方式，着力培养既懂技术又懂市场的复合型技术转移转化人才；引入国外先进的技术经理人培训课程体系，培养一批具有国际视野、通晓国际规则的高校技术经纪人队伍；加强技术转移机构管理人员的专题培训。制订并推行《高等学校知识产权管理规范》标准贯彻工作。

（三）加强平台建设，服务国家发展战略实施

8. 推动区域行业联盟载体建设。推动高校与行业、领域上下游科研院所、企业联合建立产业技术创新联盟，推动区域科技成果转移转化联盟建设，支持联盟承担重大科技研发与转化项目。

9. 推动科技成果转化基地建设。结合学校学科特色优势，优化大学科技园、高校区域（行业）研究院等创新载体的空间布局，围绕一带一路、京津冀、长江经济带、粤港澳等重点区域的产业规划需求建设一批创新研究基地。以创新性企业、高新技术企业、科技型中小企业为重点，共同建立科技成果转化基地，承担流程改造、工艺革新、产品升级等研究任务，开展成果应用与推广、标准研究与制定等工作。

（四）立足以人为本，助力学生创新创业

10. 加强学生创新创业教育。深化高校创新创业教育改革，探索建立创新创业导向的人才培养机制。开展知识产权专业课程教育及培训工作，与企业、研究院所联合建立学生实习实践培训基地和研究生联合培养基地。组织高校青年教师和高年级研究生深入地方、企业一线，开展创新创业活动，探索并打造具有高校特色的“师徒创新创业”新模式。

11. 组织参与创新创业竞赛。结合深化创新创业教育改革示范高校建设，推动双创示范基地建设步伐，组织中国“互联网+”大学生创新创业大赛等多种类型的创新创业竞赛活动。

12. 增强学生创新创业能力。组织实施大学生创新创业训练计划，支持学生开展创新训练、创业训练和创业实践。加强高校创新创业典型案例宣传工作，完善升级全国大学生创业服务网，提供创业培训实训、项目对接等服务。加强创业指导，对准备创业的学生，提供创业指导、政策咨询；对正在创业的学生，给予项目孵化、金融服务支持。采取专利许可等方式，向学生授权使用科技成果；推进万名优秀创新创业导师人才库建设。

（五）实施专项计划，促进科技成果转移扩散

13. 推进实施“蓝火计划”。建立校地产学研合作长效机制。结合国家、地方的产业规划，在重点区域分片建设高校科

技成果转化中心；针对行业、产业共性技术问题和社会公益等需求，以博士生工作团、科技特派员、科技镇长团、科技专家企业行、企业专家（院士）工作站等多种形式，与地方、企业、园区等开展产学研对接。

14. 组织实施“海桥计划”。争取建立中美、中英等中外大学技术转移与创新合作对话机制，构建高校国际技术转移协作网络和国际先进产业技术创新合作网络，促进高校开展海外专利布局工作。与地方政府合作，建设国际创新园区，汇聚国际创新资源要素，促进一批跨国技术转移项目落地实现产业化。

（六）开展项目筛选，挖掘科技成果转化潜力

15. 加强科技成果源头管理。对科技奖励、专利、结题项目等进行深入挖掘，编辑整理形成技术成果汇编。加强应用类科技成果及基础研究中具有应用前景的科技成果信息的汇交力度，加大对财政资金设立的应用类科技项目成果的转化义务；通过建立专利池、可转移转化科技成果储备库等手段，培育一批具有一定成熟度、市场认可度高的科技成果，推动一批市场前景好的科技成果进行小试、中试。

16. 加强科技成果展示与推广。加强与各级政府的信息共享力度，推动高校积极参与科技成果交易、展示活动；面向产业和地方开展技术攻关、技术转移与示范、知识产权运营等增值服务。结合“中国技术供需在线”建设运营工作，推进建立产学双方交流的公共服务平台；围绕传统产业转型升级、国家战略性新兴产业发展需求，通过举办中国高校科技成果交易会，建设高校科技成果项目库等大数据中心，发布具有自有知识产权的先进实用技术，构建线上信息服务与线下实体服务相结合的高校科技成果转移转化服务网络和服务体系。

（七）产学研用结合，促进创新资源开放共享

17. 加大科教融合力度。完善高校教材管理相关规定，加快推动科技成果以出版专著、编辑教材、讲义等形式尽快转化为教育教学内容，丰富教学手段，革新教学技术，增强教学深度、广度。

18. 加强产学研协同创新。联合有实力的企业承担重点研发计划等国家重点科研任务，加强成果产业化示范工作；围绕“互联网 +”战略开展企业技术难题竞标等“研发众包”模式探索。推动建设高校新兴产业技术创新网络，组织高校创新资源与地方政府、行业骨干企业开展合作，建成若干领域产业技术创新协作组织，为相关领域产业向国际风价值链高端攀升提供服务。

19. 加强高校创新资源开放共享。构建高校仪器设备开放共享平台，完善向社会开放科研设施和大型仪器设备的管理运行机制，为创新创业群体开放科技数据、论文等创新资源，提供科技成果相关信息。

（八）拓展资金渠道，加强科技与金融的结合

20. 拓宽社会资金参与渠道。以知识产权作价入股等形式引入产业类资金参与科技成果转化；通过组织成立创业投资基金等方式，吸引天使投资、私募基金、风险投资等社会资本参与高校科技成果转化；向各类基金会等社会团体推介高校科

技成果，吸引其以自有资金支持科研成果转移转化工作。

21. 发挥财政资金引导作用。加强高校内部资源整合，鼓励强强联合，与相关单位共同争取国家科技成果转化引导基金以及各级政府财政设立的技术创新引导专项（基金）、成果转化基地、知识产权运营和人才专项等的专项资金（基金）的支持。

（九）建立报告制度，完善成果转化评价体系

22. 建设科技成果信息系统。积极参与各级政府科技成果网络信息系统建设，完善科技成果信息发布机制，向社会公布科技成果和知识产权信息，提供科技成果信息查询、筛选等服务。

23. 完善评价机制。省级教育行政部门定期汇总高校科技成果转移转化报告内容，完善科技成果转移转化绩效评价机制，将科技成果转移转化成效纳入高校考核评价体系，分类指导高校科技成果转移转化工作。

三、组织实施

（一）加强组织领导

省级教育行政部门要加强政策、资源统筹，建立协同推进机制，督促指导高校开展科技成果转移转化工作；各高校要结合自身实际情况，制定切实可行的科技成果转化制度和实施方案，落实任务分工和责任主体，健全工作机制，为科技成果转移转化工作提供政策支持和条件保障。

（二）开展示范推广

教育部和省级教育行政部门将持续跟踪高校科技成果转移转化工作，及时研究、解决高校在科技成果转移转化过程中遇到的实际问题；汇聚可复制、可推广的高校科技成果转移转化成功模式和经验，通过典型示范、经验交流等方式进行宣传、推广，推动高校科技成果转移转化工作迈上新台阶、形成新亮点、做出大贡献。

教育部办公厅关于进一步推动高校落实科技成果转化政策相关事项的通知

（教技厅函〔2017〕139号）

各省、自治区、直辖市教育厅（教委），部属各高等学校：

为深入贯彻落实党的十九大精神，实施创新驱动发展战略，激发科技人员创新创造活力，进一步推动落实科技成果转化政策，全面协调推进高校科技成果转化工作，根据《促进科技成果转化法》《关于深化体制机制改革加快实施创新驱动发展战略的若干意见》（中发〔2015〕8号）、《关于实行以增加知识价值为导向分配政策的若干意见》（厅字〔2016〕35号）、《关于深化教育体制机制改革的意见》（中办发〔2017〕46号）、《实施〈促进科技成果转化法〉若干规定》（国发〔2016〕16号）、《促进科技成果转移转化行动方案》（国办发〔2016〕28号）、《国家技术转移体系建设方案》（国发〔2017〕44号）和教育部等五部门《关于深化高等教育领域简政放权放管结合优化服务改革的若干意见》（教政法〔2017〕7号）相关要求，结合高校实际，现就有关事项通知如下：

一、依法推进高校科技成果转移转化，落实相关激励政策

1. 维护职务科技成果权益。高校依法享有并自主行使职务科技成果使用权、处置权和收益权。高校要按照《教育部 科技部关于加强高等学校科技成果转移转化工作的若干意见》（教技〔2016〕3号）要求，建立职务科技成果产权管理制度，明确登记、使用、处置的管理规范及办事流程，依法维护国家、学校和科技人员合法权益。

2. 完善市场运营体系。高校要按照教技〔2016〕3号文要求，通过招标委托第三方机构或整合、重组校内市场化运营机构从事科技成果转化工作，探索实行技术经理人市场化聘用制。校内市场化运营机构、第三方机构和市场化聘用人员根据约定，可以从科技成果转化净收入中提取一定比例作为中介服务的报酬。

3. 建立风险防控机制。高校要按照教技〔2016〕3号文要求，建立健全涉及科技成果转化的科技人员兼职兼薪、离岗创业、返岗任职管理制度和办事流程，明确各参与方的权利、责任和义务。要对科技成果转化中的关联交易、科技人员利用科技成果领办或参与创办企业等建立风险防范制度，引导科技人员依法依规从事科技成果转化工作。

4. 确定成果交易价格。高校依法以协议定价、在技术交易市场挂牌交易、拍卖等方式确定科技成果交易价格。高校依据教技〔2016〕3号文精神，要积极推动建

立科技成果专业化、市场化定价机制，可以由学校技术转移部门开展尽职调查进行价值判断，也可委托专家委员会或具有相应资质的第三方机构对科技成果进行价值评估，作为市场化交易定价的参考依据。

5. 完善奖励分配政策。高校要依法制定科技成果转化收益分配政策，科技成果转化的股权期权奖励税收政策按照《财政部 国家税务总局关于完善股权激励和技术入股有关所得税政策的通知》（财税〔2016〕101号）执行，现金奖励根据国家规定的税率标准，向成果转化受益人发放。

6. 规范领导干部奖励。按照《实施〈促进科技成果转化法〉若干规定》（国发〔2016〕16号），符合科技成果转化奖励条件的高校领导干部可以依法获得科技成果转化奖励。担任领导干部的科技人员获取科技成果转化奖励时，除执行学校规定的流程外，还应在校内公示，并按规定进行个人收入和重大事项申报。

7. 确定勤勉尽责行为。在推动科技成果转化过程中，学校各级管理人员依法按照规章制度、内控机制、规范流程开展工作且没有牟取非法利益的，即视为勤勉尽责，适用国发〔2016〕16号文的免责条款。

二、进一步简政放权，优化科技成果转化流程，激发科技人员创新活力

8. 支持创新改革试验。支持高校参与国家自主创新示范区、全面创新改革试验区相关改革试点。示范（试验）区内高校可根据实际情况，执行所在地区省级人民政府有关科技成果转化政策，并在校内制度规范中载明实施的具体事项和办法。

9. 简化评估备案管理。教育部授权部属高校负责科技成果资产评估备案工作。高校应根据教育部、财政部有关国有资产评估备案管理规定，结合本校实际，制定科技成果资产评估备案管理制度，优化备案程序，切实做好评估备案工作。

10. 核算成果转化成本。高校可根据实际情况，制定科技成果转化净收入的核算办法。成果转化净收入一般以许可、转让合同实际交易额扣除完成本次成果转化交易发生的直接成本来确定。直接成本应包括科技成果评估评价费、拍卖佣金等第三方服务费以及与科技成果转化相关的税金等。

11. 明确成果转化受益人。成果转化受益人应是在与科技成果转化相关科研任务的正式合同、计划任务书或论文、专利及奖励证书上署名的机构和人员，或是在成果转化服务合同中约定的第三方机构和人员。成果转化受益人按规定或约定参与科技成果转化收益的初次分配。

三、加强组织领导，健全技术转移体系，强化责任落实

12. 健全转化工作体系。高校要按照《关于深化高等教育领域简政放权放管结合优化服务改革的若干意见》（教政法〔2017〕7号）精神和《教育部 科技部关于加强高等学校科技成果转移转化工作的若干意见》（教技〔2016〕3号）要求，统筹科技成果转化与人才培养、科学研究和学科建设，按照“市场导向、规范管理、协调推进、激励创新”的原则，制度先行，强化管理责任，加快推进成果转化管理体系、制度体系、服务支撑体系

建设。

13. 建立评估评价机制。高校要建立健全科技成果评估评价机制，可根据需要设立科技成果评估评价机构或专家委员会，对科技成果转化受益人、成果交易估值、转化成本核算以及科技人员兼职兼薪、离岗创业等相关合同约定独立进行审核、评估，审核、评估意见作为高校决策的参考依据。专家委员会成员应包括法律、管理、财务、投资、行业及科技领域专家。

14. 完善细化实施细则。高校要按照《关于深化教育体制机制改革的意见》（中办发〔2017〕46号）要求，结合各自特点和具体情况，落实人才培养根本任务，创新工作方法和工作思路，完善、细化科技成果转化落地政策和实施细则。实施细则和办事流程要清晰明了、可操作，并在校内公开，不得简单以参照执行上级文件、规定来代替制定本校科技成果转化落地政策和实施细则。

15. 组织开展试点示范。教育部将在创新资源集聚、成果转化工作基础好的部分地区和若干高校，开展科技成果转化示范基地建设，探索形成若干可复制、可推广的高校科技成果转化模式和经验，助力大众创业、万众创新持续深入发展，推动高校科技服务国家战略，为区域经济发展提供新动能。

16. 实施年度报告制度。高校要按照规定格式，于每年3月31日前按隶属关系向主管部门报送本校上一年度科技成果转化情况的年度报告。省级教育行政部门对所属高校科技成果转化年度报告审核后，于每年4月20日前统一报送至教育部科学技术司。教育部将对高校科技成果转化情况进行汇总评估。

17. 推动地方落实政策。各省级教育行政部门要根据上述要求，结合本地区实际情况，落实中央决策部署，指导所属高校落实科技成果转化政策。

18. 报告落实政策情况。对落实科技成果转化政策情况实行零报告制度。各省级教育行政部门按照隶属关系将所属高校落实本《通知》要求情况及落实科技成果转化政策的实施细则汇总整理形成报告，于2018年4月30日前正式行文报送教育部（同时将电子版发送：gxc7937@moe.edu.cn）。直属高校直接报送教育部。

19. 加大政策宣传和督查。各高校要通过组织开展宣贯解读、学习手册等形式，将中央、省级部门及高校落实科技成果转化相关政策精神与要求，传达到一线科技人员，营造科技成果转化的良好氛围。教育部将按照党中央、国务院的决策部署，对政策落实情况进行督查，并对各地、各高校落实科技成果转化政策及实施情况进行通报。

各地方、各高校在落实中央决策部署，促进科技成果转化中的创新做法、取得的重大进展以及出现的新情况、新问题要及时报告教育部。

教育部办公厅

2017年12月26日

国土资源部关于印发
促进科技成果转化暂行办法的通知

（国土资发〔2016〕105号）

中国地质调查局及部其他直属单位，各派驻地方的国家土地督察局，部机关各司局：

《国土资源部促进科技成果转化暂行办法》已经第16次部长办公会议审议通过，现印发给你们，请遵照执行。

国土资源部

2016年9月1日

国土资源部促进科技成果转化暂行办法

依据《中华人民共和国促进科技成果转化法》、《实施〈中华人民共和国促进科技成果转化法〉若干规定》和《促进科技成果转移转化行动方案》，结合国土资源工作实际，制定本办法。

第一条　本办法所称科技成果，是指国土资源部所属研究开发机构（具有研究开发实力的单位，以下简称各单位）及科技人员利用单位的物质技术条件，通过科学研究与技术开发所产生的具有实用价值的成果。

第二条　本办法所称科技成果转化，是指为提高生产力水平而对科技成果进行后续试验、开发、应用、推广直至形成新技术、新工艺、新材料、新产品、新产业，以及为服务科技成果转化所开展的技术咨询、技术培训等活动。依法向社会提供开放共享服务的基础性、公益性资料和数据等，不属于科技成果转化范畴。

第三条　完善科技成果发布制度。加强国土资源科技成果登记，建立科技成果信息系统，动态更新并定期发布科技成果、研究开发机构等信息，向社会提供科技成果咨询服务，加强科技成果宣传报道。

第四条　加强科技成果示范应用。在资源调查评价、勘查开发、综合整治等重大工程中，对具有转化价值的重大科技成果，积极开展示范推广应用。

第五条　强化创新成果的标准制定。加强国土资源标准创新审查，有重大应用价值的科技成果应当同步开展标准研究，及时制定标准，并将先进成熟技术作为有关标准修订的重要内容。

第六条　加强科技成果转化绩效激励。将科技成果转化业绩纳入单位绩效考评体系，作为科技人员职称评定、岗位管理等重要依据。

第七条 制定科技成果转化管理措施。各单位要明确科技成果转化任务和责任主体，成果转化任务多的单位可以申请设立内设机构或专门岗位。在充分听取本单位科技人员意见的基础上，研究制定符合自身特点、可操作的科技成果转化管理规定，包括工作程序、决策、公示、奖惩、保密、权益保护、异议处理、岗位考评、兼职和离岗创业等内容，公平公正公开，接受本单位职工代表大会监督。

第八条 统筹使用各类成果转化资源。各单位应当积极申报国家技术创新引导专项（基金）；有条件的单位应当建立科技成果转化基金，用好事业发展基金和成果转化净收入，开展科技成果转化。盘活闲置的仪器设备、装备、办公用房等资源，为科技成果转化提供便利条件。

第九条 建立科技成果转化年度报告制度。各单位应当于每年3月底前向国土资源部科技主管机构报送上一年度科技成果转化情况的年度报告，内容主要包括：

（一）科技成果转化总体成效和面临问题；

（二）依法取得科技成果数量及有关情况；

（三）科技成果转让、许可和作价投资情况；

（四）科技成果转化绩效和奖惩情况等，包括转化取得收入及分配情况，对科技成果转化人员的奖励和报酬等；

（五）推进产学研合作情况，包括自建、共建研究开发、技术转移机构、科技成果转化服务平台情况，签订技术开发、技术咨询、技术服务合同情况，人才培养和人员流动情况。

第十条 自主确定科技成果转化方式。各单位对其持有的科技成果，可以自主决定转让、许可或者作价投资，除涉及国家秘密、国家安全外，不需审批或者备案。可以自主采用下列方式进行科技成果转化：

（一）自行投资实施转化；

（二）向他人转让科技成果；

（三）许可他人使用科技成果；

（四）以科技成果作为合作条件，与他人共同实施转化；

（五）以科技成果作价投资，折算股份或者出资比例；

（六）其他协商确定的方式。

第十一条 遵循科技成果转化的市场化机制。通过协议定价、在技术交易市场挂牌交易、拍卖等方式确定价格（价值）。协议定价的，应当在本单位公示科技成果名称和拟交易价格，公示时间不少于15个工作日。

第十二条 合理使用科技成果转化收入。转化科技成果所获得的收入全部留归本单位，纳入单位预算，不上缴国库，扣除对完成和转化科技成果作出重要贡献人员的奖励和报酬后，应当用于单位科学技术研发、知识产权管理、人才和团队建设、成果转化等相关工作。

使用科技成果转化收入，对完成、转化科技成果作出重要贡献的人员给予奖励和报酬的支出计入当年本单位工资总额，但不受当年本单位工资总额限制、不纳入本单位工资总额基数。

第十三条 鼓励企业化转化方式。各单位可以利用持有的科技成果自主创办高新技术企业，开展成果转化活动。支持与企业共建研发平台、技术转移机构或者技术创新联盟等，加快实施科技成果转化。按照《中华人民共和国公司法》要求，规范管理现存企业，鼓励企业通过股权、期权、分红等激励方式，构建以企业为主体的科技成果转化平台。

第十四条　充分利用各类优惠政策。位于国家自主创新示范区或者高新技术开发区内的部属研究开发机构，应当争取和利用示范区或者开发区内有关优惠政策，在科技成果转化方面进行积极探索，为科技成果转化制度体系建设提供可复制、可推广的经验。

第十五条　充实科技成果转化力量。鼓励各单位从企业聘请有科技成果转化经验的人员到本单位从事科技成果转化工作，通过特聘岗位等形式落实聘请人员薪酬等待遇。

第十六条　保护科技人员合法权益。依法保护科技人员在科技成果转化中的合法权益。对科技成果完成人和为成果转化作出重要贡献的其他人员给予奖励时，按照以下规定执行：

（一）以技术转让或者许可方式转化科技成果的，应当从技术转让或者许可所取得的净收入中提取不低于50%的比例用于奖励；

（二）以科技成果作价投资实施转化的，应当从作价投资取得的股份或者出资比例中提取不低于50%的比例用于奖励；

（三）在研究开发和科技成果转化中作出主要贡献的人员，获得奖励的份额不低于奖励总额的50%；

（四）将科技成果自行实施或者与他人合作实施转化的，应当在实施转化成功投产后连续3年至5年，每年从实施该项科技成果的营业利润中提取不低于5%的比例用于奖励；

（五）对科技人员在科技成果转化工作中开展技术咨询、技术服务等活动给予的奖励，根据科技人员与单位约定，从成果转化所取得的净收入中提取一定比例用于奖励；

（六）成果转化净收入在成果完成人和为成果转化作出重要贡献的其他人员之间的分配，由其内部协商确定。

第十七条　规范领导人员转化激励。对于担任领导职务的科技人员，获得科技成果转化奖励，按照分类管理的原则执行：

（一）各单位正职领导以及各单位所属具有独立法人资格单位的正职领导，是科技成果的主要完成人或者对科技成果转化作出重要贡献的，可以获得现金奖励，原则上不得获取股权激励。其他担任领导职务的科技人员，是科技成果的主要完成人或者对科技成果转化作出重要贡献的，可以获得现金、股份或者出资比例等奖励和报酬；

（二）对担任单位领导职务的科技人员的科技成果转化收益分配实行公开公示制度，不得利用职权侵占他人科技成果转化收益。

第十八条　允许科技人员兼职和离岗创业。科技人员在履行岗位职责、完成本职工作的前提下，经征得单位同意，可以到企业兼职从事科技成果转化活动，或者离岗创业，在原则上不超过3年时间内保留人事关系，从事科技成果转化活动。其单位应当与科技人员约定兼职、离岗从事科技成果转化活动期间和期满后的权利和义务，并变更相关聘用合同。

第十九条 允许按协议转化。对各单位持有的科技成果，其完成人和参加人在不变更科技成果权属的前提下，可以根据与单位签订的协议进行该项科技成果的转化，并享有协议规定的权益。

第二十条 规范党政领导干部兼职。严格落实中共中央组织部《关于进一步规范党政领导干部在企业兼职（任职）问题的意见》规定，各单位党政领导干部未经批准，不得在所属企业兼任职务。确因工作需要到所属企业兼职的，应当按照干部管理权限报上级主管部门审批，但不得在该企业取酬，其家属也不得在该企业任职。

第二十一条 规范科技人员企业兼职。各单位应当规范科技人员企业兼职管理，完善相关内控制度与管理措施，确保兼职科技人员在成果转化中发挥应有的作用。

第二十二条 依法依规从事科技成果转化。对违反相关规定，在科技成果转化活动中弄虚作假，采取欺骗手段，骗取奖励和荣誉称号、诈骗钱财、非法牟利的，由有关部门依照管理职责责令改正，取消该奖励和荣誉称号，没收违法所得，并给予相应处罚；给他人造成经济损失的，依法承担民事赔偿责任；构成犯罪的，依法追究刑事责任。

实施科技成果转化合作各方，应当遵守自愿、互利、公平、诚信的原则，依法签订合同（协议），约定合作的组织形式、任务分工、资金投入、知识产权归属、权益分配和风险分担等事项。

第二十三条 遵守科技成果转化管理制度。各单位及科技人员应当遵守国家科技成果转化管理制度，不得阻碍科技成果转化。任何人不得将科技成果、技术资料和数据占为已有，侵犯单位合法权益，不得擅自转让科技成果或擅自获取成果转化收益。

第二十四条 本办法自 2016 年 10 月 1 日起施行。

农业部关于印发《农业部深入实施〈中华人民共和国促进科技成果转化法〉若干细则》的通知

（农科教发〔2016〕7号）

部机关各司局、派出机构、各直属单位：

《农业部深入实施〈中华人民共和国促进科技成果转化法〉若干细则》已经农业部2016年第7次部常务会议审议通过，现印发你们，请认真贯彻执行。

农业部

2016年12月12日

农业部深入实施《中华人民共和国促进科技成果转化法》若干细则

为深入贯彻习近平总书记在全国科技创新大会、两院院士大会、中国科协第九次全国代表大会上的讲话精神，全面落实《中华人民共和国促进科技成果转化法》《中共中央印发〈关于深化人才发展体制机制改革的意见〉的通知》《国务院关于印发实施〈中华人民共和国促进科技成果转化法〉若干规定的通知》《中共中央办公厅 国务院办公厅印发〈关于实行以增加知识价值为导向分配政策的若干意见〉的通知》的部署要求，充分调动农业部属科研院所及科技人员转移转化科技成果的积极性，规范成果转移转化行为，推动农业科技源头创新，提升科技支撑现代农业发展的能力和水平，现提出如下实施细则。

一、促进科研院所成果转移

（一）科学界定成果权属

1. 主要利用财政性资金形成的科技成果，除涉及国家安全、国家利益和重大社会公共利益外，授权项目承担单位依法取得。

执行本单位的任务或者主要是利用本单位的物质技术条件所完成的发明创造为职务发明创造。职务发明创造申请专利的权利属于该单位；申请被批准后，该单位为专利权人。

利用本单位的物质技术条件所形成的科技成果，单位与科技人员订有合同，对成果的归属作出约定的，从其约定。法律另有规定的，从其规定。

科研院所联合其他单位或企业共同承担或实施财政性科研项目，各承担单位应就成果权属依照国家相关法律和项目管理规定进行约定。

2. 科研院所与其他单位共同依法取得的成果，科研院所应与其签订合同，约定成果归属。对于接受企业、其他社会组织委托的横向委托项目，允许项目承担单位和科技人员通过合同约定知识产权使用权和转化收益。

3. 成果完成团队应明确团队各成员成果权益比例，达成一致意见后形成方案，报本单位成果转化管理部门备案。

4. 成果完成人应至少符合以下三个条件中的两个：一是在科研项目立项书中，有明确的职责定位和任务分工；二是在科学研究实施阶段，有创造性贡献和实际工作量；三是在专利、品种权、软件著作权等知识产权证书或品种审定证书中列出的实际完成人，或在科技成果评价、鉴定时列入的实际完成人。除此之外，其他人员均不能作为成果完成人。

5. 成果完成人享有的知识产权权益，不因工作单位和岗位变动而丧失。

（二）规范成果处置

6. 科研院所可自主通过转让、许可或作价投资等方式，向企业或者其他组织转化科技成果。涉及国家秘密、国家安全、国家重大公共利益的，按国家有关法律法规要求的程序处置。不涉及国家秘密、国家安全、国家重大公共利益的，不需审批或者备案。

7. 科研院所实施成果转化时，应充分听取成果完成人意见。应通过协议定价、在技术交易市场挂牌交易、拍卖等市场化方式确定价格。协议定价的，应在本单位公示科技成果名称和拟交易价格，公示时间不少于 15 日，并明确公开异议处理程序和办法。

8. 科研院所未能适时实施成果转化的，成果完成人和参加人在不变更职务科技成果权属的前提下，可以根据与科研院所的协议进行该项科技成果的转化，并享有协议规定的权益。科研院所对上述科技成果转化活动应予以支持。

9. 科研院所的科技成果应首先在中国境内实施，优先向带动能力强、辐射范围广的农业产业化龙头企业或新型农业经营主体转让。需将成果转让或许可境外组织或个人实施的，应按有关规定报相关部门审批，法律、法规对批准机构另有规定的，依照其规定。

（三）激励成果转移

10. 科研院所转化科技成果所获得的收入全部留归单位依法自主分配，纳入单位预算，实行统一管理，不上缴国库。用于人员奖励和报酬的支出，应纳入年度工资总额计划，计入当年本单位工资总额，不纳入本单位工资总额基数。

11. 成果转化收益分配应兼顾成果完成人、成果转化人员、专职成果转化机构、研究院所等各方利益，以及相关基础研究和公益性成果研发、转化事业的发展。

12. 科研院所开展技术开发、技术咨询、技术服务等活动取得的净收入视同成果转化收入。

（四）明确单位主体责任

13. 科研院所应切实加强对科技成果转化工作的组织领导，明确专门的机构或岗位，负责组织协调成果转化和知识产权保护工作，建立健全运行机制，完善管理制度，争取资金支持，建设专业化成果转化队伍。

14. 科研院所应加强科技成果转化管理，建立成果转化对上报告、对下考核制度。应将科技成果转化工作作为年度工作主要述职内容，对下属单位或科研团队进行分类评价，并加大成果转化奖励力度。

15. 科研院所应加强与其他单位联合协作，发挥各自成果特色和单位特长，协同转化科技成果，提高科技成果转化效率和使用范围。

16. 科研院所应及时发现成果转化工作中的新情况、新问题，总结推广经验做法。应加强知识产权管理，建立健全相关制度，既要提高科技人员保护自身成果的产权意识，更要提高科技人员转化应用成果的市场开拓意识。不断探索有效、科学的科技成果保护及转移方法，特别是难以用技术手段保护的科技成果，不断提升科技成果转化的质量和效率。

二、充分调动科技人员积极性

（一）强化科研院所履行科技成果转化长期激励的法人责任

17. 科研院所应加大在专利权、著作权、植物新品种权等知识产权及科技成果转化形成的股权、岗位分红权等方面的激励力度。建立健全科技成果转化内部管理与奖励制度，自主决定科技成果转化收益分配和奖励方案。

18. 以科技成果作价入股作为对科技人员的奖励涉及股权注册登记及变更的，无需报主管部门审批。

（二）激励重要贡献人员

19. 科技成果转化收益应首先用于对科技成果完成人、为科技成果转化做出重要贡献人员的奖励和报酬。

20. 科研院所以技术转让或者许可方式转化职务科技成果的，应从技术转让或许可所取得的净收入中提取不低于 50% 的比例用于奖励和报酬。

21. 科研院所以科技成果作价投资实施转化的，应从作价投资取得的股份或者出资比例中提取不低于 50% 的比例用于奖励和报酬。

22. 科研院所在研究开发和科技成果转化中作出主要贡献的人员，获得奖励的份额不低于奖励总额的 50%。

（三）鼓励持股转化成果

23. 科研院所正职和领导班子成员中属中央管理的干部，所属单位中担任法人代表的正职领导，是科技成果的主要完成人或者对科技成果转化作出重要贡献的，可以依法获得现金奖励，原则上不得获取股权激励。在担任现职前因科技成果转化获得的股权，应在任现职后及时予以转让，原则上不超过 3 个月。股权不得转让其配偶、子女及其配偶，股权转让对象和价格应在科研院所官网上公示 5 个工作日以上。逾期未转让的，任期内限制交易，并不得利用职权为所持股权的企业谋取利益。限制股权交易的，在本人不担任上述职务 1 年后解除限制。其他担任领导职务的科技人员和没有领导职务的科技人员，作为成果完成人，可依法获得现金奖励或股权激励，无需审批，但必须在科研院所官网上公示 5 个工作日以上。如有异议，由科研院所的成果转化部门负责协调解决。获得股权激励的领导人员不得利用职权为所持股权的企业谋取利益。

（四）鼓励科技人员兼职兼薪和离岗创业

24. 科研院所正职领导不得到企业兼职。领导班子其他成员根据工作需要，经批准可在本单位出资的企业或参与合作举办的民办非企业单位兼职，但不得在兼职单位领取薪酬。科研院所内设机构领导人员，经批准可在企业或民办非企业单位兼职，个人按照有关规定在兼职单位获得的报酬，应全额上缴本单位，由单位根据实际情况给予适当奖励。可兼职的科研院所领导人员应按照干部管理权限进行审批，任期届满继续兼职应重新履行审批手续，兼职不得超过2届，所兼职务未实行任期制的，兼职时间最长不得超过10年。

25. 没有领导职务的科技人员在履行好岗位职责、完成本职工作的前提下，经所在单位同意，可以到企业和其他科研机构、高校、社会组织等兼职并取得合法报酬。鼓励科技人员公益性兼职，积极参与决策咨询、扶贫救困、科学普及、法律援助和学术交流等活动。实行科技人员兼职公示制度，批准兼职的须在本单位官网公示5个工作日以上。对到外资企业或有国（境）外背景的企业兼职的，科研院所要审慎审批，必要时应听取主管部门意见，了解其政治倾向和相关背景，不得到有敌视、分化我国背景的企业兼职。

26. 兼职人员须与所在单位和兼职单位签订三方协议，明确各方权利义务、服务期限、成果权益分配比例、薪酬标准等，兼职行为不得泄露本单位技术秘密，损害或侵占本单位合法权益。兼职人员职务发生变动时，应按照新任职务的相应规定进行兼职管理，如有按规定不得兼任的职务，应在3个月内辞去。兼职取得的报酬原则上归个人，建立兼职获得股权及红利等收入的报告制度，兼职收入不受本单位绩效工资总额限制，个人须如实将兼职收入报单位备案，按有关规定缴纳个人所得税。

27. 到企业兼职的人员与其他在岗人员同等享有参加职称评聘、报奖评优、岗位等级晋升和社会保险等方面权利，可按规定参加成果权益分配。

28. 科技人员在相应人事、组织部门审批同意的情况下可离岗从事科技成果转化等创新创业活动，原则上不超过三年。离岗创业人员须与所在单位签订协议，明确双方权利义务、离岗期限、保险接续等事宜。

三、保障成果转化工作健康发展

（一）加强院所制度建设

29. 科研院所应加强促进科技成果转化问题研究，强化制度建设，要建立健全科技成果确权管理办法、科技成果产权交易管理办法、科技成果转化收益分配管理办法、科技人员兼职和离岗创业管理办法、科技人员持股管理办法、知识产权保护管理办法等六项制度，并经职工代表大会讨论通过实施。在各项制度中，均应体现重大事项集体决策机制。

30. 科研院所应按照如下内容，于每年3月30日前向上级主管部门指定的管理信息系统报送本单位上一年度科技成果转化情况报告。内容包括：科技成果转化总体成效和问题；科技成果数量及有关情况；科技成果转让、许可和作价投资情况；推进产学研合作情况，包括自建、共建研究开发机构、成果转化机构、转化服务平台情况，签订技术开发合同、技术咨询合同、技术服务合同情况，人才培养和人员流动情况等；科技成果转化绩效和奖惩情况，包括科技成果转化取得收入及分配情况，对科技成果转化人员的奖励和报酬等。

（二）促进成果公开转移

31. 科研院所应加强与全国农业科技成果转移服务中心的联合协作，委托中心开展科技成果价值发现、托管交易、众创服务和人员培训等工作。

32. 科研院所在开展成果权属界定、成果处置、收益分配等工作时，应按照依法依规制定的管理制度，规范并履行约定、审批、公示等一系列程序。

33. 科研院所在从事科技成果转化过程中，通过公开方式确定交易价格的，院所领导在履行勤勉尽责义务、没有牟取非法利益的前提下，免除其在科技成果定价中因科技成果转化后续价值变化产生的决策责任。

（三）切实加强组织管理

34. 农业部有关司局负责研究制定促进科技成果转化的办法、制度、政策、措施，指导监督科研院所落实相关促进科技成果转化的法律法规，规范实施成果转化工作，并加强科研院所科技成果转化的绩效考核，在开展条件建设、科研立项、评奖表彰等工作时，优先支持成果转化业绩突出的院和所。

35. 农业部科技教育司负责全国农业科技成果转移服务中心的建设督导工作，推动科研院所科技成果公开、规范、高效交易。

36. 农业部有关司局积极推动科研院所业务管理岗位的去行政化改革，建立符合科技创新规律、适应成果转化新要求的科技人员管理制度。

37. 本细则中事业单位党员领导干部及工作人员在兼职取酬、离岗创业、持股、奖励等方面，不得违反党内法规和国家有关规定。

38. 本细则适用于部属三院及所属研究所。农业部其他直属事业单位如有自主创新的科技成果，其成果完成人在享有成果权益分配时可依照相应条款执行。

水利部印发关于促进科技成果转化的指导意见的通知

（水国科〔2018〕30号）

部直属各单位，各省、自治区、直辖市水利（水务）厅（局），各计划单列市水利（水务）局，新疆生产建设兵团水利局：

为深入实施创新驱动发展战略，加快推进水利科技成果转化为现实生产力，充分发挥科技对水利改革发展的支撑引领作用，我部制定了《关于促进科技成果转化的指导意见》，现印发给你们，请认真贯彻执行。

水利部

2018年2月6日

关于促进科技成果转化的指导意见

为加快推进水利科技成果转化为现实生产力，充分发挥科技对水利改革发展的支撑引领作用，依据《中华人民共和国促进科技成果转化法》、国务院《实施〈中华人民共和国促进科技成果转化法〉若干规定》、国务院办公厅《促进科技成果转移转化行动方案》和水利部《关于实施创新驱动发展战略加强水利科技创新若干意见》，结合行业实际，现就促进科技成果转化提出如下意见。

一、总体思路

全面贯彻习近平新时代中国特色社会主义思想和党的十九大精神，深入实施创新驱动发展战略，遵循“节水优先、空间均衡、系统治理、两手发力”新时代水利工作方针和水资源水生态水环境水灾害统筹治理的治水新思路，落实国家促进科技成果转化的任务部署，深化体制机制改革，构建符合科技创新规律、体现水利行业特色的科技成果转化体系，强化技术、资本、人才、服务等创新资源的深度融合与优化配置，调动各方积极性，破解科技成果转化“最后一公里”难题，提升科技创新支撑水利现代化建设的能力和水平。

坚持需求导向。立足于满足水利改革发展重大科技需求，进一步推动科技成果与水利生产实践的精准对接，实现科技成果高效转化。

创新体制机制。畅通科技成果转化渠道，着力破除成果转化中的约束性障碍，激发内在活力，建立有利于成果转化的管理机制和政策体系，探索成果转化新机制和新模式。

强化政策落实。贯彻落实促进科技成果转化的相关法律法规及激励政策，充分调动科研机构、高校、企业和科技人员积极性，不断推动成果转化工作。

发挥市场作用。充分发挥市场在科技成果转化中的主体地位，整合技术、资金和人才，搭建水利科技产学研协同创新平台，大力发展技术市场，培育中介服务机构，不断拓展新技术、新产品的市场应用空间。

到2020年，水利科技成果转化的体制机制基本完善，转化能力显著增强，科技成果开放共享取得明显成效，一批实用科技成果和高新技术得到有效转化和应用；到2030年，全面建成运行高效、功能完善、符合行业特点的水利科技成果转化体系，体制机制更趋完善，转化渠道更加畅通，转化效能进一步提升，全面满足水治理体系和治理能力现代化的科技需求。

二、激发水利科研机构转化活力

（一）明确水利科技成果转化范畴。水利科技成果转化是指为提高生产力水平而对科技成果进行后续试验、开发、应用、推广直至形成新技术、新工艺、新材料、新产品等活动。面向政府、企事业单位及其他社会化组织等需求所提供的水利技术开发、技术转让等也属于水利科技成果转化范畴。

（二）畅通科技成果转化渠道。水利科研机构应创新科技成果转化管理和运营机制，加强科技成果转化人才培养。鼓励有条件的科研机构建立专门的科技成果转化队伍，设置专职从事技术转化工作的创新型岗位，探索建立技术经理人市场化聘用制，与第三方转移转化机构组建联盟，明确利益分配机制，加快科技成果转化。

（三）自主确定科技成果转化方式。水利科研机构对其持有的科技成果拥有转化自主权，可采用下列方式进行科技成果转化：自行投资实施转化；向他人转让科技成果；许可他人使用科技成果；以科技成果作为合作条件，与他人共同实施成果转化；以科技成果作价投资，折算股份或者出资比例；其他协商确定的方式。鼓励有条件的单位建立科技成果转化基金，推动科技成果转化。

（四）遵循市场化价格机制。水利科研机构对其持有的科技成果，在转让、许可或者作价投资过程中，应当通过协议定价、在技术交易市场挂牌交易、拍卖等市场化方式确定价格（价值）。协议定价的，科技成果持有单位应当在本单位公示科技成果名称和拟交易价格，公示时间不少于15日。单位应当明确并公开异议处理程序和办法。

（五）合理使用科技成果转化收入。水利科研机构科技成果转化收入全部留归本单位，纳入本单位预算，不上缴国库，扣除对完成和转化科技成果做出重要贡献人员的奖励和报酬后，应优先用于单位科学技术研发、知识产权管理、人才和团队建设、成果转化等相关工作。对完成转化科技成果作出重要贡献的人员给予奖励和报酬的分配，各科研机构须建立完备的分配制度，并在本单位内部予以公示。对完成转化科技成果作出重要贡献的人员给予的奖励和报酬的支出总量可不受当年本单位绩效工资总量限制、在本单位绩效工资总额基数外予以单列，但须与绩效工资总量一并管理。科研人员依法取得的成果转化奖励收入，不纳入绩效工资。

（六）保障科研人员成果转化收益分配。水利科研机构应保护科研人员在科技成果转移转化中的合法权益，按照以下规定落实对科技成果完成人和为成果转化做出重要贡献人员的奖励。一是以技术转让或者许可方式转化科技成果的，应当从技术转让或者许可所取得的净收入中提取不低于50%的比例用于奖励。二是以科技成果作价投资实施转化的，应当从作价投资取得的股份或者出资比例中提取不低于50%的比例用于奖励。三是在研究开发和科技成果转化中作出主要贡献的人员，获得奖励的份额不低于奖励总额的50%。

（七）规范领导干部转化激励。水利科研机构法定代表人是科技成果的主要完成人或者对科技成果转化作出重要贡献的，可以按照《中华人民共和国促进科技成果转化法》的规定获得现金奖励，原则上不得获取股权激励。其他担任领导职务的科技人员，是科技成果的主要完成人或者对科技成果转化作出重要贡献的，可以按照《中华人民共和国促进科技成果转化法》的规定获得现金、股份或者出资比例等奖励和报酬。对担任单位领导职务的科技人员的科技成果转化收益分配实行公开公示制度，不得利用职权侵占他人科技成果转化收益。

（八）支持科研机构专业技术人员创新创业。支持水利科研机构专业技术人员经单位同意到企业挂职兼职或离岗创新创业，期间人事关系仍在原单位，执行原单位职称评审、培训、考核、奖励等管理制度。专业技术人员创新创业期限一般不超过3年，须与原单位签订协议，约定工作期限、保密、知识产权保护、报酬等事项，明确权益分配等内容。创新创业期满，应返回原单位，由原单位安排工作。

三、促进水利科技成果有效转化

（九）推进水利科技先进成果推广应用。鼓励和支持在水利工程勘察、设计、施工、运行、管理中积极采用水利新技术、新工艺、新材料、新产品，限制淘汰落后技术。定期编制发布水利先进实用技术指导目录。加强国家重点研发计划涉水重点专项成果的推广应用。重大水利科技推广应用项目应纳入各级水利发展规划和计划。

（十）建设水利科技成果推广转化示范区。依托需求强烈、特色明显的典型地区，综合集成一批先进实用技术，建设水利科技成果推广转化示范区，推进区域水问题的解决，形成可推广、可复制的技术模式，打造集开发、中试、熟化、成果转化及产业化于一体的科技成果孵化平台。鼓励各流域、各地区、各单位结合各自需求，建立科技示范推广基地，促进科技成果转化。

（十一）加强水利科技成果与标准衔接。完善水利技术标准体系，有重大应用价值的科技成果应同步开展技术标准研究，及时制定标准，将先进成熟技术作为有关标准修订的重要内容。建立经过实际工程应用且效果良好的水利技术创新成果转化为标准的快速通道。对于尚不具备条件且暂未制定标准的水利技术创新成果，经水利部有关部门或省级水行政主管部门组织的技术专家委员会审定后可优先使用。

（十二）组建水利技术创新转化联盟。充分发挥各级工程技术研究中心、学会和行业协会等作用，联合高校、科研院所和上下游企业等组建一批水利技术创新转化联盟或产学研协同创新共同体，围绕产业链构建创新链，推动跨领域跨部门协同创新，加强行业共性关键技术研发和转移转化。支持成员单位依托联盟或共同体承担科技示范项目，探索联合攻关、利益共享、知识产权运营的有效机制与模式。

（十三）加强水利科技成果转化国际合作。鼓励具有自主知识产权的水利技术、产品和技术标准走出国门，全面深化双边、多边水利科技合作，鼓励水利科研机构加强与国外技术转移转化机构对接，打造国内外技术交流合作平台。鼓励科技资源互联互通，构建连接国内外技术、资本、人才等创新资源的技术转移网络。加强"一带一路"水利国际科技合作，为全球水治理提供中国智慧、中国经验、中国方案。

四、加强水利科技成果信息公开与共享

（十四）建立科技成果转化年度报告制度。水利科研机构应按照国家有关要求，于每年3月30日前经主管单位向水利部科技主管部门报送上一年度科技成果转化情况的年度报告。内容主要包括：

1. 科技成果转化取得的总体成效和面临的问题；

2. 依法取得科技成果的数量及有关情况；

3. 科技成果转让、许可和作价投资情况；

4. 推进产学研合作情况，包括自建、共建研究开发机构、技术转移机构、科技成果转化服务平台情况，签订技术开发合同、技术咨询合同、技术服务合同情况，人才培养和人员流动情况等；

5. 科技成果转化绩效和奖惩情况，包括科技成果转化取得收入及分配情况，对科技成果转化人员的奖励和报酬等。

水利部科技主管部门将科技成果转化年度报告纳入科研机构绩效评价指标体系，并将评价结果作为对科研机构给予支持的参考依据。

（十五）加强水利科技成果宣传与信息共享。鼓励和支持各级水行政主管部门结合各自工作重点和科技需求，创新方式和手段，因地制宜举办技术交流研讨会、推介会、设计大赛及科技成果展示等多种方式，加强先进技术推介、培训和宣传。加快水利科技成果信息数据库建设，建立水利科技成果信息发布平台，定期编制发布水利科技年报，面向社会、公众宣传、展示、共享水利科技成果信息。

（十六）推进水利科技成果分类评价。建立科学的分类评价指标体系，对基础研究类成果，突出中长期目标导向，以同行评议为主，更加注重研究质量、原创价值和实际贡献评价。对应用技术类成果，突出应用效益，更加注重获得技术专利、成果转化、技术标准研制等评价，不断加强技术成熟度评价，促进技术成果规模化应用。加强评价结果的应用，将评价结果作为推动科技成果转化的重要依据，提升科技成果转化成功率。

五、保障措施

（十七）加强组织领导。各级水行政主管部门要切实加强对水利科技成果转化

工作的组织领导，将科技成果转化工作纳入重要议事日程。要加强政策、资源统筹，建立计划、财务、人事和各业务部门协同推进工作机制，形成科技成果转化工作合力。各水利科研机构应明确相应机构和人员从事水利科技成果转化推广工作。

（十八）加大资金投入。探索建立财政资金与社会资本相结合的多元化投入体系。充分发挥财政资金对水利科技成果转化的引导作用，争取各级财政不断加大对水利科技成果转化的投入。拓宽市场化资金供给渠道，鼓励企业和社会资本先行投入产业化目标明确的重大科研任务，鼓励天使投资、创业投资基金、银行等参与支持水利科技创新创业，加强与国家科技成果转化引导基金的对接。

（十九）加强队伍建设。各级水行政主管部门要将水利科技成果转化人才纳入人才培养计划，依托有条件的科研机构、高等院校、企业建设水利科技转化成果人才培养基地，鼓励科研机构中符合条件的科技人员从事技术转化工作，畅通职业发展通道，制定培养与考评标准，建成一支熟练掌握新科技成果信息、及时了解水利建设需求的高水平、专业化的成果转化人才队伍。

（二十）建立激励机制。各级水行政主管部门要将水利科技成果转化工作纳入年度目标考核。科技成果持有单位和应用单位应将科技成果推广转化业绩作为科研人员和技术推广转化人员职称评定、考核评价、薪酬管理、岗位聘用的重要内容和依据之一。探索建立科研人员分类评价制度、科技成果转化奖励制度，逐步建立权责一致、利益共享、激励与约束并重的水利科技成果转化绩效评价体系。

各流域机构、各级地方水行政主管部门、各单位可根据本意见，制定实施方案，细化政策措施，结合实际抓好贯彻落实。

国防科工局 财政部 国资委关于印发《促进国防工业科技成果民用转化的实施意见》的通知

（科工技〔2021〕456号）

教育部、中科院，各省、自治区、直辖市国防科技工业管理部门、深圳市国防科工办，各军工集团公司，中国工程物理研究院，有关民口中央企业集团公司，有关民口配套单位，工业和信息化部所属高校及有关事业单位，国防科工局共建高校：

为贯彻落实国家创新驱动发展战略，响应党的十九届五中全会"大幅提高科技成果转移转化成效"有关要求，国防科工局会同财政部、国资委，依据有关法律法规，制定了《促进国防工业科技成果民用转化的实施意见》，现印发给你们。

各部门各单位要落实本《实施意见》要求，加快推进国防工业科技成果向民用领域转化，充分发挥国防工业科技成果的溢出效应，为推动形成国内大循环为主体、国内国际双循环相互促进的新发展格局贡献军工力量。

国防科工局　财政部　国资委

2021年5月6日

促进国防工业科技成果民用转化的实施意见

为贯彻落实国家创新驱动发展战略，促进国防工业科技成果向民用领域转化，完善科研人员职务发明成果权益分享机制、加强知识产权保护、大幅提高科技成果转移转化成效、更好地服务经济社会发展，依据《中华人民共和国促进科技成果转化法》《中华人民共和国科学技术进步法》《中华人民共和国专利法》等法律法规，现提出以下意见：

一、总体目标

全面贯彻落实党的十九大和十九届二中、三中、四中、五中全会精神，坚持以习近平新时代中国特色社会主义思想为指导，认真落实党中央、国务院决策部署，以国家创新驱动发展战略为引领，突出问题导向，聚焦重点领域，注重政策衔接，落实改革举措，完善科研人员职务发明成果权益分享机制、大幅提高科技成果转化成效，推进国防工业科技成果向民用领域转化应用，助推形成国内大循环为主体、国内国际双循环相互促进的新发展格局。

二、成果转化权益

本实施意见所称国防工业科技成果是指军工集团公司（含中国工程物理研究院，下同）、高等院校、国有民口配套与科研单位、地方军工单位在国防科研生产中产生的涉密及非密科技成果（包括专利技术、计算机软件著作权、集成电路布图设计专有权、生物医药新品种、科学技术奖励等）。所称成果转化是指国防工业科技成果向民用领域转化。

（一）国防工业科技成果完成单位在遵守法律法规、不影响国防和军队建设、确保国家秘密安全的前提下，经本单位履行民主决策批准程序后，可依法自行实施成果转化，也可依法通过合作实施、许可、作价投资等方式实施成果转化，转化所获得的收入按照国家有关规定留归本单位。

（二）因国家安全、国家利益和重大社会公共利益的需要，国务院国防科技工业主管部门会同国务院财政管理部门、国务院国有资产监督管理部门等，可依法对国防工业科技成果组织实施转化，也可依法许可他人有偿或无偿实施转化。

（三）国防工业科技成果完成单位成果转化所得收入，扣除对相关人员的奖励和报酬后，剩余收入应主要用于科学技术研发与成果转化相关工作；同时，应提取一定比例的剩余收入作为增量经费，用于保障本单位成果转化部门的运行和发展。

三、奖酬标准

成果转化收益可用于奖励国防工业科技成果完成人和为推进成果转化作出贡献的管理人员。

（一）国防工业科技成果完成单位应依据《中华人民共和国促进科技成果转化法》，规定或与相关人员约定实施成果转化的奖酬方式、数额和时限；未作规定或约定的，按照下列标准对相关人员给予奖励和报酬：

1. 单位以许可方式实施的，奖励和报酬比例不低于许可净收入的50%，并在许可费到账之日起三个月内明确奖酬分配方案。

2. 单位以作价投资方式实施的，奖励和报酬比例不低于该项科技成果形成的股份或者出资比例的50%。

3. 单位自行实施或合作实施的，应在转化成功投产后连续三至五年，每年从实施该项科技成果形成的营业利润中提取不低于5%的比例，作为奖励和报酬。

（二）在国防工业科技成果研究开发和转化中作出主要贡献的人员，获得奖励和报酬的份额不低于奖励和报酬总额的50%。

（三）国防工业科技成果完成单位给予相关人员的奖酬方案，包括奖酬方式、数额比例和时限等，应于实施前及时在本单位进行公示，公示时间不少于15个工作日。

四、奖酬激励

（一）以许可方式实施成果转化的，净收入计算一般可按照合同实际交易额扣除完成本次交易的直接成本，以及单位为研发科技成果自筹投入的全部费用及维护、维权费用来确定。直接成本包括国防工业科技成果评估评价费、拍卖佣金等第三方服务费，以及与国防工业科技成果转化相关的税金等。国防工业科技成果完成单位将同一项科技成果向多个单位或个人许可的，其许可收入应当合并计算。国防工业科技成果完成单位也可根据国家有关规定，结合上述原则和实际情况，制定本单位科技成果转化净收入的核算办法。

（二）国防工业科技成果完成单位实施成果转化，依据本意见对完成和转化成果作出重要贡献的人员给予奖励和报酬的支出，不受本单位当年工资总额限制，不纳入工资总额基数，但应计为本单位当年工资总额。中央企业集团公司及所属单位在报国有资产监督管理机构等部门备案后发放。

（三）成果转化收入中给予相关人员的现金奖励，符合现行税收政策规定条件的，可减按 50% 计入工资、薪金所得，依法缴纳个人所得税；给予相关人员的股权激励，符合现行税收优惠政策规定条件的，可实行递延纳税政策。

五、尽职免责机制

（一）国防工业科技成果完成单位负责人依法按照规章制度开展科技成果转化工作，履行了民主决策程序、合理注意义务和监督管理职责且没有牟取非法利益的，即视为已履行勤勉尽责义务。

（二）国防工业科技成果转化过程中，通过技术交易市场挂牌交易、拍卖等方式确定价格，或者通过协议定价、第三方评估定价并按规定公示拟交易价格，单位负责人已履行勤勉尽责义务的，免除其因科技成果转化后续价值变化产生的决策责任。

（三）国防工业科技成果完成单位以国防工业科技成果作价投资实施转化活动，已履行勤勉尽责义务仍发生亏损的，经履行出资人职责的机构审核后，不纳入国有资产保值增值考核范围，按照科技成果转化投资损失免责办理亏损资产核销手续。

六、解密要求

（一）国防工业科技成果完成单位应按照保密工作程序，对符合解密条件的国防工业科技成果进行解密后实施转化。未经解密的国防工业科技成果不得向民用领域转化。

（二）国务院国防科技工业主管部门组织开展涉及国家秘密的国防工业科技成果的解密工作，组织征集并发布拟解密的国防工业科技成果清单，国防工业科技成果完成单位应按保密工作程序在规定期限内对清单中涉及的科技成果研究解密。

七、报告制度

执行科技成果转化年度报告制度，军工集团公司、高等院校、国有民口配套与科研单位、地方军工单位，应于每年 3 月 30 日前向国务院国防科技工业主管部门按要求报送本单位上一年度国防工业科技成果民用转化的有关情况。

八、转化服务机构

（一）依托现有机构建立国防工业科技成果转化中心，统筹地方和国防领域相关单位已有的科技成果信息服务平台，整合全国的国防工业科技成果转化信息资源，与专业化技术转移机构建设工作做好衔接。统筹布局设立若干区域性国防工业科技成果转化分中心。鼓励有条件的地方人民政府为分中心建设提供必要的资金和政策支持。

（二）国防工业科技成果转化分中心有效整合区域内国防工业科技成果、创新人才、设备设施、中介服务等要素资源，提供成果对接、技术评估、技术交易、科技金融、产业孵化全链条服务，组织实施国防工业科技成果转化和产业化重大项目，培育和孵化初创企业，积极探索产学研结合的国防工业科技成果转化组织形态，引入社会力量，打通科研机构、高校、企业间国防工业科技成果转化通道。

九、组织管理和服务保障

（一）国务院国防科技工业主管部门和地方国防科技工业主管部门，负责归口管理和督促指导各自领域的国防工业科技成果转化工作。

（二）军工集团公司及其科研生产单位、高等院校、国有民口配套与科研单位、地方军工单位应设立或指定专门部门，负责组织推进本单位国防工业科技成果转化工作。

（三）支持社会化的专业机构参与国防工业科技成果转化，开展供需对接、科技评估、创业孵化、管理咨询、科技投融资等工作；同时建立机构诚信信息管理、信用评价和失信惩戒等诚信管理制度，公布不符合要求的专业机构名单。

十、资金支持

（一）鼓励在国防工业领域通过社会募资设立国防工业科技成果转化引导基金，与国家科技成果转化引导基金等做好衔接，重点支持符合国家战略性产业发展方向的国防工业科技成果转化。

（二）通过国家相关渠道，重点扶持具有转化应用前景的国防工业科技成果的二次开发。

（三）鼓励有条件的地方人民政府为国防工业科技成果转化提供必要的资金扶持。

（四）鼓励社会资本参与国防工业科技成果转化，并为其提供必要的政策支持。

民营企业参与国防科研生产的，相关任务管理部门在签订合同或下达任务书时，应明确产生科技成果的权属，相关成果转化激励措施参考本实施意见执行。

各部门各单位要高度重视国防工业科技成果转化工作，加强沟通协调，密切协作配合，形成工作合力；要根据本实施意见要求，及时制订或完善配套措施，对措施落实情况进行监督检查和跟踪分析；建立重点工作跟踪机制和定期督导制度，确保国防工业科技成果转化取得实效。

交通运输部关于印发《交通运输部促进科技成果转化办法》的通知

（交科技发〔2022〕67 号）

部属各单位、部内各司局：

现将《交通运输部促进科技成果转化办法》印发给你们，请遵照执行，并结合本单位实际，制（修）定相关管理政策，报部备案。

交通运输部

2022 年 5 月 24 日

交通运输部促进科技成果转化办法

第一章 总 则

第一条 为了促进交通运输科技成果转化，依据《中华人民共和国科学技术进步法》《中华人民共和国促进科技成果转化法》《国务院关于印发实施〈中华人民共和国促进科技成果转化法〉若干规定的通知》（国发〔2016〕16 号）等有关规定，制定本办法。

第二条 交通运输部所属研究开发机构、高等院校及其他具有研究开发能力的事业单位（以下简称单位）开展科技成果转化，适用本办法。

第三条 本办法所称科技成果为职务科技成果，是指科技人员执行单位工作任务或主要利用单位的物质技术条件，开展科学研究、技术开发所产生的具有实用价值的技术成果。

第四条 本办法所称科技成果转化，是指为提高生产力水平而对科技成果进行后续试验、开发、应用、推广直至形成新技术、新工艺、新材料、新产品，发展新产业等活动。依法向社会提供开放共享服务的基础性、公益性资料和数据等，不属于科技成果转化范畴。对科技人员在科技成果转化工作中开展技术开发、技术转让、技术许可、技术咨询、技术服务等活动给予的奖励可按照本办法执行。

第五条 单位应当优先保证科技人员履行科研、教学等公益职责；受委托所开展的技术开发、技术转让、技术许可、技术咨询、技术服务等活动，不得影响科技人员履行岗位职责、完成本职工作。

第六条 落实科技成果报告汇交制度，向社会公布科技成果和相关知识产权信息，提供科技成果信息查询、筛选等公益服务，公布有关信息不得泄露国家秘密和商业秘密。

单位应当加大科技成果公开共享力度，建立健全面向企业或其他社会组织的技术服务机制。

第二章　转化方式

第七条　单位可以采用下列方式进行科技成果转化：

（一）自行投资实施转化；

（二）向他人转让科技成果；

（三）许可他人使用科技成果；

（四）以科技成果作为合作条件，与他人共同实施转化；

（五）以科技成果作价投资，折算股份或者出资比例；

（六）其他协商确定的方式。

第八条　部属研究开发机构和高等院校对其持有的科技成果，可以自主决定实施转化，鼓励采取转让、许可、作价投资等方式向企业或者其他组织转移科技成果，除涉及国家秘密、国家安全及关键核心技术外，不需审批或者备案，但应当通过协议定价、在技术交易市场挂牌交易、拍卖等方式确定价格。

通过协议定价的，应当在本单位公示科技成果名称、交易对象和拟交易价格，并就公示方式、公示范围和公示异议处理程序等具体事项作出明确规定，公示时间不少于15个工作日。

涉及国家秘密、国家安全及关键核心技术的科技成果转让、许可或者作价投资，由部按照国家有关保密制度规定审批，并自批复之日起15个工作日内将批复文件报财政部备案。

第九条　部属研究开发机构和高等院校将持有的科技成果转让、许可或者作价投资给国有全资企业的，可以不进行资产评估；将持有的科技成果转让、许可或者作价投资给非国有全资企业的，可自主决定是否进行资产评估。

第十条　单位有权依法以持有的科技成果作价入股确认股权和出资比例，并通过发起人协议、投资协议或公司章程等形式明确约定科技成果的权属、作价、折股数量或者出资比例等事项，明晰产权。

以科技成果作价入股作为对科技人员的奖励涉及股权注册登记及变更的，无需报部审批。

第三章　技术权益

第十一条　单位有权依法实施科技成果转化，科技成果完成人不得阻碍，不得将科技成果及其资料数据占为己有，不得侵犯单位的合法权益。

单位可在不变更权属的前提下，将科技成果使用、转让、投资等权利，通过签署协议全部或者部分给予科技成果完成人和参加人，约定双方转化收入分配方式，但不得损害国家安全、国家利益和社会公共利益。

单位自科技成果在本单位登记之日起无正当理由超过一年未组织实施转化的，科技成果完成人可经单位同意，以自行投资实施或者与他人合作实施科技成果转化，单位应当予以支持、配合。

第十二条　实施科技成果转化合作各方，应当遵守自愿、互利、公平、诚信的原则，依法订立合同（协议），约定合作的组织形式、任务分工、资金投入、知识产权归属、权益分配、风险分担和违约责任等事项。

第十三条　科技成果完成单位与其他单位合作进行科技成果转化的，应当依法订立合同（协议），约定该科技成果有关权益的归属。合同（协议）未作约定的，按照下列原则办理：

（一）在合作转化中无新的发明创造的，该科技成果的权益，归该科技成果完成单位；

（二）在合作转化中产生新的发明创造的，该新发明创造的权益归合作各方共有；

（三）对合作转化中产生的科技成果，各方都有实施该项科技成果的权利，转让该科技成果应当经合作各方同意。

第四章　机制建设

第十四条　支持有条件的单位联合企业建立技术创新中心、产业研究院、中试基地等新型研发机构，共同开展研究开发、成果应用与推广、标准研究与制定等活动。

鼓励建设交通运输科技成果中试、熟化等基地，引导规范科技成果第三方评价，加快推进交通运输技术转移机构和技术经理人队伍建设，积极培育和发展交通运输技术市场。

发布科技成果推广目录、出版交通科技丛书、组织实施交通运输科技示范工程等，加快科技成果推广与应用。

第十五条　单位应当建立健全科技成果转化工作机制，加强对科技成果转化的管理、组织和协调，建立科技成果转化重大事项领导班子集体决策制度；建立科技成果转化管理平台，统筹成果管理、技术转移、资产经营管理、法律等事务；明确科技成果转化管理机构和职能，落实科技成果报告、知识产权保护、资产经营管理等工作的责任主体，优化科技成果转化工作流程，开列政事权限清单，明确议事规则。

第十六条　单位应当加强科技成果转化能力建设，鼓励在不增加编制的前提下建立负责科技成果转化工作的专业化机构或者委托独立的科技成果转化服务机构开展科技成果转化。通过培训、市场聘任等多种方式建立科技成果转化职业经理人队伍。

鼓励各单位从企业聘请有科技成果转化经验的人员到本单位从事科技成果转化工作，通过特聘岗位等形式落实聘请人员薪酬等待遇。

第十七条　单位应当建立科技成果转化工作公示制度及异议处理办法，内容包括科技成果转移转化的各项制度、工作流程、重要人事岗位设置以及领导干部取得科技成果转化奖励和收益等情况。

第五章　收益分配

第十八条　转化科技成果所获得的收入全部留归单位，纳入单位预算，不上缴国库，扣除对完成和转化科技成果作出重要贡献人员的奖励和报酬后，应当主要用于本单位科学技术研发、成果转化等相关工作，并对技术转移专业化机构的运行和发展给予保障。单位应当在充分听取本单位职工意见的基础上，制定相关制度。

第十九条　科技成果完成单位可以规定或者与科技人员约定奖励和报酬的方式、数额和时限。单位制定相关规定，应当充分听取科技人员的意见，并在单位公开相关制度。

第二十条　科技成果完成单位未规

定、也未与科技人员约定奖励和报酬的方式和数额的，按照下列标准对完成、转化科技成果作出重要贡献的人员给予奖励和报酬：

（一）将该项科技成果转让、许可给他人实施的，从该项科技成果转让净收入或者许可净收入中提取比例不低于50%；

（二）利用该项科技成果作价投资的，从该项科技成果形成的股份或者出资比例中提取比例不低于50%；

（三）在研究开发和科技成果转化中作出主要贡献的人员，获得奖励的份额不低于奖励总额的50%；

（四）将该项科技成果自行实施或者与他人合作实施的，应当在实施转化成功投产后连续3至5年，每年从实施该项科技成果的营业利润中提取比例不低于5%。

第二十一条 单位受委托开展的技术开发、技术转让、技术许可、技术咨询、技术服务等活动，应当依法订立技术合同，根据技术合同有关要求，经费纳入单位财务统一管理，由单位按照委托方要求或合同约定管理使用。

单位按规定到地方科技主管部门完成技术合同认定登记后，可从项目净收入中提取不低于50%的比例，依据本单位制定的科技成果转化奖励和收益分配办法对完成项目的科技人员给予奖励和报酬。

单位对科技人员承担企业或其他社会组织委托的科研项目与承担政府科技计划项目，在业绩考核中同等对待。

第二十二条 科技成果转化的奖励和报酬的支出，计入单位当年工资总额，不受单位当年工资总额限制，不纳入单位工资总额基数。

单位按规定给予科技人员的科技成果转化现金奖励，计入单位绩效工资总量，但不受核定的绩效工资总量限制，不作为人力资源社会保障、财政部门核定单位下一年度绩效工资总量的基数，不作为社会保险缴费基数。

单位统计工资总额、年平均工资、年平均绩效工资等数据以及向有关部门报送年度绩效工资执行情况时，应当包含现金奖励情况，并单独注明。

第二十三条 单位应当根据有关规定，对本单位科技成果转化奖励相关信息予以公示。公示信息应当包含科技成果转化信息、奖励人员信息、奖励信息、技术合同登记信息、公示期限等内容，公示期限不得少于15个工作日。公示信息结果和个人奖励额度形成书面文件留存以备相关部门查验。

第二十四条 单位可根据有关规定，从科技成果转化收入中给予科技人员的现金奖励，减按50%计入科技人员当月“工资、薪金所得”，依法缴纳个人所得税。在发放现金奖励时，应当按个人所得税法规定代扣代缴个人所得税，并按规定向税务机关履行备案手续。

对符合条件的股票期权、股权期权、限制性股票、股票奖励以及科技成果投资入股等实施递延纳税优惠政策。

第二十五条 科技成果转化给予科技人员的奖励和报酬在科技成果完成人和为科技成果转化作出重要贡献的其他人员之间的分配，由其内部协商确定。

第六章 转化激励

第二十六条 对于单位（不含内设机构）担任领导职务的科技人员，获得科技成果转化奖励，按照分类管理的原则执行：

（一）正职领导以及单位所属具有法人资格单位的正职领导，是科技成果的主要完成人或者对科技成果转化作出重要贡献的，可以按照促进科技成果转化法的规定获得现金奖励，原则上不得获取股权激励；

（二）其他担任领导职务的科技人员，是科技成果的主要完成人或者对科技成果转化作出重要贡献的，可以按照促进科技成果转化法的规定，获得现金、股份或出资比例等奖励和报酬，但获得股权激励的领导人员不得利用职权为所持股权的企业谋取利益；

（三）对担任领导职务的科技人员的科技成果转化收益分配实行公开公示制度，不得利用职权侵占他人科技成果转化收益。

第二十七条 单位正职在担任现职前因科技成果转化获得的股权，任现职后应当及时予以转让，转让股权的完成时间原则上不超过 3 个月；股权非特殊原因逾期未转让的，应当在任现职期间限制交易；限制股权交易的，不得利用职权为所持股权的企业谋取利益，在本人不担任上述职务 1 年后解除限制。

第二十八条 科技成果转化过程中，通过技术交易市场挂牌交易、拍卖等方式确定价格的，或者通过协议定价并在本单位及技术交易市场公示拟交易价格的，单位领导在履行勤勉尽责义务、没有牟取非法利益的前提下，免除其在科技成果定价中因科技成果转化后续价值变化产生的决策责任。

第二十九条 单位在符合相关法律法规规章的前提下，可根据发展需求，参照执行所在地省级党委、政府出台的相关科技成果转化的激励政策并报部备案。

第七章 经费投入

第三十条 鼓励以知识产权作价入股等形式引入社会资金参与交通运输科技成果转化。积极向各类基金会等社会团体推介交通运输科技成果，吸引其以自有资金支持科技成果转化工作。

第三十一条 发挥财政资金引导作用，加强单位内部资源整合，鼓励与相关单位共同争取国家科技成果转化引导基金以及各级政府财政设立的技术创新引导专项（基金）、成果转化基地、知识产权运营和人才专项等专项资金（基金）的支持。

第三十二条 鼓励有条件的单位建立科技成果转化基金，用好非财政拨款结余和成果转化净收入；盘活闲置的仪器设备、装备、办公用房等资源，为科技成果转化提供便利条件。

单位按工商、价格等管理规定，可自行管理或授权专业服务机构有偿开放共享科研设施与仪器，收入、支出纳入单位财务统一管理，主要用于支持科技研发和成果转化。

第八章 绩效评价

第三十三条 建立科技成果转化年度报告制度。单位应当于每年 3 月底前向部科技主管部门报送上一年度科技成果转化情况的年度报告，内容主要包括：

（一）科技成果转化总体成效和面临问题；

（二）依法取得科技成果数量及有关情况；

（三）科技成果转让、许可和作价投资情况；

（四）科技成果转化绩效和奖惩情况，包括转化取得收入及分配情况，对科技成果转化人员的奖励和报酬等；

（五）推进产学研合作情况，包括自（共）建研究开发机构、技术转移机构、科技成果转化服务平台情况，签订技术开发、技术转让、技术许可、技术咨询、技术服务等合同情况，人才培养和人员流动情况等。

第三十四条 单位应当制定激励制度，将科技成果转化业绩纳入绩效考评体系，作为科技人员职称评定、岗位管理等重要依据，对科技成果转化业绩突出的技术转移部门和人员给予奖励。

第九章 人员兼职

第三十五条 单位可出台科技人员兼职分类管理办法，规范科技人员兼职取酬、成果作价持股等事项，明确审核审批和公开公示等要求，并报部备案。兼职收入不受本单位绩效工资总量限制。

第三十六条 单位领导班子成员按干部管理权限经批准，可在本单位出资的企业或参与合作举办的民办非企业单位兼职，兼职数量一般不超过1个，并不得领取薪酬。

单位中层领导人员在民办非企业单位或企业兼职的，根据工作需要和实际情况，按干部管理权限由所在单位审批；个人按照有关规定获得的报酬，应当全额上缴本单位，由本单位根据实际情况给予适当奖励。

担任领导职务人员兼职及因科技成果转化获取奖励、股权激励等情况，应当在个人有关事项报告和年度述职报告中予以说明。

第三十七条 未担任领导职务的科技人员在履行岗位职责、完成本职工作的前提下，经本单位批准可以兼职和兼薪，但应当如实将兼职收入报单位备案，按规定缴纳个人所得税。

第三十八条 鼓励单位设立创新岗位、流动岗位，聘请有创新实践经验的企业家和企业科技人才从事科研和教学工作。

第十章 离岗创业

第三十九条 单位可根据国家支持和鼓励事业单位科技人员创新创业有关政策精神，研究制定科技人员离岗创业管理办法，并报部备案。

第四十条 离岗创业期间，所在单位应当与离岗创业人员签订离岗协议或变更聘用合同，约定离岗创业时限、工资待遇、社会保险、知识产权、技术秘密保护、研究生培养、返回所在单位工作相关事宜、违约责任处理、发生争议处理方式等。

第四十一条 离岗创业期间，由原单位代缴社会保险。离岗创业收入不受原单位绩效工资总量限制，但须如实将收入报原单位备案，按规定缴纳个人所得税。

第四十二条 离岗创业期间，科技人员所承担的国家和省部级科技计划和基金项目原则上不得中止，确需中止的应当按照有关管理办法办理手续。

第十一章 法律责任

第四十三条 对违反相关规定，在科技成果转化活动中弄虚作假，采取欺骗手段，骗取奖励和荣誉称号、非法牟利的，由有关部门依法依规严肃处理。

第十二章 附则

第四十四条 国家铁路局、中国民用航空局、国家邮政局可参照本办法制定或修订有关规定。

第四十五条 本办法自发布之日起施行，由交通运输部科技主管部门负责解释。《交通运输部促进科技成果转化暂行办法》（交科技发〔2017〕55号）同时废止。

工业和信息化部等十部门关于印发《科技成果赋智中小企业专项行动（2023—2025年）》的通知

（工信部联科〔2023〕64号）

各省、自治区、直辖市及新疆生产建设兵团工业和信息化、发展改革、教育、科技、人力资源社会保障、市场监管、知识产权主管部门，各银保监局，各证监局，各省、自治区、直辖市及新疆生产建设兵团工商联，有关行业协会：

现将《科技成果赋智中小企业专项行动（2023—2025年）》印发给你们，请认真贯彻落实。

工业和信息化部
国家发展和改革委员会
教育部
科学技术部
人力资源和社会保障部
国家市场监督管理总局
国家金融监督管理总局
中国证券监督管理委员会
国家知识产权局
中华全国工商业联合会
2023年5月22日

附件

科技成果赋智中小企业专项行动（2023—2025年）

中小企业联系千家万户，是推动创新、促进就业、改善民生的重要力量。为深入贯彻党的二十大精神，落实《助力中小微企业稳增长调结构强能力若干措施》有关任务要求，破解当前中小企业科技创新能力不强、数字化网络化智能化能力薄弱等难题，进一步提高科技成果转化和产业化水平，推动科技成果有效“赋智”中小企业，持续增强中小企业核心竞争力，带动更多中小企业走“专精特新”发展之路，特开展本行动。

一、总体要求

（一）指导思想

以习近平新时代中国特色社会主义思想为指导，全面贯彻落实党的二十大精神，坚持稳中求进工作总基调，立足新发展阶段，完整、准确、全面贯彻新发展理念，构建新发展格局，坚持供需两端发力，深挖中小企业科技创新需求，强化科技成果有效供给，畅通技术供需对接渠道，持续提升中小企业技术实力，建立科技成果赋智中小企业发展的常态化、长效化机制，助力优质企业梯度培育体系建设，提升产业链、供应链韧性和安全水平。

（二）基本原则

目标导向。围绕中小企业核心技术能力提升，聚焦科技成果有效推广应用，充分发挥新型体制机制优势，创新工作方法，加速科技成果向中小企业集聚。整合政产学研用资源优势，采取有效措施，提升科技成果转化和产业化的精准性、有效性，满足中小企业技术创新需求。

协同联动。推动政产学研用金各方主体精准发力，加强产业政策、科技政策、中小企业发展政策的统筹和协同，促进产学研、产业链上下游、大中小企业融通创新，形成科技成果有效赋智中小企业的工作合力。

系统推进。坚持把科技成果赋智中小企业作为一项长期战略和系统性工程，面向中小企业的不同发展阶段和个性化需求，有步骤、成体系地推进各项赋智举措，确保有成果、转得好、持续转。

赋智提升。把握数字化转型、网络化协同、智能化变革方向，推动中小企业理念、组织、管理、技术、产品和服务创新，加大先进适用技术供给和赋能应用，提升中小企业综合实力和核心竞争力，促进中小企业专精特新发展。

（三）工作目标

到2025年，健全成果项目库和企业需求库，完善赋智对接平台体系，遴选一批优质的科技成果评价和转移转化机构，推动一批先进适用科技成果到中小企业落地转化；开展不少于30场赋智“深度行”活动，有效促进科技成果转化应用，实现产学研用深度合作；围绕培育更多专精特新中小企业，健全成果转化服务格局，促进中小企业产出更多高质量科技成果，形成闭环激励机制，构建成果“常态化”汇聚、供需“精准化”对接、服务“体系化”布局的创新生态，实现成果价值和经济效益持续增长。

二、重点任务

（一）推进成果“常态化”汇聚

1. 丰富科技成果来源。针对中小企业的创新需求，分层次、分领域建设科技成果项目库，推动成果项目库资源向中小企业开放，为中小企业提供更多“用得起、用得上、用得好”的科技成果。加强对科技成果评价工作的统筹指导，依托科技成果多方评价体系，建立行业和地方常态化筛选报送机制。做好国家财政资金、政策支持的项目评价，推动相关项目成果入库。充分发挥科技成果评价和转移转化机构作用，探索利用科技成果“自我声明”的承诺制新模式，开展赛展会等活动，扩大优秀科技成果来源。

2. 强化产业需求牵引。依托地方行

业主管部门、协会和第三方机构，组织园区、基地、中小企业特色产业集群和中外中小企业合作区等，常态化征集中小企业创新需求，以需求牵引高质量成果产出，提升技术创新精准性，高效驱动成果转化。支持地方依托中小企业服务机构，深度挖掘中小企业多样化技术需求，分级分类梳理形成科技成果需求库，做好与成果项目库的对接。

3. 加大先进适用技术供给。支持制造业创新中心、各类重点实验室、科技型骨干企业、新型研发机构等创新主体围绕产业转型升级和技术进步，加大产业关键共性技术研发和供给并向中小企业转移转化。增强云计算、人工智能、虚拟现实、机器人、工业互联网等为代表的智能技术的供给及推广，支持中小企业实施智能制造与建造，通过智能化技术改造和“上云上平台”，加快中小企业数字化转型、智能化升级。推动高等院校、科研院所等向中小企业开放共享科研仪器、数字基础设施、中试基地、数据库等基础创新资源，支持各类先导区、示范区、产业基地、集群等共享测试验证能力，优化壮大开源社区，降低中小企业的创新成本。

（二）实施供需“精准化”对接

4. 加大科技成果数据开放共享。完善赋智对接平台体系，推动现有成果库、需求库等资源整合，提升成果展示、需求梳理、技术交易、能力培育、场景示范等“一站式”服务能力。依托科技成果评价和转移转化机构，加强细分领域的成果梳理和精准对接。选择若干地区，探索构建面向当地产业需求的赋智对接服务节点。通过线上线下结合、公益性服务和增值性服务互补发展，持续提升平台服务广度深度和质量水平。

5. 持续开展赋智“深度行”活动。强化部省联动，支持行业协会、产业联盟、专业机构等在地方每年开展不少于10场“深度行”活动，通过大会论坛、成果路演、供需对接、展览展示、产融对接等多种形式，加强科技成果信息共享，拓宽中小企业技术获取渠道，加速成果转移转化。充分发挥地方积极性，在京津冀、长三角、粤港澳大湾区、成渝经济圈等优势产业集聚区率先开展“深度行”活动，支持在东北老工业基地、中西部地区围绕地方产业发展需求举办“深度行”活动，形成“月月有活动、季季出亮点、年年有成效”的常态化工作机制，为中小企业培优扶强营造良好环境。

6. 促进大中小企业合作。落实大中小企业“携手行动”，持续开展“百场万企”大中小企业融通对接活动，发挥大中小企业融通创新对接服务平台作用，助力更多专精特新中小企业成为大企业的最佳“合伙人”。推动大企业向中小企业开放仪器设备、实验室等，引导大企业与中小企业加强知识产权领域合作，坚持市场导向，鼓励大企业通过专利转让、许可、作价入股等方式向中小企业转移转化，引导大企业通过生态构建、基地培育、内部孵化、赋智带动、数据联通等方式打造一批大中小企业融通典型模式，有效促进中小企业创新发展。

7. 加强产学研协同。推动高校、科研院所、中小企业与中小企业之间“结对子”，支持中小企业围绕技术瓶颈和特殊技术难题“发榜”，高校、科研院所“揭榜”，建立联合式、订单式技术研发新模式，实现科技成果与中小企业需求精准对接。举办产教融合论坛和校企、校地对接会等活动，加速高校、科研院所知识产权与科技成果到中小企业落地转化。

（三）加速服务“体系化”布局

8. 推动成果中试熟化。建立周期短、效益好的制造业创新成果服务体系，加强成果中试熟化能力建设，为中小企业输送更多高成熟度成果。支持产业技术基础公共服务平台、工业产品质量控制和技术评价实验室、国家质检中心、国家技术标准创新基地、中小企业公共服务示范平台、新材料重点平台等发挥技术支撑作用，联合产业链上下游共建试验检测环境，建立协同合作机制，为中小企业提供前期成果试验验证、中期中试熟化、后期批量化生产检测认证等全流程服务。制定并运用技术成熟度、制造成熟度等评价标准，不断提升科技成果转化水平与成效。

9. 强化知识产权运用和保护。组织知识产权服务机构向专精特新中小企业开展专利导航服务，优化企业技术路径选择与知识产权布局，加强高价值专利储备。优化升级知识产权运营平台体系，加快建设国家知识产权与科技成果转化交易中心，推动开展知识产权交易服务。发挥专利、商标审查绿色通道作用，支持专精特新中小企业的专利优先审查，高效获取知识产权保护。深入推进专利开放许可制度实施，探索高校、科研院所专利“一对多”许可，加速向中小企业许可专利技术的进程。提升工业企业知识产权能力，加强“制造业知识产权大课堂”培训，鼓励中小企业知识产权管理标准化体系建设，增强中小企业竞争优势。加强知识产权国际合作，共同推进中小企业知识产权国际化工作。

10. 加速中小企业新技术新产品推广应用。支持中小企业加强科技创新，推动更多中小企业由成果需求方变为成果产出方。鼓励大企业先试、首用中小企业创新产品，支持中小企业配套产品在首台（套）重大技术装备示范应用。依托制造业技术创新体系，围绕重点产业链，梳理专精特新中小企业产业链图谱，支持中小企业在产业优势领域精耕细作，使其成为掌握独门绝技的“单项冠军”，产出更多高质量成果。引导和支持专精特新中小企业加快前沿领域和未来产业布局，抢占发展先机。

三、保障措施

（一）加强组织领导。加强科技成果赋智中小企业工作的统筹协调，形成政府部门、科研院所、服务机构、社会团体和中小企业共同参与、协同推进的工作格局。进一步发挥地方政府作用，完善部门协调配合机制，加大对创新成果产业化工作及平台建设的扶持力度。建立动态跟踪管理和定期评估机制，监测科技成果赋智中小企业的成效。

（二）强化产融合作。引导金融机构优化产品和服务，支持中小企业在科技成果获取、转化、应用等方面的融资需求。发挥政府投资基金引导作用，推动社会资本扩大优质中小企业直接投资规模，促进中小企业科技成果转化和产业化。分层分类培育优质中小企业，发挥区域性股权市场“专精特新”专板作用，为中小企业提供综合金融和上市规范培育服务，推动符合条件的中小企业赴新三板、证券交易所挂牌、上市。实施“科技产业金融一体化”专项，发挥国家产融合作平台作用，依托各项产业、金融配套政策，引导资本投早投小投硬科技。鼓励政府性融资担保机构和金融机构加大支持力度，提升知识产权质押融资服务质效。

（三）开展试点示范。遴选一批具有较高技术创新水平、实现规模化应用并产生显著经济社会效益的科技成果转化和产业化案例，推出一批面向中小企业的质量优、保障好、有特色的科技成果转化服务产品。推动中小企业集群与技术转移转化机构开展合作试点，支持技术经理人按规定在园区、基地任职，参与需求发布、技术匹配、对接谈判、项目落地等全链条服务。

（四）完善激励机制。落实科技成果转化相关的税收优惠政策，激发企业创新活力。加强对公益性服务机构的扶持，鼓励地方政府对其委托和指导的非营利性服务机构予以支持。适时组织企业开展中介服务机构活动评价，对评价良好的优质中介服务机构，向社会广泛宣传推广。

第二部分

权益改革

中共中央办公厅　国务院办公厅《关于实行以增加知识价值为导向分配政策的若干意见》

（2016 年）

为加快实施创新驱动发展战略，激发科研人员创新创业积极性，在全社会营造尊重劳动、尊重知识、尊重人才、尊重创造的氛围，现就实行以增加知识价值为导向的分配政策提出以下意见。

一、总体要求

（一）基本思路

全面贯彻党的十八大和十八届三中、四中、五中全会以及全国科技创新大会精神，深入学习贯彻习近平总书记系列重要讲话精神，加快实施创新驱动发展战略，实行以增加知识价值为导向的分配政策，充分发挥收入分配政策的激励导向作用，激发广大科研人员的积极性、主动性和创造性，鼓励多出成果、快出成果、出好成果，推动科技成果加快向现实生产力转化。统筹自然科学、哲学社会科学等不同科学门类，统筹基础研究、应用研究、技术开发、成果转化全创新链条，加强系统设计、分类管理。充分发挥市场机制作用，通过稳定提高基本工资、加大绩效工资分配激励力度、落实科技成果转化奖励等激励措施，使科研人员收入与岗位职责、工作业绩、实际贡献紧密联系，在全社会形成知识创造价值、价值创造者得到合理回报的良性循环，构建体现增加知识价值的收入分配机制。

（二）主要原则

——坚持价值导向。针对我国科研人员实际贡献与收入分配不完全匹配、股权激励等对创新具有长期激励作用的政策缺位、内部分配激励机制不健全等问题，明确分配导向，完善分配机制，使科研人员权益分配收入与其创造的科学价值、经济价值、社会价值紧密联系。

——实行分类施策。根据不同创新主体、不同创新领域和不同创新环节的智力劳动特点，实行有针对性的分配政策，统筹宏观调控和定向施策，探索知识价值实现的有效方式。

——激励约束并重。把人作为政策激励的出发点和落脚点，强化产权等长期激励，健全中长期考核评价机制，突出业绩贡献。合理调控不同地区、同一地区不同类型单位收入水平差距。

——精神物质激励结合。采用多种激励方式，在加大物质收入激励的同时，注重发挥精神激励的作用，大力表彰创新业绩突出的科研人员，营造鼓励探索、激励创新的社会氛围。

二、推动形成体现增加知识价值的收入分配机制

（一）逐步提高科研人员收入水平。在保障基本工资水平正常增长的基础上，逐步提高体现科研人员履行岗位职责、承担政府和社会委托任务等的基础性绩效工资水平，并建立绩效工资稳定增长机制。加大对作出突出贡献科研人员和创新团队的奖励力度，提高科研人员科技成果转化收益分享比例。强化绩效评价与考核，使收入分配与考核评价结果挂钩。

（二）发挥财政科研项目资金的激励引导作用。对不同功能和资金来源的科研项目实行分类管理，在绩效评价基础上，加大对科研人员的绩效激励力度。完善科研项目资金和成果管理制度，对目标明确的应用型科研项目逐步实行合同制管理。对社会科学研究机构和智库，推行政府购买服务制度。

（三）鼓励科研人员通过科技成果转化获得合理收入。积极探索通过市场配置资源加快科技成果转化、实现知识价值的有效方式。财政资助科研项目所产生的科技成果在实施转化时，应明确项目承担单位和完成人之间的收益分配比例。对于接受企业、其他社会组织委托的横向委托项目，允许项目承担单位和科研人员通过合同约定知识产权使用权和转化收益，探索赋予科研人员科技成果所有权或长期使用权。逐步提高稿费和版税等付酬标准，增加科研人员的成果性收入。

三、扩大科研机构、高校收入分配自主权

（一）引导科研机构、高校实行体现自身特点的分配办法。赋予科研机构、高校更大的收入分配自主权，科研机构、高校要履行法人责任，按照职能定位和发展方向，制定以实际贡献为评价标准的科技创新人才收入分配激励办法，突出业绩导向，建立与岗位职责目标相统一的收入分配激励机制，合理调节教学人员、科研人员、实验设计与开发人员、辅助人员和专门从事科技成果转化人员等的收入分配关系。对从事基础性研究、农业和社会公益研究等研发周期较长的人员，收入分配实行分类调节，通过优化工资结构，稳步提高基本工资收入，加大对重大科技创新成果的绩效奖励力度，建立健全后续科技成果转化收益反馈机制，使科研人员能够潜心研究。对从事应用研究和技术开发的人员，主要通过市场机制和科技成果转化业绩实现激励和奖励。对从事哲学社会科学研究的人员，以理论创新、决策咨询支撑和社会影响作为评价基本依据，形成合理的智力劳动补偿激励机制。完善相关管理制度，加大对科研辅助人员的激励力度。科学设置考核周期，合理确定评价时限，避免短期频繁考核，形成长期激励导向。

（二）完善适应高校教学岗位特点的内部激励机制。把教学业绩和成果作为教师职称晋升、收入分配的重要依据。对专职从事教学的人员，适当提高基础性绩效工资在绩效工资中的比重，加大对教学型名师的岗位激励力度。对高校教师开展的教学理论研究、教学方法探索、优质教学资源开发、教学手段创新等，在绩效工资分配中给予倾斜。

（三）落实科研机构、高校在岗位设置、人员聘用、绩效工资分配、项目经费管理等方面自主权。对科研人员实行岗位

管理，用人单位根据国家有关规定，结合实际需要，合理确定岗位等级的结构比例，建立各级专业技术岗位动态调整机制。健全绩效工资管理，科研机构、高校自主决定绩效考核和绩效分配办法。赋予财政科研项目承担单位对间接经费的统筹使用权。合理调节单位内部各类岗位收入差距，除科技成果转化收入外，单位内部收入差距要保持在合理范围。积极解决部分岗位青年科研人员和教师收入待遇低等问题，加强学术梯队建设。

（四）重视科研机构、高校中长期目标考核。结合科研机构、高校分类改革和职责定位，加强对科研机构、高校中长期目标考核，建立与考核评价结果挂钩的经费拨款制度和员工收入调整机制，对评价优秀的加大绩效激励力度。对有条件的科研机构，探索实行合同管理制度，按合同约定的目标完成情况确定拨款、绩效工资水平和分配办法。完善科研机构、高校财政拨款支出、科研项目收入与支出、科研成果转化及收入情况等内部公开公示制度。

四、进一步发挥科研项目资金的激励引导作用

（一）发挥财政科研项目资金在知识价值分配中的激励作用。根据科研项目特点完善财政资金管理，加大对科研人员的激励力度。对实验设备依赖程度低和实验材料耗费少的基础研究、软件开发和软科学研究等智力密集型项目，项目承担单位应在国家政策框架内，建立健全符合自身特点的劳务费、间接经费管理方式。项目承担单位可结合科研人员工作实绩，合理安排间接经费中绩效支出。建立符合科技创新规律的财政科技经费监管制度，探索在有条件的科研项目中实行经费支出负面清单管理。个人收入不与承担项目多少、获得经费高低直接挂钩。

（二）完善科研机构、高校横向委托项目经费管理制度。对于接受企业、其他社会组织委托的横向委托项目，人员经费使用按照合同约定进行管理。技术开发、技术咨询、技术服务等活动的奖酬金提取，按照《中华人民共和国促进科技成果转化法》及《实施〈中华人民共和国促进科技成果转化法〉若干规定》执行；项目合同没有约定人员经费的，由单位自主决定。科研机构、高校应优先保证科研人员履行科研、教学等公益职能；科研人员承担横向委托项目，不得影响其履行岗位职责、完成本职工作。

（三）完善哲学社会科学研究领域项目经费管理制度。对符合条件的智库项目，探索采用政府购买服务制度，项目资金由项目承担单位按照服务合同约定管理使用。修订国家社会科学基金、教育部高校哲学社会科学繁荣计划的项目资金管理办法，取消劳务费比例限制，明确劳务费开支范围，加大对项目承担单位间接成本补偿和科研人员绩效激励力度。

五、加强科技成果产权对科研人员的长期激励

（一）强化科研机构、高校履行科技成果转化长期激励的法人责任。坚持长期产权激励与现金奖励并举，探索对科研人员实施股权、期权和分红激励，加大在专利权、著作权、植物新品种权、集成电路布图设计专有权等知识产权及科技成果转化形成的股权、岗位分红权等方面的激励

力度。科研机构、高校应建立健全科技成果转化内部管理与奖励制度，自主决定科技成果转化收益分配和奖励方案，单位负责人和相关责任人按照《中华人民共和国促进科技成果转化法》及《实施〈中华人民共和国促进科技成果转化法〉若干规定》予以免责，构建对科技人员的股权激励等中长期激励机制。以科技成果作价入股作为对科技人员的奖励涉及股权注册登记及变更的，无需报科研机构、高校的主管部门审批。加快出台科研机构、高校以科技成果作价入股方式投资未上市中小企业形成的国有股，在企业上市时豁免向全国社会保障基金转持的政策。

（二）完善科研机构、高校领导人员科技成果转化股权奖励管理制度。科研机构、高校的正职领导和领导班子成员中属中央管理的干部，所属单位中担任法人代表的正职领导，在担任现职前因科技成果转化获得的股权，任职后应及时予以转让，逾期未转让的，任期内限制交易。限制股权交易的，在本人不担任上述职务一年后解除限制。相关部门、单位要加快制定具体落实办法。

（三）完善国有企业对科研人员的中长期激励机制。尊重企业作为市场经济主体在收入分配上的自主权，完善国有企业科研人员收入与科技成果、创新绩效挂钩的奖励制度。国有企业科研人员按照合同约定薪酬，探索对聘用的国际高端科技人才、高端技能人才实行协议工资、项目工资等市场化薪酬制度。符合条件的国有科技型企业，可采取股权出售、股权奖励、股权期权等股权方式，或项目收益分红、岗位分红等分红方式进行激励。

（四）完善股权激励等相关税收政策。对符合条件的股票期权、股权期权、限制性股票、股权奖励以及科技成果投资入股等实施递延纳税优惠政策，鼓励科研人员创新创业，进一步促进科技成果转化。

六、允许科研人员和教师依法依规适度兼职兼薪

（一）允许科研人员从事兼职工作获得合法收入。科研人员在履行好岗位职责、完成本职工作的前提下，经所在单位同意，可以到企业和其他科研机构、高校、社会组织等兼职并取得合法报酬。鼓励科研人员公益性兼职，积极参与决策咨询、扶贫济困、科学普及、法律援助和学术组织等活动。科研机构、高校应当规定或与科研人员约定兼职的权利和义务，实行科研人员兼职公示制度，兼职行为不得泄露本单位技术秘密，损害或侵占本单位合法权益，违反承担的社会责任。兼职取得的报酬原则上归个人，建立兼职获得股权及红利等收入的报告制度。担任领导职务的科研人员兼职及取酬，按中央有关规定执行。经所在单位批准，科研人员可以离岗从事科技成果转化等创新创业活动。兼职或离岗创业收入不受本单位绩效工资总量限制，个人须如实将兼职收入报单位备案，按有关规定缴纳个人所得税。

（二）允许高校教师从事多点教学获得合法收入。高校教师经所在单位批准，可开展多点教学并获得报酬。鼓励利用网络平台等多种媒介，推动精品教材和课程等优质教学资源的社会共享，授课教师按照市场机制取得报酬。

七、加强组织实施

（一）强化联动。各地区各部门要加

强组织领导，健全工作机制，强化部门协同和上下联动，制定实施细则和配套政策措施，加强督促检查，确保各项任务落到实处。加强政策解读和宣传，加强干部学习培训，激发广大科研人员的创新创业热情。

（二）先行先试。选择一些地方和单位结合实际情况先期开展试点，鼓励大胆探索、率先突破，及时推广成功经验。对基层因地制宜的改革探索建立容错机制。

（三）加强考核。各地区各部门要抓紧制定以增加知识价值为导向的激励、考核和评价管理办法，建立第三方评估评价机制，规范相关激励措施，在全社会形成既充满活力又规范有序的正向激励。

本意见适用于国家设立的科研机构、高校和国有独资企业（公司）。其他单位对知识型、技术型、创新型劳动者可参照本意见精神，结合各自实际，制定具体收入分配办法。国防和军队系统的科研机构、高校、企业收入分配政策另行制定。

国务院办公厅关于抓好赋予科研机构和人员更大自主权有关文件贯彻落实工作的通知

（国办发〔2018〕127号）

各省、自治区、直辖市人民政府，国务院各部委、各直属机构：

党中央、国务院高度重视激发科研人员创新积极性。近年来，党中央、国务院聚焦完善科研管理、提升科研绩效、推进成果转化、优化分配机制等方面，先后制定出台了一系列政策文件，在赋予科研单位和科研人员自主权等方面取得了显著效果，受到广大科技工作者的拥护和欢迎。但在有关政策落实过程中还不同程度存在各类问题，有的部门、地方以及科研单位没有及时修订本部门、本地方和本单位的科研管理相关制度规定，仍然按照老办法来操作；有的经费调剂使用、仪器设备采购等仍然由相关机构管理，没有落实到项目承担单位；科技成果转化、薪酬激励、人员流动还受到相关规定的约束等。这些问题制约了政策效果，影响了科研人员的积极性主动性。为了进一步推动赋予科研单位和科研人员更大自主权有关文件精神落实到位，经国务院同意，现就有关事项通知如下。

一、充分认识赋予科研机构和人员自主权的重要意义

深入推进科技体制改革、赋予科研单位和科研人员更大自主权、切实减轻科研人员负担，对于调动科研人员积极性、充分释放创新创造活力、推进建设创新型国家、实现经济高质量发展具有十分重要的意义。各地区、各部门、各单位要坚持以习近平新时代中国特色社会主义思想为指导，深入贯彻党的十九大精神，增强“四个意识”，坚定“四个自信”，坚决做到“两个维护”，进一步统一思想，充分认识赋予科研单位和科研人员自主权的重要意义，坚决贯彻落实党中央、国务院各项部署要求，尊重规律，尊重科研人员，充分发挥市场在科技资源配置中的决定性作用，更好发挥政府作用，进一步发挥企业的技术创新主体作用，密切协调配合，精心组织实施，抓紧解决政策落实中存在的突出问题，杜绝形式主义、官僚主义等现象，真抓实干，务求实效，切实为科研单位和科研人员营造良好创新环境，进一步解放生产力，为实施创新驱动发展战略和建设创新型国家增添动力。

二、制定政策落实的配套制度和具体实施办法

对党中央、国务院已经出台的赋予科研单位和科研人员自主权的有关政策，各地区、各部门和各单位都要制定具体的实施办法，对现行的科研项目、科研资金、

科研人员以及因公临时出国等管理办法进行修订，对与新出台政策精神不符的规定要进行清理和修改。各高校、科研院所、国有企业和智库以及其他承担科研任务的单位要按照上述原则修订和制定相关实施办法和制度。以上工作要在2019年2月底前完成。

三、深入推进下放科技管理权限工作

（一）推动预算调剂和仪器采购管理权落实到位。科技部、财政部和相关科技项目管理部门要按照《中共中央办公厅 国务院办公厅印发〈关于进一步完善中央财政科研项目资金管理等政策的若干意见〉的通知》和《国务院关于优化科研管理提升科研绩效若干措施的通知》等精神，分别修订相关科技计划项目和经费管理办法，将文件规定的有关预算调剂、科研仪器采购等事项交由项目承担单位自主决定，由单位主管部门报项目管理部门备案。

（二）推动科研人员的技术路线决策权落实到位。各地区、各部门在制定相关规定和具体办法时，要明确“赋予科研人员更大技术路线决策权”、“科研项目负责人可以根据项目需要，按规定自主组建科研团队，并结合项目实施进展情况进行相应调整”。

（三）推动项目过程管理权落实到位。各项目管理部门对科研项目要由重过程管理向重项目目标和标志性成果转变，加强对科研项目结果及阶段性成果的考核，实施过程中的管理主要由项目承担单位负责。要精简信息和材料报送，有关单位不得随意要求项目承担单位填报各种信息或报送有关材料。

（四）科研单位要健全完善内部管理制度。项目管理专业机构不再承担已明确下放给科研单位管理的有关事项，请科技部、工业和信息化部、农业农村部、卫生健康委等部门在2019年2月底前完成。各地区、各有关部门根据有关规定，负责指导所属科研单位制定详细可操作的管理制度和办法，确保在落实科研人员自主权的基础上，突出成果导向，提高科研资金使用绩效，完成科研目标任务。项目管理部门要通过随机抽查等方式加强事中事后监管，防止发生违规行为。

四、进一步做好已出台法规文件中相关规定的衔接

（一）明确科研人员兼职的操作办法。各单位要认真执行《国务院关于印发实施〈中华人民共和国促进科技成果转化法〉若干规定的通知》和《中共中央办公厅 国务院办公厅印发〈关于实行以增加知识价值为导向分配政策的若干意见〉的通知》，与企业通过股权合作、共同研发、互派人员、成果应用等多种方式建立紧密的合作关系，支持科研人员深入企业进行成果转化，落实“科研人员在履行好岗位职责、完成本职工作的前提下，经所在单位同意，可以到企业和其他科研机构、高校、社会组织等兼职并取得合法报酬”的规定。各地区、各有关部门和单位要进一步明确科研人员兼职兼薪问题的具体管理办法，明确审批程序，约定相关权利与义务。对担任领导职务的科研人员兼职，按中央有关规定执行。

（二）明确科研人员获得科技成果转化收益的具体办法。各高校、科研院所要

按照《中华人民共和国促进科技成果转化法》的规定，制定本单位转化科技成果的专门管理办法，完善评价激励机制，对科技成果的主要完成人和其他对科技成果转化作出重要贡献的人员，区分不同情况给予现金、股份或者出资比例等奖励和报酬。请人力资源社会保障部会同有关部门按照《国务院关于优化科研管理提升科研绩效若干措施的通知》精神，落实“科研人员获得的职务科技成果转化现金奖励计入当年本单位绩效工资总量，但不受总量限制，不纳入总量基数”的要求，制定出台具体操作办法，推动各单位落实到位。

（三）明确科技成果作为国有资产的管理程序。请财政部落实《中华人民共和国促进科技成果转化法》，按照对科技成果价值“通过协议定价、在技术市场挂牌交易、拍卖等方式确定价格”的规定，提出对《国有资产评估管理办法》的修订建议，简化科技成果的国有资产评估程序，缩短评估周期，改进对评估结果的使用方式，研究建立资产评估报告公示制度，同时探索利用市场化机制确定科技成果价值的多种方式。要进一步优化国有资产产权登记和变更程序，提高科技成果转化效率。

（四）明确有关项目经费的细化管理制度。各地区、各部门、各单位要进一步推进产学研结合，并制定专门管理办法，对以市场委托方式取得的横向经费，由项目承担单位按照委托方要求或合同约定管理使用。请财政部在相关项目经费使用管理规定中明确，中央高校、科研院所要根据科研工作的特点，对科研需要的出差和会议按标准报销相关费用并简化相关手续。探索建立项目立项环节技术专家和财务专家共同审核机制，在科研项目评审的同时进行预算评审。

五、加强对政策贯彻落实工作的督查指导

（一）开展对政策落实情况的自查和督查。各地区、各部门要加强对科研单位的业务指导和督查，坚持问题导向，对本地区、本部门所属科研单位落实赋予科研单位和科研人员自主权有关文件精神情况进行全面自查，逐一梳理、明确责任，深入分析堵点难点并加以纠正解决，确保政策全面兑现。国务院办公厅要适时开展督促检查。

（二）做好培训宣传工作。科技部、财政部等有关部门要加强对党中央、国务院出台文件的宣传解读。对政策性比较强的管理问题和财务制度要开展培训，建立咨询渠道。对地方和单位的好做法、好经验、好案例，要做好宣传推广。

（三）加强对政策落实的监督。要加强审计监督，以是否符合中央精神和改革方向作为审计定性判断的标准，充分尊重科研规律，对于符合中央精神和改革方向，但不符合部门、地方、单位现有管理规定的行为，要有针对性地提出对具体规定修改调整的建议。加强社会监督，建立举报投诉渠道，鼓励科研单位和科研人员对政策落实情况进行监督，发现严重失职失责的要追究有关人员责任。

国务院办公厅

2018 年 12 月 26 日

科技部 财政部 税务总局关于科技人员取得职务科技成果转化现金奖励信息公示办法的通知

（国科发政〔2018〕103号）

各省、自治区、直辖市、计划单列市科技厅（委、局）、财政厅（局）、税务局，新疆生产建设兵团科技局、财政局：

为落实《财政部 税务总局 科技部关于科技人员取得职务科技成果转化现金奖励有关个人所得税政策的通知》（财税〔2018〕58号）的要求，规范科技人员取得职务科技成果转化现金奖励有关个人所得税缴纳，确保现金奖励相关信息公开、透明，现就科技人员取得职务科技成果转化现金奖励信息公示有关工作通知如下：

一、符合《关于科技人员取得职务科技成果转化现金奖励有关个人所得税政策的通知》（财税〔2018〕58号）条件的职务科技成果完成单位应当按照本通知要求，对本单位科技人员取得职务科技成果转化现金奖励相关信息予以公示。职务科技成果完成单位是指具有独立法人资格的非营利性研究开发机构和高等学校。

二、科技成果完成单位要结合本单位科技成果转化工作实际，健全完善内控制度，明确公示工作的负责机构，制定公示办法，对公示内容、公示方式、公示范围、公示时限和公示异议处理程序等事项作出明确规定。

三、公示信息应当包含科技成果转化信息、奖励人员信息、现金奖励信息、技术合同登记信息、公示期限等内容。

科技成果转化信息包括转化的科技成果的名称、种类（专利、计算机软件著作权、集成电路布图设计专有权、植物新品种权、生物医药新品种及其他）、转化方式（转让、许可）、转化收入及取得时间等。

奖励人员信息包括获得现金奖励人员姓名、岗位职务、对完成和转化科技成果作出的贡献情况等。

现金奖励信息包括科技成果现金奖励总额，现金奖励发放时间等。

技术合同登记信息包括技术合同在技术合同登记机构的登记情况等。

四、科技成果完成单位已经按照《中华人民共和国促进科技成果转化法》的规定公示上述信息的，如公示信息没有变化，可不再重复公示。

五、公示期限不得低于15个工作日。公示期内如有异议，科技成果完成单位应及时受理，认真做好调查核实并公布调查结果。

六、公示范围应当覆盖科技成果完成单位，并保证单位内的员工能够以便捷的方式获取公示信息。

七、公示信息应真实、准确。科技成果完成单位发现存在提供虚假信息、伪造变造信息等情况的，应当对责任人严肃处理并在本单位公布处理结果。

八、科技成果完成单位应当在职务科技成果转化现金奖励发放前15个工作日内完成公示，并将公示信息结果和个人奖励数额形成书面文件留存备相关部门查验。

九、公示应当遵守国家保密相关规定。

十、本通知自发布之日起实施。

科技部　财政部　税务总局

2018年7月26日

科技部等6部门印发《关于扩大高校和科研院所科研相关自主权的若干意见》的通知

（国科发政〔2019〕260号）

国务院各部委、各直属机构：

《关于扩大高校和科研院所科研相关自主权的若干意见》已经2019年3月19日中央全面深化改革委员会第七次会议审议通过，现印发给你们，请认真贯彻执行。落实过程中遇到的重要情况和问题，请及时向科技部、教育部报告反映。

联系电话：科技部　010-58881715

　　　　　教育部　010-66096298

科技部　教育部　国家发展和改革委员会

财政部　人力资源和社会保障部　中国科学院

2019年7月30日

附件

关于扩大高校和科研院所科研相关自主权的若干意见

高校和科研院所从事探索性、创造性科学研究活动，具有知识和人才独特优势，是实施创新驱动发展战略、建设创新型国家的重要力量。党中央、国务院高度重视高校和科研院所科研领域简政放权工作，近年来出台了一系列改革举措，取得了良好效果。但随着科技创新向纵深推进，高校和科研院所科研相关自主权越来越难以适应实践发展需求。为进一步完善相关制度体系，推动扩大高校和科研院所科研领域自主权，全面增强创新活力，提升创新绩效，增加科技成果供给，支撑经济社会高质量发展，现提出如下意见。

一、总体要求

（一）指导思想。

以习近平新时代中国特色社会主义思想为指导，全面贯彻党的十九大和十九届二中、三中全会精神，认真落实党中央、国务院决策部署，牢固树立新发展理念，遵循科研活动、人才成长、成果转化规律，深化科技体制改革，转变政府科技管理职能，抓战略、抓规划、抓政策、抓服务，支持高校和科研院所依法依规行使科研相关自主权，充分调动单位和人员积极性创造性，增强创新动力活力和服务经济社会发展能力，为建设创新型国家和世界科技强国提供有力支撑。

（二）基本原则。

坚持单位发展与国家使命相一致。坚持和加强党对高校和科研院所的全面领导，牢记国家使命，坚持国家目标导向，充分利用国家赋予的职责权限组织开展工作，积极承担重大科研任务，将单位发展融入国家发展大局，在服务国家目标过程中实现自身可持续发展。

坚持统一要求与分类施策相协调。扩大高校和科研院所科研相关自主权应符合中央分类推进事业单位改革的总体要求，尊重科学规律，针对高校和科研院所不同特点精准施策，实行分类管理，提高政策的针对性和可操作性。

坚持简政放权与加强监管相结合。最大限度减少政府对高校和科研院所内部事务的微观管理和直接干预，加强对发展方向的总体把握，实施预算绩效管理，推动内控机制建设，确保充分放权与有效承接、完善内部治理与加强外部监督、激励担当作为与严肃问责追责等有机结合、权力与责任相一致。

二、完善机构运行管理机制

（三）完善章程管理。主管部门要按照中央改革精神和政事分开、管办分离的原则，组织所属高校完善章程，推动科研院所制定章程，科学确定不同类型单位的职能定位和权利责任边界。高校和科研院所要按照章程规定的职能和业务范围开展科研活动，完善内部治理结构，建立高效运行管理机制。主管部门对章程赋予高校和科研院所管理权限的事务不得干预。

（四）强化绩效管理。高校和科研院所要制定中长期发展目标和规划，明确绩效目标及指标。主管部门要按照权责利效相统一和分类评价原则，减少过程管理，突出创新导向、结果导向和实绩导向，对高校和科研院所实行中长期绩效管理和评价考核，评价结果以适当方式公开，并作为单位财政拨款、科技创新基地建设、领导人员考评奖励、绩效工资总量核定等的重要依据；机构编制部门按照程序办理科研事业单位编制调整事项时，参考评价结果。

（五）优化机构设置管理。科技部门要按照功能定位清晰、布局合理、精简高效的原则，拟订科研机构改革发展与布局的规划，推动科技资源优化配置。高校和科研院所在章程规定的职能范围内，根据国家战略需求、行业发展需要和科技发展趋势，按照精简、效能的原则，可自主设置、变更和取消单位的内设机构。

三、优化科研管理机制

（六）简化科研项目管理流程。完善中央财政科技计划重大项目组织实施机制，围绕国家需求改进项目形成机制，合理确定项目布局、数量及体量，优选研发团队，强化责任落实与结果考核，简化过程管理。科技部门要会同相关部门精简项目申报流程，减少不必要申报材料。项目实施期间实行“里程碑”式管理，减少各类过程性评估、检查、抽查、审计等。合并财务验收和技术验收，评估、规范和动态调整第三方审计机构。整合科技管理各项工作和计划的材料报送环节，实现一表多用。建立国家科技管理信息系统按权限开放制度，凡是信息系统已有材料或已要求提供过的材料，不得要求重复提供。科技、财政、教育部门和中科院等要开展减轻科研人员负担专项行动，积极营造有利于潜心研究的环境。

（七）完善科研经费管理机制。改革间接经费预算编制和支付方式，不再由项目负责人编制预算，由项目管理部门（单位）直接核定并办理资金支付手续，资金直接支付给承担单位。加快推进基于绩效、诚信和能力的科研管理改革试点，及时总结推广科研项目资金管理等试点经验和做法。落实横向经费使用自主权，单位依法依规制定的横向经费管理办法可作为审计检查依据。允许项目承担单位对国内差旅费中的伙食补助费、市内交通费和难以取得发票的住宿费实行包干制。科技、教育部门适时选择部分高校和科研院所探索开展国内差旅费报销改革试点。

（八）改进科研仪器设备耗材采购管理。简化采购流程，缩短采购周期，对独家代理或生产的仪器设备，高校和科研院所可按有关规定和程序采取更灵活便利的采购方式。对科研急需的设备和耗材，采用特事特办、随到随办的采购机制，可不再走招投标程序。各单位要建立完善的科研设备耗材采购管理制度，对确需采用特事特办、随到随办方式的采购作出明确规定，确保放而不乱。

（九）赋予创新领军人才更大科研自主权。国家科研项目负责人可根据国家有关规定自主调整研究方案和技术路线，自主组织科研团队。具有相应授权的高校和科研院所在研究生招生计划分配中，要向承担科技重大专项、重点研发计划等国家重大科研项目的优秀团队和导师倾斜。探索基于重大科技创新平台、重大科研项目和工程项目加强博士研究生培养，完善培养成本分摊机制。项目承担单位要切实落实公务卡管理自主权，允许项目临时聘用人员、研究生等不具备公务卡申请条件的人员因执行项目任务产生的差旅费不使用公务卡结算。

（十）改革科技成果管理制度。修订完善国有资产评估管理方面的法律法规，取消职务科技成果资产评估、备案管理程序。科技、财政等部门要开展赋予科研人员职务科技成果所有权或长期使用权试点，为进一步完善职务科技成果权属制度探索路子。

四、改革相关人事管理方式

（十一）自主聘用工作人员。高校和科研院所可根据国家有关规定和开展科研活动需要，制订招聘方案，设置岗位条件，发布招聘信息，自主组织公开招聘，规范聘后管理，畅通人员出口，实现聘用人员市场化退出。对本土培养人才与海外引进人才一视同仁、平等对待。支持和鼓励高校和科研院所专业技术人员以挂职、参与项目合作、兼职、在职创业等方式从事创新活动。允许科研院所完善内部用人制度，自主聘用内设机构负责人。高校和科研院所正职和领导班子中属中央管理的干部要严格执行中央有关规定，内设研发机构负责人可依法依规获得科技成果转化现金和股权奖励，执行教学科研人员因公临时出国、兼职等区别对待、分类管理政策。

（十二）自主设置岗位。高校和科研院所可根据国家有关规定，结合科技创新事业发展需要，在编制或人员总量内自主制订岗位设置方案和管理办法，确定岗位结构比例。已全面实行聘用合同、岗位管理和公开招聘制度，建立能上能下、能进能出灵活用人机制的单位，可在编制内适当增加高级专业技术岗位比例，调整情况按管理权限报相关部门备案。允许高校和科研院所通过设置创新型岗位和流动性岗位，引进优秀人才从事创新活动。对单位引进的急需紧缺高层次人才，通过调整岗位设置难以满足需求的，经相关部门审批同意，设置一定数量的特设岗位，不受岗位总量、最高等级和结构比例限制，涉及编制事宜报机构编制管理部门按程序专项审批。完成相关任务后，按照管理权限予以核销。

（十三）切实下放职称评审权限。高校和科研院所按照国家规定自主制定职称评审办法和操作方案，按照管理权限自主开展职称评审，评审结果事后按要求报主管部门备案。部分条件不具备、尚不能独立组织评审的高校和科研院所，可自主采取联合评审、委托评审等方式。对引进的急需紧缺高层次人才和有突出贡献的人才，允许高校和科研院所在明确标准、程序和公示公开的前提下，开辟评审绿色通道，评审标准不设资历、年限等门槛。

（十四）完善人员编制管理方式。教育部门要会同机构编制、财政、人力资源社会保障等相关部门加快制订高校人员总量核定指导标准和试点方案，积极开展试点。在总结评估科研院所编制备案制试点工作基础上，完善相关政策，逐步扩大试点范围。

五、完善绩效工资分配方式

（十五）加大绩效工资分配向科研人员倾斜力度。高校和科研院所可在绩效工资总量内，按国家有关规定自主确定绩效工资结构、考核办法、分配方式、工资项目名称、标准和发放范围，绩效工资分配要向关键创新岗位、作出突出贡献的科研人员、承担财政科研项目的人员、创新团队和优秀青年人才倾斜。在绩效工资总量核定中，要向高层次人才集中、创新绩效突出的高校和科研院所倾斜。人力资源社会保障、财政部门要会同相关主管部门在部分高校和科研院所探索建立符合行业特点的工资制度。

（十六）强化绩效工资对科技创新的激励作用。对全时承担国家关键领域核心技术攻关任务的团队负责人以及单位引进的急需紧缺高层次人才等可实行年薪制、协议工资、项目工资等灵活分配方式，其薪酬在所在单位绩效工资总量中单列，相应增加单位当年绩效工资总量。加大高校和科研院所人员科技成果转化股权期权激励力度，科研人员获得的职务科技成果转化现金奖励、兼职或离岗创业收入不受绩效工资总量限制，不纳入总量基数。

六、确保政策落实见效

（十七）加强统筹协调。科技、教育部门要会同组织、机构编制、发展改革、财政、人力资源社会保障等相关部门及时完善配套制度，建立政策落实沟通反馈和动态调整机制，适时组织开展改革效果评估。主管部门要根据本意见精神在半年内完成本部门相关管理制度的修订，在岗位设置、人员聘用、内部机构调整、绩效工资分配、评价考核、科研组织等方面充分放权，加强支持保障和绩效管理。相关改革试点工作要在半年内启动，有关部门要加强指导并及时总结评估、复制推广成功经验和做法。

（十八）落实主体责任。高校和科研

院所党政主要领导是本单位抓落实的第一责任人，要提高思想认识，强化责任担当，抓好组织实施，把自主权政策落实到科研一线。抓落实的成效作为单位班子考核的重要内容。一年内要制定完善本单位科研、人事、财务、成果转化、科研诚信等具体管理办法，建立健全相关工作体系、配套制度，积极推进重大决策、重大事项、重要制度等公开，自觉接受各方监督。

（十九）实施有效监管。高校和科研院所要建立适合本单位实际情况的内部控制体系，强化内部流程控制，分析风险隐患，完善风险评估机制，实现内控体系全面、有效实施，确保自主权接得住、用得好、不出事，防止滋生腐败。

各相关部门要跟踪高校和科研院所履行职责、行使自主权情况，通过“双随机、一公开”抽查、督查、第三方绩效评估等方式督促推动改革政策落实，对落实不到位的以适当方式予以通报，对发现的违法违规问题予以严肃处理。实行科研项目责任人预算绩效负责制，重大项目责任人实行绩效终身责任追究制。构建公开公示和信用机制，将诚信状况作为单位获得科研相关自主权的重要依据，将单位行使相关自主权过程中出现的失信情况纳入信用记录管理，对严重失信行为实行终身追责、联合惩戒。

（二十）鼓励担当作为。按照“三个区分开来”的要求，鼓励高校和科研院所改革创新。监督检查工作中出现与工作对象理解相关政策不一致时，监督检查部门要与政策制定部门沟通，及时调查澄清。对在担当作为中发生无意过失的干部，要按照事业为上、实事求是、依法依纪、容纠并举等原则，结合动机态度、客观条件、程序方法、性质程度、后果影响以及挽回损失等情况，进行综合分析和妥善处理，该容的大胆容，不该容的坚决不容，鼓励干部敢于担当、主动作为。

本意见适用于中央部门所属高校和中央级科研院所。现行相关规定与本意见不一致的，以本意见为准。

科技部等9部门印发《赋予科研人员职务科技成果所有权或长期使用权试点实施方案》的通知

（国科发区〔2020〕128号）

各有关单位：

《赋予科研人员职务科技成果所有权或长期使用权试点实施方案》（以下简称《实施方案》）已经2020年2月14日中央全面深化改革委员会第十二次会议审议通过。现将《实施方案》印发给你们，请结合实际认真贯彻执行。

科技部　发展改革委　教育部
工业和信息化部　财政部　人力资源社会保障部
商务部　知识产权局　中科院
2020年5月9日

赋予科研人员职务科技成果所有权或长期使用权试点实施方案

为深化科技成果使用权、处置权和收益权改革，进一步激发科研人员创新热情，促进科技成果转化，根据《中华人民共和国科学技术进步法》《中华人民共和国促进科技成果转化法》《中华人民共和国专利法》相关规定，现就开展赋予科研人员职务科技成果所有权或长期使用权试点工作制定本实施方案。

一、总体要求

（一）指导思想。

以习近平新时代中国特色社会主义思想为指导，全面贯彻党的十九大和十九届二中、三中、四中全会精神，认真贯彻党中央、国务院决策部署，加快实施创新驱动发展战略，树立科技成果只有转化才能真正实现创新价值、不转化是最大损失的理念，创新促进科技成果转化的机制和模式，着力破除制约科技成果转化的障碍和藩篱，通过赋予科研人员职务科技成果所有权或长期使用权实施产权激励，完善科技成果转化激励政策，激发科研人员创新创业的积极性，促进科技与经济深度融合，推动经济高质量发展，加快建设创新型国家。

（二）基本原则。

系统设计、统筹布局。聚焦科技成果所有权和长期使用权改革，从规范赋予科研人员职务科技成果所有权和长期使用权流程、充分赋予单位管理科技成果自主权、建立尽职免责机制、做好科技成果转化管理和服务等方面做好顶层设计，统筹推进试点工作。

问题导向、补齐短板。遵循市场经济和科技创新规律，着力破解科技成果有效转化的政策制度瓶颈，找准改革突破口，集中资源和力量，畅通科技成果转化通道。

先行先试、重点突破。以调动科研人员创新积极性、促进科技成果转化为出发点和落脚点，强化政策引导，鼓励先行开展探索，破除体制机制障碍，形成新路径和新模式，加快构建有利于科技创新和科技成果转化的长效机制。

（三）主要目标。

分领域选择40家高等院校和科研机构开展试点，探索建立赋予科研人员职务科技成果所有权或长期使用权的机制和模式，形成可复制、可推广的经验和做法，推动完善相关法律法规和政策措施，进一步激发科研人员创新积极性，促进科技成果转移转化。

二、试点主要任务

（一）赋予科研人员职务科技成果所有权。

国家设立的高等院校、科研机构科研人员完成的职务科技成果所有权属于单位。试点单位可以结合本单位实际，将本单位利用财政性资金形成或接受企业、其他社会组织委托形成的归单位所有的职务科技成果所有权赋予成果完成人（团队），试点单位与成果完成人（团队）成为共同所有权人。赋权的成果应具备权属清晰、应用前景明朗、承接对象明确、科研人员转化意愿强烈等条件。成果类型包括专利权、计算机软件著作权、集成电路布图设计专有权、植物新品种权，以及生物医药新品种和技术秘密等。对可能影响国家安全、国防安全、公共安全、经济安全、社会稳定等事关国家利益和重大社会公共利益的成果暂不纳入赋权范围，加快推动建立赋权成果的负面清单制度。

试点单位应建立健全职务科技成果赋权的管理制度、工作流程和决策机制，按照科研人员意愿采取转化前赋予职务科技成果所有权（先赋权后转化）或转化后奖励现金、股权（先转化后奖励）的不同激励方式，对同一科技成果转化不进行重复激励。先赋权后转化的，科技成果完成人（团队）应在团队内部协商一致，书面约定内部收益分配比例等事项，指定代表向单位提出赋权申请，试点单位进行审批并在单位内公示，公示期不少于15日。试点单位与科技成果完成人（团队）应签署书面协议，合理约定转化科技成果收益分配比例、转化决策机制、转化费用分担以及知识产权维持费用等，明确转化科技成果各方的权利和义务，并及时办理相应的权属变更等手续。

（二）赋予科研人员职务科技成果长期使用权。

试点单位可赋予科研人员不低于10年的职务科技成果长期使用权。科技成果完成人（团队）应向单位申请并提交成果转化实施方案，由其单独或与其他单位共同实施该项科技成果转化。试点单位进行审批并在单位内公示，公示期不少于15日。试点单位与科技成果完成人（团队）应签署书面协议，合理约定成果的收益分配等事项，在科研人员履行协议、科技成果转化取得积极进展、收益情况良好的情况下，试点单位可进一步延长科研人员长期使用权期限。试点结束后，试点期内签署生效的长期使用权协议应当按照协议约定继续履行。

（三）落实以增加知识价值为导向的分配政策。

试点单位应建立健全职务科技成果转化收益分配机制，使科研人员收入与对成果转化的实际贡献相匹配。试点单位实施科技成果转化，包括开展技术开发、技术咨询、技术服务等活动，按规定给个人的现金奖励，应及时足额发放给对科技成果转化作出重要贡献的人员，计入当年本单位绩效工资总量，不受单位总量限制，不纳入总量基数。

（四）优化科技成果转化国有资产管理方式。

充分赋予试点单位管理科技成果自主权，探索形成符合科技成果转化规律的国有资产管理模式。高等院校、科研机构对其持有的科技成果，可以自主决定转让、许可或者作价投资，不需报主管部门、财政部门审批。试点单位将科技成果转让、许可或者作价投资给国有全资企业的，可以不进行资产评估。试点单位将其持有的科技成果转让、许可或作价投资给非国有全资企业的，由单位自主决定是否进行资产评估。

（五）强化科技成果转化全过程管理和服务。

试点单位要加强对科技成果转化的全过程管理和服务，坚持放管结合，通过年度报告制度、技术合同认定、科技成果登记等方式，及时掌握赋权科技成果转化情况。试点单位可以通过协议定价、在技术交易市场挂牌交易、拍卖等方式确定交易价格，探索和完善科技成果转移转化的资产评估机制。获得科技成果所有权或长期使用权的科技成果完成人（团队）应勤勉尽职，积极采取多种方式加快推动科技成果转化。对于赋权科技成果作价入股的，应完善相应的法人治理结构，维护各方权益。鼓励试点单位和科研人员通过科研发展基金等方式，将成果转化收益继续用于中试熟化和新项目研发等科技创新活动。建立健全相关信息公开机制，加强全社会监督。

（六）加强赋权科技成果转化的科技安全和科技伦理管理。

鼓励赋权科技成果首先在中国境内转化和实施。国家出于重大利益和安全需要，可以依法组织对赋权职务科技成果进行推广应用。科研人员将赋权科技成果向境外转移转化的，应遵守国家技术出口等相关法律法规。涉及国家秘密的职务科技成果的赋权和转化，试点单位和成果完成人（团队）要严格执行科学技术保密制度，加强保密管理；试点单位和成果完成人（团队）与企业、个人合作开展涉密成果转移转化的，要依法依规进行审批，并签订保密协议。加强对赋权科技成果转化的科技伦理管理，严格遵守科技伦理相关规定，确保科技成果的转化应用安全可控。

（七）建立尽职免责机制。

试点单位领导人员履行勤勉尽职义务，严格执行决策、公示等管理制度，在没有牟取非法利益的前提下，可以免除追究其在科技成果定价、自主决定资产评估以及成果赋权中的相关决策失误责任。各地方、各主管部门要建立相应容错和纠错机制，探索通过负面清单等方式，制定勤勉尽责的规范和细则，激发试点单位的转化积极性和科研人员干事创业的主动性、创造性。完善纪检监察、审计、财政等部门监督检查机制，以是否符合中央精神和改革方向、是否有利于科技成果转化作为对科技成果转化活动的定性判断标准，实行审慎包容监管。

（八）充分发挥专业化技术转移机构的作用。

试点单位应在不增加编制的前提下完善专业化技术转移机制建设，发挥社会化技术转移机构作用，开展信息发布、成果评价、成果对接、经纪服务、知识产权管理与运用等工作，创新技术转移管理和运营机制，加强技术经理人队伍建设，提升专业化服务能力。

三、试点对象和期限

（一）试点单位范围。

试点单位为国家设立的高等院校和科研机构。优先在开展基于绩效、诚信和能力的科研管理改革试点的中央部门所属高等院校和中科院所属科研院所，医疗卫生、农业等行业所属中央级科研机构，以及全面创新改革试验区和国家自主创新示范区内的地方高等院校和科研机构中，选择一批改革动力足、创新能力强、转化成效显著以及示范作用突出的单位开展试点。

（二）试点期限。

试点期 3 年。

四、组织实施

（一）加强组织领导。

在国家科技体制改革和创新体系建设领导小组指导下，科技部会同发展改革委、教育部、工业和信息化部、财政部、商务部、人力资源社会保障部、知识产权局、中科院等部门建立高效、精简的试点工作协调机制，及时研究重大政策问题，编制赋权协议范本，加强风险防控，指导推进试点工作，确保试点宏观可控。相关地方要建立协调机制，推动试点任务落实，做好成效总结评估和经验推广工作。试点单位应按照实施方案的原则和要求，编制试点工作方案。

（二）加强评估监测。

科技部会同相关部门完善试点工作报告制度，试点单位应及时将试点工作方案、年度试点执行情况和赋权成果名单报告主管部门和科技部。对试点中的一些重大事项，可组织科技、产业、法律、财务、知识产权等方面的专家，开展决策咨询服务。发挥第三方评估机构的作用，对试点进展情况开展监测和评估。对于试点前有关地方和单位已经开展的科技成果赋权和转化成功经验、做法和模式，及时纳入试点方案。对试点中发现的问题和偏差，及时予以解决和纠正。

（三）加强推广应用。

充分发挥试点示范作用，开展经验交流，编发典型案例，加强宣传引导。对形成的一些好的经验做法，通过扩大试点范围等方式进行复制推广，总结试点中形成的改革新举措，及时健全完善相关政策措施。为解决试点中可能出现的突出问题和矛盾，需要对现行法律法规进行调整的，依法律程序解决。

各有关部门和地方要按照本方案精神，强化全局和责任意识，统一思想，主动改革，勇于创新，积极作为，确保试点工作取得实效。国防领域赋予科研人员职务科技成果所有权或长期使用权的试点由国防科技工业主管部门和军队有关部门参照本方案精神制定实施方案，另行开展。

财政部　科技部　国资委关于印发《国有科技型企业股权和分红激励暂行办法》的通知

（财资〔2016〕4号）

注释：

第二条、第六条第（二）款、第六条第（三）款已被修改。参见《财政部　科技部　国资委关于扩大国有科技型企业股权和分红激励暂行办法实施范围等有关事项的通知》（财资〔2018〕54号）。[1]

党中央有关部门，国务院各部委、各直属机构，各省、自治区、直辖市、计划单列市财政厅（局）、科技厅（委、局）、国资委，新疆生产建设兵团财务局、科技局、国资委，各中央管理企业：

为进一步激发广大技术和管理人员的积极性和创造性，促进国有科技型企业健康可持续发展，经国务院同意，我们在中关村国家自主创新示范区股权和分红激励试点办法的基础上，制定了《国有科技型企业股权和分红激励暂行办法》。现予印发，请遵照执行。

财政部　科技部　国资委

2016年2月26日

附件：

国有科技型企业股权和分红激励暂行办法

第一章　总　则

第一条　为加快实施创新驱动发展战略，建立国有科技型企业自主创新和科技成果转化的激励分配机制，调动技术和管理人员的积极性和创造性，推动高新技术产业化和科技成果转化，依据《中华人民共和国促进科技成果转化法》、《中华人民共和国公司法》、《中华人民共和国企业国有资产法》等国家法律法规，制定本办法。

第二条　本办法所称国有科技型企

[1] 编者注：本书部分文件有废止条款，凡废止内容，均在文件篇首方框中加以注释说明，并在正文中用灰色底色标注。

业，是指中国境内具有公司法人资格的国有及国有控股未上市科技企业（含全国中小企业股份转让系统挂牌的国有企业），具体包括：

（一）转制院所企业、国家认定的高新技术企业。

（二）高等院校和科研院所投资的科技企业。

（三）国家和省级认定的科技服务机构。

第三条　本办法所称股权激励，是指国有科技型企业以本企业股权为标的，采取股权出售、股权奖励、股权期权等方式，对企业重要技术人员和经营管理人员实施激励的行为。

分红激励，是指国有科技型企业以科技成果转化收益为标的，采取项目收益分红方式；或者以企业经营收益为标的，采取岗位分红方式，对企业重要技术人员和经营管理人员实施激励的行为。

第四条　国有科技型企业实施股权和分红激励应当遵循以下原则：

（一）依法依规，公正透明。严格遵守国家法律法规和本办法的规定，有序开展激励工作，操作过程公开、公平、公正，坚决杜绝利益输送，防止国有资产流失。

（二）因企制宜，多措并举。统筹考虑企业规模、行业特点和发展阶段，采取一种或者多种激励方式，科学制定激励方案。建立合理激励、有序流转、动态调整的机制。

（三）利益共享，风险共担。激励对象按照自愿原则，获得股权和分红激励，应当诚实守信，勤勉尽责，自觉维护企业和全体股东利益，共享改革发展成果，共担市场竞争风险。

（四）落实责任，强化监督。建立健全企业内部监督机制，依法维护企业股东和员工的权益。履行国有资产监管职责单位及同级财政、科技部门要加强监管，依法追责。

第五条　国有科技型企业负责拟订股权和分红激励方案，履行内部审议和决策程序，报经履行出资人职责或国有资产监管职责的部门、机构、企业审核后，对符合条件的激励对象实施激励。

第二章　实施条件

第六条　实施股权和分红激励的国有科技型企业应当产权明晰、发展战略明确、管理规范、内部治理结构健全并有效运转，同时具备以下条件：

（一）企业建立了规范的内部财务管理制度和员工绩效考核评价制度。年度财务会计报告经过中介机构依法审计，且激励方案制定近3年（以下简称近3年）没有因财务、税收等违法违规行为受到行政、刑事处罚。成立不满3年的企业，以实际经营年限计算。

（二）对于本办法第二条中的（一）、（二）类企业，近3年研发费用占当年企业营业收入均在3%以上，激励方案制定的上一年度企业研发人员占职工总数10%以上。成立不满3年的企业，以实际经营年限计算。

（三）对于本办法第二条中的（三）类企业，近3年科技服务性收入不低于当年企业营业收入的60%。

上款所称科技服务性收入是指国有科技服务机构营业收入中属于研究开发及其服务、技术转移服务、检验检测认证服务、创业孵化服务、知识产权服务、科技咨询服务、科技金融服务、科学技术普及服务等收入。

企业成立不满3年的，不得采取股权奖励和岗位分红的激励方式。

第七条 激励对象为与本企业签订劳动合同的重要技术人员和经营管理人员，具体包括：

（一）关键职务科技成果的主要完成人，重大开发项目的负责人，对主导产品或者核心技术、工艺流程做出重大创新或者改进的主要技术人员。

（二）主持企业全面生产经营工作的高级管理人员，负责企业主要产品（服务）生产经营的中、高级经营管理人员。

（三）通过省、部级及以上人才计划引进的重要技术人才和经营管理人才。

企业不得面向全体员工实施股权或者分红激励。

企业监事、独立董事不得参与企业股权或者分红激励。

第三章 股权激励

第八条 企业可以通过以下方式解决激励标的股权来源。

（一）向激励对象增发股份。

（二）向现有股东回购股份。

（三）现有股东依法向激励对象转让其持有的股权。

第九条 企业可以采取股权出售、股权奖励、股权期权等一种或多种方式对激励对象实施股权激励。

大、中型企业不得采取股权期权的激励方式。

企业的划型标准，按照国家统计局《关于印发统计上大中小微型企业划分办法的通知》（国统字〔2011〕75号）等有关规定执行。

第十条 大型企业的股权激励总额不超过企业总股本的5%；中型企业的股权激励总额不超过企业总股本的10%；小、微型企业的股权激励总额不超过企业总股本的30%，且单个激励对象获得的激励股权不得超过企业总股本的3%。

企业不能因实施股权激励而改变国有控股地位。

第十一条 企业实施股权出售，应按不低于资产评估结果的价格，以协议方式将企业股权有偿出售给激励对象。资产评估结果，应当根据国有资产评估的管理规定，报相关部门、机构或者企业核准或者备案。

第十二条 企业实施股权奖励，除满足本办法第六条规定外，近3年税后利润累计形成的净资产增值额应当占近3年年初净资产总额的20%以上，实施激励当年年初未分配利润为正数。

近3年税后利润累计形成的净资产增值额，是指激励方案制定上年末账面净资产相对于近3年首年初账面净资产的增加值，不包括财政及企业股东以各种方式投资或补助形成的净资产和已经向股东分配的利润。

第十三条 企业用于股权奖励的激励额不超过近3年税后利润累计形成的净资产增值额的15%。企业实施股权奖励，必须与股权出售相结合。

股权奖励的激励对象，仅限于在本企业连续工作3年以上的重要技术人员。单个获得股权奖励的激励对象，必须以不低于1∶1的比例购买企业股权，且获得的股权奖励按激励实施时的评估价值折算，累计不超过300万元。

第十四条　企业用于股权奖励的激励额，应当依据经核准或者备案的资产评估结果折合股权，并确定向每个激励对象奖励的股权。

第十五条　企业股权出售或者股权奖励原则上应一次实施到位。

第十六条　小、微型企业采取股权期权方式实施激励的，应当在激励方案中明确规定激励对象的行权价格。

确定行权价格时，应当综合考虑科技成果成熟程度及其转化情况、企业未来至少5年的盈利能力、企业拟授予全部股权数量等因素，且不低于制定股权期权激励方案时经核准或者备案的每股评估价值。

第十七条　企业应当与激励对象约定股权期权授予和行权的业绩考核目标等条件。

业绩考核指标可以选取净资产收益率、主营业务收入增长率、现金营运指数等财务指标，但应当不低于企业近3年平均业绩水平及同行业平均业绩水平。成立不满3年的企业，以实际经营年限计算。

第十八条　企业应当在激励方案中明确股权期权的授权日、可行权日和行权有效期。

股权期权授权日与获授股权期权首次可行权日之间的间隔不得少于1年，股权期权行权的有效期不得超过5年。

企业应当规定激励对象在股权期权行权的有效期内分期行权。有效期过后，尚未行权的股权期权自动失效。

第十九条　企业以股权期权方式授予的股权，激励对象分期缴纳相应出资额的，以实际出资额对应的股权参与企业利润分配。

第二十条　企业不得为激励对象购买股权提供贷款以及其他形式的财务资助，包括为激励对象向其他单位或者个人贷款提供担保。企业要坚持同股同权，不得向激励对象承诺年度分红回报或设置托底回购条款。

第二十一条　激励对象可以采用直接或间接方式持有激励股权。采用间接方式的，持股单位不得与企业存在同业竞争关系或发生关联交易。

第二十二条　股权激励的激励对象，自取得股权之日起，5年内不得转让、捐赠，特殊情形按以下规定处理：

（一）因本人提出离职或者个人原因被解聘、解除劳动合同，取得的股权应当在半年内全部退回企业，其个人出资部分由企业按上一年度审计后净资产计算退还本人。

（二）因公调离本企业的，取得的股权应当在半年内全部退回企业，其个人出资部分由企业按照上一年度审计后净资产计算与实际出资成本孰高的原则返还本人。

在职激励对象不得以任何理由要求企业收回激励股权。

第四章　分红激励

第二十三条　企业实施项目收益分红，应当依据《中华人民共和国促进科技成果转化法》，在职务科技成果完成、转化后，按照企业规定或者与重要技术人员约定的方式、数额和时限执行。企业制定相关规定，应当充分听取本企业技术人员的意见，并在本企业公开相关规定。

企业未规定、也未与重要技术人员约定的，按照下列标准执行：

（一）将该项职务科技成果转让、许可给他人实施的，从该项科技成果转让净收入或者许可净收入中提取不低于 50% 的比例；

（二）利用该项职务科技成果作价投资的，从该项科技成果形成的股份或者出资比例中提取不低于 50% 的比例；

（三）将该项职务科技成果自行实施或者与他人合作实施的，应当在实施转化成功投产后连续 3 至 5 年，每年从实施该项科技成果的营业利润中提取不低于 5% 的比例。

转让、许可净收入为企业取得的科技成果转让、许可收入扣除相关税费和企业为该项科技成果投入的全部研发费用及维护、维权费用后的金额。企业将同一项科技成果使用权向多个单位或者个人转让、许可的，转让、许可收入应当合并计算。

第二十四条 企业实施项目收益分红，应当按照具体项目实施财务管理，并按照国家统一的会计制度进行核算，反映具体项目收益分红情况。

第二十五条 企业实施岗位分红，除满足本办法第六条规定外，近 3 年税后利润累计形成的净资产增值额应当占企业近 3 年年初净资产总额的 10% 以上，且实施激励当年年初未分配利润为正数。

第二十六条 企业年度岗位分红激励总额不高于当年税后利润的 15%。企业应当按照岗位在科技成果产业化中的重要性和贡献，确定不同岗位的分红标准。

第二十七条 激励对象应当在该岗位上连续工作 1 年以上，且原则上每次激励人数不超过企业在岗职工总数的 30%。

激励对象获得的岗位分红所得不高于其薪酬总额的 2/3。激励对象自离岗当年起，不再享有原岗位分红权。

第二十八条 岗位分红激励方案有效期原则上不超过 3 年。激励方案中应当明确年度业绩考核指标，原则上各年度净利润增长率应当高于企业实施岗位分红激励近 3 年平均增长水平。

企业未达到年度考核要求的，应当终止激励方案的实施，再次实施岗位分红激励需重新申报。

激励对象未达到年度考核要求的，应当按约定的条款扣减、暂缓或停止分红激励。

第二十九条 企业实施分红激励所需支出计入工资总额，但不受当年本单位工资总额限制、不纳入本单位工资总额基数，不作为企业职工教育经费、工会经费、社会保险费、补充养老及补充医疗保险费、住房公积金等的计提依据。

第五章　激励方案的管理

第三十条 企业总经理班子或者董事会（以下统称企业内部决策机构）负责拟订企业股权和分红激励方案（格式参见附件）。

第三十一条 对同一激励对象就同一职务科技成果或者产业化项目，企业只能采取一种激励方式、给予一次激励。对已按照本办法实施股权激励的激励对象，企业在 5 年内不得再对其实施股权激励。

第三十二条 激励方案涉及的财务数据和资产评估结果，应当经具有相关资质的会计师事务所审计和资产评估机构评估，并按有关规定办理核准或备案手续。

第三十三条 企业内部决策机构拟订激励方案时，应当通过职工代表大会或者其他形式充分听取职工的意见和建议。

第三十四条　企业内部决策机构应当将激励方案及听取职工意见情况，先行报履行出资人职责或国有资产监管职责的部门、机构、企业（以下简称审核单位）批准。

中央企业集团公司相关材料报履行出资人职责的部门或机构批准；中央企业集团公司所属子企业，相关材料报中央企业集团公司批准。履行出资人职责的国有资本投资、运营公司所属子企业，相关材料报国有资本投资、运营公司批准。

中央部门及事业单位所属企业，按国有资产管理权属，相关材料报中央主管部门或机构批准。

地方国有企业相关材料，按现行国有资产管理体制，报同级履行国有资产监管职责的部门或机构批准。

第三十五条　审核单位应当严格审核企业申报的激励方案，必要时要求企业法律事务机构或者外聘律师对激励方案出具法律意见书，对以下事项发表专业意见：

（一）激励方案是否符合有关法律、法规和本办法的规定。

（二）激励方案是否存在明显损害企业及现有股东利益的情形。

（三）激励方案是否充分披露影响激励结果的重大信息。

（四）激励方案可能引发的法律纠纷等风险，以及应对风险的法律建议。

（五）其他重要事项。

审核单位自受理企业股权和分红激励方案之日起20个工作日内，提出书面审定意见。

第三十六条　审核单位批准企业实施股权和分红激励后，企业内部决策机构应将批准的激励方案提请股东（大）会审议。

在股东（大）会审议激励方案时，国有股东代表应当按照审批单位书面审定意见发表意见。

未设立股东（大）会的企业，按照审批单位批准的方案实施。

第三十七条　除国家另有规定外，企业应当在股东（大）会审议通过激励方案后5个工作日内，将以下材料报送审核单位备案：

（一）经股东（大）会审议通过的激励方案。

（二）相关批准文件、股东（大）会决议。

企业股东应当依法行使股东权利，督促企业内部决策机构严格按照激励方案实施激励。

第三十八条　在激励方案实施期间内，企业应于每年1月底前向审核单位报告上一年度激励方案实施情况：

（一）实施激励涉及的业绩条件、净收益等财务信息。

（二）激励对象在报告期内各自获得的激励情况。

（三）报告期内的股权激励数量及金额，引起的股本变动情况，以及截至报告期末的累计额。

（四）报告期内的分红激励金额，以及截至报告期末的累计额。

（五）激励支出的列支渠道和会计核算情况。

（六）其他应报告的事项。

中央主管部门、机构和中央企业集团公司，应当对所属企业年度股权和分红激励实施情况进行总结，包括实施股权和分红激励企业户数、激励方式、激励人数、激励落实情况、存在的突出问题以及有关政策建议等，并于3月底前将上一年度实施情况的总结报告报送财政部、科技部。

地方省级财政部门、科技部门，负责对本省地方国有企业年度股权和分红激励实施情况进行总结，并于3月底前将上一年度实施情况的总结报告报送财政部、科技部。

第三十九条 企业实施股权或者分红激励，应当按照《企业财务通则》（财政部令第41号）和国家统一会计制度的规定，规范财务管理和会计核算。

第四十条 企业实施激励导致注册资本规模、股权结构或者组织形式变动的，应当按照有关规定，根据相关批准文件、股东（大）会决议等，及时办理国有资产产权登记和工商变更登记手续。

第四十一条 因出现特殊情形需要调整激励方案的，企业应当重新履行内部审议和外部审核的程序。

因出现特殊情形需要终止实施激励的，企业内部决策机构应当向审核单位报告并向股东（大）会说明情况。

第四十二条 企业实施激励过程中，应当接受审核单位及财政、科技部门监督。对违反有关法律法规及本办法规定、损害国有资产合法权益的情形，审核单位应当责令企业中止方案实施，并追究相关人员的法律责任。

第六章 附 则

第四十三条 企业不符合本办法规定激励条件而向管理者转让国有产权的，应当通过产权交易市场公开进行，并按照国家关于产权交易监督管理的有关规定执行。

第四十四条 尚未实施公司制改革的全民所有制企业可参照本办法，实施项目收益分红和岗位分红激励政策。

第四十五条 本办法由财政部、科技部负责解释。各地方、部门可根据本办法制定具体实施细则。

第四十六条 本办法自2016年3月1日起施行。企业依据《财政部 科技部关于印发〈中关村国家自主创新示范区企业股权和分红激励实施办法〉的通知》（财企〔2010〕8号）、《财政部 科技部关于〈中关村国家自主创新示范区企业股权和分红激励实施办法〉的补充通知》（财企〔2011〕1号）制订并正在实施的激励方案，可继续执行，实施期满，新的激励方案统一按本办法执行。

附件："企业股权和分红激励方案"提纲（略）

财政部　科技部　国资委关于扩大国有科技型企业股权和分红激励暂行办法实施范围等有关事项的通知

（财资〔2018〕54号）

党中央有关部门，国务院各部委、各直属机构，各省、自治区、直辖市、计划单列市财政厅（局）、科技厅（委、局）、国资委，新疆生产建设兵团财政局、科技局、国资委，各中央管理企业：

为加快实施创新驱动发展战略，推动国有科技型企业建立健全激励分配机制，进一步增强技术和管理人员的获得感，经国务院同意，现就扩大《国有科技型企业股权和分红激励暂行办法》实施范围等有关事项通知如下：

一、将国有科技型中小企业、国有控股上市公司所出资的各级未上市科技子企业、转制院所企业投资的科技企业纳入激励实施范围。

上述企业纳入实施范围后，《财政部　科技部　国资委关于印发〈国有科技型企业股权和分红激励暂行办法〉的通知》（财资〔2016〕4号，以下简称《激励办法》）第二条相应调整为：本办法所称国有科技型企业，是指中国境内具有公司法人资格的国有及国有控股未上市科技企业（含全国中小企业股份转让系统挂牌的国有企业、国有控股上市公司所出资的各级未上市科技子企业），具体包括：

（一）国家认定的高新技术企业。

（二）转制院所企业及所投资的科技企业。

（三）高等院校和科研院所投资的科技企业。

（四）纳入科技部“全国科技型中小企业信息库”的企业。

（五）国家和省级认定的科技服务机构。

二、对于国家认定的高新技术企业不再设定研发费用和研发人员指标条件。将《激励办法》第六条第（二）款调整为“（二）对于本办法第二条中的（二）、（三）、（四）类企业，近3年研发费用占当年企业营业收入均在3%以上，激励方案制定的上一年度企业研发人员占职工总数10%以上。成立不满3年的企业，以实际经营年限计算”。将《激励办法》第六条第（三）款调整为“（三）对于本办法第二条中的（五）类企业，近3年科技服务性收入不低于当年企业营业收入的60%”。

三、本通知自印发之日起执行。

财政部　科技部　国资委

2018年9月18日

人力资源社会保障部　财政部　科技部 关于事业单位科研人员职务科技成果转化现金奖励纳入绩效工资管理有关问题的通知

（人社部发〔2021〕14号）

各省、自治区、直辖市及新疆生产建设兵团人力资源社会保障厅（局）、财政厅（局）、科技厅（委、局），党中央各部门人事、财务部门，国务院各部委、各直属机构人事、财务部门：

为落实以增加知识价值为导向的收入分配政策，进一步推动科技成果转移转化，根据国务院办公厅《关于抓好赋予科研机构和人员更大自主权有关文件贯彻落实工作的通知》（国办发〔2018〕127号）要求，现就事业单位科研人员职务科技成果转化现金奖励（以下简称现金奖励）纳入绩效工资管理有关问题通知如下。

一、职务科技成果转化后，科技成果完成单位按规定对完成、转化该项科技成果做出重要贡献人员给予的现金奖励，计入所在单位绩效工资总量，但不受核定的绩效工资总量限制，不作为人力资源社会保障、财政部门核定单位下一年度绩效工资总量的基数，不作为社会保险缴费基数。

二、科技成果完成单位根据国家规定和本单位实际，在充分听取科研人员意见基础上，建立健全职务科技成果转化管理规定、公示办法，明确现金奖励享受政策人员范围、具体分配办法和相关流程，相关规定应在本单位公开。

三、对于接受企业或其他社会组织委托取得的项目，经费纳入单位财务统一管理，由项目承担单位按照委托方要求或合同约定管理使用。其中属于科研人员在职务科技成果转化工作中开展技术开发、技术咨询、技术服务等活动的，项目承担单位可根据实际情况，按照《技术合同认定登记管理办法》规定到当地科技主管部门进行技术合同登记，认定登记为技术开发、技术咨询、技术服务合同的，项目承担单位按照促进科技成果转化法等法律法规给予科研人员的现金奖励，按照本通知第一条规定执行。不属于职务科技成果转化的，从项目经费中提取的人员绩效支出，应在核定的绩效工资总量内分配，纳入单位绩效工资总量管理。

四、科技成果完成单位统计工资总额、年平均工资、年平均绩效工资等数据以及向有关部门报送年度绩效工资执行情况时，应包含现金奖励情况，并单独注明。

五、各级人力资源社会保障、财政、科技主管部门要加大政策指导力度，优化政策环境，根据职责完善事中事后监管，将现金奖励政策落到实处。

六、本通知所指职务科技成果、科技成果转化，应符合《中华人民共和国促进科技成果转化法》、《国务院关于印发实施〈中华人民共和国促进科技成果转化法〉若干规定的通知》（国发〔2016〕16号）等有关法律和规定。

七、本通知自印发之日起执行，以往规定与本通知规定不一致的，按本通知规定执行。

人力资源社会保障部　财政部　科技部

2021年2月8日

农业部　科技部　财政部　教育部　人力资源和社会保障部关于扩大种业人才发展和科研成果权益改革试点的指导意见

（农种发〔2016〕2 号）

各省、自治区、直辖市农业（农牧、农村经济）厅（委、局）、科技厅（委、局）、财政厅（局）、教育厅（委、局）、人力资源和社会保障厅（局），新疆生产建设兵团农业局、科技局、财务局、教育局、人力资源和社会保障局，有关单位：

为深入贯彻习近平总书记在全国科技创新大会、两院院士大会、中国科协第九次全国代表大会上的重要讲话精神，全面落实《中共中央国务院关于落实发展新理念加快农业现代化实现全面小康目标的若干意见》和《中共中央印发〈关于深化人才发展体制机制改革的意见〉的通知》《国务院关于印发实施〈中华人民共和国促进科技成果转化法〉若干规定的通知》的部署要求，进一步深化种业体制机制改革，加快现代种业创新发展，在总结种业科研人才流动和成果权益比例改革试点基础上，经请示中共中央纪委、中共中央组织部同意，农业部会同有关部门，就扩大种业人才发展和科研成果权益改革试点相关工作提出如下意见。

一、切实提高对改革重要性和紧迫性的认识

（一）种业科研人才和成果权益改革试点成果明显。针对种业科研创新能力不强、成果转化效率低、产学研用结合不紧密等问题，按照国务院部署，2014 年以来农业部会同科技部、财政部在中国农业科学院、中国农业大学部分所（中心）开展种业科研成果权益比例改革试点；会同人力资源和社会保障部明确了科研人员到种子企业开展技术服务的政策要求。通过试点，在激发科研人员创新活力、加速成果转化、促进人才流动、强化制度管控等方面进行了富有成效的探索，在促进种业发展方面取得明显成效。

（二）扩大试点是贯彻中央人才强国战略和创新驱动发展战略的具体举措。当前世界种业正孕育新一轮的科技革命，抓住发展机遇，建设现代种业，关键是人才，重点在改革。要按照中央人才强国战略和创新驱动发展战略要求，进一步扩大种业人才发展和科研成果权益改革试点，激发创新活力，释放创新潜能，提升自主创新能力。要充分认识扩大改革试点重大意义，准确把握改革要求，增强责任感和紧迫感，坚定不移地将改革推向深入，为种业强国和农业现代化建设提供重要保障。

二、明确改革总体思路、基本原则和目标

（三）总体思路。全面贯彻落实党的

十八大、十八届三中、四中、五中全会和习近平总书记系列重要讲话精神，按照党中央国务院一系列改革部署，以创新种业人才发展机制和深化科研成果权益改革为突破口，建立健全种业人才培养、评价、流动和分类管理机制，促进科研成果转移转化、权益分享，着力激发科研人员创新热情，解决制约科技创新、成果转化、人才发展等方面的突出问题。通过改革创新，形成充满活力的科技管理和人才发展机制，走出一条具有中国特色创新驱动发展的种业强国之路。

（四）基本原则。激励创新，激发科研人员创新积极性，统筹推进种业基础理论创新、技术创新、品种创新、管理创新，激活科技人才和科研成果两大资源，实现种业创新能力提升与可持续发展。分类管理，根据科研类型、职务职权等情况，对科研人员持股、兼职、评价进行分类管理，既调动科研人员创新转化积极性，又切实做到管理规范有序。统筹协调，处理好国家、科研单位和科研人员三者关系，确保国家基础科研能力不能改弱、科研单位实力不能改小、科研人员收入不能改少，形成改革合力，实现改革最大公约数。依法依纪，严格遵守人才管理、成果转化等相关法律法规和政策要求，以及党员领导干部廉洁从政有关规定，严禁以权谋私，严防职务腐败。

（五）改革目标。建立种业人才培养、评价、流动和科研成果权益改革的新机制，培养引进一批具有国际领先水平的种业科技人才，取得一批具有基础性、战略性和重大应用前景的突破性种业科研成果，成果转化收入明显增长，形成一批典型示范；到 2020 年，构建起以科研院校为主体的基础性公益性研究和以企业为主体的技术创新相对分工、相互融合、“双轮驱动”的现代种业科技创新体系，为建设种业强国提供坚实支撑。

三、落实改革重点任务

（六）确定改革单位范围。种业改革单位包括种业科研领域的中央级和各省（区、市）属科研院所和高等院校。中国农业科学院、中国农业大学、中国热带农业科学院要整体推进种业人才发展和科研成果权益改革，发挥引领示范作用。北京、黑龙江、江苏、山东、河南、湖北、湖南、广东、四川、陕西等省（市）作为改革重点省份，要发挥科研和产业优势，深入推进，率先突破；其他省（区、市）要结合实际，选择部分科研教学单位开展试点，根据进展情况，逐步扩大范围。

（七）实行科研人员分类管理。各省（区、市）各改革单位要按照有关规定要求，报上级主管部门备案后，出台科研人员分类管理办法，规范科研人员兼职取酬、成果作价持股等事项，明确审核审批和公开公示等要求。

科研院所、高等院校正职和领导班子成员中属中央管理的干部，所属单位中担任法人代表的正职领导，作为科技成果主要完成人，可以按照科技成果转化法的规定获得现金奖励，原则上不得获取股权激励。其他担任领导职务的科研人员和没有领导职务的科研人员，作为科技成果主要完成人，可依法获得现金奖励或股权激励。获得股权激励的领导人员不得利用职权为所持股权的企业谋取利益。

科研院所和高等院校正职领导不得到企业兼职；领导班子其他成员根据工作需

要，经批准可在本单位出资的企业或参与合作举办的民办非企业单位兼职，但不得在兼职单位领取薪酬；科研院所、高等院校所属的院系所及内设机构领导人员，经批准可在企业或民办非企业单位兼职，个人按照有关规定在兼职单位获得的报酬，应当全额上缴本单位，由单位根据实际情况给予适当奖励；没有领导职务的科研人员可以兼职和兼薪。

（八）鼓励科研人员到种子企业开展科技创新。鼓励科研院所、高等院校的种业科研人员在履行岗位职责、完成本职工作的前提下，经单位同意到种子企业兼职从事科研育种工作，或者离岗创业，从事科研创新和转化工作，在原则上不超过3年时间内保留人事关系。科研人员兼职期间，应与所在单位其他在岗人员同等享有参加职称评聘、荐奖评优、岗位等级晋升和社会保险等方面权利。

（九）完善种业科研人员评价考核和培养引进机制。健全种业科研人员分类评价考核制度，坚持以科技创新质量、贡献、绩效为导向，基础研究人员以同行学术评价为主，应用研究人员突出创新转化和市场评价，将企业兼职成效作为评价指标，不将论文等作为限制性条件。鼓励科研院所和高等院校设立一定比例流动岗位，吸引具有创新实践经验的企业家、科技人才兼职，建立产学研用结合的协同育人模式。鼓励高等院校和科研院所与有实力的企业合作，联合培养企业需要的高端育种人才。鼓励科研单位和种子企业积极引进海内外高层次人才，对急需紧缺的特殊人才，采取特殊政策，实现精准引进。

（十）明确种业科研成果权益。种业科研成果覆盖育种创新全过程，包括植物新品种权、专利、著作权、技术秘密等。改革单位要根据相关法律法规和政策，制定或完善相关规定，明确科研成果完成单位、科研团队及完成人相应权益；要全面梳理已有科研成果，依据规定明确权益到人。要严格界定成果完成人范围，成果完成人必须对成果实质性特点做出创造性贡献。

（十一）推进成果转移转化和公开交易。鼓励采用转让、许可、作价入股等方式开展转移转化。应当通过协议定价、在技术交易市场挂牌交易、拍卖等市场化方式确定科研成果价格；协议定价的，应在本单位公示成果名称和拟交易价格，公示期不少于15日。国家种业科研成果公开交易平台要完善成果展示、价值评估、产权交易、咨询服务等功能，为成果持有人提供便捷、高效和优质服务。鼓励各省（区、市）建立种业科研成果转移转化服务机构，促进成果转化。

（十二）规范科研成果权益分配。成果转移转化所获得的收入全部留归本单位，纳入单位预算，实行统一管理。给予成果完成人和转化人员奖励和报酬的支出，计入当年本单位工资总额，但不受当年本单位工资总额限制，不纳入本单位工资总额基数。成果完成单位应制定科研成果权益分配相关规定，明确权益分配方式、比例、时限等事项，细化程序要求。科研成果权益分配应当兼顾科研成果完成人、成果转化人员及科研单位等方面利益和事业发展。

（十三）强化种业基础性公益性研究。国家和省级科研院所、高等院校要加强种质资源搜集、保护、鉴定，突破性育种材料的改良和创制，育种理论方法等基础性、战略性研究以及常规作物育种等公益性研究，增强原始创新和集成创新能力。国家和各省（区、市）要加大对科研院所和高等院校基础性公益性研究支持力度，建立长期稳定的经费支持机制，完善基础研究人才培养机制。鼓励企业和社会力量增加基础研究投入。鼓励成果完成单位提高对成果完成人奖励和报酬的比例。

四、加强领导，确保改革措施落到实处

（十四）加强组织领导。各省（区、市）农业、科技、财政、教育、人力资源和社会保障等相关部门要高度重视，在当地党委政府的领导下，根据各自职能合力做好改革工作，研究出台改革政策，指导推动政策落实。省级农业主管部门要充分发挥好牵头和组织协调作用。改革试点单位要成立改革领导小组，充分听取科研人员意见，制定改革工作方案，建立健全规章制度，规范成果确权、分类管理、持股兼职及审核审批等事项，强化公开公示，加强监督考核，积极稳妥推进改革。

（十五）完善配套政策。各省（区、市）各改革单位要以推动科技创新为核心，引领体制机制改革，强化政策创设。要加快建立以产业为主导、以科技咨询为支撑的科技决策机制，落实完善科研项目资金管理等政策。发挥集中力量办大事的制度优势，加快构建政产学研用协同创新机制，开展重点作物良种科研联合攻关。支持企业与科研单位深入开展人才交流和合作研究，完善商业化育种体系。加强信贷和人才政策扶持，落实税收优惠政策，鼓励各省（区、市）引导社会资本进入种业领域，促进资本与科技、产业相结合。加强知识产权保护和运用，严厉打击侵权假冒行为。

（十六）做好工作衔接。改革政策措施应与现有法律法规、政策制度相衔接。涉及重大改革事项时，省级农业主管部门应及时报告省委省政府。建立一季度一调度的工作机制，各省（区、市）要在每季度末及时总结报送改革进展情况，年底前报送全年改革工作总结。

（十七）强化机制创新和总结宣传。各省（区、市）各改革单位要结合实际，深入调查研究，积极探索种业改革发展政策路径，及时解决改革工作中出现的问题，及时总结宣传改革中的好做法、好经验，形成可复制、可推广的好制度、好机制，促进改革工作取得明显成效。

各省（区、市）农业主管部门要结合本地实际，制定改革总体工作方案，明确改革思路、目标、改革单位、重点政策和工作进度等，并于本文件印发后2个月内报农业部备案。

农业部　科技部　财政部
教育部　人力资源和社会保障部
2016年7月8日

第三部分

国有资产管理

1. 资产管理和使用

事业单位国有资产管理暂行办法

（2019年修正）

（2006年5月30日财政部令第36号公布　根据2017年12月4日财政部令第90号《财政部关于修改〈注册会计师注册办法〉等6部规章的决定》第一次修改　根据2019年3月29日《财政部关于修改〈事业单位国有资产管理暂行办法〉的决定》第二次修改）

第一章　总　则

第一条　为了规范和加强事业单位国有资产管理，维护国有资产的安全完整，合理配置和有效利用国有资产，保障和促进各项事业发展，建立适应社会主义市场经济和公共财政要求的事业单位国有资产管理体制，根据国务院有关规定，制定本办法。

第二条　本办法适用于各级各类事业单位的国有资产管理活动。

第三条　本办法所称的事业单位国有资产，是指事业单位占有、使用的，依法确认为国家所有，能以货币计量的各种经济资源的总称，即事业单位的国有（公共）财产。

事业单位国有资产包括国家拨给事业单位的资产，事业单位按照国家规定运用国有资产组织收入形成的资产，以及接受捐赠和其他经法律确认为国家所有的资产，其表现形式为流动资产、固定资产、无形资产和对外投资等。

第四条　事业单位国有资产管理活动，应当坚持资产管理与预算管理相结合的原则，推行实物费用定额制度，促进事业资产整合与共享共用，实现资产管理和预算管理的紧密统一；应当坚持所有权和使用权相分离的原则；应当坚持资产管理与财务管理、实物管理与价值管理相结合的原则。

第五条　事业单位国有资产实行国家统一所有，政府分级监管，单位占有、使用的管理体制。

第二章　管理机构及其职责

第六条　各级财政部门是政府负责事业单位国有资产管理的职能部门，对事业单位的国有资产实施综合管理。其主要职责是：

（一）根据国家有关国有资产管理的规定，制定事业单位国有资产管理的规章制度，并组织实施和监督检查；

（二）研究制定本级事业单位实物资产配置标准和相关的费用标准，组织本级事业单位国有资产的产权登记、产权界定、产权纠纷调处、资产评估监管、资产清查和统计报告等基础管理工作；

（三）按规定权限审批本级事业单位有关资产购置、处置和利用国有资产对外投资、出租、出借和担保等事项，组织事业单位长期闲置、低效运转和超标准配置资产的调剂工作，建立事业单位国有资产整合、共享、共用机制；

（四）推进本级有条件的事业单位实现国有资产的市场化、社会化，加强事业单位转企改制工作中国有资产的监督管理；

（五）负责本级事业单位国有资产收益的监督管理；

（六）建立和完善事业单位国有资产管理信息系统，对事业单位国有资产实行动态管理；

（七）研究建立事业单位国有资产安全性、完整性和使用有效性的评价方法、评价标准和评价机制，对事业单位国有资产实行绩效管理；

（八）监督、指导本级事业单位及其主管部门、下级财政部门的国有资产管理工作。

第七条 事业单位的主管部门（以下简称主管部门）负责对本部门所属事业单位的国有资产实施监督管理。其主要职责是：

（一）根据本级和上级财政部门有关国有资产管理的规定，制定本部门事业单位国有资产管理的实施办法，并组织实施和监督检查；

（二）组织本部门事业单位国有资产的清查、登记、统计汇总及日常监督检查工作；

（三）审核本部门所属事业单位利用国有资产对外投资、出租、出借和担保等事项，按规定权限审核或者审批有关资产购置、处置事项；

（四）负责本部门所属事业单位长期闲置、低效运转和超标准配置资产的调剂工作，优化事业单位国有资产配置，推动事业单位国有资产共享、共用；

（五）督促本部门所属事业单位按规定缴纳国有资产收益；

（六）组织实施对本部门所属事业单位国有资产管理和使用情况的评价考核；

（七）接受同级财政部门的监督、指导并向其报告有关事业单位国有资产管理工作。

第八条 事业单位负责对本单位占有、使用的国有资产实施具体管理。其主要职责是：

（一）根据事业单位国有资产管理的有关规定，制定本单位国有资产管理的具体办法并组织实施；

（二）负责本单位资产购置、验收入库、维护保管等日常管理，负责本单位资产的账卡管理、清查登记、统计报告及日常监督检查工作；

（三）办理本单位国有资产配置、处置和对外投资、出租、出借和担保等事项的报批手续；

（四）负责本单位用于对外投资、出租、出借和担保的资产的保值增值，按照规定及时、足额缴纳国有资产收益；

（五）负责本单位存量资产的有效利用，参与大型仪器、设备等资产的共享、共用和公共研究平台建设工作；

（六）接受主管部门和同级财政部门的监督、指导并向其报告有关国有资产管理工作。

第九条 各级财政部门、主管部门和事业单位应当按照本办法的规定，明确管理机构和人员，做好事业单位国有资产管理工作。

第十条 财政部门根据工作需要，可以将国有资产管理的部分工作交由有关单位完成。

第三章 资产配置及使用

第十一条 事业单位国有资产配置是指财政部门、主管部门、事业单位等根据事业单位履行职能的需要，按照国家有关法律、法规和规章制度规定的程序，通过购置或者调剂等方式为事业单位配备资产的行为。

第十二条 事业单位国有资产配置应当符合以下条件：

（一）现有资产无法满足事业单位履行职能的需要；

（二）难以与其他单位共享、共用相关资产；

（三）难以通过市场购买产品或者服务的方式代替资产配置，或者采取市场购买方式的成本过高。

第十三条 事业单位国有资产配置应当符合规定的配置标准；没有规定配置标准的，应当从严控制，合理配置。

第十四条 对于事业单位长期闲置、低效运转或者超标准配置的资产，原则上由主管部门进行调剂，并报同级财政部门备案；跨部门、跨地区的资产调剂应当报同级或者共同上一级的财政部门批准。法律、行政法规另有规定的，依照其规定。

第十五条 事业单位向财政部门申请用财政性资金购置规定限额以上资产的（包括事业单位申请用财政性资金举办大型会议、活动需要进行的购置），除国家另有规定外，按照下列程序报批：

（一）年度部门预算编制前，事业单位资产管理部门会同财务部门审核资产存量，提出下一年度拟购置资产的品目、数量，测算经费额度，报主管部门审核；

（二）主管部门根据事业单位资产存量状况和有关资产配置标准，审核、汇总事业单位资产购置计划，报同级财政部门审批；

（三）同级财政部门根据主管部门的审核意见，对资产购置计划进行审批；

（四）经同级财政部门批准的资产购置计划，事业单位应当列入年度部门预算，并在上报年度部门预算时附送批复文件等相关材料，作为财政部门批复部门预算的依据。

第十六条 事业单位向主管部门或者其他部门申请项目经费的，有关部门在下达经费前，应当将所涉及的规定限额以上的资产购置事项报同级财政部门批准。

第十七条 事业单位用其他资金购置规定限额以上资产的，报主管部门审批；主管部门应当将审批结果定期报同级财政部门备案。

第十八条 事业单位购置纳入政府采购范围的资产，应当按照国家有关政府采购的规定执行。

第十九条 事业单位国有资产的使用包括单位自用和对外投资、出租、出借、担保等方式。

第二十条 事业单位应当建立健全资产购置、验收、保管、使用等内部管理制度。

事业单位应当对实物资产进行定期清查，做到账账、账卡、账实相符，加强对本单位专利权、商标权、著作权、土地使用权、非专利技术、商誉等无形资产的管理，防止无形资产流失。

第二十一条 事业单位利用国有资产对外投资、出租、出借和担保等应当进行必要的可行性论证，并提出申请，经主管部门审核同意后，报同级财政部门审批。法律、行政法规和本办法第五十六条另有规定的，依照其规定。

事业单位应当对本单位用于对外投资、出租和出借的资产实行专项管理，并在单位财务会计报告中对相关信息进行充分披露。

第二十二条 财政部门和主管部门应当加强对事业单位利用国有资产对外投资、出租、出借和担保等行为的风险控制。

第二十三条 除本办法第五十六条及国家另有规定外，事业单位对外投资收益以及利用国有资产出租、出借和担保等取得的收入应当纳入单位预算，统一核算，统一管理。

第四章 资产处置

第二十四条 事业单位国有资产处置，是指事业单位对其占有、使用的国有资产进行产权转让或者注销产权的行为。处置方式包括出售、出让、转让、对外捐赠、报废、报损以及货币性资产损失核销等。

第二十五条 除本办法第五十六条另有规定外，事业单位处置国有资产，应当严格履行审批手续，未经批准不得自行处置。

第二十六条 事业单位占有、使用的房屋建筑物、土地和车辆的处置，货币性资产损失的核销，以及单位价值或者批量价值在规定限额以上的资产的处置，经主管部门审核后报同级财政部门审批；规定限额以下的资产的处置报主管部门审批，主管部门将审批结果定期报同级财政部门备案。法律、行政法规和本办法第五十六条另有规定的，依照其规定。

第二十七条 财政部门或者主管部门对事业单位国有资产处置事项的批复是财政部门重新安排事业单位有关资产配置预算项目的参考依据，是事业单位调整相关会计账目的凭证。

第二十八条 事业单位国有资产处置应当遵循公开、公正、公平的原则。

事业单位出售、出让、转让、变卖资产数量较多或者价值较高的，应当通过拍卖等市场竞价方式公开处置。

第二十九条 除本办法第五十六条另有规定外，事业单位国有资产处置收入属于国家所有，应当按照政府非税收入管理的规定，实行“收支两条线”管理。

第五章 产权登记与产权纠纷处理

第三十条 事业单位国有资产产权登记（以下简称产权登记）是国家对事业单位占有、使用的国有资产进行登记，依法确认国家对国有资产的所有权和事业单位对国有资产的占有、使用权的行为。

第三十一条 事业单位应当向同级财政部门或者经同级财政部门授权的主管部门（以下简称授权部门）申报、办理产权登记，并由财政部门或者授权部门核发《事业单位国有资产产权登记证》（以下简称《产权登记证》）。

第三十二条 《产权登记证》是国家对事业单位国有资产享有所有权，单位享有占有、使用权的法律凭证，由财政部统一印制。

事业单位办理法人年检、改制、资产处置和利用国有资产对外投资、出租、出借、担保等事项时，应当出具《产权登记证》。

第三十三条　事业单位国有资产产权登记的内容主要包括：

（一）单位名称、住所、负责人及成立时间；

（二）单位性质、主管部门；

（三）单位资产总额、国有资产总额、主要实物资产额及其使用状况、对外投资情况；

（四）其他需要登记的事项。

第三十四条　事业单位应当按照以下规定进行国有资产产权登记：

（一）新设立的事业单位，办理占有产权登记；

（二）发生分立、合并、部分改制，以及隶属关系、单位名称、住所和单位负责人等产权登记内容发生变化的事业单位，办理变更产权登记；

（三）因依法撤销或者整体改制等原因被清算、注销的事业单位，办理注销产权登记。

第三十五条　各级财政部门应当在资产动态管理信息系统和变更产权登记的基础上，对事业单位国有资产产权登记实行定期检查。

第三十六条　事业单位与其他国有单位之间发生国有资产产权纠纷的，由当事人协商解决。协商不能解决的，可以向同级或者共同上一级财政部门申请调解或者裁定，必要时报有管辖权的人民政府处理。

第三十七条　事业单位与非国有单位或者个人之间发生产权纠纷的，事业单位应当提出拟处理意见，经主管部门审核并报同级财政部门批准后，与对方当事人协商解决。协商不能解决的，依照司法程序处理。

第六章　资产评估与资产清查

第三十八条　事业单位有下列情形之一的，应当对相关国有资产进行评估：

（一）整体或者部分改制为企业；

（二）以非货币性资产对外投资；

（三）合并、分立、清算；

（四）资产拍卖、转让、置换；

（五）整体或者部分资产租赁给非国有单位；

（六）确定涉讼资产价值；

（七）法律、行政法规规定的其他需要进行评估的事项。

第三十九条　事业单位有下列情形之一的，可以不进行资产评估：

（一）经批准事业单位整体或者部分资产无偿划转；

（二）行政、事业单位下属的事业单位之间的合并、资产划转、置换和转让；

（三）国家设立的研究开发机构、高等院校将其持有的科技成果转让、许可或者作价投资给国有全资企业的；

（四）发生其他不影响国有资产权益的特殊产权变动行为，报经同级财政部门确认可以不进行资产评估的。

第四十条　国家设立的研究开发机构、高等院校将其持有的科技成果转让、许可或者作价投资给非国有全资企业的，由单位自主决定是否进行资产评估。

第四十一条　事业单位国有资产评

估工作应当委托具有资产评估资质的评估机构进行。事业单位应当如实向资产评估机构提供有关情况和资料，并对所提供的情况和资料的客观性、真实性和合法性负责。

事业单位不得以任何形式干预资产评估机构独立执业。

第四十二条 事业单位国有资产评估项目实行核准制和备案制。核准和备案工作按照国家有关国有资产评估项目核准和备案管理的规定执行。

第四十三条 事业单位有下列情形之一的，应当进行资产清查：

（一）根据国家专项工作要求或者本级政府实际工作需要，被纳入统一组织的资产清查范围的；

（二）进行重大改革或者整体、部分改制为企业的；

（三）遭受重大自然灾害等不可抗力造成资产严重损失的；

（四）会计信息严重失真或者国有资产出现重大流失的；

（五）会计政策发生重大更改，涉及资产核算方法发生重要变化的；

（六）同级财政部门认为应当进行资产清查的其他情形。

第四十四条 事业单位进行资产清查，应当向主管部门提出申请，并按照规定程序报同级财政部门批准立项后组织实施，但根据国家专项工作要求或者本级政府工作需要进行的资产清查除外。

第四十五条 事业单位资产清查工作的内容主要包括基本情况清理、账务清理、财产清查、损溢认定、资产核实和完善制度等。资产清查的具体办法由财政部另行制定。

第七章　资产信息管理与报告

第四十六条 事业单位应当按照国有资产管理信息化的要求，及时将资产变动信息录入管理信息系统，对本单位资产实行动态管理，并在此基础上做好国有资产统计和信息报告工作。

第四十七条 事业单位国有资产信息报告是事业单位财务会计报告的重要组成部分。事业单位应当按照财政部门规定的事业单位财务会计报告的格式、内容及要求，对其占有、使用的国有资产状况定期做出报告。

第四十八条 事业单位国有资产占有、使用状况，是主管部门、财政部门编制和安排事业单位预算的重要参考依据。各级财政部门、主管部门应当充分利用资产管理信息系统和资产信息报告，全面、动态地掌握事业单位国有资产占有、使用状况，建立和完善资产与预算有效结合的激励和约束机制。

第八章　监督检查与法律责任

第四十九条 财政部门、主管部门、事业单位及其工作人员，应当依法维护事业单位国有资产的安全完整，提高国有资产使用效益。

第五十条 财政部门、主管部门和事业单位应当建立健全科学合理的事业单位国有资产监督管理责任制，将资产监督、管理的责任落实到具体部门、单位和个人。

第五十一条 事业单位国有资产监督应当坚持单位内部监督与财政监督、审计监督、社会监督相结合，事前监督与事中监督、事后监督相结合，日常监督与专项检查相结合。

第五十二条　事业单位及其工作人员违反本办法，有下列行为之一的，依据《财政违法行为处罚处分条例》的规定进行处罚、处理、处分：

（一）以虚报、冒领等手段骗取财政资金的；

（二）擅自占有、使用和处置国有资产的；

（三）擅自提供担保的；

（四）通过串通作弊、暗箱操作等低价处置国有资产的；

（五）未按规定缴纳国有资产收益的。

第五十三条　各级财政部门、主管部门及其工作人员在事业单位国有资产配置、使用、处置等管理工作中，存在违反本办法规定的行为，以及其他滥用职权、玩忽职守、徇私舞弊等违法违纪行为的，依照《中华人民共和国公务员法》《中华人民共和国监察法》《财政违法行为处罚处分条例》等国家有关规定追究相应责任；涉嫌犯罪的，依法移送司法机关处理。

第五十四条　主管部门在配置事业单位国有资产或者审核、批准国有资产使用、处置事项的工作中违反本办法规定的，财政部门可以责令其限期改正，逾期不改的予以警告。

第五十五条　违反本办法有关事业单位国有资产管理规定的其他行为，依据国家有关法律、法规及规章制度进行处理。

第九章　附　则

第五十六条　国家设立的研究开发机构、高等院校对其持有的科技成果，可以自主决定转让、许可或者作价投资，不需报主管部门、财政部门审批或者备案，并通过协议定价、在技术交易市场挂牌交易、拍卖等方式确定价格。通过协议定价的，应当在本单位公示科技成果名称和拟交易价格。

国家设立的研究开发机构、高等院校转化科技成果所获得的收入全部留归本单位。

第五十七条　社会团体和民办非企业单位中占有、使用国有资产的，参照本办法执行。参照公务员制度管理的事业单位和社会团体，依照国家关于行政单位国有资产管理的有关规定执行。

第五十八条　实行企业化管理并执行企业财务会计制度的事业单位，以及事业单位创办的具有法人资格的企业，由财政部门按照企业国有资产监督管理的有关规定实施监督管理。

第五十九条　地方财政部门制定的本地区和本级事业单位的国有资产管理规章制度，应当报上一级财政部门备案。

中央级事业单位的国有资产管理实施办法，由财政部会同有关部门根据本办法制定。

第六十条　境外事业单位国有资产管理办法由财政部另行制定。中国人民解放军、武装警察部队以及经国家批准的特定事业单位的国有资产管理办法，由解放军总后勤部、武装警察部队和有关主管部门会同财政部另行制定。

行业特点突出，需要制定行业事业单位国有资产管理办法的，由财政部会同有关主管部门根据本办法制定。

第六十一条　本办法中有关资产配置、处置事项的“规定限额”由省级以上财政部门另行确定。

第六十二条 本办法自2006年7月1日起施行。此前颁布的有关事业单位国有资产管理的规定与本办法相抵触的，按照本办法执行。

行政事业性国有资产管理条例

（中华人民共和国国务院令第738号）

第一章 总 则

第一条 为了加强行政事业性国有资产管理与监督，健全国有资产管理体制，推进国家治理体系和治理能力现代化，根据全国人民代表大会常务委员会关于加强国有资产管理情况监督的决定，制定本条例。

第二条 行政事业性国有资产，是指行政单位、事业单位通过以下方式取得或者形成的资产：

（一）使用财政资金形成的资产；

（二）接受调拨或者划转、置换形成的资产；

（三）接受捐赠并确认为国有的资产；

（四）其他国有资产。

第三条 行政事业性国有资产属于国家所有，实行政府分级监管、各部门及其所属单位直接支配的管理体制。

第四条 各级人民政府应当建立健全行政事业性国有资产管理机制，加强对本级行政事业性国有资产的管理，审查、批准重大行政事业性国有资产管理事项。

第五条 国务院财政部门负责制定行政事业单位国有资产管理规章制度并负责组织实施和监督检查，牵头编制行政事业性国有资产管理情况报告。

国务院机关事务管理部门和有关机关事务管理部门会同有关部门依法依规履行相关中央行政事业单位国有资产管理职责，制定中央行政事业单位国有资产管理具体制度和办法并组织实施，接受国务院财政部门的指导和监督检查。

相关部门根据职责规定，按照集中统一、分类分级原则，加强中央行政事业单位国有资产管理，优化管理手段，提高管理效率。

第六条 各部门根据职责负责本部门及其所属单位国有资产管理工作，应当明确管理责任，指导、监督所属单位国有资产管理工作。

各部门所属单位负责本单位行政事业性国有资产的具体管理，应当建立和完善内部控制管理制度。

第七条 各部门及其所属单位管理行政事业性国有资产应当遵循安全规范、节约高效、公开透明、权责一致的原则，实现实物管理与价值管理相统一，资产管理与预算管理、财务管理相结合。

第二章 资产配置、使用和处置

第八条 各部门及其所属单位应当根据依法履行职能和事业发展的需要，结合资产存量、资产配置标准、绩效目标和财政承受能力配置资产。

第九条 各部门及其所属单位应当合

理选择资产配置方式，资产配置重大事项应当经可行性研究和集体决策，资产价值较高的按照国家有关规定进行资产评估，并履行审批程序。

资产配置包括调剂、购置、建设、租用、接受捐赠等方式。

第十条 县级以上人民政府应当组织建立、完善资产配置标准体系，明确配置的数量、价值、等级、最低使用年限等标准。

资产配置标准应当按照勤俭节约、讲求绩效和绿色环保的要求，根据国家有关政策、经济社会发展水平、市场价格变化、科学技术进步等因素适时调整。

第十一条 各部门及其所属单位应当优先通过调剂方式配置资产。不能调剂的，可以采用购置、建设、租用等方式。

第十二条 行政单位国有资产应当用于本单位履行职能的需要。

除法律另有规定外，行政单位不得以任何形式将国有资产用于对外投资或者设立营利性组织。

第十三条 事业单位国有资产应当用于保障事业发展、提供公共服务。

第十四条 各部门及其所属单位应当加强对本单位固定资产、在建工程、流动资产、无形资产等各类国有资产的管理，明确管理责任，规范使用流程，加强产权保护，推进相关资产安全有效使用。

第十五条 各部门及其所属单位应当明确资产使用人和管理人的岗位责任。

资产使用人、管理人应当履行岗位责任，按照规程合理使用、管理资产，充分发挥资产效能。资产需要维修、保养、调剂、更新、报废的，资产使用人、管理人应当及时提出。

资产使用人、管理人发生变化的，应当及时办理资产交接手续。

第十六条 各部门及其所属单位接受捐赠的资产，应当按照捐赠约定的用途使用。捐赠人意愿不明确或者没有约定用途的，应当统筹安排使用。

第十七条 事业单位利用国有资产对外投资应当有利于事业发展和实现国有资产保值增值，符合国家有关规定，经可行性研究和集体决策，按照规定权限和程序进行。

事业单位应当明确对外投资形成的股权及其相关权益管理责任，按照规定将对外投资形成的股权纳入经营性国有资产集中统一监管体系。

第十八条 县级以上人民政府及其有关部门应当建立健全国有资产共享共用机制，采取措施引导和鼓励国有资产共享共用，统筹规划有效推进国有资产共享共用工作。

各部门及其所属单位应当在确保安全使用的前提下，推进本单位大型设备等国有资产共享共用工作，可以对提供方给予合理补偿。

第十九条 各部门及其所属单位应当根据履行职能、事业发展需要和资产使用状况，经集体决策和履行审批程序，依据处置事项批复等相关文件及时处置行政事业性国有资产。

第二十条 各部门及其所属单位应当将依法罚没的资产按照国家规定公开拍卖或者按照国家有关规定处理，所得款项全部上缴国库。

第二十一条 各部门及其所属单位应当对下列资产及时予以报废、报损：

（一）因技术原因确需淘汰或者无法

维修、无维修价值的资产；

（二）涉及盘亏、坏账以及非正常损失的资产；

（三）已超过使用年限且无法满足现有工作需要的资产；

（四）因自然灾害等不可抗力造成毁损、灭失的资产。

第二十二条 各部门及其所属单位发生分立、合并、改制、撤销、隶属关系改变或者部分职能、业务调整等情形，应当根据国家有关规定办理相关国有资产划转、交接手续。

第二十三条 国家设立的研究开发机构、高等院校对其持有的科技成果的使用和处置，依照《中华人民共和国促进科技成果转化法》、《中华人民共和国专利法》和国家有关规定执行。

第三章　预算管理

第二十四条 各部门及其所属单位购置、建设、租用资产应当提出资产配置需求，编制资产配置相关支出预算，并严格按照预算管理规定和财政部门批复的预算配置资产。

第二十五条 行政单位国有资产出租和处置等收入，应当按照政府非税收入和国库集中收缴制度的有关规定管理。

除国家另有规定外，事业单位国有资产的处置收入应当按照政府非税收入和国库集中收缴制度的有关规定管理。

事业单位国有资产使用形成的收入，由本级人民政府财政部门规定具体管理办法。

第二十六条 各部门及其所属单位应当及时收取各类资产收入，不得违反国家规定，多收、少收、不收、侵占、私分、截留、占用、挪用、隐匿、坐支。

第二十七条 各部门及其所属单位应当在决算中全面、真实、准确反映其国有资产收入、支出以及国有资产存量情况。

第二十八条 各部门及其所属单位应当按照国家规定建立国有资产绩效管理制度，建立健全绩效指标和标准，有序开展国有资产绩效管理工作。

第二十九条 县级以上人民政府投资建设公共基础设施，应当依法落实资金来源，加强预算约束，防范政府债务风险，并明确公共基础设施的管理维护责任单位。

第四章　基础管理

第三十条 各部门及其所属单位应当按照国家规定设置行政事业性国有资产台账，依照国家统一的会计制度进行会计核算，不得形成账外资产。

第三十一条 各部门及其所属单位采用建设方式配置资产的，应当在建设项目竣工验收合格后及时办理资产交付手续，并在规定期限内办理竣工财务决算，期限最长不得超过1年。

各部门及其所属单位对已交付但未办理竣工财务决算的建设项目，应当按照国家统一的会计制度确认资产价值。

第三十二条 各部门及其所属单位对无法进行会计确认入账的资产，可以根据需要组织专家参照资产评估方法进行估价，并作为反映资产状况的依据。

第三十三条 各部门及其所属单位应当明确资产的维护、保养、维修的岗位责任。因使用不当或者维护、保养、维修不及时造成资产损失的，应当依法承担责任。

第三十四条 各部门及其所属单位应当定期或者不定期对资产进行盘点、对账。出现资产盘盈盘亏的，应当按照财务、会计和资产管理制度有关规定处理，做到账实相符和账账相符。

第三十五条 各部门及其所属单位处置资产应当及时核销相关资产台账信息，同时进行会计处理。

第三十六条 除国家另有规定外，各部门及其所属单位将行政事业性国有资产进行转让、拍卖、置换、对外投资等，应当按照国家有关规定进行资产评估。

行政事业性国有资产以市场化方式出售、出租的，依照有关规定可以通过相应公共资源交易平台进行。

第三十七条 有下列情形之一的，各部门及其所属单位应当对行政事业性国有资产进行清查：

（一）根据本级政府部署要求；

（二）发生重大资产调拨、划转以及单位分立、合并、改制、撤销、隶属关系改变等情形；

（三）因自然灾害等不可抗力造成资产毁损、灭失；

（四）会计信息严重失真；

（五）国家统一的会计制度发生重大变更，涉及资产核算方法发生重要变化；

（六）其他应当进行资产清查的情形。

第三十八条 各部门及其所属单位资产清查结果和涉及资产核实的事项，应当按照国务院财政部门的规定履行审批程序。

第三十九条 各部门及其所属单位在资产清查中发现账实不符、账账不符的，应当查明原因予以说明，并随同清查结果一并履行审批程序。各部门及其所属单位应当根据审批结果及时调整资产台账信息，同时进行会计处理。

由于资产使用人、管理人的原因造成资产毁损、灭失的，应当依法追究相关责任。

第四十条 各部门及其所属单位对需要办理权属登记的资产应当依法及时办理。对有账簿记录但权证手续不全的行政事业性国有资产，可以向本级政府有关主管部门提出确认资产权属申请，及时办理权属登记。

第四十一条 各部门及其所属单位之间，各部门及其所属单位与其他单位和个人之间发生资产纠纷的，应当依照有关法律法规规定采取协商等方式处理。

第四十二条 国务院财政部门应当建立全国行政事业性国有资产管理信息系统，推行资产管理网上办理，实现信息共享。

第五章　资产报告

第四十三条 国家建立行政事业性国有资产管理情况报告制度。

国务院向全国人民代表大会常务委员会报告全国行政事业性国有资产管理情况。

县级以上地方人民政府按照规定向本级人民代表大会常务委员会报告行政事业性国有资产管理情况。

第四十四条 行政事业性国有资产管理情况报告，主要包括资产负债总量，相关管理制度建立和实施，资产配置、使用、处置和效益，推进管理体制机制改革等情况。

行政事业性国有资产管理情况按照国家有关规定向社会公开。

第四十五条 各部门所属单位应当每

年编制本单位行政事业性国有资产管理情况报告，逐级报送相关部门。

各部门应当汇总编制本部门行政事业性国有资产管理情况报告，报送本级政府财政部门。

第四十六条 县级以上地方人民政府财政部门应当每年汇总本级和下级行政事业性国有资产管理情况，报送本级政府和上一级政府财政部门。

第六章 监 督

第四十七条 县级以上人民政府应当接受本级人民代表大会及其常务委员会对行政事业性国有资产管理情况的监督，组织落实本级人民代表大会及其常务委员会审议提出的整改要求，并向本级人民代表大会及其常务委员会报告整改情况。

乡、民族乡、镇人民政府应当接受本级人民代表大会对行政事业性国有资产管理情况的监督。

第四十八条 县级以上人民政府对下级政府的行政事业性国有资产管理情况进行监督。下级政府应当组织落实上一级政府提出的监管要求，并向上一级政府报告落实情况。

第四十九条 县级以上人民政府财政部门应当对本级各部门及其所属单位行政事业性国有资产管理情况进行监督检查，依法向社会公开检查结果。

第五十条 县级以上人民政府审计部门依法对行政事业性国有资产管理情况进行审计监督。

第五十一条 各部门应当建立健全行政事业性国有资产监督管理制度，根据职责对本行业行政事业性国有资产管理依法进行监督。

各部门所属单位应当制定行政事业性国有资产内部控制制度，防控行政事业性国有资产管理风险。

第五十二条 公民、法人或者其他组织发现违反本条例的行为，有权向有关部门进行检举、控告。接受检举、控告的有关部门应当依法进行处理，并为检举人、控告人保密。

任何单位或者个人不得压制和打击报复检举人、控告人。

第七章 法律责任

第五十三条 各部门及其所属单位有下列行为之一的，责令改正，情节较重的，对负有直接责任的主管人员和其他直接责任人员依法给予处分：

（一）配置、使用、处置国有资产未按照规定经集体决策或者履行审批程序；

（二）超标准配置国有资产；

（三）未按照规定办理国有资产调剂、调拨、划转、交接等手续；

（四）未按照规定履行国有资产拍卖、报告、披露等程序；

（五）未按照规定期限办理建设项目竣工财务决算；

（六）未按照规定进行国有资产清查；

（七）未按照规定设置国有资产台账；

（八）未按照规定编制、报送国有资产管理情况报告。

第五十四条 各部门及其所属单位有下列行为之一的，责令改正，有违法所得的没收违法所得，情节较重的，对负有直接责任的主管人员和其他直接责任人员依法给予处分；构成犯罪的，依法追究刑事责任：

（一）非法占有、使用国有资产或者采用弄虚作假等方式低价处置国有资产；

（二）违反规定将国有资产用于对外投资或者设立营利性组织；

（三）未按照规定评估国有资产导致国家利益损失；

（四）其他违反本条例规定造成国有资产损失的行为。

第五十五条 各部门及其所属单位在国有资产管理工作中有违反预算管理规定行为的，依照《中华人民共和国预算法》及其实施条例、《财政违法行为处罚处分条例》等法律、行政法规追究责任。

第五十六条 各部门及其所属单位的工作人员在国有资产管理工作中滥用职权、玩忽职守、徇私舞弊或者有浪费国有资产等违法违规行为的，由有关部门依法给予处分；构成犯罪的，依法追究刑事责任。

第八章 附 则

第五十七条 除国家另有规定外，社会组织直接支配的行政事业性国有资产管理，依照本条例执行。

第五十八条 货币形式的行政事业性国有资产管理，按照预算管理有关规定执行。

执行企业财务、会计制度的事业单位以及事业单位对外投资的全资企业或者控股企业的资产管理，不适用本条例。

第五十九条 公共基础设施、政府储备物资、国有文物文化等行政事业性国有资产管理的具体办法，由国务院财政部门会同有关部门制定。

第六十条 中国人民解放军、中国人民武装警察部队直接支配的行政事业性国有资产管理，依照中央军事委员会有关规定执行。

第六十一条 本条例自2021年4月1日起施行。

财政部关于印发《中央级事业单位国有资产管理暂行办法》的通知

（财教〔2008〕13号）

党中央有关部门、国务院各部委、各直属机构，全国人大常委会办公厅，全国政协办公厅，高法院，高检院，有关人民团体，有关中央管理企业，新疆省生产建设兵团财务局：

为进一步加强中央级事业单位的国有资产管理，根据《事业单位国有资产管理暂行办法》（财政部令第36号）和国家有关规定，我们制定了《中央级事业单位国有资产管理暂行办法》。现印发给你们，请遵照执行。

财政部

二○○八年三月十五日

中央级事业单位国有资产管理暂行办法

第一章　总　则

第一条　为加强中央级事业单位国有资产管理，合理配置和有效利用国有资产，保障和促进各项事业发展，根据《事业单位国有资产管理暂行办法》（财政部令第36号），制定本办法。

第二条　本办法适用于执行事业单位财务和会计制度的中央级各类事业单位。

第三条　本办法所称的中央级事业单位国有资产，是指中央级事业单位占有、使用的，依法确认为国家所有，能以货币计量的各种经济资源的总称。

中央级事业单位国有资产包括：国家拨给中央级事业单位的资产，中央级事业单位按照国家政策规定运用国有资产组织收入形成的资产，以及接受捐赠和其他经法律确认为国家所有的资产，其表现形式为流动资产、固定资产、无形资产和对外投资等。

第四条　中央级事业单位国有资产管理活动，应当坚持资产管理与预算管理相结合的原则，推行实物费用定额制度，促进事业资产整合与共享共用，实现资产管理和预算管理的紧密统一；应当坚持所有权和使用权相分离的原则；应当坚持资产管理与财务管理、实物管理与价值管理相结合的原则。

第五条　中央级事业单位国有资产实

行国家统一所有，财政部、中央级事业单位主管部门（以下简称主管部门）监管，单位占有、使用的管理体制。

第二章 管理机构及其职责

第六条 财政部是负责中央级事业单位国有资产管理的职能部门，对中央级事业单位国有资产实施综合管理。其主要职责是：

（一）贯彻执行国家有关国有资产管理的法律、行政法规和政策；

（二）根据国家有关国有资产管理的规定，制定中央级事业单位国有资产管理的规章制度，并组织实施和监督检查；

（三）研究制定中央级事业单位实物资产配置标准和相关的费用标准，负责中央级事业单位国有资产的产权登记、产权界定、产权纠纷调处、资产评估监管、资产清查、统计报告等基础管理工作；

（四）按照规定权限审批中央级事业单位有关资产购置、处置和利用国有资产对外投资、出租、出借等事项，组织中央级事业单位长期闲置、低效运转和超标准配置资产的跨部门调剂工作，建立中央级事业单位国有资产整合、共享和共用机制；

（五）结合事业单位分类改革，推进有条件的中央级事业单位实现国有资产管理的市场化、社会化，加强中央级事业单位转企改制工作中国有资产的监督管理；

（六）负责中央级事业单位国有资产收益的监督管理；财政部驻各地财政监察专员办事处（以下简称专员办）负责当地中央级事业单位国有资产处置收入的监缴等工作；

（七）建立中央级事业单位国有资产管理信息系统，对中央级事业单位国有资产实行动态监管；

（八）研究建立中央级事业单位国有资产安全性、完整性和使用有效性的评价方法、评价标准和评价机制，对中央级事业单位国有资产的配置、使用和处置等实行绩效管理，盘活存量，调控增量，提高资产使用效益；

（九）监督、指导中央级事业单位及其主管部门的国有资产管理工作。

第七条 主管部门负责对本部门所属事业单位的国有资产实施监督管理。其主要职责是：

（一）贯彻执行国家有关国有资产管理的法律、行政法规和政策；

（二）根据财政部有关国有资产管理的规定，制定本部门所属事业单位国有资产管理的实施办法，并组织实施和监督检查；

（三）组织本部门所属事业单位国有资产的清查、登记、统计汇总及日常监督检查工作；

（四）按规定权限审核或者审批所属事业单位有关资产配置、处置事项以及利用国有资产对外投资、出租、出借等事项，负责本部门所属事业单位长期闲置、低效运转和超标准配置资产的调剂工作，优化事业单位国有资产配置，推动事业单位国有资产共享、共用；

（五）督促本部门所属事业单位按规定缴纳国有资产收益；

（六）按照财政部有关规定，组织实施本部门所属事业单位国有资产管理的绩效考评；

（七）接受财政部的监督、指导，并报告有关事业单位国有资产管理工作。

第八条 中央级事业单位负责对本单

位占有、使用的国有资产实施具体管理。其主要职责是：

（一）贯彻执行国家有关国有资产管理的法律、行政法规和政策；

（二）根据财政部、主管部门有关国有资产管理的规定，制定本单位国有资产管理的具体办法并组织实施；

（三）负责本单位资产购置、验收入库、维护保管等日常管理，负责本单位资产的账卡管理、清查登记、统计报告及日常监督检查工作；

（四）办理本单位国有资产配置、处置和对外投资、出租、出借等事项的报批手续；根据主管部门授权，审批本单位有关国有资产配置、处置和对外投资、出租、出借等事项；

（五）负责本单位用于对外投资、出租、出借等资产的保值增值，按照规定及时、足额缴纳国有资产收益；

（六）负责本单位存量资产的有效利用，参与大型仪器、设备等资产的共享、共用和公共研究平台建设工作；

（七）接受主管部门和财政部的监督、指导，并报告有关国有资产管理工作。

第九条 财政部、主管部门和中央级事业单位应当按照本办法的规定，明确相关管理机构和工作人员，做好中央级事业单位国有资产管理工作。

第三章　资产配置及使用

第十条 中央级事业单位国有资产配置是指财政部、主管部门、中央级事业单位等根据中央级事业单位履行职能的需要，按照国家有关法律、行政法规和规章制度规定的程序，通过购置或者调剂等方式为中央级事业单位配备资产的行为。

第十一条 中央级事业单位国有资产配置应当符合以下条件：

（一）现有资产无法满足中央级事业单位履行职能的需要；

（二）难以与其他单位共享、共用相关资产；

（三）难以通过市场购买服务方式实现，或者采取市场购买方式成本过高。

第十二条 中央级事业单位国有资产配置应当符合规定的配置标准；没有规定配置标准的，应当从严控制，合理配置。

第十三条 对于中央级事业单位长期闲置、低效运转或者超标准配置的资产，原则上由主管部门进行调剂，并报财政部备案；跨部门的资产调剂须报财政部批准。法律、行政法规另有规定的，依照其规定。

第十四条 中央级事业单位向财政部申请用财政性资金购置规定限额以上资产的，除国家另有规定外，按照下列程序报批：

（一）中央级事业单位的资产管理部门应会同财务部门根据资产的存量情况、使用及其绩效情况，提出拟新购置资产的品目、数量和所需经费的资产购置计划，经单位领导批准后报主管部门审核；

（二）主管部门根据所属事业单位资产存量状况、人员编制和有关资产配置标准等，对其资产购置计划进行审核后，报财政部审批；

（三）经财政部批准的资产购置计划，按照部门预算管理的相关要求列入主管部门年度部门预算。

第十五条 中央级事业单位用非财政性资金购置规定限额以上资产的，报主管部门审批；主管部门应当于批复之日起

15个工作日内将批复文件报财政部备案。

第十六条 中央级事业单位购置纳入政府采购范围的资产，应当按照政府采购管理的有关规定实施政府采购。

第十七条 中央级事业单位国有资产的使用包括单位自用和对外投资、出租、出借等方式。

第十八条 中央级事业单位应当建立健全资产购置、验收、保管、使用等内部管理制度。

中央级事业单位应当对实物资产进行定期清查，做到账账、账卡、账实相符，加强对本单位专利权、商标权、著作权、土地使用权、非专利技术等无形资产的管理，防止无形资产流失。

第十九条 中央级事业单位对外投资、出租、出借等，应当符合国家有关法律、行政法规的规定，遵循投资回报、风险控制和跟踪管理等原则，并进行可行性论证，实现国有资产的保值增值。

第二十条 中央级事业单位申报国有资产对外投资、出租、出借等事项，应当附可行性论证报告和拟签订的协议（合同）等相关材料，按以下方式履行审批手续：单项价值在800万元以下的，由财政部授权主管部门进行审批，主管部门应当于批复之日起15个工作日内将审批文件（一式三份）报财政部备案；800万元以上（含800万元）的，经主管部门审核后报财政部审批。

第二十一条 中央级事业单位应当对本单位对外投资、出租、出借的资产实行专项管理，同时在单位财务会计报告中对相关信息进行披露。

第二十二条 中央级事业单位对外投资收益以及利用国有资产出租、出借等取得的收入应当纳入单位预算，统一核算，统一管理。

第四章 资产处置

第二十三条 中央级事业单位国有资产处置，是指中央级事业单位对其占有、使用的国有资产进行产权转让或者注销产权的行为。处置方式包括出售、出让、转让、对外捐赠、报废、报损以及货币性资产损失核销等。

第二十四条 中央级事业单位国有资产处置应遵循公开、公正、公平的原则，严格履行审批手续，未经批准不得擅自处置。

第二十五条 中央级事业单位处置国有资产时，应根据财政部规定附相关材料，按以下方式履行审批手续：单位价值或批量价值在800万元以下的，由财政部授权主管部门进行审批，主管部门应当于批复之日起15个工作日内将批复文件（三份）报财政部备案；800万元以上（含）的，经主管部门审核后报财政部审批。

第二十六条 财政部、主管部门对中央级事业单位国有资产处置事项的批复，以及中央级事业单位按规定处置资产报主管部门备案的文件，是财政部安排中央级事业单位有关资产配置预算项目的参考依据，中央级事业单位应当依据其办理产权变动和进行账务处理。

第二十七条 中央级事业单位出售、出让、转让资产数量较多或者价值较高的，应当通过拍卖等市场竞价方式公开处置。

第二十八条 中央级事业单位国有资产处置收入属于国家所有，应当按照政府非税收入管理和财政国库收缴管理的规定上缴中央财政，实行“收支两条线”管理。

第二十九条　财政部批复资产处置的相关文件，应当抄送中央级事业单位所在地专员办。

第五章　产权登记与产权纠纷处理

第三十条　中央级事业单位国有资产产权登记是国家对中央级事业单位占有、使用的国有资产进行登记，依法确认国有资产所有权和中央级事业单位对国有资产占有、使用权的行为。

第三十一条　中央级事业单位国有资产产权登记主要包括：

（一）单位名称、住所、法定负责人及成立时间；

（二）单位性质、主管部门；

（三）单位资产总额、国有资产总额、主要实物资产金额及其使用状况、对外投资情况；

（四）其他需要登记的事项。

第三十二条　财政部根据国有资产管理工作的需要，开展中央级事业单位国有资产产权登记工作。

第三十三条　产权纠纷是指由于国有资产所有权、经营权、使用权等产权归属不清而发生的争议。

第三十四条　中央级事业单位与其他国有单位和国有企业之间发生国有资产产权纠纷的，由当事人双方协商解决，协商不能解决的，可以向主管部门申请调解；主管部门调解不成的，由主管部门报财政部调解或者依法裁定，必要时报国务院裁定。

第三十五条　中央级事业单位与非国有单位和非国有企业或者个人之间发生产权纠纷的，中央级事业单位应当提出拟处理意见，经主管部门审核并报财政部同意后，与对方当事人协商解决，协商不能解决的，依照司法程序处理。

第六章　资产评估与资产清查

第三十六条　中央级事业单位有下列情形之一的，应当对相关国有资产进行评估：

（一）整体或者部分改制为企业；

（二）以非货币性资产对外投资；

（三）合并、分立、清算；

（四）资产拍卖、转让、置换；

（五）整体或者部分资产租赁给非国有单位；

（六）确定涉讼资产价值；

（七）法律、行政法规规定的其他需要进行评估的事项。

第三十七条　中央级事业单位有下列情形之一的，可以不进行资产评估：

（一）中央级事业单位整体或者部分资产无偿划转；

（二）中央级行政、事业单位下属的事业单位之间的合并、资产划转、置换和转让；

（三）其他不影响国有资产权益的特殊产权变动行为，报经财政部确认可以不进行资产评估的。

第三十八条　中央级事业单位国有资产评估工作应当依据《国有资产评估管理办法》（国务院令第 91 号）委托具有资产评估资格证书的评估机构进行。中央级事业单位应当如实向资产评估机构提供有关情况和资料，并对所提供的情况和资料的客观性、真实性和合法性负责。

中央级事业单位不得以任何形式干预

资产评估机构独立执业。

第三十九条 中央级事业单位国有资产评估项目实行核准制和备案制。核准和备案工作按照国家有关国有资产评估项目核准和备案管理的规定执行。

第四十条 中央级事业单位进行资产清查，应当提出申请，经主管部门审核同意后实施，主管部门应将相关材料报财政部备案。根据国家要求进行的资产清查除外。资产清查工作按照财政部《行政事业单位资产清查暂行办法》（财办〔2006〕52号）、《行政事业单位资产核实暂行办法》（财办〔2007〕19号）有关规定执行。

第七章 资产信息管理与报告

第四十一条 中央级事业单位应当按照国有资产管理信息化的要求，及时将资产变动信息录入管理信息系统，对本单位资产实行动态管理，并在此基础上做好国有资产统计和信息报告工作。

第四十二条 中央级事业单位国有资产信息报告是中央级事业单位财务会计报告的重要组成部分。中央级事业单位应当按照财政部规定的年度部门决算报表的格式、内容及要求，对其占有、使用的国有资产状况做出报告。

第四十三条 财政部、主管部门应当充分利用资产管理信息系统和资产信息报告，全面、动态地掌握中央级事业单位国有资产的占有、使用和处置状况，并作为编制和安排中央级事业单位预算的重要参考依据。

第八章 监督检查

第四十四条 财政部、主管部门、中央级事业单位应当各司其职，建立健全科学合理的中央级事业单位国有资产监督管理责任制，将资产监督、管理的责任落实到具体部门、单位和个人，依法维护中央级事业单位国有资产的安全完整，提高国有资产使用效益。

专员办就地对中央级事业单位资产管理情况进行监督检查。

第四十五条 中央级事业单位国有资产监督应当坚持单位内部监督与财政监督、审计监督、社会监督相结合，事前监督与事中监督、事后监督相结合，日常监督与专项检查相结合。

第四十六条 主管部门及其事业单位违反本办法规定的，财政部依据《财政违法行为处罚处分条例》的规定进行处罚、处分、处理，并视情节轻重暂停或取消其年度资产购置计划的申报资格。

第九章 附 则

第四十七条 参照《中华人民共和国公务员法》管理、执行事业单位财务和会计制度的中央级事业单位和社会团体的国有资产管理，依照本办法执行；执行《民间非营利组织会计制度》的中央级社会团体及民办非企业单位中占有、使用国有资产的，参照本办法执行。

第四十八条 实行企业化管理并执行企业财务和会计制度的中央级事业单位，以及中央级事业单位所办的全资企业和控股企业，按照企业财务及国有资产管理的有关规定实施监督管理。

第四十九条 经国家批准特定中央级事业单位的国有资产管理办法，由有关主管部门会同财政部另行制定。

第五十条 主管部门可以根据本办法和部门实际情况，制定本部门所属事业单位的国有资产管理实施办法，报财政部备案。

中央级事业单位应当根据本办法和主管部门的有关要求，制定本单位的（包括驻外机构）资产管理办法，报主管部门备案。

第五十一条　对涉及国家安全的中央级事业单位国有资产的配置、使用、处置等管理活动，要按照国家有关保密制度的规定，做好保密工作，防止失密和泄密。

第五十二条　中央级事业单位资产配置、资产使用、资产处置、产权登记、产权纠纷处理等具体管理办法，由财政部根据本办法制定。

第五十三条　本办法自2008年3月15日起施行。此前颁布的有关中央级事业单位国有资产管理的规定与本办法相抵触的，按照本办法执行。

财政部关于印发《中央级事业单位国有资产使用管理暂行办法》的通知

（财教〔2009〕192号）

党中央有关部门，国务院各部委、各直属机构，全国人大常委会办公厅，全国政协办公厅，高法院，高检院，有关人民团体，有关中央企业，新疆生产建设兵团财务局：

为进一步加强中央级事业单位的国有资产管理，根据《事业单位财务规则》（财政部令第8号）、《事业单位国有资产管理暂行办法》（财政部令第36号）、《中央级事业单位国有资产管理暂行办法》（财教〔2008〕13号）的有关规定，我们制定了《中央级事业单位国有资产使用管理暂行办法》。现印发给你们，请遵照执行。

财政部

二○○九年八月二十八日

中央级事业单位国有资产使用管理暂行办法

第一章 总 则

第一条 为了规范和加强中央级事业单位国有资产使用管理，提高资产使用效益，防止国有资产流失，根据《事业单位财务规则》、《事业单位国有资产管理暂行办法》、《中央级事业单位国有资产管理暂行办法》，制定本办法。

第二条 本办法适用于执行事业单位财务和会计制度的中央级各类事业单位。

第三条 中央级事业单位国有资产使用应遵循权属清晰、安全完整、风险控制、注重绩效的原则。

第四条 中央级事业单位国有资产使用包括单位自用、对外投资和出租、出借等，国有资产使用应首先保证事业发展的需要。

第五条 财政部、中央级事业单位主管部门（以下简称主管部门）按照规定权限对中央级事业单位国有资产对外投资和出租、出借等事项进行审批（审核）或备案。中央级事业单位负责本单位国有资产使用的具体管理。

第六条 财政部、主管部门对中央级事业单位国有资产使用事项的批复，以及中央级事业单位报主管部门备案的文件，是中央级事业单位办理产权登记和账务处理的重要依据。账务处理按照国家事业单位财务和会计制度的有关规定执行。

第七条 中央级事业单位应对本单

位对外投资和出租、出借资产实行专项管理，并在单位财务会计报告中对相关信息进行披露。

第八条　中央级事业单位国有资产使用应按照国有资产信息化管理的要求，及时将资产变动信息录入管理信息系统，对本单位国有资产实行动态管理。

第九条　中央级事业单位拟对外投资和出租、出借的国有资产的权属应当清晰。权属关系不明确或者存在权属纠纷的资产不得进行对外投资和出租、出借。

第二章　资产自用

第十条　中央级事业单位资产自用管理应本着实物量和价值量并重的原则，对实物资产进行定期清查，完善资产管理账表及有关资料，做到账账、账卡、账实相符，并对资产丢失、毁损等情况实行责任追究制度。

第十一条　中央级事业单位要建立健全自用资产的验收、领用、使用、保管和维护等内部管理流程，并加强审计监督和绩效考评。

第十二条　中央级事业单位国有资产管理部门对单位购置、接受捐赠、无偿划拨等方式获得的资产应及时办理验收入库手续，严把数量、质量关，验收合格后送达具体使用部门；自建资产应及时办理竣工验收、竣工财务决算编报以及按要求办理资产移交和产权登记。中央级事业单位财务管理部门应根据资产的相关凭证或文件及时进行账务处理。

第十三条　中央级事业单位应建立资产领用交回制度。资产领用应经主管领导批准。资产出库时保管人员应及时办理出库手续。办公用资产应落实到人，使用人员离职时，所用资产应按规定交回。

第十四条　中央级事业单位应认真做好自用资产使用管理，经常检查并改善资产使用状况，减少资产的非正常损耗，做到高效节约、物尽其用，充分发挥国有资产使用效益，防止国有资产使用过程中的损失和浪费。

第十五条　财政部、主管部门应积极引导和鼓励中央级事业单位实行国有资产共享共用，建立资产共享共用与资产绩效、资产配置、单位预算挂钩的联动机制。中央级事业单位应积极推进本单位国有资产的共享共用工作，提高国有资产使用效益。

第十六条　中央级事业单位应加强对无形资产的管理和保护，并结合国家知识产权战略的实施，促进科技成果转化。

第十七条　中央级事业单位应建立资产统计报告制度，定期向单位领导报送资产统计报告，及时反映本单位资产使用以及变动情况。

第三章　对外投资

第十八条　中央级事业单位利用国有资产对外投资，单项或批量价值（账面原值，下同）在800万元人民币以上（含800万元）的，经主管部门审核后报财政部审批；单项或批量价值在800万元以下的，由主管部门按照有关规定进行审批，并于批复之日起15个工作日内将审批文件（一式三份）报财政部备案。

第十九条　中央级事业单位应在科学论证、公开决策的基础上提出对外投资申请，附相关材料，报主管部门审核或者审批。主管部门应对中央级事业单位申报材料的完整性、决策过程的合规性、拟投资项目资金来源的合理性等进行审查，并报财政部审批或者备案。

中央级事业单位对外投资效益情况是主管部门审核新增对外投资事项的参考依据。主管部门要严格控制资产负债率过高的中央级事业单位的对外投资行为。

第二十条 中央级事业单位申请利用国有资产对外投资，应提供如下材料，并对材料的真实性、有效性、准确性负责：

（一）中央级事业单位对外投资事项的书面申请；

（二）拟对外投资资产的价值凭证及权属证明，如购货发票或收据、工程决算副本、国有土地使用权证、房屋所有权证、股权证等凭据的复印件（加盖单位公章）；

（三）中央级事业单位进行对外投资的可行性分析报告；

（四）中央级事业单位拟同意利用国有资产对外投资的会议决议或会议纪要复印件；

（五）中央级事业单位法人证书复印件、拟合作方法人证书复印件或企业营业执照复印件、个人身份证复印件等；

（六）拟创办经济实体的章程和工商行政管理部门下发的企业名称预先核准通知书；

（七）中央级事业单位与拟合作方签订的合作意向书、协议草案或合同草案；

（八）中央级事业单位上年度财务报表；

（九）经中介机构审计的拟合作方上年财务报表；

（十）其他材料。

第二十一条 中央级事业单位转让（减持）对外投资形成的股权，按照《中央级事业单位国有资产处置管理暂行办法》的有关规定办理。

第二十二条 中央级事业单位经批准利用国有资产进行对外投资的，应聘请具有相应资质的中介机构，对拟投资资产进行资产评估。资产评估事项按规定履行备案或核准手续。

第二十三条 中央级事业单位不得从事以下对外投资事项：

（一）买卖期货、股票，国家另有规定的除外；

（二）购买各种企业债券、各类投资基金和其他任何形式的金融衍生品或进行任何形式的金融风险投资，国家另有规定的除外；

（三）利用国外贷款的事业单位，在国外债务尚未清偿前利用该贷款形成的资产对外投资；

（四）其他违反法律、行政法规规定的。

第二十四条 中央级事业单位应在保证单位正常运转和事业发展的前提下，严格控制货币性资金对外投资。不得利用财政拨款和财政拨款结余对外投资。

第二十五条 中央级事业单位应加强无形资产对外投资的管理，防止国有资产流失。

第二十六条 中央级事业单位利用国有资产进行境外投资的，应遵循国家境外投资项目核准和外汇管理等相关规定，履行报批手续。

第二十七条 中央级事业单位应加强对外投资形成的股权的管理，依法履行出资人的职能。

第二十八条 中央级事业单位利用国有资产对外投资取得的收益，应按照预算管理及事业单位财务和会计制度的有关规定纳入单位预算，统一核算，统一管理。

第二十九条 财政部、主管部门应加强对中央级事业单位国有资产对外投资的考核。中央级事业单位应建立和完善国有资产内控机制和保值增值机制，确保国有资产的安全完整，实现国有资产的保值增值。

第四章 出租、出借

第三十条 中央级事业单位国有资产出租、出借，资产单项或批量价值在800万元人民币以上（含800万元）的，经主管部门审核后报财政部审批；资产单项或批量价值在800万元以下的，由主管部门按照有关规定进行审批，并于15个工作日内将审批结果（一式三份）报财政部备案。

第三十一条 中央级事业单位国有资产出租、出借，应在严格论证的基础上提出申请，附相关材料，报主管部门审核或者审批。主管部门应对中央级事业单位申报材料的完整性、决策过程的合规性进行审查，按规定报财政部审批或者备案。

第三十二条 中央级事业单位申请出租、出借国有资产，应提供如下材料，并对材料的真实性、有效性、准确性负责：

（一）中央级事业单位拟出租、出借事项的书面申请；

（二）拟出租、出借资产的价值凭证及权属证明，如购货发票或收据、工程决算副本、国有土地使用权证、房屋所有权证、股权证等凭据的复印件（加盖单位公章）；

（三）中央级事业单位进行出租、出借的可行性分析报告；

（四）中央级事业单位同意利用国有资产出租、出借的内部决议或会议纪要复印件；

（五）中央级事业单位法人证书复印件、拟出租出借方的事业单位法人证书复印件或企业营业执照复印件、个人身份证复印件等；

（六）其他材料。

第三十三条 中央级事业单位国有资产有下列情形之一的，不得出租、出借：

（一）已被依法查封、冻结的；

（二）未取得其他共有人同意的；

（三）产权有争议的；

（四）其他违反法律、行政法规规定的。

第三十四条 中央级事业单位国有资产出租，原则上应采取公开招租的形式确定出租的价格，必要时可采取评审或者资产评估的办法确定出租的价格。中央级事业单位利用国有资产出租、出借的，期限一般不得超过五年。

第三十五条 中央级事业单位国有资产出租、出借取得的收入，应按照预算管理及事业单位财务和会计制度的有关规定纳入单位预算，统一核算、统一管理。

第五章 监督管理

第三十六条 财政部、主管部门应加强对中央级事业单位国有资产使用行为及其收入的日常监督和专项检查。

财政部驻各地财政监察专员办事处（以下简称专员办）对所在地的中央级事业单位国有资产使用情况进行监督检查。

第三十七条 财政部批复的中央级事业单位国有资产对外投资和出租、出借文件，应抄送相关的专员办；中央级事业单位收到主管部门对其国有资产对外投资和出租、出借的批复文件后，应将复印件报当地专员办备案。

第三十八条 主管部门、中央级事业单位在国有资产使用过程中不得有下列行为：

（一）未按规定权限申报，擅自对规定限额以上的国有资产进行对外投资和出租、出借；

（二）对不符合规定的对外投资和出租、出借事项予以审批；

（三）串通作弊，暗箱操作，违规利用国有资产对外投资和出租、出借；

（四）其他违反国家有关规定造成单位资产损失的行为。

第三十九条 主管部门、中央级事业单位违反本办法规定的，依照《财政违法行为处罚处分条例》等国家有关规定追究法律责任。

第四十条 中央级事业单位应依照《中华人民共和国企业国有资产法》、《中华人民共和国公司法》、《企业财务通则》和《企业国有产权转让管理暂行办法》等企业国有资产监管的有关规定，加强对所投资全资企业和控股企业的监督管理。

第四十一条 中央级事业单位应于每个会计年度终了后，按照财政部规定的部门决算报表格式、内容和要求，对其国有资产使用情况作出报告，报主管部门的同时抄送当地专员办备案，由主管部门汇总后报财政部。

第六章 附 则

第四十二条 参照《中华人民共和国公务员法》管理并执行事业单位财务和会计制度的中央级事业单位国有资产使用管理，按照本办法执行。

执行《民间非营利组织会计制度》的中央级社会团体及民办非企业单位国有资产使用管理，参照本办法执行。

实行企业化管理并执行企业财务和会计制度的中央级事业单位，其国有资产使用按照企业国有资产监督管理的有关规定实施监督管理。

第四十三条 主管部门应依据本办法，结合本部门实际制定本部门所属事业单位（包括驻外机构）国有资产使用的具体实施办法，报财政部备案。主管部门可以根据实际工作需要，授予所属事业单位一定限额的国有资产使用权限并报财政部备案。

第四十四条 对涉及国家安全的中央级事业单位国有资产使用管理活动，应按照国家有关保密制度的规定，做好保密工作，防止失密和泄密。

第四十五条 本办法自2009年9月1日起施行。此前颁布的有关规定与本办法不一致的，以本办法为准。

财政部关于《中央级事业单位国有资产使用管理暂行办法》的补充通知

（财教〔2009〕495号）

党中央有关部门，国务院各部委、各直属机构，全国人大常委会办公厅，全国政协办公厅，高法院，高检院，有关人民团体，有关中央企业，新疆生产建设兵团财务局：

《中央级事业单位国有资产使用管理暂行办法》（财教〔2009〕192号，以下简称《办法》）于今年9月1日起实施。针对实施过程中出现的新问题，现就有关事项补充通知如下：

一、《办法》实施前后应审批事项的处理问题

《办法》出台前，中央级事业单位未经批准实施对外投资、出租出借等事项的，不再追溯。中央级事业单位应将对外投资、出租出借等事项发生的时间、期限、资金来源、资产状况、所签合同、单位领导办公会议纪要、未报批理由、收益情况等，报主管部门审核认定。主管部门应加强管理，认真审核，并将审核认定情况以部发文形式正式报财政部备查，涉及法律纠纷的事项应将法律纠纷解决后报备。

《办法》出台后未按规定报批的，主管部门一律不予受理，并督促中央级事业单位限期改正，同时相应取消该单位下一年度资产使用事项的申批资格。

二、资产短期出租、出借事项的审批程序问题

六个月以内（含六个月）的资产出租、出借事项，财政部授权主管部门审批。主管部门应于批复之日起15个工作日内将审批文件（一式三份）报财政部备案。中央级事业单位收到主管部门的批复文件后，应将复印件报所在地的财政监察专员办事处备案。

主管部门应进一步加强对所属事业单位国有资产使用事项的管理，结合本部门实际制定加强所属事业单位国有资产使用管理的有关规定，督促所属事业单位严格按照《办法》的有关规定，履行国有资产使用等事项的报批程序。

财政部

二〇〇九年十二月二十九日

财政部关于进一步规范和加强行政事业单位国有资产管理的指导意见

（财资〔2015〕90号）

党中央有关部门，国务院各部委、各直属机构，全国人大常委会办公厅，全国政协办公厅，高法院，高检院，各民主党派中央，有关人民团体，有关中央管理企业，各省、自治区、直辖市、计划单列市财政厅（局），新疆生产建设兵团财务局：

行政事业单位国有资产是行政事业单位履行职能，保障政权运转以及提供公共服务的物质基础。行政事业单位国有资产管理是财政管理的重要基础和有机组成部分。近年来，行政事业单位资产管理工作取得明显成效，确立了"国家统一所有，政府分级监管，单位占有、使用"的管理体制，初步构建了管理制度框架，逐步规范资产配置、使用、处置等各环节管理。但是，在当前全面深化改革和经济社会发展的新形势下，现行行政事业单位资产管理仍然存在一些亟待解决的突出问题。各级财政部门与相关部门之间管理职责没有很好落实，制度体系不够健全；资产管理与预算管理相结合机制有待进一步完善，资产管理的资源配置职能没有充分发挥；资产使用、处置管理等需要进一步规范，管理方式有待改进；管理基础薄弱，部分单位特别是基层单位业务力量相对不足，资产管理队伍建设需要进一步加强。为了切实解决这些问题，加快建立与国家治理体系和治理能力现代化相适应的行政事业单位资产管理体系，更好地保障行政事业单位有效运转和高效履职，根据《中华人民共和国预算法》等法律制度，现就进一步规范和加强行政事业单位资产管理提出以下意见：

一、总体要求

（一）指导思想。

认真贯彻落实党的十八大和十八届三中、四中、五中全会精神，按照深化财税体制改革的总体部署，理顺和巩固行政事业单位国有资产管理体制，健全行政事业单位资产管理法律制度和内控机制，深入推进资产管理与预算管理、国库管理相结合，建立既相互衔接又有效制衡的工作机制和业务流程，着力构建更加符合行政事业单位运行特点和国有资产管理规律、从"入口"到"出口"全生命周期的行政事业单位资产管理体系。

（二）基本原则。

坚持所有权和使用权相分离。行政事业单位国有资产的所有权属于国家，使用权在单位。根据健全"归属清晰、权责明确、保护严格、流转顺畅"的现代产权制度要求，明确国家和单位在行政事业单位资产管理方面的权利、义务，进一步明晰国有资产产权关系。

坚持资产管理与预算管理相结合。通过资产与预算相结合，管控总量、盘活存量、用好增量，有效缓解部门、单位之间资产占有水平不均衡的状况，促进资源配置的合理化，提高资产的使用效率。

坚持资产管理与财务管理、实物管理与价值管理相结合。通过对预算管理和财务管理流程进行必要的再造，实现资产管理与财务管理紧密结合，实物管理与价值管理紧密结合，做到账账相符、账实相符，提升单位管理水平。

（三）主要目标。

保障履职。充分发挥行政事业单位资产在单位履行职能方面的物质基础作用，有效保障政权运转和提供公共服务的需要。

配置科学。行政事业单位资产配置的范围符合公共财政的要求；资产配置标准科学合理；根据行政事业单位职能、资产配置标准、资产存量情况以及资产使用绩效细化资产配置预算。

使用有效。行政事业单位资产日常管理制度完善，单位资产得到有效维护和使用；资产共享共用机制合理，实现使用效益最大化；绩效评价体系科学；对资产出租、出借和对外投资行为及其收益实现有效监管。

处置规范。有效遏制随意处置资产的行为，防止处置环节国有资产的流失；建立完善的资产处置交易平台和重大资产处置公示制度，引入市场机制，实现资产处置的公开化、透明化；规范资产处置收入管理。

监督到位。建立财政部门、主管部门和行政事业单位全方位、多层次的行政事业单位资产管理监督体系，以及资产配置、使用、处置等全过程的监督制约机制，单位内部监督与财务监督和审计监督相结合，事前监督与事中监督和事后监督相结合，日常监督与专项检查相结合。

二、进一步强化和落实管理职责，合力推进行政事业单位资产管理工作

（四）各级财政部门、主管部门和行政事业单位要各司其职，各负其责，齐抓共管，进一步理顺和巩固“国家统一所有，政府分级监管，单位占有、使用”的管理体制，完善“财政部门—主管部门—行政事业单位”三个层次的监督管理体系，强化财政部门综合管理职能和主管部门的具体监管职能，进一步落实行政事业单位对占有使用国有资产的管理主体责任，实现对行政事业单位国有资产的有效管理。

（五）各级财政部门应当按照转变职能、简政放权的要求，强化和落实综合管理职责，明晰和理顺与主管部门和行政事业单位的管理职责，协调好与机关事务主管部门等相关部门的职责分工，加强指导监督，搞好协作配合。同时，明确财政部门内部资产管理职责分工，加强对资产管理制度、规则、标准、流程等制定、管理与控制。充分调动主管部门和行政事业单位的主动性、积极性，强化主管部门的组织管理和行政事业单位具体管理的主体责任。

（六）各级主管部门应当切实承担好本部门和所属行政事业单位国有资产的组织管理职责。认真组织实施资产管理规章制度；进一步加强本部门国有资产配置、

使用、处置等事项的审核和监督管理；督促本部门所属行政事业单位按照规定缴纳国有资产收益；组织实施对所属行政事业单位资产管理情况的考核评价。

（七）各级行政事业单位承担本单位占有、使用国有资产的具体管理职责，应当严格执行《行政事业单位内部控制规范（试行）》，在资产管理岗位设置、权责分配、业务流程等方面建立决策、执行和监督相互分离、相互制约、相互监督的机制，完善内部管理制度，强化资产管理与财务管理、预算管理的衔接，构建既有机联系又相互制衡的内部工作机制，提升管理效能。对国有资产配置、使用、处置等事项，应当按照有关规定报经主管部门或同级财政部门审批；加强对出租、出借、对外投资的专项管理。

三、完善行政事业单位资产管理制度体系，提升管理的规范化、制度化水平

（八）各级财政部门应当对现有的资产管理规章制度进行梳理和完善，加强顶层设计，根据本地实际情况出台行政事业单位资产管理的地方性制度，逐步完善涵盖资产配置、使用、处置等各个环节的管理办法和清查核实、产权登记、收益收缴、信息报告、监督检查等全方位管理制度体系。

（九）各级主管部门应当根据财政部门规定，结合本部门或本行业实际情况，制定本部门或本行业国有资产管理办法，健全完善本部门或本行业国有资产配置、使用、处置等配套制度，并报同级财政部门备案。

（十）各行政事业单位应当根据财政部门、主管部门的规定，结合本单位实际情况，制定本单位国有资产管理的具体实施办法，并报主管部门备案。建立和完善本单位资产清查登记、内部控制、统计报告、日常监督检查等具体管理制度。

四、加强行政事业单位资产配置管理，切实把好资产“入口关”

（十一）资产配置是行政事业单位资产形成的起点，各级财政部门、主管部门和行政事业单位应当严控资产配置“入口关”。配置资产应当以单位履行职能和促进事业发展需要为基础，以资产功能与单位职能相匹配为基本条件，不得配置与单位履行职能无关的资产。完善资产管理与预算管理相结合的机制，将资产配置管理职能嵌入到预算管理流程中，为预算编制提供准确、细化、动态的资产信息。以科学、合理地支撑行政事业单位履行职能为目标，建立健全资产配置标准体系，优化新增资产配置管理流程，逐步扩大新增资产配置预算范围。

（十二）资产配置标准是科学合理编制资产配置预算的重要依据，各级财政部门要按照“先易后难、分类实施、逐步推进”的原则，分类制定资产配置标准。明确各类资产的配置数量、价格上限和最低使用年限等，并根据物价水平和财力状况等因素变化适时调整，为预算编制提供科学依据。通用资产配置标准由财政部门组织制定，专用资产配置标准由财政部门会同有关部门制定。对已制定资产配置标准的，应当结合财力情况严格按照标准配置；对没有规定资产配置标准的，应当坚持厉行节约、从严控制的原则，并结合单位履职需要、存量资产状况和财力情况

等，在充分论证的基础上，采取调剂、租赁、购置等方式进行配置。

（十三）加大对行政事业单位资产的调控力度，有效盘活存量资产，优化资源配置。建立行政事业单位超标准配置、低效运转或者长期闲置资产调剂机制。

五、加强行政事业单位资产使用管理，提高国有资产使用效率

（十四）各级主管部门和行政事业单位应当加强资产使用管理，进一步落实行政事业单位资产管理主体责任制和各项资产使用管理的规章制度，明确资产使用管理的内部流程、岗位职责和内控制度，充分依托行政事业单位资产管理信息系统的动态管理优势，做到账实相符、账账相符、账卡相符。

（十五）除法律另有规定外，各级行政单位不得利用国有资产对外担保，不得以任何形式利用占有、使用的国有资产进行对外投资。除国家另有规定外，各级事业单位不得利用财政资金对外投资，不得买卖期货、股票，不得购买各种企业债券、各类投资基金和其他任何形式的金融衍生品或进行任何形式的金融风险投资，不得在国外贷款债务尚未清偿前利用该贷款形成的资产进行对外投资等。事业单位对外投资必须严格履行审批程序，加强风险管控等。利用非货币性资产进行对外投资的，应当严格履行资产评估程序，法律另有规定的，从其规定。

（十六）加强对各行政事业单位资产出租出借行为的监管，严格控制出租出借国有资产行为，确需出租出借资产的，应当按照规定程序履行报批手续，原则上实行公开竞价招租，必要时可以采取评审或者资产评估等方式确定出租价格，确保出租出借过程的公正透明。

（十七）探索建立行政事业单位资产共享共用机制，推进行政事业单位资产整合。建立资产共享共用与资产绩效、资产配置、单位预算挂钩的联动机制，避免资产重复配置、闲置浪费。鼓励开展“公物仓”管理，对闲置资产、临时机构（大型会议）购置资产在其工作任务完成后实行集中管理，调剂利用。

六、加强行政事业单位资产处置管理，进一步规范资产处置行为

（十八）资产处置应当遵循公开、公平、公正的原则，严格执行国有资产处置制度，履行审批手续，规范处置行为，防止国有资产流失。未按规定履行相关程序的，任何单位和个人不得擅自处置国有资产。处置国有资产原则上应当按照规定程序进行资产评估，并通过拍卖、招投标等公开进场交易方式处置，杜绝暗箱操作。资产处置完成后，应当及时办理产权变动并进行账务处理。

（十九）各级财政部门和主管部门应当进一步加大对资产处置的监管力度，建立资产处置监督管理机制。主管部门根据财政部门授权审批的资产处置事项，应当及时向财政部门备案；由行政事业单位审批的资产处置事项，应当由主管部门及时汇总并向财政部门备案。由本级人民政府确定的重大资产处置事项，由同级财政部门按照规定程序办理。

（二十）切实做好在分类推进事业单位改革、行业协会商会脱钩、培训疗养机构脱钩等重大专项改革中涉及的单位划转、撤并、改变隶属关系的资产处置工

作，确保国有资产安全。

七、加强行政事业单位资产收益管理，确保应收尽收和规范使用

（二十一）国有资产收益是政府非税收入的重要组成部分，各级财政部门、主管部门应当进一步加强对国有资产收益的监督管理，建立健全资产收入收缴和使用等方面的规章制度，规范收支行为。行政单位国有资产处置收入和出租、出借收入，应当在扣除相关税费后及时、足额上缴国库，严禁隐瞒、截留、坐支和挪用。严格按照有关规定进一步规范事业单位国有资产处置收入管理。

（二十二）中央级事业单位出租、出借收入和对外投资收益，应当纳入单位预算，统一核算、统一管理。地方各级事业单位出租、出借收入和对外投资收益，应当依据国家和本级财政部门的有关规定加强管理。国家设立的研究开发机构、高等院校科技成果的使用、处置和收益管理按照《中华人民共和国促进科技成果转化法》等有关规定执行。

八、夯实基础工作，为行政事业单位资产管理提供有效支撑

（二十三）各级财政部门、主管部门和行政事业单位要根据有关专项工作要求和特定经济行为需要，按照规定的政策、工作程序和方法开展资产清查核实工作，并做好账务处理。继续做好事业单位及其所办企业国有资产产权登记工作，掌握事业单位的资产占有、使用情况和国有资产产权的基本情况。完善行政事业单位国有资产报告制度，按照政府信息公开的有关规定，积极稳妥推进国有资产占有、使用情况的公开。

（二十四）各级财政部门、主管部门和行政事业单位应当进一步加强行政事业单位资产管理信息系统建设，并与预算系统、决算系统、政府采购系统和非税收入管理系统实现对接，具备条件的资产管理事项逐步实现网上办理。依托行政事业单位资产管理信息系统，建立“全面、准确、细化、动态”的行政事业单位国有资产基础数据库，加强数据分析，为管理决策和编制部门预算等提供参考依据。

（二十五）各级财政部门、主管部门和行政事业单位应当对国有资产管理的绩效进行评价，科学设立评价指标体系，对管理机构、人员设置、资产管理事项、资产使用效果、信息系统建设和应用等情况进行考核评价，并将考核评价的结果作为国有资产配置的重要依据。

（二十六）各级财政部门、主管部门应当加强对行政事业单位资产管理全过程的监管，强化内部控制和约束，并积极建立与公安、国土、房产、机构编制、纪检监察和审计等部门的联动机制，共同维护国有资产的安全。各级行政事业单位应当积极配合财政部门、主管部门的监督检查，并在单位内部建立完善国有资产监督管理责任制，将资产监督、管理的责任落实到具体部门和个人。

九、加强政府经管资产研究，规范政府经管资产管理

（二十七）研究探索将各级主管部门和行政事业单位代表政府管理的公共基础设施、政府储备资产、自然资源资产等经管资产纳入资产管理范畴。进一步明确经管资产的范围，摸清底数，界定管理权

责，逐步建立经管资产的登记、核算、统计、评估、考核等管理制度体系。

（二十八）进一步明确财政部门、主管部门和行政事业单位加强经管资产管理的职能和职责，落实主体责任。探索建立经管资产存量、增量与政府债务管理相结合机制，逐步建立涵盖各类国有资产的政府资产报告制度。

十、以管资本为主，加强行政事业单位所属企业管理

（二十九）按照深化国有企业改革的总体部署，以管资本为主，鼓励将行政事业单位所属企业的国有资本纳入经营性国有资产集中统一监管体系。具备条件的进入国有资本投资、运营公司，暂时不具备条件的，要按照“政企分开、事企分开”的原则，建立以资本为纽带的产权关系，加强和规范监管，确保国有资产保值增值。

（三十）各级财政部门、主管部门、行政事业单位应当强化对所属企业运作模式、经营状况、收益分配等的监督管理，推动完善企业法人治理结构，逐步完善“产权清晰、权责明确、政企分开、管理科学”的现代企业制度，完善所属企业国有资产监管体制，防止国有资产流失，实现国有资产保值增值。

（三十一）根据建立覆盖全部国有企业、分级管理的国有资本经营预算管理制度的要求和国有资本经营预算管理的相关规定，纳入国有资本经营预算实施范围的行政事业单位所属企业，应当按照规定及时足额向国家上交国有资本经营收益。

十一、加强组织队伍建设，不断提高行政事业单位资产管理工作水平

（三十二）各级财政部门、主管部门和行政事业单位应当进一步高度重视资产管理工作，切实加强组织领导。各级财政部门应当建立健全行政事业资产管理机构，配备专职人员，充实工作队伍；各级主管部门和行政事业单位应当明确内部资产管理机构和人员，强化职责分工，落实管理责任，避免多头管理、相互推诿扯皮现象，为开展行政事业单位资产管理工作提供有力的组织保障。

（三十三）各级财政部门、主管部门和行政事业单位应当通过政策宣传、组织培训等多种方式，搭建学习和交流平台，提高行政事业单位资产管理干部队伍的素质和能力，有效推动行政事业单位资产管理工作。

财政部
2015 年 12 月 23 日

2. 评估备案及产权登记

中华人民共和国资产评估法

（2016 年）

（2016 年 7 月 2 日第十二届全国人民代表大会常务委员会第二十一次会议通过）

目　录

第一章　总　则

第一条　为了规范资产评估行为，保护资产评估当事人合法权益和公共利益，促进资产评估行业健康发展，维护社会主义市场经济秩序，制定本法。

第二条　本法所称资产评估（以下称评估），是指评估机构及其评估专业人员根据委托对不动产、动产、无形资产、企业价值、资产损失或者其他经济权益进行评定、估算，并出具评估报告的专业服务行为。

第三条　自然人、法人或者其他组织需要确定评估对象价值的，可以自愿委托评估机构评估。

涉及国有资产或者公共利益等事项，法律、行政法规规定需要评估的（以下称法定评估），应当依法委托评估机构评估。

第四条　评估机构及其评估专业人员开展业务应当遵守法律、行政法规和评估准则，遵循独立、客观、公正的原则。

评估机构及其评估专业人员依法开展业务，受法律保护。

第五条　评估专业人员从事评估业务，应当加入评估机构，并且只能在一个评估机构从事业务。

第六条　评估行业可以按照专业领域依法设立行业协会，实行自律管理，并接受有关评估行政管理部门的监督和社会监督。

第七条　国务院有关评估行政管理部门按照各自职责分工，对评估行业进行监督管理。

设区的市级以上地方人民政府有关评估行政管理部门按照各自职责分工，对本行政区域内的评估行业进行监督管理。

第二章　评估专业人员

第八条　评估专业人员包括评估师和其他具有评估专业知识及实践经验的评估从业人员。

评估师是指通过评估师资格考试的评估专业人员。国家根据经济社会发展需要确定评估师专业类别。

第九条　有关全国性评估行业协会按照国家规定组织实施评估师资格全国统一考试。

具有高等院校专科以上学历的公民，可以参加评估师资格全国统一考试。

第十条　有关全国性评估行业协会应当在其网站上公布评估师名单，并实时更新。

第十一条　因故意犯罪或者在从事评估、财务、会计、审计活动中因过失犯罪而受刑事处罚，自刑罚执行完毕之日起不满五年的人员，不得从事评估业务。

第十二条　评估专业人员享有下列权利：

（一）要求委托人提供相关的权属证明、财务会计信息和其他资料，以及为执行公允的评估程序所需的必要协助；

（二）依法向有关国家机关或者其他组织查阅从事业务所需的文件、证明和资料；

（三）拒绝委托人或者其他组织、个人对评估行为和评估结果的非法干预；

（四）依法签署评估报告；

（五）法律、行政法规规定的其他权利。

第十三条　评估专业人员应当履行下列义务：

（一）诚实守信，依法独立、客观、公正从事业务；

（二）遵守评估准则，履行调查职责，独立分析估算，勤勉谨慎从事业务；

（三）完成规定的继续教育，保持和提高专业能力；

（四）对评估活动中使用的有关文件、证明和资料的真实性、准确性、完整性进行核查和验证；

（五）对评估活动中知悉的国家秘密、商业秘密和个人隐私予以保密；

（六）与委托人或者其他相关当事人及评估对象有利害关系的，应当回避；

（七）接受行业协会的自律管理，履行行业协会章程规定的义务；

（八）法律、行政法规规定的其他义务。

第十四条　评估专业人员不得有下列行为：

（一）私自接受委托从事业务、收取费用；

（二）同时在两个以上评估机构从事业务；

（三）采用欺骗、利诱、胁迫，或者贬损、诋毁其他评估专业人员等不正当手段招揽业务；

（四）允许他人以本人名义从事业务，或者冒用他人名义从事业务；

（五）签署本人未承办业务的评估报告；

（六）索要、收受或者变相索要、收受合同约定以外的酬金、财物，或者谋取其他不正当利益；

（七）签署虚假评估报告或者有重大遗漏的评估报告；

（八）违反法律、行政法规的其他行为。

第三章　评估机构

第十五条　评估机构应当依法采用合伙或者公司形式，聘用评估专业人员开展评估业务。

合伙形式的评估机构，应当有两名以上评估师；其合伙人三分之二以上应当是具有三年以上从业经历且最近三年内未受停止从业处罚的评估师。

公司形式的评估机构，应当有八名以上评估师和两名以上股东，其中三分之二以上股东应当是具有三年以上从业经历且最近三年内未受停止从业处罚的评估师。

评估机构的合伙人或者股东为两名的，两名合伙人或者股东都应当是具有三年以上从业经历且最近三年内未受停止从业处罚的评估师。

第十六条 设立评估机构，应当向工商行政管理部门申请办理登记。评估机构应当自领取营业执照之日起三十日内向有关评估行政管理部门备案。评估行政管理部门应当及时将评估机构备案情况向社会公告。

第十七条 评估机构应当依法独立、客观、公正开展业务，建立健全质量控制制度，保证评估报告的客观、真实、合理。

评估机构应当建立健全内部管理制度，对本机构的评估专业人员遵守法律、行政法规和评估准则的情况进行监督，并对其从业行为负责。

评估机构应当依法接受监督检查，如实提供评估档案以及相关情况。

第十八条 委托人拒绝提供或者不如实提供执行评估业务所需的权属证明、财务会计信息和其他资料的，评估机构有权依法拒绝其履行合同的要求。

第十九条 委托人要求出具虚假评估报告或者有其他非法干预评估结果情形的，评估机构有权解除合同。

第二十条 评估机构不得有下列行为：

（一）利用开展业务之便，谋取不正当利益；

（二）允许其他机构以本机构名义开展业务，或者冒用其他机构名义开展业务；

（三）以恶性压价、支付回扣、虚假宣传，或者贬损、诋毁其他评估机构等不正当手段招揽业务；

（四）受理与自身有利害关系的业务；

（五）分别接受利益冲突双方的委托，对同一评估对象进行评估；

（六）出具虚假评估报告或者有重大遗漏的评估报告；

（七）聘用或者指定不符合本法规定的人员从事评估业务；

（八）违反法律、行政法规的其他行为。

第二十一条 评估机构根据业务需要建立职业风险基金，或者自愿办理职业责任保险，完善风险防范机制。

第四章　评估程序

第二十二条 委托人有权自主选择符合本法规定的评估机构，任何组织或者个人不得非法限制或者干预。

评估事项涉及两个以上当事人的，由全体当事人协商委托评估机构。

委托开展法定评估业务，应当依法选择评估机构。

第二十三条 委托人应当与评估机构订立委托合同，约定双方的权利和义务。

委托人应当按照合同约定向评估机构支付费用，不得索要、收受或者变相索要、收受回扣。

委托人应当对其提供的权属证明、财

务会计信息和其他资料的真实性、完整性和合法性负责。

第二十四条 对受理的评估业务，评估机构应当指定至少两名评估专业人员承办。

委托人有权要求与相关当事人及评估对象有利害关系的评估专业人员回避。

第二十五条 评估专业人员应当根据评估业务具体情况，对评估对象进行现场调查，收集权属证明、财务会计信息和其他资料并进行核查验证、分析整理，作为评估的依据。

第二十六条 评估专业人员应当恰当选择评估方法，除依据评估执业准则只能选择一种评估方法的外，应当选择两种以上评估方法，经综合分析，形成评估结论，编制评估报告。

评估机构应当对评估报告进行内部审核。

第二十七条 评估报告应当由至少两名承办该项业务的评估专业人员签名并加盖评估机构印章。

评估机构及其评估专业人员对其出具的评估报告依法承担责任。

委托人不得串通、唆使评估机构或者评估专业人员出具虚假评估报告。

第二十八条 评估机构开展法定评估业务，应当指定至少两名相应专业类别的评估师承办，评估报告应当由至少两名承办该项业务的评估师签名并加盖评估机构印章。

第二十九条 评估档案的保存期限不少于十五年，属于法定评估业务的，保存期限不少于三十年。

第三十条 委托人对评估报告有异议的，可以要求评估机构解释。

第三十一条 委托人认为评估机构或者评估专业人员违法开展业务的，可以向有关评估行政管理部门或者行业协会投诉、举报，有关评估行政管理部门或者行业协会应当及时调查处理，并答复委托人。

第三十二条 委托人或者评估报告使用人应当按照法律规定和评估报告载明的使用范围使用评估报告。

委托人或者评估报告使用人违反前款规定使用评估报告的，评估机构和评估专业人员不承担责任。

第五章 行业协会

第三十三条 评估行业协会是评估机构和评估专业人员的自律性组织，依照法律、行政法规和章程实行自律管理。

评估行业按照专业领域设立全国性评估行业协会，根据需要设立地方性评估行业协会。

第三十四条 评估行业协会的章程由会员代表大会制定，报登记管理机关核准，并报有关评估行政管理部门备案。

第三十五条 评估机构、评估专业人员加入有关评估行业协会，平等享有章程规定的权利，履行章程规定的义务。有关评估行业协会公布加入本协会的评估机构、评估专业人员名单。

第三十六条 评估行业协会履行下列职责：

（一）制定会员自律管理办法，对会员实行自律管理；

（二）依据评估基本准则制定评估执业准则和职业道德准则；

（三）组织开展会员继续教育；

（四）建立会员信用档案，将会员遵

守法律、行政法规和评估准则的情况记入信用档案，并向社会公开；

（五）检查会员建立风险防范机制的情况；

（六）受理对会员的投诉、举报，受理会员的申诉，调解会员执业纠纷；

（七）规范会员从业行为，定期对会员出具的评估报告进行检查，按照章程规定对会员给予奖惩，并将奖惩情况及时报告有关评估行政管理部门；

（八）保障会员依法开展业务，维护会员合法权益；

（九）法律、行政法规和章程规定的其他职责。

第三十七条 有关评估行业协会应当建立沟通协作和信息共享机制，根据需要制定共同的行为规范，促进评估行业健康有序发展。

第三十八条 评估行业协会收取会员会费的标准，由会员代表大会通过，并向社会公开。不得以会员交纳会费数额作为其在行业协会中担任职务的条件。

会费的收取、使用接受会员代表大会和有关部门的监督，任何组织或者个人不得侵占、私分和挪用。

第六章 监督管理

第三十九条 国务院有关评估行政管理部门组织制定评估基本准则和评估行业监督管理办法。

第四十条 设区的市级以上人民政府有关评估行政管理部门依据各自职责，负责监督管理评估行业，对评估机构和评估专业人员的违法行为依法实施行政处罚，将处罚情况及时通报有关评估行业协会，并依法向社会公开。

第四十一条 评估行政管理部门对有关评估行业协会实施监督检查，对检查发现的问题和针对协会的投诉、举报，应当及时调查处理。

第四十二条 评估行政管理部门不得违反本法规定，对评估机构依法开展业务进行限制。

第四十三条 评估行政管理部门不得与评估行业协会、评估机构存在人员或者资金关联，不得利用职权为评估机构招揽业务。

第七章 法律责任

第四十四条 评估专业人员违反本法规定，有下列情形之一的，由有关评估行政管理部门予以警告，可以责令停止从业六个月以上一年以下；有违法所得的，没收违法所得；情节严重的，责令停止从业一年以上五年以下；构成犯罪的，依法追究刑事责任：

（一）私自接受委托从事业务、收取费用的；

（二）同时在两个以上评估机构从事业务的；

（三）采用欺骗、利诱、胁迫，或者贬损、诋毁其他评估专业人员等不正当手段招揽业务的；

（四）允许他人以本人名义从事业务，或者冒用他人名义从事业务的；

（五）签署本人未承办业务的评估报告或者有重大遗漏的评估报告的；

（六）索要、收受或者变相索要、收受合同约定以外的酬金、财物，或者谋取其他不正当利益的。

第四十五条 评估专业人员违反本法规定，签署虚假评估报告的，由有关评估行政管理部门责令停止从业两年以上五年以下；有违法所得的，没收违法所得；情节严重的，责令停止从业五年以上十年以下；构成犯罪的，依法追究刑事责任，终身不得从事评估业务。

第四十六条　违反本法规定，未经工商登记以评估机构名义从事评估业务的，由工商行政管理部门责令停止违法活动；有违法所得的，没收违法所得，并处违法所得一倍以上五倍以下罚款。

第四十七条　评估机构违反本法规定，有下列情形之一的，由有关评估行政管理部门予以警告，可以责令停业一个月以上六个月以下；有违法所得的，没收违法所得，并处违法所得一倍以上五倍以下罚款；情节严重的，由工商行政管理部门吊销营业执照；构成犯罪的，依法追究刑事责任：

（一）利用开展业务之便，谋取不正当利益的；

（二）允许其他机构以本机构名义开展业务，或者冒用其他机构名义开展业务的；

（三）以恶性压价、支付回扣、虚假宣传，或者贬损、诋毁其他评估机构等不正当手段招揽业务的；

（四）受理与自身有利害关系的业务的；

（五）分别接受利益冲突双方的委托，对同一评估对象进行评估的；

（六）出具有重大遗漏的评估报告的；

（七）未按本法规定的期限保存评估档案的；

（八）聘用或者指定不符合本法规定的人员从事评估业务的；

（九）对本机构的评估专业人员疏于管理，造成不良后果的。

评估机构未按本法规定备案或者不符合本法第十五条规定的条件的，由有关评估行政管理部门责令改正；拒不改正的，责令停业，可以并处一万元以上五万元以下罚款。

第四十八条　评估机构违反本法规定，出具虚假评估报告的，由有关评估行政管理部门责令停业六个月以上一年以下；有违法所得的，没收违法所得，并处违法所得一倍以上五倍以下罚款；情节严重的，由工商行政管理部门吊销营业执照；构成犯罪的，依法追究刑事责任。

第四十九条　评估机构、评估专业人员在一年内累计三次因违反本法规定受到责令停业、责令停止从业以外处罚的，有关评估行政管理部门可以责令其停业或者停止从业一年以上五年以下。

第五十条　评估专业人员违反本法规定，给委托人或者其他相关当事人造成损失的，由其所在的评估机构依法承担赔偿责任。评估机构履行赔偿责任后，可以向有故意或者重大过失行为的评估专业人员追偿。

第五十一条　违反本法规定，应当委托评估机构进行法定评估而未委托的，由有关部门责令改正；拒不改正的，处十万元以上五十万元以下罚款；情节严重的，对直接负责的主管人员和其他直接责任人员依法给予处分；造成损失的，依法承担赔偿责任；构成犯罪的，依法追究刑事责任。

第五十二条　违反本法规定，委托人在法定评估中有下列情形之一的，由有关评估行政管理部门会同有关部门责令改正；拒不改正的，处十万元以上五十万元以下罚款；有违法所得的，没收违法所得；情节严重的，对直接负责的主管人员和其他直接责任人员依法给予处分；造成损失的，依法承担赔偿责任；构成犯罪的，依法追究刑事责任：

（一）未依法选择评估机构的；

（二）索要、收受或者变相索要、收受回扣的；

（三）串通、唆使评估机构或者评估师出具虚假评估报告的；

（四）不如实向评估机构提供权属证明、财务会计信息和其他资料的；

（五）未按照法律规定和评估报告载明的使用范围使用评估报告的。

前款规定以外的委托人违反本法规定，给他人造成损失的，依法承担赔偿责任。

第五十三条 评估行业协会违反本法规定的，由有关评估行政管理部门给予警告，责令改正；拒不改正的，可以通报登记管理机关，由其依法给予处罚。

第五十四条 有关行政管理部门、评估行业协会工作人员违反本法规定，滥用职权、玩忽职守或者徇私舞弊的，依法给予处分；构成犯罪的，依法追究刑事责任。

第八章 附 则

第五十五条 本法自 2016 年 12 月 1 日起施行。

国有资产评估管理办法

（2020年修订）

（1991年11月16日中华人民共和国国务院令第91号发布　根据2020年11月29日《国务院关于修改和废止部分行政法规的决定》修订）

第一章　总　则

第一条　为了正确体现国有资产的价值量，保护国有资产所有者和经营者、使用者的合法权益，制定本办法。

第二条　国有资产评估，除法律、法规另有规定外，适用本办法。

第三条　国有资产占有单位（以下简称占有单位）有下列情形之一的，应当进行资产评估：

（一）资产拍卖、转让；

（二）企业兼并、出售、联营、股份经营；

（三）与外国公司、企业和其他经济组织或者个人开办外商投资企业；

（四）企业清算；

（五）依照国家有关规定需要进行资产评估的其他情形。

第四条　占有单位有下列情形之一，当事人认为需要的，可以进行资产评估：

（一）资产抵押及其他担保；

（二）企业租赁；

（三）需要进行资产评估的其他情形。

第五条　全国或者特定行业的国有资产评估，由国务院决定。

第六条　国有资产评估范围包括：固定资产、流动资产、无形资产和其他资产。

第七条　国有资产评估应当遵循真实性、科学性、可行性原则，依照国家规定的标准、程序和方法进行评定和估算。

第二章　组织管理

第八条　国有资产评估工作，按照国有资产管理权限，由国有资产管理行政主管部门负责管理和监督。

国有资产评估组织工作，按照占有单位的隶属关系，由行业主管部门负责。

国有资产管理行政主管部门和行业主管部门不直接从事国有资产评估业务。

第九条　持有国务院或者省、自治区、直辖市人民政府国有资产管理行政主管部门颁发的国有资产评估资格证书的资产评估公司、会计师事务所、审计事务所、财务咨询公司，经国务院或者省、自治区、直辖市人民政府国有资产管理行政主管部门认可的临时评估机构（以下统称资产评估机构），可以接受占有单位的委托，从事国有资产评估业务。

前款所列资产评估机构的管理办法，由国务院国有资产管理行政主管部门制定。

第十条 占有单位委托资产评估机构进行资产评估时，应当如实提供有关情况和资料。资产评估机构应当对占有单位提供的有关情况和资料保守秘密。

第十一条 资产评估机构进行资产评估，实行有偿服务。资产评估收费办法，由国务院国有资产管理行政主管部门会同财政部门、物价主管部门制定。

第三章 评估程序

第十二条 国有资产评估按照下列程序进行：

（一）申请立项；

（二）资产清查；

（三）评定估算；

（四）验证确认。

第十三条 依照本办法第三条、第四条规定进行资产评估的占有单位，经其主管部门审查同意后，应当向同级国有资产管理行政主管部门提交资产评估立项申请书，并附财产目录和有关会计报表等资料。

经国有资产管理行政主管部门授权或者委托，占有单位的主管部门可以审批资产评估立项申请。

第十四条 国有资产管理行政主管部门应当自收到资产评估立项申请书之日起十日内进行审核，并作出是否准予资产评估立项的决定，通知申请单位及其主管部门。

第十五条 国务院决定对全国或者特定行业进行国有资产评估的，视为已经准予资产评估立项。

第十六条 申请单位收到准予资产评估立项通知书后，可以委托资产评估机构评估资产。

第十七条 受占有单位委托的资产评估机构应当在对委托单位的资产、债权、债务进行全面清查的基础上，核实资产账面与实际是否相符，经营成果是否真实，据以作出鉴定。

第十八条 受占有单位委托的资产评估机构应当根据本办法的规定，对委托单位被评估资产的价值进行评定和估算，并向委托单位提出资产评估结果报告书。

委托单位收到资产评估机构的资产评估结果报告书后，应当报其主管部门审查；主管部门审查同意后，报同级国有资产管理行政主管部门确认资产评估结果。

经国有资产管理行政主管部门授权或者委托，占有单位的主管部门可以确认资产评估结果。

第十九条 国有资产管理行政主管部门应当自收到占有单位报送的资产评估结果报告书之日起四十五日内组织审核、验证、协商，确认资产评估结果，并下达确认通知书。

第二十条 占有单位对确认通知书有异议的，可以自收到通知书之日起十五日内向上一级国有资产管理行政主管部门申请复核。上一级国有资产管理行政主管部门应当自收到复核申请之日起三十日内作出裁定，并下达裁定通知书。

第二十一条 占有单位收到确认通知书或者裁定通知书后，应当根据国家有关财务、会计制度进行账务处理。

第四章 评估方法

第二十二条 国有资产重估价值，根据资产原值、净值、新旧程度、重置成本、获利能力等因素和本办法规定的资产评估方法评定。

第二十三条　国有资产评估方法包括：

（一）收益现值法；

（二）重置成本法；

（三）现行市价法；

（四）清算价格法；

（五）国务院国有资产管理行政主管部门规定的其他评估方法。

第二十四条　用收益现值法进行资产评估的，应当根据被评估资产合理的预期获利能力和适当的折现率，计算出资产的现值，并以此评定重估价值。

第二十五条　用重置成本法进行资产评估的，应当根据该项资产在全新情况下的重置成本，减去按重置成本计算的已使用年限的累积折旧额，考虑资产功能变化、成新率等因素，评定重估价值；或者根据资产的使用期限，考虑资产功能变化等因素重新确定成新率，评定重估价值。

第二十六条　用现行市价法进行资产评估的，应当参照相同或者类似资产的市场价格，评定重估价值。

第二十七条　用清算价格法进行资产评估的，应当根据企业清算时其资产可变现的价值，评定重估价值。

第二十八条　对流动资产中的原材料、在制品、协作件、库存商品、低值易耗品等进行评估时，应当根据该项资产的现行市场价格、计划价格，考虑购置费用、产品完工程度、损耗等因素，评定重估价值。

第二十九条　对有价证券的评估，参照市场价格评定重估价值；没有市场价格的，考虑票面价值、预期收益等因素，评定重估价值。

第三十条　对占有单位的无形资产，区别下列情况评定重估价值：

（一）外购的无形资产，根据购入成本及该项资产具有的获利能力；

（二）自创或者自身拥有的无形资产，根据其形成时所需实际成本及该项资产具有的获利能力；

（三）自创或者自身拥有的未单独计算成本的无形资产，根据该项资产具有的获利能力。

第五章　法律责任

第三十一条　占有单位违反本办法的规定，提供虚假情况和资料，或者与资产评估机构串通作弊，致使资产评估结果失实的，国有资产管理行政主管部门可以宣布资产评估结果无效，并可以根据情节轻重，单处或者并处下列处罚：

（一）通报批评；

（二）限期改正，并可以处以相当于评估费用以下的罚款；

（三）提请有关部门对单位主管人员和直接责任人员给予行政处分，并可以处以相当于本人三个月基本工资以下的罚款。

第三十二条　资产评估机构作弊或者玩忽职守，致使资产评估结果失实的，国有资产管理行政主管部门可以宣布资产评估结果无效，并可以根据情节轻重，对该资产评估机构给予下列处罚：

（一）警告；

（二）停业整顿；

（三）吊销国有资产评估资格证书。

第三十三条　被处罚的单位和个人对

依照本办法第三十一条、第三十二条规定作出的处罚决定不服的，可以在收到处罚通知之日起十五日内，向上一级国有资产管理行政主管部门申请复议。上一级国有资产管理行政主管部门应当自收到复议申请之日起六十日内作出复议决定。申请人对复议决定不服的，可以自收到复议通知之日起十五日内，向人民法院提起诉讼。

第三十四条 国有资产管理行政主管部门或者行业主管部门工作人员违反本办法，利用职权谋取私利，或者玩忽职守，造成国有资产损失的，国有资产管理行政主管部门或者行业主管部门可以按照干部管理权限，给予行政处分，并可以处以相当于本人三个月基本工资以下的罚款。

违反本办法，利用职权谋取私利的，由有查处权的部门依法追缴其非法所得。

第三十五条 违反本办法，情节严重，构成犯罪的，由司法机关依法追究刑事责任。

第六章 附 则

第三十六条 境外国有资产的评估，不适用本办法。

第三十七条 有关国有自然资源有偿使用、开采的评估办法，由国务院另行规定。

第三十八条 本办法由国务院国有资产管理行政主管部门负责解释。本办法的施行细则由国务院国有资产管理行政主管部门制定。

第三十九条 本办法自发布之日起施行。

财政部关于印发《国有资产评估项目备案管理办法》的通知

（财企〔2001〕802号）

各省、自治区、直辖市、计划单列市财政厅（局），上海市、厦门市、深圳市国有资产管理局（办公室），党中央有关部门，国务院有关部委、有关直属机构，各中央管理企业，国家开发银行，中国农业发展银行，中国进出口银行，中国工商银行，中国农业银行，中国银行，中国建设银行，交通银行，招商银行，中国民生银行，中国人民保险公司，中国人寿保险公司，中国再保险公司，中国国际信托投资公司，中国光大（集团）总公司，中央国债登记结算有限责任公司，中国银河证券有限责任公司，中国民族国际信托投资公司，中国经济开发信托投资公司，中国科技国际信托投资有限责任公司，中煤信托投资有限责任公司，全国人大常委会办公厅，全国政协办公厅，高法院，高检院，总后勤部，武警总部，有关人民团体，新疆生产建设兵团财务局：

根据《国务院办公厅转发财政部关于改革国有资产评估行政管理方式加强资产评估监督管理工作意见的通知》（国办发〔2001〕102号），我们制定了《国有资产评估项目备案管理办法》，现印发给你们，请遵照执行。

附件：一、国有资产评估项目备案管理办法

二、国有资产评估项目备案表（略）

财政部

二〇〇一年十二月三十一日

附件一：

国有资产评估项目备案管理办法

第一条　根据《国务院办公厅转发财政部关于改革国有资产评估行政管理方式加强资产评估监督管理工作意见的通知》（国办发〔2001〕102号），制定本办法。

第二条　本办法适用于除核准项目以外的所有国有资产评估项目。

第三条　本办法所称国有资产评估项目备案，是指国有资产占有单位（以下简称占有单位）按有关规定进行资产评估后，在相应经济行为发生前将评估项目的有关情况专题向财政部门（或国有资产管理部门，下同）、集团公司、有关部门报告并由后者受理的行为。

第四条　国有资产评估项目备案工作实行分级管理。

中央管理的企业集团公司及其子公

司，国务院有关部门直属企事业单位的资产评估项目备案工作由财政部负责；子公司或直属企事业单位以下企业的资产评估项目备案工作由集团公司或有关部门负责。

地方管理的占有单位的资产评估项目备案工作比照前款规定的原则执行。

评估项目涉及多个国有产权主体的，按国有股最大股东的资产财务隶属关系办理备案手续；持股比例相等的，经协商可委托其中一方办理备案手续。

第五条 办理备案手续须报送以下文件材料：

（一）占有单位填报的《国有资产评估项目备案表》（附件二）；

（二）资产评估报告（评估报告书、评估说明和评估明细表可以软盘方式报备）；

（三）其他材料。

第六条 办理备案手续应当遵循以下程序：

（一）占有单位收到评估机构出具的评估报告后，对评估报告无异议的，应将备案材料逐级报送财政部门（集团公司、有关部门）；

（二）财政部门（集团公司、有关部门）收到占有单位报送的备案材料后，对材料齐全的，应在10个工作日内办理备案手续；对材料不齐全的，待占有单位或评估机构补充完善有关材料后予以办理。

第七条 评估项目备案后，需对评估结果进行调整的，占有单位应自调整之日起15个工作日内向原备案机关重新办理备案手续，原备案表由备案机关收回。

第八条 财政部门建立评估项目备案统计报告制度。中央管理的企业集团公司或有关部门应于每季度终了15个工作日内将备案项目情况统计汇总后上报财政部；省级（含计划单列市，下同）财政部门应于每年度终了30个工作日内将本省备案项目情况统计汇总后上报财政部。

第九条 各级财政部门、中央管理的企业集团公司、国务院有关部门应加强对评估项目备案工作的管理，对备案项目必须严格逐项登记，建立评估项目备案档案管理制度。

第十条 各级财政部门应加强对评估项目备案情况的监督检查，确保备案项目经济行为和国有资产评估行为的合法性。

第十一条 省级财政部门、集团公司或有关部门可以根据本办法制定补充规定。

第十二条 本办法自发布之日起施行。

财政部关于《国有资产评估项目备案管理办法》的补充通知

（财资〔2017〕70号）

教育部、科技部、工业和信息化部、中国科学院，各省、自治区、直辖市、计划单列市财政厅（局），新疆生产建设兵团财务局，有关部门和单位：

为进一步提高科技成果转化效率，简化科技成果评估备案管理，财政部对《国有资产评估项目备案管理办法》（财企〔2001〕802号）作如下补充通知：

一、国家设立的研究开发机构、高等院校科技成果资产评估备案工作，原由财政部负责，现调整为由研究开发机构、高等院校的主管部门负责。

二、研究开发机构、高等院校的主管部门要结合科技成果转化工作实际，制定科技成果资产评估项目备案工作操作细则，缩短备案流程，简化备案程序，提高备案工作效率。主管部门应自收齐备案材料日起，在5个工作日内完成备案手续，并于每年度终了30个工作日内，填写本年度本部门科技成果评估项目备案情况汇总表（附表），报送财政部门。

三、国家设立的研究开发机构、高等院校应规范科技成果资产评估机构的选聘工作，按要求如实提供科技成果资产评估所需各项资料，完善资产评估档案管理，配合主管部门做好科技成果资产评估备案相关工作。

四、相关部门和单位在行政事业单位国有资产管理检查工作及资产评估行业监管工作中，要依法依规加强对科技成果资产评估项目备案情况的监督检查，切实防范国有资产流失。

五、本通知自印发之日起施行。

附件：科技成果评估项目备案情况汇总表（略）

财政部

2017年11月8日

财政部 国家知识产权局关于加强知识产权资产评估管理工作若干问题的通知

（财企〔2006〕109号）

各省、自治区、直辖市、计划单列市财政厅（局）、知识产权局：

为了加强知识产权资产评估管理，规范知识产权的评估行为，使知识产权资产评估更好地服务于国家创新经济建设和知识产权保护工作，依据《中华人民共和国公司法》、《中华人民共和国专利法》、《中华人民共和国商标法》、《中华人民共和国著作权法》、《中华人民共和国担保法》、《国有资产评估管理办法》等有关规定，现就知识产权资产评估管理工作的有关事项通知如下：

一、知识产权占有单位符合下列情形之一的，应当进行资产评估：

（一）根据《公司法》第二十七条规定，以知识产权资产作价出资成立有限责任公司或股份有限公司的；

（二）以知识产权质押，市场没有参照价格，质权人要求评估的；

（三）行政单位拍卖、转让、置换知识产权的；

（四）国有事业单位改制、合并、分立、清算、投资、转让、置换、拍卖涉及知识产权的；

（五）国有企业改制、上市、合并、分立、清算、投资、转让、置换、拍卖、偿还债务涉及知识产权的；

（六）国有企业收购或通过置换取得非国有单位的知识产权，或接受非国有单位以知识产权出资的；

（七）国有企业以知识产权许可外国公司、企业、其他经济组织或个人使用，市场没有参照价格的；

（八）确定涉及知识产权诉讼价值，人民法院、仲裁机关或当事人要求评估的；

（九）法律、行政法规规定的其他需要进行资产评估的事项。

非国有单位发生合并、分立、清算、投资、转让、置换、偿还债务等经济行为涉及知识产权的，可以参照国有企业进行资产评估。

二、知识产权评估应当依法委托经财政部门批准设立的资产评估机构进行评估。

资产评估机构从事知识产权评估业务时，应当严格遵循有关的资产评估准则和规范。在评估过程中，要考虑知识产权的特殊性，科学、客观地分析知识产权预期收益的可行性和合理性。

资产评估机构在执行知识产权评估业务时，可以聘请专利、商标、版权等知识产权方面的专家协助工作，但不能因此减轻或免除资产评估机构及注册资产评估师应当承担的法律责任。

三、财政部和国家知识产权局共同组织知识产权评估专业培训、考核并颁发培训证书，建立并严格执行继续教育、培训考核制度，确保培训的质量，不断提高注册资产评估师及从业人员知识产权评估的专业能力和水平。

四、中国资产评估协会应当加强行业自律和专业指导工作，可以建立知识产权评估专家库和相关的专业委员会，建立和完善知识产权数据库，为知识产权资产评估创建必要的平台，以提高资产评估的执业质量、行业公信力和影响力。

五、资产评估机构必须坚持独立、客观、公正的原则，不得以迎合委托方对评估结果高估或者低估的要求、给予“回扣”、恶性压价等不正当方式承揽知识产权评估业务。

财政部和国家知识产权局定期组织对从事知识产权评估业务的资产评估机构执业质量进行监督检查。

六、任何单位和个人不得非法干预知识产权评估业务和评估结果。

七、占有知识产权的国有单位和从事知识产权评估业务的资产评估机构违反上述规定的，按国家有关规定处理。

本通知发布后，过去有关规定与本通知内容相抵触的，以本通知为准。

财政部　国家知识产权局

二〇〇六年四月十九日

财政部关于印发《事业单位及事业单位所办企业国有资产产权登记管理办法》的通知

（财教〔2012〕242 号）

注释：

第六十条已被修改。参见《财政部关于修订〈事业单位及事业单位所办企业国有资产产权登记管理办法〉的通知（2019）》（财资〔2019〕12 号）。

党中央有关部门，国务院各部委、各直属机构，全国人大常委会办公厅，全国政协办公厅，高法院，高检院，有关人民团体，有关中央管理企业，各省、自治区、直辖市、计划单列市财政厅（局），新疆生产建设兵团财务局：

为了进一步加强和规范事业单位及事业单位所办企业国有资产产权登记管理，根据《企业国有资产产权登记管理办法》（国务院令第 192 号）和《事业单位国有资产管理暂行办法》（财政部令第 36 号）等有关规定，特制定《事业单位及事业单位所办企业国有资产产权登记管理办法》，现予印发，请认真贯彻执行。

附件：事业单位及事业单位所办企业国有资产产权登记管理办法

财政部

2012 年 8 月 5 日

事业单位及事业单位所办企业国有资产产权登记管理办法

第一章　总　则

第一条　根据《企业国有资产产权登记管理办法》（国务院令第 192 号）和《事业单位国有资产管理暂行办法》（财政部令第 36 号）等有关规定，制定本办法。

第二条　事业单位国有资产产权登记（以下简称事业单位产权登记），是指国家对事业单位占有、使用的国有资产进行登记，依法确认国家对国有资产的所有权和事业单位对国有资产的占有、使用权的行为。

事业单位所办企业国有资产产权登记（以下简称事业单位所办企业产权登记），是指财政部门代表同级政府对占有国有资产的各级各类事业单位所办企业的资产、负债、所有者权益等产权状况进行登记，依法确认产权归属关系的行为。

第三条 占有、使用国有资产的各级各类事业单位及其所办企业，应当依照本办法的规定向其同级财政部门申报、办理国有资产产权登记。

第四条 各级财政部门核发的《中华人民共和国事业单位国有资产产权登记证（正本、副本）》（以下简称《事业单位产权登记证》），是国家对事业单位国有资产享有所有权，单位享有占有、使用权的法律凭证，也是事业单位编制部门预算、办理资产配置、资产使用、资产处置和办理其他资产管理事项的重要依据；各级财政部门核发的《中华人民共和国企业国有资产产权登记证（正本、副本）》（以下简称《企业产权登记证》）是依法确认事业单位所办企业产权归属关系的法律凭证和依法经营国有资本的基本依据。

各类产权登记表是办理各项产权登记事项应当提交的重要材料，各级财政部门根据经审定的产权登记表向事业单位或其所办企业核发、换发、收回《事业单位产权登记证》或《企业产权登记证》。

第五条 《事业单位产权登记证》、《企业产权登记证》和产权登记表由财政部统一设计印制。

第六条 事业单位及其所办企业产权登记按照“统一政策、分级管理”原则由各级财政部门负责组织实施。事业单位产权登记按照财务隶属关系组织实施；事业单位所办企业产权登记按照产权关系组织实施。

第二章 事业单位产权登记

第一节 一般规定

第七条 事业单位产权登记的主要内容包括：

（一）单位名称、地址、法定代表人及成立日期；

（二）单位（性质）分类、主管部门、财务预算信息、管理级次、编制人数；

（三）单位资产总额、国有资产总额、固定资产总额、主要资产实物量及对外投资、资产出租出借情况；

（四）其他需要登记的事项。

第八条 财政部负责制定事业单位产权登记规章制度，负责组织实施中央级事业单位产权登记工作，指导下级财政部门的事业单位产权登记工作。

地方各级财政部门负责组织实施本级事业单位产权登记工作。

中央垂直管理部门所属事业单位的产权登记工作在主管部门审核的基础上，由财政部负责办理。

第九条 事业单位办理变动、注销产权登记或年度检查，单位改制，资产出租、出借，资产评估项目核准或备案等财政审批手续以及其他法律、法规规定的事项时应当向受理部门、单位出具《事业单位产权登记证》。如未按照规定出具《事业单位产权登记证》，受理部门、单位不予受理。

第二节 登记形式和内容

第十条 事业单位产权登记包括占有产权登记、变动产权登记和注销产权登记。

第十一条 占有产权登记适用于新设立和已经取得法人资格但尚未办理产权登记的事业单位。

第十二条 新设立事业单位应当在审批机关批准设立后六十日内，经主管部门审核同意后，由主管部门向同级财政部门申请办理占有产权登记。申请办理时，单位应当填报《事业单位国有资产产权登记表（占有登记）》，并提交下列文件、证件及有关资料：

（一）办理占有产权登记的申请；

（二）审批机关批准设立的文件；

（三）国有资产总额及来源证明；

（四）设置抵押、质押、留置或提供保证、定金以及资产被司法机关冻结的，应当提供相关文件和凭证；

（五）涉及土地、林地、海域、房屋、车辆等重要资产的，应当提供相关的产权证明材料；

（六）涉及对外投资的，应当提供财政部门、主管部门或事业单位的对外投资批复；

（七）涉及资产评估事项的，应当提交相关部门的核准或备案文件；

（八）财政部门要求提交的其他文件、证件及有关资料。

第十三条 已经取得法人资格但尚未办理产权登记的事业单位，在申请办理占有产权登记时应当填报《事业单位国有资产产权登记表（占有登记）》，除提交第十二条所列材料外，还应当提供以下文件、证件及有关资料：

（一）财政部门批复的上一年度财务报告；

（二）《事业单位法人证书》复印件；

（三）《中华人民共和国组织机构代码证》复印件。

第十四条 变动产权登记适用于事业单位发生分立、合并、部分改制，以及单位名称、单位（性质）分类、人员编制数、主管部门、管理级次、预算级次发生变化，以及国有资产金额一次或累计变动超过国有资产总额20%(含）的行为事项。发生上述变动事项的事业单位应当自财政部门、主管部门等审批机关批准变动之日起六十日内，经主管部门审核同意后，由主管部门向同级财政部门申请办理变动产权登记。申请办理时填报《事业单位国有资产产权登记表（变动登记）》，并提交下列文件、证件及有关资料：

（一）办理变动产权登记的申请；

（二）单位决议或会议纪要，主管部门、财政部门等审批机关批准变动的批复文件；

（三）《事业单位产权登记证》副本；

（四）《事业单位法人证书》复印件；

（五）财政部门批复的上一年度财务报告；

（六）设置抵押、质押、留置或提供保证、定金以及资产被司法机关冻结的，应当提供相关文件和凭证；

（七）涉及资产评估事项的，应当提交相关部门的核准或备案文件；

（八）涉及土地、林地、海域、房屋、车辆等重要资产的，应当提供相关的产权证明材料；

（九）涉及资产处置的，应当提交财政部门、主管部门或事业单位的资产处置批复文件；

（十）涉及对外投资情况发生变动的，应当提供相关材料；

（十一）财政部门要求提交的其他文件、证件及有关资料。

第十五条 注销产权登记适用于因分立、合并、依法撤销或改制等原因被整体清算、注销和划转的事业单位。此类单位应当自财政部门、主管部门等审批机关批准上述行为之日起六十日内，经主管部门审核同意后，由主管部门向同级财政部门申请办理注销产权登记。申请办理时填报《事业单位国有资产产权登记表（注销登记）》，并提交下列文件、证件及有关资料：

（一）办理注销产权登记的申请；

（二）单位决议或会议纪要，主管部门、财政部门等审批机关批准注销的批复，以及同级政府机构编制管理机关注销备案公告；

（三）单位的清算报告；

（四）单位的资产清查报告，资产评估报告及相关部门的资产评估项目核准或备案文件；

（五）事业单位属于有偿转让或整体改制的，应当提交有偿转让的合同协议或经相关部门批复的转制方案；

（六）财政部门批复的上一年度财务报告；

（七）设置抵押、质押、留置或提供保证、定金以及资产被司法机关冻结的，应当提供相关文件和凭证；

（八）《事业单位产权登记证》正本、副本；

（九）财政部门、主管部门的资产处置批复文件；

（十）财政部门要求提交的其他文件、证件及有关资料。

第三节　登记程序

第十六条　申请办理产权登记的程序如下：

（一）事业单位按照规定填写相应的产权登记表，提交有关文件、证件及资料；

（二）报主管部门审核并出具意见；

（三）由主管部门报同级财政部门办理审定手续；

（四）财政部门依据审定合格的设立、变动、注销情况予以核发、换发或收回《事业单位产权登记证》，依据年度检查情况签署产权登记检查意见。

第十七条　事业单位占有、使用国有资产的状况以按照规定最近一次办理产权登记或年度检查时财政部门审定的数额为准。

第十八条　事业单位有下列行为之一的，财政部门应当要求其更正，拒不更正的，财政部门不予办理产权登记。

（一）填报的产权登记表内容或提交的文件、证件及有关资料违反法律、法规的规定或不符合本办法要求的；

（二）以实物或无形资产出资，未按照国家有关规定进行资产评估或依法折股，或者未按照规定办理资产评估项目核准或备案的；

（三）事业单位对外投资、出租出借、产权变动行为违反法律、法规和国家有关政策规定；

（四）其他违反法律法规情形的。

第十九条　未及时办理产权登记的事业单位在补办产权登记时，应当书面说明原因。

事业单位国有资产若设置抵押、质押、留置或提供保证、定金以及资产被司法机关冻结的，应当在申请办理产权登记时如实向财政部门、主管部门报告。

第二十条　未办理占有产权登记的事业单位依法被注销时，应当先补办占有产权登记，再按照本办法的规定申请办理注销产权登记。

第二十一条 产权归属关系不清楚、发生产权纠纷或资产被司法机关冻结的，应当暂缓办理产权登记，并在产权界定清楚、产权纠纷处理完毕或资产被司法机关解冻后，及时办理产权登记。

第二十二条 财政部门核准事业单位注销产权登记后，应当及时收回被注销事业单位的《事业单位产权登记证》正本、副本。

第四节 年度检查

第二十三条 事业单位产权登记实行年度检查制度。各级财政部门应当依据资产管理信息系统数据、单位财务数据和年度资产产权变动的资料、法定批复文件等，对事业单位国有资产产权登记实行年度检查。

第二十四条 事业单位应当于年度财务报告批复后一个月内，经主管部门审核同意后，由主管部门向同级财政部门申请办理产权登记年度检查。主要内容包括：

（一）按规定办理产权登记情况；

（二）单位国有资产存量的占有、使用情况；

（三）用于从事对外投资、出租出借的国有资产保值增值及收益使用情况；

（四）单位资产价值量、主要资产实物量及权属的增减变化情况；

（五）单位资产处置情况；

（六）财政部门规定的其他情况。

第二十五条 事业单位应当清查核实年末国有资产情况，准确申报国有资产数据，如实填报《事业单位国有资产产权登记表（年度检查）》，并提交《事业单位产权登记证》副本、财政部门批复的单位上一年度财务报告、国有资产增减变动审批文件及其他有关材料。

第二十六条 主管部门应当于本部门所属事业单位年度财务报告批复后四个月内，编制并向同级财政部门报送本部门事业单位产权登记和产权变动情况分析报告。

财政部门应当于向本级各部门批复决算后六个月内，编制并向同级政府和上级财政部门报送事业单位产权登记和产权变动情况分析报告。

第二十七条 事业单位应当按照财政部门的规定及时办理产权登记年度检查。财政部门在年度检查中发现未及时办理产权登记的，应当督促其按照本办法的规定补办产权登记。未补办产权登记的，其年度检查不予通过。

不按照规定办理年度检查或年度检查未通过的，应当限期办理或改正，逾期仍未办理或改正的，暂停办理其相关资产管理审批事项。

第三章 事业单位所办企业产权登记

第一节 一般规定

第二十八条 事业单位所办的国有独资企业、国有独资公司、国有控股公司和国有参股公司以及其他占有、使用国有资产的企业，应当依照本办法的规定办理事业单位所办企业产权登记。

第二十九条 各级财政部门是本级事业单位所办企业产权登记的主管部门，依法履行下列职责：

（一）依法确认企业产权归属，理顺企业产权关系；

（二）掌握企业国有资产占有、使用状况；

（三）监管企业的国有产权变动；

（四）检查企业国有资产经营状况；

（五）监督国有企业、国有独资公司、国有控股公司的出资行为；

（六）在汇总、分析基础上，编制并向同级政府和上级财政部门报送产权登记和产权变动状况的分析报告。

第三十条　财政部负责制定事业单位所办企业产权登记的规章制度，负责组织实施中央级事业单位所办企业产权登记工作，指导下级财政部门开展事业单位所办企业产权登记工作。

地方各级财政部门负责组织实施本级事业单位所办企业的产权登记工作。

中央垂直管理部门所属事业单位所办企业的产权登记工作在主管部门审核的基础上，由财政部负责办理。

第三十一条　由两个（含两个）以上国有资本出资人共同投资设立的企业，按照国有资本出资额最大的出资人产权归属关系确定企业产权登记管辖的部门。

国有资本出资额最大的出资人存在多个的，按照企业自行推举的出资人的产权归属关系确定企业产权登记的管辖部门，其余出资人出具产权登记委托书。

第三十二条　事业单位所办企业在进行资产重组、产权转让、改制上市、国有股权评估以及办理其他法律、法规规定的事项时应当出具《企业产权登记证》。

第二节　登记形式和内容

第三十三条　事业单位所办企业产权登记包括占有产权登记、变动产权登记和注销产权登记。

第三十四条　占有产权登记适用于申请取得法人资格的新设立企业和已取得法人资格但尚未办理产权登记的企业。

第三十五条　新设立企业应当于申请办理工商注册登记前六十日内，经主管部门审核同意后，由主管部门向同级财政部门申请办理占有产权登记，填报《企业国有资产产权登记表（占有登记）》，并提交下列文件、证件及有关资料：

（一）办理占有产权登记的申请；

（二）出资人母公司或上级单位批准设立的文件、投资协议书；事业单位直接投资设立企业的，应当提交《事业单位产权登记证》副本复印件及财政部门、主管部门或事业单位批准的对外投资批复文件；

（三）本企业章程；

（四）由企业出资的，应当提交各出资人的企业章程、《企业法人营业执照》复印件、经审计的企业上一年度财务报告，其中国有资本出资人还应当提交有关部门办理的《企业产权登记证》复印件；由事业单位出资的，应当提交《事业单位法人证书》和《事业单位产权登记证》副本的复印件；由自然人出资的，应当提交自然人有效的身份证件复印件；

（五）法定机构出具的验资报告，其中以货币投资的，还应当附银行进账单；以实物、无形资产投资的，还应当提交资产评估项目核准或备案文件；

（六）本企业的《企业名称预先核准通知书》；

（七）财政部门要求提交的其他文件、证件及有关资料。

第三十六条　已经取得法人资格但尚未办理占有产权登记的企业，应当填报《企业国有资产产权登记表（占有登记）》，并提交第三十五条第（一）款至第（五）

款规定的材料，以及下列文件、证件及有关资料：

（一）本企业经审计的企业上一年度财务报告；

（二）本企业的《企业法人营业执照》复印件；

（三）设置抵押、质押、留置或提供保证、定金以及资产被司法机关冻结的，应当提交相关文件和凭证；

（四）财政部门要求提交的其他文件、证件及有关资料。

第三十七条 变动产权登记适用于企业发生企业名称、企业级次、企业组织形式改变，企业分立、合并或者经营形式改变，企业国有资本额、比例增减变动以及企业国有资本出资人变动的行为事项。发生上述变动事项的企业应当于审批机关核准变动登记后，或自企业股东大会、董事会做出决定之日起三十日内，经事业单位及主管部门审核同意后，由主管部门向同级财政部门申请办理变动产权登记，填报《企业国有资产产权登记表（变动登记）》，并提交下列文件、证件及有关资料：

（一）办理变动产权登记的申请；

（二）出资人母公司或上级单位的批准文件、企业股东大会或董事会做出的书面决定，事业单位追加投资的，应当提交《事业单位产权登记证》副本复印件及财政部门、主管部门或事业单位批准的对外投资批复文件；

（三）修改后的本企业章程；

（四）由企业出资的，应当提交各出资人的企业章程、《企业法人营业执照》复印件、经审计的企业上一年度财务报告，其中，国有资本出资人应还当提交有关部门办理的《企业产权登记证》复印件；由事业单位出资的，应当提交《事业单位法人证书》和《事业单位产权登记证》副本的复印件；由自然人出资的，应当提交自然人有效的身份证件复印件；

（五）本企业的《企业法人营业执照》复印件，经审计的企业上一年度财务报告；

（六）本企业的《企业产权登记证》副本；

（七）设置抵押、质押、留置或提供保证、定金以及资产被司法机关冻结的，应当提交相关文件和凭证；

（八）法定机构出具的验资报告，其中以货币投资的应当附银行进账单；以实物、无形资产投资的应当提交资产评估项目核准或备案文件；

（九）企业合并、分立、转让或减少注册资本的，应当提交企业债务处置或承继情况说明及相关文件；

（十）财政部门要求提交的其他文件、证件及有关资料。

第三十八条 注销产权登记适用于发生解散、依法撤销，转让全部国有产权（股权）或改制后不再设置国有股权的企业。此类企业应当自政府有关部门决定或财政部门、主管部门、事业单位或母公司批准之日起三十日内，经事业单位及主管部门审核同意后，由主管部门向同级财政部门申请办理注销产权登记；企业依法宣告破产的，应当自法院裁定之日起六十日内由企业破产清算机构向同级财政部门申请办理注销产权登记。填报《企业国有资产产权登记表（注销登记）》，并提交下列文件、证件及有关资料：

（一）办理注销产权登记的申请；

（二）出资人母公司获上级单位批准

的文件，企业股东大会或董事会做出的书面决定，政府有关部门或财政部门、主管部门、事业单位的批复文件，工商行政管理机关责令关闭的文件或法院宣告企业破产的裁定书；

（三）经审计的企业上一年度财务报告；

（四）本企业的财产清查、清算报告、资产评估报告及相关部门的资产评估项目核准或备案文件；

（五）属于有偿转让或整体改制的，应当提交有偿转让或整体改制的协议或方案，以及受让企业的《企业法人营业执照》复印件、企业章程、经审计的年度财务报告和设置抵押、质押、留置或提供保证、定金以及资产被司法机关冻结等情况的相关证明文件；

（六）本企业的《企业产权登记证》正本、副本和《企业法人营业执照》复印件；

（七）设置抵押、质押、留置或提供保证、定金以及资产被司法机关冻结的，应当提交相关文件和凭证；

（八）企业债务处置或承继情况说明及有关文件；

（九）企业的资产处置情况说明及相关批复文件；

（十）企业改制、破产或撤销的职工安置情况；

（十一）财政部门要求提交的其他文件、证件及有关资料。

第三节 登记程序

第三十九条 事业单位所办企业申请办理产权登记，应当按照规定填写相应的产权登记表，并提交文件、证件及有关资料。

第四十条 事业单位直接出资的企业（一级企业）申请办理产权登记应当经事业单位及其主管部门出具审核意见，二级及二级以下企业申请办理产权登记应当经其上级企业、事业单位和主管部门出具审核意见。企业未按上述规定取得审核意见的，财政部门不予受理产权登记申请。

第四十一条 财政部门对审定合格的企业，办理产权登记事项，并依据审定的设立、变动、注销情况予以核发、换发或收回《企业产权登记证》，依据年度检查情况签署产权登记年度检查意见。

第四十二条 事业单位所办企业占有、使用国有资产状况以按照规定最近一次办理产权登记时财政部门审定的数额为准。

第四十三条 事业单位所办企业有下列行为之一的，财政部门应当要求其更正，拒不更正的，财政部门不予办理产权登记：

（一）填报产权登记表的内容或提交的文件、证件及有关资料违反法律、法规或不符合本办法要求的；

（二）以实物或无形资产出资，未按照国家有关规定进行资产评估或依法折股的，或者未按照规定办理资产评估项目核准或备案的；

（三）事业单位所办企业的对外投资、产权变动行为违反法律、法规和国家有关政策规定，使国有资产权益受到侵害的；

（四）其他违反法律法规情形的。

第四十四条 未及时办理产权登记的企业在补办产权登记时，应当书面说明原因和具体情况。

以事业单位所办企业的资产设置抵

押、质押、留置或提供保证、定金以及资产被司法机关冻结的，应当在申请办理产权登记时如实向财政部门、主管部门、事业单位报告。

事业单位所办企业中，已设置抵押、质押、留置或提供保证、定金的资产用于投资或产权转让的，应当符合《中华人民共和国担保法》等有关法律、法规的规定，否则不予登记。

第四十五条 未办理占有产权登记的事业单位所办企业依法被注销时，应当先补办占有产权登记，再按照本办法的规定申请办理注销产权登记。

未办理占有产权登记的企业，补办占有产权登记时，应当提交企业设立和自企业设立至补办占有产权登记时发生的历次产权变动的文件、证件及有关资料。

第四十六条 产权归属关系不清楚、发生产权纠纷或资产被司法机关冻结的，应当暂缓办理产权登记，并在产权界定清楚、产权纠纷处理完毕或资产被司法机关解冻后，及时办理产权登记。

第四十七条 新设立的事业单位所办企业依据财政部门审定的产权登记表向工商行政管理部门申办企业法人登记后三十日内到财政部门领取《企业产权登记证》正本、副本，同时提交《企业法人营业执照》副本复印件。

财政部门核准事业单位所办企业注销产权登记后，应当及时收回被注销的《企业产权登记证》正本、副本。

第四节 年度检查

第四十八条 事业单位所办企业产权登记实行年度检查制度。各级财政部门应当在已办理相关产权登记的基础上，对事业单位所办企业产权登记实行年度检查。

第四十九条 事业单位所办企业应当于每个公历年度终了后四个月内，在办理工商年检登记之前，向同级财政部门申请办理产权登记年度检查。主要内容包括：

（一）出资人的资金实际到位情况；

（二）企业经营收益和国有出资人收益情况；

（三）企业对外投资收益情况；

（四）财政部门规定的其他情况。

第五十条 事业单位所办企业办理年度检查应当填报《企业国有资产产权登记表（年度检查）》，并提交下列文件、证件及有关资料：

（一）申办产权登记年度检查的申请；

（二）经审计的企业上一年度财务报告；

（三）企业的《企业产权登记证》副本和《企业法人营业执照》复印件；

（四）企业国有资产经营年度报告书；

（五）财政部门要求提交的其他文件、证件及有关资料。

第五十一条 企业国有资产经营年度报告书是反映企业在检查年度内国有资产经营状况和产权变动情况的书面文件。主要报告以下内容：

（一）企业国有资产保值增值情况；

（二）企业国有资本金实际到位和增减变动情况；

（三）企业及其所属各级子公司等发生产权变动，是否及时办理相应产权登记手续的情况；

（四）企业对外投资及投资收益情况；

（五）企业及其子公司提供保证、定金或设置抵押、质押、留置以及资产被司法机关冻结等产权或有变动情况；

（六）企业及其所属各级子公司等涉及国有产权分立、合并、改制上市等重大情况；

（七）其他需要说明的问题。

第五十二条　主管部门应当于每个公历年度终了后五个月内，编制并向同级财政部门报送事业单位所办企业产权登记和产权变动情况分析报告。

财政部门应当于每个公历年度终了后六个月内，编制并向同级政府和上级财政部门报送事业单位所办企业产权登记和产权变动情况分析报告。

第五十三条　事业单位所办企业应当按照财政部门的规定及时办理年度检查。财政部门在年度检查中发现未及时办理产权登记的，应当督促其按照本办法的规定补办产权登记。未补办产权登记的，其年度检查不予通过。

不按照规定办理年度检查或年度检查未通过的，应当限期办理或改正，逾期仍未办理或改正的，暂停办理其涉及资产管理的财政审批事项。

第五十四条　产权登记年度检查情况不作为确定企业国有产权归属的法律依据。企业不得以年度检查代替产权登记。

第四章　产权登记档案管理

第五十五条　财政部门、主管部门、事业单位及其所办企业应当妥善保管《事业单位产权登记证》、《企业产权登记证》和各类产权登记表，建立产权登记档案。

产权登记实行信息化管理。产权登记管理信息系统是产权登记档案管理的重要手段，是行政事业资产管理信息系统的重要组成部分。财政部门、主管部门、事业单位及其所办企业应当根据占有、变动、注销产权登记和年度检查情况及时更新产权登记管理信息系统，对产权登记实行动态管理。

第五十六条　《事业单位产权登记证》和《企业产权登记证》是产权登记的法律文件。事业单位及其所办企业应当妥善保管。任何单位和个人不得伪造、涂改、出租、出借，如有遗失或者毁坏的，要及时在主要媒体公告或出具经主管部门、事业单位认定的书面说明后，按照规定向同级财政部门申请补领。

第五十七条　事业单位及其所办企业申请办理产权登记时，应当将所提交的文件、证件及有关资料整理成卷，附加目录清单。未按要求提交规范文件、证件及有关资料的，财政部门不予受理。

第五十八条　因事业单位及其所办企业产权归属关系改变导致管理级次发生变更的，由原同级财政部门将该事业单位及其所办企业产权登记档案材料移交新的同级财政部门。

第五章　监督检查与法律责任

第五十九条　各级财政部门、主管部门应当加强对事业单位及其所办企业产权登记情况的监督检查。对不按照本办法申请办理产权登记和产权登记年度检查的，依照国家有关法律规定追究责任。

第六十条　各级财政部门、主管部门的工作人员在办理产权登记中玩忽职守、徇私舞弊、滥用职权、谋取私利，构成犯罪的，依法追究刑事责任；未构成犯罪的，依法给予行政处分。

第六十一条　事业单位及其所办企业发生国有产权变动而不及时办理产权登记手续或在办理产权登记事项时提供虚假

信息等，导致《事业单位产权登记证》或《企业产权登记证》登录的信息与实际情况不符的，事业单位或企业应当承担相应的法律责任。

第六十二条 社会中介机构为企业出具虚假审计、验资报告或有关证明文件的，依照《中华人民共和国注册会计师法》等国家有关法律规定追究责任。

第六章 附 则

第六十三条 社会团体和民办非企业单位及其所办企业中占有、使用国有资产的，参照本办法执行。

参照公务员制度管理，并且执行事业单位财务、会计制度的事业单位和社会团体的产权登记，按照本办法执行。参照公务员制度管理，并且执行行政单位财务、会计制度的事业单位和社会团体的产权登记，按照国家关于行政单位国有资产管理的有关规定办理。

第六十四条 实行企业化管理并执行企业财务、会计制度的事业单位，按照本办法中事业单位所办企业产权登记管理的有关规定办理产权登记事项。执行事业单位财务、会计制度的企业所属事业单位产权登记，按照本办法中事业单位产权登记的有关规定办理。

第六十五条 境外事业单位及其所办企业产权登记办法，由财政部会同有关部门另行制定。

第六十六条 中国人民解放军、武装警察部队以及经国家批准的某些特定行业的事业单位及其所办企业占有、使用国有资产的产权登记管理办法，由解放军总后勤部、武装警察部队和有关主管部门会同财政部另行制定。

第六十七条 对涉及国家安全的事业单位及其所办企业产权登记工作，要按照国家有关保密制度规定，做好保密工作。

第六十八条 财政部门根据具体情况，可以委托有关部门或单位办理事业单位及其所办企业产权登记的部分事项，具体事项由财政部门与有关部门或单位商定。

第六十九条 各省（自治区、直辖市、计划单列市）财政部门可根据本办法，制定本地区事业单位及其所办企业产权登记实施细则，并报财政部备案。

第七十条 本办法由财政部负责解释。

第七十一条 本办法自 2012 年 9 月 5 日起施行。

附：1. 中华人民共和国事业单位国有资产产权登记证（正本）（样本）（略）

2. 中华人民共和国事业单位国有资产产权登记证（副本）（样本）（略）

3. 事业单位国有资产产权登记表（占有登记）（略）

4. 事业单位国有资产产权登记表（变动登记）（略）

5. 事业单位国有资产产权登记表（注销登记）（略）

6. 事业单位国有资产产权登记表（年度检查）（略）

7. 事业单位国有资产产权登记表（证）填报说明（略）

8. 中华人民共和国企业国有资产产权登记证（正本）（样本）（略）

9. 中华人民共和国企业国有资产产权登记证（副本）（样本）（略）

10. 企业国有资产产权登记表（占有登记）（略）

11. 企业国有资产产权登记表（变动登记）（略）

12. 企业国有资产产权登记表（注销登记）（略）

13. 企业国有资产产权登记表（年度检查）（略）

14. 企业国有资产产权登记表（证）填报说明（略）

财政部关于修订《事业单位及事业单位所办企业国有资产产权登记管理办法》的通知

（财资〔2019〕12号）

党中央有关部门，国务院各部委、各直属机构，全国人大常委会办公厅，全国政协办公厅，高法院，高检院，有关人民团体，有关中央管理企业，各省、自治区、直辖市、计划单列市财政厅（局），新疆生产建设兵团财政局：

为规范事业单位及事业单位所办企业国有资产产权登记管理，现就《财政部关于印发〈事业单位及事业单位所办企业国有资产产权登记管理办法〉的通知》（财教〔2012〕242号）有关责任追究事项通知如下：

将第六十条修改为：各级财政部门、主管部门、事业单位、事业单位所办企业及其工作人员在办理产权登记工作中，存在违反本办法规定的行为，以及其他滥用职权、玩忽职守、徇私舞弊等违法违纪行为的，依照《中华人民共和国公务员法》《中华人民共和国监察法》《财政违法行为处罚处分条例》等国家有关规定追究相应责任；涉嫌犯罪的，依法移送司法机关处理。

财政部

2019年4月4日

财政部关于印发《中央党政机关和事业单位所属企业国有资本产权登记管理暂行办法》的通知

（财资〔2023〕90号）

党中央有关部门，国务院各部委、各直属机构，全国人大常委会办公厅，全国政协办公厅，最高人民法院，最高人民检察院，各民主党派中央，有关人民团体：

为贯彻落实《企业国有资产产权登记管理办法》（国务院令第192号）、《行政事业性国有资产管理条例》（国务院令第738号）等规定，进一步做好中央党政机关和事业单位所属企业国有资本产权登记工作，加强企业国有资本基础管理，我们制定了《中央党政机关和事业单位所属企业国有资本产权登记管理暂行办法》。现印发给你们，请遵照执行。

附件：中央党政机关和事业单位所属企业国有资本产权登记管理暂行办法

财政部

2023年5月12日

附件

中央党政机关和事业单位所属企业国有资本产权登记管理暂行办法

第一章　总　则

第一条　为加强中央党政机关和事业单位所属企业国有资本产权登记管理，全面、及时、准确反映国有资本占有与变动情况，根据《企业国有资产产权登记管理办法》（国务院令第192号）、《行政事业性国有资产管理条例》（国务院令第738号）等规定，制定本办法。

第二条　本办法所称中央党政机关和事业单位（以下统称中央部门）所属企业包括：中央部门所属境内外各级企业（以下简称部门所属企业），即中央部门及其所属各级行政事业单位（含垂直管理机构和派出机构）按照国家有关规定，直接投资兴办或管理的一级全资、控股和参股企业（以下统称部门所属一级企业），以及一级全资、控股企业投资兴办的各级企业（以下统称部门所属二级及以下企业）。

各级国有参股企业再投资兴办的企业除外。

第三条 本办法所称国有资本，是指国家及其授权投资主体直接或间接对企业出资所形成的资本和应享有的权益。本办法所称部门所属企业国有资本产权登记（以下简称部门所属企业产权登记），是指财政部、中央部门根据管理职责对占有国有资本企业的产权及其分布状况、变动情况进行登记管理，并依法确认产权归属关系的行为。

第四条 部门所属企业产权登记按照统一规则、分级管理的原则组织实施。

第五条 办理产权登记的企业应当权属清晰。产权归属关系不清、存在产权纠纷的企业，应当在产权界定清楚、产权纠纷处理完毕后及时申请办理产权登记。

第六条 《中华人民共和国企业国有资本产权登记证》（以下简称《产权登记证》）是客观记载企业产权状况基本信息的文件，是确认国有产权归属关系的基础依据。

第七条 部门所属企业产权登记实施信息化管理。

第二章 管理职责

第八条 财政部是部门所属企业产权登记的管理部门，履行以下职责：

（一）制定部门所属企业产权登记管理规章制度并组织实施；

（二）设计监制《产权登记证》，建立部门所属企业产权登记信息系统；

（三）负责部门所属一级企业的产权登记工作，依法确认产权归属关系，核发、换发或收回《产权登记证》；

（四）指导中央部门开展部门所属二级及以下企业的产权登记工作；

（五）监督检查部门所属企业产权登记工作。

第九条 中央部门履行以下职责：

（一）根据财政部制定的部门所属企业产权登记管理规章制度，指导并督促本部门所属企业开展产权登记工作；

（二）审核本部门所属一级企业产权登记材料，出具审核意见报财政部审定；

（三）负责本部门所属二级及以下企业的产权登记工作，依法确认产权归属关系，核发、换发或收回《产权登记证》；

（四）监督检查本部门所属企业产权登记工作。

第十条 直接投资兴办或管理企业的行政事业单位为主办单位，履行以下职责：

（一）根据财政部制定的部门所属企业产权登记管理规章制度和中央部门管理要求，指导并督促本单位所属企业开展产权登记工作；

（二）审核本单位所属企业产权登记材料，出具审核意见并逐级上报；

（三）监督检查本位所属企业产权登记工作。

第十一条 部门所属企业是产权登记的申报主体，履行以下职责：

（一）发生需办理产权登记情形时，及时申请办理产权登记，确保报送材料和登记信息的真实、准确、完整；

（二）审核所属企业的产权登记材料，出具审核意见并逐级上报。

第十二条 由两个（含两个）以上国有资本出资人共同投资设立的企业，按照国有资本认缴出资额最大的出资人产权归属关系确定企业产权登记管辖的部门。

国有资本认缴出资额最大的出资人存在多个的，按照企业自行推举出资人的产权归属关系，确定企业产权登记的管辖部门，其余出资人出具产权登记委托书。

第三章 产权登记类型与办理

第十三条 部门所属企业产权登记分为占有产权登记、变动产权登记和注销产权登记。

第十四条 发生下列情形之一的，企业应当办理占有产权登记：

（一）因投资、分立、合并、事业单位转企等新设立企业；

（二）因投资、收购等首次取得企业国有股权；

（三）其他应当办理占有产权登记的情形。

第十五条 企业应当于完成工商登记注册，首次收到国有资本金30个工作日内申请办理占有产权登记。

第十六条 企业申请办理占有产权登记时，应当提交下列材料：

（一）占有产权登记申请，包括企业基本情况、基准日产权状况等。

（二）《企业国有资本产权登记表（占有登记）》。

（三）经济行为决策文件，涉及有关部门批复的，应当提供批复文件。

（四）由事业单位出资的，应当提交《事业单位法人证书》副本复印件；由企业出资的，应当提交各出资人的营业执照复印件，其中国有资本出资人还应当提交有关部门办理的《产权登记证》复印件；由自然人出资的，应当提交自然人有效的身份证件复印件。

（五）出资人以货币资金出资的，应当提交银行进账单。

（六）按照国有资产管理规定，经济行为需要资产评估、清产核资或资产清查等的，应当提交资产评估核准或备案文件、清产核资或资产清查结果批复文件等。

（七）本企业章程和营业执照复印件，经审计的产权登记基准日财务报告。

（八）需提交的其他文件和资料。

第十七条 发生下列情形之一的，企业应当办理变动产权登记：

（一）企业的名称、管理级次、组织形式等基本情况发生变动；

（二）企业国有资本出资人发生变动；

（三）企业国有资本出资额、出资比例发生变动；

（四）其他应当办理变动产权登记的情形。

第十八条 企业应当自取得批复或者作出决定之日起30个工作日内申请办理变动产权登记。变动事项涉及工商登记的，应当自工商变更登记完成后30个工作日内申请办理变动产权登记。

第十九条 企业申请办理变动产权登记时，应当提交下列材料：

（一）变动产权登记申请，包括企业基本情况、产权变动情况等。

（二）《企业国有资本产权登记表（变动登记）》。

（三）经济行为决策文件，涉及有关部门批复的，应当提供批复文件。

（四）出资人以货币资金出资的，应当提交银行进账单；按照国有资产管理规定，经济行为需要资产评估、清产核资等的，应当提交资产评估核准或备案文件、清产核资结果批复文件；涉及需在产权交易机构公开交易的，应当提交产权交易机构出具的相关交易凭证。

（五）出资人发生变化的，需提交出资人相关材料，即由事业单位出资的，提交《事业单位法人证书》副本复印件；由企业出资的，应当提交各出资人的营业执照复印件，其中国有资本出资人还应当提交有关部门办理的《产权登记证》复印件；由自然人出资的，应当提交自然人有效的身份证件复印件。

（六）本企业《产权登记证》。

（七）修改后的本企业章程和营业执照复印件、经审计的产权登记基准日的财务报告。

（八）需提交的其他文件和资料。

第二十条 发生下列情形之一的，企业应当办理注销产权登记：

（一）企业解散、撤销或被依法宣告破产；

（二）因产权转让等导致企业出资人中不再存在中央部门国有资本出资人、或中央部门国有资本出资人不再是企业国有资本认缴出资额最大出资人的；

（三）其他应当办理注销产权登记的情形。

第二十一条 企业发生产权注销情形的，应当自工商登记注销、依法撤销或变更后，收回或核销全部国有资本金之日起30个工作日内，申请办理注销产权登记。

第二十二条 企业申请办理注销产权登记时，应当提交下列材料：

（一）注销产权登记申请，包括企业基本情况，解散、撤销、破产、产权转让情况等。

（二）《企业国有资本产权登记表（注销登记）》。

（三）经济行为决策文件，涉及有关部门批复的，应当提供批复文件。

（四）本企业《产权登记证》。

（五）企业解散、依法撤销、破产清算的，应当提交本企业工商注销核准通知书复印件、经审定的清算报告、企业债务处置或承继情况说明及相关批复文件。

（六）因产权转让等情况，企业不再存在中央部门国有资本出资人、或中央部门国有资本出资人不再是企业国有资本认缴出资额最大出资人的，应提交修改后的营业执照复印件、相应的协议或方案、受让方的有效证件复印件；通过产权交易机构公开交易的，应提交产权交易机构出具的相关交易凭证。

（七）按照国有资产评估管理规定，经济行为需要进行资产评估的，应当提交资产评估核准或备案文件。

（八）需提交的其他文件和资料。

第二十三条 部门所属企业申请办理产权登记的，应当通过信息系统填报。其中，一级企业应当经主办单位及中央部门审核并出具审核意见后，报财政部审定；二级及以下企业应当逐级经其上级企业、主办单位审核并出具审核意见后，报中央部门审定。

第二十四条 财政部、中央部门对审定合格的部门所属企业，应当及时予以办理产权登记，并按规定核发、换发或收回《产权登记证》。对不符合产权登记办理相关规定的企业，财政部、中央部门不予办理产权登记，并要求企业进行整改，整改完成后重新申请办理。

第二十五条 因产权转让、增资、减资、出资人性质改变等，导致中央部门国有资本出资人退出但仍有国有资本、或中央部门国有资本出资人不再是企业国有资本认缴出资额最大出资人的，企业办理注销产权登记后，应当根据最新产权归属关系向有关部门申请办理产权登记。

第四章　监督管理

第二十六条　部门所属企业应当及时申请办理产权登记。在产权登记中伪造申报材料、刻意瞒报的，按照国家有关规定进行处理。

第二十七条　财政部、中央部门、主办单位和部门所属企业应当建立健全产权登记制度和工作体系，各中央部门可根据本部门实际情况在部门内部产权登记管理规程中细化各级主管单位职责，落实产权登记管理工作责任。财政部对制度执行情况进行监督检查并予以通报。

第二十八条　财政部、中央部门、主办单位和部门所属企业的工作人员，在办理产权登记工作中，存在违反本办法行为的，以及其他滥用职权、玩忽职守、徇私舞弊等违法违纪行为的，按照《中华人民共和国公务员法》、《中华人民共和国监察法》和《财政违法行为处罚处分条例》等有关规定追究相应责任。构成犯罪的，依法追究刑事责任。

第五章　附　则

第二十九条　实行企业化管理并执行企业财务、会计制度的事业单位，按照本办法办理产权登记事项。

第三十条　部门所属企业要按照国家有关保密制度规定做好保密工作，严禁将涉密文件、信息等上传至产权登记信息系统。涉密材料以书面形式另行报送。

第三十一条　企业以交易为目的持有的企业股权，按照企业会计准则未纳入“长期股权投资”科目进行会计核算的，不进行产权登记。

第三十二条　国家设立的中央级研究开发机构、高等院校主要以科技成果作价投资形成的企业，即：当中央级研究开发机构、高等院校为企业国有资本出资额最大的出资人，且该出资人以科技成果作价投资形成的国有资本总额大于其以其他形式出资形成的国有资本总额时，其产权登记事项按照科技成果作价投资企业的规定执行，由中央级研究开发机构、高等院校的主管部门办理。

第三十三条　金融、文化企业另有规定的，依其规定执行。

第三十四条　本办法自印发之日起实施，现行部门所属企业产权登记办理相关规定与本办法不一致的，以本办法为准。

附：1. 企业国有资本产权登记表（占有登记）（略）

2. 企业国有资本产权登记表（变动登记）（略）

3. 企业国有资本产权登记表（注销登记）（略）

4. 中华人民共和国企业国有资本产权登记证（略）

5. 企业国有资本产权登记表填报说明（略）

3. 资产处置及监督

财政部关于进一步加大授权力度 促进科技成果转化的通知

（财资〔2019〕57号）

党中央有关部门，国务院各部委、各直属机构，全国人大常委会办公厅，全国政协办公厅，最高人民法院，最高人民检察院，各民主党派中央，有关人民团体，有关中央管理企业，各省、自治区、直辖市、计划单列市财政厅（局），新疆生产建设兵团财政局：

为贯彻"放管服"改革要求，进一步加大国家设立的中央级研究开发机构、高等院校科技成果转化有关国有资产管理授权力度，落实创新驱动发展战略，促进科技成果转移转化，支持科技创新，现就有关事项通知如下：

一、加大授权力度，简化管理程序

（一）中央级研究开发机构、高等院校对持有的科技成果，可以自主决定转让、许可或者作价投资，除涉及国家秘密、国家安全及关键核心技术外，不需报主管部门和财政部审批或者备案。涉及国家秘密、国家安全及关键核心技术的科技成果转让、许可或者作价投资，授权中央级研究开发机构、高等院校的主管部门按照国家有关保密制度的规定进行审批，并于批复之日起15个工作日内将批复文件报财政部备案。

（二）授权中央级研究开发机构、高等院校的主管部门办理科技成果作价投资形成国有股权的转让、无偿划转或者对外投资等管理事项，不需报财政部审批或者备案。纳入国有资本投资运营公司集中统一监管的，公司要按照科技成果转化授权要求，简化科技成果作价投资形成的国有股权管理决策程序，积极支持科技成果转化和科技创新。

（三）授权中央级研究开发机构、高等院校的主管部门办理科技成果作价投资成立企业的国有资产产权登记事项，不需报财政部办理登记。

二、优化评估管理，明确收益归属

（四）中央级研究开发机构、高等院校将科技成果转让、许可或者作价投资，由单位自主决定是否进行资产评估；通过协议定价的，应当在本单位公示科技成果名称和拟交易价格。

（五）中央级研究开发机构、高等院校转化科技成果所获得的收入全部留归本单位，纳入单位预算，不上缴国库，主要用于对完成和转化职务科技成果做出重要贡献人员的奖励和报酬、科学技术研发与成果转化等相关工作。

三、落实主体责任，加强监督管理

（六）中央级研究开发机构、高等院校要遵循科技成果转移转化规律，完善科技成果转化机制，加强科技成果管理，规范科技成果转化程序，建立健全科技成果转化重大事项领导班子集体决策制度，提高科技成果转化成效。对在科技成果转化工作过程中，通过串通作弊、暗箱操作等低价处置国有资产的，要依据国家有关规定进行处理。

（七）中央级研究开发机构、高等院校的主管部门要承担科技成果转化有关国有资产管理的主体责任，加强对科技成果作价投资形成国有股权的管理，健全完善管理制度，建立内控和风险防控机制，加强监管约束。同时，要加强对中央级研究开发机构、高等院校自主转化科技成果的监督，落实监管职责。

（八）财政部门加强对科技成果转化有关国有资产管理的监督，督促改进发现的问题，做到放管结合，实现有效监管。

四、鼓励地方探索，支持改革创新

（九）地方财政部门要将支持科技成果转移转化、推动科技创新作为重要职责，根据本通知精神，结合本地区经济发展、产业转型、科技创新等实际需要，制定具体规定，进一步完善科技成果国有资产管理制度。

（十）鼓励地方开拓创新，探索符合科技成果国有资产特点的管理模式，充分发挥国有资产在科技成果转移转化中的支撑作用，支持地方促进科技成果转移转化。

本通知自印发之日起施行。

财政部

2019 年 9 月 23 日

财政部关于印发《中央行政事业单位国有资产处置管理办法》的通知

（财资〔2021〕127 号）

党中央有关部门，国务院各部委、各直属机构，全国人大常委会办公厅，全国政协办公厅，最高人民法院，最高人民检察院，各民主党派中央，有关人民团体，有关中央管理企业：

为规范中央行政事业单位国有资产处置行为，维护国有资产安全和完整，保障国家所有者权益，根据《行政事业性国有资产管理条例》（国务院令第 738 号）等规定，我们制定了《中央行政事业单位国有资产处置管理办法》。现印发给你们，请遵照执行。

附件：中央行政事业单位国有资产处置管理办法

财政部

2021 年 9 月 28 日

中央行政事业单位国有资产处置管理办法

第一章 总 则

第一条 为规范中央行政事业单位国有资产处置行为，维护国有资产安全和完整，根据《行政事业性国有资产管理条例》（国务院令第 738 号）等规定，制定本办法。

第二条 本办法所称中央行政事业单位，包括党中央各部门、国务院各部委和各直属机构、全国人大常委会办公厅、全国政协办公厅、最高人民法院、最高人民检察院、各民主党派中央、有关人民团体（以下统称各部门）的机关本级及其所属各级行政事业单位，有关中央管理企业所属的各级事业单位。

第三条 中央行政事业单位国有资产处置方式包括无偿划转、对外捐赠、转让、置换、报废、损失核销等。

第四条 符合下列情形的中央行政事业单位国有资产应当予以处置：

（一）因技术原因确需淘汰或者无法维修、无维修价值的；

（二）涉及盘亏等非正常损失的；

（三）已超过使用年限且无法满足现有工作需要的；

（四）因自然灾害等不可抗力造成毁损、灭失的；

（五）因单位分立、合并、改制、撤

销、隶属关系改变或者部分职能、业务调整等而移交的；

（六）发生产权变动的；

（七）依照国家有关规定需要处置的其他情形。

第五条　中央行政事业单位国有资产处置应当遵循公开、公正、公平和竞争择优的原则，按照规定权限履行审批手续，未经批准不得自行处置。

第六条　中央行政事业单位拟处置的国有资产权属应当清晰，取得或者形成的方式应当合法合规，权属关系不明或者存在权属纠纷的，应当按照有关规定界定权属后予以处置。

被设置为担保物的国有资产处置，应当符合《中华人民共和国民法典》等法律的有关规定。

第二章　处置权限和要求

第七条　财政部、各部门按照规定权限对中央行政事业单位国有资产处置事项进行审核、审批或者备案。

财政部批复各部门所属行政事业单位国有资产处置的文件，应当同步抄送财政部当地监管局。

第八条　各部门机关本级和机关服务中心的国有资产处置，分别由国管局、中直管理局、全国人大常委会办公厅、全国政协办公厅归口管理。

中央行政事业单位处置办公用房和公务用车，《党政机关办公用房管理办法》、《党政机关公务用车管理办法》等有规定的，从其规定。

第九条　除本办法第十条、第十一条规定外，各部门及中央管理企业所属行政事业单位（含垂直管理机构和派出机构，各部门机关本级和机关服务中心除外）处置单位价值或者批量价值（账面原值，下同）1500万元以上（含1500万元）的国有资产，应当经各部门审核同意后报财政部当地监管局审核，审核通过后由各部门报财政部审批；处置单位价值或者批量价值1500万元以下的国有资产，由各部门自行审批。

各部门所属行政事业单位应当在规定权限内根据实际及时处置国有资产，一个月度内分散处置的国有资产原则上按同一批次汇总计算批量价值。

第十条　各部门所属高等院校国有资产处置，由各部门审批。其中，已达使用年限并且应淘汰报废的国有资产，由高等院校自主处置，并将处置结果按季度报各部门备案。

第十一条　国家设立的中央级研究开发机构、高等院校对持有的科技成果，可以自主决定转让，除涉及国家秘密、国家安全及关键核心技术外，不需报各部门和财政部审批或者备案。涉及国家秘密、国家安全及关键核心技术的科技成果转让，由各部门按照国家有关保密制度的规定审批。

国家设立的中央级研究开发机构、高等院校以科技成果作价投资形成的国有股权无偿划转、转让、损失核销等处置事项，由各部门审批。

第十二条　中央军工集团及中国工程物理研究院所属科研事业单位国有资产处置，其中影响武器装备科研生产能力、维修保障能力等的，应当在国家国防科技工业主管部门履行相关审核程序后，履行资产处置审批程序。

第十三条　在突发公共卫生事件或者

国家重大自然灾害等应急情况下，相关单位可本着急事急办、特事特办的原则，按照主管部门要求履行相关程序后处置国有资产，待应急事件结束后报主管部门备案。

第十四条 财政部、各部门、中央行政事业单位对国有资产处置事项的批复文件，是国有资产处置的依据。

中央行政事业单位要依据批复文件处置资产，处置完毕后应当及时核销相关资产台账信息，同时进行会计处理，确保账实相符和账账相符。

中央行政事业单位国有资产处置情况应当在行政事业性国有资产管理情况年度报告中予以反映。

第十五条 除国家另有规定外，中央行政事业单位转让、拍卖、置换国有资产等，应当依法进行资产评估，并按照国有资产评估管理有关规定进行核准或者备案。

国家设立的中央级研究开发机构、高等院校将其持有的科技成果转让给国有全资企业的，可以不进行资产评估；转让给非国有全资企业的，由单位自主决定是否进行资产评估；通过协议定价的，应当在本单位公示科技成果名称和拟交易价格。

第三章 处置方式和程序

第一节 无偿划转

第十六条 无偿划转是指在不改变国有资产性质的前提下，以无偿转让的方式变更国有资产占有、使用权的行为。无偿划转国有资产应当按照以下程序办理：

（一）中央行政事业单位之间无偿划转国有资产，以及中央行政事业单位对国有全资企业无偿划转国有资产，由划出方按照本办法第二章规定的相应权限履行审批手续；

（二）跨级次无偿划转国有资产，由中央无偿划转给地方的，应当附接收方主管部门和同级财政部门同意接收的相关文件，由中央行政事业单位按本办法第二章规定的相应权限履行审批手续；由地方无偿划转给中央的，由划出方按照同级财政部门规定的处置权限履行审批手续。

第十七条 中央行政事业单位申请无偿划转国有资产，应当由划出方提交以下材料：

（一）申请文件及单位内部决策文件，国有资产价值凭证及产权证明（如购货发票或者收据、记账凭证、资产信息卡、竣工决算报告、国有土地使用权证、房屋所有权证、不动产权证、专利证、著作权证、担保（抵押）凭证、债权或者股权凭证、投资协议等凭据的复印件，下同），以及《中央行政事业单位国有资产无偿划转和对外捐赠申请表》（见附件 1）；

（二）划出方和划入方签署的意向性协议；

（三）因单位撤销、合并、分立、改制而移交国有资产的，需提供撤销、合并、分立、改制的批文；

（四）其他相关材料。

第二节 对外捐赠

第十八条 对外捐赠是指中央行政事业单位依照《中华人民共和国公益事业捐赠法》，自愿无偿将其占有、使用的国有资产赠与合法受赠人的行为。

中央行政事业单位对外捐赠应当利用本单位闲置资产或者淘汰且具有使用价值

的资产，不得新购资产用于对外捐赠。

同一部门上下级单位之间和部门所属单位之间，不得相互捐赠资产。

第十九条　中央行政事业单位申请对外捐赠国有资产，应当提交以下材料：

（一）申请文件及单位内部决策文件，国有资产价值凭证及产权证明，以及《中央行政事业单位国有资产无偿划转和对外捐赠申请表》；

（二）对外捐赠报告，包括对外捐赠事由、方式、责任人、国有资产构成及其数额、对外捐赠事项对本单位财务状况和业务活动影响的分析等；

（三）其他相关材料。

第二十条　对外捐赠应当依据受赠方出具的同级财政部门或者相关主管部门统一印（监）制的捐赠收据，受赠方所在地城镇街道办事处、乡镇人民政府等出具的凭证或者捐赠资产交接清单予以确认。

第三节　转让

第二十一条　转让是指中央行政事业单位变更国有资产占有、使用权并取得收益的行为。

中央行政事业单位转让国有资产，应当以公开竞争方式进行，严格控制非公开协议方式，可以通过相应公共资源交易平台进行。

第二十二条　中央行政事业单位转让国有资产，以财政部、各部门核准或者备案的资产评估报告所确认的评估价值作为确定底价的参考依据，意向交易价格低于评估结果90%的，应当报资产评估报告核准或者备案部门重新确认后交易。

第二十三条　中央行政事业单位申请转让国有资产，应当提交以下材料：

（一）申请文件及单位内部决策文件，国有资产价值凭证及产权证明，以及《中央行政事业单位国有资产转让等申请表》（见附件2）；

（二）转让方案，包括国有资产的基本情况，转让的原因、方式，可行性及风险分析等；

（三）转让方和受让方签署的意向性协议；

（四）其他相关材料。

第四节　置换

第二十四条　置换是指中央行政事业单位与其他单位以固定资产、无形资产等为主进行的资产交换，一般不涉及货币性资产或者只涉及用于补差价的少量货币性资产。

资产置换，应当以财政部、各部门核准或者备案的资产评估报告所确认的评估价值作为置换对价的参考依据。

第二十五条　中央行政事业单位申请置换国有资产，应当提交以下材料：

（一）申请文件及双方单位内部决策文件，双方资产价值凭证及产权证明，以及《中央行政事业单位国有资产转让等申请表》；

（二）置换方案，包括双方拟用于置换资产的基本情况、设置担保情况，置换的原因、方式，可行性及风险分析等；

（三）置换双方签署的意向性协议；

（四）其他相关材料。

第五节　报废

第二十六条　报废是指按照有关规定或者经有关部门、专家鉴定，对因技术原因确需淘汰或者无法维修、无维修价值的国有资产，或者已超过使用年限且无法满足工作需要的国有资产，进行产权核销的国有资产处置行为。

中央行政事业单位已达使用年限仍可继续使用的国有资产，应当继续使用。

第二十七条 中央行政事业单位申请报废国有资产，应当提交以下材料：

（一）申请文件及单位内部决策文件，国有资产价值凭证及产权证明，以及《中央行政事业单位国有资产转让等申请表》；

（二）有关部门、专家出具的鉴定文件及处理意见；

（三）因房屋拆除等原因需办理国有资产核销手续的，提交相关职能部门的房屋拆除批复文件、建设项目拆建立项文件、双方签订的房屋拆迁补偿协议等；

（四）专利、非专利技术、著作权、资源资质等因被其他新技术所代替或者已经超过法律保护的期限、丧失使用价值和转让价值的，提供有关技术部门的鉴定材料，或者已经超过法律保护期限的证明文件；

（五）其他相关材料。

第六节 损失核销

第二十八条 损失核销是指由于发生盘亏、毁损、非正常损失等原因，按照有关规定对国有资产损失进行核销的国有资产处置行为。中央行政事业单位对发生的国有资产损失，应当及时处理。

第二十九条 中央行政事业单位申请存货、固定资产、无形资产等国有资产损失核销，应当提交以下材料：

（一）申请文件及单位内部决策文件，国有资产价值凭证及产权证明，以及《中央行政事业单位国有资产转让等申请表》；

（二）国有资产盘亏、毁损以及非正常损失的情况说明，第三方机构出具的经济鉴证证明，国家有关技术鉴定部门或者具有技术鉴定资格的第三方机构出具的技术鉴定证明（涉及保险索赔的应当有保险公司理赔情况说明），赔偿责任认定说明和单位内部核批文件；

（三）国有资产被盗的，需要提供公安机关出具的结案证明；

（四）因不可抗力因素（自然灾害、意外事故）造成国有资产毁损的，需要提供相关部门出具的受灾证明、事故处理报告、车辆报损证明、房屋拆除证明等；

（五）其他相关材料。

第三十条 中央行政事业单位申请对外投资、担保（抵押）国有资产的损失核销，应当提交以下材料：

（一）申请文件及单位内部决策文件，国有资产价值凭证及产权证明，以及《中央行政事业单位国有资产转让等申请表》；

（二）形成损失的情况说明、被投资单位的清算审计报告及注销文件、第三方机构出具的经济鉴证证明和具有法律效力的证明材料；

（三）涉及仲裁或者提起诉讼的，提交仲裁决定或者法院判决等相关法律文书；

（四）其他相关材料。

第四章 处置收入

第三十一条 处置收入是指在转让、置换、报废等处置国有资产过程中获得的收入，包括转让资产收入、置换差价收入、拆迁补偿收入、报废报损残值变价收入、保险理赔收入、转让土地使用权收益、所办一级企业的清算收入等。

第三十二条　除国家另有规定外，中央行政事业单位国有资产处置收入，应当在扣除相关税金、资产评估费、拍卖佣金等费用后，按照政府非税收入和国库集中收缴管理有关规定及时上缴中央国库。

土地使用权转让收益以及占地补偿收益，按照财政部有关规定上缴中央国库。

各部门所属高等院校自主处置已达使用年限并且应淘汰报废的国有资产取得的收益，留归高等院校，纳入单位预算，统一核算、统一管理。

国家设立的中央级研究开发机构、高等院校转化科技成果所获得的收入全部留归本单位，纳入单位预算，统一核算、统一管理，主要用于对完成和转化职务科技成果作出重要贡献人员的奖励和报酬、科学技术研发与成果转化等相关工作。

第三十三条　中央事业单位利用国有资产对外投资形成的股权（权益）的处置收入，除按照中央国有资本经营预算有关规定应申报、上交的国有资本收益和国家另有规定外，按照以下规定管理：

（一）利用货币资金对外投资形成股权（权益）的处置收入纳入单位预算，统一核算，统一管理；

（二）国家设立的中央级研究开发机构、高等院校利用科技成果作价投资形成股权（权益）的处置收入纳入单位预算，统一核算，统一管理；

（三）利用其他国有资产对外投资形成的股权（权益）的处置收入，扣除投资收益以及相关税费后，按照政府非税收入和国库集中收缴管理有关规定及时上缴中央国库；投资收益纳入单位预算，统一核算，统一管理；

（四）统筹利用货币资金、科技成果和其他国有资产混合对外投资形成的股权（权益）的处置收入，按照本条第（一）、（二）、（三）项的有关规定分别管理。

第五章　监督检查

第三十四条　财政部对中央行政事业单位国有资产处置情况进行监督检查。

财政部各地监管局可以依据职责和财政部授权对所在地中央行政事业单位国有资产处置情况进行监督检查。

第三十五条　各部门应当建立国有资产处置管理制度，定期或者不定期对所属行政事业单位国有资产处置情况进行监督检查。

第三十六条　财政部、各部门、中央行政事业单位及其工作人员在国有资产处置管理工作中，存在违反本办法规定的行为，以及其他滥用职权、玩忽职守、徇私舞弊等违法违纪行为的，依照《中华人民共和国公务员法》、《中华人民共和国监察法》、《行政事业性国有资产管理条例》等国家有关规定追究责任；构成犯罪的，依法追究刑事责任。

第三十七条　各部门及其所属行政事业单位在国有资产处置过程中有下列情形之一的，依纪依法追究相关人员责任：

（一）未按照规定经集体决策或者履行审批程序，擅自越权对规定限额以上的国有资产进行处置；

（二）未按照规定办理国有资产处置手续，对不符合规定的申报处置材料予以审批；

（三）采用弄虚作假等方式低价处置

国有资产；

（四）截留国有资产处置收入；

（五）未按照规定评估国有资产导致国家利益损失；

（六）其他造成单位国有资产损失的行为。

第六章　附　则

第三十八条　执行企业财务、会计制度的中央事业单位，以及中央行政事业单位所办国有及国有控股企业国有资产处置，按照企业国有资产管理有关规定执行，不适用本办法。

第三十九条　中央行政事业单位货币性资产损失核销，按照预算及财务管理有关规定执行。

第四十条　公共基础设施、政府储备物资、国有文物文化等行政事业性国有资产处置，以及中央行政事业单位境外国有资产处置，按照有关规定执行。

第四十一条　各部门可根据本办法的规定，结合实际情况，授权所属行政事业单位一定限额的国有资产处置权限，并制定具体办法。

第四十二条　中央行政事业单位涉及国家安全和秘密的国有资产处置，应当符合国家有关保密制度的规定和要求。

第四十三条　本办法自印发之日起施行。此前颁布的有关行政事业单位国有资产处置管理规定，与本办法相抵触的，以本办法为准。《中央级事业单位国有资产处置管理暂行办法》（财教〔2008〕495号）予以废止。

附：1. 中央行政事业单位国有资产无偿划转和对外捐赠申请表（略）

2. 中央行政事业单位国有资产转让等申请表（略）

财政部关于印发《行政事业单位国有资产年度报告管理办法》的通知

（财资〔2017〕3号）

党中央有关部门，国务院各部委、各直属机构，全国人大常委会办公厅，全国政协办公厅，高法院，高检院，各民主党派中央，有关人民团体，有关中央管理企业，各省、自治区、直辖市、计划单列市财政厅（局），新疆生产建设兵团财务局：

为了规范行政事业单位资产报告工作，加强行政事业单位国有资产监督管理，促进资产管理与预算管理相结合，提高国有资产使用效益，我们制定了《行政事业单位国有资产年度报告管理办法》。现印发给你们，请遵照执行。执行中有何问题，请及时向我部反映。

附件：行政事业单位国有资产年度报告管理办法

财政部

2017年1月12日

附件：

行政事业单位国有资产年度报告管理办法

第一章　总　则

第一条　为建立科学、规范的行政事业单位资产年度报告体系，提高国有资产信息质量和应用水平，夯实资产管理和预算管理的数据基础，为编制政府资产报告提供依据，根据《中华人民共和国预算法》、《中华人民共和国会计法》、《行政单位国有资产管理暂行办法》（财政部令第35号）、《事业单位国有资产管理暂行办法》（财政部令第36号）等国家有关规定，制定本办法。

第二条　执行行政或者事业单位财务、会计制度的各级各类行政事业单位和社会团体（以下简称行政事业单位）编制报送行政事业单位国有资产年度报告（以下简称资产报告）适用本办法。

第三条　本办法所称行政事业单位国有资产，是指由行政事业单位控制的，纳入本单位核算，依法确认为国家所有，能以货币计量的各种经济资源。

第四条　本办法所称资产报告，是指行政事业单位年度终了，根据资产管理、预算管理等工作需要，在日常管理基础上编制报送的反映行政事业单位年度资产占有、使用、变动等情况的文件，包括行政事业单位资产报表、填报说明和分析报告。

第五条 行政事业单位应当严格按照国家资产管理和有关财务、会计的相关制度规定，遵循资产管理与预算管理相结合、资产管理与财务管理相结合、实物管理与价值管理相结合的原则，完善资产管理内部控制体系，做好各项资产的日常管理及会计核算工作，做到账表、账账、账证、账实相符，保证资产报告数据的真实准确完整。

第六条 行政事业单位资产报告工作应当按照“统一规范、分级管理”的原则，由各级财政部门、主管部门，行政事业单位按照各自职责分别组织实施。

第二章 职责分工

第七条 各级财政部门、主管部门和行政事业单位应当依托行政事业单位资产管理信息系统，做好资产报告的编制、汇总、分析、报送等工作，按照各自职责对资产报告的真实性、准确性和完整性负责。

第八条 财政部是负责全国行政事业单位资产报告工作的综合管理部门。其职责主要包括：

（一）制定全国行政事业单位国有资产报告管理的规章制度；

（二）制定全国统一的行政事业单位国有资产报告格式、内容以及相关编报要求；

（三）建立全国行政事业单位资产基础数据库，完善行政事业单位资产管理信息系统；

（四）负责全国行政事业单位国有资产报告的收集、审核、汇总和分析工作，并向有关方面提供行政事业单位国有资产情况；

（五）负责指导全国行政事业单位国有资产报告工作，并组织开展行政事业单位国有资产报告编报质量的核查；

（六）组织开展中央本级行政事业单位国有资产报告工作。

第九条 地方各级财政部门按照行政隶属关系，负责组织开展本地区行政事业单位国有资产报告工作。其职责主要包括：

（一）依据上级财政部门有关行政事业单位国有资产报告的规定和工作要求，制定本地区行政事业单位国有资产报告管理的规章制度；

（二）建立本地区行政事业单位资产基础数据库，完善本地区行政事业单位资产管理信息系统；

（三）负责本地区行政事业单位国有资产报告的收集、审核、汇总和分析工作，并向上级财政部门及时报告工作情况；

（四）组织开展本地区行政事业单位国有资产报告编报质量的核查；

（五）负责指导本地区行政事业单位国有资产报告工作。

第十条 主管部门按照财务隶属关系负责组织开展本部门所属行政事业单位国有资产报告相关工作。其职责主要包括：

（一）依据财政部和同级财政部门有关行政事业单位国有资产报告的规定和工作要求，结合工作需要制定本部门行政事业单位国有资产报告管理的规章制度；

（二）建立本部门资产基础数据库，完善本部门资产管理信息系统；

（三）负责本部门行政事业单位国

有资产报告的收集、审核、汇总和分析工作，并向同级财政部门及时报告工作情况；

（四）组织开展本部门行政事业单位国有资产报告编报质量的核查；

（五）负责指导本部门行政事业单位国有资产报告工作。

第十一条　行政事业单位负责具体实施本单位资产报告工作。其职责主要包括：

（一）贯彻执行各级财政部门、主管部门有关行政事业单位国有资产报告的规定和工作要求；

（二）做好相关财务会计核算，定期或者不定期开展单位资产盘点工作，确保资产信息质量；

（三）按照本办法要求，认真编制行政事业单位国有资产报告，如实反映本单位资产占有、使用、变动等情况；

（四）按照相关规定及时向主管部门报送行政事业单位国有资产报告。

第十二条　年度终了，行政事业单位应当按照财政部门的工作部署，在规定时间内编制和报送行政事业单位国有资产报告，经主管部门审核汇总后报同级财政部门审核。各中央部门应于每年3月20日前将本部门资产报告相关材料报送财政部审核；各地区财政部门应于每年4月20日前完成资产报告审核汇总工作。

第三章　报告内容

第十三条　资产报告由行政事业单位资产报表、填报说明和分析报告三部分构成。

第十四条　行政事业单位资产报表分为单户报表和汇总报表两类。

（一）单户报表是指行政事业单位在会计核算、资产盘点基础上对账簿记录进行加工编制而成的资产报表，反映行政事业单位资产占有、使用、变动等总体情况以及房屋、土地、车辆、大型设备等重要资产信息。

（二）汇总报表是财政部门、主管部门按照财务隶属关系汇总本地区、本部门行政事业单位资产数据形成的资产报表，主要反映本地区、本部门行政事业单位资产总量、分布、构成、变动等总体情况。

涉密单位按照国家保密管理有关规定开展资产报告工作，由主管部门报送汇总报表和汇总数据。

第十五条　行政事业单位资产报表填报说明是对资产报表编报相关情况的说明，主要内容包括：

（一）对数据填报口径等情况的说明；

（二）对数据审核情况的说明；

（三）对账面数与实有数、账面数与财务会计报表数据差异情况的说明；

（四）其他需要说明的情况。

第十六条　分析报告应当以资产和财务状况为主要依据，对资产占有、使用、变动情况，以及资产管理情况等进行分析说明，主要内容包括：

（一）部门（单位）的基本情况；

（二）资产情况分析，包括资产总量、分布、构成、变动情况及原因分析，与部门（单位）履行职能和促进事业发展相关的主要资产的配置、使用、处置等情况，国有资产收益规模及其管理情况；

（三）资产管理工作的成效及经验；

（四）资产管理工作存在的问题及原因分析；

（五）加强行政事业单位国有资产管

理工作的建议；

（六）其他需要报告的事项。

第十七条 财政部将根据相关制度办法的规定，视情况对资产报告格式、内容及相关编报要求进行修订。

第四章 报告编报

第十八条 行政事业单位应当在做好财务管理、会计核算的基础上，全面盘点资产情况，完善资产卡片数据，编制资产报告，并按照财务隶属关系逐级上报。

第十九条 资产报表数据应当真实、准确、完整，表内数据、表间数据、本期与上期数据、资产与财务数据应当相互衔接。填报说明和分析报告内容应当全面详实。

第二十条 资产报告编制完毕后，须经编制人员、资产管理部门负责人和单位负责人审查、签字并加盖单位公章后，于规定时间内上报。单位负责人对本单位编制的资产报告的真实性、准确性和完整性负责。

第二十一条 行政事业单位应当认真、如实编制资产报告，不得故意瞒报、漏报、编造虚假资产信息。

第五章 报告审核

第二十二条 各级财政部门、主管部门应当对本地区、本部门所属行政事业单位报送的资产报告进行审核。

第二十三条 资产报告审核的主要内容包括：

（一）编制范围是否全面完整，是否存在漏报和重复编报现象；

（二）编制方法是否符合国家财务、会计制度和资产管理制度规定，是否符合资产报告的编制要求；

（三）编制内容是否真实、准确、完整，表内、表间数据勾稽关系是否正确，单户数据与汇总数据、报表数据与资产管理信息系统数据、纸介质数据与电子介质数据是否一致；

（四）本期资产报告期初数与上期资产报告期末数、本期资产报告与同期财务报告同口径数据是否一致，数据差异是否合理合规，是否作出合理说明；

（五）资产报表填报说明和分析报告是否符合资产报告管理办法规定；

（六）其他需要审核的事项。

第二十四条 资产报告审核方式可以根据实际情况采取自行审核、集中会审、委托审核等多种形式。

（一）自行审核：主管部门在报送资产报告前自行将本部门所属行政事业单位纸质报表、电子介质数据以及相关资料，按规定的审核内容进行逐项审核。

（二）集中会审：各级财政部门、主管部门组织专门力量对本地区、本部门行政事业单位编制的资产报告纸质报表、电子介质数据以及相关资料，按照财政部门的标准及要求集中进行审核。

（三）委托审核：各级财政部门、主管部门在遵循有关法律法规的前提下，可以委托具有相关资质的社会中介机构对本地区、本部门行政事业单位编制的资产报告纸质报表、电子介质数据以及相关资料进行审核。

第二十五条 各级财政部门、主管部门应当认真做好资产报告审核工作。凡发现资产报告编制不符合规定，存在漏报、重报、虚报、瞒报、错报以及相关数据不衔接等错误和问题，应当要求有关单位立即纠正，并限期重报。

第二十六条　各级财政部门、主管部门可以根据实际情况组织专业人员或委托具有相关资质的社会中介机构，对资产报告进行检查或抽查。

第六章　数据使用与管理

第二十七条　各级财政部门、主管部门和行政事业单位应当充分有效利用行政事业单位资产管理信息系统和资产报告数据资料，全面、动态地掌握行政事业单位国有资产占有、使用、变动等情况，形成全国行政事业单位国有资产基础数据库。

第二十八条　各级财政部门、主管部门和行政事业单位应当建立和完善资产与预算有效结合的激励和约束机制，同时将资产报告数据作为建立和完善资产配置标准体系的重要基础。

第二十九条　各级主管部门、行政事业单位应当根据资产报告反映的情况，结合其依法履行职能和事业发展的需要，合理提出新增资产配置需求，严格控制资产增量。各级财政部门应当将资产报告反映的情况作为预算安排和绩效管理的重要依据。

第三十条　各级财政部门、主管部门和行政事业单位应当将资产报告数据作为行政事业单位利用国有资产对外投资、出租出借，以及处置国有资产的重要依据。

第三十一条　各级财政部门、主管部门和行政事业单位应当有效利用资产报告数据，加强大型仪器、设备等资产的共享、共用和公共研究平台的建设工作。

第三十二条　各级财政部门、主管部门和行政事业单位应当严格按照国家会计档案管理有关规定，对资产数据资料进行归类整理、建档建库、妥善保管。

第三十三条　各级财政部门、主管部门和行政事业单位应当按照国家政府信息公开的有关规定，对外提供资产报告数据资料。

第七章　监督检查

第三十四条　各级财政部门、主管部门应当加强对本地区、本部门所属行政事业单位资产报告工作的监督检查，对未按时报送资产报告或报告质量不合格的单位，责令其限期完成或纠正重报；对拒不完成资产报告工作的单位，除按统一要求推进的改革外，不予办理当年资产配置、使用、处置等事项。财政部驻各地财政监察专员办事处负责二级及以下中央行政事业单位资产报告工作的监督检查。

第三十五条　各级财政部门、主管部门应当对行政事业单位资产报告中的资产配置、使用、处置及财政预算执行情况加强监管，对资产报告数据与单位年度部门预、决算批复数据不能衔接一致的，应当督促行政事业单位查明原因，及时对发现的问题进行纠正和处理。

第三十六条　各级财政部门、主管部门应当认真组织、落实本地区、本部门资产报告工作。各级财政部门要加强对行政事业单位资产报告工作的考核，对因工作组织不力或不当，造成拖延报送或严重数据差错的单位进行通报。

第三十七条　各级财政部门、主管部门及其工作人员在资产报告编报审核过程中因工作组织不力或不当，造成资产报告差错严重的，以及其他滥用职权、玩忽职守、徇私舞弊等违法违纪行为的，按照《公务员法》、《行政监察法》、《财政违法行为处罚处分条例》等国家有关规定追究相应责任；涉嫌犯罪的，移送司法机关处理。

第八章 附 则

第三十八条 占有、使用国有资产，执行《民间非营利组织会计制度》的社会团体及民办非企业单位，参照本办法执行。

第三十九条 执行企业财务和会计制度的事业单位不执行本办法，其资产报告工作按照企业国有资产管理的有关规定执行。

第四十条 各省、自治区、直辖市和计划单列市财政部门、新疆生产建设兵团、中央各部门可根据本办法，结合实际情况，制定具体的实施办法，并报财政部备案。

第四十一条 本办法由财政部负责解释。

第四十二条 本办法自2017年1月12日起施行。

财政部关于印发《国有资产报告编报工作暂行办法》的通知

（财资〔2021〕123 号）

党中央有关部门，国务院各部委、各直属机构，全国人大常委会办公厅，全国政协办公厅，最高人民法院，最高人民检察院，各民主党派中央，有关人民团体，各省、自治区、直辖市、计划单列市财政厅（局），新疆生产建设兵团财政局，有关中央管理企业：

为贯彻落实《中共中央关于建立国务院向全国人大常委会报告国有资产管理情况制度的意见》和《全国人民代表大会常务委员会关于加强国有资产管理情况监督的决定》，建立健全国有资产报告制度，规范国有资产报告编报工作，根据《中华人民共和国预算法》、《中华人民共和国会计法》、《中华人民共和国企业国有资产法》、《行政事业性国有资产管理条例》、《企业财务通则》、《金融企业财务通则》以及自然资源有关法律法规等规定，我们在近年来国有资产报告编制工作实践基础上，起草了《国有资产报告编报工作暂行办法》。现印发给你们，请遵照执行。

财政部

2021 年 9 月 10 日

国有资产报告编报工作暂行办法

第一条　为贯彻落实《中共中央关于建立国务院向全国人大常委会报告国有资产管理情况制度的意见》和《全国人民代表大会常务委员会关于加强国有资产管理情况监督的决定》，建立健全国有资产报告制度，规范国有资产报告编报工作，根据《中华人民共和国预算法》、《中华人民共和国会计法》、《中华人民共和国企业国有资产法》、《行政事业性国有资产管理条例》、《企业财务通则》、《金融企业财务通则》以及自然资源有关法律法规等规定，制定本办法。

第二条　本办法适用于财政部门根据国务院授权牵头编制国有资产管理情况的报告（以下简称国有资产报告）相关工作。

第三条　财政部门要建立国有资产报告工作协调机制，会商有关部门和单位解决国有资产报告工作中的问题，统筹推进国有资产报告编报工作。

第四条　国有资产报告编制要实现全口径、全覆盖，采取价值量与实物量相结合的方式，全面、科学反映各级各类国有资产管理情况。

国有资产报告采取综合报告和专项报告相结合方式。

第五条 综合报告全面反映各级各类国有资产管理情况。

第六条 专项报告分别反映企业国有资产（不含金融企业）、金融企业国有资产、行政事业性国有资产、国有自然资源四类国有资产管理情况。

企业国有资产（不含金融企业）专项报告的范围包括各履行出资人职责的部门和机构管理企业、党政机关和事业单位所办企业等国有资产。

金融企业国有资产专项报告的范围包括国家及其授权投资主体直接或间接对金融机构出资所形成的资本和应享有的权益，凭借国家权力和信用支持的金融机构所形成的资本和应享有的权益等国有金融资本。

行政事业性国有资产专项报告的范围包括各类行政事业单位依法直接支配的各类资产，包括固定资产、在建工程、无形资产、对外投资以及流动资产等，还包括由行政事业单位用于提供公共服务的公共基础设施、保障性住房、政府储备物资、文物文化资产等。

国有自然资源专项报告的范围包括全民所有土地、矿产、森林、草原、湿地、水流、海洋等自然资源资产。

第七条 国有资产报告应当根据各类国有资产性质和管理目标，真实反映国有资产管理情况、管理成效、存在的问题，提出改进工作安排意见等。

国有资产报告应当突出报告重点，重点报告本级人大常委会审议关注的内容，以及与其相关的重要情况。

第八条 国有资产报告按照公历年度编制，反映上一年度1月1日至12月31日国有资产监督管理情况。

第九条 财政部每年向各省、自治区、直辖市人民政府财政部门以及有关中央部门和单位印发开展年度国有资产报告编报工作的通知，布置年度报告工作，明确报告工作具体安排、编报要求和报送时限等。

各有关部门和单位应当依法依规认真、如实编写国有资产报告，不得瞒报、虚报、漏报国有资产情况，并对资产报告的真实性、准确性和完整性负责。

第十条 财政部在有关中央部门和单位以及各省级人民政府报送的报告基础上，经过审核汇总，编制全国国有资产综合报告和有关专项报告，按照程序呈报国务院。

县级以上地方各级财政部门按照财政部和本级人民政府部署要求，开展本地区综合报告和有关专项报告编制工作。

第十一条 县级以上各级财政部门商各相关部门、单位配合做好本级人大常委会审议报告相关工作，按照规定程序对报告的数据和内容进行审核。

第十二条 根据本级人大常委会审议意见任务分工，财政部门商各相关部门汇总梳理关于本级人大常委会审议意见的处理情况和国有资产管理领域审计发现主要问题及整改问责情况，形成审议意见处理情况报告，经本级人民政府同意后报本级人大常委会。

第十三条 财政部门应当按照规定及时公开国有资产报告有关信息，自觉接受社会监督。

第十四条 财政部牵头推进全口径国有资产信息共享平台建设，全面完整反映各类国有资产配置、使用、处置和效益等基本情况。

第十五条 各级财政部门、有关部门和单位及其工作人员在国有资产报告编制工作中发生滥用职权、玩忽职守、徇私舞弊或者渎职失职等违法违规行为的，依照《中华人民共和国监察法》、《中华人民共和国公职人员政务处分法》、《财政违法行为处罚处分条例》等追究责任；构成犯罪的，依法追究刑事责任。

第十六条 省级财政部门根据本办法，可以制定本地区国有资产报告编报工作具体办法。

第十七条 本办法自印发之日起施行。

4. 中国科学院相关政策

中国科学院关于印发《中国科学院对外投资管理办法》的通知

（科发条财字〔2017〕101号）

院属各单位、院机关各部门：

《中国科学院对外投资管理办法》已经2017年第6次院长办公会审议通过，现印发你们，请遵照执行。本办法自印发之日起施行，2010年印发的《中国科学院对外投资管理暂行办法》同时废止。在此之前院发布的其他有关规定和办法与本办法不一致的，以本办法为准。

附件：中国科学院对外投资管理办法

中国科学院

2017年8月23日

中国科学院对外投资管理办法

第一章　总　则

第一条　为规范我院事业单位及中国科学院控股有限公司（以下简称“国科控股”）对外投资行为，加强国有资产监管，防止国有资产流失，促进科技成果转移转化，根据《中华人民共和国企业国有资产法》、《中华人民共和国公司法》、《中央级事业单位国有资产管理暂行办法》等法律、法规和规章制度的有关规定，制定本办法。

第二条　本办法所称对外投资管理是指院属事业单位及国科控股的股权投资、股权变动和股权处置行为，主要包括以下经济行为：

（一）投资设立新企业或取得已设立企业股权；

（二）对已投资企业增资扩股或减资缩股；

（三）兼并与收购企业；

（四）接受赠予的企业股权；

（五）转让所持企业股权（或股份）；

（六）无偿划转所持有的企业股权（根据国家规定上市公司股权无偿划转社保基金除外）；

（七）对已投资的企业改制（含股份制改造）；

（八）已投资的企业增资扩股，院属单位不增资；

（九）企业以未分配利润、资本公积

和盈余公积转增资本金；

（十）对已投资企业撤资；

（十一）已投资企业的合并、分立；

（十二）已投资企业的注销解散。

第二章　管理机构及其职责

第三条　我院代表国家行使国有资产出资人权利，统一管理院、所两级占用的国有资产，并对所管理的国有资产承担保值增值责任。根据国家的有关规定，我院实行“国家授权、事企分开、统一管理、分级营运”的管理体制。

院设立中国科学院经营性国有资产监管委员会（以下简称经管委），授权其对国科控股履行管理职责。

第四条　院条件保障与财务局（以下简称“条财局”）是院属事业单位国有资产管理的主管部门，其主要职责是：

（一）贯彻执行国家有关对外投资的法律、法规和规章制度；

（二）根据国家有关规定，制定全院对外投资管理制度，并组织实施；

（三）负责按规定权限办理院属事业单位及国科控股对外投资事项（科技成果作价入股除外）的报批、审批、备案；

（四）负责院属事业单位及国科控股投资的一级企业资产评估项目备案；

（五）负责全院企业国有资产产权登记的审核、报批；

（六）负责全院国有及国有控股企业财务报表的审核、报送；

（七）负责对院属事业单位对外投资行为和院属事业单位投资企业的监督检查；

（八）负责对院属事业单位对外投资行为给予指导；

（九）接受国家有关部门的监督检查，并报告有关对外投资管理工作情况。

第五条　国科控股是我院经营性国有资产管理公司。经经管委授权，其代表我院对院直接投资的全资、控股、参股企业依法行使出资人权利，并承担相应的保值增值责任。其主要职责是：

（一）贯彻执行国家、院有关对外投资的法律、法规和规章制度；

（二）根据国家及院有关规定，制定经营性国有资产内部管理制度；

（三）负责对我院直接投资企业及其子企业的管理与运营，按规定权限办理相关对外投资事项（科技成果作价入股除外）的报批、审批、备案；

（四）负责国科控股及院属事业单位投资的二级及以下企业的资产评估备案；

（五）负责全院国有及国有控股企业财务报表的布置、审核、汇总；

（六）承担对院属事业单位对外投资行为和经营性国有资产运营进行监督检查的职责；

（七）为院属事业单位对外投资活动提供政策指导；

（八）接受国家、院有关部门的监督检查，并报告有关对外投资管理工作情况。

第六条　院属事业单位对本单位投资的全资、控股、参股企业依法进行具体管理，并承担相应的保值增值责任。其主要职责是：

（一）贯彻执行国家、院有关对外投资的法律、法规和规章制度；

（二）根据国家及院有关规定，制定国有资产内部管理制度；

（三）负责以科技成果形成的无形资

产对外投资事项的审批；

（四）负责对本单位投资企业及其子企业的监管，按规定权限办理相关对外投资事项（科技成果作价入股除外）的报批、审批、备案；

（五）办理相关资产评估备案、企业国有资产产权登记、国有及国有控股企业财务报表的审核、报送；

（六）按国家和院规定处置不良企业、推进股权社会化改革等；

（七）接受国家、院有关部门的监督检查，并报告有关对外投资管理工作情况。

第三章 基本原则

第七条 院属事业单位及国科控股对外投资应有利于本单位科技成果转移转化和规模化、产业化；有利于国有资产保值增值，但不以控股为主要目的；有利于吸收社会优势资源参与科技创新工作，以及本单位科技支撑和后勤服务的社会化改革。鼓励以相对成熟的科技成果形成的专利权、非专利技术等无形资产对外投资，使科技成果通过产业化实现自身价值，并促进国有资产的保值增值。

第八条 院属事业单位对外投资应以本单位科研业务正常开展为前提，严格控制现金对外投资，原则上不得以实物资产对外投资。不得以下列资产进行对外投资：

（一）财政拨款和承担国家科研项目资金（项目另有约定等特殊情况除外）；

（二）非税收入；

（三）上级补助收入；

（四）为维持科研事业正常发展和保证科研计划完成的仪器设备、材料等各项资产；

（五）科研园区内的土地使用权、房屋产权等；

（六）对外融资方式募集的资金。

第九条 院属事业单位利用国有资产对外投资取得的收益，应按照事业单位财务和会计制度的有关规定纳入本单位预算，统一核算，统一管理。

第十条 院属事业单位不得买卖期货、股票；不得购买各种企业债券、各类投资基金和其他任何形式的金融衍生品或进行任何形式的金融风险投资；个人不得代持国有股权；不得为其他单位和个人提供担保，不得使用国有资产进行抵押；不得以任何名义借款给企业和个人。

第十一条 院属事业单位应按照“事企分开”的原则设立企业，与其建立以资本为纽带的产权关系。院属事业单位应明晰所办企业与事业单位资产产权关系，所办企业应在人事、财务、资产、业务等方面独立，其办公地点原则上应与院属事业单位物理隔离。

第十二条 院属事业单位及国科控股以科技成果形成的无形资产对外投资时，应对所投资项目进行市场化调研和可行性分析，形成可行性分析报告。应对行业风险、政策风险、资源风险、技术风险、市场风险、财务风险等进行评估。对于投资额度、风险、社会影响较大的项目，可召开专项论证会进行论证，聘请相关经营管理专家、技术人员和财务人员参与论证并形成论证结论。

第十三条 院属事业单位及国科控股选择合作伙伴时应开展必要的尽职调查。优先选择有信誉、懂经营、善管理并可优势互补的投资合作伙伴，吸收技术和经营骨干投资，以建立合适的股权结构和现代企业制度，实现股权多元化并形成规范的企业法人治理结构，充分发挥各类生产要素的作用，促进投资企业持续、健康发展。

第十四条　院属事业单位及国科控股应按照国家有关法律、法规拟订或参与拟订、签署对外投资事项的协议、合同、企业章程等。应合理设置投资各方的出资认缴期，原则上非国有股东的出资认缴期不得晚于国有股东，被投资企业不得无偿占用或低价占用院属事业单位尚未出资的知识产权及其他国有资产。应遵循谨慎性原则，在保障小股东合法权益、避免形成内部人员控制、建立股权退出机制等方面，进行特别约定。应在公司章程中明确公司法赋予股东的各项权利，可聘请专业律师参与或进行必要的法律咨询。

第十五条　院属事业单位及国科控股的对外投资事项应经本单位所务会议（或所长办公会议）集体研究决定，并按本办法办理报批或备案手续。院属单位任何个人不得擅自决定任何形式的对外投资行为。未按规定报批或备案的自行投资均属违规投资行为，造成损失或不良影响的，有关部门将追究相应责任。

第十六条　院属事业单位及国科控股对外投资管理部门或承担对外投资管理事务的部门，负责对投资项目进行调研、论证，拟订或参与拟订协议、合同以及企业章程等，进行全过程管理。

第十七条　院属事业单位及国科控股应选择懂经营、会管理、了解技术的人员作为股东代表，并按年度对其履职情况进行考核。股东会和董事会的国有股东代表，应按照本单位决策意见行使表决权，对其中涉及国有股权变动等重大决策事项，应按照本单位集体决策意见行使表决权。

第十八条　本着有利于保值增值、提高竞争力，有利于各种所有制资本取长补短、相互促进、共同发展，有利于健全企业内部治理结构的原则，院属事业单位应积极稳妥推进股权社会化改革。院属事业单位对外投资原则上不得控股；原投资的控股企业，特别是持股比例较高的控股企业，应在条件具备时逐步退出。投资的控股企业及其控股子企业原则上不得兼并收购社会企业，不得接受赠予的或无偿划入的未进行公司制改制企业的股权。

第十九条　院属事业单位原则上不得利用国有资产进行境外投资，确需投资的，应遵循国家境外投资项目核准和外汇管理等相关规定，履行报批手续，并提交我院院长办公会决策。

第二十条　院属事业单位对外投资时，财务部门应按事业单位财务和会计制度的有关规定及时入账，如实反映对外投资的情况。企业注册资本发生变更的，院属事业单位要依据该企业注册资本的变更额及持股比例相应增减本单位的账面投资额。

第二十一条　投资企业发生如下情况时，院属事业单位及国科控股应考虑适时退出：

（一）企业设立五年以上，但缺乏主营产品或服务，未形成稳定的主营收入；

（二）经营困难，已经停业、歇业；

（三）资不抵债，无法正常经营或经营状况无法得到改善；

（四）持续三年严重亏损且扭亏无望；

（五）院属单位持股比例较小，无法

及时获取企业经营状况，存在持续经营风险的；

（六）企业股权社会化程度高，与单位科研业务发展关联不大的，股东无法获得分红收益；

（七）其他确需退出的情况。

第二十二条 院属事业单位及国科控股转让所持企业股权，应按照《企业国有资产交易监督管理办法》（国资委财政部第32号令）进行交易。应以资产评估备案结果作为市场竞价的参考依据，通过依法设立的产权交易机构公开交易，一般情况下转让价格不得低于评估结果。当意向交易价格低于评估结果90%的，应暂停交易，按规定审批权限报原审批单位同意后方可继续交易。采用协议转让方式的，应按照国家有关规定报财政部审批。

第二十三条 院属事业单位及国科控股直接或间接转让所持上市企业股权的，或转让股份致使国有股东性质发生变化的，应按照《国有股东转让所持上市公司股份管理暂行办法》等有关规定履行报批手续。

第二十四条 院属事业单位及国科控股投资企业需要注销的，应依法组成清算组，清理债权债务，分配剩余财产，依法办理企业注销事务，完成企业注销的全部程序。

第二十五条 企业注销后存在投资损失的，院属事业单位及国科控股应组成由对外投资企业管理部门、财务、审计等部门参加的资产核销小组，了解损失原因，出具损失责任意见，提出处理意见，报所长办公会议（或所务会议）通过后，除扣除责任赔偿外，其余依据国家规定办理投资损失核销手续。

第四章 对外投资行为审批管理

第二十六条 除科技成果作价入股外，院属事业单位的以下对外投资事项，由院条财局按规定权限审批，并报财政部备案。资产处置金额账面原值超过800万元的，由院条财局审核后报财政部审批。转让股权等行为，确有必要时，企业需开展资产清查工作。

（一）投资设立新企业；

（二）投资入股现有企业；

（三）对已投资的企业增资扩股或减资缩股；

（四）已投资的一人有限责任公司和国有独资公司增资、院属事业单位不增资；

（五）兼并收购企业；

（六）对已投资的企业改制（含股份制改造）；

（七）转让所持企业股权（或股份）；

（八）无偿划转院属事业单位持有的企业股权；

（九）撤资；

（十）控股企业合并或分立；

（十一）绝对控股企业的注销解散。

不同的对外投资行为和股权变化事项经济行为审批所需报送的资料详见附件1~10。

第二十七条 院属事业单位发生以下对外投资及股权变化事项，实行院属事业单位审批、院备案制，即院属事业单位在审批前将书面资料报院条财局和国科控股备案，自接到资料起10个工作日后无异议的由本单位自行审批。

（一）企业增资、院属事业单位不增资；

（二）相对控股和参股企业的注销解散；

（三）企业以未分配利润、资本公积和盈余公积转增资本金；

（四）接受赠予的企业股权；

（五）参股企业合并或分立。

不同的对外投资行为和股权变化事项所需报送的资料详见附件11、8、12、13、9。

第二十八条 院属事业单位对外投资实施过程中发生下列情况变化之一的，应当重新履行决策或报批手续。

（一）投资总额超过批准的金额；

（二）出资方式发生变化；

（三）合作方发生变化；

（四）合作方式发生变化等。

第二十九条 院属事业单位的一级控股企业（含相对控股和有实际控制力的企业）发生以下对外投资及股权变化事项，实行院属事业单位审批、院备案制，即院属事业单位在审批前将书面资料报院条财局和国科控股备案，自接到资料起5个工作日后无异议的由本单位自行审批。

（一）投资设立新企业；

（二）投资入股现有企业；

（三）对已投资的企业增资扩股或减资缩股；

（四）投资的企业增资扩股但一级企业不再新增投资；

（五）对已投资的企业改制（含股份制改造）；

（六）转让所持企业股权（或股份）；

（七）无偿划转一级企业持有的企业股权；

（八）撤资或减资；

（九）控股企业合并；

（十）已投资企业的注销解散；

（十一）企业以未分配利润、资本公积和盈余公积转增资本金；

（十二）接受赠予的企业股权。

院属事业单位的一级参股企业发生上述对外投资情况时，实行股东会审批、院属事业单位备案制度。

院属事业单位的二级及以下级次企业发生的各种对外投资情形的管理由院属事业单位自行规定。

国科控股及其投资各级企业对外投资行为审批参照上述规定执行。

第五章 对外投资过程管理

第三十条 院属事业单位或其持股企业有下列情形之一的，应当对有关资产进行评估，并在该经济行为批复后向负责备案的机构报告。

（一）整体或部分改制为有限责任公司或股份有限公司；

（二）以非货币资产对外投资；

（三）合并、分立、清算；

（四）除上市公司以外的原股东股权比例变动；

（五）除上市公司以外的整体或者部分产权（股权）转让；

（六）包括非货币资产在内的资产转让、置换、拍卖；

（七）整体资产或者部分资产租赁给非国有单位；

（八）确定涉讼资产价值；

（九）收购非国有资产；

（十）与非国有单位置换资产；

（十一）接受非国有单位以实物资产偿还债务；

（十二）法律、行政法规规定的其他需要进行评估的事项。

国科控股及其投资各级企业评估备案申请，参照上述规定报其经济行为审批部门办理。

第三十一条 院属事业单位对外投资及股权变动行为完成后，应按《事业单位及事业单位所办企业国有资产产权登记管理办法》（财教〔2012〕242 号）要求，及时通过院条财局向财政部申请办理国有资产产权占有、变动和注销登记手续。

第三十二条 院属事业单位投资企业设立上市或挂牌股份制公司，应遵循国家关于股份有限公司国有股权管理相关规定，由国有股东准备国有股权管理方案等要件报财政部审核批准。

第六章 科技成果作价入股

第三十三条 按照《中华人民共和国促进科技成果转化法》，院属事业单位及国科控股利用科技成果作价入股行为由本单位自主决定，院不再审批与备案。院属事业单位及国科控股应在评估备案审批基础上通过协议定价、在技术交易市场挂牌交易、拍卖等方式确定价格。通过协议定价作价入股的，院属事业单位及国科控股应在本单位内部公示科技成果名称和拟交易价格，公示时间不少于 15 日，并公开异议处理程序和办法。

第三十四条 利用科技成果作价入股形成的单位股权，院属事业单位及国科控股首次处置时产生的现金收入全部留归本单位，纳入单位预算，统一核算、统一管理。

第三十五条 利用科技成果作价投资的，院属事业单位及国科控股可以事先对股权分配作出约定，直接以本单位和科技成果完成人或为转化职务科技成果作出重要贡献的人员的名义作价投资，上述人员所获股权奖励可以提取该项科技成果形成的股份（或出资比例）不低于百分之五十的比例。

第三十六条 在符合国家相关法律、法规及规章制度的前提下，院属事业单位及国科控股可以根据发展需求，执行所在地方党委、政府出台的科技创新相关政策。

第七章 监管与考核

第三十七条 院属事业单位及国科控股应通过统一委派股东代表等措施加强持股企业的监管与考核。对于持股企业较多、经营性资产规模较大的院属事业单位，经论证确有必要的，经院条财局审批可依法以自有资金或科技成果成立一人有限责任公司，作为本单位对外投资管理公司，对其持股企业进行统一监管。

第三十八条 院属事业单位领导在投资企业兼职需严格按照相关规定执行，不得违规在企业任职，严禁在兼职企业取酬。

第三十九条 已设立对外投资管理公司的院属事业单位，应逐步将其持股企业通过无偿划转方式划拨至管理公司，由管理公司统一监管。无偿划转院属事业单位持有的企业股权经济行为审批所需报送的资料见附件 6。

第四十条 院将院属事业单位对外投资企业营运和保值增值情况纳入对院属事业单位领导班子考核的职责范围。院属事业单位对外投资损失核销需经院审核后报财政部审批。对外投资损失核销申报需报送的材料参见附件 10。

第四十一条 院属事业单位应依据财

政部和院对本单位资产处置和资产核销的批复文件，及时进行账务处理。

第四十二条　院属事业单位应在每年三月底前，按照国家有关部门及国科控股要求，向国科控股书面报送上一年度企业财务决算报表及相应审计报告，及时报送企业财务月报。

第四十三条　院属事业单位及国科控股应建立对外投资责任追究制度，对违反本办法的规定，造成国有资产损失或产生重大不良影响的，有关部门将依照有关规定追究有关人员的责任；违反法律、法规的，将依法追究法律责任。

第八章　附　则

第四十四条　院属单位应根据本办法，制定本单位对外投资决策程序和相应的管理制度。

第四十五条　国科控股对外投资行为应依据本办法和《中国科学院经营性国有资产监管委员会工作规程》（科办〔2015〕5号）进行管理，并制定本单位及其投资的各级企业管理制度。

第四十六条　本办法由院条财局负责解释。

第四十七条　本办法自印发之日起施行。2010年印发的《中国科学院对外投资管理暂行办法》（科发计字〔2010〕42号）废止。院其他相关规定与本办法不一致的，以本办法为准。本办法与国家相关法律、法规不一致的，以国家法律、法规为准。

附件1. 投资设立新企业、投资入股现有企业和对已投资的企业增资扩股时需报送的资料（略）

附件2. 已投资的一人有限责任公司和国有独资公司增资、院属单位不增资时需报送的资料（略）

附件3. 兼并收购企业时需报送的（略）

附件4. 对已投资的企业改制时需报送的资料（略）

附件5. 转让企业股权时需报送的资料（略）

附件6. 无偿划转院属单位持有的企业股权时需报送的资料（略）

附件7. 院属单位撤资时需报送的资料（略）

附件8. 已投资企业注销时需报送的资料（略）

附件9. 持股企业被合并时需报送的资料（略）

附件10. 核销投资损失需报送的资料（略）

附件11. 院属单位不增资其他股东增资时需报送的资料（略）

附件12. 企业以未分配利润、资本公积和盈余公积转增资本金需报送的资料（略）

附件13. 接受赠予企业股权时需报送的资料（略）

附件14. 评估备案注意事项（略）

附件15. 评估备案工作流程（略）

附件16. 向财政部申报资产评估备案需报送的材料（略）

附件17. 向中科院申报资产评估备案需报送的材料（略）

中国科学院关于转发《财政部关于〈国有资产评估项目备案管理办法〉的补充通知》及有关事项的通知

（科发条财字〔2017〕512号）

院属各单位：

现将《财政部关于〈国有资产评估项目备案管理办法〉的补充通知》（财资〔2017〕70号）转发给你们，并就相关问题通知如下：

一、院属单位科技成果资产评估备案工作，原由财政部负责，现调整为院与国科控股按审批权限负责。具体为：评估对象评估值（股权价值评估以企业整体价值计，以下同）小于5000万元（含）的评估报告，由国科控股负责审批备案；评估对象评估值大于5000万元的评估报告，由条财局会同国科控股负责审批备案。

二、评估对象占有单位为院属单位所投资的一级企业资产评估备案工作，原由院负责，现调整为院与国科控股按审批权限负责。具体为：评估对象评估值小于10000万元（含）的评估报告，由国科控股负责审批备案；评估值大于10000万元的评估报告，由条财局会同国科控股负责审批备案。

三、评估对象占有单位为院属单位所投资的二级及以下企业的资产评估备案工作、涉及非国有企业资产评估备案工作，由国科控股负责。

四、评估对象占有单位为国科控股所投资的一级企业，二级及以下企业资产评估备案工作，由国科控股负责。国科控股资产评估备案工作，由院条财局负责。

五、国科控股负责对各类评估备案项目进行完备性审核，并制定具体工作规程。自收到符合批复条件的评估报告日起，在5个工作日内完成备案审批手续。资料补充、修改、答疑时间不计入备案审批时间。

六、院属单位应规范资产评估机构的选聘工作，按要求如实提供资产评估所需各项资料，完善资产评估档案管理，配合院条财局和国科控股做好相关工作。并于每年度终了30个工作日内，填写本年度本单位科技成果评估项目备案情况汇总表（附件），报送国科控股。

七、本通知自2017年11月8日起施行。

特此通知。

附件：科技成果评估项目备案情况汇总表（略）

中国科学院

2017年12月1日

中国科学院关于印发《中国科学院事业单位国有资产管理办法》的通知

（科发条财字〔2022〕14号）

院属各事业单位：

为进一步规范和加强我院事业单位国有资产管理，提高国有资产使用效率，院制定了《中国科学院事业单位国有资产管理办法》，现印发实施，请遵照执行。

中国科学院

2022年3月25日

中国科学院事业单位国有资产管理办法

第一章　总　则

第一条　为了规范和加强我院事业单位国有资产管理和监督，合理配置和有效利用国有资产，提高国有资产的使用效益，维护国有资产的安全和完整，根据《行政事业性国有资产管理条例》及国家统一的会计制度等有关规定，制定本办法。

第二条　事业单位的国有资产是指国家所有的，由各事业单位依法直接支配的境内和境外各类资产，包括流动资产、固定资产、在建工程、无形资产、对外投资、文物文化资产、保障性住房等。

第三条　事业单位的国有资产包括各单位通过以下方式取得或形成的资产：

（一）使用财政资金形成的资产；

（二）接受调拨或者划转、置换形成的资产；

（三）接受捐赠并确认为国有的资产；

（四）其他国有资产。

第四条　货币形式的国有资产管理，按照预算管理有关规定执行。

第五条　事业单位国有资产管理的主要任务是：建立健全各项资产管理制度，加强和规范资产配置、使用和处置管理，提高资产的使用效益，维护资产的安全和完整，加强内控管理防控风险，保障我院科学、教育事业健康发展。

第六条　事业单位国有资产管理的内容包括：资产的配置管理、预算管理、采购管理、使用管理、处置管理、资产报告、产权登记、资产评估、资产清查和监督检查等。

第七条　事业单位国有资产管理应当

遵循安全规范、节约高效、公开透明、权责一致的原则，实现实物管理与价值管理相统一、资产管理与预算管理、财务管理相结合。

第二章 管理机构及其职责

第八条 事业单位国有资产实行国家所有、院及各事业单位分级监管、事业单位直接支配、责任到人的管理体制。

第九条 院条件保障与财务局是院事业单位国有资产管理的主管部门，其主要职责是：

（一）贯彻执行国家有关国有资产管理的法律、法规和规章制度；

（二）根据国家有关规定，建立健全事业单位国有资产管理制度，并组织实施；

（三）建立我院通用资产等配置标准，从严控制；

（四）归口管理全院政府采购工作；

（五）负责事业单位资产调剂工作，优化国有资产配置，推动国有资产共享共用；

（六）负责事业单位的产权界定、产权登记、产权纠纷处理、资产评估监管、资产清查、资产统计等管理工作；

（七）按规定权限审核或者审批事业单位资产配置、出租、出借、对外投资和资产处置等事项；

（八）协助事业单位按规定缴纳国有资产处置收入等；

（九）负责指导、监督、检查事业单位国有资产管理和绩效考评工作；

（十）接受国家有关部门的监督检查，并报告有关国有资产管理工作。

第十条 事业单位是本单位国有资产管理主体，应设置或指定归口管理部门负责对本单位直接支配的国有资产实施统一协调管理。其主要职责是：

（一）贯彻执行国家及院有关国有资产管理的法律、法规和规章制度；

（二）按照国家和院的有关规定，制定本单位国有资产管理和内部控制制度，并组织实施；

（三）合理配置资产管理人员，明确岗位职责，保证资产管理工作有效开展；

（四）负责本单位国有资产的合理配置及预算编报等工作；

（五）负责本单位政府采购工作，建立健全本单位资产采购审批程序和责任制度；

（六）负责办理资产验收、出入库手续，以及资产的实物、账、卡管理和物资库的管理；

（七）负责本单位无形资产登记入账、评估、投资等管理；

（八）负责本单位存量资产的有效利用和绩效管理，组织大型仪器设备等资产共享共用；

（九）负责办理资产出租、对外投资以及资产处置等报批和备案手续；

（十）负责本单位资产清查、产权登记和资产报告等；

（十一）按规定缴纳国有资产收入；

（十二）接受国家及院有关部门的监督检查，并报告有关国有资产管理工作。

第三章 资产配置

第十一条 资产配置应当根据院或事业单位的科学、教育事业发展的需要，结合资产存量、资产配置标准、绩效目标和财务状况，遵循厉行节约、讲求绩效、绿色环保的原则，落实国家有关政策。

第十二条　事业单位应按照《中央行政事业单位国有资产配置管理办法》等制度规定的程序，通过调剂、购置、建设、租用、接受捐赠等方式配置资产。事业单位应当合理选择适用的资产配置方式，调剂方式优先。

第十三条　事业单位国有资产配置应当符合《中央行政事业单位国有资产配置管理办法》等制度规定的配置标准；没有规定配置标准的，应当从严控制，合理配置。

（一）通用办公设备、办公家具、车辆等按照院统一制定的标准配置；

（二）通用科研仪器设备等由事业单位根据科研需求及共享共用原则进行合理配置；

（三）专用科研仪器设备等由事业单位具体使用部门根据科研项目需求，经单位批准后进行合理配置；

（四）科研办公及保障用房，以及其他国有资产由事业单位按相关规定配置。

第十四条　事业单位购置、租赁土地房产等资产应经过可行性研究和集体决策，并遵守国家政府采购法、招标投标法及院有关规定。事业单位购置土地房产金额1000万元（含）以上的，报院审批。

第十五条　事业单位配置由多项资产组成的科研仪器设备或国家重大科技基础设施等，应依据验收报告、合同或有效凭证等登记资产价值明细信息，作为资产价值调整、部分报废或变更的依据。

第十六条　事业单位应根据科研工作需要对本单位资产进行内部调剂，提高资产使用效率。

第十七条　事业单位应主动向院主管部门申请对长期闲置或低效运行的资产进行调剂。无法调剂的资产按《中央行政事业单位国有资产处置管理办法》等制度规定程序处置。

第四章　预算管理

第十八条　事业单位应根据本单位资产存量情况、使用情况及资产配置标准等，编制资产配置预算及政府采购预算，纳入本单位预算，经院审核后报财政部审批；执行中原则上不得调增资产配置预算，确需调增的，单位应提出申请，经院审核后报财政部审批。事业单位应严格按照批复的新增资产预算配置资产。

第十九条　各单位维护、修缮、保养国有资产所需支出，应当纳入单位预算。

第二十条　事业单位国有资产通过出租、对外投资、共享共用、提供技术服务等形成的收入，应当纳入单位预算，统一核算，统一管理。

第二十一条　事业单位应当及时收取各类资产收入，不得违反国家规定多收、少收、不收、侵占、私分、截留、占用、挪用、隐匿、坐支。

第二十二条　事业单位应当在决算中全面、真实、准确反映其国有资产收入、支出以及国有资产存量情况。

第二十三条　事业单位应当按照国家规定建立国有资产绩效管理制度，有序开展国有资产绩效管理工作。

第五章　资产使用管理

第二十四条　事业单位国有资产的使用包括单位自用、出租和对外投资、专利实施许可等方式。事业单位的国有资产使用应首先保障科学、教育事业发展的需要。

第二十五条 事业单位应当加强对本单位流动资产、固定资产、在建工程、无形资产、对外投资等资产的管理，明确管理责任，规范使用流程，加强产权保护，保障资产安全有效使用。

第二十六条 事业单位应控制国有资产出租，加强资产出租管理。确需出租的，应当进行集体决策，并严格履行管理程序。

第二十七条 事业单位应严格控制对外投资，利用国有资产对外投资，应当有利于事业发展和实现资产保值增值，应进行可行性研究，按照规定权限和程序履行集体决策，并遵守国家和院有关规定。

事业单位应当明确对外投资形成的股权及其相关权益管理责任。

第二十八条 事业单位应当建立健全国有资产共享共用机制，在确保安全使用的前提下，推进本单位大型设备等国有资产共享共用工作，可以对提供方给予合理补偿。

第二十九条 事业单位所属非独立核算的园区、非法人机构、境外机构和野外台站等直接支配的资产，应纳入本单位账务、决算、财务报告及年度资产统计报表，统一管理。

第三十条 事业单位应加强流动资产管理，建立健全往来款项、存货等流动资产的管理制度，加强往来款项清理。

第三十一条 事业单位接受捐赠的资产应当按照捐赠人指定用途使用。捐赠人意愿不明确或者未指定用途的，应当统筹安排使用。

第三十二条 事业单位应加强专利权、商标权、著作权、土地使用权、非专利技术、商誉等无形资产的管理，建立无形资产登记入账制度，依法保护，合理利用，促进成果转移转化。

第三十三条 事业单位可以转让、许可或者作价投资等多种方式转化科技成果，按照国家和院规定履行价值确认、审批、备案、产权登记、处置等程序。

第三十四条 事业单位工作人员因执行本单位的任务或利用本单位科技条件所完成的职务发明创造，形成的无形资产产权归本单位所有。参加赋予科研人员职务科技成果所有权或长期使用权试点的单位，按照《赋予科研人员职务科技成果所有权或长期使用权试点实施方案》规定执行。

第三十五条 事业单位出租、出借单位价值或批量价值（账面原值，下同）500万元以下的，由院授权各事业单位审批，各事业单位应当于批准之日起15个工作日内，将审批文件报院备案；500万元（含）至800万元的，经院审批后报财政部备案；800万元（含）以上的，经院审核后报财政部审批。

事业单位对外投资（科技成果作价入股除外），单位价值或批量价值（账面原值，下同）800万元以下的，经院审批后报财政部备案；800万元（含）以上的，经院审核后报财政部审批。

第三十六条 除法律另有规定外，事业单位不得为任何单位和个人的债务以任何方式提供担保，不得使用国有资产进行抵押；事业单位不得以任何名义借款给企业和个人等。

第三十七条 事业单位购建资产应当及时办理验收。验收合格后，事业单位按照不同资产的管理要求分类设置资产台账，同时依照国家统一的会计制度进行会计核算，不得形成账外资产。

在异地使用的资产，可由资产使用部门组建临时验收小组开展验收工作，验收时拍摄现场照片或视频；形成验收单或验收报告并签字确认后，将上述验收材料提交事业单位资产管理部门核查、备存。

第三十八条　事业单位应当及时、真实、准确、完整登记资产台账相关信息，动态更新。资产使用人、责任人应当履行岗位责任，确保资产管理责任落实到人，按照规程合理使用、管理资产，充分发挥资产效能。

第三十九条　事业单位资产需要维修、保养、调剂、更新、报废的，资产使用人、责任人应当及时提出。

资产使用人、责任人发生变化的，应当及时办理资产交接手续。

异地使用的资产，应根据资产情况配备专职或兼职的资产管理人员，设立资产清单及使用记录。

第四十条　事业单位采用建设方式配置资产的，应当在竣工验收合格后及时办理资产交付手续，并在1年内办理竣工决算。

各单位对已交付但未办理竣工决算的建设项目的资产价值，应当按暂估价确认登记入账。

第四十一条　对无法进行会计确认入账的资产，事业单位可以根据需要组织专家组参照资产评估方法进行评估，并作为反映资产状况的依据。

第四十二条　事业单位应当定期对资产进行盘点、对账，出现资产盘盈盘亏、损毁的，及时按照财务、会计、资产管理制度有关规定进行处理，做到账证、账账、账实相符。

在异地使用的资产，可通过照片视频、采集数据等信息化手段进行异地盘点。

第六章　资产处置

第四十三条　资产处置是指事业单位对占有、使用的国有资产进行产权转让或者注销产权的行为。处置方式包括无偿调拨（划转）、对外捐赠、出售、出让、转让、置换、报废报损、投资损失核销及货币性资产损失核销等。

第四十四条　事业单位拟处置的国有资产权属应当清晰，权属关系不明确或者存在权属纠纷的资产，应明确权属后办理处置手续。

第四十五条　事业单位对因技术原因确需淘汰或者无法维修、无维修价值的资产，涉及盘亏、坏账及非正常损失的资产，已超过使用年限且无法满足现有工作需要的资产，以及因自然灾害等不可抗力造成损毁、灭失的资产，应当及时予以报废、报损。

第四十六条　事业单位处置国有资产应当按照规定的程序和权限进行。单位价值或批量价值（账面原值，不含房屋建筑物）800万元以下的，由院授权事业单位审批；800万元（含）至1500万元的，报院审批；1500万元（含）以上的，经院审核后报财政部审批。科技成果作价投资形成国有股权的转让、无偿划转或者对外投资等国有资产处置事项，报院审批。

第四十七条　除国家另有规定外，事业单位将国有资产进行转让、拍卖、置换、对外投资等，应当按照国家规定进行资产评估。

事业单位国有资产以市场化方式转让、出售、出租等，可以通过相应公共资源交易平台进行。事业单位应严格控制协议转让，确需采用协议转让的，经院审核后报财政部审批。

第四十八条 事业单位应依据财政部、院对本单位资产处置的批复文件，以及按规定权限处置资产报院及财政部的备案文件，进行资产账务核销处理。

第四十九条 除国家另有规定外，事业单位通过出售、转让、置换、报废报损等方式处置国有资产获得的收入，在扣除相关税金、评估费、拍卖佣金等税、费后，按照政府非税收入管理和财政国库收缴管理的规定上缴中央国库，实行"收支两条线"管理。

第七章 产权登记与资产清查

第五十条 事业单位对需要办理权属登记的资产应当依法及时办理。应依法合规做好所办企业产权登记。

第五十一条 事业单位使用的土地应取得土地使用权证或长期租赁证。在取得地方行政主管部门出具的用地规划许可证或签订土地租赁协议后，应及时办理土地使用权属登记，并取得土地使用权证或长期租赁证。

第五十二条 事业单位新建房屋应取得不动产权证书。在竣工验收合格，取得房屋竣工验收备案表后，及时办理房屋产权登记，并取得不动产权证书。

第五十三条 事业单位有下列情形之一的，应当进行资产清查：

（一）根据财政部门统一部署要求的；

（二）发生单位分立、合并、改制、撤销、隶属关系改变等情况的；

（三）因自然灾害等不可抗力造成资产损毁、灭失的；

（四）会计信息严重失真的；

（五）国家统一的会计制度发生重大变更，涉及资产核算方法发生重要变化的；

（六）其他应当进行资产清查的情形。

第五十四条 事业单位应根据财政部关于资产清查的有关文件开展资产清查工作。清查中发现账证、账账、账实不符的，各单位应当查明原因予以说明，并随同清查结果一并上报。根据审批结果或批复，各单位应当及时调整资产台账信息，同时进行会计处理。

涉及使用人、责任人等原因造成资产毁损、灭失的，应当依法追究相关责任。

第八章 资产报告与信息管理

第五十五条 事业单位资产报告应如实反映国有资产的管理、监督情况，主要包括资产负债总量，国有资产管理制度建立和实施，资产配置、使用、处置和效益情况，推进管理体制机制改革等情况。

第五十六条 事业单位应将资产报告报送院条件保障与财务局。院审核汇总所属单位资产报告、编制本部门资产报告并报送财政部，同时做好与财务报告相关数据衔接。

第五十七条 事业单位应通过院 ARP 系统，按照院国有资产信息化管理要求，对国有资产进行动态管理，并做好国有资产统计和信息报告工作。

第五十八条 事业单位应做好国有资产相关资料收集整理工作，按档案管理规定及时归档。

第九章 监督检查

第五十九条 事业单位应当制定国有资产内部控制制度，建立健全内部控制组织架构，规范内部控制流程，明确具体部门和人员的职责权限，控制国有资产管理风险。

第六十条 建立事业单位重大资产损失报告制度。事业单位要及时向院通报以下重大资产损失情况：

（一）因贪污、挪用公款被刑事处理的案件；

（二）违纪金额10万元以上的事项；

（三）银行冻结50万元以上存款；

（四）被依法裁定赔偿损失50万元以上；

（五）其他重大侵吞资产和资产流失事项。

第六十一条 建立责任赔偿制度。因个人责任造成事业单位固定资产损失的，按照不低于固定资产净值赔偿；造成其他资产损失的，按照资产价值赔偿。因个人责任造成事业单位资产损坏的，按照维修成本赔偿。

第六十二条 事业单位有下列行为之一的，院责令其改正，情节较重的，对负有直接责任的主管人员和其他直接责任人员追究责任：

（一）未按照规定履行集体决策和审批程序的；

（二）未经审批超标准配置国有资产的；

（三）擅自超规定期限出租国有资产，造成国有资产流失的；

（四）违反规定以国有资产提供担保的；

（五）擅自处置权属不清、有争议的资产的；

（六）未按照规定履行公开拍卖、招租、招标、公示、报告和披露等程序的；

（七）单位间未经批准互相占用资产的；调用所属企业及其他组织的资产的；

（八）竣工验收合格后未在一年内办理竣工决算的；

（九）未按照规定开展资产清查的；

（十）未按照规定编制、报送资产报告的；

（十一）其他违反本办法规定的行为。

第六十三条 各事业单位在国有资产管理工作中，违反预算管理规定的，依照《中华人民共和国预算法》及其实施条例、《财政违法行为处罚处分条例》等追究责任。

第六十四条 各事业单位及其工作人员在国有资产管理工作中，存在滥用职权、玩忽职守、权力寻租、徇私舞弊以及浪费国有资产等违法行为的，依照《中华人民共和国监察法》、《事业单位工作人员处分暂行规定》、《中国科学院行政纪律处分暂行办法》等规定追究责任，构成犯罪的，移交司法机关依法追究刑事责任。

第十章 附 则

第六十五条 本办法由中国科学院条件保障与财务局负责解释。

第六十六条 本办法自印发之日起施行。原《中国科学院事业单位国有资产管理办法》（科发条财字〔2013〕203号）同时废止。

中国科学院关于印发《中国科学院事业单位国有资产处置管理办法》的通知

（科发条财字〔2023〕5号）

院属各事业单位、院机关各部门：

现将《中国科学院事业单位国有资产处置管理办法》印发给你们，请遵照执行。

中国科学院

2023年1月28日

中国科学院事业单位国有资产处置管理办法

第一章　总　则

第一条　为进一步规范中国科学院国有资产处置行为，维护国有资产的安全和完整，根据《行政事业性国有资产管理条例》（国务院令第738号）、《中央行政事业单位国有资产处置管理办法》（财资〔2021〕127号）和《中国科学院事业单位国有资产管理办法》（科发条财函字〔2022〕14号）等规定，制定本办法。

第二条　本办法适用于中国科学院院属各级事业单位（以下简称“事业单位”）。

第三条　国有资产的处置方式主要包括无偿划转、对外捐赠、转让、置换、报废、损失核销等。

第四条　事业单位国有资产符合下列情形的应当予以处置：

（一）因技术原因确需淘汰或者无法维修、无维修价值的；

（二）涉及盘亏、坏账等非正常损失的；

（三）已超过使用年限且无法满足现有工作需要的；

（四）因事业单位分立、合并、改制、撤销、隶属关系改变或者部分职能、业务调整等原因发生产权转移的；

（五）因无偿划转、对外捐赠、转让、置换等原因发生产权变动的；

（六）受海洋、高原等特殊气候影响，资产虽未达到规定报废年限，经技术鉴定无使用价值确需报废的；

（七）用于航空、航天、海洋、湖泊、野外动植物研究等特殊领域的资产无法接收到反馈信息、丧失功能的；

（八）需要转让、核销或注销的专利权、商标权、著作权、土地使用权、非专利技术等无形资产；

（九）因城市规划改造等收储土地、拆除房屋构筑物的，因事业单位园区规划房屋改造等拆除已有房屋构筑物的；

（十）长期闲置、低效运转的；

（十一）因自然灾害等不可抗力造成毁损、灭失的；

（十二）依照国家和地方有关规定需要处置的其他情形。

第五条　事业单位国有资产处置应当遵循公开、公正、公平和竞争择优的原则，按照规定权限履行审批手续，未经批准不得自行处置。

第六条　事业单位拟处置的国有资产权属应当清晰，取得或者形成的方式应当合法合规，权属关系不明或者存在权属纠纷的，应当按照有关规定界定权属后予以处置。

被设置为担保物的国有资产处置，应当符合《中华人民共和国民法典》等法律法规的有关规定。

第二章　管理职责及管理要求

第七条　院条件保障与财务局（以下简称“条财局”）是院国有资产处置的主管部门，负责对事业单位的国有资产处置实施管理和监督。其主要职责：

（一）贯彻执行国家有关国有资产处置的法律、法规和规章制度；

（二）根据国家有关国有资产处置规定，制定我院国有资产处置管理办法并组织实施；

（三）按规定权限对事业单位国有资产处置事项进行审核、审批或备案；

（四）协助事业单位按规定缴纳国有资产处置收益；

（五）负责事业单位国有资产处置工作的监督、检查；

（六）接受国家有关部门的监督、检查。

第八条　事业单位应履行国有资产处置的主体责任，明确单位内部归口管理部门，负责对本单位直接支配的国有资产处置实施具体管理。其主要职责包括：

（一）贯彻执行国家有关国有资产处置的法律、法规和我院相关规章制度；

（二）根据国家和我院有关国有资产处置的规定，制定本单位国有资产处置规定并组织实施；

（三）负责按规定权限办理国有资产处置事项的审核、审批或备案手续；

（四）负责按规定程序履行审批手续的国有资产实物处置及账务调整；

（五）负责按规定及时上缴国有资产处置收益；

（六）接受国家和我院有关部门的监督、检查。

第九条　事业单位对本单位国有资产进行处置，应遵循以下基本要求：

（一）建立国有资产处置决策机制，严格履行国有资产处置相关程序，处置手续应完备；

（二）按照规定权限根据实际情况及时处置国有资产，不得人为拆分、规避审批。同一月度内分散处置的国有资产原则上按同一批次汇总计算批量价值；

（三）因事业单位分立、合并、撤销、改制、隶属关系改变的，应及时做好国有资产处置工作，按照规定履行审批程序，确保国有资产安全；

（四）长期闲置、低效运转的资产，应根据科研工作需要进行事业单位内部或院内外单位间调剂，优先用于科研、教育和科普等工作，提高资产使用效率；

（五）除国家另有规定外，事业单位转让、拍卖、置换国有资产等，应当依法进行资产评估，并按照国有资产评估管理有关规定进行核准或者备案；

（六）科技成果转让给国有全资企业的，可以不进行资产评估；转让给非国有全资企业的，由事业单位自主决定是否进行资产评估；通过协议定价的，应当在本单位内部公示科技成果名称和拟交易价格；

（七）对持有的科技成果，可以自主决定转让，除涉及国家秘密、国家安全及关键核心技术外，不需报院和财政部审批或者备案。涉及国家秘密、国家安全及关键核心技术的科技成果转让，由院按照国家有关保密规定进行审批。

第三章　处置权限和基本程序

第十条　事业单位资产处置实行分级审批。事业单位处置单位价值或批量价值（账面原值，下同）800万元以下的国有资产，院授权事业单位自行审批；处置单位价值或者批量价值800万元（含）至1500万元的国有资产，报院审批；处置单位价值或者批量价值1500万元（含）以上的国有资产，经院审核同意后报财政部当地监管局审核，审核通过后由院报财政部审批。机关本级资产处置按规定报国管局审批。

事业单位以科技成果作价投资形成的国有股权无偿划转、转让、损失核销等处置事项，由院审批。

第十一条　在突发重大自然灾害或公共卫生事件等应急情况下，事业单位可本着急事急办、特事特办的原则，按照主管部门要求履行相关程序后处置国有资产，待应急事件结束后报院主管部门备案。

第十二条　财政部、院对事业单位国有资产处置事项的批复文件，以及事业单位按规定权限审批处置国有资产的批准文件，是事业单位国有资产处置的依据。

第十三条　事业单位要依据批复（批准）文件处置资产，处置完毕后应当及时核销相关资产台账信息，同时进行会计处理，确保账实相符和账账相符。事业单位国有资产处置批复（批准）前，不得处置资产，不得核销账务。

事业单位国有资产处置情况，应当在行政事业性国有资产管理情况年度报告中予以反映。

第十四条　事业单位应将国有资产处置的决策文件、财政部及院主管部门对本单位国有资产处置事项的批复或备案等材料及时归档。

第四章　无偿划转和对外捐赠

第十五条　无偿划转是指在不改变国有资产性质的前提下，以无偿转让的方式变更国有资产占有、使用权的行为。

第十六条　事业单位无偿划转国有资产应当按照以下程序办理：

（一）院内事业单位之间、跨部门单位之间无偿划转国有资产，以及事业单位对国有全资企业无偿划转国有资产，由划出方按照规定的相应权限履行审批手续；

（二）跨级次无偿划转，由事业单位无偿划转给地方的，应当附接收方主管部门和同级财政部门同意接收的相关文件，由事业单位按规定权限履行审批手续；由地方无偿划转给事业单位的，由划出方按照同级财政部门规定的处置权限履行审批手续。

第十七条　事业单位申请无偿划转国有资产，应当由划出方提交以下材料：

（一）申请文件及单位内部决策文件，《中央行政事业单位国有资产无偿划转和对外捐赠申请表》，《资产处置鉴定意见》，国有资产价值凭证及产权证明（如购货发票或者收据、记账凭证、资产信息卡、竣工决算报告、国有土地使用权证、房屋所有权证、不动产权证、专利证、著作权证、担保<抵押>凭证、债权或股权凭证、投资协议等凭据的复印件，下同）；

（二）划出方和划入方签署的意向性协议；

（三）因单位撤销、合并、分立、改制而移交国有资产的，需提供撤销、合并、分立、改制的批文；

（四）其他相关材料。

院属单位无偿划转持有企业股权时，需提供申请文件及单位内部决策文件，《中央行政事业单位国有资产无偿划转和对外捐赠申请表》，可行性报告，股权划转协议，被划转企业经中介机构审定的划转基准日财务报告，被划转企业职代会通过的职工分流安置方案，划入股权及被划转企业的营业执照复印件、上年审计报告、国有资产产权证复印件等。

第十八条　对外捐赠是指事业单位依照《中华人民共和国公益事业捐赠法》，自愿无偿将其占有、使用的国有资产赠与合法受赠人的行为。

事业单位对外捐赠应当利用本单位闲置资产或者淘汰且具有使用价值的资产，不得新购资产用于对外捐赠。

院与所属事业单位之间、院属事业单位之间、事业单位与其下属单位之间，不得相互捐赠资产。事业单位对外捐赠国有资产，应当按规定权限履行审批手续，未经批准不得对外捐赠。

第十九条　实际发生的对外捐赠，应当依据受赠方出具的同级财政部门或者相关主管部门统一印（监）制的捐赠收据，受赠方所在地城镇街道、乡镇等基层政府组织出具的凭证或者捐赠资产交接清单予以确认。

第二十条　事业单位申请对外捐赠国有资产，应当提交以下材料：

（一）申请文件及单位内部决策文件，国有资产价值凭证及产权证明，《中央行政事业单位国有资产无偿划转和对外捐赠申请表》，《资产处置鉴定意见》；

（二）对外捐赠报告，内容包括对外捐赠事由、方式、责任人、国有资产构成及其数额、对外捐赠事项对本单位财务状况和业务活动影响的分析等；

（三）其他相关材料。

第五章　转　让

第二十一条　转让是指事业单位变更国有资产占有、使用权并取得收益的行为。

第二十二条　事业单位转让国有资产，应当以公开竞争方式进行，严格控制非公开协议方式，可以通过相应公共资源交易平台进行。

第二十三条　事业单位转让国有资产，以财政部、院核准或者备案的资产评估报告所确认的评估价值作为确定底价的参考依据，意向交易价格低于评估结果90%的，应当按照规定权限报财政部或院重新确认后交易。

第二十四条 事业单位申请转让国有资产，应当提交以下材料：

（一）申请文件及单位内部决策文件，国有资产价值凭证及产权证明，《中央行政事业单位国有资产转让等申请表》，《资产处置鉴定意见》；

（二）转让方案，内容包括国有资产的基本情况，转让的原因、方式，可行性及风险分析等；

（三）转让方和受让方签署的意向性协议；

（四）其他相关材料。

第六章 置 换

第二十五条 置换是指事业单位与其他单位以固定资产、无形资产等为主进行的资产交换，一般不涉及货币性资产或者只涉及用于补差价的少量货币性资产。

资产置换，应当以财政部、院核准或者备案的资产评估报告所确认的评估价值作为置换对价的参考依据。

第二十六条 院内事业单位间待置换资产为可使用的非全新原材料、备品备件、非管控试剂耗材、电子元器件等，如需开展资产评估，应委托具有相应执业能力的资产评估机构进行。

第二十七条 事业单位资产置换按照以下原则执行：

（一）可使用的非全新原材料、备品备件、非管控试剂耗材、电子元器件等，原则上由置换双方单位集体决策并进行内部公示后进行置换；

（二）严禁拆除待报废固定资产可用部件置换；

（三）基本建设工程在建期间购置的资产不允许置换；

（四）国家严格管控的资产（如黄金、危险化学品等）不允许置换；

（五）文物资产不允许置换。

第二十八条 事业单位申请置换国有资产，应当提交以下材料：

（一）申请文件及双方单位内部决策文件，双方资产价值凭证及产权证明，《中央行政事业单位国有资产转让等申请表》，《资产处置鉴定意见》；

（二）置换方案，内容包括双方拟用于置换资产的基本情况、设置担保情况，置换的原因、方式、可行性及风险分析等；

（三）置换双方签署的意向性协议；

（四）资产评估报告或相关文件；

（五）其他相关材料。

第七章 报 废

第二十九条 报废是指按有关规定或经有关部门、专家鉴定，对因技术原因确需淘汰或者无法维修、无维修价值的国有资产，或者已超过使用年限且无法满足工作需要的国有资产，进行产权核销的国有资产处置行为。

第三十条 事业单位申请报废的资产应达到规定的最低使用年限，对已达使用年限仍可继续使用的国有资产，应当继续使用。

第三十一条 符合下述条件的国有资产亦可申请报废：

（一）受海洋、高原等特殊气候影响，资产虽未达到规定使用年限，经技术鉴定无使用价值确需报废的；

（二）用于航空、航天、海洋、湖泊、野外动植物研究等特殊领域的资产无法接收到反馈信息、丧失功能的；

（三）未达到最低使用年限的资产，经过专家鉴定无法继续使用的。

第三十二条　国有资产处置应由事业单位资产管理部门统一组织办理，以下材料、低值易耗品不得由使用部门自行处置：

（一）在建工程中产生的已经计入成本的剩余边角料等材料；

（二）科研产品研制过程中多余的贵重材料，或不再使用的科研产品；

（三）超过有效期或失效的材料；

（四）未纳入固定资产账的冰箱、洗衣机、微波炉等低值易耗品；

（五）其他能够形成处置收入的国有资产。

第三十三条　事业单位应对回收报废资产的公司资质、能力等进行审核，应通过公开竞争方式确定回收公司并签订合同，合同中应包含处置标的、处置收入、处置时间、处理方式、拆解方案等要素，必要时签订安全责任书。

第三十四条　事业单位申请报废国有资产，应当提交以下材料：

（一）申请文件及单位内部决策文件，国有资产价值凭证及产权证明，《中央行政事业单位国有资产转让等申请表》，《资产处置鉴定意见》；

（二）因房屋拆除等原因需办理国有资产核销手续的，提交相关职能部门的房屋拆除批复文件、建设项目拆建立项文件、双方签定的房屋拆迁补偿协议等；

（三）专利权、非专利技术、商标权、著作权、资源资质等因被其他新技术所代替或者已经超过法律保护的期限、丧失使用价值和转让价值的，提供有关技术部门的鉴定材料，或者已经超过法律保护期限的证明文件；

（四）其他相关材料。

第八章　损失核销

第三十五条　损失核销是指由于发生盘亏、毁损、非正常损失等原因，按照有关规定对国有资产损失进行核销的国有资产处置行为。

事业单位应当建立国有资产损失赔偿机制，对发生的国有资产损失应当按相关制度规定追责，并及时处理。

第三十六条　事业单位申请存货、固定资产、无形资产等国有资产损失核销，应当提交以下材料：

（一）申请文件及单位内部决策文件，国有资产价值凭证及产权证明，《中央行政事业单位国有资产转让等申请表》，《资产处置鉴定意见》；

（二）国有资产盘亏、毁损以及非正常损失的情况说明，第三方机构出具的经济鉴证证明，国家有关技术鉴定部门或者具有技术鉴定资格的第三方机构出具的技术鉴定证明（涉及保险索赔的应当有保险公司理赔情况说明），赔偿责任认定说明和单位内部核批文件；

（三）国有资产被盗的，需要提供公安机关出具的结案证明；

（四）因不可抗力因素（自然灾害、意外事故）造成国有资产毁损的，需要提供相关部门出具的受灾证明、事故处理报告、车辆报损证明、房屋拆除证明等；

（五）其他相关材料。

第三十七条　事业单位申请对外投资、担保（包括抵押、质押、留置等）国有资产的损失核销，应当提交以下材料：

（一）申请文件及单位内部决策文件，

国有资产价值凭证及产权证明,《中央行政事业单位国有资产转让等申请表》,《资产处置鉴定意见》;

(二)形成损失的情况说明、被投资单位的清算审计报告及注销文件、第三方机构出具的经济鉴证证明和具有法律效力的证明材料;

(三)涉及仲裁或者提起诉讼的,提交仲裁决定或者法院判决等相关法律文书;

(四)其他相关材料。

第三十八条 事业单位货币性资产损失核销,应当按照预算及财务管理有关规定执行。

第九章 处置收入

第三十九条 处置收入是指在转让、置换、报废等处置国有资产过程中获得的收入,包括转让资产收入、置换差价收入、拆迁补偿收入、报废报损残值变价收入、保险理赔收入、转让土地使用权收益、所办一级企业的清算收入等。

第四十条 除国家另有规定外,事业单位国有资产处置收入,应当在扣除相关税金、资产评估费、拍卖佣金等费用后,按照政府非税收入和国库集中收缴管理有关规定及时上缴中央国库。

第四十一条 土地使用权转让收益以及占地补偿收益,按照财政部有关规定上缴中央国库。

第四十二条 事业单位转化科技成果所获得的收入全部留归本单位,纳入事业单位预算,统一核算、统一管理,主要用于对完成和转化职务科技成果作出重要贡献人员的奖励和报酬、科学技术研发与成果转化等相关工作。

第四十三条 事业单位利用国有资产对外投资形成的股权(权益)的处置收入,除按照中央国有资本经营预算有关规定应申报、上交的国有资本收益和国家另有规定外,按照以下规定管理:

(一)利用货币资金对外投资形成股权(权益)的处置收入纳入事业单位预算,统一核算,统一管理;

(二)利用科技成果作价投资形成股权(权益)的处置收入纳入事业单位预算,统一核算,统一管理;

(三)利用其他国有资产对外投资形成的股权(权益)的处置收入,扣除投资收益以及相关税费后,按照政府非税收入和国库集中收缴管理有关规定及时上缴中央国库;投资收益纳入事业单位预算,统一核算,统一管理;

(四)统筹利用货币资金、科技成果和其他国有资产混合对外投资形成的股权(权益)的处置收入,按照本条第(一)、(二)、(三)项的有关规定分别管理。

第十章 监督检查

第四十四条 院主管部门定期或者不定期对事业单位国有资产处置情况进行监督检查。

第四十五条 事业单位应加强对国有资产处置全过程的管理和监督,对本单位国有资产处置情况进行检查。

第四十六条 事业单位在国有资产处置过程中不得有下列行为:

(一)未按照规定经集体决策或者履行审批程序,擅自越权对规定限额以上的国有资产进行处置;

(二)未按照规定办理国有资产处置手续,对不符合规定的申报处置材料予以审批；

（三）采用串通舞弊、暗箱操作等虚假方式，低价处置国有资产；

（四）截留国有资产处置收入；

（五）未按照规定评估国有资产导致国家利益损失；

（六）其他造成事业单位国有资产损失的行为。

第四十七条　事业单位及其工作人员在国有资产处置管理工作中，存在违反本办法规定的行为，以及其他滥用职权、玩忽职守、徇私舞弊等违法违纪行为的，依照有关规定追究责任。

第十一章　附　则

第四十八条　事业单位应根据本办法制定本单位国有资产处置实施细则或具体管理规定。

第四十九条　院属高等院校的国有资产处置相关政策，按照本办法并结合财政部《中央行政事业单位资产处置管理办法》相关规定执行。

第五十条　事业单位涉及国家安全和秘密的国有资产处置，应当符合国家有关保密制度的规定和要求。

第五十一条　本办法自印发之日起施行。此前印发的院有关国有资产处置管理规定，与本办法相抵触的，以本办法为准。

附件：1. 中央行政事业单位国有资产无偿划转和对外捐赠申请表（略）

2. 中央行政事业单位国有资产转让等申请表（略）

3. 资产处置鉴定意见（略）

中国科学院条件保障与财务局关于事业单位国有资产使用和处置管理的补充通知

（科发条财函字〔2018〕147 号）

院属各事业单位：

落实国家“放管服”精神，为进一步简化国有资产管理工作程序，切实发挥法人单位管理责任，根据《事业单位国有资产管理暂行办法》（财政部令第 36 号）、《中央级事业单位国有资产处置管理暂行办法》（财教〔2008〕495 号）和《中国科学院事业单位国有资产管理办法》（科发条财函字〔2016〕203 号）、《中国科学院事业单位房地产管理办法》（科发条财函字〔2016〕202 号）等有关规定，现就院属事业单位国有资产使用和处置管理作出如下补充规定：

一、进一步扩大各单位资产处置权限。各单位单项或批量（账面原值，下同）800 万元（不含 800 万元，下同）以下的资产处置事项，院授权各单位进行审批，各单位应当于批准之日起 15 个工作日内，将审批文件报院备案。

二、进一步扩大各单位资产出租、出借权限。各单位单项或批量 800 万元以下的资产出租、出借事项，院授权各单位进行审批，各单位应当于批准之日起 15 个工作日内，将审批文件报院备案。

三、及时进行账务处理。各单位资产处置后，应当依据现行事业单位财务会计制度的有关规定，及时进行账务处理，确保账实相符。

四、单位应切实加强国有资产管理。各单位要强化资产管理的主体责任，完善单位国有资产管理制度，建立健全国有资产监督管理责任制和决策机制，提高内部控制水平，防止国有资产流失。

五、中国科学技术大学和中国科学院大学按《中央部门所属高校国有资产处置管理补充规定》（财资〔2017〕72 号）规定执行。

六、本规定由条件保障与财务局负责解释，自发文之日起实施。

中国科学院条件保障与财务局

2018 年 7 月 20 日

中国科学院条件保障与财务局关于进一步加大授权力度促进科技成果转化的通知

（条财字〔2019〕49号）

院属各单位：

根据财政部《关于进一步加大授权力度　促进科技成果转化的通知》（财资〔2019〕57号），我院将进一步加大授权力度，促进科技成果转化，并就相关问题通知如下：

一、（科技成果转化行为审批）院属科研单位和高校对持有的科技成果，可以自主决定转让、许可或者作价投资，除涉及国家秘密、国家安全及关键核心技术外，不需报主管部门和财政部审批或者备案。涉及国家秘密、国家安全及关键核心技术的科技成果转让、许可或者作价投资，由院按照国家有关保密制度的规定进行审批，并于批复之日起15个工作日内将批复文件报财政部备案。

二、（科技成果转化企业的股权处置审批）院属科研单位和高校科技成果作价投资形成国有股权的转让、无偿划转或者对外投资等国有资产处置事项，由院审批，不需报财政部审批或者备案。以科技成果和现金等混合出资及其他国有资产处置事项，继续按照财政部国有资产管理相关规定执行。

三、（科技成果转化企业的国有资产产权登记审核）院委托国科控股办理院属科研单位和高校科技成果作价投资形成企业的国有资产产权登记事项，会同第三方机构对国有资产产权登记材料进行实质性审核，并出具审核报告。国有资产产权登记表加盖院条财局公章后生效。其它企事业单位国有资产产权登记事项，继续按财政部有关规定办理。

四、（科技成果评估备案）院属科研单位和高校将科技成果转让、许可或者作价投资，由单位自主决定是否进行资产评估；通过协议定价的，应当在本单位公示科技成果名称和拟交易价格。如决定采取资产评估，继续按照院有关规定履行评估备案程序。

五、（科技成果转化收入）院属科研单位和高校转化科技成果所获得的收入全部留归本单位，纳入单位预算，不上缴国库，主要用于对完成和转化职务科技成果做出重要贡献人员的奖励和报酬、科学技术研发与成果转化等相关工作。

六、（科技成果转化过程管理主体责任）院属科研单位和高校要遵循科技成果转移转化规律，完善科技成果转化机制，加强科技成果管理，规范科技成果转化程序，建立健全科技成果转化重大事项领导班子集体决策制度，提高科技成果转化成效。对在科技成果转化工作过程中，通过串通作弊、暗箱操作等低价处置国有资产的，要依据国家有关规定进行处理。

七、（科技成果转化国资监管主体责任）院属科研单位和高校是科技成果作价投资形成企业的监管主体，要承担科技成果转化有关国有资产管理的主体责任，对企业加强过程管理，对国有资产产权登记材料的完整性和有效性负责，对股权处置行为的合法性和公允性负责，对评估方法选取的合理性和评估价值的真实性负责。对在企业管理和股权处置过程中，玩忽职守造成国有资产流失的，依据国家有关规定进行处理。

八、（院主管部门监督审核）院条财局和国科控股加强对科技成果转化形成企业和有关国有资产处置事项的监督，督促改进发现的问题。对国有资产产权登记、评估备案材料关键要素进行审核，对科技成果转化形成企业股权处置严格把关，做到放管结合，实现有效监管。

本通知自印发之日起施行。

特此通知。

中国科学院条件保障与财务局

2019 年 11 月 13 日

中国科学院条件保障与财务局关于加强院属单位经营性国有资产管理的通知

（条财字〔2019〕56号）

院属各单位：

为规范各单位经营性国有资产管理工作，依法合规履行相关手续，保障国有资产安全，降低国有资产管理风险。根据事业单位国有资产管理暂行办法（财政部第36号令）、《中央级事业单位国有资产使用管理暂行办法》（财教〔2009〕192号）、《中国科学院对外投资管理办法》（科发条财字〔2017〕101号）等规定，现通知如下：

一、总体管理要求

1. 强化主体责任。随着院属单位占有的经营性国有资产不断增加，加强院属单位经营性国有资产管理，防范国有资产风险凸显重要。各单位要高度重视，明确法定代表人是经营性国有资产管理的主要责任人，应切实落实法人主体责任。

2. 强化制度保障。院属单位应要根据国家和院有关规定制定适合符合本单位实际的经营性国有资产管理办法（对外投资管理办法），扎起制度的笼子，保障对外投资行为和经营性国有资产管理有法可依、有规可循。

3. 落实民主决策。院属单位的对外投资行为和经营性国有资产处置行为，应履行科学民主决策程序，按照国家和院有关规定报所务会审议后实施。任何个人不得私自决定，由此造成国有资产流失的，相关个人承担决策责任。

二、加强经营性国有资产监管

1. 院属单位科技成果转化出资审批。除设立资产管理公司外，院属事业单位不得以现金或实物对外出资设立企业，以科技成果作价出资设立企业的，院属单位要严格把关，履行所内审批程序。并按规定自行决定是否进行评估备案。

2. 按程序履行对外投资行为备案手续。院属各单位资产管理公司及二级企业的对外投资行为，需按规定履行报备程序，未履行程序而造成国有资产流失的，依法依规追究相关人员责任。

3. 妥善处理历史遗留问题。院属各单位要强化主体责任，推动解决“僵尸企业”、对外投资和成果转化收入未及时入账等问题。院机关各部门要加强沟通协调，帮助院属单位妥善处理相关问题。

4. 积极开展企业分类清理。院属各单位要结合国家经营性国有资产改革精神，对已设立企业开展全面清理，聚焦解决国家重大战略和“卡脖子”问题，加强对与科研主业相关企业的管理，与科研主业无关的企业要尽快剥离。

三、其他

对于对外投资和经营性资产管理过程中的违规行为，由各单位纪检监察部门负责处理。涉及触犯法律的，移交司法机关处理。

中国科学院条件保障与财务局

2019 年 12 月 4 日

中国科学院条件保障与财务局关于进一步加强无形资产管理的通知

（科发条财函字〔2019〕137 号）

院属各事业单位：

为了进一步加强无形资产管理，根据财政部《中央级事业单位国有资产处置管理暂行办法》（财教〔2008〕495 号）、《政府会计准则第 4 号——无形资产》（财会〔2016〕12 号）、《政府会计制度——行政事业单位会计科目和报表》（财会〔2017〕25 号）等有关规定，现将有关事项通知如下：

一、强化无形资产入账管理

单位要按照《中国科学院条件保障与财务局关于使用 ARP 系统进行无形资产入账管理的通知》（条财字〔2015〕51 号）要求，指定部门负责无形资产归口管理，建立健全无形资产内部管理制度，明确相关部门在无形资产管理中的职责与分工，强化无形资产入账管理。

单位应当按照以下要求确认无形资产：

（一）单位购入的构成相关硬件不可缺少组成部分的软件，应当将该软件的价值包括在所属的硬件价值中，一并确认为固定资产；不构成相关硬件不可缺少组成部分的软件，应当确认为无形资产。单位委托软件公司开发的软件，视同外购无形资产。单位购入的软件使用权，仅购买当年度使用权的，应当计入当期费用；购买多个年度使用权的，应当确认为无形资产。

（二）单位构建房屋及构筑物时，不能分清构建成本中的房屋及构筑物部分与土地使用权部分的，应当全部确认为固定资产；能够分清构建成本中的房屋及构筑物部分与土地使用权部分的，应当将其中的房屋及构筑物部分确认为固定资产，将其中的土地使用权部分确认为无形资产。

（三）单位购入的电子图书和电子期刊，应当确认为固定资产。单位购入的数据使用权，仅购买当年度使用权的，应当计入当期费用；购买多个年度使用权的，应当确认为无形资产。

（四）单位自行研究开发项目开发阶段的支出，如果最终形成无形资产的，应当确认为无形资产；如果最终未形成无形资产的，应当计入当期费用。

单位自行研究开发项目尚未进入开发阶段，或者确实无法区分研究阶段支出和开发阶段支出，但按法律程序已申请取得无形资产的，应当将依法取得时发生的注册费、聘请律师费等费用确认为无形资产。单位专利申请年度与专利授权年度不在同一年的，在专利申请年度应当将当年发生的注册费、聘请律师费等费用计入当期费用；在专利授权年度应当将申请年度发生的注册费、聘请律师费等费用确认为无形资产，并调整以前年度盈余。

二、规范无形资产摊销管理

单位应当于取得或形成无形资产时合理确定其使用年限，应对使用年限有限的无形资产进行摊销，但已摊销完毕继续使用的无形资产和名义金额计量的无形资产除外。按月采用年限平均法对无形资产进行摊销，摊销金额为无形资产成本，不考虑预计残值。

对于使用年限有限的无形资产，单位应当按照以下原则确定无形资产的摊销年限：法律规定了有效年限的，按照法律规定的有效年限作为摊销年限；法律没有规定有效年限的，按照相关合同或单位申请书中的受益年限作为摊销年限；上述两项均没有的，应当根据无形资产为单位带来服务潜力或经济利益的实际情况，预计其使用年限；非大批量购入、单价小于1000元的无形资产，可以于购买的当期将其成本一次性全部转销。

无法预见无形资产为单位提供服务潜力或者带来经济利益期限的，应当视为使用年限不确定的无形资产。使用年限不确定的无形资产不应摊销。

三、定期开展无形资产清理工作

单位应当定期对预期不能为单位带来服务潜力或经济利益的无形资产进行清理，每年至少清理一次。无形资产预期不能为单位带来服务潜力或者经济利益的，单位应当办理该无形资产报废处置事项，在报经批准当月按待核销无形资产的账面价值予以转销。

不能为单位带来服务潜力或经济利益的无形资产，主要包括外购的无形资产已达到合同规定的受益年限，或被其他新技术替代，单位不能继续使用的无形资产；自行开发并按法律程序申请取得的无形资产已达到法律规定的有效年限，或专利权人在专利权期限内不再按规定缴纳年费，单位不再继续维护的无形资产。

四、按规定办理无形资产处置事项

与科技成果转化有关的无形资产处置事项，单位应当按照《中华人民共和国促进科技成果转化法》等有关规定执行。与科技成果转化无关的无形资产处置事项，单位应当按照以下要求办理：

（一）单项或批量价值（账面原值，下同）800万元以下的无形资产（不含土地使用权）处置事项，院授权单位进行审批。单位应当于批准之日起15个工作日内，向院及财政部报送以下备案文件：

无形资产处置备案函（带文号）（4份）；

中央级事业单位国有资产处置申请表（4份）。

（二）单项或批量价值800万元及以上的无形资产处置事项，经院审核后报财政部审批。单位应当向院报送以下申请文件：

无形资产处置申请函（带文号）（2份）；

无形资产价值凭证（无形资产卡片、发票、记账凭证复印件）（2份）；

技术部门的鉴定意见（2份）；

中央级事业单位国有资产处置申请表（2份）。

单位应当依据财政部对无形资产处置的批复文件，或单位按规定权限处置无形资产报院及财政部的备案文件，将无形资产账面价值予以转销。

附件：中央级事业单位国有资产处置申请表（略）

中国科学院条件保障与财务局

2019 年 7 月 8 日

中国科学院条件保障与财务局关于印发《中国科学院院属事业单位所办企业国有资产产权登记工作规程》的通知

（条财字〔2020〕8号）

院属各单位：

根据财政部《关于进一步加大授权力度　促进科技成果转化的通知》（财资〔2019〕57号）文件精神，我局会同国科控股制定了《中国科学院院属事业单位所办企业国有资产产权登记工作规程》，现印发给你们，请遵照执行。

中国科学院条件保障与财务局

2020年3月27日

中国科学院院属事业单位所办企业国有资产产权登记工作规程

第一章　总　则

第一条　为加强院属事业单位所办企业国有资产产权登记（以下简称企业产权登记）管理，依据《事业单位及事业单位所办企业国有资产产权登记管理办法》（财教〔2012〕242号）《中国科学院对外投资管理办法》（科发条财字〔2017〕101号）《中国科学院条件保障与财务局关于进一步加大授权力度促进科技成果转化的通知》（条财字〔2019〕49号）等有关规定，制定本规程。

第二条　院属事业单位所办的国有独资企业、国有独资公司、国有控股公司和国有参股公司以及其他占有、使用国有资产的企业，依照本规程办理企业产权登记。

第三条　院条件保障与财务局（以下简称条财局）是我院企业产权登记的主管部门。成果转化类企业的国有资产产权登记表加盖条财局公章后生效。其他企业国有资产产权登记事项，经条财局审核后报送财政部办理。

中国科学院控股有限公司（以下简称国科控股）是我院企业产权登记的统一经办单位，负责选聘第三方外审机构并组织产权登记外审工作。受聘的第三方外审机构负责对产权登记材料实质性审核。

院属事业单位系所办企业主管事业单位，是科技成果投资形成企业的监管主体，对国有资产产权登记材料的完整性和有效性负责。

第四条　本规程所称成果转化类企业

是指院属事业单位仅以科技成果作价出资方式取得股权的企业，不包括院属事业单位以非科技成果作价出资、科技成果与其他资产混合出资、未分配利润转增注册资本、接受赠与、无偿划转等方式取得股权的企业。

第五条 企业由两个（含两个）以上国有资本出资人共同投资设立的，按照国有资本出资额最大的出资人产权归属关系确定企业产权登记管辖的部门。国有资本出资额最大的出资人存在多个的，按照企业自行推举的出资人的产权归属关系确定企业产权登记的管辖部门，其余出资人出具产权登记委托书。委托非院属单位办理产权登记手续的，院属单位应取得国有资产产权登记表（证）的原件一份留存以备核查。

第二章 产权登记形式与流程

第六条 院属事业单位所办企业产权登记包括占有产权登记、变动产权登记和注销产权登记，登记流程参见附件1流程图。

第七条 占有产权登记适用于申请取得法人资格的新设立企业和已取得法人资格但尚未办理产权登记的企业。

第八条 变动产权登记适用于企业发生企业名称、企业级次、企业组织形式改变，企业分立、合并或者经营形式改变，企业国有资本额、比例增减变动以及企业国有资本出资人变动的行为事项。

第九条 注销产权登记适用于发生解散、依法撤销，转让全部国有产权（股权）或改制后不再设置国有股权的企业。

第十条 院属事业单位所办企业申请办理产权登记，应按照产权级次或管理级次，经逐级审核向主管事业单位提交以下资料：

1. 产权登记资料目录表。资料目录包括申报资料目录和补充资料目录，参考附件2模板，A4页单面打印。

申报资料目录由企业电脑录入，不得手写填报。企业经办人核对无误以黑色签字笔签名确认。补充资料目录由审核机构手工填写，对审核期间收到补充资料进行记载。

2. 产权登记资料明细审核单（一式一份）。结合产权登记资料目录填报附件3《产权登记资料明细审核单》，A4页单面打印。

3. 产权登记申请报告。企业向主管事业单位的正式行文，落款加盖企业公章，A4页打印，装订线位于左侧。

报告内容包括但不限于企业申请办理产权登记基准日（一般为最近一期审计报告或财务报表日）的基本情况（参见产权登记表中基本情况内容）和产权状况信息，办理产权登记所涉及的经济行为情况，企业产权变动历史沿革及合规性说明等。

4. 合规性资料。与产权登记有关的文件、证照等，资料要求参见附件4。

5. 企业国有资产产权登记表（一式四份）。根据企业类别和产权登记内容，选择附件5中相应类别登记表（其中成果转化类企业应选择附件5-4、5-5、5-6），按照附件6《企业国有资产产权登记表（证）填报说明》的要求，使用计算机如实准确填报登记信息。登记表打印纸张统一为“A3”格式，打印出的表样，均为套打（正反两面），装订线应当在内侧中间。

上述申报资料除新填报的产权登记表、原有的产权登记证原件（如涉及）及《产权登记资料明细审核单》以外，应全部装订成册，并与资料目录顺序一致，资料封面参考附件2模板，封面中申报编号由国科控股分配并填写，编号由“所企”拼音首字母和7位阿拉伯数字组成，数字前四位为年份，后三位为顺序号。封面加盖企业公章。

第十一条 主管事业单位负责对企业的基本情况、历次经济行为、合规性资料等进行审核查验，核查存在问题的应要求企业对资料修改完善后重新装订成册。核查无误后由经办人在《产权登记资料明细审核单》（附件3）上签名确认，文件册封面加盖单位公章和骑缝章。

主管事业单位出具带文号的产权登记申请函（参照附件7–1、7–2、7–3相应模板），连同第十条所列示的资料报送国科控股。主管事业单位应将上述全部资料扫描件按顺序编号后存于U盘或刻录光盘上，随纸质资料一并报送。为方便后期审核期间补充资料能刻入光盘，建议用可擦写光盘（DVD+RW光盘）。

第十二条 国科控股收到企业产权登记申请资料后，由国资监管业务人员进行形式审核，并在五个工作日内反馈审核意见。主管事业单位超时未收到反馈意见，应及时联系相关业务人员查证情况，避免资料在快递交换过程中遗失。国科控股经办人收到有效补充文件，应及时在文件册补充资料目录中予以记录。

第十三条 企业产权登记申请资料形式审核通过后，国科控股在五个工作日内组织第三方外审机构进行技术性审核。第三方外审机构负责向主管事业单位经办人反馈审核意见和沟通处理问题，并出具外审审核报告。外审机构收到有效补充文件，应及时在文件册补充资料目录中予以记录。

第十四条 每月月底，国科控股将技术性审核通过的企业产权登记资料集中转报条财局，由条财局进行后续审核。

第十五条 主管事业单位在收到上述国科控股、第三方外审机构、条财局审核意见后，应组织申请产权登记企业进行整改或资料补充，并在二十个工作日内提供书面情况说明或补充所缺资料。书面说明及补充资料应按要求加盖公章并装订成册，报送相应的审核单位。超过规定时间未做出响应的，产权登记申请资料全部退回主管事业单位，本次产权登记办理终止。

国科控股、第三方外审机构、条财局在审核期间，对收到的有效补充资料，应在补充资料目录中手工登记予以记载。

第十六条 条财局对审定通过的成果转化类企业产权登记表履行用印程序，并将产权登记表、主管事业单位申请函、外审机构技术性审核报告和产权登记资料明细审核单原件转送国科控股存档，其余资料返还院属事业单位存档。若审定未通过，条财局将全部申请资料退回主管事业单位。

第十七条 成果转化类以外的其他企业申请产权登记，由条财局审核通过后转报财政部办理产权登记，并负责向主管事业单位反馈登记结果。

第三章　附　则

第十八条 国科控股系企业申请产权登记流程参照本规程，由国科控股对申请产权登记资料实质性审核并出具审核意见，报条财局、财政部办理。

第十九条　企业产权归属关系不清楚的、发生产权纠纷或资产被司法机关冻结的，应当暂缓办理产权登记，并在产权界定清楚、产权纠纷处理完毕或资产被司法机关解冻后，及时办理产权登记。

第二十条　企业产权登记有下列行为之一的，审核要求其更正，拒不更正的，审核部门将退回全部资料，终止此次产权登记办理：

（一）申请登记资料未按要求装订成册；

（二）填报产权登记表的内容或提交的文件、证件及有关资料违反法律、法规或不符合本办法要求的；

（三）以实物或无形资产出资，未按照国家有关规定进行资产评估或依法折股的，或者未按照规定办理资产评估项目核准或备案的；

（四）对外投资、产权变动行为违反法律、法规和国家有关政策规定，使国有资产权益受到侵害的；

（五）其他应退回情形。

第二十一条　本规程由条财局和国科控股负责解释。

第二十二条　本规程与国家法律法规不一致的，以国家法律法规为准。

第二十三条　本规程自发布之日起施行。

附件：1. 中国科学院企业产权登记流程图（略）

2. 产权登记资料封面及目录表参考模板（略）

3. 产权登记资料明细审核单参考模板（略）

4. 国有资产产权登记合规资料要求（略）

5. 企业国有资产产权登记表（略）

6. 企业产权登记表填报说明（略）

7.《企业国有资产产权登记申请函》参考模板（略）

中国科学院条件保障与财务局关于开展不良企业集中清理与建立企业财务风险预警长效机制的指导意见

（条财字〔2020〕13号）

院属各单位：

院属事业单位投资企业（以下简称企业）是我院科技成果转化的重要载体，也是我院科技产业持续发展的重要基础。近年来，院所投资企业快速发展，数量已逾千家，但其中一部分企业问题积淀、经营不善、亏损严重，甚至长期处于停业、歇业状态，成为不良企业，使国有资产面临损失风险。为强化院属事业单位对外投资风险管理，保障经营性国有资产权益，落实经营性国有资产集中统一管理要求，现就开展不良企业集中清理与建立企业财务风险预警长效机制提出如下意见。

一、指导思想和基本原则

以“加强组织领导，压实主体责任，完善预警机制，夯实管理基础”为基本原则，将开展集中清理与建立长效机制相结合，持续推进不良企业清理，深化“僵尸企业”处置，防范投资企业风险，保障院属事业单位国有资产权益。

二、加强组织领导，强化顶层设计

不良企业清理工作是我院强化经营性资产管理，保障国有权益的重要举措，为我院经营性国有资产集中统一监管试点工作打下基础。院条财局、监审局和国科控股共同组建“中国科学院不良企业清理工作组”（以下简称院清理工作组），负责指导、协调和督促全院的不良企业清理工作。院清理工作组要研究院所投资企业加强内控建设、资金借贷、并购管理等的工作规范；制订不良企业集中清理工作方案（详见附件）；与各分院协同，深入调研，指导和监督院属事业单位不良企业的清理工作；指导建立企业财务风险指标体系和防范不良企业的预警机制；对院属事业单位常态化清理工作进行检查考评。

三、压实主体责任，推进集中清理

院属各事业单位负责对占用的经营性国有资产的管理和营运，是不良企业清理的责任主体。各单位要高度重视投资企业的风险管控工作，利用两年时间集中开展一次不良企业清理工作，消除风险隐患。

院属各事业单位要积极部署落实院不良企业集中清理工作方案，组建以单位法定代表人任组长的不良企业清理专项工作组，深入开展对投资企业的自查梳理，明确目标企业和清理计划。要结合企业实际情况，逐一分析论证，灵活运用企业注销、股权转让、减资缩股、资产重组、股权置换、司法诉讼等多种方式，针对性地制定清理方案。要明确清理责任人和清理工作考核指标，将清理成效和绩效考核相挂钩。要强化组织保障，为清理工作配备人、财、物等资源，集思广益、分类施策，对风险大的重点企业要集中力量加快清理，对清理难度大的企业可引入专业机构力量协助清理。

四、完善预警机制，实施动态管理

（1）定期发布预警，建立监测名单

国科控股基于企业的经营决算数据和财务风险指标体系，每年三季度定期发布不良企业风险预警。院属事业单位在深入调查和分析论证基础上，书面反馈清理意见，提出清理工作计划。确认的不良企业纳入中科院不良企业监测名单。

（2）定期报备进展，实施动态监管

院属事业单位的对外投资和不良企业清理实行动态监管。在现有的经济行为备案，资产评估备案的基础上，每年末需向国科控股报备年度对外投资报告，每半年（7月和12月份）向国科控股报备不良企业清理进展。国科控股每年对各单位不良企业监测情况通过全院企业经营年报予以披露。

五、构建工作体系，强化长效机制

（1）构建工作体系，提升协作能力

院清理工作组统筹推进全院不良企业清理工作，协调多部门解决系统性问题；国科控股负责日常工作协调，与各单位建立联系人工作机制，随时保持沟通并提供咨询协助；依托联想学院开展不良企业清理工作专项培训，提升工作队伍专业水平和工作能力；结合院属事业单位个性需求，协助引入专家顾问、聘请中介机构推进清理工作；对有可能发生重大不良影响的企业，组建专项工作组帮助清理或整顿。

（2）构建信息化平台，提升工作能效

国科控股将总结风险预警联动机制实践经验，结合经营性国有资产集中统一监管信息系统建设工作安排，组织开发不良企业风险预警与清理备案管理模块，搭建信息共享、工作交流平台，提升工作能效。

（3）开展督查检查，强化长效机制

由清理工作组牵头，联合相关分院，每年对院属事业单位组织不定期工作抽查。结合年度清理进展情况，对不良企业数量多、风险高、清理缓慢的单位开展专项检查，强化监督和指导，强化长效工作机制。

附件：中国科学院院属事业单位不良企业集中清理工作方案（略）

中国科学院条件保障与财务局

2020年5月6日

中国科学院关于印发《中国科学院经营性国有资产监管委员会工作规则》的通知

（科发条财字〔2020〕33号）

院机关各部门、国科控股：

《中国科学院经营性国有资产监管委员会工作规则》已经院党组会议审议通过，现印发给你们，请遵照执行。

中国科学院

2020年5月8日

中国科学院经营性国有资产监管委员会工作规则

为加强中国科学院（以下简称“中科院”）占用的经营性国有资产管理，加快院及院属机构投资企业的发展，促进科技成果转移转化，经中共中国科学院党组（以下简称“院党组”）批准，成立中国科学院经营性国有资产监管委员会（以下简称“经管委”）。为规范经管委工作，根据《中华人民共和国公司法》（以下简称《公司法》）、《中华人民共和国企业国有资产法》（以下简称《企业国有资产法》）及国家有关法规，结合中科院实际，制订本规则。

一、定位与组成

第一条 经管委为中科院院机关非常设管理机构，是经中科院授权的履行出资人职责的机构。

第二条 经管委由中科院分管和/或协管经营性国有资产的院领导、分管科技成果转移转化的院领导、科技促进发展局（以下简称“科发局”）局长、条件保障与财务局（以下简称“条财局”）局长、人事局局长、监督与审计局（以下简称“监审局”）分管审计工作的局领导、中国科学院控股有限公司（以下简称“国科控股”）董事长等人员（或经院党组批准的指定人员）组成，并对院党组负责。经管委委员人数一般应为奇数。

分管经营性国有资产的院领导任经管委主任。

第三条 经管委办公室是经管委下设协调办事机构。办公室挂靠在条财局，人员由条财局和国科控股相关同志组成，条财局分管领导兼任经管委办公室主任。

二、职责

第四条 经管委代表中科院按照国家

有关法规，拟订中科院经营性国有资产管理相关规定并报请中科院院长办公会议批准后监督实施。

第五条 对国科控股行使国有资本出资人权利和义务，并对院党组负责。

（一）审议《国科控股章程》及其修改方案，经院党组会议审议批准后执行。

（二）审议国科控股的经营方针和发展规划，经院党组会议审议批准后执行。

（三）审议批准国科控股董事会、监事会的报告。

（四）根据院党组的决定，委派或者更换国科控股中非职工代表担任的董事，指定董事长、副董事长、执行董事、总经理。

（五）根据院党组的决定，委派或者更换国科控股中非职工代表担任的监事，指定监事会主席。

（六）决定国科控股董事和监事的报酬事项。

（七）审议批准国科控股的年度财务预算、决算方案，监督、评价国科控股经营效益，并考核国有资产保值增值情况。

（八）审议批准国科控股的利润分配方案和弥补亏损方案。

（九）审核国科控股国有资产收益收缴原则和使用方向，经院党组会议审议批准后执行。

（十）制订国科控股股权转让和股权变更方案，经院党组会议审议批准后执行。

（十一）对国科控股的合并、分立、变更、解散、清算、改制、注册资本变更等重大事项做出决定，经院党组会议审议批准后执行。

（十二）审议批准国科控股发行公司债券。

（十三）享有《公司法》和《企业国有资产法》规定的其他权利。

（十四）履行国家有关法律、法规规定的其它义务。

第六条 除对国科控股行使出资人权利外，还行使以下权利：

（一）核准国科控股基本管理制度、薪酬制度，决定董事长、总经理、监事会主席报酬和奖励。

（二）核准国科控股内部管理机构的设置。

（三）核准国科控股年度经营计划。

（四）审议批准单一项目超过上一年度国科控股经审计净资产 2% 的私募股权基金投资等运营性资金的投资和处置事项，以及单一项目超过 10000 万元（含）人民币的直接股权投资、负债和转让等资产处置事项。

（五）审议批准国科控股转让企业全部股权或下属控股企业变更为参股企业的事项；审议批准国科控股下属控股企业合并、分立、解散、注销事项。

（六）审议批准国科控股投资企业中中科院占用的国有资产产权变更方案。

（七）行使国科控股资产收益及其支配职权：

1. 在保证国家最终收益权的前提下，按照出资人的意愿，审议批准对国科控股授权范围内重大资产处置和经营收益事项。

2. 审议批准国科控股投资收益具体收缴办法及其使用方案，并监督执行。

（八）院党组授予的其他职权。

第七条 经管委应当维护国科控股及其投资企业作为市场主体依法享有的权

利，除依法履行出资人职责外，不得干预国科控股及其投资企业的日常经营活动。

第八条 经管委委员可以列席国科控股董事会会议和监事会会议并就有关事项发表意见，但无表决权（兼任国科控股董事和监事的经管委委员除外）。

第九条 经管委办公室作为经管委的下设协调机构，其主要职责是：

（一）负责征集经管委会议议题并进行合规性审核。

（二）负责经管委会议审议事项材料的收集与准备。

（三）负责经管委会议记录并起草会议纪要。

（四）负责经管委会议决议的督办。

（五）负责经管委会议的相关会务工作。

（六）承担经管委主任和经管委会议交办的其他工作。

第十条 经管委承担《企业国有资产法》第八章之第六十八条、第六十九条和第七十条中所规定的法律责任，但直接由院党组决定的事项除外。

三、议事程序

第十一条 经管委会议每年至少召开两次，会议必须有三分之二以上的委员参加方可举行。会议由经管委主任召集和主持；主任因特殊原因不能履行职务时，应书面委托其他委员召集和主持会议。

经三分之一以上委员提议，应当召开经管委临时会议。

必要时，经管委会议可采用通讯方式召开。但涉及国科控股合并、分立、变更、解散以及（股权）转让，重大项目投资决策和大额资金使用等事项不得采用通讯方式召开会议。

经管委办公室主任、国科控股总经理列席经管委会议。经管委主任可根据议题审议需要指定列席人员。

第十二条 经管委会议议题须经经管委主任审核同意后，方可列入议题。

经管委组成部门应对议题进行研究并提出意见。

第十三条 召开经管委会议，应当于会议召开10日前通知全体委员，并将需审议的有关事项提前5日报送每位委员（临时会议可不受此限定）。经管委委员因故不能出席，可以书面委托该委员所在部门其他负责人代为出席；委托书应当载明授权范围及授权时限。经管委会议应当对所议事项和决定形成会议纪要，经全体委员审核并经管委主任签发后生效。

第十四条 经管委决议的事项需经出席经管委会议的三分之二以上委员通过方为有效。

第十五条 经管委会议纪要应及时呈送院主要领导、经管委组成部门分管院领导和组成部门阅知。

第十六条 经管委主任行使下列职权：

（一）召集和主持经管委会议。

（二）审核批准经管委会议议题。

（三）签发经管委会议纪要。

（四）检查经管委会议决议的实施情况。

（五）在发生战争、特大自然灾害等紧急情况下，授权国科控股董事长对国科控股事务行使符合法律、法规规定和国科控股利益的特别裁决权和处置权，并在事后向经管委和院党组报告。

（六）经管委决议授予的其他职权。

四、有关部门的职责与分工

第十七条　条财局负责履行国家有关法规规定的国有资产处置审核报批程序并监督执行；按照经管委决定，负责收缴国有资产投资收益；会同国科控股负责经管委的日常支撑服务工作。

第十八条　科发局负责对接院属单位和国科控股，推动知识产权运用和科技成果转移转化。指导国科控股开展战略性新兴产业直接投资，负责院属单位所办企业科技成果转化的宣传、统计和分析。

第十九条　人事局配合院经管委负责国科控股中院管干部的选任及相关管理工作。负责对接人社部，报备经院经管委审定的国科控股负责人薪酬管理办法，以及公开披露的国科控股负责人年度薪酬水平。

第二十条　监审局负责对国科控股开展审计工作，负责指导国科控股研究制定内部审计规章、制度、办法，负责指导企业党委开展院直接投资企业的巡察工作。

第二十一条　国科控股和京区企业党委常委会在选聘其投资的重要企业党组织主要负责人、主要经营者之前，应与经管委主任做必要沟通。

五、附　则

第二十二条　本规则经院党组审议批准后实施。本规则的修改方案须经三分之二以上经管委委员同意后方可提请院党组审议。

第四部分

平台建设

1. 创新创业及技术创新中心

国务院关于强化实施创新驱动发展战略进一步推进大众创业万众创新深入发展的意见

（国发〔2017〕37号）

各省、自治区、直辖市人民政府，国务院各部委、各直属机构：

创新是社会进步的灵魂，创业是推进经济社会发展、改善民生的重要途径，创新和创业相连一体、共生共存。近年来，大众创业、万众创新蓬勃兴起，催生了数量众多的市场新生力量，促进了观念更新、制度创新和生产经营管理方式的深刻变革，有效提高了创新效率、缩短了创新路径，已成为稳定和扩大就业的重要支撑、推动新旧动能转换和结构转型升级的重要力量，正在成为中国经济行稳致远的活力之源。为进一步系统性优化创新创业生态环境，强化政策供给，突破发展瓶颈，充分释放全社会创新创业潜能，在更大范围、更高层次、更深程度上推进大众创业、万众创新，现提出如下意见。

一、大众创业、万众创新深入发展是实施创新驱动发展战略的重要载体

深入推进供给侧结构性改革，全面实施创新驱动发展战略，加快新旧动能接续转换，着力振兴实体经济，必须坚持“融合、协同、共享”，推进大众创业、万众创新深入发展。要进一步优化创新创业的生态环境，着力推动“放管服”改革，构建包容创新的审慎监管机制，有效促进政府职能转变；进一步拓展创新创业的覆盖广度，着力推动创新创业群体更加多元，发挥大企业、科研院所和高等院校的领军作用，有效促进各类市场主体融通发展；进一步提升创新创业的科技内涵，着力激发专业技术人才、高技能人才等的创造潜能，强化基础研究和应用技术研究的有机衔接，加速科技成果向现实生产力转化，有效促进创新型创业蓬勃发展；进一步增强创新创业的发展实效，着力推进创新创业与实体经济发展深度融合，结合“互联网＋”、“中国制造2025”和军民融合发展等重大举措，有效促进新技术、新业态、新模式加快发展和产业结构优化升级。

——创新为本、高端引领。以科技创新为基础支撑，实现创新带动创业、创业促进创新的良性循环。坚持质量效率并重，引导创新创业多元化、特色化、专业化发展，推动产业迈向中高端。坚持创新创业与实体经济相结合，实现一二三产业相互渗透，推动军民融合深入发展，创造新供给、释放新需求，增强产业活力和核心竞争力。

——改革先行、精准施策。以深化改革为核心动力，主动适应、把握、引领经

济发展新常态，面向新趋势、新特征、新需求，主动作为，针对重点领域、典型区域、关键群体的特点精准发力，出实招、下实功、见实效。着力破除制约创新创业发展的体制机制障碍，促进生产、管理、分配和创新模式的深刻变革，继续深入推进“放管服”改革，积极探索包容审慎监管，为新动能的成长打开更大空间。

——人才优先、主体联动。以人才支撑为第一要素，改革人才引进、激励、发展和评价机制，激发人才创造潜能，鼓励科技人员、中高等院校毕业生、留学回国人才、农民工、退役士兵等有梦想、有意愿、有能力的群体更多投身创新创业。加强科研机构、高校、企业、创客等主体协同，促进大中小微企业优势互补，推动城镇与农村创新创业同步发展，形成创新创业多元主体合力汇聚、活力迸发的良性格局。

——市场主导、资源聚合。充分发挥市场配置资源的决定性作用，整合政府、企业、社会等多方资源，建设众创、众包、众扶、众筹支撑平台，健全创新创业服务体系，推动政策、技术、资本等各类要素向创新创业集聚，充分发挥社会资本作用，以市场化机制促进多元化供给与多样化需求更好对接，实现优化配置。

——价值创造、共享发展。以价值创造为本质内涵，大力弘扬创新文化，厚植创业沃土，营造敢为人先、宽容失败的良好氛围，推动创新创业成为生活方式和人生追求。践行共享发展理念，实现人人参与、人人尽力、人人享有，使创新创业成果更多更公平地惠及全体人民，促进社会公平正义。

二、加快科技成果转化

重点突破科技成果转移转化的制度障碍，保护知识产权，活跃技术交易，提升创业服务能力，优化激励机制，共享创新资源，加速科技成果向现实生产力转化。

（一）建立完善知识产权运用和快速协同保护体系，扩大知识产权快速授权、确权、维权覆盖面，加快推进快速保护由单一产业领域向多领域扩展。搭建集专利快速审查、快速确权、快速维权等于一体，审查确权、行政执法、维权援助、仲裁调解、司法衔接相联动的知识产权保护中心。探索建立海外知识产权维权援助机制。发挥国家知识产权运营公共服务平台枢纽作用，加快建设国家知识产权运营服务体系。（国家知识产权局牵头负责）

（二）推动科技成果、专利等无形资产价值市场化，促进知识产权、基金、证券、保险等新型服务模式创新发展，依法发挥资产评估的功能作用，简化资产评估备案程序，实现协议定价和挂牌、拍卖定价。促进科技成果、专利在企业的推广应用。（国家知识产权局、财政部、科技部、中国科协等单位按职责分工负责）

（三）探索在战略性新兴产业相关领域率先建立利用财政资金形成的科技成果限时转化制度。财政资金支持形成的科技成果，除涉及国防、国家安全、国家利益、重大社会公共利益外，在合理期限内未能转化的，可由国家依法强制许可实施转化。（科技部、财政部、国家发展改革委等部门按职责分工负责）

（四）引导众创空间向专业化、精细化方向升级，支持龙头骨干企业、高校、科研院所围绕优势细分领域建设平台型众

创空间。探索将创投孵化器等新型孵化器纳入科技企业孵化器管理服务体系，并享受相应扶持政策。（科技部牵头负责）

（五）推动科研院所落实国家科技成果转化法律法规和政策，强化激励导向，提高科研院所成果转化效率。坚持试点先行，进一步扩大科研院所自主权，激发科研院所和科技人员创新创业积极性。（科技部、人力资源社会保障部等部门按职责分工负责）

（六）促进仪器设备开放共享，探索仪器设备所有权和经营权分离机制，对于财政资金购置的仪器设备，探索引入专业服务机构进行社会化服务等多种方式。（科技部牵头负责）

（七）实施科研院所创新创业共享行动，鼓励科研院所发挥自身优势，进一步提高科技成果转化能力和创新创业能力，进一步开放现有科研设施和资源，推动科技成果在全社会范围实现共享和转化。（国家发展改革委、中科院、科技部等单位按职责分工负责）

三、拓展企业融资渠道

不断完善金融财税政策，创新金融产品，扩大信贷支持，发展创业投资，优化投入方式，推动破解创新创业企业融资难题。

（八）在有效防控风险的前提下，合理赋予大型银行县支行信贷业务权限。支持地方性法人银行在符合条件的情况下在基层区域增设小微支行、社区支行，提供普惠金融服务。支持商业银行改造小微企业信贷流程和信用评价模型，提高审批效率。（银监会牵头负责）

（九）完善债权、股权等融资服务机制，为科技型中小企业提供覆盖全生命周期的投融资服务。稳妥推进投贷联动试点工作。推广专利权质押等知识产权融资模式，鼓励保险公司为科技型中小企业知识产权融资提供保证保险服务，对符合条件的由地方各级人民政府提供风险补偿或保费补贴。持续优化科技型中小企业直接融资机制，稳步扩大创新创业公司债券试点规模。支持政府性融资担保机构为科技型中小企业发债提供担保。鼓励地方各级人民政府建立政银担、政银保等不同类型的风险补偿机制。（银监会、人民银行、保监会、财政部、科技部、国家知识产权局、证监会等部门按职责分工负责）

（十）改革财政资金、国有资本参与创业投资的投入、管理与退出标准和规则，建立完善与其特点相适应的绩效评价体系。依法依规豁免国有创业投资机构和国有创业投资引导基金国有股转持义务。（财政部、国务院国资委等部门按职责分工负责）

（十一）适时推广创业投资企业和天使投资个人有关税收试点政策，引导社会资本参与创业投资。推动创业投资企业、创业投资管理企业及其从业人员在第三方征信机构完善信用记录，实现创业投资领域信用记录全覆盖。（财政部、税务总局、国家发展改革委等部门按职责分工负责）

（十二）推动国家新兴产业创业投资引导基金、国家中小企业发展基金、国家科技成果转化引导基金设立一批创业投资子基金。引导和规范地方各级人民政府设立创业投资引导基金，建立完善对引导基金的运行监管机制、财政资金的绩效考核机制和基金管理机构的信用信息评价机制。（国家发展改革委、财政部、工业和

信息化部等部门按职责分工负责）

（十三）健全完善创新券、创业券的管理制度和运行机制，在全面创新改革试验区域探索建立创新券、创业券跨区域互通互认机制。（科技部、国家发展改革委等部门按职责分工负责）

四、促进实体经济转型升级

深入实施"互联网+"、"中国制造2025"、军民融合发展、新一代人工智能等重大举措，着力加强创新创业平台建设，培育新兴业态，发展分享经济，以新技术、新业态、新模式改造传统产业，增强核心竞争力，实现新兴产业与传统产业协同发展。

（十四）加强基础研究，提升原始创新能力。改革和创新科研管理、投入和经费使用方式。高校和科研院所要鼓励科研人员与创业者开展合作和互动交流，建立集群思、汇众智、解难题的众创空间。面向企业和社会创新的难点，凝练和解决科学问题，举办各种形式的创新挑战赛，通过众包共议方式，提高创新效率和水平。（科技部、财政部等部门按职责分工负责）

（十五）在战略性领域布局建设若干产业创新中心，整合利用现有创新资源形成充满活力的创新网络。依托企业、联合高校和科研院所，建设符合发展需求的制造业创新中心，开展关键共性重大技术研究和产业化应用示范。推动建立一批军民结合、产学研一体的科技协同创新平台。（国家发展改革委、工业和信息化部、科技部、教育部等部门按职责分工负责）

（十六）实施企业创新创业协同行动。支持大型企业开放供应链资源和市场渠道，推动开展内部创新创业，带动产业链上下游发展，促进大中小微企业融通发展。（国家发展改革委、工业和信息化部、国务院国资委、全国工商联等单位按职责分工负责）

（十七）鼓励大型企业全面推进"双创"工作，建设"双创"服务平台与网络，开展各类"双创"活动，推广各类大型企业"双创"典型经验，促进跨界融合和成果转化。（国家发展改革委、工业和信息化部、国务院国资委、全国工商联等单位按职责分工负责）

（十八）促进分享经济发展，合理引导预期，创新监管模式，推动构建适应分享经济发展的包容审慎监管机制和社会多方协同治理机制，完善新就业形态、消费者权益、社会保障、信用体系建设、风险控制等方面的政策法规，研究完善适应分享经济特点的税收征管措施，研究建立平台企业履职尽责与依法获得责任豁免的联动机制。（国家发展改革委、人力资源社会保障部、人民银行、工商总局、税务总局、中央网信办等单位按职责分工负责）

（十九）发布促进数字经济发展战略纲要，强化系统性设计，打破制约数字生产力发展的制度障碍，推进市场化的生产资料分享，提升市场配置资源效率，加速数字化转型，引领和适应数字经济发展。发起"一带一路"数字经济国际合作倡议，促进"一带一路"沿线国家数字经济交流与合作。（国家发展改革委、中央网信办等单位按职责分工负责）

（二十）进一步完善新产业新业态新模式统计分类，充分利用大数据等现代信息技术手段，研究制定"双创"发展统计指标体系，科学、准确、及时反映经济结构优化升级的新进展。（国家统计局牵头

负责）

（二十一）加快研究制定工业互联网安全技术标准，建设工业互联网网络安全监测平台和中小企业网络安全公共服务平台，强化工业互联网安全保障支撑能力。（工业和信息化部牵头负责）

（二十二）积极落实支持大众创业、万众创新的用地政策，加大新供用地保障力度，鼓励盘活利用现有用地，引导新产业集聚发展，完善新产业用地监管制度。（国土资源部牵头负责）

（二十三）研究制定促进首台（套）重大技术装备示范应用的意见，建立健全首台（套）重大技术装备研发、检测评定、示范应用体系，完善财政、金融、保险等支持政策，明确相关招标采购要求，建立示范应用激励和保障机制，营造良好的政策和市场环境。（国家发展改革委牵头负责）

（二十四）充分利用产业投资基金支持先进制造业发展。实施新一轮技术改造升级重大工程，支持关键领域和瓶颈环节技术改造。（国家发展改革委、工业和信息化部、财政部等部门按职责分工负责）

五、完善人才流动激励机制

充分激发人才创新创业活力，改革分配机制，引进国际高层次人才，促进人才合理流动，健全保障体系，加快形成规模宏大、结构合理、素质优良的创新创业人才队伍。

（二十五）制定人才签证实施细则，明确外国人申请和取得人才签证的标准条件和办理程序；全面实施外国人来华工作许可制度，简化外国高层次人才办理工作许可证和居留证件的程序。开展外国高层次人才服务“一卡通”试点，建立安居保障、子女入学和医疗保健服务通道。进一步完善外国人才由工作居留向永久居留转换机制，实现工作许可、签证和居留有机衔接。（国家外专局、公安部、外交部、人力资源社会保障部等部门按职责分工负责）

（二十六）允许外国留学生凭高校毕业证书、创业计划申请加注“创业”的私人事务类居留许可。外国人依法申请注册成为企业的，可凭创办企业注册证明等材料向有关部门申请工作许可和工作类居留许可。（公安部、人力资源社会保障部、国家外专局等部门按职责分工负责）

（二十七）实施留学人员回国创新创业启动支持计划，吸引更多高素质留学人才回国创新创业。继续推进两岸青年创新创业基地建设，推动内地与港澳地区开展创新创业交流合作。深入开展“万侨创新行动”，支持建设华侨华人创新创业基地，探索建立华侨华人创新创业综合服务体系，为华侨华人高层次专业人才和企业家出入境、停居留以及申办外国人永久居留身份证件提供便利。推动来内地创业的港澳同胞、回国（来华）创业的华侨华人享受当地城镇居民同等待遇的社会公共服务。继续推进海外人才离岸创新创业基地建设。（人力资源社会保障部、外交部、公安部、国务院港澳办、国务院台办、国务院侨办、中国科协等单位按职责分工负责）

（二十八）完善高校和科研院所绩效考核办法，在核定的绩效工资总量内高校和科研院所可自主分配。事业单位引进高层次人员和招聘急需紧缺人才，可简化招录程序，没有岗位空缺的可申请设置特设

岗位，并按相关规定办理人事关系，确定岗位薪资。（人力资源社会保障部、教育部、科技部等部门按职责分工负责）

（二十九）实施社团创新创业融合行动，搭建创新创业资源对接平台，推介一批创新创业典型人物和案例，推动创新精神、企业家精神和工匠精神融合，进一步引导和推动各类科技人员投身创新创业大潮。（国家发展改革委、中国科协等单位按职责分工负责）

（三十）加快将现有支持“双创”相关财政政策措施向返乡下乡人员创新创业拓展，将符合条件的返乡下乡人员创新创业项目纳入强农惠农富农政策范围。探索实施农村承包土地经营权以及农业设施、农机具抵押贷款试点。允许返乡下乡人员依法使用集体建设用地开展创新创业。返乡农民工可在创业地参加各项社会保险。鼓励有条件的地方将返乡农民工纳入住房公积金缴存范围，按规定将其子女纳入城镇（城乡）居民基本医疗保险参保范围。地方人民政府要建立协调推动机制，有条件的县级人民政府应设立“绿色通道”，为返乡下乡人员创新创业提供便利服务。（农业部、人力资源社会保障部、国土资源部等部门和有关地方人民政府按职责分工负责）

（三十一）各地区可根据实际需要制定灵活的引才引智政策，采取不改变人才的户籍、人事关系等方式，以用为本，发挥实效，解决关键领域高素质人才稀缺等问题。（各地方人民政府负责）

六、创新政府管理方式

持续深化“放管服”改革，加大普惠性政策支持力度，改善营商环境，放宽市场准入，推进试点示范，加强文化建设，推动形成政府、企业、社会良性互动的创新创业生态。

（三十二）出台公平竞争审查实施细则，进一步健全审查机制，明确审查程序，强化审查责任，推动全面实施公平竞争审查制度，为创新创业营造统一开放、竞争有序的市场环境。（国家发展改革委、财政部、商务部、工商总局等部门按职责分工负责）

（三十三）推进“多证合一”登记制度改革，将涉企登记、备案等有关事项和各类证照进一步整合到营业执照上。对内外资企业，在支持政策上一视同仁，推动实施一个窗口登记注册和限时办结。推动取消企业名称预先核准，推广自主申报。全面实施企业简易注销登记改革，实现市场主体退出便利化。建设全国统一的电子营业执照管理系统，推进无介质电子营业执照建设和应用。（工商总局牵头负责）

（三十四）加大事中事后监管力度，实现“双随机、一公开”监管全覆盖，开展跨部门“双随机”联合检查，提高监管效能。健全跨部门、跨地区执法协作机制，推进市场监管领域综合执法改革。（工商总局、中央编办、国务院法制办等单位按职责分工负责）

（三十五）在有条件的基层政府设立专业化的行政审批机构，实行审批职责、审批事项、审批环节“三个全集中”。（各地方人民政府、有关部门按职责分工负责）

（三十六）适时适当放宽教育等行业互联网准入条件，降低创新创业门槛，加强新兴业态领域事中事后监管。（教育部牵头负责）

（三十七）推进跨省经营企业部分涉税事项全国通办。推进银行卡受理终端、网上银行、手机银行等多元化缴税方式。加强国税、地税联合办税。建立健全市、县两级银税合作工作机制，加大基层银税合作力度，逐步扩大税务、银行信用信息共享内容。探索通过建立电子平台或在银税双方系统中互设接口等方式，实现银税信息“线上”互动。（税务总局牵头负责）

（三十八）积极有序推进试点示范，加快建设全国双创示范基地，推进小微企业创业创新基地城市示范，整合创建一批农村创新创业示范基地。推广全面创新改革试验经验。研究新设一批国家自主创新示范区、高新区，深化国家自主创新示范区政策试点。（国家发展改革委、科技部、财政部、工业和信息化部、农业部等部门按职责分工负责）

（三十九）办好全国“双创”活动周，营造创新创业良好氛围。组织实施好“创响中国”系列活动，开展创业投资企业、院士专家、新闻媒体地方行。高质量办好创新创业赛事，推动创新创业理念更加深入人心。（国家发展改革委、中国科协等单位按职责分工负责）

各地区、各部门要认真落实本意见的各项要求，进一步细化政策措施，切实履职尽责，密切配合，勇于探索，主动作为，及时总结经验，加强监督检查，确保各项政策落到实处，推进大众创业、万众创新深入发展，为全面实施创新驱动发展战略、培育壮大新动能、改造提升传统动能和促进我国经济保持中高速增长、迈向中高端水平提供强劲支撑。

国务院

2017 年 7 月 21 日

国务院关于推动创新创业高质量发展打造“双创”升级版的意见

（国发〔2018〕32号）

各省、自治区、直辖市人民政府，国务院各部委、各直属机构：

创新是引领发展的第一动力，是建设现代化经济体系的战略支撑。近年来，大众创业万众创新持续向更大范围、更高层次和更深程度推进，创新创业与经济社会发展深度融合，对推动新旧动能转换和经济结构升级、扩大就业和改善民生、实现机会公平和社会纵向流动发挥了重要作用，为促进经济增长提供了有力支撑。当前，我国经济已由高速增长阶段转向高质量发展阶段，对推动大众创业万众创新提出了新的更高要求。为深入实施创新驱动发展战略，进一步激发市场活力和社会创造力，现就推动创新创业高质量发展、打造“双创”升级版提出以下意见。

一、总体要求

推进大众创业万众创新是深入实施创新驱动发展战略的重要支撑、深入推进供给侧结构性改革的重要途径。随着大众创业万众创新蓬勃发展，创新创业环境持续改善，创新创业主体日益多元，各类支撑平台不断丰富，创新创业社会氛围更加浓厚，创新创业理念日益深入人心，取得显著成效。但同时，还存在创新创业生态不够完善、科技成果转化机制尚不健全、大中小企业融通发展还不充分、创新创业国际合作不够深入以及部分政策落实不到位等问题。打造“双创”升级版，推动创新创业高质量发展，有利于进一步增强创业带动就业能力，有利于提升科技创新和产业发展活力，有利于创造优质供给和扩大有效需求，对增强经济发展内生动力具有重要意义。

（一）指导思想。

以习近平新时代中国特色社会主义思想为指导，全面贯彻党的十九大和十九届二中、三中全会精神，坚持新发展理念，坚持以供给侧结构性改革为主线，按照高质量发展要求，深入实施创新驱动发展战略，通过打造“双创”升级版，进一步优化创新创业环境，大幅降低创新创业成本，提升创业带动就业能力，增强科技创新引领作用，提升支撑平台服务能力，推动形成线上线下结合、产学研用协同、大中小企业融合的创新创业格局，为加快培育发展新动能、实现更充分就业和经济高质量发展提供坚实保障。

（二）主要目标。

——创新创业服务全面升级。创新创业资源共享平台更加完善，市场化、专业化众创空间功能不断拓展，创新创业服务平台能力显著提升，创业投资持续增长并更加关注早中期科技型企业，新兴创新创业服务业态日趋成熟。

——创业带动就业能力明显提升。培育更多充满活力、持续稳定经营的市场主体，直接创造更多就业岗位，带动关联产业就业岗位增加，促进就业机会公平和社会纵向流动，实现创新、创业、就业的良性循环。

——科技成果转化应用能力显著增强。科技型创业加快发展，产学研用更加协同，科技创新与传统产业转型升级结合更加紧密，形成多层次科技创新和产业发展主体，支撑战略性新兴产业加快发展。

——高质量创新创业集聚区不断涌现。“双创”示范基地建设扎实推进，一批可复制的制度性成果加快推广。有效发挥国家级新区、国家自主创新示范区等各类功能区优势，打造一批创新创业新高地。

——大中小企业创新创业价值链有机融合。一批高端科技人才、优秀企业家、专业投资人成为创新创业主力军，大企业、科研院所、中小企业之间创新资源要素自由畅通流动，内部外部、线上线下、大中小企业融通发展水平不断提升。

——国际国内创新创业资源深度融汇。拓展创新创业国际交流合作，深度融入全球创新创业浪潮，推动形成一批国际化创新创业集聚地，将“双创”打造成为我国与包括“一带一路”相关国家在内的世界各国合作的亮丽名片。

二、着力促进创新创业环境升级

（三）简政放权释放创新创业活力。进一步提升企业开办便利度，全面推进企业简易注销登记改革。积极推广“区域评估”，由政府组织力量对一定区域内地质灾害、水土保持等进行统一评估。推进审查事项、办事流程、数据交换等标准化建设，稳步推动公共数据资源开放，加快推进政务数据资源、社会数据资源、互联网数据资源建设。清理废除妨碍统一市场和公平竞争的规定和做法，加快发布全国统一的市场准入负面清单，建立清单动态调整机制。（市场监管总局、自然资源部、水利部、发展改革委等按职责分工负责）

（四）放管结合营造公平市场环境。加强社会信用体系建设，构建信用承诺、信息公示、信用分级分类、信用联合奖惩等全流程信用监管机制。修订生物制造、新材料等领域审查参考标准，激发高技术领域创新活力。引导和规范共享经济良性健康发展，推动共享经济平台企业切实履行主体责任。建立完善对“互联网+教育”、“互联网+医疗”等新业态新模式的高效监管机制，严守安全质量和社会稳定底线。（发展改革委、市场监管总局、工业和信息化部、教育部、卫生健康委等按职责分工负责）

（五）优化服务便利创新创业。加快建立全国一体化政务服务平台，建立完善国家数据共享交换平台体系，推行数据共享责任清单制度，推动数据共享应用典型案例经验复制推广。在市县一级建立农村创新创业信息服务窗口。完善适应新就业形态的用工和社会保险制度，加快建设“网上社保”。积极落实产业用地政策，深入推进城镇低效用地再开发，健全建设用地“增存挂钩”机制，优化用地结构，盘活存量、闲置土地用于创新创业。（国务院办公厅、发展改革委、市场监管总局、农业农村部、人力资源社会保障部、

自然资源部等按职责分工负责）

三、加快推动创新创业发展动力升级

（六）加大财税政策支持力度。聚焦减税降费，研究适当降低社保费率，确保总体上不增加企业负担，激发市场活力。将企业研发费用加计扣除比例提高到75%的政策由科技型中小企业扩大至所有企业。对个人在二级市场买卖新三板股票比照上市公司股票，对差价收入免征个人所得税。将国家级科技企业孵化器和大学科技园享受的免征房产税、增值税等优惠政策范围扩大至省级，符合条件的众创空间也可享受。（财政部、税务总局等按职责分工负责）

（七）完善创新创业产品和服务政府采购等政策措施。完善支持创新和中小企业的政府采购政策。发挥采购政策功能，加大对重大创新产品和服务、核心关键技术的采购力度，扩大首购、订购等非招标方式的应用。（发展改革委、财政部、工业和信息化部、科技部等和各地方人民政府按职责分工负责）

（八）加快推进首台（套）重大技术装备示范应用。充分发挥市场机制作用，推动重大技术装备研发创新、检测评定、示范应用体系建设。编制重大技术装备创新目录、众创研发指引，制定首台（套）评定办法。依托大型科技企业集团、重点研发机构，设立重大技术装备创新研究院。建立首台（套）示范应用基地和示范应用联盟。加快军民两用技术产品发展和推广应用。发挥众创、众筹、众包和虚拟创新创业社区等多种创新创业模式的作用，引导中小企业等创新主体参与重大技术装备研发，加强众创成果与市场有效对接。（发展改革委、科技部、工业和信息化部、财政部、国资委、卫生健康委、市场监管总局、能源局等按职责分工负责）

（九）建立完善知识产权管理服务体系。建立完善知识产权评估和风险控制体系，鼓励金融机构探索开展知识产权质押融资。完善知识产权运营公共服务平台，逐步建立全国统一的知识产权交易市场。鼓励和支持创新主体加强关键前沿技术知识产权创造，形成一批战略性高价值专利组合。聚焦重点领域和关键环节开展知识产权“雷霆”专项行动，进行集中检查、集中整治，全面加强知识产权执法维权工作力度。积极运用在线识别、实时监测、源头追溯等“互联网+”技术强化知识产权保护。（知识产权局、财政部、银保监会、人民银行等按职责分工负责）

四、持续推进创业带动就业能力升级

（十）鼓励和支持科研人员积极投身科技创业。对科教类事业单位实施差异化分类指导，出台鼓励和支持科研人员离岗创业实施细则，完善创新型岗位管理实施细则。健全科研人员评价机制，将科研人员在科技成果转化过程中取得的成绩和参与创业项目的情况作为职称评审、岗位竞聘、绩效考核、收入分配、续签合同等的重要依据。建立完善科研人员校企、院企共建双聘机制。（科技部、教育部、人力资源社会保障部等按职责分工负责）

（十一）强化大学生创新创业教育培训。在全国高校推广创业导师制，把创新创业教育和实践课程纳入高校必修课体系，允许大学生用创业成果申请学位论文答辩。支持高校、职业院校（含技工院校）深化产教融合，引入企业开展生产性实习实训。（教育部、人力资源社会保障部、共青团中央等按职责分工负责）

（十二）健全农民工返乡创业服务体系。深入推进农民工返乡创业试点工作，推出一批农民工返乡创业示范县和农村创新创业典型县。进一步发挥创业担保贷款政策的作用，鼓励金融机构按照市场化、商业可持续原则对农村“双创”园区（基地）和公共服务平台等提供金融服务。安排一定比例年度土地利用计划，专项支持农村新产业新业态和产业融合发展。（人力资源社会保障部、农业农村部、发展改革委、人民银行、银保监会、财政部、自然资源部、共青团中央等按职责分工负责）

（十三）完善退役军人自主创业支持政策和服务体系。加大退役军人培训力度，依托院校、职业培训机构、创业培训中心等机构，开展创业意识教育、创业素质培养、创业项目指导、开业指导、企业经营管理等培训。大力扶持退役军人就业创业，落实好现有税收优惠政策，根据个体特点引导退役军人向科技服务业等新业态转移。推动退役军人创业平台不断完善，支持退役军人参加创新创业大会和比赛。（退役军人部、教育部、人力资源社会保障部、税务总局、财政部等按职责分工负责）

（十四）提升归国和外籍人才创新创业便利化水平。深入实施留学人员回国创新创业启动支持计划，遴选资助一批高层次人才回国创新创业项目。健全留学回国人才和外籍高层次人才服务机制，在签证、出入境、社会保险、知识产权保护、落户、永久居留、子女入学等方面进一步加大支持力度。（人力资源社会保障部、外交部、公安部、移民局、知识产权局等和各地方人民政府按职责分工负责）

（十五）推动更多群体投身创新创业。深入推进创新创业巾帼行动，鼓励支持更多女性投身创新创业实践。制定完善香港、澳门居民在内地发展便利性政策措施，鼓励支持港澳青年在内地创新创业。扩大两岸经济文化交流合作，为台湾同胞在大陆创新创业提供便利。积极引导侨资侨智参与创新创业，支持建设华侨华人创新创业基地和华侨大数据中心。探索国际柔性引才机制，持续推进海外人才离岸创新创业基地建设。启动少数民族地区创新创业专项行动，支持西藏、新疆等地区创新创业加快发展。推行终身职业技能培训制度，将有创业意愿和培训需求的劳动者全部纳入培训范围。（全国妇联、港澳办、台办、侨办、人力资源社会保障部、中国科协、发展改革委、国家民委等按职责分工负责）

五、深入推动科技创新支撑能力升级

（十六）增强创新型企业引领带动作用。在重点领域和关键环节加快建设一批国家产业创新中心、国家技术创新中心等创新平台，充分发挥创新平台资源集聚优势。建设由大中型科技企业牵头，中小企业、科技社团、高校院所等共同参与的科技联合体。加大对“专精特新”中小企业的支持力度，鼓励中小企业参与产业关键共性技术研究开发，持续提升企业创新能力，培育一批具有创新能力的制造业单项冠军企业，壮大制造业创新集群。健全

企业家参与涉企创新创业政策制定机制。（发展改革委、科技部、中国科协、工业和信息化部等按职责分工负责）

（十七）推动高校科研院所创新创业深度融合。健全科技资源开放共享机制，鼓励科研人员面向企业开展技术开发、技术咨询、技术服务、技术培训等，促进科技创新与创业深度融合。推动高校、科研院所与企业共同建立概念验证、孵化育成等面向基础研究成果转化的服务平台。（科技部、教育部等按职责分工负责）

（十八）健全科技成果转化的体制机制。纵深推进全面创新改革试验，深化以科技创新为核心的全面创新。完善国家财政资金资助的科技成果信息共享机制，畅通科技成果与市场对接渠道。试点开展赋予科研人员职务科技成果所有权或长期使用权。加速高校科技成果转化和技术转移，促进科技、产业、投资融合对接。加强国家技术转移体系建设，鼓励高校、科研院所建设专业化技术转移机构。鼓励有条件的地方按技术合同实际成交额的一定比例对技术转移服务机构、技术合同登记机构和技术经纪人（技术经理人）给予奖补。（发展改革委、科技部、教育部、财政部等按职责分工负责）

六、大力促进创新创业平台服务升级

（十九）提升孵化机构和众创空间服务水平。建立众创空间质量管理、优胜劣汰的健康发展机制，引导众创空间向专业化、精细化方向升级，鼓励具备一定科研基础的市场主体建立专业化众创空间。推动中央企业、科研院所、高校和相关公共服务机构建设具有独立法人资格的孵化机构，为初创期、早中期企业提供公共技术、检验检测、财税会计、法律政策、教育培训、管理咨询等服务。继续推进全国创业孵化示范基地建设。鼓励生产制造类企业建立工匠工作室，通过技术攻关、破解生产难题、固化创新成果等塑造工匠品牌。加快发展孵化机构联盟，加强与国外孵化机构对接合作，吸引海外人才到国内创新创业。研究支持符合条件的孵化机构享受高新技术企业相关人才激励政策，落实孵化机构税收优惠政策。（科技部、国资委、教育部、人力资源社会保障部、工业和信息化部、财政部、税务总局等按职责分工负责）

（二十）搭建大中小企业融通发展平台。实施大中小企业融通发展专项行动计划，加快培育一批基于互联网的大企业创新创业平台、国家中小企业公共服务示范平台。推进国家小型微型企业创业创新示范基地建设，支持建设一批制造业“双创”技术转移中心和制造业“双创”服务平台。推进供应链创新与应用，加快形成大中小企业专业化分工协作的产业供应链体系。鼓励大中型企业开展内部创业，鼓励有条件的企业依法合规发起或参与设立公益性创业基金，鼓励企业参股、投资内部创业项目。鼓励国有企业探索以子公司等形式设立创新创业平台，促进混合所有制改革与创新创业深度融合。（工业和信息化部、商务部、财政部、国资委等按职责分工负责）

（二十一）深入推进工业互联网创新发展。更好发挥市场力量，加快发展工业互联网，与智能制造、电子商务等有机结合、互促共进。实施工业互联网三年行动计划，强化财税政策导向作用，持续利用工业转型升级资金支持工业互联网发展。推进工业互联网平台建设，形成多层次、系统性工业互联网平台体系，引导企业上云上平台，加快发展工业软件，培育工业互联网应用创新生态。推动产学研用合作建设工业互联网创新中心，建立工业互联网产业示范基地，开展工业互联网创新应用示范。加强专业人才支撑，公布一批工业互联网相关二级学科，鼓励搭建工业互联网学科引智平台。（工业和信息化部、发展改革委、教育部、科技部、财政部、人力资源社会保障部等按职责分工负责）

（二十二）完善“互联网+”创新创业服务体系。推进“国家创新创业政策信息服务网”建设，及时发布创新创业先进经验和典型做法，进一步降低各类创新创业主体的政策信息获取门槛和时间成本。鼓励建设“互联网+”创新创业平台，积极利用互联网等信息技术支持创新创业活动，进一步降低创新创业主体与资本、技术对接的门槛。推动“互联网+公共服务”，使更多优质资源惠及群众。（发展改革委、科技部、工业和信息化部等按职责分工负责）

（二十三）打造创新创业重点展示品牌。继续扎实开展各类创新创业赛事活动，办好全国大众创业万众创新活动周，拓展“创响中国”系列活动范围，充分发挥“互联网+”大学生创新创业大赛、中国创新创业大赛、“创客中国”创新创业大赛、“中国创翼”创业创新大赛、全国农村创业创新项目创意大赛、中央企业熠星创新创意大赛、“创青春”中国青年创新创业大赛、中国妇女创新创业大赛等品牌赛事活动作用。对各类赛事活动中涌现的优秀创新创业项目加强后续跟踪支持。（发展改革委、中国科协、教育部、科技部、工业和信息化部、人力资源社会保障部、农业农村部、国资委、共青团中央、全国妇联等按职责分工负责）

七、进一步完善创新创业金融服务

（二十四）引导金融机构有效服务创新创业融资需求。加快城市商业银行转型，回归服务小微企业等实体的本源，提高风险识别和定价能力，运用科技化等手段，为本地创新创业提供有针对性的金融产品和差异化服务。加快推进村镇银行本地化、民营化和专业化发展，支持民间资本参与农村中小金融机构充实资本、完善治理的改革，重点服务发展农村电商等新业态新模式。推进落实大中型商业银行设立普惠金融事业部，支持有条件的银行设立科技信贷专营事业部，提高服务创新创业企业的专业化水平。支持银行业金融机构积极稳妥开展并购贷款业务，提高对创业企业兼并重组的金融服务水平。（银保监会、人民银行等按职责分工负责）

（二十五）充分发挥创业投资支持创新创业作用。进一步健全适应创业投资行业特点的差异化监管体制，按照不溯及既往、确保总体税负不增的原则，抓紧完善进一步支持创业投资基金发展的税收政策，营造透明、可预期的政策环境。规范发展市场化运作、专业化管理的创业投资母基金。充分发挥国家新兴产业创业投资引导基金、国家中小企业发展基金等引导基金的作用，支持初创期、早中期创新型企业发展。加快发展天使投资，鼓励有条件的地方出台促进天使投资发展的政策措施，培育和壮大天使投资人群体。完善政府出资产业投资基金信用信息登记，开展政府出资产业投资基金绩效评价和公共信用综合评价。（发展改革委、证监会、税务总局、财政部、工业和信息化部、科技部、人民银行、银保监会等按职责分工负责）

（二十六）拓宽创新创业直接融资渠道。支持发展潜力好但尚未盈利的创新型企业上市或在新三板、区域性股权市场挂牌。推动科技型中小企业和创业投资企业发债融资，稳步扩大创新创业债试点规模，支持符合条件的企业发行“双创”专项债务融资工具。规范发展互联网股权融资，拓宽小微企业和创新创业者的融资渠道。推动完善公司法等法律法规和资本市场相关规则，允许科技企业实行“同股不同权”治理结构。（证监会、发展改革委、科技部、人民银行、财政部、司法部等按职责分工负责）

（二十七）完善创新创业差异化金融支持政策。依托国家融资担保基金，采取股权投资、再担保等方式推进地方有序开展融资担保业务，构建全国统一的担保行业体系。支持保险公司为科技型中小企业知识产权融资提供保证保险服务。完善定向降准、信贷政策支持再贷款等结构性货币政策工具，引导资金更多投向创新型企业和小微企业。研究开展科技成果转化贷款风险补偿试点。实施战略性新兴产业重点项目信息合作机制，为战略性新兴产业提供更具针对性和适应性的金融产品和服务。（财政部、银保监会、科技部、知识产权局、人民银行、工业和信息化部、发展改革委、证监会等按职责分工负责）

八、加快构筑创新创业发展高地

（二十八）打造具有全球影响力的科技创新策源地。进一步夯实北京、上海科技创新中心的创新基础，加快建设一批重大科技基础设施集群、世界一流学科集群。加快推进粤港澳大湾区国际科技创新中心建设，探索建立健全国际化的创新创业合作新机制。（有关地方人民政府牵头负责）

（二十九）培育创新创业集聚区。支持符合条件的经济技术开发区打造大中小企业融通型、科技资源支撑型等不同类型的创新创业特色载体。鼓励国家级新区探索通用航空、体育休闲、养老服务、安全等产业与城市融合发展的新机制和新模式。推进雄安新区创新发展，打造体制机制新高地和京津冀协同创新重要平台。推动承接产业转移示范区、高新技术开发区聚焦战略性新兴产业构建园区配套及服务体系，充分发挥创新创业集群效应。支持有条件的省市建设综合性国家产业创新中心，提升关键核心技术创新能力。依托中心城市和都市圈，探索打造跨区域协同创新平台。（财政部、工业和信息化部、科技部、发展改革委等和各地方人民政府按职责分工负责）

（三十）发挥“双创”示范基地引导示范作用。将全面创新改革试验的相关改革举措在“双创”示范基地推广，为示范基地内的项目或企业开通总体规划环评等绿色通道。充分发挥长三角示范基地联盟作用，推动建立京津冀、西部等区域示范基地联盟，促进各类基地融通发展。开展“双创”示范基地十强百佳工程，鼓励示范基地在科技成果转化、财政金融、人才培养等方面积极探索。（发展改革委、生态环境部、银保监会、科技部、财政部、工业和信息化部、人力资源社会保障部等和有关地方人民政府及大众创业万众创新示范基地按职责分工负责）

（三十一）推进创新创业国际合作。发挥中国—东盟信息港、中阿网上丝绸之路等国际化平台作用，支持与“一带一路”相关国家开展创新创业合作。推动建立政府间创新创业多双边合作机制。充分利用各类国际合作论坛等重要载体，推动创新创业领域民间务实合作。鼓励有条件的地方建立创新创业国际合作基金，促进务实国际合作项目有效落地。（发展改革委、科技部、工业和信息化部等和有关地方人民政府按职责分工负责）

九、切实打通政策落实“最后一公里”

（三十二）强化创新创业政策统筹。完善创新创业信息通报制度，加强沟通联动。发挥推进大众创业万众创新部际联席会议统筹作用，建立部门之间、部门与地方之间的高效协同机制。鼓励各地方先行先试、大胆探索并建立容错免责机制。促进科技、金融、财税、人才等支持创新创业政策措施有效衔接。建立健全“双创”发展统计指标体系，做好创新创业统计监测工作。（发展改革委、统计局等和各地方人民政府按职责分工负责）

（三十三）细化关键政策落实措施。开展“双创”示范基地年度评估，根据评估结果进行动态调整。定期梳理制约创新创业的痛点堵点问题，开展创新创业痛点堵点疏解行动，督促相关部门和地方限期解决。对知识产权保护、税收优惠、成果转移转化、科技金融、军民融合、人才引进等支持创新创业政策措施落实情况定期开展专项督查和评估。（发展改革委、中国科协等和各地方人民政府按职责分工负责）

（三十四）做好创新创业经验推广。建立定期发布创新创业政策信息的制度，做好政策宣讲和落实工作。支持各地积极举办经验交流会和现场观摩会等，加强先进经验和典型做法的推广应用。加强创新创业政策和经验宣传，营造良好舆论氛围。（各部门、各地方人民政府按职责分工负责）

各地区、各部门要充分认识推动创新创业高质量发展、打造“双创”升级版对于深入实施创新驱动发展战略的重要意义，把思想、认识和行动统一到党中央、国务院决策部署上来，认真落实本意见各项要求，细化政策措施，加强督查，及时总结，确保各项政策措施落到实处，进一步增强创业带动就业能力和科技创新能力，加快培育发展新动能，充分激发市场活力和社会创造力，推动我国经济高质量发展。

国务院

2018年9月18日

国务院办公厅关于加快众创空间发展服务实体经济转型升级的指导意见

（国办发〔2016〕7号）

各省、自治区、直辖市人民政府，国务院各部委、各直属机构：

推进大众创业万众创新是增强发展新动能、促进社会就业、提高发展质量效益的重要途径，是实施创新驱动发展战略的重要支撑，国务院陆续出台了一系列重要支持政策和举措，为经济平稳较快发展发挥了关键作用。当前，全国各地涌现出一批有亮点、有潜力、有特色的众创空间，已经成为大众创业万众创新的重要阵地和创新创业者的聚集地，呈现蓬勃发展的良好势头。为充分发挥各类创新主体的积极性和创造性，发挥科技创新的引领和驱动作用，紧密对接实体经济，有效支撑我国经济结构调整和产业转型升级，需要继续推动众创空间向纵深发展，在制造业、现代服务业等重点产业领域强化企业、科研机构和高校的协同创新，加快建设一批众创空间。经国务院同意，现就加快众创空间发展提出以下意见。

一、总体要求和基本原则

（一）总体要求。

促进众创空间专业化发展，为实施创新驱动发展战略、推进大众创业万众创新提供低成本、全方位、专业化服务，更大释放全社会创新创业活力，加快科技成果向现实生产力转化，增强实体经济发展新动能。通过龙头企业、中小微企业、科研院所、高校、创客等多方协同，打造产学研用紧密结合的众创空间，吸引更多科技人员投身科技型创新创业，促进人才、技术、资本等各类创新要素的高效配置和有效集成，推进产业链创新链深度融合，不断提升服务创新创业的能力和水平。

一是配套支持全程化。通过为创新创业者提供工业设计、检验检测、模型加工、知识产权、专利标准、中试生产、产品推广等研发、制造、销售相关服务，实现产业链资源开放共享和高效配置。

二是创新服务个性化。通过整合专业领域的技术、设备、信息、资本、市场、人力等资源，为创新创业者提供更高端、更具专业特色和定制化的增值服务。

三是创业辅导专业化。通过凝聚一批熟悉产业领域的创业导师和培训机构，开展创业培训，举办各类创业活动，为创新创业者提供更加适合产业特点的创业辅导服务，提高创新创业者的专业素质和能力，培养更多适应经济转型升级的创新人才。

（二）基本原则。

一是坚持发挥市场配置资源的决定性作用。要充分利用互联网等新一代信息技术，向创业者开放创新资源，降低创新创业成本，加强创新链与产业链、资金链的对接，让市场对科技成果作出评价。

二是坚持科技创新的引领作用。要以科技成果转移转化为重点，扩大“双创”的源头供给，推动科技型创新创业，使科技人员成为创新创业的主力军。

三是坚持服务和支撑实体经济发展。要与“互联网+”行动计划、“中国制造2025”、大数据发展行动等相结合，促进龙头骨干企业在研发、生产、营销、服务、管理等方面改革创新，加快发展“制造+服务”的智能工厂模式，培育更多富有活力的中小微企业，为经济发展注入新技术、新装备、新模式，培育新业态，催生新产业。

二、重点任务

（三）在重点产业领域发展众创空间。重点在电子信息、生物技术、现代农业、高端装备制造、新能源、新材料、节能环保、医药卫生、文化创意和现代服务业等产业领域先行先试，针对产业需求和行业共性技术难点，在细分领域建设众创空间。

（四）鼓励龙头骨干企业围绕主营业务方向建设众创空间。按照市场机制与其他创业主体协同聚集，优化配置技术、装备、资本、市场等创新资源，实现与中小微企业、高校、科研院所和各类创客群体有机结合，有效发挥引领带动作用，形成以龙头骨干企业为核心、高校院所积极参与、辐射带动中小微企业成长发展的产业创新生态群落。

（五）鼓励科研院所、高校围绕优势专业领域建设众创空间。发挥科研设施、专业团队、技术积累等优势，充分利用大学科技园、工程（技术）研究中心、重点实验室、工程实验室等创新载体，建设以科技人员为核心、以成果转移转化为主要内容的众创空间，通过聚集高端创新资源，增加源头技术创新有效供给，为科技型创新创业提供专业化服务。

（六）建设一批国家级创新平台和双创基地。依托国家自主创新示范区、国家高新技术产业开发区等试点建设一批国家级创新平台，推动各地发展各具特色的双创基地。国家高新技术产业开发区、国家级经济技术开发区、国家现代农业示范区、农业科技园区等要结合国家战略布局和当地产业发展实际，发挥重点区域创新创业要素集聚优势，打造一批具有当地特色的众创空间，与科技企业孵化器、加速器及产业园等共同形成创新创业生态体系。

（七）加强众创空间的国际合作。鼓励龙头骨干企业、高校、科研院所与国外先进创业孵化机构开展对接合作，共同建立高水平的众创空间，鼓励龙头骨干企业与国外创业孵化机构合作建立投资基金。支持众创空间引进国际先进的创业孵化理念，吸纳、整合和利用国外技术、资本和市场等资源，提升众创空间发展的国际化水平。大力吸引和支持港澳台科技人员以及海归人才、外国人才到众创空间创新创业，在居住、工作许可、居留等方面提供便利条件。

三、加大政策支持力度

充分利用现有创新政策工具，挖掘已有政策潜力，加大政策落实力度，形成支持众创空间发展的政策体系。

（八）实行奖励和补助政策。有条件的地方要综合运用无偿资助、业务奖励等方式，对众创空间的办公用房、用水、用能、网络等软硬件设施给予补助。支持国家科技基础条件平台为符合条件的众创空间提供服务。符合条件的众创空间可以申报承担国家科技计划项目。发挥财政资金的杠杆作用，采用市场机制引导社会资金和金融资本进入技术创新领域，支持包括中国创新创业大赛优胜项目在内的创新创业项目和团队，推动众创空间发展。

（九）落实促进创新的税收政策。众创空间的研发仪器设备符合相关规定条件的，可按照税收有关规定适用加速折旧政策；进口科研仪器设备符合规定条件的，适用进口税收优惠政策。众创空间发生的研发费用，企业和高校院所委托众创空间开展研发活动以及小微企业受委托或自身开展研发活动发生的研发费用，符合规定条件的可适用研发费用税前加计扣除政策。研究完善科技企业孵化器税收政策，符合规定条件的众创空间可适用科技企业孵化器税收政策。

（十）引导金融资本支持。引导和鼓励各类天使投资、创业投资等与众创空间相结合，完善投融资模式。鼓励天使投资群体、创业投资基金入驻众创空间和双创基地开展业务。鼓励国家自主创新示范区、国家高新技术产业开发区设立天使投资基金，支持众创空间发展。选择符合条件的银行业金融机构，在试点地区探索为众创空间内企业创新活动提供股权和债权相结合的融资服务，与创业投资、股权投资机构试点投贷联动。支持众创空间内科技创业企业通过资本市场进行融资。

（十一）支持科技人员到众创空间创新创业。高校、科研院所要按照《中华人民共和国促进科技成果转化法》有关规定，落实科技成果使用权、处置权和收益权政策。对本单位科研人员带项目和成果到众创空间创新创业的，经原单位同意，可在3年内保留人事关系，与原单位其他在岗人员同等享有参加职称评聘、岗位等级晋升和社会保障等方面的权利。探索完善众创空间中创新成果收益分配制度。对高校、科研院所的创业项目知识产权申请、转化和运用，按照国家有关政策给予支持。进一步改革科研项目和资金管理使用制度，使之更有利于激发广大科研人员的创造性和转化成果的积极性。

（十二）调动企业参与众创空间建设的积极性。企业建设众创空间的投入符合相关规定条件的，可享受研发费用加计扣除政策。国有企业对众创空间投入较大且符合有关规定的，可以适用有关科技创新考核政策。充分利用淘汰落后产能、处置“僵尸企业”过程中形成的闲置厂房、空余仓库以及生产设施，改造建设众创空间，鼓励企业通过集众智、汇众力等开放式创新，吸纳科技人员创业，创造就业岗位，实现转型发展。

（十三）促进军民技术双向转化。大力推动军民标准通用化，引导民用领域知识产权在国防和军队建设领域运用。军工技术向民用转移中的二次开发费用，符合相关规定条件的可以适用研发费用加计扣除政策。在符合保密规定的前提下，对向众创空间开放共享的专用设备、实验室等军工设施，按照国家统一政策，根据服务绩效探索建立后补助机制，促进军民创新资源融合共享。

四、组织实施

（十四）加强组织领导。各有关部门和各省（区、市）要加强对众创空间建设的宏观指导和工作协调，结合行业和地方发展实际，推进各具特色的众创空间建设和发展。加强对众创空间发展情况的监测、统计和评估。建立统一的政策信息发布平台。各地区各部门对众创空间等平台的扶持情况要上网公示，做到公开透明，避免多头重复支持。

（十五）加强示范引导。鼓励各地、各类主体积极探索支持众创空间发展的新政策、新机制和新模式，不断完善创新创业服务体系，持续提高创新创业服务能力。国家自主创新示范区、国家高新技术产业开发区等创新要素集聚区域的管理部门要率先行动起来，主动做好服务，为众创空间的专业化发展创造条件，开展先行先试，作出引领示范。

（十六）加强分类指导。要根据战略性新兴产业发展和传统产业升级的具体需求，聚焦重点领域和关键环节，采取有针对性的政策措施，实现重点突破，增强示范带动效应。要统筹考虑各地区经济发展、科技资源条件等实际情况，因地制宜推进众创空间在不同区域的建设和发展。

（十七）加强宣传推广。及时总结和交流众创空间建设的做法和经验，对模式新颖、绩效突出的案例进行宣传推广，树立品牌，扩大影响。对众创空间和中国创新创业大赛中涌现出来的优秀创业项目、创业人物加大宣传报道力度，在全社会弘扬创新创业文化，激发创新创业热情。

国务院办公厅

2016 年 2 月 14 日

国务院办公厅关于建设大众创业万众创新示范基地的实施意见

（国办发〔2016〕35号）

各省、自治区、直辖市人民政府，国务院各部委、各直属机构：

根据2016年《政府工作报告》部署和《国务院关于大力推进大众创业万众创新若干政策措施的意见》（国发〔2015〕32号）等文件精神，为在更大范围、更高层次、更深程度上推进大众创业万众创新，加快发展新经济、培育发展新动能、打造发展新引擎，建设一批双创示范基地、扶持一批双创支撑平台、突破一批阻碍双创发展的政策障碍、形成一批可复制可推广的双创模式和典型经验，重点围绕创业创新重点改革领域开展试点示范，经国务院同意，现提出以下实施意见。

一、总体思路

（一）指导思想。

牢固树立并贯彻落实创新、协调、绿色、开放、共享的新发展理念，加快实施创新驱动发展战略，全面落实推动双创的各项政策措施。加强顶层设计和统筹谋划，通过试点示范完善双创政策环境，推动双创政策落地，扶持双创支撑平台，构建双创发展生态，调动双创主体积极性，发挥双创和“互联网+”集众智汇众力的乘数效应，发展新技术、新产品、新业态、新模式，总结双创成功经验并向全国推广，进一步促进社会就业，推动形成双创蓬勃发展的新局面，实现发展动力转换、结构优化，促进经济提质增效升级。

（二）基本原则。

——坚持政府引导，加强政策协同。通过试点示范加强各类政策统筹，实现地方与部门政策联动，确保已出台扶持政策具体化、可操作、能落地，切实解决政策落实“最后一公里”问题。结合现有工作基础，更加注重政策前瞻性、引领性，不断完善体制机制，营造有利于双创的政策环境。

——坚持市场主导，搞活双创主体。充分发挥市场配置资源的决定性作用，结合科技、教育和国有企业等改革，放开市场、放活主体，通过环境营造、制度设计、平台搭建等方式，聚焦新兴产业和创新型初创企业，扩大社会就业，培育全社会双创的内生动力。

——坚持问题导向，鼓励先行先试。系统梳理不同领域推动双创的特点和难点，从解决制约双创发展的核心问题入手，明确试点方向，充分调动地方、部门和企业的积极性，大胆探索，勇于尝试，突破制度障碍，切实解决创业者面临的资金、信息、政策、技术、服务等瓶颈问题。

——坚持创新模式，完善双创平台。以构建双创良好生态为目标，系统谋划、统筹考虑，结合各类双创支撑平台的特点，支持建立多种类型的双创示范基地。探索创新平台发展模式，不断丰富平台服务功能，引导社会资源支持双创。

（三）主要目标。

力争通过三年时间，围绕打造双创新引擎，统筹产业链、创新链、资金链和政策链，推动双创组织模式和服务模式创新，加强双创文化建设，到2018年底前建设一批高水平的双创示范基地，培育一批具有市场活力的双创支撑平台，突破一批阻碍双创发展的政策障碍，推广一批适应不同区域特点、组织形式和发展阶段的双创模式和典型经验，加快推动创新型企业成长壮大，努力营造鼓励创新、宽容失败的社会氛围，带动高质量的就业，促进新技术、新产品、新业态、新模式发展，为培育发展新动能提供支撑。

二、示范布局

（一）统筹示范类型。

强化顶层设计，注重分类指导，充分考虑各类主体特点和区域发展情况，有机衔接现有工作基础，有序推进双创示范基地建设。

依托双创资源集聚的区域、高校和科研院所、创新型企业等不同载体，支持多种形式的双创示范基地建设。引导双创要素投入，有效集成高校、科研院所、企业和金融、知识产权服务以及社会组织等力量，实施一批双创政策措施，支持建设一批双创支撑平台，探索形成不同类型的示范模式。

（二）统筹区域布局。

充分考虑东、中、西部和东北地区双创发展情况和特点，结合全面创新改革试验区域、国家综合配套改革试验区、国家自主创新示范区等布局，统筹部署双创示范基地建设，依托各自优势和资源，探索形成各具特色的区域双创形态。

（三）统筹现有基础。

有机衔接各地方、各部门已有工作基础，在双创示范基地遴选、政策扶持、平台建设等方面充分发挥现有机制作用，依托众创空间、小微企业创业基地和城市等各类双创平台和示范区域，各有区别，各有侧重，协同完善双创政策体系。

（四）统筹有序推进。

分批次、分阶段推进实施。首批双创示范基地选择在部分创新资源丰富、体制机制基础好、示范带动能力强的区域和单位先期开展示范布局，建立健全工作机制。在此基础上，逐步完善制度设计，有序扩大示范范围，探索统筹各方资源共同支持建设双创示范基地的新模式。

三、改革举措

积极推进结构性改革尤其是供给侧结构性改革，支持示范基地探索创新、先行先试，在双创发展的若干关键环节和重点领域，率先突破一批瓶颈制约，激发体制活力和内生动力，营造良好的创业创新生态和政策环境，促进新旧动能顺畅转换。

（一）拓宽市场主体发展空间。

持续增强简政放权、放管结合、优化服务改革的累积效应，支持示范基地纵深推进审批制度改革和商事制度改革，先行试验一批重大行政审批改革措施。取消和下放一批行政审批事项，深化网上并联审批和纵横协同监管改革，推行政务服务事项的“一号申请、一窗受理、一网通办”。最大限度减少政府对企业创业创新活动的干预，逐步建立符合创新规律的政府管理制度。

（二）强化知识产权保护。

在示范基地内探索落实商业模式等新形态创新成果的知识产权保护办法，推行知识产权管理规范的国家标准。开展知识产权综合执法，建立知识产权维权援助网点和快速维权通道，加强关键环节、重点领域的知识产权保护。将侵犯知识产权行为情况纳入信用记录，归集到全国信用信息共享平台，构建失信联合惩戒机制。

（三）加速科技成果转化。

全面落实《中华人民共和国促进科技成果转化法》，落实完善科研项目资金管理等改革措施，赋予高校和科研院所更大自主权，并督促指导高校和科研院所切实用好。支持示范基地完善新兴产业和现代服务业发展政策，打通科技和经济结合的通道。落实新修订的高新技术企业认定管理办法，充分考虑互联网企业特点，支持互联网企业申请高新技术企业认定并享受相关政策。

（四）加大财税支持力度。

加大中央预算内投资、专项建设基金对示范基地支持力度。在示范基地内探索鼓励创业创新的税收支持政策。抓紧制定科技型中小企业认定办法，对高新技术企业和科技型中小企业转化科技成果给予个人的股权奖励，递延至取得股权分红或转让股权时纳税。有限合伙制创业投资企业采取股权投资方式投资于未上市中小高新技术企业满2年的，该有限合伙制创业投资企业的法人合伙人可享受企业所得税优惠。居民企业转让5年以上非独占许可使用权取得的技术转让所得，可享受企业所得税优惠。

（五）促进创业创新人才流动。

鼓励示范基地实行更具竞争力的人才吸引制度。加快社会保障制度改革，完善社保关系转移接续办法，建立健全科研人员双向流动机制，落实事业单位专业技术人员离岗创业有关政策，促进科研人员在事业单位和企业间合理流动。开展外国人才永久居留及出入境便利服务试点，建设海外人才离岸创业基地。

（六）加强协同创新和开放共享。

加大示范基地内的科研基础设施、大型科研仪器向社会开放力度。鼓励大型互联网企业、行业领军企业通过网络平台向各类创业创新主体开放技术、开发、营销、推广等资源，加强创业创新资源共享与合作，构建开放式创业创新体系。

四、建设任务

以促进创新型初创企业发展为抓手，以构建双创支撑平台为载体，明确示范基地建设目标和建设重点，积极探索改革，推进政策落地，形成一批可复制可推广的双创模式和典型经验。

（一）区域示范基地。

建设目标：

结合全面创新改革试验区域、国家综合配套改革试验区、国家自主创新示范区等，以创业创新资源集聚区域为重点和抓手，集聚资本、人才、技术、政策等优势资源，探索形成区域性的创业创新扶持制度体系和经验。

建设重点：

1. 推进服务型政府建设。进一步转变政府职能，简政放权、放管结合、优化服务，在完善市场环境、深化审批制度改革和商事制度改革等方面采取切实有效措施，降低创业创新成本。加强创业创新信息资源整合，面向创业者和小微企业需求，建立创业政策集中发布平台，完善专业化、网络化服务体系，增强创业创新信息透明度。

2. 完善双创政策措施。加强政府部门的协调联动，多管齐下抓好已出台政策落实，打通政策落地的“最后一公里”。结合区域发展特点，面向经济社会发展需求，加大财税支持力度，强化知识产权保护，在科技成果转化、促进人才流动、加强协同创新和开放共享等方面，探索突破一批制约创业创新的制度瓶颈。

3. 扩大创业投资来源。落实鼓励创业投资发展的税收优惠政策，营造创业投资、天使投资发展的良好环境。规范设立和发展政府引导基金，支持创业投资、创新型中小企业发展。丰富双创投资和资本平台，进一步拓宽投融资渠道。

4. 构建创业创新生态。加强创业培训、技术服务、信息和中介服务、知识产权交易、国际合作等支撑平台建设，深入实施“互联网 +”行动，加快发展物联网、大数据、云计算等平台，促进各类孵化器等创业培育孵化机构转型升级，打通政产学研用协同创新通道。

5. 加强双创文化建设。加大双创宣传力度，培育创业创新精神，强化创业创新素质教育，树立创业创新榜样，通过公益讲坛、创业论坛、创业培训等形式多样的活动，努力营造鼓励创新、宽容失败的社会氛围。

（二）高校和科研院所示范基地。

建设目标：

以高校和科研院所为载体，深化教育、科技体制改革，完善知识产权和技术创新激励制度，充分挖掘人力和技术资源，把人才优势和科技优势转化为产业优势和经济优势，促进科技成果转化，探索形成中国特色高校和科研院所双创制度体系和经验。

建设重点：

1. 完善创业人才培养和流动机制。深化创业创新教育改革，建立创业理论研究平台，完善相关课程设置，实现创业创新教育和培训制度化、体系化。落实高校、科研院所等专业技术人员离岗创业政策，建立健全科研人员双向流动机制。加大吸引海外高水平创业创新人才力度。

2. 加速科技成果转化。全面落实改进科研项目资金管理，下放科技成果使用、处置和收益权等改革措施，提高科研人员成果转化收益比例，加大股权激励力度，鼓励科研人员创业创新。开放各类创业创新资源和基础设施，构建开放式创业创新体系。

3. 构建大学生创业支持体系。实施大学生创业引领计划，落实大学生创业指导服务机构、人员、场地、经费等。建立健全弹性学制管理办法，允许学生保留学籍休学创业。构建创业创新教育和实训体系。加强创业导师队伍建设，完善兼职创业导师制度。

4. 建立健全双创支撑服务体系。引导和推动创业投资、创业孵化与高校、科研院所等技术成果转移相结合。完善知识产权运营、技术交流、通用技术合作研发等平台。

（三）企业示范基地。

建设目标：

充分发挥创新能力突出、创业氛围浓厚、资源整合能力强的领军企业核心作用，引导企业转型发展与双创相结合，大力推动科技创新和体制机制创新，探索形成大中小型企业联合实施双创的制度体系和经验。

建设重点：

1. 构建适合创业创新的企业管理体系。健全激励机制和容错纠错机制，激发和保护企业家精神。结合国有企业改革，强化组织管理制度创新，鼓励企业按照有关规定，通过股权、期权、分红等激励方式，支持员工自主创业、企业内部再创业，增强企业创新发展能力。

2. 激发企业员工创造力。加快技术和服务等双创支撑平台建设，开放创业创新资源，为员工创业创新提供支持。积极培育创客文化，激发员工创造力，提升企业市场适应能力。

3. 拓展创业创新投融资渠道。建立面向员工创业和小微企业发展的创业创新投资平台，整合企业内外部资金资源，完善投融资服务体系，为创业项目和团队提供全方位的投融资支持。

4. 开放企业创业创新资源。依托物联网、大数据、云计算等技术和服务平台，探索服务于产业和区域发展的新模式，利用互联网手段，向社会开放供应链，提供财务、市场、融资、技术、管理等服务，促进大中型企业和小微企业协同创新、共同发展。

五、步骤安排

2016 年上半年，首批双创示范基地结合自身特点，研究制订具体工作方案，明确各自建设目标、建设重点、时间表和路线图。国家发展改革委会同教育部、科技部、工业和信息化部、财政部、人力资源社会保障部、国务院国资委、中国科协等部门和单位论证、完善工作方案，建立执行评估体系和通报制度。示范基地工作方案应向社会公布，接受社会监督。

2016 年下半年，首批双创示范基地按照工作方案，完善制度体系，加快推进示范基地建设。

2017 年上半年，国家发展改革委会同相关部门组织对示范基地建设开展督促检查和第三方评估。对于成熟的可复制可推广的双创模式和典型经验，在全国范围内推广。

2017 年下半年，总结首批双创示范基地建设经验，完善制度设计，丰富示范基地内涵，逐步扩大示范基地范围，组织后续示范基地建设。

双创示范基地所在地人民政府要高度重视，加强领导，完善组织体系，把双创示范基地建设作为重要抓手和载体，认真抓好落实；要出台有针对性的政策措施，保证政策真正落地生根，进一步释放全社会创新活力。各相关部门要加强指导，建立地方政府、部门政策协调联动机制，为高校、科研院所、各类企业等提供政策支持、科技支撑、人才引进、公共服务等保障条件，形成强大政策合力；要细化评估考核机制，建立良性竞争机制，实现对示范基地的动态调整，推动形成大众创业万众创新的新局面。

附件：首批双创示范基地名单（28 个）

国务院办公厅

2016 年 5 月 8 日

附件：

首批双创示范基地名单（28个）

一、区域示范基地（17个）

北京市海淀区、天津市滨海新区中心商务区、辽宁省沈阳市浑南区、上海市杨浦区、江苏省常州市武进区、浙江省杭州市余杭区浙江杭州未来科技城、安徽省合肥高新技术产业开发区、福建福州新区、河南省郑州航空港经济综合实验区、湖北省武汉东湖新技术开发区、湖南湘江新区、广东省广州高新技术产业开发区科学城园区、广东省深圳市南山区、重庆两江新区、四川省成都市郫县、贵州贵安新区、陕西西咸新区。

二、高校和科研院所示范基地（4个）

清华大学、上海交通大学、南京大学、四川大学。

三、企业示范基地（7个）

中国电信集团公司、中国航天科工集团公司、招商局集团有限公司、海尔集团公司、中信重工机械股份有限公司、共享装备股份有限公司、阿里巴巴集团。

国务院办公厅关于建设第二批大众创业万众创新示范基地的实施意见

（国办发〔2017〕54号）

各省、自治区、直辖市人民政府，国务院各部委、各直属机构：

《国务院办公厅关于建设大众创业万众创新示范基地的实施意见》（国办发〔2016〕35号）印发以来，首批双创示范基地结合实际，不断探索实践，持续完善创新创业生态，建设创新创业平台，厚植创新创业文化，取得了显著成效，形成了一批创新创业高地，打造了一批创新创业品牌，探索了一批创新创业制度模式。双创示范基地已经成为促进转型升级和创新发展的重要抓手。

根据2017年《政府工作报告》部署要求，为在更大范围、更高层次、更深程度上推进大众创业万众创新，持续打造发展新引擎，突破阻碍创新创业发展的政策障碍，形成可复制可推广的创新创业模式和典型经验，经国务院同意，决定在部分地区、高校和科研院所、企业建设第二批双创示范基地，并提出如下实施意见。

一、总体目标

坚持以推进供给侧结构性改革为主线，深入实施创新驱动发展战略，纵深推进大众创业万众创新，在创新创业基础较好、特色明显、具备示范带动能力的区域、高校和科研院所、企业等，再支持建设一批双创示范基地，进一步强化支撑能力，放大标杆效应，提升社会影响，形成新的创新创业经验并在全社会复制推广，推动大中小企业融通发展，拓展就业空间，为培育壮大发展新动能、促进新旧动能接续转换提供重要支撑。

二、政策举措

认真贯彻国务院决策部署，扎实推进落实既定改革举措和建设任务，推动创新创业资源向双创示范基地集聚，确保各项“双创”支持政策真正落地。同时，针对创新创业重点领域、主要环节、关键群体，继续探索创新、先行先试，再推出一批有效的改革举措，逐步建立完善多元化、特色化、专业化的创新创业制度体系。

（一）深化“放管服”改革。进一步减少行政审批事项，简化优化办事流程，规范改进审批行为。编制统一、规范的政务服务事项目录。鼓励双创示范基地设立专业化的行政审批机构，实行审批职责、审批事项、审批环节“三个全集中”。实施市场准入负面清单制度，出台互联网市场准入负面清单。放宽民间资本市场准入，扩大服务领域开放，推进非基本公共服务市场化、产业化和基本公共服务供给模式多元化。探索实行信用评价与税收便利服务挂钩制度，将优惠政策由备案管理和事前审批，逐渐向加强事中事后监管转变，提高中小企业优惠政策获得感。

（二）优化营商环境。深化商事制度改革，全面实施企业“五证合一、一照一码”、个体工商户“两证整合”，深入推进“多证合一”。推动整合涉企证照登记和审批备案信息，建设电子营业执照管理系统，推进无介质电子营业执照应用，实现电子营业执照发照、亮照、验照、公示、变更、注销等功能。鼓励推行商标网上申请，将网上申请由仅对商标代理机构开放扩大至对所有申请人开放。扩大商标网上申请业务范围，将网上申请由仅接受商标注册申请逐步扩大至接受续展、转让、注销、变更等商标业务申请。鼓励双创示范基地结合实际整合市场监管职能和执法力量，推进市场监管领域综合行政执法改革，着力解决重复检查、多头执法等问题。

（三）支持新兴业态发展。加快发布分享经济发展指南，推动构建适应分享经济发展的监管机制，建立健全创新创业平台型企业运营规则，明确权责边界。以新一代信息和网络技术为支撑，加强技术集成和商业模式创新，推动平台经济、众包经济、分享经济等创新发展。将鼓励创新创业发展的优惠政策面向新兴业态企业开放，符合条件的新兴业态企业均可享受相关财政、信贷等优惠政策。积极发展农产品加工、休闲农业、乡村旅游和农村电子商务等农村新产业、新业态。通过发展新兴业态，实现劳动者多元化就业。建立政府、平台、行业组织、劳动者、消费者共同参与的规则协商、利益分配和权益保障新机制。调动第三方、同业、公众、媒体等监督力量，形成社会力量共同参与的分享经济治理格局。健全适应新兴经济领域融合发展的生产核算等制度。在部分新兴经济领域探索实施新型股权管理制度。

（四）加强知识产权保护。在有条件的双创示范基地加快建设知识产权保护中心，扩大知识产权快速维权覆盖面，试点将知识产权保护中心服务业务扩展至发明、实用新型、外观设计专利申请以及专利复审、无效等，大幅缩短知识产权保护中心处理案件的审查周期。搭建集专利申请、维权援助、调解执法等于一体的一站式综合服务平台，探索建立海外知识产权维权援助机制。

（五）加快科技成果转化应用。进一步打通科研和产业之间的通道，加速双创示范基地科技成果转移转化。落实好提高科技型中小企业研发费用加计扣除比例的政策。建立有利于提升创新创业效率的科研管理、资产管理和破产清算等制度体系。出台激励国有企业加大研发投入力度、参与国家重大科技项目的措施办法。通过股权期权激励等措施，让创新人才在科技成果转化过程中得到合理回报，激发各类人才的创新创业活力。加强国家与地方科技创新政策衔接，加大普惠性科技创新政策落实力度，落实高新技术企业所得税优惠等创新政策。

（六）完善人才激励政策。鼓励双创示范基地研究制定“柔性引才”政策，吸引关键领域高素质人才。完善各类灵活就业人员参加社会保险的管理措施，制定相应的个人申报登记、个人缴费和资格审查办法。对首次创办小微企业或从事个体经营并正常经营 1 年以上的高校毕业生、就业困难人员，鼓励双创示范基地开展一次性创业补贴试点工作。探索适应灵活就业人员的失业、工伤保险保障方式，符合条件的可享受灵活就业、自主创业扶持政策。

（七）支持建设“双创”支撑平台。采取政府资金与社会资本相结合的方式支持双创示范基地建设，引导各类社会资源向创新创业支撑平台集聚，加快建设进度，提高服务水平。支持示范区域内的龙头骨干企业、高校和科研院所建设专业化、平台型众创空间。对条件成熟的专业化众创空间进行备案，给予精准扶持。依托科技园区、高等学校、科研院所等，加快发展“互联网+”创业网络体系，建设一批低成本、便利化、全要素、开放式的众创空间，降低创业门槛。试点推动老旧商业设施、仓储设施、闲置楼宇、过剩商业地产转为创业孵化基地。双创示范基地可根据创业孵化基地入驻实体数量和孵化效果，给予一定奖补。

（八）加快发展创业投融资。充分发挥国家新兴产业创业投资引导基金、中小企业发展基金作用，支持设立一批扶持早中期、初创期创新型企业的创业投资基金。引导和规范政府设立创业投资引导基金，建立完善引导基金运行监管机制、财政资金绩效考核机制和信用信息评价机制。加快创业投资领域信用体系建设，实现创业投资领域信用记录全覆盖。根据国务院统一部署，支持双创示范基地按照相关规定和程序开展投贷联动、专利质押融资贷款等金融改革试点。落实好创业担保贷款政策，鼓励金融机构和担保机构依托信用信息，科学评估创业者还款能力，改进风险防控，降低反担保要求，健全代偿机制，推行信贷尽职免责制度。研究建立有利于国有企业、国有资本从事创业投资的容错机制。

（九）支持农民工返乡创业。鼓励和引导返乡农民工按照法律法规和政策规定，通过承包、租赁、入股、合作等多种形式，创办领办家庭农场林场、农民合作社、农业企业、农业社会化服务组织等新型农业经营主体。通过发展农村电商平台，利用互联网思维和技术，实施“互联网+”现代农业行动，开展网上创业。返乡下乡人员可在创业地按相关规定参加各项社会保险，有条件的地方要将其纳入住房公积金缴存范围，按规定将其子女纳入城镇（城乡）居民基本医疗保险参保范围。鼓励双创示范基地设立“绿色通道”，为返乡下乡人员创新创业提供便利服务，对进入创业园区的，提供有针对性的创业辅导、政策咨询、集中办理证照等服务。

（十）支持海外人才回国（来华）创业。探索建立华侨华人回国（来华）创业综合服务体系，逐步推广已在部分地区试行的海外人才优惠便利政策。促进留学回国人员就业创业，鼓励留学人员以知识产权等无形资产入股方式创办企业。简化留学人员学历认证等手续，降低服务门槛，依法为全国重点引才计划引进人才及由政府主管部门认定的海外高层次留学人才申请永久居留提供便利。实施有效的人才引进和扶持政策，吸引更多人才回流，投身创新创业。

（十一）推动融合协同共享发展。支持双创示范基地之间建立协同机制，开展合作交流，共同完善政策环境，共享创新创业资源，共建创新创业支撑平台。支持双创示范基地“走出去”，与相关国家、地区开展合作交流。实施院所创新创业共享行动，支持科研院所创新创业，开放科研设施和资源，推动科技成果实现共享和转化，促进创业与科技创新深度融合。实施企业创新创业协同行动，鼓励行业领军企业、大型互联网企业向各类主体开放技术、开发、营销、推广等资源，推动开展内部创新创业，打造与中小微企业协同发展的格局。

（十二）营造创新创业浓厚氛围。办好全国“双创”活动周，展现各行业、各区域开展创新创业活动的丰硕成果。办好“创响中国”系列活动，开展双创示范基地政策行、导师行、科技行、投资行、宣传行等活动。实施社团创新创业融合行动，推介一批创新创业典型人物和案例，进一步引导和推动各类科技人员投身创新创业大潮。继续举办各类创新创业大赛，推动创新创业理念更加深入人心。面向双创示范基地企业等创新主体加强政策培训解读，建立双创示范基地科技创新政策落实督查机制，帮助企业更好享受优惠政策。

同时，不断增加创新创业政策供给。结合双创示范基地建设实践探索和成功经验，加快研究制定进一步推进大众创业万众创新纵深发展的政策文件，在改革政府管理方式、转化创新成果、拓展企业融资渠道、促进实体经济转型升级、完善人才流动激励机制等方面出台更加有力的政策措施，并与现有政策统筹协调、各有侧重，形成更大的政策合力。

三、步骤安排

2017年7月底前，第二批双创示范基地结合自身特点，研究制订工作方案，明确建设目标和重点。有关部门和地方论证、完善工作方案。工作方案要向社会公布，接受社会监督。

2017年年底前，第二批双创示范基地按照工作方案，落实和完善相关政策举措，加快推进双创示范基地建设，并取得阶段性成果。

2018年上半年，国家发展改革委会同相关部门组织对首批和第二批双创示范基地建设工作开展督促检查和第三方评估。

各地区、各部门要按照有关要求，认真抓好第二批双创示范基地建设工作。双创示范基地所在地人民政府要高度重视，加强领导，完善组织体系，把双创示范基地建设作为重要抓手和载体，认真抓好落实；要出台有针对性的政策措施，保证政策真正落地生根，进一步释放全社会创新创业活力。国家发展改革委要会同相关部门加强指导，建立地方政府、部门政策协调联动机制，为高校、科研院所、各类企业等提供政策支持、科技支撑、人才引进、公共服务等保障条件，形成强大合力，推动形成大众创业万众创新纵深发展的新局面。

附件：第二批双创示范基地名单（92个）

国务院办公厅

2017年6月15日

附件：

第二批双创示范基地名单（92个）

一、区域示范基地（45个）

北京市顺义区

天津滨海高新技术产业开发区

河北省保定国家高新技术产业开发区

山西转型综合改革示范区学府产业园区

内蒙古自治区包头稀土高新技术产业开发区

辽宁省大连高新技术产业园区

辽宁省鞍山高新技术产业开发区

吉林长春新区

黑龙江哈尔滨新区

上海市徐汇区

江苏省南京市雨花台区

浙江省杭州经济技术开发区

浙江省宁波市鄞州区

浙江省嘉兴南湖高新技术产业园区

安徽省芜湖高新技术产业开发区

福建省厦门火炬高技术产业开发区

福建省泉州市丰泽区

江西赣江新区

山东省青岛高新技术产业开发区

山东省淄博市张店区

山东省威海火炬高技术产业开发区

河南省许昌市城乡一体化示范区

河南省鹿邑县

湖北省武汉市江岸区

湖北省荆门高新技术产业开发区

湖北省黄冈市罗田县

湖南省湘潭高新技术产业开发区

广东省深圳市福田区

广东省汕头华侨经济文化合作试验区

广东省中山火炬高技术产业开发区

广西壮族自治区南宁高新技术产业开发区

海南省海口国家高新技术产业开发区

重庆市永川区

四川天府新区

四川省巴中市平昌县

贵州省贵阳高新技术产业开发区

贵州省遵义市汇川区

云南省昆明经济技术开发区

西藏自治区拉萨市柳梧新区

陕西省杨凌农业高新技术产业示范区

甘肃省兰州市城关区

青海省青海国家高新技术产业开发区

宁夏回族自治区银川经济技术开发区

新疆维吾尔自治区乌鲁木齐高新技术产业开发区

新疆生产建设兵团石河子高新技术产业开发区

二、高校和科研院所示范基地（26个）

北京大学

河北农业大学

吉林大学

哈尔滨工业大学

复旦大学

上海科技大学

南京理工大学

南京工业职业技术学院

浙江大学

山东大学

武汉大学

华中科技大学

中南大学

华南理工大学

西安电子科技大学

中国信息通信研究院

国家工业信息安全发展研究中心

中国科学院计算技术研究所

中国科学院大连化学物理研究所

中国科学院长春光学精密机械与物理研究所

中国科学院上海微系统与信息技术研究所

中国科学院苏州纳米技术与纳米仿生

研究所

中国科学院宁波材料技术与工程研究所

中国科学院合肥物质科学研究院

中国科学院深圳先进技术研究院

中国科学院西安光学精密机械研究所

三、企业示范基地（21个）

中国航空工业集团公司

中国船舶重工集团公司

中国电子科技集团公司

国家电网公司

中国移动通信集团公司

中国电子信息产业集团有限公司

中国宝武钢铁集团有限公司

中国钢研科技集团有限公司

北京有色金属研究总院

中国普天信息产业集团公司

三一重工股份有限公司

北京百度网讯科技有限公司

长春国信现代农业科技发展股份有限公司

万向集团公司

合肥荣事达电子电器集团有限公司

浪潮集团有限公司

迪尚集团有限公司

深圳市腾讯计算机系统有限公司

重庆猪八戒网络有限公司

四川长虹电子控股集团有限公司

新希望集团有限公司

国务院办公厅关于
提升大众创业万众创新示范基地带动作用
进一步促改革稳就业强动能的实施意见

（国办发〔2020〕26号）

各省、自治区、直辖市人民政府，国务院各部委、各直属机构：

大众创业万众创新示范基地启动建设以来，创新资源不断集聚，创业活力持续提升，平台能力显著增强，有力带动了创新创业深入发展。为进一步提升双创示范基地对促改革、稳就业、强动能的带动作用，促进双创更加蓬勃发展，更大程度激发市场活力和社会创造力，经国务院同意，现提出以下意见。

一、总体要求

以习近平新时代中国特色社会主义思想为指导，全面贯彻党的十九大和十九届二中、三中、四中全会精神，认真落实党中央、国务院关于统筹推进新冠肺炎疫情防控和经济社会发展工作的决策部署，深入实施创新驱动发展战略，聚焦系统集成协同高效的改革创新，聚焦更充分更高质量就业，聚焦持续增强经济发展新动能，强化政策协同，增强发展后劲，以新动能支撑保就业保市场主体，尤其是支持高校毕业生、返乡农民工等重点群体创业就业，努力把双创示范基地打造成为创业就业的重要载体、融通创新的引领标杆、精益创业的集聚平台、全球化创业的重要节点、全面创新改革的示范样本，推动我国创新创业高质量发展。

二、积极应对疫情影响，巩固壮大创新创业内生活力

（一）落实创业企业纾困政策。切实落实阶段性减免企业社会保险费、缓缴住房公积金等减负政策，根据所在统筹地区政策做好阶段性减征职工基本医疗保险费工作，落实好小规模纳税人增值税减免等优惠政策。落实承租国有房屋房租减免政策，确保惠及最终承租人。鼓励双创示范基地通过延长孵化期限、实施房租补贴等方式，降低初创企业经营负担。优先对受疫情影响较大但发展潜力好的创新型企业加大金融支持力度，简化贷款审批流程，提高信用贷款、中长期贷款比重。（有关部门按职责分工负责）

（二）强化双创复工达产服务。进一步提升双创示范基地服务信息化、便利化水平，充分发挥双创支撑平台、工业互联网平台、电子商务平台等作用，推广“一键申领、网上兑现”、“企业网上跑、政府现场办”等经验，多渠道为企业解决物流、资金、用工等问题，补齐供应链短板，推动全产业链协同。鼓励双创示范基

地积极探索应对疫情影响的新业态新模式。政府投资开发的孵化基地等创业载体安排一定比例场地，免费向下岗失业人员、高校毕业生、农民工等群体提供。引导平台企业降低个体经营者相关服务费，支持开展线上创业。（地方各级人民政府负责）

（三）增强协同创新发展合力。充分发挥双创示范基地大企业带动作用，协助中小企业开展应收账款融资，帮助产业链上下游企业和相关创新主体解决生产经营难题。在符合条件的示范基地加快推广全面创新改革试验经验，探索实施政银保联动授信担保、建立风险缓释资金池等改革举措，为中小企业应对疫情影响提供有效金融支持。（地方各级人民政府负责）

三、发挥多元主体带动作用，打造创业就业重要载体

（四）实施社会服务创业带动就业示范行动。顺应消费需求升级和服务便利化要求，重点围绕托育、养老、家政、乡村旅游等领域，组织有条件的企业、区域示范基地与互联网平台企业联合开展创业培训、供需衔接、信息共享和能力建设，打造社会服务创业带动就业标杆项目，及时复制推广经验成果，吸引社会资本发展社会服务新业态新模式，拓展更大就业空间。（国家发展改革委牵头负责）

（五）增强创业带动就业能力。加大创业带动就业支持力度，出台支持灵活就业的具体举措。（人力资源社会保障部牵头负责）盘活闲置厂房、低效利用土地等，加强对创业带动就业重点项目的支持。（地方各级人民政府负责）加强创业培训与创业担保贷款等支持政策的协同联动，提升创业担保贷款贴息等扶持政策的针对性和及时性。支持有条件的区域示范基地建设产教融合实训基地、人力资源服务产业园，加快发展面向重点群体的专业化创业服务载体。（国家发展改革委、人力资源社会保障部、财政部、人民银行按职责分工负责）

（六）加强返乡入乡创业政策保障。优先支持区域示范基地实施返乡创业示范项目。发挥互联网平台企业带动作用，引导社会资本和大学生创客、返乡能人等入乡开展“互联网＋乡村旅游”、农村电商等创业项目。（国家发展改革委、文化和旅游部、商务部按职责分工负责）完善支持返乡入乡创业的引人育人留人政策，加大对乡村创业带头人的创业培训力度，培育一批能工巧匠型创业领军人才。对首次创业并正常经营1年以上的返乡入乡创业人员，可给予一次性创业补贴。对符合条件的返乡入乡创业人员按规定给予创业担保贷款贴息和培训补贴。（财政部、人力资源社会保障部、农业农村部、人民银行按职责分工负责）对返乡创业失败后就业和生活遇到困难的人员，及时提供就业服务、就业援助和社会救助。（人力资源社会保障部牵头负责）

（七）提升高校学生创新创业能力。支持高校示范基地打造并在线开放一批创新创业教育优质课程，加强创业实践和动手能力培养，依托高校示范基地开展双创园建设，促进科技成果转化与创新创业实践紧密结合。推动高校示范基地和企业示范基地深度合作，建立创业导师共享机制。支持区域示范基地与高校、企业共建面向特色产业的实训场景，加快培养满足社会需求的实用型技能人才。促进大学生

加强数理化和生物等基础理论研究，夯实国家创新能力基础。（教育部牵头负责）实施双创示范基地“校企行”专项行动，充分释放岗位需求，支持将具备持续创新能力和发展潜力的高校毕业生创业团队纳入企业示范基地人才储备和合作计划，通过职业微展示、创业合伙人招募等新方式，拓宽创业带动就业的渠道。（国家发展改革委、国务院国资委、教育部、人力资源社会保障部按职责分工负责）

（八）发挥大企业创业就业带动作用。支持大企业与地方政府、高校共建创业孵化园区，鼓励有条件的双创示范基地开展产教融合型企业建设试点。（国家发展改革委牵头负责）对中央企业示范基地内创业带动就业效果明显的新增企业，探索不纳入压减净增法人数量。（国务院国资委牵头负责）发展“互联网平台+创业单元”、“大企业+创业单元”等模式，依托企业和平台加强创新创业要素保障。（工业和信息化部、国家发展改革委牵头负责）

四、提升协同联动发展水平，树立融通创新引领标杆

（九）构建大中小企业融通创新生态。鼓励企业示范基地结合产业优势建设大中小企业融通发展平台，向中小企业开放资源、开放场景、开放应用、开放创新需求，支持将中小企业首创高科技产品纳入大企业采购体系。（国家发展改革委、工业和信息化部、国务院国资委牵头负责）细化政府采购政策，加大对中小企业的采购支持力度。（财政部牵头负责）鼓励双创示范基地聚焦核心芯片、医疗设备等关键环节和短板领域，建立大中小企业协同技术研发与产业化的合作机制，带动壮大高新技术企业、科技型中小企业规模。（国家发展改革委、科技部、工业和信息化部按职责分工负责）瞄准专业细分领域，培育专精特新“小巨人”企业、制造业单项冠军企业。（工业和信息化部牵头负责）

（十）构筑产学研融通创新创业体系。加强双创示范基地“校+园+企”创新创业合作，建设专业化的科技成果转化服务平台，增强中试服务和产业孵化能力。（地方各级人民政府负责）鼓励企业示范基地牵头构建以市场为导向、产学研深度融合的创新联合体。（国家发展改革委、科技部、工业和信息化部、国务院国资委按职责分工负责）不断优化科技企业孵化器、大学科技园和众创空间及其在孵企业的认定或备案条件，加大对具备条件的创业服务机构的支持力度。（科技部、教育部牵头负责）中央预算内投资安排专项资金支持双创示范基地建设，降低对双创示范基地相关支持项目的固定资产投资比例要求。（国家发展改革委、科技部牵头负责）支持有条件的双创示范基地建设学科交叉和协同创新科研基地。（教育部牵头负责）优先在双创示范基地建设企业技术中心等创新平台。（国家发展改革委牵头负责）

（十一）加强不同类型双创示范基地协同联动。搭建双创示范基地跨区域合作交流平台，推广跨区域孵化“飞地模式”，探索在孵项目跨区域梯次流动衔接的合作机制，在资源共享、产业协同、知识产权保护和运营等方面开展跨区域融通合作。推动建设孵化器、加速器、产业园区相互接续的创业服务体系。（地方各级人民

政府负责）中央预算内资金优先支持区域一体化创新创业服务平台建设。（国家发展改革委牵头负责）优化长三角、京津冀和西部示范基地联盟，支持建立中部、南部示范基地联盟。（国家发展改革委牵头负责）

五、加强创新创业金融支持，着力破解融资难题

（十二）深化金融服务创新创业示范。支持双创示范基地与金融机构建立长期稳定合作关系，共同参与孵化园区、科技企业孵化器、专业化众创空间等创新创业服务载体建设。（科技部、人民银行、银保监会、证监会按职责分工负责）鼓励以双创示范基地为载体开展政银企合作，探索多样化的科技金融服务。鼓励金融机构与双创示范基地合作开展设备融资租赁等金融服务。（人民银行、银保监会、证监会按职责分工负责）支持双创示范基地内符合条件的企业发行双创孵化专项债券、创业投资基金类债券、创新创业公司债券和双创债务融资工具。支持在双创示范基地开展与创业相关的保险业务。（国家发展改革委、人民银行、证监会、银保监会按职责分工负责）支持将双创示范基地企业信息纳入全国知识产权质押信息平台。在有条件的区域示范基地设立知识产权质押融资风险补偿基金，对无可抵押资产、无现金流、无订单的初创企业知识产权质押融资实施风险补偿。（国家发展改革委、人民银行、银保监会、国家知识产权局按职责分工负责）

（十三）完善创新创业创投生态链。鼓励国家出资的创业投资引导基金、产业投资基金等与双创示范基地深度合作，加强新兴领域创业投资服务，提升项目路演、投融资对接、信息交流等市场化专业化服务水平。（国家发展改革委、财政部、工业和信息化部、科技部按职责分工负责）支持金融机构在依法合规、风险可控前提下，与科研院所示范基地和区域示范基地按照市场化原则合作建立创业投资基金、产业投资基金，支持成立公益性天使投资人联盟等平台组织，加大对细分领域初创期、种子期项目的投入。（国家发展改革委、科技部、人民银行、证监会、银保监会按职责分工负责）

六、深化对外开放合作，构筑全球化创业重要节点

（十四）做强开放创业孵化载体。鼓励有条件的双创示范基地建设国际创业孵化器，与知名高校、跨国公司、中介机构等联合打造离岸创新创业基地，提升海外创业项目转化效率。支持设立海外创业投资基金，为优质创新创业项目提供资金支持。（科技部、证监会、中国科协按职责分工负责）

（十五）搭建多双边创业合作平台。优先将双创示范基地纳入多双边创新创业合作机制，支持承办大型国际创新创业大赛和论坛活动。支持双创示范基地建立国际合作产业园、海外创新中心。加强与国际重点城市的创新创业政策沟通、资源融通和链接。支持双创示范基地依托双创周“海外活动周”等举办创新创业重点活动，对接国际创新资源。加强与海外孵化器、国际创业组织和服务机构合作，为本土中小企业“走出去”拓展合作提供支撑。（国家发展改革委、科技部、中国科协按职责分工负责）

七、推进全面创新改革试点，激发创新创业创造动力

（十六）探索完善包容创新监管机制。支持双创示范基地深化商事制度改革，营造良好营商环境。（市场监管总局牵头负责）在省级政府事权范围内，支持区域示范基地在完善创业带动就业保障体系、建立新业态发展“监管沙盒”、推动各类主体融通创新、健全对创业失败者容错机制等方面开展试点，加快构建创新引领、协同发展的创新创业创造生态。（有关省级人民政府统筹组织遴选方案）

（十七）深化双创体制改革创新试点。支持企业示范基地重点在建立大企业牵头的创新联合体、完善中央企业衍生混合所有制初创企业配套支持政策等方面开展试点，加快形成企业主体、市场导向的融通创新体系。支持企业示范基地率先试点改革国有投资监管考评制度，建立可操作的创新创业容错机制。支持在具有较高风险和不确定性的业务领域实施员工跟投机制，探索“事业合伙人”方式，形成骨干员工和企业的利益共同体。（国务院国资委牵头统筹组织遴选方案）

（十八）创新促进科技成果转化机制。支持高校和科研院所示范基地在建设现代科研院所、推动高校创新创业与科技成果转化相结合、推进职务科技成果所有权或长期使用权改革、优化科技成果转化决策流程、完善产学研深度融合的新机制、建立专业化技术转移机构等方面开展试点，为加快科技成果转移转化提供制度保障。（科技部、教育部、中科院等按职责分工统筹组织遴选方案）

各地区、各部门要认真贯彻落实党中央、国务院决策部署，抓好本意见的贯彻落实。发展改革委要会同有关部门加强协调指导，完善双创示范基地运行监测和第三方评估，健全长效管理运行机制，遴选一批体制改革有突破、持续创业氛围浓、融通创新带动强的区域、企业、高校和科研院所，新建一批示范基地。对示范成效明显、带动能力强的双创示范基地要给予适当表彰激励，对示范成效差的要及时调整退出。

国务院办公厅

2020 年 7 月 23 日

国务院办公厅关于建设第三批大众创业万众创新示范基地的通知

（国办发〔2020〕51号）

各省、自治区、直辖市人民政府，国务院各部委、各直属机构：

为贯彻落实《政府工作报告》部署，更好发挥大众创业万众创新示范基地对促改革、稳就业、强动能的带动作用，进一步推动大众创业万众创新向纵深发展，更大程度激发市场活力和社会创造力，以新动能支撑保就业保市场主体，经国务院同意，决定在部分地区、企业、高校和科研院所建设第三批双创示范基地。现将有关事项通知如下：

一、总体要求

双创示范基地建设要以习近平新时代中国特色社会主义思想为指导，深入贯彻党的十九大和十九届二中、三中、四中、五中全会精神，认真落实党中央、国务院决策部署，坚持问题导向、目标导向，围绕做好“六稳”工作、落实“六保”任务，深入实施创新驱动发展战略，支持创新创业主体积极应对疫情影响，强化功能定位，更好发挥示范带动作用，助力经济高质量发展。

二、推动双创示范基地特色化、功能化、专业化发展

第三批双创示范基地要按照创业就业、融通创新、精益创业、全球化创业等差异化功能定位，强化区域覆盖、功能布局、协同发展，增强示范功能和带动效应。

一是聚焦稳就业和激发市场主体活力，着力打造创业就业的重要载体。深化“放管服”改革，推动在社会服务领域运用“互联网平台＋创业单元”新模式促进创新，有效支撑科研人员、大学生、返乡农民工、退役军人、下岗失业人员以及其他各类社会群体开展创新创业，促进创业带动就业、多渠道灵活就业，每年带动形成一定规模的创业就业。

二是聚焦保障产业链供应链安全，着力打造融通创新的引领标杆。加快推进科技与经济深度融合、创新链与产业链协同布局、科技成果转化与应用体系建设紧密结合，推动产业链上下游、大中小企业融通创新，形成体系化融通创新格局。

三是聚焦支持创新型中小微企业成长为创新重要发源地，着力打造精益创业的集聚平台。大力弘扬科学家精神、劳动精神和工匠精神，倡导敬业、精益、专注、宽容失败的创新创业文化，构建专业化、全链条的创新创业服务体系，增强持续创新创业能力，加快培育成长型初创企业、“隐形冠军”企业和“专精特新”中

小企业。

四是聚焦深化开放创新合作，着力打造全球化创业的重要节点。探索搭建创新创业国际化平台，深度参与全球创新创业合作，创新国际合作模式，培育创新创业国际化品牌，不断拓展创新创业国际合作空间。

三、加强组织领导

各有关部门要加强对双创示范基地的协调指导和日常管理，充分发挥推进大众创业万众创新部际联席会议制度统筹作用，加大对双创示范基地建设的支持力度。双创示范基地所在地人民政府要加强领导，把双创示范基地建设作为做好“六稳”工作、落实“六保”任务的重要抓手和载体，及时出台有针对性的支持政策，及时跟踪协调解决问题困难，切实抓实抓好、抓出成效。第三批双创示范基地要围绕建设重点制定具体方案，健全组织管理机构、统筹协调机制、运行监测体系，加强专职人员队伍建设，在创新创业体制机制等方面大胆探索，营造良好的创新创业生态。

四、开展监测评估

国家发展改革委要会同有关方面进一步健全双创示范基地长效管理运行机制，加强对双创示范基地的运行监测和绩效评估，根据功能定位分类适时开展第三方评估，形成一批可复制推广的改革经验并推动在更大范围实施。要建立健全双创示范基地动态调整机制，对示范成效明显、带动能力强的给予适当表彰激励，对工作推动效果差、示范作用不明显的及时调整退出。

附件：第三批双创示范基地名单（92个）

国务院办公厅

2020年12月9日

附件

第三批双创示范基地名单（92个）

一、创业就业方向（25个）

山西省晋城经济技术开发区

吉林省辽源经济开发区

黑龙江省牡丹江经济技术开发区

同济大学国家大学科技园

江苏省南京市江北新区

安徽省马鞍山慈湖高新技术产业开发区

江西省景德镇市珠山区（陶溪川）

山东省莱西市

河南省郑州市金水区

湖北省武汉市硚口区

湖南省株洲高新技术产业开发区

广西壮族自治区南宁市横县

重庆市大渡口区

四川省自贡高新技术产业开发区

云南省大理白族自治州宾川县

西藏自治区昌都市昌都经济开发区

西北工业大学国家大学科技园

甘肃省张掖市甘州区

新疆维吾尔自治区喀什经济开发区

新疆生产建设兵团石河子经济技术开发区

西安交通大学

重庆大学

厦门大学

北京航空航天大学

北京理工大学

二、融通创新方向（27个）

北京市中关村国家自主创新示范区丰

台园

天津市天津港保税区

辽宁省大连经济技术开发区

吉林省长春汽车经济技术开发区

黑龙江省大庆高新技术产业开发区

江苏省盐城高新技术产业开发区

浙江省湖州莫干山高新技术产业开发区

浙江省宁波市北仑区

安徽省合肥经济技术开发区

福建省泉州市晋江市

福建省海峡两岸青年就业创业基地

河南省郑州高新技术产业开发区

湖北省宜昌高新技术产业开发区

湖南省衡阳高新技术产业开发区

广东省惠州仲恺高新技术产业开发区

广西壮族自治区柳州高新技术产业开发区

重庆市重庆经济技术开发区

四川省宜宾临港经济技术开发区

陕西省宝鸡高新技术产业开发区

宁夏回族自治区石嘴山市大武口区

新疆维吾尔自治区昌吉国家农业科技园区

广东省农垦集团公司

重庆市涪陵榨菜集团股份有限公司

山东四君子集团有限公司

中国华润有限公司

中国石油天然气集团有限公司

中国一重集团有限公司

三、精益创业方向（32 个）

北京经济技术开发区

天津市东丽区

河北省石家庄高新技术产业开发区

内蒙古自治区呼和浩特市新城区

辽宁省抚顺高新技术产业开发区

辽宁省大连市甘井子区

吉林省吉林高新技术产业开发区

黑龙江省哈尔滨市南岗区

上海市长宁区虹桥智谷

浙江省杭州高新技术产业开发区

浙江省宁波高新技术产业开发区

安徽省蚌埠高新技术产业开发区

福建省福州软件园

福建省厦门生物医药港

山东省济南高新技术产业开发区

山东省青岛蓝谷高新技术产业开发区

河南省洛阳高新技术产业开发区

湖北省襄阳高新技术产业开发区

湖南省岳阳市城陵矶新港区

广东省珠海高新技术产业开发区

广东省深圳市龙岗区

广西壮族自治区桂林高新技术产业开发区

重庆市重庆高新技术产业开发区

四川省成都高新技术产业开发区

贵州省贵阳市南明区

陕西省西安高新技术产业开发区

青海省西宁市城北区

新疆维吾尔自治区乌鲁木齐经济技术开发区

工业和信息化部电子第五研究所

中国科学院自动化研究所

中国科学院苏州生物医学工程技术研究所

中国科学院微电子研究所

四、全球化创业方向（8 个）

北京市中关村国家自主创新示范区朝阳园

上海市静安国际创新走廊

江苏省苏州工业园区

浙江省嘉兴市嘉善县

福建省东侨经济技术开发区

广东省东莞松山湖高新技术产业开发区

海南自由贸易港博鳌乐城国际医疗旅游先行区

南方科技大学科技园区

科技部关于印发《专业化众创空间建设工作指引》及公布首批国家专业化众创空间示范名单的通知

（国科发高〔2016〕231号）

各省、自治区、直辖市及计划单列市科技厅（委、局），新疆生产建设兵团科技局：

为深入贯彻落实《国务院办公厅关于加快众创空间发展服务实体经济转型升级的指导意见（国办发〔2016〕7号）》（以下简称《意见》），推动众创空间向专业化发展，充分发挥各类创新主体的积极性和创造性，发挥科技创新的引领和驱动作用，紧密对接实体经济，有效支撑我国经济结构调整和产业转型升级，科技部制定了《专业化众创空间建设工作指引》。现印发给你们，请结合本地区、本行业实际，做好落实工作。

同时，为做好专业化众创空间的示范，充分发挥引领带动作用，科技部开展了首批国家专业化众创空间的遴选工作。按照坚持发挥市场配置资源的决定性作用、坚持科技创新的引领作用、坚持服务和支撑实体经济发展的原则，在充分调研论证的基础上，研究确定了首批17家国家专业化众创空间进行示范（名单附后）。

各示范国家专业化众创空间依托主体要继续加强探索；龙头骨干企业要按照市场机制与其他创业主体协同，优化配置技术、装备、资本、市场等创新资源，实现与中小微企业、高校、科研院所和各类创客群体有机结合；科研院所、高校要通过聚集高端创新资源，增加源头技术创新有效供给，为科技型创新创业提供专业化服务。要加强经验总结和率先示范，按照《专业化众创空间建设工作指引》有关要求制定工作方案，并经所在地科技管理部门审核后，在2016年8月31日前报送科技部高新司，电子版发送gxs_gyfzc@most.cn。

依托主体所在地方科技管理部门要加强对专业化众创空间工作的指导和支持，加强组织领导，健全工作机制，强化统筹协调，鼓励依托主体结合自身产业发展实际，积极探索专业化众创空间发展新路径和新模式，充分发挥示范引导作用。各地科技管理部门要结合地方经济发展、科技资源条件等实际情况，主动做好服务，为众创空间的专业化发展创造条件，因地制宜地推进专业化众创空间的建设和发展。

科技部

2016年7月28日

专业化众创空间建设工作指引

根据《国务院办公厅关于加快众创空间发展服务实体经济转型升级的指导意见》(国办发〔2016〕7号)的精神和要求，为进一步明确专业化众创空间的内涵特征、建设条件和建设方向，指导和推动专业化众创空间有序发展，特制定本工作指引。

一、目的意义

专业化众创空间是聚焦细分产业领域，以推动科技型创新创业、服务于实体经济为宗旨的重要创新创业服务平台，强调服务对象、孵化条件和服务内容的高度专业化，是能够高效配置和集成各类创新要素实现精准孵化，推动龙头骨干企业、中小微企业、科研院所、高校、创客多方协同创新的重要载体。

发展专业化众创空间是促进众创空间向纵深发展，鼓励发展众创、众包、众扶、众筹等新模式，推动形成大众创业、万众创新局面的重要举措，对于促进产业转型升级、优化创新资源配置、激发人才创新创业活力、推动体制机制改革创新具有重要意义。

二、主要特征

专业化众创空间依托具有强大产业链和创新链资源整合能力的主体建设，具有以下四方面突出特征。

一是拥有创新源头。依托龙头骨干企业、科研院所、高校等建设，能够为创业提供有效供给，推动创新、创业并重。

二是资源共享基础好、水平高。借助建设主体的科研与制造能力、管理与市场渠道资源，资源共享基础好，水平高。

三是产业整合能力强。依托建设主体的行业地位，有助于形成创新创业生态和产业生态。

四是孵化服务质量高。围绕专业领域，可为创客提供更贴合产业特点的高水平、专业化、特色化的集成式服务。

三、基本条件

专业化众创空间重点由龙头骨干企业、科研院所、高校等牵头建设。专业化众创空间的运营者可以是法人或其他社会组织，也可以是依托上述组织成立的相对独立的机构。

专业化众创空间应具备以下基本条件。

一是以服务科技型创新创业为宗旨，能够紧密对接实体经济，聚焦明确的产业细分领域。

二是具备完善的专业化研究开发和产业化条件，能够提供低成本的开放式办公空间，具有专业化的研发设计、检验检测、模型加工、中试生产等研发、生产设备设施和厂房，并提供符合行业特征专业领域的技术、信息、资本、供应链、市场对接等个性化、定制化服务。

三是具有开放式的互联网线上平台，集成或整合企业、科研院所、高校等的创新资源、产业资源以及外部的创新创业等线下资源，实现共享和有效利用。

四是具有活跃的创新和创业群体，特别是已有专业化的创客及创业团队积极参与，初步形成了良好的创新创业生态。

五是具有创新导师、创业导师服务能力。由专业人士提供技术创新辅导、创业辅导、创业培训。

六是具有创业投资基金或创新基金，或与天使投资、创投机构等合作设立股权投资基金，提供创业领域投融资服务，技术创新金融支持服务。

七是专业化众创空间与建设主体之间具有良性互动机制，服务于建设主体转型升级和新业务开发、科技成果转化，并具备完善的运营管理制度，有清晰的可持续运营机制和管理模式。

四、主要任务

建设主体结合自身基础条件和发展定位，创办针对细分产业领域、具有专业服务能力的专业化众创空间，着重围绕以下任务开展建设工作。

一是有效聚焦专业细分领域的创新创业。建设机构结合自身所处的行业领域和创新创业资源积累，有重点地选择某一产业领域作为主要方向，提供专业化的创新创业服务，注重提升专业领域创业项目的产业集聚度。

二是积极提供结合行业特征的科研条件和配套服务。对外开放建设机构自身的科研设备、检测设施、小试中试平台等科研研发条件，为创业者提供低成本的硬件设施支持。依托建设机构的创新链和产业链资源，强化供应链对接、研发设计、产品推介、投融资等专业化服务能力。

三是不断加强机制体制创新。推动科研院所建立以市场为导向的科研立项机制、融合科研成果转化的科研评价体系，加快促进科技成果转化收益分配、科研人员离岗创业等政策落实。稳步推进国有企业混合所有制改革，不断释放国有企业参与创业孵化的动能。

四是注重构筑完整的创业孵化链条。鼓励专业化众创空间建设机构自建孵化器、加速器或与其他孵化器、加速器合作，延伸对毕业企业的孵化辅导，建立专业化众创空间、创业辅导、专业孵化、企业加速器等全程企业孵化培育体系，构建“创业苗圃—孵化器—加速器”的全程孵化链条。

五是大力促进建设机构业务转型升级和持续创新。加快建立与建设机构主营业务相关的项目筛选和考核机制，构建互联互通线上平台，通过平台开展建设主体创新任务的众包，实现创新资源统筹与优化配置，推动建设机构原有业务的转型升级和新业务的探索。

六是加快提升国际化发展水平。支持建设机构开展国际化高端链接，与国外技术服务机构、创业孵化机构、创投资本开展积极合作，整合全球资源要素，构筑开放式、具有国际化视野的高端创新创业资源服务平台。不断吸引海外留学生、研发团队到专业化众创空间创业，在全球范围内集聚精通技术、投资、市场等技能的高端科技服务人才。

五、备案程序

为持续推动专业化众创空间的发展，采取备案制对专业化众创空间进行管理。备案流程如下：

1. 由省级科技主管部门指导本地区专业化众创空间建设工作。条件成熟时可组织国家专业化众创空间备案申报工作，并进行形式审查后择优向科技部推荐。

2. 科技部对以公函形式报送的专业化众创空间申报材料，按照有关标准和条件审核后确定备案名单，向社会予以公布。

附件：国家专业化众创空间备案申报材料提纲（略）

首批国家专业化众创空间示范名单

序号	专业化众创空间	依托主体
1	智慧家庭国家专业化众创空间	海尔集团公司
2	卡车动力总成国家专业化众创空间	潍柴控股集团有限公司
3	移动互联网国家专业化众创空间	大唐电信科技产业集团
4	先进矿山装备国家专业化众创空间	中信重工机械股份有限公司
5	智能硬件国家专业化众创空间	TCL 集团股份有限公司
6	轨道交通国家专业化众创空间	中车株洲电力机车研究所有限公司
7	智能制造国家专业化众创空间	大连机床集团（东莞）智能技术研发中心有限公司
8	光通信国家专业化众创空间	武汉烽火科技集团有限公司
9	传感器国家专业化众创空间	河南汉威电子股份有限公司
10	诊断试剂国家专业化众创空间	中山大学达安基因股份有限公司
11	化工橡胶国家专业化众创空间	软控股份有限公司、橡胶谷集团有限公司
12	光电子国家专业化众创空间	中国科学院西安光学精密机械研究所
13	自动化仪表国家专业化众创空间	上海工业自动化仪表研究院
14	分子医学国家专业化众创空间	天津国际生物医药联合研究院
15	光电显示国家专业化众创空间	武汉光电工业技术研究院有限公司
16	虚拟现实与智能硬件国家专业化众创空间	北京航空航天大学
17	无线通信国家专业化众创空间	电子科技大学

科技部　财政部　国家发展改革委关于印发《国家科技创新基地优化整合方案》的通知

（国科发基〔2017〕250 号）

各省、自治区、直辖市及计划单列市科技厅（委、局）、财政厅（局）、发展改革委，新疆生产建设兵团科技局、财务局、发展改革委，国务院有关部委、直属机构，各有关单位：

根据《关于深化中央财政科技计划（专项、基金等）管理改革的方案》（国发〔2014〕64 号）有关工作部署，落实《国家创新驱动发展战略纲要》和《"十三五"国家科技创新规划》有关要求，科技部会同财政部、国家发展改革委制定了《国家科技创新基地优化整合方案》，现印发给你们，请认真贯彻执行。

科技部

财政部

国家发展改革委

2017 年 8 月 18 日

国家科技创新基地优化整合方案

为落实《关于深化中央财政科技计划（专项、基金等）管理改革的方案》中国家科研基地优化整合的任务要求，解决现有基地之间交叉重复、定位不够清晰的问题，进一步推进国家科技创新基地建设，制定本方案。

一、总体目标和基本原则

（一）总体目标

落实实施创新驱动发展战略要求，以提升国家自主创新能力为目标，着眼长远和全局，以国家实验室为引领统筹布局国家科技创新基地建设。国家科技创新基地按照科学与工程研究、技术创新与成果转化、基础支撑与条件保障三类布局建设。围绕国家战略和创新链布局需求，大力推动基础研究、技术开发、成果转化协同创新，夯实自主创新的物质技术基础。到 2020 年初步形成布局合理、定位清晰、管理科学、开放共享、多元投入、动态调整的国家科技创新基地建设发展体系。

（二）基本原则

1. 坚持顶层设计原则。以国家目标和战略需求为导向，根据国家科技创新基地功能定位，加强整体设计，统筹布局，加强各类基地之间的相互衔接，避免低水平、交叉和重复建设。

2. 坚持机制创新原则。加强管理机制创新，完善评估评价机制，建立人才培养和团队建设评价机制。强化目标考核和动态调整，实现能进能出。加强协同创新，推进开放共享。

3. 坚持分类管理原则。根据国家科技创新基地功能定位，强化分类管理、分类支持，制定符合不同基地特点的建设方案和管理办法。

4. 坚持能力提升原则。加强重大科技基础设施和科研条件保障能力建设，发挥国家科技创新基地的引领和带动作用，提升原始创新能力。

二、优化国家科技创新基地布局

国家科技创新基地是围绕国家目标，根据科学前沿发展、国家战略需求以及产业创新发展需要，开展基础研究、行业产业共性关键技术研发、科技成果转化及产业化、科技资源共享服务等科技创新活动的重要载体，是国家创新体系的重要组成部分。按照党中央、国务院关于国家科技创新基地建设发展改革有关部署要求，根据国家战略需求和不同类型科研基地功能定位，对现有国家级基地平台进行分类梳理，归并整合为科学与工程研究、技术创新与成果转化和基础支撑与条件保障三类进行布局建设。

（一）科学与工程研究类国家科技创新基地

科学与工程研究类国家科技创新基地定位于瞄准国际前沿，聚焦国家战略目标，围绕重大科学前沿、重大科技任务和大科学工程，开展战略性、前沿性、前瞻性、基础性、综合性科技创新活动。主要包括国家实验室、国家重点实验室。

1. 国家实验室。体现国家意志、实现国家使命、代表国家水平的战略科技力量，是面向国际科技竞争的创新基础平台，是保障国家安全的核心支撑，是突破型、引领型、平台型一体化的大型综合性研究基地。

2. 国家重点实验室。面向前沿科学、基础科学、工程科学等，开展基础研究、应用基础研究等，推动学科发展，促进技术进步，发挥原始创新能力的引领带动作用。

（二）技术创新与成果转化类国家科技创新基地

技术创新与成果转化类国家科技创新基地定位于面向经济社会发展和创新社会治理、建设平安中国等国家需求，开展共性关键技术和工程化技术研究，推动应用示范、成果转化及产业化，提升国家自主创新能力和科技进步水平。主要包括国家工程研究中心、国家技术创新中心和国家临床医学研究中心。

1. 国家工程研究中心。面向国家重大战略任务和重点工程建设需求，开展关键技术攻关和试验研究、重大装备研制、重大科技成果的工程化实验验证，突破关键技术和核心装备制约。

2. 国家技术创新中心。面向影响国家长远发展稳定的行业和产业需求，开展重大共性关键技术和产品研发、成果转化及应用示范。

3. 国家临床医学研究中心。面向重大临床需求和产业化需要，开展大样本临床循证、转化医学和战略防控策略研究，推动医学科技成果转化推广和普及普惠，为提高我国整体医疗水平提供科技支撑。

（三）基础支撑与条件保障类国家科技创新基地

基础支撑与条件保障类国家科技创新基地定位于为发现自然规律、获取长期野外定位观测研究数据等科学研究工作，提供公益性、共享性、开放性基础支撑和科技资源共享服务。主要包括国家科技资源共享服务平台、国家野外科学观测研究站。

1. 国家科技资源共享服务平台。面向科技创新、经济社会发展和创新社会治理、建设平安中国等需求，加强优质科技资源有机集成，提升科技资源使用效率，为科学研究、技术进步和社会发展提供网络化、社会化的科技资源共享服务。

2. 国家野外科学观测研究站。服务于生态学、地学、农学、环境科学、材料科学等领域，获取长期野外定位观测数据并开展研究工作。

三、优化调整现有国家级基地

根据整合重构后各类国家科技创新基地功能定位和建设运行标准，对现有试点国家实验室、国家重点实验室、国家工程技术研究中心、国家科技基础条件平台、国家工程实验室、国家工程研究中心等国家级基地和平台进行考核评估，通过撤、并、转等方式，进行优化整合，符合条件的纳入相关基地序列管理。同时，按照国家科技创新基地布局要求，遵循“少而精”的原则，择优择需部署新建一批高水平国家级基地，严格遴选标准，严控新建规模。加强与国家重大科技基础设施相互衔接，推动设施建设与国家实验室等国家科技创新基地发展的紧密结合，强化绩效评估，促进开放共享。

（一）科学与工程研究类国家科技创新基地

1. 组建国家实验室。按照中央关于在重大创新领域组建一批国家实验室的要求，突出国家意志和目标导向，采取统筹规划、自上而下为主的决策方式，统筹全国优势科技资源整合组建，坚持高标准、高水平，体现引领性、唯一性和不可替代性，成熟一个，启动一个。（各部门工作任务将按照党中央、国务院部署和决策，另行发文明确。）

2. 优化调整国家重点实验室。在现有试点国家实验室和已形成优势学科群基础上，组建（地名加学科名）国家研究中心，纳入国家重点实验室序列管理。对现有国家重点实验室进行优化调整和统筹布局，对依托高校和科研院所建设的学科国家重点实验室结合评估进行优化调整，对处于国际上领跑、并跑的国家重点实验室加大稳定支持力度，对处于长期跟跑的国家重点实验室要重新确定研究方向和任务，对多年来无重大创新成果、老化僵化的国家重点实验室予以调整。在科学前沿、新兴、交叉、边缘等学科以及布局薄弱与空白学科，依托高校、科研院所和骨干企业，部署建设一批国家重点实验室。统筹推进学科、省部共建、企业、军民共建和港澳伙伴国家重点实验室等建设发展。（牵头单位：科技部、财政部，参与单位：相关部门和地方。）

（二）技术创新与成果转化类国家科技创新基地

对现有国家工程技术研究中心、国家工程研究中心、国家工程实验室等存量进行评估梳理，逐步按照新的功能定位要求合理归并，优化整合。国家发展改革委不再批复新建国家工程实验室，科技部不再批复新建国家工程技术研究中心。

1. 整合组建国家工程研究中心。对现由国家发展改革委管理的国家工程研究中心和国家工程实验室，按整合重构后的国家工程研究中心功能定位，合理归并，符合条件的纳入国家工程研究中心序列进行管理。结合国家重大工程布局和发展需要，依托企业、高校和科研院所，择优建设一批国家工程研究中心。（牵头单位：国家发展改革委，参与单位：相关部门与地方。）

2. 布局建设国家技术创新中心。面向国家长远发展和全球竞争，依托高校、科研院所、企业部署一批战略定位高端、组织运行开放、创新资源集聚的综合性和专业性国家技术创新中心。对现由科技部管理的国家工程技术研究中心加强评估考核和多渠道优化整合，符合条件的纳入国家技术创新中心等管理。（牵头单位：科技部，参与单位：相关部门与地方。）

3. 布局建设国家临床医学研究中心。依据疾病领域和区域的布局要求，依托相关医疗机构建设一批国家临床医学研究中心，大规模整合临床医学资源，构建大数据、样本库等专业化的临床医学公共服务平台。（牵头单位：科技部、卫生计生委、中央军委后勤保障部、食品药品监管总局，参与单位：相关部门与地方。）

（三）基础支撑与条件保障类国家科技创新基地

1. 优化调整国家科技资源共享服务平台。对现有国家科技基础条件平台进行优化调整，通过绩效考评，符合条件的纳入国家科技资源共享服务平台序列进行管理。围绕科研仪器、科研设施、科学数据、科技文献和实验材料等领域，根据功能定位和建设运行标准，依托科研院所、高校建设一批国家科技资源共享服务平台。完善各类国家科技资源数据库、生物种质、人类遗传等资源库建设，加强科技基础资源调查。（牵头单位：科技部、财政部，参与单位：相关部门与地方。）

2. 优化调整国家野外科学观测研究站。制定国家野外科学观测研究站数据获取、研究分析和共享服务能力的认定标准，对现有台站进行评估考核，符合条件的纳入国家野外科学观测研究站序列进行管理。在具有研究功能的部门台站基础上，根据功能定位和建设运行标准，依托科研院所、高校择优遴选建设一批国家野外科学观测研究站。（牵头单位：科技部、财政部，参与单位：相关部门与地方。）

四、管理运行机制

（一）完善运行管理机制。各类国家科技创新基地需按照定位、目标和任务，制定相应的建设发展方案。创新管理模式，加强制度建设，明确建设规模，建立与基地特点相适应的管理办法、评价标准和遴选机制，建立注重成果和贡献的人才评价制度，提升国家科技创新基地创新能力和活力。

（二）完善评估考核机制。充分发挥评估的政策导向作用，建立与国家科技创新基地发展目标相一致的评估考核指标体系，加大动态调整力度，做到有进有出，实现基地建设的良性循环。

（三）完善资源配置机制。进一步完善分类支持方式和稳定支持机制，加大绩效考核和财政支持的衔接，科学与工程研究类、基础支撑与条件保障类国家科技创新基地要突出财政稳定支持，中央财政稳定支持学科国家重点实验室运行和能力建设。技术创新与成果转化类国家科技创新基地建设要充分发挥市场配置资源的决定性作用，加强政府引导和第三方考核评估，根据考核评估情况，采用后补助等方式支持基地能力建设。

五、实施进度和工作要求

2017 年，各类国家科技创新基地牵头单位要会同有关部门，根据不同科技创新基地的功能定位和任务要求，按照分类管理和规范运行的原则，完成细化的建设发展方案和相应的管理办法制定，明确建设运行标准和建设规模，根据国发〔2014〕64 号文件和本方案要求开展优化整合和建设工作。

2018 年，全面按照优化整合后的“基地和人才专项”运行，不再保留优化整合之前国家科技创新基地经费渠道。各类国家科技创新基地牵头单位要创新管理机制，完善组织实施方式，完成基地优化整合工作，有序推动各类国家科技创新基地建设发展。

科技部关于印发《科技企业孵化器管理办法》的通知

（国科发区〔2018〕300号）

各省、自治区、直辖市及计划单列市科技厅（委、局），新疆生产建设兵团科技局：

为贯彻落实《中华人民共和国中小企业促进法》、《中华人民共和国促进科技成果转化法》、《国家创新驱动发展战略纲要》，引导我国科技企业孵化器高质量发展，构建良好的科技企业成长生态，推动大众创业万众创新上水平，加快创新型国家建设，科技部研究制定了《科技企业孵化器管理办法》。现印发给你们，请认真贯彻执行。

科技部

2018年12月14日

科技企业孵化器管理办法

第一章 总 则

第一条 为贯彻落实《中华人民共和国中小企业促进法》《中华人民共和国促进科技成果转化法》《国家创新驱动发展战略纲要》，引导我国科技企业孵化器高质量发展，支持科技型中小微企业快速成长，构建良好的科技创业生态，推动大众创业万众创新上水平，加快创新型国家建设，制订本办法。

第二条 科技企业孵化器（含众创空间等，以下简称孵化器）是以促进科技成果转化，培育科技企业和企业家精神为宗旨，提供物理空间、共享设施和专业化服务的科技创业服务机构，是国家创新体系的重要组成部分、创新创业人才的培养基地、大众创新创业的支撑平台。

第三条 孵化器的主要功能是围绕科技企业的成长需求，集聚各类要素资源，推动科技型创新创业，提供创业场地、共享设施、技术服务、咨询服务、投资融资、创业辅导、资源对接等服务，降低创业成本，提高创业存活率，促进企业成长，以创业带动就业，激发全社会创新创业活力。

第四条 孵化器的建设目标是落实国家创新驱动发展战略，构建完善的创业孵化服务体系，不断提高服务能力和孵化成效，形成主体多元、类型多样、业态丰富的发展格局，持续孵化新企业、催生新产业、形成新业态，推动创新与创业结合、线上与线下结合、投资与孵化结合，培育经济发展新动能，促进实体经济转型升级，为建设现代化经济体系提供支撑。

第五条 科技部和地方科技厅（委、局）负责对全国及所在地区的孵化器进行宏观管理和业务指导。

第二章 国家级科技企业孵化器认定条件

第六条 申请国家级科技企业孵化器应具备以下条件：

1. 孵化器具有独立法人资格，发展方向明确，具备完善的运营管理体系和孵化服务机制。机构实际注册并运营满3年，且至少连续2年报送真实完整的统计数据；

2. 孵化场地集中，可自主支配的孵化场地面积不低于10000平方米。其中，在孵企业使用面积（含公共服务面积）占75%以上；

3. 孵化器配备自有种子资金或合作的孵化资金规模不低于500万元人民币，获得投融资的在孵企业占比不低于10%，并有不少于3个的资金使用案例；

4. 孵化器拥有职业化的服务队伍，专业孵化服务人员（指具有创业、投融资、企业管理等经验或经过创业服务相关培训的孵化器专职工作人员）占机构总人数80%以上，每10家在孵企业至少配备1名专业孵化服务人员和1名创业导师（指接受科技部门、行业协会或孵化器聘任，能对创业企业、创业者提供专业化、实践性辅导服务的企业家、投资专家、管理咨询专家）；

5. 孵化器在孵企业中已申请专利的企业占在孵企业总数比例不低于50%或拥有有效知识产权的企业占比不低于30%；

6. 孵化器在孵企业不少于50家且每千平方米平均在孵企业不少于3家；

7. 孵化器累计毕业企业应达到20家以上。

第七条 在同一产业领域从事研发、生产的企业占在孵企业总数的75%以上，且提供细分产业的精准孵化服务，拥有可自主支配的公共服务平台，能够提供研究开发、检验检测、小试中试等专业技术服务的可按专业孵化器进行认定管理。专业孵化器内在孵企业应不少于30家且每千平方米平均在孵企业不少于2家；累计毕业企业应达到15家以上。

第八条 本办法中孵化器在孵企业是指具备以下条件的被孵化企业：

1. 主要从事新技术、新产品的研发、生产和服务，应满足科技型中小企业相关要求；

2. 企业注册地和主要研发、办公场所须在本孵化器场地内，入驻时成立时间不超过24个月；

3. 孵化时限原则上不超过48个月。技术领域为生物医药、现代农业、集成电路的企业，孵化时限不超过60个月。

第九条 企业从孵化器中毕业应至少符合以下条件中的一项：

1. 经国家备案通过的高新技术企业；

2. 累计获得天使投资或风险投资超过500万元；

3. 连续2年营业收入累计超过1000万元；

4. 被兼并、收购或在国内外资本市场挂牌、上市。

第十条 全国艰苦边远地区（按照人力资源和社会保障部艰苦边远地区范围和类别规定）的科技企业孵化器，孵化场地面积、在孵和毕业企业数量、孵化资金规模、知识产权比例等要求可降低20%。

第三章　申报与管理

第十一条　国家级科技企业孵化器申报程序：

1. 申报机构向所在地省级科技厅（委、局）提出申请。

2. 省级科技厅（委、局）负责组织专家进行评审并实地核查，评审结果对外公示。对公示无异议机构书面推荐到科技部。

3. 科技部负责对推荐申报材料进行审核并公示结果，合格机构以科技部文件形式确认为国家级科技企业孵化器。

第十二条　国家级科技企业孵化器（含国家备案众创空间），按照国家政策和文件规定享受相关优惠政策。

第十三条　科技部依据国家统计局审批的统计报表对孵化器进行规范统计，国家级科技企业孵化器应按要求及时提供真实完整的统计数据。

第十四条　科技部依据孵化器评价指标体系定期对国家级科技企业孵化器开展考核评价工作，并进行动态管理。对连续2次考核评价不合格的，取消其国家级科技企业孵化器资格。

第十五条　国家级科技企业孵化器发生名称变更或运营主体、面积范围、场地位置等认定条件发生变化的，需在三个月内向所在地省级科技厅（委、局）报告。经省级科技厅（委、局）审核并实地核查后，符合本办法要求的，向科技部提出变更建议；不符合本办法要求的，向科技部提出取消资格建议。

第十六条　在申报过程中存在弄虚作假行为的，取消其国家级科技企业孵化器评审资格，2年内不得再次申报；在评审过程中存在徇私舞弊、有违公平公正等行为的，按照有关规定追究相应责任。

第四章　促进与发展

第十七条　孵化器应加强服务能力建设，利用互联网、大数据、人工智能等新技术，提升服务效率。有条件的孵化器应形成“众创—孵化—加速”机制，提供全周期创业服务，营造科技创新创业生态。

第十八条　孵化器应加强从业人员培训，打造专业化创业导师队伍，为在孵企业提供精准化、高质量的创业服务，不断拓宽就业渠道，推动留学人员、科研人员及大学生创业就业。

第十九条　孵化器应提高市场化运营能力，鼓励企业化运作，构建可持续发展的运营模式，提升自身品牌影响力。

第二十条　孵化器应积极融入全球创新创业网络，开展国际技术转移、离岸孵化等业务，引进海外优质项目、技术成果和人才等资源，帮助创业者对接海外市场。

第二十一条　各级地方政府和科技部门、国家自主创新示范区、国家高新技术产业开发区管理机构及其相关部门应在孵化器发展规划、用地、财政等方面提供政策支持。

第二十二条　各地区应结合区域优势和现实需求引导孵化器向专业化方向发展，支持有条件的龙头企业、高校、科研院所、新型研发机构、投资机构等主体建设专业孵化器，促进创新创业资源的开放共享，促进大中小企业融通发展。

第二十三条　各地区应发挥协会、联盟等行业组织的作用，促进区域孵化器之间的经验交流和资源共享。

第五章　附　则

第二十四条　省级科技厅（委、局）可参照本办法制定本地区孵化器管理办法。

第二十五条　本办法由科技部负责解释，自2019年1月1日起实施。《科技企业孵化器认定和管理办法》（国科发高〔2010〕680号）同时废止。

科技部办公厅关于加快推动国家科技成果转移转化示范区建设发展的通知

（国科办区〔2020〕50号）

各省、自治区、直辖市及计划单列市科技厅（委、局），新疆生产建设兵团科技局，各相关管理单位：

国家科技成果转移转化示范区（以下简称“示范区”）是实施创新驱动发展战略的重要载体，是创新科技成果转移转化机制的试验田，是促进科技与经济社会融合发展的先行区。按照国家技术转移体系建设的任务要求，科技部已批复建设江苏苏南、四川成德绵等9家示范区，为探索科技成果转化机制和推进全面创新发展提供了经验和示范。

为深入贯彻党中央、国务院关于创新促进科技成果转化机制的部署要求，积极开展科技成果转化先行先试，优化创新创业生态，打通产学研相结合的创新链、产业链和价值链，充分发挥示范区示范带动作用，统筹推进科技支撑“六稳”工作和“六保”任务，以科技成果转化引领示范区高质量发展，现就有关事项通知如下。

一、以服务科技型企业为重点，发挥支撑复工复产示范带动作用。示范区要全面落实科技支撑复工复产和经济平稳运行的若干措施。以实施“百城百园”行动为抓手，加快项目建设，扶持科技型企业发展，以创新创业带动就业。加强协调组织，通过成果转化助力示范区成为新基建、新技术、新材料、新装备、新产品、新业态的主阵地，培育一批科技成果转化示范企业。实施科技人员服务企业专项行动，推动科技特派员、科技专家服务团等参与企业科技成果转化，积极开展技术转让、技术许可、技术开发、技术咨询和技术服务等活动。

二、以创新促进科技成果转化机制模式为重点，进一步加大先行先试力度。示范区要坚持以供给侧结构性改革为主线，发挥企业主体和政府统筹作用，进一步创新科技成果转化机制，促进技术、资金、应用、市场等对接，着力推进以需求为导向的市场化科技成果转化机制先行先试。鼓励有条件的示范区开展赋予科研人员职务科技成果所有权或长期使用权试点。健全以转化应用为导向的科技成果评价机制。规范简化科技成果转化审批程序，完善科技成果转化容错纠错机制，实行审慎包容监管。探索知识产权证券化，有序建设知识产权和科技成果产权交易中心，完善科技成果转化公开交易与监管机制。

三、以强化科技成果转化全链条服务为重点，提高成果转化专业化服务能力。示范区要加强综合性科技创新公共服务平台建设，着力提升科技成果、产业服务、科技金融、市场应用等公共科技服务能力。建立绩效奖励机制，支持各类技术转移机构发展。在高等学校中开展国家技术转移中心建设试点，培育和发展一批特色明显、服务能力突出的专业化技术转移机构，支持社会化技术转移机构为高等学校、科研院所和科技企业提供服务。建设职业化技术转移人才培养基地，将技术转移人才纳入相关人才计划，推动建立技术转移职业技能等级制度。

*四、以示范区主导产业为重点，加快推进重大科技成果转化应用。*示范区要聚焦高新区、农高区等科技园区主导产业，加快培育新兴产业和创新型产业集群，定期发布技术需求清单和新技术应用场景清单，建立以企业为主体的科技成果转化中试熟化基地，加强产学研协同技术攻关与成果转化应用。支持承担国家科技计划项目的企业，在示范区开展成果落地转化。依托先进技术成果信息共享服务平台，委托第三方建立示范区“定制化”技术成果供给清单。针对医疗卫生、生态环保、公共安全、乡村振兴等重大民生需求，示范区积极组织开展形式多样的科技成果进基层、进园区、进乡村等活动，推动科技成果惠及民生。

*五、以集聚创新资源为重点，促进技术要素的市场化配置。*示范区要重视和积极发展技术要素市场，建立健全技术交易规则、服务标准规范和从业信用体系，完善科技成果常态化路演机制。高水平建设国际技术转移中心，发展技术贸易，促进技术进口来源多元化，扩大技术进出口。推动科技创新券对科技型中小微企业和创新创业人员全覆盖，推动跨区域互通互认。积极探索综合运用后补助、引导基金、风险补偿、科技保险、贷款贴息等方式支持成果转化。鼓励示范区组织发行高新技术企业集合债券，支持商业银行与示范区共建科技支行等特色专营机构，开展高新技术企业上市培育行动，推动企业进入科创板、创业板等多层次资本市场融资。

*六、以完善工作推进体系为重点，提升示范区治理水平。*示范区要落实《国家科技成果转移转化示范区建设指引》相关要求，健全示范区多部门协调联动机制，明确建设主体，健全人员、资金、政策等支撑保障。鼓励示范区健全政策先行机制和专家咨询指导机制，建立常态化自评价体系，完善科技成果转化考核机制。鼓励示范区建立与国家区域战略的对接机制，推动示范区间的交流协作，促进合作共赢。

*七、以优化布局和绩效评价为重点，加快推进示范区高质量发展。*科技部按照区域创新战略布局，进一步完善示范区建设标准要求和评估遴选程序，建立高层次专家咨询制度，推动现有示范区优化升级，未来五年再布局建设一批创新引领、特色鲜明的示范区。建立示范区监测评价机制，加强周期性绩效考核，根据评价结果给予激励和创建示范表扬。建立示范区发展报告制度，定期总结示范区科技成果转化典型经验和好的做法，形成案例集，加强宣传和推广。

各级科技部门要加强管理服务与指导，及时掌握本地区示范区的建设发展情况，研究解决执行中出现的问题，有力推进政策落实落地。

科技部办公厅
2020年6月4日

科技部 财政部印发《关于推进国家技术创新中心建设的总体方案（暂行）》的通知

（国科发区〔2020〕93号）

各省、自治区、直辖市及计划单列市科技厅（委、局）、财政厅（局），新疆生产建设兵团科技局、财政局：

为深入贯彻落实习近平总书记关于推动国家技术创新中心建设的重要讲话精神，加强国家技术创新中心建设布局的顶层设计，有序指导推进国家技术创新中心建设工作，科技部、财政部联合制定了《关于推进国家技术创新中心建设的总体方案（暂行）》。现印发给你们，请结合各自实际推进实施。

科技部 财政部

2020年4月8日

关于推进国家技术创新中心建设的总体方案（暂行）

为深入贯彻落实习近平总书记关于推动国家技术创新中心建设的重要讲话精神，深化科技供给侧结构性改革，提升我国重点区域和关键领域技术创新能力，支撑高质量发展，现就推进国家技术创新中心（以下简称创新中心）建设制定本方案。

一、总体要求

（一）指导思想。

以习近平新时代中国特色社会主义思想为指导，深入实施创新驱动发展战略，认真贯彻落实党中央关于强化战略科技力量建设和“补短板、建优势、强能力”重大决策部署，健全以企业为主体、产学研深度融合的技术创新体系，完善促进科技成果转化与产业化的体制机制，为现代化经济体系建设提供强有力的支撑和保障。

（二）基本原则。

——需求导向，聚焦关键。面向国家重大区域战略、影响国家产业发展的重点领域技术创新需求，加强顶层设计和主动引导，形成技术创新持续供给能力。

——科学定位，分类指导。围绕国家创新体系建设总体布局，形成国家技术创新中心、国家产业创新中心、国家制造业创新中心等分工明确，与国家实验室、国家重点实验室有机衔接、相互支撑的总体布局。

——优化整合，开放共享。加强跨区

域、跨领域创新力量优化整合，统筹项目、基地、人才等创新资源布局，激活存量资源，促进创新资源面向产业和企业开放共享。

——深化改革，协同创新。强化技术创新与体制机制创新相结合，优化成果转化、人才激励等政策措施，构建风险共担、收益共享、多元主体的协同创新共同体。

（三）发展目标。

到2025年，布局建设若干国家技术创新中心，突破制约我国产业安全的关键技术瓶颈，培育壮大一批具有核心创新能力的一流企业，催生若干以技术创新为引领、经济附加值高、带动作用强的重要产业，形成若干具有广泛辐射带动作用的区域创新高地，为构建现代化产业体系、实现高质量发展、加快建设创新型国家与世界科技强国提供强有力支撑。

二、功能定位

国家技术创新中心定位于实现从科学到技术的转化，促进重大基础研究成果产业化。中心以关键技术研发为核心使命，产学研协同推动科技成果转移转化与产业化，为区域和产业发展提供源头技术供给，为科技型中小企业孵化、培育和发展提供创新服务，为支撑产业向中高端迈进、实现高质量发展发挥战略引领作用。

国家技术创新中心既要靠近创新源头，充分依托高校、科研院所的优势学科和科研资源，加强科技成果辐射供给和源头支撑；又要靠近市场需求，紧密对接企业和产业，提供全方位、多元化的技术创新服务和系统化解决方案，切实解决企业和产业的实际技术难题。

国家技术创新中心不直接从事市场化的产品生产和销售，不与高校争学术之名、不与企业争产品之利。中心将研发作为产业、将技术作为产品，致力于源头技术创新、实验室成果中试熟化、应用技术开发升值，为中小企业群体提供技术支撑与科技服务，孵化衍生科技型企业，引领带动重点产业和区域实现创新发展。

三、建设布局

根据功能定位、建设目标、重点任务等不同，国家技术创新中心分为综合类和领域类等两个类别进行布局建设，坚持“少而精”原则，严格遴选标准，控制新建规模。

（一）综合类。

围绕落实国家重大区域发展战略和推动重点区域创新发展，聚焦京津冀协同发展、长三角一体化发展、粤港澳大湾区建设等区域发展战略，布局建设综合类国家技术创新中心，把国家战略部署与区域产业企业创新需求有机结合起来，开展跨区域、跨领域、跨学科协同创新与开放合作，促进创新要素流动、创新链条融通，为提升区域整体发展能力和协同创新能力提供综合性、引领性支撑。

创新中心由相关地方政府（省、自治区、直辖市）牵头或多地方联动共同建设，发挥有关地区和部门比较优势，统筹布局、汇聚资源，指导推动有优势、有条件的科研力量参与建设。

创新中心采取“中心（本部）+若干专业化创新研发机构”的组织架构，形成大协作、网络化的技术创新平台。中心（本部）是创新中心的总体运营管理机构，原则上应为独立法人实体，主要负责创新中心的战略规划、制度建设、研究领域布局、运行管理、内部资源配置等相关职责。专业化创新研发机构主要结合区域内各地方的产业发展需求和优势科研力量分布进行统筹布局，主要依托高校院所的优势科研力量或新型研发机构等组建。专业化创新研发机构的布局可以根据国家战略部署与区域重大需求变化进行动态调整，符合条件的可以优先组建为领域类国家技术创新中心。

（二）领域类。

面向国家长远发展、影响产业安全、参与全球竞争的细分关键技术领域，布局建设领域类国家技术创新中心，落实国家科技创新重大战略任务部署，加强关键核心技术攻关，为行业内企业特别是科技型中小企业提供技术创新与成果转化服务，提升我国重点产业领域创新能力与核心竞争力。

主要由地方政府或有关部门集聚整合相关科研力量和创新资源，依托科研优势突出的高校院所、骨干企业等建设。

支持符合相关定位和条件的国家工程技术研究中心转建国家技术创新中心。支持符合条件的地方技术创新中心、工程技术研究中心、新型研发机构等培育建设国家技术创新中心。优先在国家自主创新示范区、国家高新区、国家农业高新技术产业示范区、国家可持续发展议程创新示范区等布局建设国家技术创新中心。

四、体制机制

（一）实行科学有效的法人模式。

创新中心原则上应为独立法人实体，“既不养人、也不养事”，针对不同领域竞争态势和创新规律，采取“一事一议”方式，探索不同类型的组建模式。创新中心依照章程管理，实行理事会（董事会）决策制、中心主任（总经理）负责制、专家委员会咨询制，明晰企业、高校、科研院所和政府等主体的权利和义务。探索通过“一所（校）两制”等多种方式构建“科研与市场”协同衔接的运行机制。创新中心及所办企业中，属于党政机关和事业单位所办企业的，应按照有关要求，纳入经营性国有资产集中统一监管体系。

（二）加强产学研协同创新。

创新中心以技术、人才、资本等创新要素为纽带，通过共同出资、合作研发、平台共建、技术入股、兼职创业等不同途径和方式，统筹产学研创新资源。探索组织跨学科、跨主体合作的协同攻关模式，构建应用基础研究、工程研发、技术推广相结合的人才队伍结构。

（三）强化收益分配激励。

全面落实科技成果转化奖励、股权分红激励等政策措施，建立市场化的绩效评价与收入分配激励机制。鼓励成立由科研团队持股的轻资产、混合所有制公司，支持高校院所科研人员带着创新成果兼职创新创业，成果转化收益主要用于科研投入与团队奖励。

（四）开展市场化技术创新服务。

创新中心通过与企业建立联合实验室、开展合同研发等方式，为企业提供按需定制的技术创新服务和整体解决方案。创新中心各类创新资源按规定面向企业特别是科技型中小企业开放共享。共建单位通过合同约定方式共享知识产权。

（五）面向全球吸引凝聚创新人才。

创新中心以市场化手段开展人才选拔与聘任，与国内外高校、院所和企业开展广泛的人才合作，探索柔性引才引智机制。通过设立海外研究机构、建设战略合作关系、探索项目经理制等方式面向全球选聘优秀技术创新人才和成果转化人才。

（六）构建多元化资金投入机制。

创新中心采取会员制、股份制、协议制、创投基金等方式，吸引企业、金融与社会资本等共同投入建设。收入主要来源于市场机制，包括竞争性课题、市场化服务收入等。中央财政通过后补助的方式，对创新中心予以适当支持。鼓励有条件的地方财政加强对创新中心建设的支持。

五、保障措施

（一）加强统筹协调。

完善相关部门工作协同机制，围绕建设布局加强顶层设计与统筹衔接。组建专家咨询组，加强创新中心战略决策支撑。建立中央与地方联动机制，实行跨区域协同工作机制，及时协调解决中心建设中的重大问题。

（二）发挥政府引导和服务作用。

坚持政府引导、市场化运作机制，承接创新中心建设的地方政府加大服务力度，从政策、配套设施等多方面给予必要的支持。国家科技计划为创新中心开放申报渠道，国家科技成果转化引导基金在有条件的创新中心按程序设立子基金。

（三）落实和完善科技创新政策。

创新中心应落实好科技成果转化奖励、科研自主权、科技资源开放共享等政策措施，以及中央、地方支持企业、高校、科研院所、新型研发机构等各类创新主体的优惠政策，按有关政策规定享受研发费用加计扣除、高新技术企业税收优惠等税收优惠政策。

（四）开展绩效评价。

强化绩效评价，建立科学的评价指标体系，健全有进有出的动态调整机制。委托第三方机构开展中心运行绩效评估，以创新能力、服务绩效为评价重点，以有关客观数据和材料为主要评价依据。评估结果作为给予后补助支持的重要参考。

科技部 财政部印发《国家技术创新中心建设运行管理办法（暂行）》的通知

（国科发区〔2021〕17号）

各省、自治区、直辖市及计划单列市科技厅（委、局）、财政厅（局），新疆生产建设兵团科技局、财政局，国务院有关部门科技主管司局：

为深入贯彻落实习近平总书记关于推动国家技术创新中心建设的重要指示精神，规范国家技术创新中心建设和运行，科技部、财政部联合制定了《国家技术创新中心建设运行管理办法（暂行）》。现印发给你们，请结合各自实际推进实施。

科技部　财政部

2021年2月10日

国家技术创新中心建设运行管理办法（暂行）

第一章　总　则

第一条　为贯彻党的十九大关于“建立以企业为主体、市场为导向、产学研深度融合的技术创新体系”的战略部署，落实科技部、财政部《关于推进国家技术创新中心建设的总体方案（暂行）》，规范国家技术创新中心的建设和运行，制定本办法。

第二条　国家技术创新中心（以下简称创新中心）定位于实现从科学到技术的转化，促进重大基础研究成果产业化。创新中心以关键技术研发为核心使命，产学研协同推动科技成果转移转化与产业化，为区域和产业发展提供源头技术供给，为科技型中小企业孵化、培育和发展提供创新服务，为支撑产业向中高端迈进、实现高质量发展发挥战略引领作用。

第三条　创新中心分为综合类和领域类。

1. 综合类创新中心围绕落实国家重大区域发展战略和推动重点区域创新发展，开展跨区域、跨领域、跨学科协同创新与开放合作，成为国家技术创新体系的战略节点、高质量发展重大动力源，形成支撑创新型国家建设、提升国家创新能力和核心竞争力的重要增长极。

2. 领域类创新中心围绕落实国家科技创新重大战略任务部署，开展关键技术攻关，为行业内企业特别是科技型中小企业提供技术创新与成果转化服务，提升我国重点产业领域创新能力与核心竞争力。

第四条 创新中心的建设遵循聚焦关键、分类指导、开放共享、协同创新的原则。创新中心应为独立法人实体，针对不同领域竞争态势和创新规律，探索不同类型的组建模式。

第五条 创新中心应全面加强党的建设。根据《中国共产党章程》规定，设立党的组织，强化政治引领，切实保证党的领导贯彻落实到位。

第二章 管理职责

第六条 科技部负责创新中心规划布局和宏观管理，主要职责是：

1. 制定创新中心建设总体布局和管理制度。

2. 批准创新中心的建设、撤销及名称、注册地变更等重大事项。优先支持符合条件的国家工程技术研究中心转建国家技术创新中心。

3. 组织开展创新中心建设运行情况年度报告和绩效评估，并根据评估结果进行动态调整。

4. 支持创新中心承担国家重大科研任务，推动项目、基地、人才一体化部署实施。

第七条 财政部根据创新驱动发展和区域科技创新需求，结合绩效评估结果安排创新中心后补助经费，根据工作需要，对政策实施情况开展绩效评价。

第八条 国务院有关部门和各省（自治区、直辖市、计划单列市、新疆生产建设兵团，以下简称地方政府）科技管理部门负责创新中心的培育、推荐和监督管理，主要职责是：

1. 落实国家有关创新中心建设的规划和政策。

2. 结合国家重大战略、重大工程以及经济社会发展的重要领域，组织开展创新中心的培育和推荐工作。

3. 对创新中心的建设运行进行监督管理，对创新中心研发方向、发展目标、组织结构等重大调整提出意见建议。

4. 保障创新中心建设运行所需条件，对创新中心给予政策、土地和经费等支持，积极引导社会资本共同支持创新中心建设。

5. 协助组织本部门、本地区推荐的创新中心开展年度报告和绩效评估。

第九条 科技部委托相关专业化机构负责创新中心日常管理与服务等相关支撑工作。

第十条 创新中心负责本中心的建设和运行，主要职责是：

1. 建立健全创新中心内部管理制度，制定创新中心章程，履行法人主体责任。

2. 构建科学合理的科技创新人才队伍，吸引集聚国际化、专业化、高层次创新人才，充分调动各类人员的积极性。

3. 多元化筹措建设运行经费，按规定管理和使用经费。

4. 按要求开展建设运行年度报告，配合做好绩效评估。

5. 承担落实科研作风学风和科研诚信的主体责任。

6. 将创新中心重大事项变更书面报科技部批准。

第三章 组建程序和条件

第十一条 科技部会同相关部门和地

方政府根据国家重大区域发展战略部署以及关键领域技术创新需求，对创新中心建设进行统筹布局，坚持“少而精”原则，有序组织开展创新中心建设。

第十二条 综合类创新中心按照自上而下、一事一议的方式进行统筹布局建设。

第十三条 组建综合类创新中心应具备以下基本条件：

1. 建设布局符合京津冀协同发展、长三角一体化发展、粤港澳大湾区建设等国家重大区域发展战略和重点区域创新发展规划。

2. 建设主体由相关地方政府牵头或多地方联动共同建设，发挥有关地区和部门比较优势，指导推动有优势、有条件的科研力量参与建设。

3. 国务院有关部门、地方政府对创新中心建设给予支持，集聚整合相关优势高校、科研院所、企业、新型研发机构等源头创新力量，成为创新中心的重要研究实体。

4. 技术领域聚焦区域重大需求或参与国际竞争的领域，凝练若干战略性技术领域作为重点方向，明确技术创新的重点目标和主攻方向。

5. 组织架构一般采取“中心（本部）+若干专业化创新研发机构”的模式，明确区域空间布局，形成大协作、网络化的技术创新平台。

第十四条 国务院有关部门和地方政府科技管理部门按照领域类创新中心总体布局，结合本部门、本地区资源优势和技术创新需求，开展领域类创新中心的培育和推荐。

第十五条 组建领域类创新中心应具备以下基本条件：

1. 建设布局与党中央、国务院重大战略、重大任务、重大工程部署紧密结合，聚焦事关国家长远发展、影响产业安全、参与全球竞争的关键技术领域，符合全球产业与技术创新发展趋势。

2. 建设主体单位在该领域的科技创新优势突出、代表性强，改革创新积极性高。建设力量集聚整合该领域内全国科研优势突出的高校、科研院所、骨干企业等，形成分工明确、有紧密利益捆绑的协同合作关系，共同开展协同攻关与成果转化。

3. 牵头地方在该领域具有突出的科教优势、产业基础、市场需求等，符合国家在重点区域规划的重点科技和产业领域布局。

4. 技术目标围绕产业链梳理“卡脖子”技术和“长板”技术，凝练提出明确的技术创新目标和攻关任务，突出需要解决的行业重大关键技术问题，细化建设任务的短期、中期和长期目标。

5. 人才团队集聚本领域知名的技术带头人，形成稳定的全职全时核心技术团队、专业化的技术支撑服务团队以及成果转化应用团队，聘用具有丰富科研和管理经验的高层次复合型人才作为中心运营管理主要负责人。

第十六条 领域类创新中心按照以下程序组建：

1. 科技部围绕贯彻落实党中央、国务院重大决策部署，按年度提出优先布局的领域安排。

2. 建设主体单位结合自身优势和具体情况，向国务院有关部门或地方政府科技管理部门提出建设意向申请。

3. 国务院有关部门、地方政府在统筹平衡的基础上，开展创新中心培育，将符合条件的创新中心推荐给科技部。培育期间应完成组织编制创新中心建设运行方案，做好筹建理事会（董事会）、实施法人实体化运行等前期准备工作。

4. 科技部对符合组建条件的创新中心组织开展专家咨询论证，并按照择优、择重、择需的原则开展建设，成熟一个、启动一个。

第四章　运行管理

第十七条　创新中心实行理事会（董事会）决策制。理事会（董事会）由参与创新中心建设的法人单位和相关政府部门等方面的代表组成。主要任务如下：

1. 制定创新中心章程。

2. 聘任创新中心主任。

3. 聘任专家委员会委员。

4. 确定年度工作计划，并对建设运行中的重大问题进行决策。

5. 制定建设运行方案。方案一般以三年为建设运行周期，应明确发展目标、重点任务、管理运行机制、保障措施、工作进度、考核指标等内容。

第十八条　创新中心实行中心主任（总经理）负责制。创新中心主任（总经理）应是创新中心的全职工作人员。

第十九条　创新中心实行专家委员会咨询制。专家委员会负责审议创新中心的发展目标、重点技术创新任务等，并对相关重大事项提出意见建议。

第二十条　创新中心实行固定与流动相结合的人员聘用制度，应通过市场化机制加强人才的选拔与聘任。

第二十一条　创新中心应全面落实科技成果转化奖励、股权分红激励等政策措施，建立市场化的绩效评价与收入分配激励机制。

第二十二条　创新中心应充分依托高校、科研院所的优势学科和科研资源，协同开展关键共性技术攻关、成果转移转化和技术创新服务。

第二十三条　构建政府引导、市场化运作的良性机制，国务院有关部门或地方政府支持创新中心建设，引导创新中心通过竞争性课题、市场化服务收入等方式扩展资金来源渠道。

第二十四条　创新中心应加强知识产权保护和运用，科研人员取得的职务发明成果均应标注创新中心名称。

第二十五条　创新中心实行年度报告制度，经所属国务院有关部门或地方政府科技管理部门审核后报科技部备案。年度报告主要内容包括创新中心本年度推动建设任务的实施进展、存在的问题以及下一步工作考虑，并附有必要的建设运行客观数据。

第二十六条　创新中心运行期间需变更名称、注册地或其他重大事项的，应提出书面申请，经所属国务院有关部门或地方政府科技管理部门审核后报科技部批准。

第五章　绩效评估

第二十七条　科技部组织创新中心开展绩效评估，委托第三方机构实施。

第二十八条　绩效评估主要内容包括承担国家重大战略科技任务、实施关键技术攻关、引领行业技术进步、面向社会提供技术创新服务、培育孵化科技型企业等方面的情况，以客观数据为主要评估依据。

第二十九条 绩效评估一般以三年为一个周期，评估结果分为优秀、良好和较差三类。绩效评估结果是后补助经费安排以及动态调整的重要依据。

第三十条 科技部根据绩效评估结果对创新中心实行动态管理。评估结果优秀和良好的创新中心可进入下一轮建设运行周期，评估结果较差的创新中心应限期整改。不参加评估或中途退出评估、整改检查未通过的不再列入创新中心序列。

第三十一条 绩效评估过程中，参与各方不得弄虚作假，不得以任何方式影响评估。发现弄虚作假、违反科研诚信情况的按有关规定处理。

第六章 附 则

第三十二条 综合类创新中心命名为“××国家技术创新中心”，英文名称为“×× National Center of Technology Innovation”；领域类创新中心命名为“国家××技术创新中心”，英文名称为“National Center of Technology Innovation for ××”。

第三十三条 本办法由科技部、财政部负责解释。

第三十四条 本办法自发布之日起施行。

2. 科技创新中心及新型研发机构

国务院关于印发上海系统推进全面创新改革试验加快建设具有全球影响力科技创新中心方案的通知

（国发〔2016〕23号）

各省、自治区、直辖市人民政府，国务院各部委、各直属机构：

国务院批准《上海系统推进全面创新改革试验加快建设具有全球影响力的科技创新中心方案》，现予印发。

一、依托上海市开展全面创新改革试验，是贯彻落实党中央、国务院重大决策，推进全面深化改革，破解制约创新驱动发展瓶颈的重要举措，对促进上海进一步解放思想、大胆探索实践、实现重点突破、发挥改革创新示范作用，带动具有重要意义。

二、上海市系统推进全面创新改革试验，要围绕率先实现创新驱动发展转型，以推动科技创新为核心，以破除体制机制障碍为主攻方向，加快向具有全球影响力的科技创新中心进军。

三、国家发展改革委和科技部要加强统筹，指导并及时协调解决改革试验中出现的新情况、新问题，组织开展试点经验和成效的总结评估，尽快推广一批有力度、有特色、有影响的重大改革举措。相关部门要主动作为，加强与上海市的衔接和协调，使本领域的重大改革举措真正落实落地。

四、本方案实施中的重大问题，以及需要由全国人民代表大会常务委员会授权、相应调整有关行政法规和国务院文件部分规定的事项，上海市人民政府要及时向国务院请示报告，按程序报批。有关重大工程、重大项目、重点产业等部署要与相关部门沟通协调，协同推进。

国务院

2016年4月12日

上海系统推进全面创新改革试验加快建设具有全球影响力的科技创新中心方案

为深入贯彻党的十八大和十八届三中、四中、五中全会精神，全面落实《中共中央　国务院关于深化体制机制改革加快实施创新驱动发展战略的若干意见》和

《国家创新驱动发展战略纲要》的要求，支持上海系统推进全面创新改革试验，加快向具有全球影响力的科技创新中心进军，制订本方案。

一、指导思想

按照党中央、国务院决策部署，紧紧抓住全球新一轮科技革命和产业变革带来的重大机遇，当好改革开放排头兵、创新发展先行者，坚持问题导向、企业主体、以人为本、开放合作的原则，以实现创新驱动发展转型为目标，以推动科技创新为核心，以破除体制机制障碍为主攻方向，以长江经济带发展战略为纽带，在国际和国内创新资源、创新链和产业链、中国（上海）自由贸易试验区和上海张江国家自主创新示范区制度改革创新三个方面加强统筹结合，突出改革重点，采取新模式，系统推进全面创新改革试验，充分激发全社会创新活力和动力，把大众创业、万众创新不断引向深入，把“互联网 +”、“+ 互联网”植入更广领域，把科技人员与普通群众、企业与科研院所、大中小微企业、线上线下的创业创新活动有机结合起来，推动科技创新与经济社会发展深度融合，加快向具有全球影响力的科技创新中心进军，率先转变经济发展方式，推进供给侧结构性改革，发展新经济、培育新动能、改造提升传统动能，推动形成增长新亮点、发展新优势。

二、总体目标

力争通过 3 年系统推进全面创新改革试验，基本构建推进全面创新改革的长效机制，在科技金融创新、人才引进、科技成果转化、知识产权、国资国企、开放创新等方面，取得一批重大创新改革成果，形成一批可复制可推广的创新改革经验，破解科技成果产业化机制不顺畅、投融资体制不完善、收益分配和激励机制不合理、创新人才制度不健全等瓶颈问题，持续释放改革红利；推动经济增长动力加快由要素驱动向创新驱动转换，在综合性国家科学中心建设、若干国家亟需的基础科研和关键核心技术领域取得突破，科技创新投入进一步增强，研究与试验发展（R&D）经费支出占全市地区生产总值比例超过 3.7%；产业结构进一步优化，战略性新兴产业增加值占全市地区生产总值的比重提高到 18% 左右；张江国家自主创新示范区进入国际先进高科技园区行列。

通过滚动实施全面创新改革试验，2020 年前，形成具有全球影响力的科技创新中心的基本框架体系；R&D 经费支出占全市地区生产总值比例超过 3.8%；战略性新兴产业增加值占全市地区生产总值的比重提高到 20% 左右；基本形成适应创新驱动发展要求的制度环境，基本形成科技创新支撑体系，基本形成大众创业、万众创新的发展格局，基本形成科技创新中心城市的经济辐射力，带动长三角区域、长江经济带创新发展，为我国进入创新型国家行列提供有力支撑。

到 2030 年，着力形成具有全球影响力的科技创新中心的核心功能，在服务国家参与全球经济科技合作与竞争中发挥枢纽作用，为我国经济提质增效升级作出更大贡献，创新驱动发展走在全国前头、走到世界前列。

最终要全面建成具有全球影响力的科技创新中心，成为与我国经济科技实力和综合国力相匹配的全球创新城市，为实现“两个一百年”奋斗目标和中华民族伟大复兴的中国梦，提供科技创新的强劲动力，打造创新发展的重要引擎。

三、主要任务

重点建设一个大科学设施相对集中、科研环境自由开放、运行机制灵活有效的综合性国家科学中心，打造若干面向行业关键共性技术、促进成果转化的研发和转化平台，实施一批能填补国内空白、解决国家“卡脖子”瓶颈的重大战略项目和基础工程，营造激发全社会创新创业活力和动力的环境，形成大众创业、万众创新的局面。

（一）建设上海张江综合性国家科学中心。

国家科学中心是国家创新体系的基础平台。建设上海张江综合性国家科学中心，有助于提升我国基础研究水平，强化源头创新能力，攻克一批关键核心技术，增强国际科技竞争话语权。

1. 打造高度集聚的重大科技基础设施群。

依托张江地区已形成的大科学设施基础，加快上海光源线站工程、蛋白质科学设施、软X射线自由电子激光、转化医学等大设施建设；瞄准世界科技发展趋势，根据国家战略需要和布局，积极争取超强超短激光、活细胞成像平台、海底长期观测网、国家聚变能源装置等新一批大设施落户上海，打造高度集聚的重大科技基础设施集群。

2. 建设有国际影响力的大学和科研机构。

依托复旦大学张江校区、上海交通大学张江校区，重点推动复旦大学建设微纳电子、新药创制等国际联合研究中心，重点推动上海交通大学建设前沿物理、代谢与发育科学等国际前沿科学中心。推动同济大学建设海洋科学研究中心、中美合作干细胞医学研究中心。发挥上海科技大学的体制机制优势，加快物质、生命、信息等领域特色研究机构建设，开展系统材料工程、定制量子材料、干细胞与再生医学、新药发现、抗体药物等特色创新研究，建设科研、教育、创业深度融合的高水平、国际化创新型大学。发挥中科院在沪科研机构的科研力量，推动中科院按规定建设微小卫星创新研究院、先进核能创新研究院、脑科学卓越创新中心等机构。大力吸引海内外顶尖实验室、研究所、高校、跨国公司来沪设立全球领先的科学实验室和研发中心。着力增强上海地区高校和科研机构服务和辐射全国的能力，并进一步发挥国际影响力。

3. 开展多学科交叉前沿研究。

聚焦生命、材料、环境、能源、物质等基础科学领域，由国家科学中心在国家支持和预研究基础上，发起多学科交叉前沿研究计划，开展重大基础科学研究、科学家自由探索研究、重大科技基础设施关键技术研究，推动实现多学科交叉前沿领域重大原创性突破，为科技、产业持续发展提供源头创新支撑。

4. 探索建立国家科学中心运行管理新机制。

成立国家有关部委、上海市政府，以及高校、科研院所和企业等组成的上海张江综合性国家科学中心理事会，下设管理中心，探索实施科研组织新体制，研究设立全国性科学基金会，募集社会资金用于科学研究和技术开发活动。建立和完善重大科技基础设施建设协调推进机制和运行保障机制。建立符合科学规律、自由开放的科学研究制度环境。

（二）建设关键共性技术研发和转化平台。

共性技术平台是科技成果转化的重要环节。聚焦国家和上海市经济社会发展重大需求，在信息技术、生命科学、高端装备等领域先行布局一批开放式创新平台，通过政府支持、市场化运作，攻克关键共性技术，支撑战略性新兴产业实现跨越式发展。

1. 关键共性技术研发平台。

在信息技术领域，提升上海集成电路研发中心能级，打造我国技术最先进、辐射能力最强的世界级集成电路共性技术平台，为自主芯片制造提供技术支撑，为国产设备及材料提供验证环境；建设上海微技术工业研究院，形成全球化的微机电系统（MEMS）及先进传感器技术创新网络，发展特色工艺，突破传感器中枢、融合算法、微能源等共性技术，并在物联网领域探索应用模式创新；建设微电子示范学院和微纳电子混合集成技术研发中心，研究硅集成电路技术与非硅材料的融合，开发新型微纳电子材料和器件共性技术；发展数字电视国家工程研究中心，建成面向全球的数字电视标准制订和共性技术研发的未来媒体网络协同创新中心，探索向整机制造商收取合理费用、促进技术标准持续开发升级的市场化运作模式。推动大数据与社会治理深度融合，不断推进社会治理创新，提升维护公共安全、建设平安中国的能力水平。

在生命科学领域，发挥中科院上海药物研究所、中科院上海生命科学研究院、上海医药工业研究院、复旦大学、上海交通大学等单位的研发优势，建设创新药物综合研发平台，攻克治疗恶性肿瘤、心脑血管疾病、神经精神系统疾病、代谢性疾病、自身免疫性疾病等领域创新药物关键技术；促进上海转化医学研究中心、中科院上海生命科学研究院、国家肝癌科学中心、上海医药临床研究中心、上海市质子重离子医院等单位协作，建设精准医疗研发与示范应用平台。开展转化医学和精准医疗前沿基础研究，建立百万例级人群（跟踪）队列和生物信息数据库。

在高端装备领域，发挥中国航空研究院上海分院及相关工程研究中心等的技术优势，建立面向全国的燃气轮机与航空发动机研发平台，形成重型燃气轮机和民用航空发动机设计、关键系统部件研制、总装集成的能力；建设智能型新能源汽车协同创新中心，提升新能源汽车及动力系统国家工程实验室技术服务能级，打造磁浮交通、轨道交通等领域关键共性技术研发平台。突破智能汽车所需的定位导航、辅助驾驶、语音识别等共性技术，开发新能源汽车整车及动力系统集成与匹配、控制等关键技术；开展大型商用压水堆和第四代核电研发及工程设计研究，开发钍基熔盐堆材料、装备、部件等制造技术，以及仿真装置和实验装置工程设计技术。建设微小卫星创新平台。开展海上小型核能海水淡化和供电平台研究。加强机器人产品整机开发和关键零部件研制，提升机器人检测和评定服务水平，形成机器人整机和关键零部件设计、制造和检测服务能力。建设嵌入式控制系统开发服务平台，提升工业智能控制系统技术水平和开发效率。

在质量技术基础领域，加强以标准、计量、检验检测、认证为主要内容的质量技术基础平台建设，建设技术标准创新基地，推进相关国际标准组织分支机构、国家时间频率中心上海计量分支机构、质量发展相关智库等落地，全力构建具有国际水准的支撑保障体系。

2. 科技成果转化和产业化平台。

加快建设国家技术转移东部中心、上海市国际技术进出口促进中心等专业化、市场化技术转移机构，提升上海产业技术研究院、上海紫竹新兴产业技术研究院、中科院上海高等研究院、复旦大学张江研究院、上海交通大学先进产业技术研究院等的技术孵化能力，充分发挥在沪中央部委所属高校和上海市高校作用，推进高校和研究机构技术成果快速转移转化。加强军民融合创新平台建设，支持民用先进技术在国防科技工业领域的应用，推动军用技术成果向民用领域转化和产业化。

（三）实施引领产业发展的重大战略项目和基础工程。

在国家战略布局、上海自身有基础有望突破且能填补国内空白的领域，基于“成熟一项、启动一项”原则，充分发挥企业主体作用，以及科研院所、高校和企业结合的作用，实施一批上海市重大战略项目和基础工程，解决国家战略性新兴产业发展中的瓶颈问题。

在信息技术领域，开发中央处理器（CPU）、控制器、图像处理器等高端芯片设计技术。加快实现12英寸芯片制造先进工艺水平产品量产，开发集成电路装备和材料，建设国内首条8英寸MEMS及先进传感器研发线。打造面向第五代移动通信技术（5G）应用的物联网试验网。布局下一代新型显示技术，研制中小尺寸显示产品并实现量产。开发云计算关键技术，开发一批有国际影响力的大数据分析软件产品。

在生物医药领域，开发满足临床治疗需求的原创新药，实现若干个1.1类新药上市。以攻克严重危害人类健康的多发病、慢性病以及疑难重病为目标，开展致病机理和预防、诊断、治疗、康复等方面技术的联合攻关，在基因诊断和治疗、肿瘤定向治疗、细胞治疗、再生医疗、个性化药物等领域开展个性化精准治疗示范。开发医学影像诊疗、介入支架等重大医疗器械产品，实现关键核心技术重大突破，推动在国内广泛应用，进一步扩大在国际市场的份额。

在高端装备领域，完成窄体客机发动机验证机研制，开展宽体客机发动机关键技术研究；突破重型燃机关键技术，建设燃气轮机试验电站。突破干支线飞机、机载设备、航空标准件、航空材料等关键制造技术，实现ARJ21支线飞机成系列化发展，开展C919大型客机试飞验证工作。开展北斗高精度芯片/主板/天线/模块/软件/解决方案的开发，打造北斗卫星同步授时产业。建设高新船舶与深海开发装备协同创新中心，提升深远海海底资源（特别是油气资源）海洋工程装备的总包建造能力、产品自主研制能力和核心配套能力。

在新能源及智能型新能源汽车领域，加快开发推广智能变电站系统等智能电网设备，研制微型和小型系列化燃气轮机发电机组、储能电池智能模块和大容量储能系统。开发动力电池、电机、电控等核心零部件，研制高性能的新能源汽车整车控制系统产品。

在智能制造领域，开发具有国际先进

水平的工业机器人、服务机器人产品，逐步实现高精密减速机、高性能交流伺服电机、高速高性能控制器等核心零部件国产替代。开发三维（3D）打印相关材料和装备技术，推动其与重点制造行业对接应用。

同时，在量子通信、拟态安全、脑科学及人工智能、干细胞与再生医学、国际人类表型组、材料基因组、高端材料、深海科学等方向布局一批重大科学基础工程。

（四）推进建设张江国家自主创新示范区，加快形成大众创业、万众创新的局面。

充分发挥张江国家自主创新示范区与自贸试验区的“双自”联动优势，以制度创新和开放创新推动科技创新，打造若干创新要素集聚、创新特色鲜明、创新功能突出、适宜创新创业、具有较强辐射带动力的创新集聚区。实施“互联网+”行动计划，优化经济发展环境，营造公平参与的民营经济发展环境，推进对内对外开放合作，建设开放共享、融合创新的智慧城市，完善创新创业服务体系，打造开放便捷的众创空间，形成对全社会大众创业、万众创新的有力支撑。

实施“双创”示范基地三年行动计划，结合上海市创业创新优势，打造一批“双创”示范基地，完善创新服务，推动创新成果加快转化为现实生产力，以创新带动创业就业。鼓励发展面向大众、服务中小微企业的低成本、便利化、开放式服务平台，引导各类社会资源支持大众创业。加快发展“互联网+”创业网络体系，促进创业与创新、创业与就业、线上与线下相结合。

上海系统推进全面创新改革试验，加快建设具有全球影响力的科技创新中心，要聚焦关键核心技术领域，提升我国自主创新特别是原始创新能力，推动经济转型升级，解决经济发展中的“卡脖子”问题；要通过体制机制改革试验，破解制约创新驱动发展的瓶颈问题，激发科技创新内生动力，释放全社会创新创业活力，营造良好的制度政策环境，实现经济增长动力由要素驱动向创新驱动的转换。

四、改革措施

聚焦政府管理体制不适应创新发展需要、市场导向的科技成果产业化机制不顺畅、企业为主体的科技创新投融资体制不完善、国有企事业单位创新成果收益分配和激励机制不合理、集聚国际国内一流创新人才的制度不健全等问题，重点在政府创新管理、科技成果转移转化、收益分配和股权激励、市场化投入、人才引进、开放合作等方面作出新的制度安排，着力在创新体制机制上迈出大步子，打破不合理的束缚，推动以科技创新为核心的全面创新。

（一）建立符合创新规律的政府管理制度。

坚持市场导向，以互联网思维创新政府管理和服务模式，减少政府对企业创新活动的行政干预，改革政府创新投入管理方式，充分发挥市场配置资源的决定性作用，加强需求侧政策对创新的引导和支持，释放全社会创新活力和潜能。

1. 最大限度减少政府对企业创新创业活动的干预。

对应由市场作主的事项，政府做到少管、不管，最大限度取消企业资质类、项目类等审批审查事项，消除行政审批中部门互为前置的认可程序和条件。完善事中事后监管，以“管”促“放”，深化商事制度、“多规合一”等改革，进一步完善配套监管措施，探索建立符合创新规律的政府管理制度。根据新兴产业特点，完善企业行业归类规则和经营范围的管理方式。对国有企事业单位技术和管理人员参与国际创新合作交流活动，取消因公出境的批次、公示、时限等限制。

调整现有行业管理制度中不适应“互联网+”等新兴产业特点的市场准入要求，改进对与互联网融合的金融、医疗保健、教育培训等企业的监管，促进产业跨界融合发展。

主动探索药品审评审批管理制度改革，试点开展创新药物临床试验审批制度改革。试点推进药品上市许可和生产许可分离的创新药物上市许可持有人制度。

2. 改革政府扶持创新活动的机制。

改革以单向支持为主的政府专项资金支持方式。建立健全符合国际规则的支持采购创新产品和服务的政策体系，完善政府采购促进中小企业创新发展的相关措施，加大对创新产品和服务的采购力度，促进创新产品研发和规模化应用。完善相关管理办法，加强对创新产品研制企业和用户方的双向支持，加大支持力度，拓展支持范围，突破创新产品示范应用瓶颈。

3. 改革科研项目经费管理机制。

简化科研项目预算编制，改进科研项目结余资金管理，进一步落实科研项目预算调整审批权下放，适应创新活动资源配置特点；实施科研项目间接费用补偿机制，完善间接费用管理，项目承担单位可以结合一线科研人员实际贡献，公开公正安排绩效支出，充分体现科研人员价值。

完善对基础前沿类科技工作持续稳定的财政支持机制，为科学家静下来潜心研究和自由探索创造条件；对市场需求明确的技术创新活动，通过风险补偿、后补助、创投引导等方式发挥财政资金的杠杆作用，促进科技成果转移转化和资本化、产业化。

4. 建立财政科技投入统筹联动机制。

建立科技创新投入决策和协调机制，加强顶层设计和部门间沟通协调。转变政府科技管理职能，逐步实现依托专业机构管理科研项目，政府相关部门的主要职责是制定科技发展战略、规划、政策，做好评估和监管。建立公开统一的科技管理平台，统筹衔接基础研究、应用开发、成果转化、产业发展等各环节工作，优化科技计划（专项、基金等）布局，梳理整合和动态调整现有各类科技计划（专项、基金等）。

5. 建立上海科技创新评价机制。

在完善现有科技指标体系基础上，参考和借鉴国际、国内主要科技创新评价指标，建立和发布上海科技创新指数，从科技创新资源、科技创新环境、科技创新投入、科技创新产出、科技创新溢出与驱动等 5 个方面，综合评价上海科技创新总体发展情况。

6. 完善促进创新发展的地方性法规。

统筹促进科技创新的地方立法。制修订技术转移等地方性法规。制定促进张江国家自主创新示范区发展的政府规章。在对实施效果进行评估的基础上，及时清理、更新涉及创新的法规、规章和政策文件。对新制订政策是否制约创新进行审查。

（二）构建市场导向的科技成果转移转化机制。

建立科技成果转化、技术产权交易、

知识产权运用和保护协同的制度，确立企业、高校、科研机构在技术市场中的主体地位，强化市场在创新要素配置中的决定性作用。

1. 下放高校和科研院所科技成果的管理、使用和处置权。

由高校和科研院所自主实施科技成果转移转化，主管部门和财政部门不再审批或备案，成果转化收益全部留归单位，不再上缴国库；探索建立符合科技成果转化规律的市场定价机制，收益分配向发明人和转移转化人员倾斜，充分调动高校、科研院所及科技人员积极性。对于高校、科研院所由财政资金支持形成的、不涉及国家安全的科技成果，明确转化责任和时限，选择转化主体，实施转化。研究完善专利强制许可制度。

2. 改革高校和科研院所管理体制。

建立现代科研院所分类管理体制，推行章程式管理考核模式。探索理事会制度，推进取消行政级别。推进科研院所编制管理、人员聘用、职称评定等方面创新，探索建立科研事业单位领导人员管理制度。根据科研院所职能定位、特点、收支等情况，对从事基础研究、前沿技术研究和社会公益研究的科研院所，完善财政投入为主、引导社会参与的支持机制，并建立健全稳定支持和竞争性支持相协调的机制，扩大科研院所管理自主权和科研课题选择权，探索体现科研人员劳动价值的收入分配办法。探索建立上海科研院所联盟，统筹配置相关创新资源，组织科研院所开展协同创新。完善高校与企业开展技术开发、技术咨询、技术服务等横向合作项目经费管理制度，鼓励开展产学研合作。

3. 实行严格的知识产权保护制度。

强化权利人维权机制。建立知识产权侵权查处快速反应机制，完善知识产权行政管理和执法“三合一”机制。强化行政执法与司法衔接，加强知识产权综合行政执法。建立健全知识产权多元化纠纷解决机制。为企业“走出去”提供知识产权侵权预警、海外维权援助等服务。依托上海市公共信用信息服务平台，建立知识产权信用体系，强化对侵犯知识产权等失信行为的联动惩戒。

4. 建立知识产权资本化交易制度。

简化知识产权质押融资流程，拓展专利保险业务，建立知识产权评估规范。严格按照国家规定，探索开展知识产权证券化业务。

5. 探索新型产业技术研发机制。

培育新型产业技术研发组织，形成购买服务、后补助、奖励等财政投入与竞争性收入相协调的持续支持机制，采用产业技术创新联盟等市场化机制，探索建立专利导航产业创新发展工作机制，组织推进产学研一体化，在承担政府科技计划、人才引进等方面加大支持力度。

（三）实施激发市场创新动力的收益分配制度。

充分发挥利益导向作用，建立尊重知识、尊重创新、让创新主体获益的创新收益分配制度，完善创新业绩考核、长期激励和职务晋升制度，激发市场主体的创新动力。

1. 完善职务发明法定收益分配制度。

制定职务发明方面的政府规章，建立职务发明法定收益分配制度。支持国有企业按照国家有关法律法规，制定并实施科技成果收益分配具体实施办法，探索建立健全科技成果、知识产权归属和利益分享机制，鼓励国有企业与职务发明人（团队）事先协商，确定科技成果收益分配的方式、数额和比例，适度提高骨干团队和主要发明人的收益比例。

2. 完善股权激励制度。

鼓励符合条件的转制科研院所、高新技术企业和科技服务机构等按照国有科技型企业股权和分红激励相关规定，采取股权出售、股权奖励、股权期权、项目收益分红和岗位分红等多种方式开展股权和分红激励。

3. 完善创新导向的国企经营业绩考核制度。

突出创新驱动发展，完善国有企业经营业绩考核办法，建立鼓励创新、宽容失败的考核机制。在国有企业领导人员任期考核中加大科技创新指标权重。对竞争类企业，实施以创新体系建设和重点项目为主要内容的任期创新转型专项评价，评价结果与任期激励挂钩。落实创新投入视同于利润的鼓励政策，对主动承接国家和上海市重大专项、科技计划、战略性新兴产业领域产业化项目，收购创新资源和境外研发中心，服务业企业加快模式创新和业态转型所发生的相关费用，经认定可视同考核利润。

4. 创新国资创投管理机制。

允许符合条件的国有创投企业建立跟投机制，并按市场化方式确定考核目标及相应的薪酬水平。探索符合条件的国有创投企业在国有资产评估中使用估值报告，实行事后备案。

5. 实施管理、技术“双通道”的国企晋升制度。

改革国有企业技术人员主要依靠职务提升的单一晋升模式，拓宽技术条线晋升渠道，鼓励设立首席研究员、首席科学家等高级技术岗位，给予其与同级别管理岗位相一致的地位和薪酬待遇。

（四）健全企业为主体的创新投入制度。

建立有利于激发市场创新投入动力的制度环境，发挥金融财税政策对科技创新投入的放大作用，形成创业投资基金和天使投资人群集聚活跃、科技金融支撑有力、企业投入动力得到充分激发的创新投融资体系。

1. 强化多层次资本市场的支持作用。

支持科技创新企业通过发行公司债券融资，支持政府性担保机构为中小科技创新企业发债提供担保或者贴息支持。在上海股权托管交易中心设立科技创新专门板块，在符合国家规定的前提下，探索相关制度创新，为挂牌企业提供股权融资、股份转让、债券融资等创新服务。

2. 鼓励创业投资基金和天使投资人群发展。

对包括创业投资基金和天使投资人在内的上海市各类创业投资主体，上海市以不同方式给予有针对性的支持和引导，有效激发各类创业投资主体对处于种子期、初创期创业企业的投入。

3. 创新和健全科技型中小企业融资服务体系。

成立不以盈利为目的的市级信用担保基金，通过融资担保、再担保和股权投资等形式，与上海市现有政府性融资担保机构、商业性融资担保机构合作，为科技型中小企业提供信用增进服务；完善相关考核机制，不进行盈利性指标考核，并设置一定代偿损失容忍度；建立与银行的风险分担机制。

完善上海市科技企业和小型微型企业信贷风险补偿办法，优化补偿比例和门槛设定机制，继续扩大商业银行试点小微企业信贷产品的品种和范围；研究单列商业银行科技支行和科技金融事业部信贷奖励政策，按单户授信一定标准以下、信贷投向对象为科技型小微企业形成的年度信贷余额增量进行专项奖励。

鼓励保险机构通过投资创业投资基金、设立股权投资基金或与国内外基金管理公司合作等方式，服务科技创新企业发展。鼓励在沪保险公司积极推出符合科技创新企业需求的保险产品，针对科技创新企业在产品研发、生产、销售各环节以及数据安全、知识产权保护等方面提供保险保障方案。

（五）建立积极灵活的创新人才发展制度。

建设一支富有创新精神、勇于承担风险的创新型人才队伍，充分发挥市场在人才资源配置中的决定性作用，建立健全集聚人才、培养人才的体制机制，创造人尽其才、才尽其用的政策环境。

1. 打造具有国际竞争力的人才引进制度。

建立更加便捷、更有针对性、更具吸引力的海内外人才引进制度。开展海外人才永久居留、出入境等便利服务试点。健全国际医疗保险境内使用机制，扩大国际医疗保险定点结算医院范围。开展在沪外国留学生毕业后直接留沪就业试点。在稳定非沪籍高校毕业生直接留沪政策的基础上，进一步完善户籍和居住证积分制度，突出人才业绩、实际贡献、薪酬水平等市场评价标准，加大对企业创新创业人才的倾斜力度。

统筹协调上海市各类人才计划，加大企业高层次人才引进力度，取消海外高层次人才引进的年龄限制，允许符合条件的外籍人士担任国有企业部分高层管理职务。建立更便捷的人才引进和服务体系，将人才工作纳入领导干部考核的核心指标。

推进张江国家自主创新示范区建设国际人才试验区，建设海外人才离岸创业基地；开展将申办亚太经合组织（APEC）商务旅行卡审批权下放园区试点，支持企业主动参与全球人才竞争，集聚海内外优秀人才。

2. 打通科研人才双向流动通道。

推进社会保障制度改革，完善社会保险关系转移接续办法，促进科技人才自由流动。改进专家教授薪酬和岗位管理制度；完善科研人员兼职兼薪管理政策，鼓励科研院校人才向企业流动，科研人员可保留人事关系离岗创业，在 3~5 年的创业孵化期内返回原单位的，待遇和聘任岗位等级不降低。探索支持高校形成专职科研队伍建设机制。探索建立弹性学制，允许在校学生休学创业。具有硕士学位授予权的高校、科研机构可聘任企业的高层次人才担任研究生导师，促进产学研用各环节之间协同创新。

3. 改革高校人才培养模式。

把握“互联网 +”、“中国制造 2025”背景下全球产业变革和技术融合的大趋势，优化学科设置，在国内率先创设一批前沿交叉型新学科。聚焦微电子、生物医药、高端装备制造、新材料等重点领域，在高校建设若干个标志性学科，试点建立“学科（人才）特区”，力争 2020 年前 20

个左右一级学科点和一批学科方向达到国际一流水平，培育一批在国际上有重要影响力的杰出人才。对标国际先进水平，改革本科教学，建设一批具有国际水平的本科专业。推进部分普通本科高校向应用型高校转型，探索校企联合培养模式，提升高校人才培养对产业实际需求的支撑水平。

4. 完善高校和科研机构考核聘用机制。

改革高校和科研机构考核制度，完善人才分类评价体系。对从事基础研究和前沿技术研究的优秀科研人员，弱化中短期目标考核，建立持续稳定的财政支持机制。改革高校和科研机构岗位聘用机制，灵活引进高层次人才及其团队，对高层次人才探索建立协议工资和项目工资等符合人才特点和市场规律、有竞争优势的薪酬制度。支持部分高校推进"长聘教职制度"，实施"非升即走"或"非升即转"的用人机制。

5. 有效配置高校的创新资源。

落实高校办学自主权，逐步将市属高校经常性经费比例提高到70%，实现市属和部属高校的统一。分步推广市属和部属高校综合预算管理制度试点，由高校自主统筹经费使用和分配，让创新主体自主决定科研经费使用、成果转移转化等，更大程度调动科技人员积极性。着力打破创新资源配置的条块分割，赋予高校和科研院所更大自主权，鼓励市属和部属高校协同创新，支持上海市统筹用好各类创新资源。

（六）推动形成跨境融合的开放合作新局面。

坚持扩大对内对外开放与全面增强自主创新能力相结合，发挥自贸试验区制度创新优势，营造更加适于创新要素跨境流动的便利环境，集聚全球创新资源，全面提高上海科技创新的国际合作水平。

1. 加大对境外创新投资并购的支持力度。

探索开展设立境外股权投资企业试点工作，支持上海市企业直接到境外设立基金开展创新投资。鼓励上海市创业投资、股权投资机构加大境外投资并购，支持其与境外知名科技投资机构合作组建国际科技创新基金、并购基金。

探索拓宽上海市产业化专项资金使用范围，允许资金用于支持企业以获取新兴技术、知识产权、研发机构、高端人才和团队为目标的境外投资并购活动，增强创新发展能力。

2. 大力吸引境内外创投机构落户上海。

进一步扩大上海市外商投资的股权投资企业试点工作范围，吸引具有丰富科技企业投资经验的创业投资基金、股权投资基金参与试点。

积极吸引具有国内外综合优势的基金，在自贸试验区开展境内外双向直接投资。积极创造条件，吸引国有金融机构发起设立的国家海外创新投资基金落户上海。

3. 积极发挥外资研发机构溢出效应。

大力吸引外资研发中心集聚，鼓励其转型升级成为全球性研发中心和开放式创新平台。鼓励外资研发中心与上海市高校、科研院所、企业，共建实验室和人才培养基地，联合开展产业链核心技术攻关。在确保对等开放、保障安全、利益共享的前提下，支持外资研发中心参与承担政府科技计划，强化相关成果在本地转化的机制。简化研发用途设备和样本样品进出口、研发及管理人员出入境等手续，优化非贸付汇的办理流程。

4. 加强国内外创新交流服务平台建设。

鼓励国内知名高校、科研机构、企业与上海市相关单位开展科技创新合作，支持本土跨国企业在沪设立和培育全球研发中心和实验室，加强联合攻关，进一步发挥上海市对长江经济带的辐射带动作用。

探索允许国外企业、机构、合伙人或个人参照《民办非企业单位登记管理暂行条例》在自贸试验区内设立提供科技成果转化、科技成果输入或输出以及其他相关科技服务的非企业机构。

鼓励上海市高科技园区创新国际科技合作模式，与重点国家和地区共建合作园、互设分基地、联合成立创业投资基金等，利用两地优势资源孵化创新企业。用好中国（上海）国际技术进出口交易会等国家级科技创新交流平台，吸引全球企业在上海发布最新创新成果。建设国际技术贸易合作平台，发挥上海国际技术进出口促进中心、国家技术转移东部中心、南南全球技术产权交易所等的作用，健全面向国际的科技服务体系，形成国际化的科技创新成果发现、项目储备对接和跟踪服务机制。

（七）授权推进的先行先试改革举措。

全面贯彻落实国家关于深化体制机制改革、加快实施创新驱动发展战略的有关要求，加快实施普惠性财税、创新产品采购、成果转化激励等政策，加强知识产权运用和保护，改革行业准入和市场监管、科研院所和高校科研管理等制度，完善产业技术创新、人才发展等机制，推进开放合作创新。在此基础上，结合上海市特点，在研究探索鼓励创新创业的普惠税制、开展投贷联动等金融服务模式创新、改革药品注册和生产管理制度、建立符合科学规律的国家科学中心运行管理制度等10个方面进行重点突破和先行先试。

1. 研究探索鼓励创新创业的普惠税制。

按照国家税制改革的总体方向与要求，对包括天使投资在内的投向种子期、初创期等创新活动的投资，研究探索相关税收支持政策。（财政部、税务总局）

落实新修订的研发费用加计扣除政策，研究探索鼓励促进研究开发和科研成果转化的便利化措施。（财政部、科技部、税务总局）

2. 探索开展投贷联动等金融服务模式创新。

争取新设以服务科技创新为主的民营银行，建立灵活的运作、考核和分配机制，探索与科技创新企业发展需要相适应的银行信贷产品，开展针对科技型中小企业的金融服务创新。选择符合条件的银行业金融机构，探索试点为企业创新活动提供股权和债权相结合的融资服务方式，与创业投资、股权投资机构实现投贷联动。（银监会、人民银行）

探索设立服务于现代科技类企业的专业证券类机构，为科技企业提供债权融资、股权投资、夹层投资、并购融资等融资服务，在上市培育、并购交易等方面提供专业化服务。（证监会）

支持符合条件的银行业金融机构在沪成立科技企业金融服务事业部，在企业贷款准入标准、信贷审批审查机制、考核激励机制方面建立特别的制度。（银监会、人民银行）

3. 改革股权托管交易中心市场制度。

支持上海股权托管交易中心设立科技创新专门板块。支持上海地区为开展股权众筹融资试点创造条件。(证监会)

4. 落实和探索高新技术企业认定政策。

落实新修订的高新技术企业认定管理办法，积极探索促进高新技术产业发展的便利化措施。(科技部、财政部、税务总局)

5. 完善股权激励机制。

实施股权奖励递延纳税试点政策，对高新技术企业和科技型中小企业转化科技成果给予个人的股权奖励，递延至取得股权分红或转让股权时纳税，并加强和改进相关配套管理措施。(财政部、税务总局、科技部)

6. 探索发展新型产业技术研发组织。

从事科技研发的民办非企业单位，登记开办时允许其国有资产份额突破合法总财产的三分之一，发展国有资本和民间资本共同参与的非营利性新型产业技术研发组织。(民政部、科技部)

7. 开展海外人才永久居留便利服务等试点。

在上海开展海外人才永久居留、出入境便利服务以及在沪外国留学生毕业后直接留沪就业等政策试点。推进张江国家自主创新示范区建设国际人才试验区，建设海外人才离岸创业基地。(公安部、人力资源社会保障部、国家外专局等)

8. 简化外商投资管理。

支持外资创业投资、股权投资机构创新发展，积极探索外资创业投资、股权投资机构投资项目管理新模式。(国家发展改革委、商务部)

9. 改革药品注册和生产管理制度。

探索开展药品审评审批制度改革。试点实施上市许可和生产许可分离的药品上市许可持有人制度，允许上市许可持有人委托生产企业生产药品。(食品药品监管总局)

10. 建立符合科学规律的国家科学中心运行管理制度。

完善重大科技基础设施运行保障机制。支持国家科学中心发起组织多学科交叉前沿研究计划。探索设立全国性科学基金会，探索实施科研组织新体制，参与承担国家科技计划管理改革任务。建立生命科学研究涉及的动物实验设施建设、临床研究等事项的行政审批绿色通道。(国家发展改革委、科技部、财政部、税务总局、教育部、中科院、民政部、自然科学基金会等)

要强化责任意识，明确年度工作重点，聚焦目标，力争通过2~3年的努力，在上述10个方面先行先试重点突破，形成一批向全国复制推广的改革经验。同时，上海市要进一步加强政策研究，加快制订新一批改革举措，根据“成熟一项，实施一项”的原则，分批争取国家授权实施。要切实加强组织实施，建立部门协同推进工作机制，落实工作责任，按照方案明确的目标和任务，推动各项改革举措和政策措施加快实施。

国务院关于印发北京加强全国科技创新中心建设总体方案的通知

（国发〔2016〕52号）

各省、自治区、直辖市人民政府，国务院各部委、各直属机构：

现将《北京加强全国科技创新中心建设总体方案》印发给你们，请认真贯彻执行。

国务院

2016年9月11日

北京加强全国科技创新中心建设总体方案

为深入贯彻党的十八大和十八届三中、四中、五中全会精神，全面落实全国科技创新大会精神和《国家创新驱动发展战略纲要》、《京津冀协同发展规划纲要》部署要求，坚持和强化北京全国科技创新中心地位，在创新驱动发展战略实施和京津冀协同发展中发挥引领示范和核心支撑作用，制定本方案。

一、总体思路

按照党中央、国务院决策部署，坚持创新、协调、绿色、开放、共享发展理念，根据京津冀协同发展的总体要求，以中关村国家自主创新示范区为主要载体，以构建科技创新为核心的全面创新体系为强大支撑，着力增强原始创新能力，打造全球原始创新策源地；着力推动科技和经济结合，建设创新驱动发展先行区；着力构建区域协同创新共同体，支撑引领京津冀协同发展等国家战略实施；着力加强科技创新合作，形成全球开放创新核心区；着力深化改革，进一步突破体制机制障碍，优化创新创业生态。塑造更多依靠创新驱动、更多发挥先发优势的引领型发展，持续创造新的经济增长点，为把我国建设成为世界科技强国、实现“两个一百年”奋斗目标提供强大动力。

二、发展目标

按照“三步走”方针，不断加强北京全国科技创新中心建设，使北京成为全球科技创新引领者、高端经济增长极、创新人才首选地、文化创新先行区和生态建设示范城。

第一步，到2017年，科技创新动力、活力和能力明显增强，科技创新质量实现新跨越，开放创新、创新创业生态引领全国，北京全国科技创新中心建设初具规模。

第二步，到2020年，北京全国科技创新中心的核心功能进一步强化，科技创新体系更加完善，科技创新能力引领全国，形成全国高端引领型产业研发集聚区、创新驱动发展示范区和京津冀协同创新共同体的核心支撑区，成为具有全球影响力的科技创新中心，支撑我国进入创新型国家行列。

第三步，到2030年，北京全国科技创新中心的核心功能更加优化，成为全球创新网络的重要力量，成为引领世界创新的新引擎，为我国跻身创新型国家前列提供有力支撑。

三、重点任务

充分发挥北京高端人才集聚、科技基础雄厚的创新优势，统筹利用好各方面科技创新资源，积极协同央地科技资源，深入实施军民融合发展战略，完善创新体系，优化提升首都创新核心功能，突出重点，在基础研究、原始创新和国家急需的领域取得突破，全面服务国家重大战略实施。

（一）强化原始创新，打造世界知名科学中心。

加大科研基础设施建设力度，超前部署应用基础及国际前沿技术研究，加强基础研究人才队伍培养，建设一批国际一流研究型大学和科研院所，形成领跑世界的原始创新策源地，将北京打造为世界知名科学中心。

1. 推进三大科技城建设。

统筹规划建设中关村科学城、怀柔科学城和未来科技城，建立与国际接轨的管理运行新机制，推动央地科技资源融合创新发展。加强北京市与中央有关部门会商合作，优化中央科技资源在京布局，发挥高等学校、科研院所和大型骨干企业的研发优势，形成北京市与中央在京单位高效合作、协同创新的良好格局。中关村科学城主要依托中国科学院有关院所、高等学校和中央企业，聚集全球高端创新要素，实现基础前沿研究重大突破，形成一批具有世界影响力的原创成果。怀柔科学城重点建设高能同步辐射光源、极端条件实验装置、地球系统数值模拟装置等大科学装置群，创新运行机制，搭建大型科技服务平台。未来科技城着重集聚一批高水平企业研发中心，集成中央在京科技资源，引进国际创新创业人才，强化重点领域核心技术创新能力，打造大型企业集团技术创新集聚区。

2. 超前部署基础前沿研究。

北京发挥科教资源优势，加强与国家科技计划（专项、基金等）衔接，统筹布局重点领域原始创新，集中力量实施脑科学、量子计算与量子通信、纳米科学等大科学计划，引领我国前沿领域关键科学问题研究。瞄准国际科技前沿，以国家目标和战略需求为导向，整合优势力量，在明确定位和优化布局的基础上，建设一批重大科研创新基地。围绕国家应用基础研究领域部署，加强对信息科学、基础材料、生物医学与人类健康、农业生物遗传、环境系统与控制、能源等领域的支撑，取得一批具有全球影响力的重大基础研究成果，引领国际产业发展方向。

3. 加强基础研究人才队伍建设。

坚持高起点、高标准，建设结构合理的创新人才团队，造就一批具有国际影响力的科学大师和以青年科学家为带头人的优秀研究群体。支持高等学校、科研院所和有条件的企业共建基础研究团队，加快科学家工作室建设，创新青年人才支持模式，形成一批从事基础研究的杰出青年科学家队伍。在全球范围内吸引一批能够承接重大任务、取得尖端成果、作出卓越贡献、形成“塔尖效应”的顶尖人才。在统筹考虑现有布局和国家对外科技合作总体部署基础上，鼓励以我为主发起国际大科学计划和大科学工程，吸引海外顶尖科学家和团队参与。

4. 建设世界一流高等学校和科研院所。

推进新兴交叉学科建设，促进基础学科与应用学科、自然科学与人文社会科学交叉融合，积极推动网络数据科学、量子信息学、生物医学、纳米科学与技术、核科学与技术、航空宇航科学与技术、生物信息学等学科发展与完善，加快世界一流高等学校和科研院所建设。建设国际马铃薯中心亚太中心。创新科研院所运行体制机制，推广北京生命科学研究所等管理模式。

（二）实施技术创新跨越工程，加快构建“高精尖”经济结构。

围绕国家经济社会发展重大需求，深入实施“北京技术创新行动计划”、“《中国制造 2025》北京行动纲要”、“‘互联网+’行动计划”等，突破一批具有全局性、前瞻性、带动性的关键共性技术，加强重要技术标准研制，培育具有国际竞争力的研发创新体系，加快科技成果向现实生产力转化，在北京经济技术开发区等打造具有全球影响力的创新型产业集群。

5. 夯实重点产业技术创新能力。

以智能制造、生物医药、集成电路、新型显示、现代种业、移动互联、航空航天、绿色制造等领域为重点，依托优势企业、高等学校和科研院所，建设一批对重点领域技术创新发挥核心引领作用的国家技术创新中心，突破与经济社会发展紧密相关的关键共性技术和核心瓶颈技术，形成一批具有竞争力的国际标准。推动科技与产业、科技与金融、科技与经济深度融合，培育一批具有国际竞争力的创新型领军企业，聚集世界知名企业技术创新总部，构建跨界创新合作网络。完善技术创新服务平台体系，加强研究开发、技术转移和融资、计量、检验检测认证、质量标准、知识产权和科技咨询等公共服务平台建设，打造高端创业创新平台。利用中关村政策优势，推动国防科技成果向民用领域转移转化和产业化。

6. 引领支撑首都“高精尖”经济发展。

在新一代信息技术、生物医药、能源、新能源汽车、节能环保、先导与优势材料、数字化制造、轨道交通等产业领域实施八大技术跨越工程，重点突破高性能计算、石墨烯材料、智能机器人等一批关键共性技术，培育先导产业和支柱产业。推动以科技服务业、“互联网+”和信息服务业为代表的现代服务业向高端发展，促进服务业向专业化、网络化、规模化、国际化方向发展。深化科技与文化融合发展，推进“设计之都”与中关村国家级文化和科技融合示范基地建设。以北京国家现代农业科技城为依托，加快推进高端农业创新发展。

7. 促进科技创新成果全民共享。

实施首都蓝天行动，推动能源结构向清洁低碳转型，深化大气污染治理，持续改善空气质量。实施生态环境持续改善行动，加强水资源保护与污水治理、垃圾处理和资源化利用，提升城市生态功能。实施食品安全保障行动，建立对食品生产经营各环节的科学高效监督管理体系，保障食品质量安全。加强重大疾病科技攻关，在疾病预防、诊断、精准医疗等领域形成一批创新成果并转化应用，打造具有国际影响力的临床医学创新中心。实施城市精细化管理提升行动，强化城市综合运行监控与重点行业安全保障能力，提高巨灾风险防范与应对能力。推动大数据与社会治理深度融合，不断推进社会治理创新，提升维护公共安全、建设平安中国的能力水平。组织实施科技冬奥行动计划，加强北京市、河北省与国家相关部门科技创新资源整合，聚焦绿色、智慧、可持续三个重点领域，集成应用和展示最新科技成果，为冬奥会提供科技支撑。

（三）推进京津冀协同创新，培育世界级创新型城市群。

贯彻落实《京津冀协同发展规划纲要》等战略部署，充分发挥北京全国科技创新中心的引领作用，构建京津冀协同创新共同体，打造世界级创新型城市群。积极参与和服务“一带一路”、长江经济带等发展战略，有力支撑国家创新驱动发展战略实施。

8. 优化首都科技创新布局。

全力推进高端产业功能区和高端产业新区建设，优化中关村国家自主创新示范区“一区多园”布局，提升产业技术创新水平，带动各园区创新发展。推动首都各区精细化、差异化创新发展，形成功能清晰、导向明确、秩序规范的发展格局。首都自主创新中心区（城六区）重点推进基础科学、战略前沿高技术和高端服务业创新发展；首都高端引领型产业承载区（城六区以外的平原地区）重点加快科技成果转化，推进生产性服务业、战略性新兴产业和高端制造业创新发展；首都绿色创新发展区（山区）重点实现旅游休闲、绿色能源等低碳高端产业创新发展；首都军民融合示范区重点打造前沿探索、基础研究、系统集成、示范应用、推广转化、产业发展的军民融合发展链条。加强统筹协调，对非首都功能疏解后的空间进行合理再布局，建设研发创新聚集区。

9. 构建京津冀协同创新共同体。

整合区域创新资源，打造京津冀创新发展战略高地。加强宏观指导和政策支持，结合产业链布局需要，培育具有产学研协同特征的科技企业集团，推进其在京津冀地区联动发展。完善协同创新体制机制，推动科技创新政策互动，建立统一的区域技术交易市场，实现科技资源要素的互联互通。建设协同创新平台载体，围绕钢铁产业优化升级共建协同创新研究院，围绕大众创业万众创新共建科技孵化中心，围绕新技术新产品向技术标准转化共建国家技术标准创新基地，围绕首都创新成果转化共建科技成果转化基地等。实施协同创新工程，围绕生态环境建设、新能源开发应用、废弃资源利用等重点领域开展联合攻关，围绕钢铁、建材等传统产业转型发展共同开展创新试点，围绕工业设计、科技服务业、文化创意等领域共同组织新技术应用示范等。

10. 引领服务全国创新发展。

发挥北京全国科技创新中心的辐射引领作用，搭建跨区域创新合作网络，加强与其他地区的科技创新合作。与上海、江苏、浙江、安徽等长江中下游省市重点推进基础研究和战略高技术领域合作；与广东、福建等东南沿海省份重点推进产业关键技术、创新创业等领域合作；与东北、中西部等地区重点推进技术转移、成果转化、产业转型升级等方面合作；加强与港澳台全方位科技交流合作。面向全国开放共享创新资源，推广“一站一台”（首都科技条件平台合作站和北京技术市场服务平台）等合作模式，建立跨区域科技资源服务平台，推动科技人才、科研条件、金融资本、科技成果服务全国创新发展。支持国家科技传播中心建设，打造国家级科学文化公共服务平台和全国“双创”支撑平台。

（四）加强全球合作，构筑开放创新高地。

坚持“引进来”与“走出去”并重、引智引技和引资并举，集聚全球高端创新资源，以创新提升区域发展层级，使北京成为全球科技创新的引领者和创新网络的重要节点。

11. 集聚全球高端创新资源。

吸引符合北京功能定位的国际高端创新机构、跨国公司研发中心、国际科技组织在京落户，鼓励国际知名科研机构在京联合组建国际科技中心，努力使北京成为国际科技组织总部聚集中心。面向全球引进世界级顶尖人才和团队在京发展。引导和鼓励国内资本与国际优秀创业服务机构合作建立创业联盟或成立创新创业基金。发挥中国国际技术转移中心等平台作用，完善市场化、国际化、专业化的服务体系，吸引国际高端科技成果在京落地，形成面向全球的技术转移集聚区。

12. 构筑全球开放创新高地。

在研发合作、技术标准、知识产权、跨国并购等方面为企业搭建服务平台，鼓励企业建立国际化创新网络。构筑全球互动的技术转移网络，加快亚欧创新中心、中意技术转移中心、中韩企业合作创新中心等国际技术转移中心建设，推动跨国技术转移。推进海外人才离岸创新创业基地建设，为海外人才在京创新创业提供便利和服务。鼓励国内企业在海外设立研发机构，加快海外知识产权布局，参与国际标准研究和制定，抢占国际产业竞争高地。鼓励国内企业通过对外直接投资、技术转让与许可等方式实施外向型技术转移。鼓励拥有自主知识产权和品牌的企业开拓国际市场，培育以技术、标准、品牌、质量、服务为核心的外贸竞争优势，提高产业在全球价值链中的地位。促进服务创新国际化，深化北京市服务业扩大开放综合试点，加快推进服务标准、市场规则、法律法规等制度规范与国际接轨。

（五）推进全面创新改革，优化创新创业环境。

深入落实创新驱动发展与体制机制改革系列重大部署，充分发挥中关村国家自主创新示范区改革“试验田”的作用，加快推进京津冀全面创新改革试验，破除制约创新的制度藩篱，形成充满活力的科技管理和运行机制，以深化改革促进创新驱动发展。

13. 推进人才发展体制机制改革。

实施更具吸引力的海外人才集聚政策，突破外籍人才永久居留和创新人才聘用、流动、评价激励等体制和政策瓶颈，推进中关村人才管理改革试验区建设，开展外籍人才出入境管理改革试点，对符合条件的外籍人才简化永久居留、签证等办理流程，让北京真正成为人才高地和科技创新高地。开展人才引进使用中的知识产权鉴定制度试点。深入实施北京市“雏鹰计划”、“高层次创新创业人才支持计划”、“科技北京百名领军人才培养工程”等人才计划，完善人才梯度培养机制，推进人才结构战略性调整。建立灵活多样的创新型人才流动与聘用模式，鼓励高等学校和科研院所人才互聘，允许高等学校、科研院所设立一定比例流动岗位，吸引企业人才兼职。研究制定事业单位招聘外籍人才的认定标准，探索聘用外籍人才的新路径。鼓励科研人员潜心研究，激发科研人员创新动力和积极性，完善市场化的人才评价激励机制，创新评价标准和办法。完善事业单位内部分配机制，推进绩效工资向关键岗位、业务骨干和有突出贡献的人员倾斜。优化人才服务保障体系，在住房条件、子女就学、配偶就业、医疗服务等方面为高层次人才提供便利。落实教学科研人员因公临时出国相关管理政策。

14. 完善创新创业服务体系。

加快发展高端创业孵化平台，构建集创业孵化、资本对接、营销服务等为一体的众创空间，提供集约化、专业化、社区化的创新创业环境。建立便捷高效的商事服务机制，推动集群注册登记、“先照后证”等改革，降低创业门槛。实施中关村大街改造提升工程，加快北京市海淀区“一城三街”建设，以创新创业打造经济社会发展新动力。深入推进国家科技服务业区域试点、服务业扩大开放综合试点、中关村现代服务业试点，探索科技服务业促进创新创业的新模式和新机制。发挥首都科技条件平台、首都科技大数据平台、中关村开放实验室等公共服务平台作用，推广创新券等科技资源开放共享的市场化机制，促进重大科研基础设施、大型科研仪器和专利基础信息资源向社会开放。加快推进研究开发、技术转移和融资、知识产权服务、第三方检验检测认证、质量标准、科技咨询等机构改革，构建社会化、市场化、专业化、网络化的技术创新服务平台。探索推动产业协同创新共同体建设，助力产业转型升级和大众创业万众创新。充分利用现有资源，统筹建设全国知识产权运营公共服务平台，建设国家知识产权服务业集聚发展示范区。

15. 加快国家科技金融创新中心建设。

完善创业投资引导机制，通过政府股权投资、引导基金、政府购买服务、政府和社会资本合作（PPP）等市场化投入方式，引导社会资金投入科技创新领域。结合国有企业改革建立国有资本创业投资基金制度，完善国有创投机构激励约束机制。按照国家税制改革的总体方向与要求，对包括天使投资在内的投向种子期、初创期等创新活动的投资，研究探索相关税收支持政策。支持“新三板”、区域性股权市场发展，大力推动优先股、资产证券化、私募债等产品创新。开展债券品种创新，支持围绕战略性新兴产业和“双创”孵化产业通过发行债券进行低成本融资。推动互联网金融创新中心建设。选择符合条件的银行业金融机构在中关村国家自主创新示范区探索为科技创新创业企业提供股权债权相结合的融资服务方式；鼓励符合条件的银行业金融机构在依法合规、风险可控前提下，与创业投资、股权投资机构实现投贷联动，支持科技创新创业。

16. 健全技术创新市场导向机制。

加快营造公平竞争市场环境。探索

药品、医疗器械等创新产品审评审批制度改革试点。改进互联网、金融、节能、环保、医疗卫生、文化、教育等领域的监管，支持和鼓励新业态、新商业模式发展。严格知识产权保护，加快形成行政执法和司法保护两种途径优势互补、有机衔接的知识产权保护模式，健全知识产权举报投诉和维权援助体系。探索建立符合国际规则的政府采购技术标准体系，完善新技术、新产品首购首用风险补偿机制。建立高层次、常态化的企业技术创新对话、咨询制度，发挥企业和企业家在创新决策中的重要作用。市场导向明确的科技项目由企业牵头联合高等学校和科研院所实施。健全国有企业技术创新经营业绩考核制度，加大技术创新在国有企业经营业绩考核中的比重。

17. 推动政府创新治理现代化。

依法全面履行政府职能，建立权力清单和责任清单制度。深化行政审批制度改革，提高行政效能，建立创新政策调查和评价制度，加快政府职能从研发管理向创新服务转变，为各类创新主体松绑减负、清障搭台。建立科技创新智库，提升对创新战略决策的支撑能力、科技创新政策的供给能力、创新理念的引领能力，推进决策的科学化和现代化，探索政策措施落实情况第三方评估机制。大力发展市场化、专业化、社会化的创新服务机构和组织，逐步建立依托专业机构管理科研项目的市场化机制。建立健全科技报告制度和创新调查制度，加强公共创新服务供给。建立健全创新政策协调审查制度。推动创新薄弱环节和领域的地方立法进程，构建适应创新驱动发展需求的法治保障体系。深化科技项目资金管理改革，建立符合科研规律、高效规范的管理制度，强化对科研人员的激励。

18. 央地合力助推改革向纵深发展。

在中关村国家自主创新示范区内，允许在京中央高等学校、科研院所在符合国家相关法律法规的前提下，经主管部门授权，试行北京市的相关创新政策。充分发挥北京市和中央在京单位的改革合力，探索新一轮更高层面、更宽领域的改革试点，进行新的政策设计，在充分调动科技人员创新创业积极性上再形成新一批政策突破，解放和发展生产力。深入落实促进科技成果转化法，在京中央高等学校、科研院所依法自主决定科技成果转移转化收益分配。着力打破创新资源配置的条块分割，支持北京市统筹用好各类创新资源，鼓励市属和中央高等学校协同创新。完善高等学校与企业开展技术开发、技术咨询、技术服务等横向合作项目经费管理制度，鼓励开展产学研合作，其支出依据合同法和促进科技成果转化法执行。探索创新创业人才在企业与机关事业单位之间依法自由流动，并做好社会保险关系转移接续工作。鼓励在京企业、高等学校和科研院所承担国防科技前沿创新研究工作，并给予相关配套优惠政策。探索开展事业单位担任行政领导职务的科技人员参与技术入股及分红激励试点，并根据领导干部职务明确审批程序。

四、保障措施

（一）强化组织领导。

在国家科技体制改革和创新体系建设领导小组领导下，国家有关部门与北京市共建北京全国科技创新中心建设工作机制，在顶层设计、改革保障等方面实现上下联动，统筹运用各部门资源建设北京全国科技创新中心。北京市建立北京全国科技创新中心建设统筹机制，形成促进科技创新的体制架构，分解改革任务，明确时间表和路线图，推动各项任务落到实处。

（二）加强资金保障。

加大财政科技投入力度，明确财政资金投入重点。切实加强对基础研究的财政投入，完善稳定支持机制。北京市设立战略性新兴产业技术跨越工程引导资金，加大对产业关键共性技术和贯穿创新链科技创新项目的支持力度。深化科技与金融结合，健全政府引导、企业为主、社会参与的多元化科技投入体系。

（三）完善监督评估机制。

加强监督考核，改革完善创新驱动发展的评价机制。研究建立科技创新、知识产权运用和保护与产业发展相结合的创新驱动发展评价指标体系，将本方案任务落实情况纳入北京市各级领导干部绩效考核体系。健全决策、执行、评价相对分开、互相监督的运行机制，强化对本方案实施进展情况的监督和问责机制。发挥第三方评估机构作用，定期对本方案落实情况进行跟踪评价，依据评价结果及时调整完善相关政策。

中共中央 国务院印发《粤港澳大湾区发展规划纲要》

（2019 年）

中共中央、国务院印发了《粤港澳大湾区发展规划纲要》，并发出通知，要求各地区各部门结合实际认真贯彻落实。

《粤港澳大湾区发展规划纲要》全文如下。

目 录

前　言

粤港澳大湾区包括香港特别行政区、澳门特别行政区和广东省广州市、深圳市、珠海市、佛山市、惠州市、东莞市、中山市、江门市、肇庆市（以下称珠三角九市），总面积5.6万平方公里，2017年末总人口约7000万人，是我国开放程度最高、经济活力最强的区域之一，在国家发展大局中具有重要战略地位。建设粤港澳大湾区，既是新时代推动形成全面开放新格局的新尝试，也是推动“一国两制”事业发展的新实践。为全面贯彻党的十九大精神，全面准确贯彻“一国两制”方针，充分发挥粤港澳综合优势，深化内地与港澳合作，进一步提升粤港澳大湾区在国家经济发展和对外开放中的支撑引领作用，支持香港、澳门融入国家发展大局，增进香港、澳门同胞福祉，保持香港、澳门长期繁荣稳定，让港澳同胞同祖国人民共担民族复兴的历史责任、共享祖国繁荣富强的伟大荣光，编制本规划。

本规划是指导粤港澳大湾区当前和今后一个时期合作发展的纲领性文件。规划近期至2022年，远期展望到2035年。

第一章　规划背景

改革开放以来，特别是香港、澳门回归祖国后，粤港澳合作不断深化实化，粤港澳大湾区经济实力、区域竞争力显著增强，已具备建成国际一流湾区和世界级城市群的基础条件。

第一节　发展基础

区位优势明显。粤港澳大湾区地处我国沿海开放前沿，以泛珠三角区域为广阔发展腹地，在“一带一路”建设中具有重要地位。交通条件便利，拥有香港国际航运中心和吞吐量位居世界前列的广州、深圳等重要港口，以及香港、广州、深圳等具有国际影响力的航空枢纽，便捷高效的现代综合交通运输体系正在加速形成。

经济实力雄厚。经济发展水平全国领先，产业体系完备，集群优势明显，经济互补性强，香港、澳门服务业高度发达，珠三角九市已初步形成以战略性新兴产业为先导、先进制造业和现代服务业为主体的产业结构，2017年大湾区经济总量约10万亿元。

创新要素集聚。创新驱动发展战略深入实施，广东全面创新改革试验稳步推进，国家自主创新示范区加快建设。粤港澳三地科技研发、转化能力突出，拥有一批在全国乃至全球具有重要影响力的高校、科研院所、高新技术企业和国家大科学工程，创新要素吸引力强，具备建设国际科技创新中心的良好基础。

国际化水平领先。香港作为国际金融、航运、贸易中心和国际航空枢纽，拥有高度国际化、法治化的营商环境以及遍布全球的商业网络，是全球最自由经济体之一。澳门作为世界旅游休闲中心和中国与葡语国家商贸合作服务平台的作用不断强化，多元文化交流的功能日益彰显。珠三角九市是内地外向度最高的经济区域和对外开放的重要窗口，在全国加快构建开放型经济新体制中具有重要地位和作用。

合作基础良好。香港、澳门与珠三角九市文化同源、人缘相亲、民俗相近、优势互补。近年来，粤港澳合作不断深化，基础设施、投资贸易、金融服务、科技教育、休闲旅游、生态环保、社会服务等领域合作成效显著，已经形成了多层次、全方位的合作格局。

第二节　机遇挑战

当前，世界多极化、经济全球化、社会信息化、文化多样化深入发展，全球治理体系和国际秩序变革加速推进，各国相互联系和依存日益加深，和平发展大势不可逆转，新一轮科技革命和产业变革蓄势待发，“一带一路”建设深入推进，为提升粤港澳大湾区国际竞争力、更高水平参与国际合作和竞争拓展了新空间。在新发展理念引领下，我国深入推进供给侧结构性改革，推动经济发展质量变革、效率变革、动力变革，为大湾区转型发展、创新发展注入了新活力。全面深化改革取得重大突破，国家治理体系和治理能力现代化水平明显提高，为创新大湾区合作发展体制机制、破解合作发展中的突出问题提供了新契机。

同时，粤港澳大湾区发展也面临诸多挑战。当前，世界经济不确定不稳定因素增多，保护主义倾向抬头，大湾区经济运行仍存在产能过剩、供给与需求结构不平衡不匹配等突出矛盾和问题，经济增长内生动力有待增强。在“一国两制”下，粤港澳社会制度不同，法律制度不同，分属于不同关税区域，市场互联互通水平有待进一步提升，生产要素高效便捷流动的良好局面尚未形成。大湾区内部发展差距依然较大，协同性、包容性有待加强，部分地区和领域还存在同质化竞争和资源错配现象。香港经济增长缺乏持续稳固支撑，澳门经济结构相对单一、发展资源有限，珠三角九市市场经济体制有待完善。区域发展空间面临瓶颈制约，资源能源约束趋紧，生态环境压力日益增大，人口红利逐步减退。

第三节　重大意义

打造粤港澳大湾区，建设世界级城市群，有利于丰富“一国两制”实践内涵，进一步密切内地与港澳交流合作，为港澳经济社会发展以及港澳同胞到内地发展提供更多机会，保持港澳长期繁荣稳定；有利于贯彻落实新发展理念，深入推进供给侧结构性改革，加快培育发展新动能、实现创新驱动发展，为我国经济创新力和竞争力不断增强提供支撑；有利于进一步深化改革、扩大开放，建立与国际接轨的开放型经济新体制，建设高水平参与国际经济合作新平台；有利于推进“一带一路”建设，通过区域双向开放，构筑丝绸之路经济带和21世纪海上丝绸之路对接融汇的重要支撑区。

第二章　总体要求

第一节　指导思想

深入贯彻习近平新时代中国特色社会主义思想和党的十九大精神，统筹推进“五位一体”总体布局和协调推进“四个全面”战略布局，全面准确贯彻“一国两制”、“港人治港”、“澳人治澳”、高度自治的方针，严格依照宪法和基本法办事，坚持新发展理念，充分认识和利用“一国两制”制度优势、港澳独特优势和广东改革开放先行先试优势，解放思想、大胆探索，不断深化粤港澳互利合作，进一步建立互利共赢的区域合作关系，推动区域经济协同发展，为港澳发展注入新动能，为全国推进供给侧结构性改革、实施创新驱动发展战略、构建开放型经济新体制提供支撑，建设富有活力和国际竞争力的一流湾区和世界级城市群，打造高质量发展的典范。

第二节　基本原则

创新驱动，改革引领。实施创新驱动发展战略，完善区域协同创新体系，集聚国际创新资源，建设具有国际竞争力的创新发展区域。全面深化改革，推动重点领域和关键环节改革取得新突破，释放改革红利，促进各类要素在大湾区便捷流动和优化配置。

协调发展，统筹兼顾。实施区域协调发展战略，充分发挥各地区比较优势，加强政策协调和规划衔接，优化区域功能布局，推动区域城乡协调发展，不断增强发展的整体性。

绿色发展，保护生态。大力推进生态文明建设，树立绿色发展理念，坚持节约资源和保护环境的基本国策，实行最严格的生态环境保护制度，坚持最严格的耕地保护制度和最严格的节约用地制度，推动形成绿色低碳的生产生活方式和城市建设运营模式，为居民提供良好生态环境，促进大湾区可持续发展。

开放合作，互利共赢。以“一带一路”建设为重点，构建开放型经济新体制，打造高水平开放平台，对接高标准贸易投资规则，加快培育国际合作和竞争新优势。充分发挥港澳独特优势，创新完善各领域开放合作体制机制，深化内地与港澳互利合作。

共享发展，改善民生。坚持以人民为中心的发展思想，让改革发展成果更多更公平惠及全体人民。提高保障和改善民生水平，加大优质公共产品和服务供给，不断促进社会公平正义，使大湾区居民获得感、幸福感、安全感更加充实、更有保障、更可持续。

“一国两制”，依法办事。把坚持“一国”原则和尊重“两制”差异有机结合起来，坚守“一国”之本，善用“两制”之利。把维护中央的全面管治权和保障特别行政区的高度自治权有机结合起来，尊崇法治，严格依照宪法和基本法办事。把国家所需和港澳所长有机结合起来，充分发挥市场化机制的作用，促进粤港澳优势互补，实现共同发展。

第三节　战略定位

充满活力的世界级城市群。依托香港、澳门作为自由开放经济体和广东作为改革开放排头兵的优势，继续深化改革、扩大开放，在构建经济高质量发展的体制机制方面走在全国前列、发挥示范引领作用，加快制度创新和先行先试，建设现代化经济体系，更好融入全球市场体系，建成世界新兴产业、先进制造业和现代服务业基地，建设世界级城市群。

具有全球影响力的国际科技创新中心。瞄准世界科技和产业发展前沿，加强创新平台建设，大力发展新技术、新产业、新业态、新模式，加快形成以创新为主要动力和支撑的经济体系；扎实推进全面创新改革试验，充分发挥粤港澳科技研发与产业创新优势，破除影响创新要素自由流动的瓶颈和制约，进一步激发各类创新主体活力，建成全球科技创新高地和新兴产业重要策源地。

“一带一路”建设的重要支撑。更好发挥港澳在国家对外开放中的功能和作用，提高珠三角九市开放型经济发展水平，促进国际国内两个市场、两种资源有效对接，在更高层次参与国际经济合作和竞争，建设具有重要影响力的国际交通物流枢纽和国际文化交往中心。

内地与港澳深度合作示范区。依托粤港澳良好合作基础，充分发挥深圳前海、广州南沙、珠海横琴等重大合作平台作用，探索协调协同发展新模式，深化珠三角九市与港澳全面务实合作，促进人员、物资、资金、信息便捷有序流动，为粤港澳发展提供新动能，为内地与港澳更紧密合作提供示范。

宜居宜业宜游的优质生活圈。坚持以人民为中心的发展思想，践行生态文明理念，充分利用现代信息技术，实现城市群智能管理，优先发展民生工程，提高大湾区民众生活便利水平，提升居民生活质量，为港澳居民在内地学习、就业、创业、生活提供更加便利的条件，加强多元文化交流融合，建设生态安全、环境优美、社会安定、文化繁荣的美丽湾区。

第四节 发展目标

到2022年，粤港澳大湾区综合实力显著增强，粤港澳合作更加深入广泛，区域内生发展动力进一步提升，发展活力充沛、创新能力突出、产业结构优化、要素流动顺畅、生态环境优美的国际一流湾区和世界级城市群框架基本形成。

——区域发展更加协调，分工合理、功能互补、错位发展的城市群发展格局基本确立；

——协同创新环境更加优化，创新要素加快集聚，新兴技术原创能力和科技成果转化能力显著提升；

——供给侧结构性改革进一步深化，传统产业加快转型升级，新兴产业和制造业核心竞争力不断提升，数字经济迅速增长，金融等现代服务业加快发展；

——交通、能源、信息、水利等基础设施支撑保障能力进一步增强，城市发展及运营能力进一步提升；

——绿色智慧节能低碳的生产生活方式和城市建设运营模式初步确立，居民生活更加便利、更加幸福；

——开放型经济新体制加快构建，粤港澳市场互联互通水平进一步提升，各类资源要素流动更加便捷高效，文化交流活动更加活跃。

到2035年，大湾区形成以创新为主要支撑的经济体系和发展模式，经济实力、科技实力大幅跃升，国际竞争力、影响力进一步增强；大湾区内市场高水平互联互通基本实现，各类资源要素高效便捷流动；区域发展协调性显著增强，对周边地区的引领带动能力进一步提升；人民生活更加富裕；社会文明程度达到新高度，文化软实力显著增强，中华文化影响更加广泛深入，多元文化进一步交流融合；资源节约集约利用水平显著提高，生态环境得到有效保护，宜居宜业宜游的国际一流湾区全面建成。

第三章　空间布局

坚持极点带动、轴带支撑、辐射周边，推动大中小城市合理分工、功能互补，进一步提高区域发展协调性，促进城乡融合发展，构建结构科学、集约高效的大湾区发展格局。

第一节　构建极点带动、轴带支撑网络化空间格局

极点带动。发挥香港—深圳、广州—佛山、澳门—珠海强强联合的引领带动作用，深化港深、澳珠合作，加快广佛同城化建设，提升整体实力和全球影响力，引领粤港澳大湾区深度参与国际合作。

轴带支撑。依托以高速铁路、城际铁路和高等级公路为主体的快速交通网络与港口群和机场群，构建区域经济发展轴带，形成主要城市间高效连接的网络化空间格局。更好发挥港珠澳大桥作用，加快建设深（圳）中（山）通道、深（圳）茂（名）铁路等重要交通设施，提高珠江西岸地区发展水平，促进东西两岸协同发展。

第二节　完善城市群和城镇发展体系

优化提升中心城市。以香港、澳门、广州、深圳四大中心城市作为区域发展的核心引擎，继续发挥比较优势做优做强，增强对周边区域发展的辐射带动作用。

——香港。巩固和提升国际金融、航运、贸易中心和国际航空枢纽地位，强化全球离岸人民币业务枢纽地位、国际资产管理中心及风险管理中心功能，推动金融、商贸、物流、专业服务等向高端高增值方向发展，大力发展创新及科技事业，培育新兴产业，建设亚太区国际法律及争议解决服务中心，打造更具竞争力的国际大都会。

——澳门。建设世界旅游休闲中心、中国与葡语国家商贸合作服务平台，促进经济适度多元发展，打造以中华文化为主流、多元文化共存的交流合作基地。

——广州。充分发挥国家中心城市和综合性门户城市引领作用，全面增强国际商贸中心、综合交通枢纽功能，培育提升科技教育文化中心功能，着力建设国际大都市。

——深圳。发挥作为经济特区、全国性经济中心城市和国家创新型城市的引领作用，加快建成现代化国际化城市，努力成为具有世界影响力的创新创意之都。

建设重要节点城市。支持珠海、佛山、惠州、东莞、中山、江门、肇庆等城市充分发挥自身优势，深化改革创新，增强城市综合实力，形成特色鲜明、功能互补、具有竞争力的重要节点城市。增强发展的协调性，强化与中心城市的互动合作，带动周边特色城镇发展，共同提升城市群发展质量。

发展特色城镇。充分发挥珠三角九市特色城镇数量多、体量大的优势，培育一批具有特色优势的魅力城镇，完善市政基

础设施和公共服务设施，发展特色产业，传承传统文化，形成优化区域发展格局的重要支撑。建设智慧小镇，开展智能技术应用试验，推动体制机制创新，探索未来城市发展模式。加快推进特大镇行政管理体制改革，在降低行政成本和提升行政效率的基础上不断拓展特大镇功能。

促进城乡融合发展。建立健全城乡融合发展体制机制和政策体系，推动珠三角九市城乡一体化发展，全面提高城镇化发展质量和水平，建设具有岭南特色的宜居城乡。加强分类指导，合理划定功能分区，优化空间布局，促进城乡集约发展。提高城乡基础设施一体化水平，因地制宜推进城市更新，改造城中村、合并小型村，加强配套设施建设，改善城乡人居环境。

第三节　辐射带动泛珠三角区域发展

发挥粤港澳大湾区辐射引领作用，统筹珠三角九市与粤东西北地区生产力布局，带动周边地区加快发展。构建以粤港澳大湾区为龙头，以珠江–西江经济带为腹地，带动中南、西南地区发展，辐射东南亚、南亚的重要经济支撑带。完善大湾区至泛珠三角区域其他省区的交通网络，深化区域合作，有序发展“飞地经济”，促进泛珠三角区域要素流动和产业转移，形成梯度发展、分工合理、优势互补的产业协作体系。依托沿海铁路、高等级公路和重要港口，实现粤港澳大湾区与海峡西岸城市群和北部湾城市群联动发展。依托高速铁路、干线铁路和高速公路等交通通道，深化大湾区与中南地区和长江中游地区的合作交流，加强大湾区对西南地区的辐射带动作用。

第四章　建设国际科技创新中心

深入实施创新驱动发展战略，深化粤港澳创新合作，构建开放型融合发展的区域协同创新共同体，集聚国际创新资源，优化创新制度和政策环境，着力提升科技成果转化能力，建设全球科技创新高地和新兴产业重要策源地。

第一节　构建开放型区域协同创新共同体

加强科技创新合作。更好发挥内地与香港、澳门科技合作委员会的作用，推动香港、澳门融入国家创新体系、发挥更重要作用。充分发挥粤港澳科技和产业优势，积极吸引和对接全球创新资源，建设开放互通、布局合理的区域创新体系。推进“广州–深圳–香港–澳门”科技创新走廊建设，探索有利于人才、资本、信息、技术等创新要素跨境流动和区域融通的政策举措，共建粤港澳大湾区大数据中心和国际化创新平台。加快国家自主创新示范区与国家双创示范基地、众创空间建设，支持其与香港、澳门建立创新创业交流机制，共享创新创业资源，共同完善创新创业生态，为港澳青年创新创业提供更多机遇和更好条件。鼓励粤港澳企业和科研机构参与国际科技创新合作，共同举办科技创新活动，支持企业到海外设立研发机构和创新孵化基地，鼓励境内外投资者在粤港澳设立研发机构和创新平台。支持依托深圳国家基因库发起设立“一带一路”生命科技促进联盟。鼓励其他地区的高校、科研机构和企业参与大湾区科技创新活动。

加强创新基础能力建设。支持重大科技基础设施、重要科研机构和重大创新平台在大湾区布局建设。向港澳有序开放国家在广东建设布局的重大科研基础设施和大型科研仪器。支持粤港澳有关机构积极参与国家科技计划（专项、基金等）。加强应用基础研究，拓展实施国家重大科技项目。支持将粤港澳深化创新体制机制改革的相关举措纳入全面创新改革试验。

加强产学研深度融合。建立以企业为主体、市场为导向、产学研深度融合的技术创新体系，支持粤港澳企业、高校、科研院所共建高水平的协同创新平台，推动科技成果转化。实施粤港澳科技创新合作发展计划和粤港联合创新资助计划，支持设立粤港澳产学研创新联盟。

第二节 打造高水平科技创新载体和平台

加快推进大湾区重大科技基础设施、交叉研究平台和前沿学科建设，着力提升基础研究水平。优化创新资源配置，建设培育一批产业技术创新平台、制造业创新中心和企业技术中心。推进国家自主创新示范区建设，有序开展国家高新区扩容，将高新区建设成为区域创新的重要节点和产业高端化发展的重要基地。推动珠三角九市军民融合创新发展，支持创建军民融合创新示范区。支持港深创新及科技园、中新广州知识城、南沙庆盛科技创新产业基地、横琴粤澳合作中医药科技产业园等重大创新载体建设。支持香港物流及供应链管理应用技术、纺织及成衣、资讯及通信技术、汽车零部件、纳米及先进材料等五大研发中心以及香港科学园、香港数码港建设。支持澳门中医药科技产业发展平台建设。推进香港、澳门国家重点实验室伙伴实验室建设。

第三节 优化区域创新环境

深化区域创新体制机制改革。研究实施促进粤港澳大湾区出入境、工作、居住、物流等更加便利化的政策措施，鼓励科技和学术人才交往交流。允许香港、澳门符合条件的高校、科研机构申请内地科技项目，并按规定在内地及港澳使用相关资金。支持粤港澳设立联合创新专项资金，就重大科研项目开展合作，允许相关资金在大湾区跨境使用。研究制定专门办法，对科研合作项目需要的医疗数据和血液等生物样品跨境在大湾区内限定的高校、科研机构和实验室使用进行优化管理，促进临床医学研究发展。香港、澳门在广东设立的研发机构按照与内地研发机构同等待遇原则，享受国家和广东省各项支持创新的政策，鼓励和支持其参与广东科技计划。开展知识产权证券化试点。

促进科技成果转化。创新机制、完善环境，将粤港澳大湾区建设成为具有国际竞争力的科技成果转化基地。支持粤港澳在创业孵化、科技金融、成果转化、国际技术转让、科技服务业等领域开展深度合作，共建国家级科技成果孵化基地和粤港澳青年创业就业基地等成果转化平台。在珠三角九市建设一批面向港澳的科技企业孵化器，为港澳高校、科研机构的先进技术成果转移转化提供便利条件。支持珠三角九市建设国家科技成果转移转化示范区。充分发挥香港、澳门、深圳、广州等资本市场和金融服务功能，合作构建多元化、国际化、跨区域的科技创新投融资体系。大力拓展直接融资渠道，依托区域性股权交易市场，建设科技创新金融支持平台。支持香港私募基金参与大湾区创新型科技企业融资，允许符合条件的创新型科技企业进入香港上市集资平台，将香港发展成为大湾区高新技术产业融资中心。

强化知识产权保护和运用。依托粤港、粤澳及泛珠三角区域知识产权合作机制，全面加强粤港澳大湾区在知识产权保护、专业人才培养等领域的合作。强化知识产权行政执法和司法保护，更好发挥广州知识产权法院等机构作用，加强电子商务、进出口等重点领域和环节的知识产权执法。加强在知识产权创造、运用、保护和贸易方面的国际合作，建立完善知识产权案件跨境协作机制。依托现有交易场所，开展知识产权交易，促进知识产权的合理有效流通。开展知识产权保护规范化市场培育和“正版正货”承诺活动。发挥知识产权服务业集聚发展区的辐射作用，促进高端知识产权服务与区域产业融合发展，推动通过非诉讼争议解决方式（包括仲裁、调解、协商等）处理知识产权纠纷。充分发挥香港在知识产权保护及相关专业服务等方面具有的优势，支持香港成为区域知识产权贸易中心。不断丰富、发展和完善有利于激励创新的知识产权保护制度。建立大湾区知识产权信息交换机制和信息共享平台。

第五章　加快基础设施互联互通

加强基础设施建设，畅通对外联系通道，提升内部联通水平，推动形成布局合理、功能完善、衔接顺畅、运作高效的基础设施网络，为粤港澳大湾区经济社会发展提供有力支撑。

第一节　构建现代化的综合交通运输体系

提升珠三角港口群国际竞争力。巩固提升香港国际航运中心地位，支持香港发展船舶管理及租赁、船舶融资、海事保险、海事法律及争议解决等高端航运服务业，并为内地和澳门企业提供服务。增强广州、深圳国际航运综合服务功能，进一步提升港口、航道等基础设施服务能力，与香港形成优势互补、互惠共赢的港口、航运、物流和配套服务体系，增强港口群整体国际竞争力。以沿海主要港口为重点，完善内河航道与疏港铁路、公路等集疏运网络。

建设世界级机场群。巩固提升香港国际航空枢纽地位，强化航空管理培训中心功能，提升广州和深圳机场国际枢纽竞争力，增强澳门、珠海等机场功能，推进大湾区机场错位发展和良性互动。支持香港机场第三跑道建设和澳门机场改扩建，实施广州、深圳等机场改扩建，开展广州新机场前期研究工作，研究建设一批支线机场和通用机场。进一步扩大大湾区的境内外航空网络，积极推动开展多式联运代码共享。依托香港金融和物流优势，发展高增值货运、飞机租赁和航空融资业务等。支持澳门机场发展区域公务机业务。加强空域协调和空管协作，优化调整空域结构，提高空域资源使用效率，提升空管保障能力。深化低空空域管理改革，加快通用航空发展，稳步发展跨境直升机服务，建设深圳、珠海通用航空产业综合示范区。推进广州、深圳临空经济区发展。

畅通对外综合运输通道。完善大湾区经粤东西北至周边省区的综合运输通道。

推进赣州至深圳、广州至汕尾、深圳至茂名、岑溪至罗定等铁路项目建设，适时开展广州经茂名、湛江至海安铁路和柳州至肇庆铁路等区域性通道项目前期工作，研究广州至清远铁路进一步延伸的可行性。有序推进沈海高速（G15）和京港澳高速（G4）等国家高速公路交通繁忙路段扩容改造。加快构建以广州、深圳为枢纽，高速公路、高速铁路和快速铁路等广东出省通道为骨干，连接泛珠三角区域和东盟国家的陆路国际大通道。

构筑大湾区快速交通网络。以连通内地与港澳以及珠江口东西两岸为重点，构建以高速铁路、城际铁路和高等级公路为主体的城际快速交通网络，力争实现大湾区主要城市间1小时通达。编制粤港澳大湾区城际（铁路）建设规划，完善大湾区铁路骨干网络，加快城际铁路建设，有序规划珠三角主要城市的城市轨道交通项目。加快深中通道、虎门二桥过江通道建设。创新通关模式，更好发挥广深港高速铁路、港珠澳大桥作用。推进莲塘/香园围口岸、粤澳新通道（青茂口岸）、横琴口岸（探索澳门莲花口岸搬迁）、广深港高速铁路西九龙站等新口岸项目的规划建设。加强港澳与内地的交通联系，推进城市轨道交通等各种运输方式的有效对接，构建安全便捷换乘换装体系，提升粤港澳口岸通关能力和通关便利化水平，促进人员、物资高效便捷流动。

提升客货运输服务水平。按照零距离换乘、无缝化衔接目标，完善重大交通设施布局，积极推进干线铁路、城际铁路、市域（郊）铁路等引入机场，提升机场集疏运能力。加快广州–深圳国际性综合交通枢纽建设。推进大湾区城际客运公交化运营，推广“一票式”联程和“一卡通”服务。构建现代货运物流体系，加快发展铁水、公铁、空铁、江河海联运和“一单制”联运服务。加快智能交通系统建设，推进物联网、云计算、大数据等信息技术在交通运输领域的创新集成应用。

第二节　优化提升信息基础设施

构建新一代信息基础设施。推进粤港澳网间互联宽带扩容，全面布局基于互联网协议第六版（IPv6）的下一代互联网，推进骨干网、城域网、接入网、互联网数据中心和支撑系统的IPv6升级改造。加快互联网国际出入口带宽扩容，全面提升流量转接能力。推动珠三角无线宽带城市群建设，实现免费高速无线局域网在大湾区热点区域和重点交通线路全覆盖。实现城市固定互联网宽带全部光纤接入。建设超高清互动数字家庭网络。

建成智慧城市群。推进新型智慧城市试点示范和珠三角国家大数据综合试验区建设，加强粤港澳智慧城市合作，探索建立统一标准，开放数据端口，建设互通的公共应用平台，建设全面覆盖、泛在互联的智能感知网络以及智慧城市时空信息云平台、空间信息服务平台等信息基础设施，大力发展智慧交通、智慧能源、智慧市政、智慧社区。推进电子签名证书互认工作，推广电子签名互认证书在公共服务、金融、商贸等领域应用。共同推动大湾区电子支付系统互联互通。增强通信企业服务能力，多措并举实现通信资费合理下降，推动降低粤港澳手机长途和漫游费，并积极开展取消粤港澳手机长途和漫游费的可行性研究，为智慧城市建设提供基础支撑。

提升网络安全保障水平。加强通信网络、重要信息系统和数据资源保护，增强信息基础设施可靠性，提高信息安全保障水平。积极推动先进技术在香港、澳门、广州、深圳等城市使用，促进保密通信技术在政府部门、金融机构等应用。建立健全网络与信息安全信息通报预警机制，加强实时监测、通报预警、应急处置工作，构建网络安全综合防御体系。

第三节　建设能源安全保障体系

优化能源供应结构。大力推进能源供给侧结构性改革，优化粤港澳大湾区能源结构和布局，建设清洁、低碳、安全、高效的能源供给体系。大力发展绿色低碳能源，加快天然气和可再生能源利用，有序开发风能资源，因地制宜发展太阳能光伏发电、生物质能，安全高效发展核电，大力推进煤炭清洁高效利用，控制煤炭消费总量，不断提高清洁能源比重。

强化能源储运体系。加强周边区域向大湾区以及大湾区城市间送电通道等主干电网建设，完善城镇输配电网络，提高电网输电能力和抗风险能力。加快推进珠三角大型石油储备基地建设，统筹推进新建液化天然气（LNG）接收站和扩大已建LNG接收站储转能力，依托国家骨干天然气管线布局建设配套支线，扩大油气管道覆盖面，提高油气储备和供应能力。推进广州、珠海等国家煤炭储备基地建设，建成煤炭接收与中转储备梯级系统。研究完善广东对香港、澳门输电网络、供气管道，确保香港、澳门能源供应安全和稳定。

第四节　强化水资源安全保障

完善水利基础设施。坚持节水优先，大力推进雨洪资源利用等节约水、涵养水的工程建设。实施最严格水资源管理制度，加快制定珠江水量调度条例，严格珠江水资源统一调度管理。加快推进珠三角水资源配置工程和对澳门第四供水管道建设，加强饮用水水源地和备用水源安全保障达标建设及环境风险防控工程建设，保障珠三角以及港澳供水安全。加强粤港澳水科技、水资源合作交流。

完善水利防灾减灾体系。加强海堤达标加固、珠江干支流河道崩岸治理等重点工程建设，着力完善防汛防台风综合防灾减灾体系。加强珠江河口综合治理与保护，推进珠江三角洲河湖系统治理。强化城市内部排水系统和蓄水能力建设，建设和完善澳门、珠海、中山等防洪（潮）排涝体系，有效解决城市内涝问题。推进病险水库和病险水闸除险加固，全面消除安全隐患。加强珠江河口水文水资源监测，共同建设灾害监测预警、联防联控和应急调度系统，提高防洪防潮减灾应急能力。

第六章　构建具有国际竞争力的现代产业体系

深化供给侧结构性改革，着力培育发展新产业、新业态、新模式，支持传统产业改造升级，加快发展先进制造业和现代服务业，瞄准国际先进标准提高产业发展水平，促进产业优势互补、紧密协作、联动发展，培育若干世界级产业集群。

第一节　加快发展先进制造业

增强制造业核心竞争力。围绕加快建设制造强国，完善珠三角制造业创新发展生态体系。推动互联网、大数据、人工智能和实体经济深度融合，大力推进制造业转型升级和优化发展，加强产业分工协作，促进产业链上下游深度合作，建设具有国际竞争力的先进制造业基地。

优化制造业布局。提升国家新型工业化产业示范基地发展水平，以珠海、佛山为龙头建设珠江西岸先进装备制造产业带，以深圳、东莞为核心在珠江东岸打造具有全球影响力和竞争力的电子信息等世界级先进制造业产业集群。发挥香港、澳门、广州、深圳创新研发能力强、运营总部密集以及珠海、佛山、惠州、东莞、中山、江门、肇庆等地产业链齐全的优势，加强大湾区产业对接，提高协作发展水平。支持东莞等市推动传统产业转型升级，支持佛山深入开展制造业转型升级综合改革试点。支持香港在优势领域探索“再工业化”。

加快制造业结构调整。推动制造业智能化发展，以机器人及其关键零部件、高速高精加工装备和智能成套装备为重点，大力发展智能制造装备和产品，培育一批具有系统集成能力、智能装备开发能力和关键部件研发生产能力的智能制造骨干企业。支持装备制造、汽车、石化、家用电器、电子信息等优势产业做强做精，推动制造业从加工生产环节向研发、设计、品牌、营销、再制造等环节延伸。加快制造业绿色改造升级，重点推进传统制造业绿色改造、开发绿色产品，打造绿色供应链。大力发展再制造产业。

第二节 培育壮大战略性新兴产业

依托香港、澳门、广州、深圳等中心城市的科研资源优势和高新技术产业基础，充分发挥国家级新区、国家自主创新示范区、国家高新区等高端要素集聚平台作用，联合打造一批产业链条完善、辐射带动力强、具有国际竞争力的战略性新兴产业集群，增强经济发展新动能。推动新一代信息技术、生物技术、高端装备制造、新材料等发展壮大为新支柱产业，在新型显示、新一代通信技术、5G和移动互联网、蛋白类等生物医药、高端医学诊疗设备、基因检测、现代中药、智能机器人、3D打印、北斗卫星应用等重点领域培育一批重大产业项目。围绕信息消费、新型健康技术、海洋工程装备、高技术服务业、高性能集成电路等重点领域及其关键环节，实施一批战略性新兴产业重大工程。培育壮大新能源、节能环保、新能源汽车等产业，形成以节能环保技术研发和总部基地为核心的产业集聚带。发挥龙头企业带动作用，积极发展数字经济和共享经济，促进经济转型升级和社会发展。促进地区间动漫游戏、网络文化、数字文化装备、数字艺术展示等数字创意产业合作，推动数字创意在会展、电子商务、医疗卫生、教育服务、旅游休闲等领域应用。

第三节 加快发展现代服务业

建设国际金融枢纽。发挥香港在金融领域的引领带动作用，巩固和提升香港国际金融中心地位，打造服务“一带一路”建设的投融资平台。支持广州完善现代金融服务体系，建设区域性私募股权交易市场，建设产权、大宗商品区域交易中心，提升国际化水平。支持深圳依规发展以深圳证券交易所为核心的资本市场，加快推进金融开放创新。支持澳门打造中国–葡语国家金融服务平台，建立出口信用保险制度，建设成为葡语国家人民币清算中心，发挥中葡基金总部落户澳门的优势，承接中国与葡语国家金融合作服务。研究探索建设澳门–珠海跨境金融合作示范区。

大力发展特色金融产业。支持香港打造大湾区绿色金融中心，建设国际认可的绿色债券认证机构。支持广州建设绿色金融改革创新试验区，研究设立以碳排放为首个品种的创新型期货交易所。支持澳门发展租赁等特色金融业务，探索与邻近地区错位发展，研究在澳门建立以人民币计价结算的证券市场、绿色金融平台、中葡金融服务平台。支持深圳建设保险创新发展试验区，推进深港金融市场互联互通和深澳特色金融合作，开展科技金融试点，加强金融科技载体建设。支持珠海等市发挥各自优势，发展特色金融服务业。在符合法律法规及监管要求的前提下，支持粤港澳保险机构合作开发创新型跨境机动车保险和跨境医疗保险产品，为跨境保险客户提供便利化承保、查勘、理赔等服务。

有序推进金融市场互联互通。逐步扩大大湾区内人民币跨境使用规模和范围。大湾区内的银行机构可按照相关规定开展跨境人民币拆借、人民币即远期外汇交易业务以及与人民币相关衍生品业务、理财产品交叉代理销售业务。大湾区内的企业可按规定跨境发行人民币债券。扩大香港与内地居民和机构进行跨境投资的空间，稳步扩大两地居民投资对方金融产品的渠道。在依法合规前提下，有序推动大湾区内基金、保险等金融产品跨境交易，不断丰富投资产品类别和投资渠道，建立资金和产品互通机制。支持香港机构投资者按规定在大湾区募集人民币资金投资香港资本市场，参与投资境内私募股权投资基金和创业投资基金。支持香港开发更多离岸人民币、大宗商品及其他风险管理工具。支持内地与香港、澳门保险机构开展跨境人民币再保险业务。不断完善“沪港通”、“深港通”和“债券通”。支持符合条件的港澳银行、保险机构在深圳前海、广州南沙、珠海横琴设立经营机构。建立粤港澳大湾区金融监管协调沟通机制，加强跨境金融机构监管和资金流动监测分析合作。完善粤港澳反洗钱、反恐怖融资、反逃税监管合作和信息交流机制。建立和完善系统性风险预警、防范和化解体系，共同维护金融系统安全。

构建现代服务业体系。聚焦服务业重点领域和发展短板，促进商务服务、流通服务等生产性服务业向专业化和价值链高端延伸发展，健康服务、家庭服务等生活性服务业向精细和高品质转变，以航运物流、旅游服务、文化创意、人力资源服务、会议展览及其他专业服务等为重点，构建错位发展、优势互补、协作配套的现代服务业体系。推进粤港澳物流合作发展，大力发展第三方物流和冷链物流，提高供应链管理水平，建设国际物流枢纽。支持澳门加快建设葡语国家食品集散中心。推动粤港澳深化工业设计合作，促进工业设计成果产业化。深化粤港澳文化创意产业合作，有序推进市场开放。充分发挥香港影视人才优势，推动粤港澳影视合作，加强电影投资合作和人才交流，支持香港成为电影电视博览枢纽。巩固提升香港作为国际高端会议展览及采购中心的地位，支持澳门培育一批具有国际影响力的会议展览品牌。深化落实内地与香港、澳门关于建立更紧密经贸关系的安排

（CEPA）对港澳服务业开放措施，鼓励粤港澳共建专业服务机构，促进会计审计、法律及争议解决服务、管理咨询、检验检测认证、知识产权、建筑及相关工程等专业服务发展。支持大湾区企业使用香港的检验检测认证等服务。

第四节　大力发展海洋经济

坚持陆海统筹、科学开发，加强粤港澳合作，拓展蓝色经济空间，共同建设现代海洋产业基地。强化海洋观测、监测、预报和防灾减灾能力，提升海洋资源开发利用水平。优化海洋开发空间布局，与海洋功能区划、土地利用总体规划相衔接，科学统筹海岸带（含海岛地区）、近海海域、深海海域利用。构建现代海洋产业体系，优化提升海洋渔业、海洋交通运输、海洋船舶等传统优势产业，培育壮大海洋生物医药、海洋工程装备制造、海水综合利用等新兴产业，集中集约发展临海石化、能源等产业，加快发展港口物流、滨海旅游、海洋信息服务等海洋服务业，加强海洋科技创新平台建设，促进海洋科技创新和成果高效转化。支持香港发挥海洋经济基础领域创新研究优势。在保障珠江河口水域泄洪纳潮安全的前提下，支持澳门科学编制实施海域中长期发展规划，进一步发展海上旅游、海洋科技、海洋生物等产业。支持深圳建设全球海洋中心城市。支持粤港澳通过加强金融合作推进海洋经济发展，探索在境内外发行企业海洋开发债券，鼓励产业（股权）投资基金投资海洋综合开发企业和项目，依托香港高增值海运和金融服务的优势，发展海上保险、再保险及船舶金融等特色金融业。

第七章　推进生态文明建设

牢固树立和践行绿水青山就是金山银山的理念，像对待生命一样对待生态环境，实行最严格的生态环境保护制度。坚持节约优先、保护优先、自然恢复为主的方针，以建设美丽湾区为引领，着力提升生态环境质量，形成节约资源和保护环境的空间格局、产业结构、生产方式、生活方式，实现绿色低碳循环发展，使大湾区天更蓝、山更绿、水更清、环境更优美。

第一节　打造生态防护屏障

实施重要生态系统保护和修复重大工程，构建生态廊道和生物多样性保护网络，提升生态系统质量和稳定性。划定并严守生态保护红线，强化自然生态空间用途管制。加强珠三角周边山地、丘陵及森林生态系统保护，建设北部连绵山体森林生态屏障。加强海岸线保护与管控，强化岸线资源保护和自然属性维护，建立健全海岸线动态监测机制。强化近岸海域生态系统保护与修复，开展水生生物增殖放流，推进重要海洋自然保护区及水产种质资源保护区建设与管理。推进“蓝色海湾”整治行动、保护沿海红树林，建设沿海生态带。加强粤港澳生态环境保护合作，共同改善生态环境系统。加强湿地保护修复，全面保护区域内国际和国家重要湿地，开展滨海湿地跨境联合保护。

第二节　加强环境保护和治理

开展珠江河口区域水资源、水环境及涉水项目管理合作，重点整治珠江东西两岸污染，规范入河（海）排污口设置，强化陆源污染排放项目、涉水项目和岸线、滩涂管理。加强海洋资源环境保护，更加重视以海定陆，加快建立入海污染物总量控制制度和海洋环境实时在线监控系统。实施东江、西江及珠三角河网区污染物排放总量控制，保障水功能区水质达标。加强东江、西江、北江等重要江河水环境保护和水生生物资源养护，强化深圳河等重污染河流系统治理，推进城市黑臭水体环境综合整治，贯通珠江三角洲水网，构建全区域绿色生态水网。强化区域大气污染联防联控，实施更严格的清洁航运政策，实施多污染物协同减排，统筹防治臭氧和细颗粒物（PM2.5）污染。实施珠三角九市空气质量达标管理。加强危险废物区域协同处理处置能力建设，强化跨境转移监管，提升固体废物无害化、减量化、资源化水平。开展粤港澳土壤治理修复技术交流与合作，积极推进受污染土壤的治理与修复示范，强化受污染耕地和污染地块安全利用，防控农业面源污染，保障农产品质量和人居环境安全。建立环境污染“黑名单”制度，健全环保信用评价、信息强制性披露、严惩重罚等制度。着力解决人民群众关心的环境保护历史遗留问题。

第三节　创新绿色低碳发展模式

挖掘温室气体减排潜力，采取积极措施，主动适应气候变化。加强低碳发展及节能环保技术的交流合作，进一步推广清洁生产技术。推进低碳试点示范，实施近零碳排放区示范工程，加快低碳技术研发。推动大湾区开展绿色低碳发展评价，力争碳排放早日达峰，建设绿色发展示范区。推动制造业智能化绿色化发展，采用先进适用节能低碳环保技术改造提升传统产业，加快构建绿色产业体系。推进能源生产和消费革命，构建清洁低碳、安全高效的能源体系。推进资源全面节约和循环利用，实施国家节水行动，降低能耗、物耗，实现生产系统和生活系统循环链接。实行生产者责任延伸制度，推动生产企业切实落实废弃产品回收责任。培育发展新兴服务业态，加快节能环保与大数据、互联网、物联网的融合。广泛开展绿色生活行动，推动居民在衣食住行游等方面加快向绿色低碳、文明健康的方式转变。加强城市绿道、森林湿地步道等公共慢行系统建设，鼓励低碳出行。推广碳普惠制试点经验，推动粤港澳碳标签互认机制研究与应用示范。

第八章　建设宜居宜业宜游的优质生活圈

坚持以人民为中心的发展思想，积极拓展粤港澳大湾区在教育、文化、旅游、社会保障等领域的合作，共同打造公共服务优质、宜居宜业宜游的优质生活圈。

第一节　打造教育和人才高地

推动教育合作发展。支持粤港澳高校合作办学，鼓励联合共建优势学科、实验室和研究中心。充分发挥粤港澳高校联盟的作用，鼓励三地高校探索开展相互承认特定课程学分、实施更灵活的交换生安排、科研成果分享转化等方面的合作交流。支持大湾区建设国际教育示范区，引进世界知名大学和特色学院，推进世界一流大学和一流学科建设。鼓励港澳青年到内地学校就读，对持港澳居民来往内地通行证在内地就读的学生，实行与内地学生相同的交通、旅游门票等优惠政策。推进粤港澳职业教育在招生就业、培养培训、师生交流、技能竞赛等方面的合作，创新内地与港澳合作办学方式，支持各类职业教育实训基地交流合作，共建一批特色职业教育园区。支持澳门建设中葡双语人才培训基地，发挥澳门旅游教育培训和旅游发展经验优势，建设粤港澳大湾区旅游教育培训基地。加强基础教育交流合作，鼓励粤港澳三地中小学校结为“姊妹学校”，在广东建设港澳子弟学校或设立港澳儿童班并提供寄宿服务。研究探索三地幼儿园缔结“姊妹园”。研究开放港澳中小学教师、幼儿教师到广东考取教师资格并任教。加强学校建设，扩大学位供给，进一步完善跨区域就业人员随迁子女就学政策，推动实现平等接受学前教育、义务教育和高中阶段教育，确保符合条件的随迁子女顺利在流入地参加高考。研究赋予在珠三角九市工作生活并符合条件的港澳居民子女与内地居民同等接受义务教育和高中阶段教育的权利。支持各级各类教育人才培训交流。

建设人才高地。支持珠三角九市借鉴港澳吸引国际高端人才的经验和做法，创造更具吸引力的引进人才环境，实行更积极、更开放、更有效的人才引进政策，加快建设粤港澳人才合作示范区。在技术移民等方面先行先试，开展外籍创新人才创办科技型企业享受国民待遇试点。支持大湾区建立国家级人力资源服务产业园。建立紧缺人才清单制度，定期发布紧缺人才需求，拓宽国际人才招揽渠道。完善外籍高层次人才认定标准，畅通人才申请永久居留的市场化渠道，为外籍高层次人才在华工作、生活提供更多便利。完善国际化人才培养模式，加强人才国际交流合作，推进职业资格国际互认。完善人才激励机制，健全人才双向流动机制，为人才跨地区、跨行业、跨体制流动提供便利条件，充分激发人才活力。支持澳门加大创新型人才和专业服务人才引进力度，进一步优化提升人才结构。探索采用法定机构或聘任制等形式，大力引进高层次、国际化人才参与大湾区的建设和管理。

第二节　共建人文湾区

塑造湾区人文精神。坚定文化自信，共同推进中华优秀传统文化传承发展，发挥粤港澳地域相近、文脉相亲的优势，联合开展跨界重大文化遗产保护，合作举办各类文化遗产展览、展演活动，保护、宣传、利用好湾区内的文物古迹、世界文化遗产和非物质文化遗产，支持弘扬以粤剧、龙舟、武术、醒狮等为代表的岭南文化，彰显独特文化魅力。增强大湾区文化软实力，进一步提升居民文化素养与社会文明程度，共同塑造和丰富湾区人文精神内涵。吸收中华优秀传统文化精华，大力弘扬廉洁修身、勤勉尽责的廉洁文化，形成崇廉尚洁的良好社会氛围，共同维护向善向上的清风正气，构建亲清新型政商关系，推动廉洁化风成俗。

共同推动文化繁荣发展。完善大湾区内公共文化服务体系和文化创意产业体系，培育文化人才，打造文化精品，繁荣文化市场，丰富居民文化生活。推进大湾区新闻出版广播影视产业发展；加强国家音乐产业基地建设，推动音乐产业发展。加强大湾区艺术院团、演艺学校及文博机构交流，支持博物馆合作策展，便利艺术院团在大湾区内跨境演出。支持新建香港故宫文化博物馆、西九文化区戏曲中心等重点文化项目，增强香港中西合璧的城市文化魅力。支持香港通过国际影视展、香港书展和设计营商周等具有国际影响力的活动，汇聚创意人才，巩固创意之都地位。支持深圳引进世界高端创意设计资源，大力发展时尚文化产业。支持香港、澳门、广州、佛山（顺德）弘扬特色饮食文化，共建世界美食之都。共同推进大湾区体育事业和体育产业发展，联合打造一批国际性、区域性品牌赛事。推进马匹运动及相关产业发展，加强香港与内地在马匹、饲草饲料、兽药、生物制品等进出境检验检疫和通关等方面的合作。

加强粤港澳青少年交流。支持“粤港澳青年文化之旅”、香港“青年内地交流资助计划”和澳门“千人计划”等重点项目实施，促进大湾区青少年交流合作。在大湾区为青年人提供创业、就业、实习和志愿工作等机会，推动青年人交往交流、交心交融，支持港澳青年融入国家、参与国家建设。强化内地和港澳青少年的爱国教育，加强宪法和基本法、国家历史、民族文化的教育宣传。开展青少年研学旅游合作，共建一批研学旅游示范基地。鼓励举办大湾区青年高峰论坛。

推动中外文化交流互鉴。发挥大湾区中西文化长期交汇共存等综合优势，促进中华文化与其他文化的交流合作，创新人文交流方式，丰富文化交流内容，提高文化交流水平。支持广州建设岭南文化中心和对外文化交流门户，扩大岭南文化的影响力和辐射力。支持中山深度挖掘和弘扬孙中山文化资源。支持江门建设华侨华人文化交流合作重要平台。支持澳门发挥东西方多元文化长期交融共存的特色，加快发展文化产业和文化旅游，建设中国与葡语国家文化交流中心。鼓励香港发挥中西方文化交流平台作用，弘扬中华优秀传统文化。

第三节　构筑休闲湾区

推进大湾区旅游发展，依托大湾区特色优势及香港国际航运中心的地位，构建文化历史、休闲度假、养生保健、邮轮游艇等多元旅游产品体系，丰富粤港澳旅游精品路线，开发高铁“一程多站”旅游产品，建设粤港澳大湾区世界级旅游目的地。优化珠三角地区“144 小时过境免签”政策，便利外国人在大湾区旅游观光。支持香港成为国际城市旅游枢纽及“一程多站”示范核心区，建设多元旅游平台。支持澳门建设世界旅游休闲中心，在澳门成立大湾区城市旅游合作联盟，推进粤港澳共享区域旅游资源，构建大湾区旅游品牌，研发具有创意的旅游产品，共同拓展旅游客源市场，推动旅游休闲提质升级。有序推动香港、广州、深圳国际邮轮港建设，进一步增加国际班轮航线，探索研究简化邮轮、游艇及旅客出入境手续。逐步简化及放宽内地邮轮旅客的证件安排，研究探索内地邮轮旅客以过境方式赴港参与全部邮轮航程。推动粤港澳游艇自由行有效实施，加快完善软硬件设施，共同开发高端旅游项目。探索在合适区域建设国际游艇旅游自由港。支持澳门与邻近城市探索发展国际游艇旅游，合作开发跨境旅游产品，发展面向国际的邮轮市场。支持珠三角城市建设国家全域旅游示范区。促进滨海旅游业高品质发展，加快“海洋—海岛—海岸”旅游立体开发，完善滨海旅游基础设施与公共服务体系。探索以旅游等服务业为主体功能的无居民海岛整岛开发方式。建设贯通潮州到湛江并连接港澳的滨海景观公路，推动形成连通港澳的滨海旅游发展轴线，建设一批滨海特色风情小镇。探索开通澳门与邻近城市、岛屿的旅游路线，探索开通香港—深圳—惠州—汕尾海上旅游航线。

第四节 拓展就业创业空间

完善区域公共就业服务体系，建设公共就业综合服务平台，完善有利于港澳居民特别是内地学校毕业的港澳学生在珠三角九市就业生活的政策措施，扩宽港澳居民就业创业空间。鼓励港澳居民中的中国公民依法担任内地国有企事业单位职务，研究推进港澳居民中的中国公民依法报考内地公务员工作。在深圳前海、广州南沙、珠海横琴建立港澳创业就业试验区，试点允许取得建筑及相关工程咨询等港澳相应资质的企业和专业人士为内地市场主体直接提供服务，并逐步推出更多试点项目及开放措施。支持港澳青年和中小微企业在内地发展，将符合条件的港澳创业者纳入当地创业补贴扶持范围，积极推进深港青年创新创业基地、前海深港青年梦工场、南沙粤港澳（国际）青年创新工场、中山粤港澳青年创新创业合作平台、中国（江门、增城）“侨梦苑”华侨华人创新产业聚集区、东莞松山湖（生态园）港澳青年创新创业基地、惠州仲恺港澳青年创业基地等港澳青年创业就业基地建设。实施“粤港暑期实习计划”、“粤澳暑期实习计划”和“澳门青年到深圳实习及就业项目”，鼓励港澳青年到广东省实习就业。支持香港通过“青年发展基金”等帮助香港青年在大湾区创业就业。支持澳门建设中国与葡语国家青年创新创业交流中心。支持举办粤港、粤澳劳动监察合作会议和执法培训班。

第五节 塑造健康湾区

密切医疗卫生合作。推动优质医疗卫生资源紧密合作，支持港澳医疗卫生服务提供主体在珠三角九市按规定以独资、合资或合作等方式设置医疗机构，发展区域医疗联合体和区域性医疗中心。支持中山推进生物医疗科技创新。深化中医药领域合作，支持澳门、香港分别发挥中药质量研究国家重点实验室伙伴实验室和香港特别行政区政府中药检测中心优势，与内地科研机构共同建立国际认可的中医药产品质量标准，推进中医药标准化、国际化。支持粤澳合作中医药科技产业园开展中医药产品海外注册公共服务平台建设，发展健康产业，提供优质医疗保健服务，推动中医药海外发展。加强医疗卫生人才联合培养和交流，开展传染病联合会诊，鼓励港澳医务人员到珠三角九市开展学术交流和私人执业医务人员短期执业。研究开展非急重病人跨境陆路转运服务，探索在指定公立医院开展跨境转诊合作试点。完善紧急医疗救援联动机制。推进健康城市、健康村镇建设。

加强食品食用农产品安全合作。完善港澳与内地间的食品原产地可追溯制度，提高大湾区食品安全监管信息化水平。加强粤港澳食品安全合作，提升区域食品安全保障水平，建立健全食品安全信息通报案件查处和食品安全事故应急联动机制，建立食品安全风险交流与信息发布制度。保障内地供港澳食品安全，支持港澳参与广东出口食品农产品质量安全示范区和“信誉农场”建设，高水平打造惠州粤港澳绿色农产品生产供应基地、肇庆（怀集）绿色农副产品集散基地。

第六节　促进社会保障和社会治理合作

推进社会保障合作。探索推进在广东工作和生活的港澳居民在教育、医疗、养老、住房、交通等民生方面享有与内地居民同等的待遇。加强跨境公共服务和社会保障的衔接，探索澳门社会保险在大湾区内跨境使用，提高香港长者社会保障措施的可携性。研究建立粤港澳跨境社会救助信息系统，开展社会福利和慈善事业合作。鼓励港澳与内地社会福利界加强合作，推进社会工作领域职业资格互认，加强粤港澳社工的专业培训交流。深化养老服务合作，支持港澳投资者在珠三角九市按规定以独资、合资或合作等方式兴办养老等社会服务机构，为港澳居民在广东养老创造便利条件。推进医养结合，建设一批区域性健康养老示范基地。

深化社会治理合作。深入推进依法行政，加强大湾区廉政机制协同，打造优质高效廉洁政府，提升政府服务效率和群众获得感。在珠三角九市港澳居民比较集中的城乡社区，有针对性地拓展社区综合服务功能，为港澳居民提供及时、高效、便捷的社会服务。严格依照宪法和基本法办事，在尊重各自管辖权的基础上，加强粤港澳司法协助。建立社会治安治理联动机制，强化矛盾纠纷排查预警和案件应急处置合作，联合打击偷渡行为，更大力度打击跨境犯罪活动，统筹应对传统和非传统安全威胁。完善突发事件应急处置机制，建立粤港澳大湾区应急协调平台，联合制定事故灾难、自然灾害、公共卫生事件、公共安全事件等重大突发事件应急预案，不定期开展应急演练，提高应急合作能力。

第九章　紧密合作共同参与“一带一路”建设

深化粤港澳合作，进一步优化珠三角九市投资和营商环境，提升大湾区市场一体化水平，全面对接国际高标准市场规则体系，加快构建开放型经济新体制，形成全方位开放格局，共创国际经济贸易合作新优势，为“一带一路”建设提供有力支撑。

第一节　打造具有全球竞争力的营商环境

发挥香港、澳门的开放平台与示范作用，支持珠三角九市加快建立与国际高标准投资和贸易规则相适应的制度规则，发挥市场在资源配置中的决定性作用，减少行政干预，加强市场综合监管，形成稳定、公平、透明、可预期的一流营商环境。加快转变政府职能，深化“放管服”改革，完善对外资实行准入前国民待遇加负面清单管理模式，深化商事制度改革，加强事中事后监管。加强粤港澳司法交流与协作，推动建立共商、共建、共享的多元化纠纷解决机制，为粤港澳大湾区建设提供优质、高效、便捷的司法服务和保障，着力打造法治化营商环境。完善国际商事纠纷解决机制，建设国际仲裁中心，支持粤港澳仲裁及调解机构交流合作，为粤港澳经济贸易提供仲裁及调解服务。创新“互联网+政务服务”模式，加快清理整合分散、独立的政务信息系统，打破“信息孤岛”，提高行政服务效率。探索把具备条件的行业服务管理职能适当交由社会组织承担，建立健全行业协会法人治理结构。充分发挥行业协会商会在制定技术标准、规范行业秩序、开拓国际市场、应对贸易摩擦等方面的积极作用。加快珠三角九市社会信用体系建设，借鉴港澳信用建设经验成果，探索依法对区域内企业联动实施信用激励和失信惩戒措施。

第二节　提升市场一体化水平

推进投资便利化。落实内地与香港、澳门 CEPA 系列协议，推动对港澳在金融、教育、法律及争议解决、航运、物流、铁路运输、电信、中医药、建筑及相关工程等领域实施特别开放措施，研究进一步取消或放宽对港澳投资者的资质要求、持股比例、行业准入等限制，在广东为港澳投资者和相关从业人员提供一站式服务，更好落实 CEPA 框架下对港澳开放措施。提升投资便利化水平。在 CEPA 框架下研究推出进一步开放措施，使港澳专业人士与企业在内地更多领域从业投资营商享受国民待遇。

推动贸易自由化。加快国际贸易单一窗口建设，推进口岸监管部门间信息互换、监管互认、执法互助。研究优化相关管理措施，进一步便利港澳企业拓展内地市场。支持广州南沙建设全球进出口商品质量溯源中心。加快推进市场采购贸易方式试点。落实内地与香港、澳门 CEPA 服务贸易协议，进一步减少限制条件，不断提升内地与港澳服务贸易自由化水平。有序推进制定与国际接轨的服务业标准化体系，促进粤港澳在与服务贸易相关的人才培养、资格互认、标准制定等方面加强合作。扩大内地与港澳专业资格互认范围，拓展“一试三证”（一次考试可获得国家职业资格认证、港澳认证及国际认证）范围，推动内地与港澳人员跨境便利执业。

促进人员货物往来便利化。通过电子化、信息化等手段，不断提高港澳居民来往内地通行证使用便利化水平。研究为符合条件的珠三角九市人员赴港澳开展商务、科研、专业服务等提供更加便利的签注安排。统筹研究外国人在粤港澳大湾区内的便利通行政策和优化管理措施。加强内地与港澳口岸部门协作，扩展和完善口岸功能，依法推动在粤港澳口岸实施更便利的通关模式，研究在条件允许的情况下主要陆路口岸增加旅客出入境自助查验通道，进一步便利港澳与内地居民往来。研究制定港澳与内地车辆通行政策和配套交通管理措施，促进交通物流发展。进一步完善澳门单牌机动车便利进出横琴的政策措施，研究扩大澳门单牌机动车在内地行驶范围；研究制定香港单牌机动车进入内地行驶的政策措施；完善粤港、粤澳两地牌机动车管理政策措施，允许两地牌机动车通过多个口岸出入境。

第三节　携手扩大对外开放

打造“一带一路”建设重要支撑区。支持粤港澳加强合作，共同参与“一带一路”建设，深化与相关国家和地区基础设施互联互通、经贸合作及人文交流。签署实施支持香港、澳门全面参与和助力“一带一路”建设安排，建立长效协调机制，推动落实重点任务。强化香港全球离岸人民币业务枢纽地位，支持澳门以适当方式与丝路基金、中拉产能合作投资基金、中非产能合作基金和亚洲基础设施投资银行（以下简称亚投行）开展合作。支持香港成为解决“一带一路”建设项目投资和商业争议的服务中心。支持香港、澳门举办与“一带一路”建设主题相关的各类论坛或博览会，打造港澳共同参与“一带一路”建设的重要平台。

全面参与国际经济合作。依托港澳的海外商业网络和海外运营经验优势，推动大湾区企业联手走出去，在国际产能合作中发挥重要引领作用。积极引导华侨华人参与大湾区建设，更好发挥华侨华人、归侨侨眷以及港澳居民的纽带作用，增进与相关国家和地区的人文交流。加强与世界主要经济体联系，吸引发达国家先进制造业、现代服务业和战略性新兴产业投资，吸引跨国公司总部和国际组织总部落户大湾区。加快引进国际先进技术、管理经验和高素质人才，支持跨国公司在大湾区内设立全球研发中心、实验室和开放式创新平台，提升大湾区对全球资源的配置能力。加强粤港澳港口国际合作，与相关国家和地区共建港口产业园区，建设区域性港口联盟。充分发挥港澳在国家对外开放中的特殊地位与作用，支持香港、澳门依法以“中国香港”、“中国澳门”名义或者其他适当形式，对外签署自由贸易协定和参加有关国际组织，支持香港在亚投行运作中发挥积极作用，支持澳门在符合条件的情况下加入亚投行，支持丝路基金及相关金融机构在香港、澳门设立分支机构。

携手开拓国际市场。充分发挥港澳对外贸易联系广泛的作用，探索粤港澳共同拓展国际发展空间新模式。鼓励粤港澳三地企业合作开展绿地投资、实施跨国兼并收购和共建产业园区，支持港澳企业与境外经贸合作区对接，共同开拓国际市场，带动大湾区产品、设备、技术、标准、检验检测认证和管理服务等走出去。发挥港澳在财务、设计、法律及争议解决、管理咨询、项目策划、人才培训、海运服务、建筑及相关工程等方面国际化专业服务优势，扩展和优化国际服务网络，为企业提供咨询和信息支持。发挥香港国际金融中心作用，为内地企业走出去提供投融资和咨询等服务。支持内地企业在香港设立资本运作中心及企业财资中心，开展融资、财务管理等业务，提升风险管控水平。支持香港与佛山开展离岸贸易合作。支持搭建“一带一路”共用项目库。加强内地与港澳驻海外机构的信息交流，联合开展投资贸易环境推介和项目服务，助力三地联合开展引进来和走出去工作。发挥澳门与葡语国家的联系优势，依托中国与葡语国家商贸合作服务平台，办好中国–葡语国家经贸合作论坛（澳门），更好发挥中葡合作发展基金作用，为内地和香港企业与葡语国家之间的贸易投资、产业及区域合作、人文及科技交流等活动提供金融、法律、信息等专业服务，联手开拓葡语国家和其他地区市场。

第十章 共建粤港澳合作发展平台

加快推进深圳前海、广州南沙、珠海横琴等重大平台开发建设，充分发挥其在进一步深化改革、扩大开放、促进合作中的试验示范作用，拓展港澳发展空间，推动公共服务合作共享，引领带动粤港澳全面合作。

第一节 优化提升深圳前海深港现代服务业合作区功能

强化前海合作发展引擎作用。适时修编前海深港现代服务业合作区总体发展规划，研究进一步扩展前海发展空间，并在新增范围内实施前海有关支持政策。联动香港构建开放型、创新型产业体系，加快迈向全球价值链高端。推进金融开放创新，拓展离岸账户（OSA）功能，借鉴上海自贸试验区自由贸易账户体系（FTA），积极探索资本项目可兑换的有效路径。支持香港交易所前海联合交易中心建成服务境内外客户的大宗商品现货交易平台，探索服务实体经济的新模式。加强深港绿色金融和金融科技合作。建设跨境经贸合作网络服务平台，助力企业走出去开拓国际市场。建设新型国际贸易中心，发展离岸贸易，打造货权交割地。建设国际高端航运服务中心，发展航运金融等现代航运服务业。建设离岸创新创业平台，允许科技企业区内注册、国际经营。支持在有条件的海关特殊监管区域开展保税研发业务。建设国际文化创意基地，探索深港文化创意合作新模式。

加强法律事务合作。合理运用经济特区立法权，加快构建适应开放型经济发展的法律体系，加强深港司法合作交流。加快法律服务业发展，鼓励支持法律服务机构为“一带一路”建设和内地企业走出去提供服务，深化粤港澳合伙联营律师事务所试点，研究港澳律师在珠三角九市执业资质和业务范围问题，构建多元化争议解决机制，联动香港打造国际法律服务中心和国际商事争议解决中心。实行严格的知识产权保护，强化知识产权行政保护，更好发挥知识产权法庭作用。

建设国际化城市新中心。支持在深圳前海设立口岸，研究加强与香港基础设施高效联通。扩大香港工程建设模式实施范围，推出更多对香港建筑及相关工程业界的开放措施。借鉴香港经验提升城市建设和营运管理水平，建设国际一流的森林城市，突出水城共融城市特色，打造可持续发展的绿色智慧生态城区。引进境内外高端教育、医疗资源，提供国际化高品质社会服务。支持国际金融机构在深圳前海设立分支机构。

第二节　打造广州南沙粤港澳全面合作示范区

携手港澳建设高水平对外开放门户。充分发挥国家级新区和自贸试验区优势，加强与港澳全面合作，加快建设大湾区国际航运、金融和科技创新功能的承载区，成为高水平对外开放门户。合理统筹解决广州南沙新增建设用地规模，调整优化城市布局和空间结构，强化与周边地区在城市规划、综合交通、公共服务设施等方面的一体化衔接，构建“半小时交通圈”。支持广州南沙与港澳合作建设中国企业走出去综合服务基地和国际交流平台，建设我国南方重要的对外开放窗口。

共建创新发展示范区。强化粤港澳联合科技创新，共同将广州南沙打造为华南科技创新成果转化高地，积极布局新一代信息技术、人工智能、生命健康、海洋科技、新材料等科技前沿领域，培育发展平台经济、共享经济、体验经济等新业态。支持粤港澳三地按共建共享原则，在广州南沙规划建设粤港产业深度合作园，探索建设粤澳合作葡语国家产业园，合作推进园区规划、建设、开发等重大事宜。在内地管辖权和法律框架下，营造高标准的国际化市场化法治化营商环境，提供与港澳相衔接的公共服务和社会管理环境，为港澳产业转型升级、居民就业生活提供新空间。

建设金融服务重要平台。强化金融服务实体经济的本源，着力发展航运金融、科技金融、飞机船舶租赁等特色金融。支持与港澳金融机构合作，按规定共同发展离岸金融业务，探索建设国际航运保险等创新型保险要素交易平台。研究探索在广东自贸试验区内设立粤港澳大湾区国际商业银行，服务大湾区建设发展。探索建立与粤港澳大湾区发展相适应的账户管理体系，在跨境资金管理、人民币跨境使用、资本项目可兑换等方面先行先试，促进跨境贸易、投融资结算便利化。

打造优质生活圈。高标准推进广州南沙城市规划建设，强化生态核心竞争力，彰显岭南文化、水乡文化和海洋文化特色，建设国际化城市。积极探索有利于人才发展的政策和机制，加快创建国际化人才特区。提升社会服务水平，为区内居民提供更加便利的条件。

第三节　推进珠海横琴粤港澳深度合作示范

建设粤港澳深度合作示范区。配合澳门建设世界旅游休闲中心，高水平建设珠海横琴国际休闲旅游岛，统筹研究旅客往来横琴和澳门的便利措施，允许澳门旅游从业人员到横琴提供相关服务。支持横琴与珠海保税区、洪湾片区联动发展，建设粤港澳物流园。加快推进横琴澳门青年创业谷和粤澳合作产业园等重大合作项目建设，研究建设粤澳信息港。支持粤澳合作中医药科技产业园发展，探索加强与国家中医药现代化科技产业创新联盟的合作，在符合相关法律法规前提下，为园区内的企业新药研发、审批等提供指导。探索符合条件的港澳和外籍医务人员直接在横琴执业。

加强民生合作。支持珠海和澳门在横琴合作建设集养老、居住、教育、医疗等功能于一体的综合民生项目，探索澳门医疗体系及社会保险直接适用并延伸覆盖至该项目。在符合横琴城市规划建设基本要求的基础上，探索实行澳门的规划及工程监管机制，由澳门专业人士和企业参与民生项目开发和管理。研究设立为澳门居民在横琴治病就医提供保障的医疗基金。研究在横琴设立澳门子弟学校。

加强对外开放合作。支持横琴与澳门联手打造中拉经贸合作平台，搭建内地与“一带一路”相关国家和地区的国际贸易通道，推动跨境交付、境外消费、自然人移动、商业存在等服务贸易模式创新。支持横琴为澳门发展跨境电商产业提供支撑，推动葡语国家产品经澳门更加便捷进入内地市场。研究将外国人签证居留证件签发权限下放至横琴。

第四节　发展特色合作平台

支持珠三角九市发挥各自优势，与港澳共建各类合作园区，拓展经济合作空间，实现互利共赢。支持落马洲河套港深创新及科技园和毗邻的深方科创园区建设，共同打造科技创新合作区，建立有利于科技产业创新的国际化营商环境，实现创新要素便捷有效流动。支持江门与港澳合作建设大广海湾经济区，拓展在金融、旅游、文化创意、电子商务、海洋经济、职业教育、生命健康等领域合作。加快江门银湖湾滨海地区开发，形成国际节能环保产业集聚地以及面向港澳居民和世界华侨华人的引资引智创业创新平台。推进澳门和中山在经济、社会、文化等方面深度合作，拓展澳门经济适度多元发展新空间。支持东莞与香港合作开发建设东莞滨海湾地区，集聚高端制造业总部、发展现代服务业，建设战略性新兴产业研发基地。支持佛山南海推动粤港澳高端服务合作，搭建粤港澳市场互联、人才信息技术等经济要素互通的桥梁。

第十一章　规划实施

第一节　加强组织领导

加强对规划实施的统筹指导，设立粤港澳大湾区建设领导小组，研究解决大湾区建设中政策实施、项目安排、体制机制创新、平台建设等方面的重大问题。广东省政府和香港、澳门特别行政区政府要加强沟通协商，稳步落实《深化粤港澳合作推进大湾区建设框架协议》与本规划确定的目标和任务。鼓励大湾区城市间开展多种形式的合作交流，共同推进大湾区建设。

第二节　推动重点工作

中央有关部门要结合自身职能，抓紧制定支持大湾区发展的具体政策和措施，与广东省政府和香港、澳门特别行政区政府加强沟通，坚持用法治化市场化方式协调解决大湾区合作发展中的问题。广东省政府和香港、澳门特别行政区政府要在相互尊重的基础上，积极协调配合，共同编制科技创新、基础设施、产业发展、生态环境保护等领域的专项规划或实施方案并推动落实。国家发展改革委要会同国务院港澳办等有关部门对本规划实施情况进行跟踪分析评估，根据新情况新问题研究提出规划调整建议，重大问题及时向党中央、国务院报告。

第三节　防范化解风险

做好防范化解重大风险工作，重点防控金融风险。强化属地金融风险管理责任，做好重点领域风险防范和处置，坚决打击违法违规金融活动，加强薄弱环节监管制度建设，守住不发生系统性金融风险的底线。广东省要严格落实预算法有关规定，强化地方政府债务限额管理，有效规范政府举债融资；加大财政约束力度，有效抑制不具有还款能力的项目建设；加大督促问责力度，坚决制止违法违规融资担保行为。

第四节　扩大社会参与

支持内地与港澳智库加强合作，为大湾区发展提供智力支持。建立行政咨询体系，邀请粤港澳专业人士为大湾区发展提供意见建议。支持粤港澳三地按照市场化原则，探索成立联合投资开发机构和发展基金，共同参与大湾区建设。支持粤港澳工商企业界、劳工界、专业服务界、学术界等建立联系机制，加强交流与合作。扩大大湾区建设中的公众参与，畅通公众意见反馈渠道，支持各类市场主体共同参与大湾区建设发展。

科技部印发《关于促进新型研发机构发展的指导意见》的通知

（国科发政〔2019〕313号）

各省、自治区、直辖市及计划单列市、副省级城市科技厅（委、局），新疆生产建设兵团科技局：

为深入实施创新驱动发展战略，推动新型研发机构健康有序发展，提升国家创新体系整体效能，科技部制定了《关于促进新型研发机构发展的指导意见》，现印发给你们，请认真贯彻执行。

科技部

2019年9月12日

关于促进新型研发机构发展的指导意见

为深入实施创新驱动发展战略，推动新型研发机构健康有序发展，提升国家创新体系整体效能，提出如下意见。

一、新型研发机构是聚焦科技创新需求，主要从事科学研究、技术创新和研发服务，投资主体多元化、管理制度现代化、运行机制市场化、用人机制灵活的独立法人机构，可依法注册为科技类民办非企业单位（社会服务机构）、事业单位和企业。

二、促进新型研发机构发展，要突出体制机制创新，强化政策引导保障，注重激励约束并举，调动社会各方参与。通过发展新型研发机构，进一步优化科研力量布局，强化产业技术供给，促进科技成果转移转化，推动科技创新和经济社会发展深度融合。

三、发展新型研发机构，坚持“谁举办、谁负责，谁设立、谁撤销”。举办单位（业务主管单位、出资人）应当为新型研发机构管理运行、研发创新提供保障，引导新型研发机构聚焦科学研究、技术创新和研发服务，避免功能定位泛化，防止向其他领域扩张。

四、新型研发机构一般应符合以下条件。

（一）具有独立法人资格，内控制度健全完善。

（二）主要开展基础研究、应用基础研究，产业共性关键技术研发、科技成果转移转化，以及研发服务等。

（三）拥有开展研发、试验、服务等所必需的条件和设施。

（四）具有结构相对合理稳定、研发能力较强的人才团队。

（五）具有相对稳定的收入来源，主要包括出资方投入，技术开发、技术转让、技术服务、技术咨询收入，政府购买服务收入以及承接科研项目获得的经费等。

五、多元投资设立的新型研发机构，原则上应实行理事会、董事会（以下简称“理事会”）决策制和院长、所长、总经理（以下简称“院所长”）负责制，根据法律法规和出资方协议制定章程，依照章程管理运行。

（一）章程应明确理事会的职责、组成、产生机制，理事长和理事的产生、任职资格，主要经费来源和业务范围，主营业务收益管理以及政府支持的资源类收益分配机制等。

（二）理事会成员原则上应包括出资方、产业界、行业领域专家以及本机构代表等。理事会负责选定院所长，制定修改章程、审定发展规划、年度工作计划、财务预决算、薪酬分配等重大事项。

（三）法定代表人一般由院所长担任。院所长全面负责科研业务和日常管理工作，推动内控管理和监督，执行理事会决议，对理事会负责。

（四）建立咨询委员会，就机构发展战略、重大科学技术问题、科研诚信和科研伦理等开展咨询。

六、新型研发机构应全面加强党的建设。根据《中国共产党章程》规定，设立党的组织，充分发挥党组织在新型研发机构中的战斗堡垒作用，强化政治引领，切实保证党的领导贯彻落实到位。

七、推动新型研发机构建立科学化的研发组织体系和内控制度，加强科研诚信和科研伦理建设。新型研发机构根据科学研究、技术创新和研发服务实际需求，自主确定研发选题，动态设立调整研发单元，灵活配置科研人员、组织研发团队、调配科研设备。

八、新型研发机构应采用市场化用人机制、薪酬制度，充分发挥市场机制在配置创新资源中的决定性作用，自主面向社会公开招聘人员，对标市场化薪酬合理确定职工工资水平，建立与创新能力和创新绩效相匹配的收入分配机制。以项目合作等方式在新型研发机构兼职开展技术研发和服务的高校、科研机构人员按照双方签订的合同进行管理。

九、新型研发机构应建立分类评价体系。围绕科学研究、技术创新和研发服务等，科学合理设置评价指标，突出创新质量和贡献，注重发挥用户评价作用。

十、鼓励新型研发机构实行信息披露制度，通过公开渠道面向社会公开重大事项、年度报告等。

十一、符合条件的新型研发机构，可适用以下政策措施。

（一）按照要求申报国家科技重大专项、国家重点研发计划、国家自然科学基金等各类政府科技项目、科技创新基地和人才计划。

（二）按照规定组织或参与职称评审工作。

（三）按照《中华人民共和国促进科技成果转化法》等规定，通过股权出售、股权奖励、股票期权、项目收益分红、岗位分红等方式，激励科技人员开展科技成果转化。

（四）结合产业发展实际需求，构建产业技术创新战略联盟，探索长效稳定的产学研结合机制，组织开展产业技术研发创新、制订行业技术标准。

（五）积极参与国际科技和人才交流合作。建设国家国际科技合作基地和国家引才引智示范基地；开发国外人才资源，吸纳、集聚、培养国际一流的高层次创新人才；联合境外知名大学、科研机构、跨国公司等开展研发，设立研发、科技服务等机构。

十二、鼓励设立科技类民办非企业单位（社会服务机构）性质的新型研发机构。科技类民办非企业单位应依法进行登记管理，运营所得利润主要用于机构管理运行、建设发展和研发创新等，出资方不得分红。符合条件的科技类民办非企业单位，按照《中华人民共和国企业所得税法》《中华人民共和国企业所得税法实施条例》以及非营利组织企业所得税、职务科技成果转化个人所得税、科技创新进口税收等规定，享受税收优惠。

十三、企业类新型研发机构应按照《中华人民共和国公司登记管理条例》进行登记管理。鼓励企业类新型研发机构运营所得利润不进行分红，主要用于机构管理运行、建设发展和研发创新等。依照《财政部 国家税务总局 科技部关于完善研究开发费用税前加计扣除政策的通知》（财税〔2015〕119号），企业类新型研发机构享受税前加计扣除政策。依照《高新技术企业认定管理办法》（国科发火〔2016〕32号），企业类新型研发机构可申请高新技术企业认定，享受相应税收优惠。

十四、地方政府可根据区域创新发展需要，综合采取以下政策措施，支持新型研发机构建设发展。

（一）在基础条件建设、科研设备购置、人才住房配套服务以及运行经费等方面给予支持，推动新型研发机构有序建设运行。

（二）采用创新券等支持方式，推动企业向新型研发机构购买研发创新服务。

（三）组织开展绩效评价，根据评价结果给予新型研发机构相应支持。

十五、鼓励地方通过中央引导地方科技发展专项资金，支持新型研发机构建设运行。鼓励国家科技成果转化引导基金，支持新型研发机构转移转化利用财政资金等形成的科技成果。

十六、科技部组织开展新型研发机构跟踪评价，建设新型研发机构数据库，发布新型研发机构年度报告。将新型研发机构纳入创新调查和统计调查制度实施范围，逐步推动规模以下企业类新型研发机构纳入国家统计范围。地方科技行政管理部门负责协调推动本地区新型研发机构建设发展、开展监测评价、进行动态调整等工作。

十七、建立新型研发机构监督问责机制。对发生违反科技计划、资金等管理规定，违背科研伦理、学风作风、科研诚信等行为的新型研发机构，依法依规予以问责处理。

十八、地方可参照本意见，立足实际、突出特色，研究制定促进新型研发机构发展的政策措施开展先行先试。

国务院关于印发广州南沙深化面向世界的粤港澳全面合作总体方案的通知

（国发〔2022〕13号）

各省、自治区、直辖市人民政府，国务院各部委、各直属机构：

现将《广州南沙深化面向世界的粤港澳全面合作总体方案》印发给你们，请认真遵照执行。

国务院

2022年6月6日

广州南沙深化面向世界的粤港澳全面合作总体方案

加快广州南沙粤港澳重大合作平台建设，是贯彻落实《粤港澳大湾区发展规划纲要》的战略部署，是建设高水平对外开放门户、推动创新发展、打造优质生活圈的重要举措。为加快推动广州南沙深化粤港澳全面合作，打造成为立足湾区、协同港澳、面向世界的重大战略性平台，在粤港澳大湾区建设中更好发挥引领带动作用，制定本方案。

一、总体要求

（一）指导思想。以习近平新时代中国特色社会主义思想为指导，全面贯彻落实党的十九大和十九届历次全会精神，坚持稳中求进工作总基调，完整、准确、全面贯彻新发展理念，加快构建新发展格局，全面深化改革开放，坚持创新驱动发展，推动高质量发展，坚持以供给侧结构性改革为主线，坚定不移贯彻“一国两制”方针，深化粤港澳互利共赢合作，厚植历史文化底蕴，加快建设科技创新产业合作基地、青年创业就业合作平台、高水平对外开放门户、规则衔接机制对接高地和高质量城市发展标杆，将南沙打造成为香港、澳门更好融入国家发展大局的重要载体和有力支撑。

（二）空间布局。本方案实施范围为广州市南沙区全域，总面积约803平方公里。按照以点带面、循序渐进的建设时序，以中国（广东）自由贸易试验区南沙片区的南沙湾、庆盛枢纽、南沙枢纽3个区块作为先行启动区，总面积约23平方公里。充分发挥上述区域依托交通枢纽快捷通达香港的优势，加快形成连片开发态势和集聚发展效应，有力带动南沙全域发展，逐步构建“枢纽带动、多点支撑、整体协同”的发展态势。

（三）发展目标。

到2025年，南沙粤港澳联合科技创新体制机制更加完善，产业合作不断深化，区域创新和产业转化体系初步构建；青年创业就业合作水平进一步提升，教育、医疗等优质公共资源加速集聚，成为港澳青年安居乐业的新家园；市场化法治化国际化营商环境基本形成，携手参与“一带一路”建设取得明显成效；绿色智慧节能低碳的园区建设运营模式基本确立，先行启动区建设取得重大进展。

到2035年，南沙区域创新和产业转化体系更趋成熟，国际科技成果转移转化能力明显提升；生产生活环境日臻完善，公共服务达到世界先进水平，区域内港澳居民数量显著提升；国际一流的营商环境进一步完善，在粤港澳大湾区参与国际合作竞争中发挥引领作用，携手港澳建成高水平对外开放门户，成为粤港澳全面合作的重要平台。

二、建设科技创新产业合作基地

（四）强化粤港澳科技联合创新。推动粤港澳科研机构联合组织实施一批科技创新项目，共同开展关键核心技术攻关，强化基础研究、应用研发及产业化的联动发展，完善知识产权信息公共服务。创新科技合作机制，落实好支持科技创新进口税收政策，鼓励相关科研设备进口，允许港澳科研机构因科研、测试、认证检查所需的产品和样品免于办理强制性产品认证。加强华南（广州）技术转移中心、香港科技大学科创成果内地转移转化总部基地等项目建设，积极承接香港电子工程、计算机科学、海洋科学、人工智能和智慧城市等领域创新成果转移转化，建设华南科技成果转移转化高地。开展赋予科研人员职务科技成果所有权或长期使用权试点。推动金融与科技、产业深度融合，探索创新科技金融服务新业务新模式，为在南沙的港澳科研机构和创新载体提供更多资金支持。支持符合条件的香港私募基金参与在南沙的港资创新型科技企业融资。

（五）打造重大科技创新平台。高水平建设南沙科学城，布局前沿交叉研究平台，建设世界一流研究型大学和研究机构，增强原始创新能力。加快中科院明珠科学园建设，整合中科院在广州研究所、全国重点实验室等科技创新资源，打造具有竞争力的中试和应用推广基地。推动海洋科技力量集聚，加快与中科院、香港科技大学共建南方海洋科学与工程广东省实验室（广州），加快冷泉生态系统观测与模拟大科学装置、广州海洋地质调查局深海科技创新中心、南海生态环境创新工程研究院、新一代潜航器项目等重大创新平台建设，打造我国南方海洋科技创新中心。健全科技成果交易平台，完善科技成果公开交易体系。

（六）培育发展高新技术产业。发展智能制造，加快建设一批智能制造平台，打造“智能制造+智能服务”产业链。加快建设智能网联汽车产业园，推进智能纯电动汽车研发和产业化，加强智能网联汽车测试示范，打造智能网联汽车产业链和智慧交通产业集群。推进专业化机器人创新中心建设，大力发展工业机器人和服务机器人，推进无人机、无人艇等无人系统产业发展。发展数字产业，加快下一代互联网国家工程中心粤港澳大湾区创新中心建设，推进互联网协议第六版（IPv6）行业应用示范、下一代互联网算力服务等业务发展。发挥国家物联网公共标识管理服务平台作用，促进物联网、云计算等新兴产业集聚发展。加快建设南沙（粤港澳）数据服务试验区，建设国际光缆登陆站。建设好国家科技兴海产业示范基地，推动可燃冰、海洋生物资源综合开发技术研发和应用，推动海洋能发电装备、先进储能技术等能源技术产业化。对南沙有关高新技术重点行业企业进一步延长亏损结转年限。对先行启动区鼓励类产业企业减按15%税率征收企业所得税，并按程序制定优惠产业目录。

（七）推动国际化高端人才集聚。创新人才政策体系，实施面向港澳人才的特殊支持措施，在人才引进、股权激励、技术入股、职称评价、职业资格认可、子女教育、商业医疗保险等方面率先取得突破。对在南沙工作的港澳居民，免征其个人所得税税负超过港澳税负的部分。支持南沙实行更大力度的国际高端人才引进政策，对国际高端人才给予入境、停居留便利。实施产学研合作培养创新人才模式，加快博士后科研流动站、科研工作站以及博士后创新实践基地等载体建设，鼓励国际高端人才进入南沙。大力发展国际化人力资源服务，搭建国际人才数据库，建设好人力资源服务产业园区，允许符合条件的取得内地永久居留资格的国际人才创办科技型企业、担任科研机构法人代表。

三、创建青年创业就业合作平台

（八）协同推进青年创新创业。深入推进大众创业、万众创新，聚众智汇众力，更大激发市场活力。进一步优化提升粤港澳（国际）青年创新工场、“创汇谷”粤港澳青年文创社区等平台环境，拓展服务内容。鼓励现有各类创业孵化基地、众创空间等开辟拓展专门面向港澳青年的创新创业空间。营造更优双创发展生态，整合创业导师团队、专业化服务机构、创业投融资机构等各类创业资源，加强创新创业政策协同，构建全链条创业服务体系和全方位多层次政策支撑体系，打造集经营办公、生活居住、文化娱乐于一体的综合性创客社区。支持符合条件的一站式创新创业平台按规定享受科技企业孵化器税收优惠政策。符合条件的港澳居民到南沙创业的，纳入当地创业补贴扶持范围，可同等享受创业担保贷款和贴息等当地扶持政策。获得香港特别行政区政府“青年发展基金”、“创意智优计划”资助的创业团队，以及获得澳门特别行政区政府“青年创业援助计划”资助的创业团队，直接享受南沙创业扶持政策。大力开展“创业导师”、“创业大赛”、“创业培训”等创新创业赛事和培训活动，发掘创业典型案例，加大对南沙创业投资政策环境的宣传力度，营造优质创新创业生态圈。

（九）提升实习就业保障水平。深入实施港澳青年“百企千人”实习计划，落地一批青年专业人才合作项目。支持香港特别行政区政府扩大“内地专题实习计划”，提供更多有吸引力的专题实习岗位。支持香港特别行政区政府实施“大湾区青年就业计划”，为在南沙就业的香港大学生提供津贴。探索推动南沙事业单位、法定机构、国有企业引进符合条件的港澳青年人才。建设公共就业综合服务平台，进一步完善有利于港澳居民特别是内地学校毕业的港澳学生在南沙就业生活的政策措施，维护港澳居民在内地就业权益。加强就业配套服务保障，在住宿公寓、通勤、子女入托入学等方面提供便利条件，帮助港澳居民解决到南沙工作的后顾之忧。

（十）加强青少年人文交流。在南沙规划建设粤港澳青少年交流活动总部基地，创新开展粤港澳青少年人文交流活动，积极开展青少年研学旅游合作，打造“自贸初体验”、“职场直通车”、“文体对对碰”等品牌特色项目。定期举办粤港澳青年人才交流会、青年职业训练营、青年创新创业分享会等交流活动。携手港澳联合举办多种形式的文化艺术活动，引导粤港澳三地青少年积极参与重大文化遗产保护，不断增强认同感和凝聚力。

四、共建高水平对外开放门户

（十一）建设中国企业“走出去”综合服务基地。依托广州特别是南沙产业和市场基础，携手港澳不断深化对外经贸合作。发挥外国驻穗领事馆集聚优势，深入对接“一带一路”沿线国家和地区发展需要，整合珠三角优势产能、国际经贸服务机构等“走出去”资源，加强与香港专业服务机构合作，共同构建线上线下一体化的国际投融资综合服务体系，提供信息共享、项目对接、标准兼容、检测认证、金融服务、争议解决等一站式服务。集聚发展香港专业服务业，在做好相关监管的基础上，研究进一步降低香港专业服务业在内地提供服务的准入门槛。完善内地与港澳律师事务所合伙联营机制。推动建设粤港澳大湾区印刷业对外开放连接平台。

（十二）增强国际航运物流枢纽功能。按照功能互补、错位发展的原则，充分发挥香港国际航运中心作用及海事专业服务优势，推动粤港澳大湾区内航运服务资源跨境跨区域整合，提升大湾区港口群总体服务能级，重点在航运物流、水水中转、铁水联运、航运金融、海事服务、邮轮游艇等领域深化合作。加快广州港南沙港区四期自动化码头建设，充分利用园区已有铁路，进一步提高港铁联运能力。支持广州航运交易所拓展航运交易等服务功能，支持粤港澳三地在南沙携手共建大湾区航运联合交易中心。加快发展船舶管理、检验检测、海员培训、海事纠纷解决等海事服务，打造国际海事服务产业集聚区。遵循区域协调、互惠共赢原则，依托广州南沙综合保税区，建立粤港澳大湾区大宗原料、消费品、食品、艺术品等商品供应链管理平台，建设工程塑料、粮食、红酒展示交易中心，设立期货交割仓。

（十三）加强国际经济合作。全面加强和深化与日韩、东盟国家经贸合作，支持南沙高质量实施《区域全面经济伙伴关系协定》（RCEP），率先积累经验。对标《全面与进步跨太平洋伙伴关系协定》（CPTPP）、《数字经济伙伴关系协定》（DEPA）等国际高水平自贸协定规则，加大压力测试力度。加强与欧盟和北美发达经济体的合作，推动在金融、科技创新等领域对接，进一步融入区域和世界经济，打造成为国际经济合作前沿地。

（十四）构建国际交往新平台。鼓励引导港澳商会协会在南沙设立代表处。支持港澳全面参与和助力“一带一路”建设，促进与“一带一路”沿线国家和地区以及全球主要自贸区、自贸港区和商会协会建立务实交流合作，探索举办“一带一路”相关主题展会，构筑粤港澳大湾区对接“一带一路”建设的国际经济合作新平台。办好国际金融论坛（IFF）全球年会等国际性主题活动，积极承办国际重要论坛、大型文体赛事等对外交流活动。

五、打造规则衔接机制对接高地

（十五）打造国际一流营商环境。深化“放管服”改革，持续打造市场化法治化国际化营商环境。探索试行商事登记确认制，开展市场准入和监管体制机制改革试点，加快建立健全全方位、多层次、立体化监管体系，实现事前事中事后全链条全领域监管，依托国家企业信用信息公示系统，实现涉企信用信息互联互通、共享应用，创新推进部门联合“双随机、一公开”监管、企业信用风险分类管理。加快建设“数字政府”，完善“互联网＋”审批体系，推进政务服务“即刻办＋零跑动”。健全多元化纠纷解决机制，搭建一站式民商事纠纷解决系统平台，促进诉讼与仲裁、调解等多元化纠纷解决方式信息互通、有机衔接。

（十六）有序推进金融市场互联互通。支持符合条件的港澳投资者依法申请设立证券公司、期货公司、基金公司等持牌金融机构。积极支持南沙参与粤港澳大湾区保险服务中心设立。支持南沙在跨境机动车保险、跨境商业医疗保险等方面先行先试，促进粤港澳三地保险市场融合发展。支持开展移动支付创新应用。加快研究按程序在南沙设立粤港澳大湾区国际商业银行。支持推进外汇管理改革，探索开展合格境内有限合伙人（QDLP）境外投资等政策试点，支持粤港澳三地机构合作设立人民币海外投贷基金。加强金融监管合作，提升风险监测、预警、处置能力。

（十七）提升公共服务和社会管理相互衔接水平。推动粤港澳三地加强社会保障衔接，推进在南沙工作和生活的港澳居民享有市民待遇，提高港澳居民社会保障措施的跨境可携性。配合香港特别行政区政府建立医疗机构“白名单”制度，扩大香港“长者医疗券”使用范围，推动将“白名单”内的南沙医疗机构纳入香港医疗费用异地结算单位，并逐步将支付范围从门诊扩大到住院。组织制定与国际接轨的医院评审认证标准，在南沙开展国际医院评审认证，便利国际保险偿付。建立健全与港澳之间食品原产地可追溯制度，建立食品安全风险交流与信息发布制度，提高大湾区食品安全监管信息化水平。加强与港澳的交通衔接，加快建立南沙枢纽与香港的直接交通联系，进一步优化南沙客运港航班和广深港高铁庆盛站等经停班次，推进实现“一票式”联程和“一卡通”服务。在严格做好疫情防控等前提下，稳妥推进粤港澳游艇自由行，细化完善港澳游艇出入境政策体系、管理机制和操作规范。

六、建立高质量城市发展标杆

（十八）加强城市规划建设领域合作。坚持尊重自然、顺应自然、保护自然的生态文明理念，加强文明传承、文化延续，抓好历史文化保护传承，加强乡土树种、古树名木保护，用“绣花”功夫做好城市精细化治理。引入高水平规划策划设计单位及专家团队参与南沙规划编制、设计研究，探索引入港澳规划、建筑、设计、测量、工程等顾问公司和工程承建商的准入标准。对具有香港协会（学会）资格的香港建筑师、结构工程师、建筑测量师与内地相应协会会员资格互认。强化工程建设领域合作，借鉴港澳在市政建设及服务方面的经验，邀请港澳专家以合作或顾问形式参与建设管理，支持港澳业界参与重大交通设施、市政基础设施、文体设施和连片综合开发建设，允许港澳企业在南沙独资或控股的开发建设项目采用港澳工程建设管理模式，推进建筑师负责制和全过程工程咨询项目试点，允许取得建筑及相关工程咨询等香港相应资质的企业和专业人士经备案后直接提供服务。

（十九）稳步推进智慧城市建设。运用下一代互联网、云计算、智能传感、卫星、地理信息系统（GIS）等技术，加快南沙智慧城市基础设施建设，实现第五代移动通信（5G）全覆盖，提高基础设施管理和服务能力。加快建设交通信息感知设施，建立统一的智能化城市综合交通管理和服务系统，全面提升智能化管理水平。推进建设南沙智能电网、智能气网和智能供排水保障系统。

（二十）稳步推进粤港澳教育合作。在南沙划定专门区域，打造高等教育开放试验田、高水平高校集聚地、大湾区高等教育合作新高地。支持依法合规引进境外一流教育资源到南沙开展高水平合作办学，推进世界一流大学和一流学科建设。深化粤港澳高等教育合作，充分发挥粤港澳高校联盟等作用，鼓励三地高校探索开展相互承认特定课程学分、实施更灵活的交换生安排等方面的合作交流。完善在南沙设立的大学对港澳考生招生机制，参考中山大学、暨南大学自主招生方式，进一步拓宽港澳籍学生入学渠道。鼓励港澳职业教育培训机构与内地院校、企业、机构合作建立职业教育培训学校和实训基地。深入开展姊妹学校（园）交流合作活动。规划建设外籍人员子女学校或国际化程度较高的中小学校，落实港澳居民在内地申请中小学教师资格有关政策，鼓励发展0–3岁托育服务。从就医、购房跨境抵押、资格互认、创业支持等方面优化就业创业配套环境，实现教育、创新、创业联动和就学就业互促，增强对港澳青年学生就学吸引力。

（二十一）便利港澳居民就医养老。积极增加优质资源供给，携手港澳共建国际健康产业，加快国家健康旅游示范基地建设，支持港澳医疗卫生服务提供主体按规定以独资、合资方式设立医疗机构。参照香港大学深圳医院投资运营管理模式，在南沙建设由地方政府全额投资、引进港澳现代化管理模式的大型综合性公办医院。开展非急重病人跨境陆路转运服务，率先在南沙公立医院开展跨境转诊合作试点。加快实施《粤港澳大湾区药品医疗器械监管创新发展工作方案》，允许指定医疗机构使用临床急需、已在港澳上市的药品，以及临床急需、港澳公立医院已采购使用、具有临床应用先进性的医疗器械，由广东省实施审批。支持国家药监局在粤港澳大湾区内地区域加强药品和医疗器械审评检查工作。增强南沙养老机构对港澳老年人吸引力，提高南沙公办养老机构面向非户籍人口的床位比例，试点赋予港澳居民申请资格。支持香港扩大广东院舍住宿照顾服务计划，将南沙符合条件的养老机构纳入其中，香港老年人入住享受与香港本地同等补助。

（二十二）强化生态环境联建联防联治。加强节能环保、清洁生产、资源综合利用、可再生能源等绿色产业发展交流合作，在合作开展珠江口海域海洋环境综合治理、区域大气污染防治等方面建立健全环保协同联动机制。坚持陆海统筹、以海定陆，协同推进陆源污染治理、海域污染治理、生态保护修复和环境风险防范。实施生态保护红线精细化管理，加强生态重要区和敏感区保护。深入推进节能降耗和资源循环利用，加强固体废物污染控制，构建低碳环保园区。打好污染防治攻坚战，全面落实河长制、湖长制，消除黑臭水体，提升河流水质。实施更严格的清洁航运政策，减少船舶污染排放。

七、保障措施

（二十三）全面加强党的领导。坚持和加强党的领导，增强“四个意识”、坚定“四个自信”、做到“两个维护”，不断提高政治判断力、政治领悟力、政治执行力，把党的领导始终贯穿南沙建设发展全过程。坚持以党的政治建设为统领，坚持思想建党和制度治党紧密结合，加强党风廉政建设，以一流党建引领南沙发展。加强基层党组织建设，引导基层党组织和广大党员在推动南沙建设中发挥战斗堡垒和先锋模范作用。

（二十四）加强资金、要素等政策支持。2022—2024 年，每年安排南沙 100 亿元新增地方政府债务限额，并统一计入地方政府债务余额。结合地方财力、债务风险情况以及项目融资需求，广东省在分配有关财政资金和新增地方政府债券额度方面对南沙予以倾斜支持。对主要投资港资澳资企业的创业投资基金，在基金注册、营商服务等方面提供便利。探索建立刚性和弹性有效结合的国土空间规划管理机制，严格耕地保护，在严守耕地红线和永久基本农田控制线、生态保护红线和不突破城镇开发边界的前提下，按程序开展土地管理综合改革试点；广东省和广州市要采取用地指标倾斜等方式，合理增加南沙年度用地指标。支持按程序推进解决龙穴岛南部围填海历史遗留问题。

（二十五）创新合作模式。探索采取法定机构或聘任制等方式，积极引进港澳专业人士、国际化人才参与南沙建设和管理。支持港澳积极参与南沙开发建设，优先导入符合本方案产业导向的港澳项目。建立由政府、行业协会商会、智库机构、专家学者等代表共同参与的发展咨询委员会，为南沙建设提供咨询建议。

（二十六）加强组织实施。各有关部门在重大政策实施、重大项目安排、体制机制创新等方面给予指导支持，粤港澳大湾区建设领导小组办公室要加强统筹协调、跟踪服务和督促落实。按照南沙发展新要求，研究修编南沙发展规划。广东省要与港澳加强沟通协调，积极为南沙建设发展创造良好环境，给予大力支持。广州市要落实主体责任，高标准高水平规划、建设和管理，整体谋划、分步实施。要强化底线思维，敬畏历史、敬畏文化、敬畏生态，加强风险防范化解，确保南沙健康有序可持续发展。

科技部等印发《深入贯彻落实习近平总书记重要批示精神　加快推动北京国际科技创新中心建设的工作方案》的通知

（国科发规〔2023〕41号）

各有关单位：

为深入学习贯彻党的二十大精神，落实习近平总书记关于北京国际科技创新中心建设的重要批示精神，科技部、北京市人民政府、国家发展改革委、教育部、工业和信息化部、财政部、人力资源社会保障部、国务院国资委、中科院、工程院、国家移民管理局、自然科学基金委共同制定了《深入贯彻落实习近平总书记重要批示精神　加快推动北京国际科技创新中心建设的工作方案》。现印发给你们，请遵照执行。

科技部　北京市人民政府　国家发展改革委
教育部　工业和信息化部　财政部
人力资源社会保障部　国务院国资委　中科院
工程院　国家移民管理局　自然科学基金委
2023年5月8日

深入贯彻落实习近平总书记重要批示精神　加快推动北京国际科技创新中心建设的工作方案

为深入贯彻落实习近平总书记系列重要指示批示精神，全面贯彻落实党的二十大精神，深入实施科教兴国战略、人才强国战略、创新驱动发展战略，加快建设北京国际科技创新中心，制定本方案。

一、总体思路

围绕到2025年基本形成北京国际科技创新中心的战略目标，发挥首都教育、科技、人才优势，坚持“四个面向”，以加快实现高水平科技自立自强为根本，以支撑高质量发展为主线，以深化改革为动力，推动北京率先建成世界主要科学中心和创新高地，有力支撑科技强国和中国式现代化建设。

二、发展目标

到2025年，北京国际科技创新中心

基本形成，成为世界科学前沿和新兴产业技术创新策源地、全球创新要素汇聚地。

——世界主要科学中心建设取得重要成效。以国家实验室为引领的战略科技力量全面强化。世界一流大学和世界一流学科跻身全球前列。由战略科学家领军的创新团队在若干重要科学命题和科学发现上实现重大突破。由科技领军企业牵头的创新联合体有效解决一系列关键核心技术问题，初步实现高水平科技自立自强。全社会研发经费支出占地区生产总值比重保持在6%左右，基础研究经费占研发经费比重达17%左右。每万名就业人员中研发人员数量达到260人左右。

——全球主要创新高地建设取得明显进展。中关村世界领先科技园区建设打开崭新局面，三城一区融合发展提升创新能级。培育形成一批具有全球影响力的科技领军企业，"独角兽"企业数量位居世界城市前列。高精尖产业不断壮大，高成长、高潜力的未来产业加速培育，全球数字经济标杆城市基本建成。高技术产业增加值当年超过1.2万亿元，数字经济增加值年均增速保持在7.5%左右，技术合同成交额超过8000亿元，中关村国家自主创新示范区企业总收入全国领先。

——具有全球竞争力的创新生态基本形成。中关村先行先试改革取得显著成效，科技体制改革全面深化，制度型开放走在全国前列，市场化、法治化、国际化的营商环境充满活力。人才、技术、资本和数据等创新要素流动更加顺畅，国际化资源配置能力显著增强，引领全球的科学聚落初步形成。国际科技交流合作全方位加强，对京津冀协同发展的辐射带动作用多维度提升。

三、主要任务

（一）建强建优战略科技力量，有效服务国家重大战略需求。

1. 形成国家实验室体系。坚持党对国家实验室的统一领导，创新管理体制机制，推动在京国家实验室高质量在轨运行。优化重组在京全国重点实验室。统筹国家实验室、全国重点实验室等资源力量，贯通科研体系，形成跨学科跨领域的创新网络。中央和地方财政积极支持，中央和地方合理分担，强化人才、空间、科研等服务保障，确保按期完成国家交给北京的重大科技攻关任务。

2. 加快建成世界级重大科技基础设施集群。按照"在用一批、在建一批、谋划一批"的总体格局，大力推动怀柔综合性国家科学中心建设。聚焦能源、空间、生命、物质、地球科学和信息智能等重点领域，建成并运行综合极端条件实验装置、地球系统数值模拟装置、高能同步辐射光源、多模态跨尺度生物医学成像设施等大科学装置。持续加强重大科技基础设施建设、调试、运行的资金保障，进一步强化服务用户需求与服务国家战略的对接，提升设施成果产出能力和技术外溢效应。支持重大科技基础设施关键技术攻关和设备自主研制，培养壮大熟悉尖端、复杂工程建设的科研、工程、技能人才队伍。

3. 支持新型研发机构创新发展。制定实施加强世界一流新型研发机构统筹管理办法，推动新型研发机构进一步优化完善决策、预算、财务、人事、科研组织、绩效评估等运行管理机制。持续支持新型研发机构在人工智能、生命科学等领域取得一批世界级重大原创成果。

4. 强化研究型大学和高水平科研机构的创新功能。贯彻落实国家“双一流”建设战略部署，支持在京高校全面融入国际科技创新中心建设。推进新一期北京高校高精尖创新中心建设，强化“有组织科研”，发挥高水平研究型大学在引领国际学术前沿、催生产业技术变革等方面的策源功能。加速沙河、良乡高教园向大学城转型发展。支持中国科学院、中国工程院等科研机构在符合北京非首都功能疏解有关要求的前提下优化在京科研力量布局，强化重大原始创新突破和科技任务攻关，加速创新成果落地转化。

（二）深化原创性、引领性科技攻关，加快实现高水平科技自立自强。

5. 加强基础研究和应用基础研究。落实好国家基础研究十年行动方案，出台北京市基础研究领先行动方案，坚持目标导向与自由探索并举布局基础研究和应用基础研究。加大数学、物理、化学、生命科学等基础学科支持力度，前瞻部署人工智能、生物技术等前沿科学研究，对标集成电路、关键软件、新材料等关键核心技术需求倒逼应用基础研究发展。探索科学研究和技术创新的新范式，推动人工智能与科学技术深度结合，以数据要素驱动基础研究与产业融合发展。

6. 实施战略性重大科技计划和项目。组织实施关键核心技术攻坚战计划，超前开展“卡脖子”关键核心技术研发能力建设，在低碳能源、生命科学等重点领域，布局实施一批重点项目群，着力解决影响和制约国家发展全局、长远利益的重大科技问题。发挥政府在关键核心技术攻关中的组织作用，结合实施科技创新 2030– 重大项目、国家重点研发计划，在京布局和落地一批重大科技项目，加强项目信息数据的互联互通，统筹央地资源联动、错位接续支持。

7. 打造跨领域、大协作的创新平台。持续推动国家技术创新中心、国家制造业创新中心等在京落地，重点推进国家新能源汽车技术创新中心、国家区块链技术创新中心、国家绿色低碳建筑技术创新中心等平台建设。支持公共底层技术平台和中试平台建设，打造超大规模人工智能模型训练平台、区块链可信数字基础设施平台以及相关领域中试熟化平台、概念验证平台等，加速前沿技术和底层技术快速迭代与创新突破。

8. 强化企业的科技创新主体作用。支持建设科技领军企业牵头、高校和科研院所支撑、各类创新主体协同的创新联合体，合力攻关关键核心技术和前沿底层技术，探索由企业主导的产学研用深度融合新范式。推动在京中央企业、市属国有企业加大技术创新研发投入，提升关键核心技术协同攻关能力，发布面向前沿技术的应用场景清单，向科技型中小微企业开放。

（三）加快建设世界领先科技园区，打造高质量发展的战略支撑。

9. 加快建设中关村世界领先科技园区。制定实施中关村世界领先科技园区建设方案，以理念领先带动原始创新、人才发展、一流企业、高端产业、创新生态的全面领先，大力提升专业化、市场化、国际化运营服务水平，持续强化中关村科技创新出发地、原始创新策源地、自主创新主阵地的功能定位，打造北京国际科技创新中心建设的突破口。统筹推进中关村“一区多园”发展，实行更具有竞争力的土地、财政、金融、人才等政策，推动项目、资金、人才、基地等一体化配置，打造中关村高品质科技园区。

10. 提升“三城一区”创新能级。进一步聚焦中关村科学城、突破怀柔科学城、搞活未来科学城，升级北京经济技术开发区和顺义创新产业集群示范区。支持中关村科学城统筹南北区均衡发展，完善创新前沿布局。深化未来科学城央地协同和校城融合，持续建好生命谷、能源谷、沙河高教园区“两谷一园”，打造生命科学创新走廊和清华科学城。推动怀柔科学城打造高端科学仪器装备产业集聚区和科技成果转化示范区。支持创新产业集群示范区承接好三大科学城成果外溢，打造高精尖产业体系。健全“三城一区”统筹联动和融合发展机制，以重大科技攻关为牵引，以科技资源优化配置为抓手，完善“基础设施—基础研究—应用研究—成果转化—产业发展”联动体系。

11. 构建科技企业全周期支持与服务体系。实行分层分类、梯次培育、体系化支持，持续增强科技企业的核心竞争力和创新发展水平。落实高新技术企业“筑基扩容”“小升规”“规升强”三大工程，加快推动“独角兽”企业、专精特新企业、隐形冠军企业、前沿技术企业等发展，着力培育旗舰型一流科技企业。优化创新要素供给，建成一批硬科技导向鲜明、专业服务能力突出、产业集聚带动作用显著的标杆孵化器，促进研发服务、投融资、市场推广等专业服务机构发展，营造硬科技创业的良好环境。

12. 形成拥有技术主导权的产业集群。以北京国际科技创新中心为核心和引领，协同京津冀优势产业资源，打造新一代信息技术产业集群，推动大数据、云计算、物联网、区块链、虚拟现实、信息安全等领域领先发展。打造医药健康产业集群，做优做强以创新药品、新型疫苗、高端医疗器械、数字医疗新业态为重点的医药健康产业，推进高水平研究型医院建设，试点建设智慧医院。打造智能制造产业集群，支持集成电路、新能源智能（网联）汽车、机器人、智能装备等发展，规划和建设智能网联“车路云网图”支撑体系。打造绿色智慧能源产业集群，大力推动低碳、零碳、负碳技术研发与产业化，壮大以能源互联网、氢能及燃料电池为代表的绿色能源与节能环保技术创新。打造高端仪器设备产业集群，强化智能仪器仪表设计制造和计量测试技术研究，研制高端工业用仪器仪表。深入开展产业链强链补链工程及产业筑基工程，不断提升产业链供应链韧性和安全水平。围绕互联网 3.0、人工智能、光电子、低碳技术等重点前沿领域，布局未来产业发展，启动未来产业科技园建设，打造未来产业培育高地。

（四）强化教育、科技、人才支撑，打造高水平人才高地。

13. 大力集聚战略科技人才。聚焦国家重大战略需要和首都发展重大需求，全方位吸引集聚更多科技人才。落实新一轮外籍人才便利政策，在外籍人才签证、工作许可、长期居留等方面，推行更加便利的服务措施。加强人才服务体系建设，建立更具人文关怀的人才引进服务保障机制。

14. 提升高质量人才自主培养能力。支持高校加快基础学科、新兴学科、交叉学科建设，深入实施国家基础学科拔尖人才培养战略行动，布局前沿科学中心、学科交叉中心，构建前沿技术领域人才培养体系。推动高校深化工程教育改革，进一步加强工程硕博士培养工作，强化企业在工程技术人才培养中的自主性和力度。支持高校在不新增建设用地和扩大办学规模的前提下与企业共建产教融合基地、特色研究院、新型研发中心等平台，共建未来技术学院、现代产业学院、特色化示范性软件学院等特色学院，大规模培养重点产业急需紧缺人才。在京布局和建设国家级技能大师工作室、国家级高技能人才培训基地，加强高技能人才培养。加大优秀青年科技人才扶持力度，实施好卓越青年科学家计划、杰出青年人才计划等人才项目。

15. 优化人才发展环境。深入推进“破四唯”“立新标”，探索形成以创新价值、创新贡献等为导向的人才评价办法。促进人才合理流动，支持高校、科研院所的科研人员按国家有关规定到企业创新平台兼职，鼓励拥有实践经验的企业家、企业科研人员到高校、科研院所担任兼职教师或兼职研究员。提高国际人才社区建设水平，落实好教育、医疗、商业、住房等公共配套服务。

（五）推进科技体制改革，形成支撑全面创新的基础制度。

16. 持续推进高水平科技自立自强先行先试改革。贯彻落实中关村新一轮先行先试改革措施，进一步提升改革措施实效，适时在中关村示范区全域推广。围绕财政金融、成果转化、人才激励、企业创新等方面，推动出台下一批改革措施，形成“压茬推进、滚动推出”的新态势。

17. 统筹推进重点领域体制机制改革。进一步优化财政科技经费支出结构，加强对重大科技项目经费安排的全过程审核把关，加强资金和项目的统筹。实行公开竞争、定向委托、“揭榜挂帅”等新型项目组织形式，探索对非共识项目进行支持。推动科技评价制度改革，形成以质量、绩效、贡献为核心的科技评价导向，完善自由探索型和任务导向型科技项目的分类评价制度。推进职务科技成果转化管理等改革试点，着力打通高校、科研院所、医疗机构等科技成果转化堵点。

18. 完善科技金融体系。推动“科技—产业—金融”良性循环，做强北京科技创新基金，大力吸引和集聚天使投资、风险投资，支持商业保险资金等长期资本参与创业企业投资。完善科技型企业发行上市、发债融资、并购重组等支持与服务体系，建设好中关村科创金融改革试验区。更好发挥北京证券交易所在服务科技创新企业中的功能。

19. 加强知识产权保护。优化知识产权快速协同保护、纠纷多元化解机制，形成更高效率、更高质量的知识产权服务体系。推动高校、科研院所等知识产权利益分配机制改革，培育高价值专利。审慎规范探索知识产权证券化，促进知识产权市场化运营。支持科技企业加快海外知识产权布局，完善海外维权机制。创设并建好国家知识产权保护试点示范区。

（六）深化开放交流合作，营造具有国际竞争力的创新生态。

20. 深化国际科技开放合作。依托国家服务业扩大开放综合示范区和中国（北京）自由贸易试验区“两区”的优势，形成市场化、法治化、国际化的一流营商环境。持续吸引国际科技组织、行业联盟、外资研发机构、跨国公司、国际科技服务机构等在京集聚发展。高质量做好中关村综合保税区申报与规划编制，国务院批准后，做好项目引进、投建运营和围网建设工作，探索以科技创新为特色的综保区建设新路。搭建多层次、多类型的科技合作交流网络，联合推动创新研发、创业孵化、双向技术转移。支持科技型企业通过战略研发合作、技术交叉许可、投资并购重组、在境外设立研发中心等方式，提高海外优质资源的配置能力。

21. 推动京津冀协同创新共同体建设。围绕共性技术攻关、技术市场融通、科技成果转化等方面加大引导性投入。发挥北京研发优势，结合津冀应用场景和资源优势，推动基础研究领域政策、资源等协同。持续深化北京与河北雄安新区、通州区与北三县协同创新。加强京津冀国家技术创新中心建设，深化体制机制创新与功能建设，促进技术转移及成果转化，更好促进京津冀协同创新。

22. 高水平办好中关村论坛。围绕科学、技术、产品、市场交易等全链条创新，强化中关村论坛会议、交易、展览、发布、大赛等功能，打造面向全球科技创新交流合作的国家级平台。以中关村论坛为引领，支持在京举办高规格国际科学会议、前沿领域全球性高端峰会，活跃国际学术交流局面。

四、保障措施

（一）强化政策保障。

加快北京国际科技创新中心建设条例立法工作，形成专项法规和制度保障。支持中关村开展高水平科技自立自强先行先试改革，研究形成中关村世界领先科技园区建设方案、北京高水平人才高地建设方案等关键政策。在加强基础研究、建设新型研发机构、完善研究型大学科技创新体系、培育旗舰型企业和“独角兽”企业、加快人工智能和医药健康等产业发展等方面，研究出台相关政策。

（二）强化组织保障。

按照党中央的部署和要求，进一步优化北京国际科技创新中心建设的领导体制与运行机制。在党中央、国务院坚强领导下，由北京推进科技创新中心建设办公室（以下简称北京办公室）负责统筹推进和落实各项工作。依托科技部部长和北京市市长作为北京办公室“双主任”的优势，联系对接国家发展改革委、教育部、工业和信息化部等部级成员单位，形成推动北京国际科技创新中心建设工作合力。结合改革创新与对外开放的新需要，适时增补相关国家部委及中央单位作为领导小组部级成员单位。提升北京办公室的统筹协调能力，完善部际协调机制，定期召开部市共建科技创新中心现场推进会议、北京办公室全体会议等，研究调度重大事项。优化部市区三级联动的领导体制和运行机制，强化北京办公室“一处七办”运行机制，加强对重大科技项目、重要创新平台、年度重点任务及项目等的工作调度。

（三）强化经费保障。

进一步优化财政科技经费支出结构，加强资金和项目的统筹，积极支持北京国际科技创新中心建设的战略性、关键性领域。改进市级财政科技经费管理方式，强化财政资金统筹机制，提高决策效率。发挥财政资金带动作用，综合运用市场化风险补偿、贷款贴息等方式，引导银行信贷、创业投资、资本市场等，加大对创新创业支持力度。引导和鼓励社会资本投向基础研究、应用基础研究，持续支持企业提高研发投入强度。

中国科学院关于参与建设科技创新中心和共建综合性国家科学中心的指导意见

（科发规字〔2017〕54号）

院属各单位、院机关各部门：

建设具有全球影响力的科技创新中心（以下简称“科创中心”），是以习近平同志为核心的党中央着眼实现“两个一百年”宏伟目标，从实施创新驱动发展战略、建设世界科技强国的战略高度作出的重大决策。国家“十三五”规划纲要也对建设科创中心和组建综合性国家科学中心做出部署。为认真贯彻落实党中央、国务院重大决策部署，深入实施《中国科学院“率先行动”计划暨全面深化改革纲要》（简称“率先行动”计划），现就我院参与建设科创中心和共建综合性国家科学中心工作提出以下指导意见。

一、总体目标

以科创中心和综合性国家科学中心建设为重大机遇，以国家实验室建设为牵引，以主谋、主建国家重大科技基础设施集群为基础，以调整优化科技布局和深入推进研究所分类改革为抓手，整合集成优势力量，集聚创新人才队伍，汇聚吸纳院内外创新资源，建设国际一流的科学研究高地和创新人才高地，大幅度提升科技创新能力，为国家和区域创新发展提供更多中高端有效科技供给，在实施创新驱动发展战略和建设世界科技强国中发挥骨干引领和示范带动作用。

通过参与建设科创中心和共建综合性国家科学中心，系统提升“率先行动”计划目标要求，统筹构建“总部（院部）抓总、区域/领域主战、四类机构/研究所主建”的改革创新发展新格局，打造“率先行动”计划升级版，加快实现“四个率先”目标。

二、工作思路

高起点。按照建设世界科技强国的要求，高起点设计实施方案，高标准设定准入门槛，高质量组织建设实施，集聚最优秀科技创新人才，依托高水平科教基础设施，建设世界一流的科学中心和创新高地，成为引领全国和世界创新发展的新引擎。在科技布局上，瞄准科学前沿重大问题，突出国家重大战略需求，致力于抢占国际竞争制高点；同时加强与国家科技计划及区域经济社会发展规划的衔接，避免低水平扩张和重复建设。根据党中央、国务院总体部署，率先谋划在国家发展战略急需、我院具有显著优势的若干重大创新领域，积极整合全国创新资源，承担国家实验室建设任务。

大格局。通过深化改革，打破条块分割，破除利益壁障，统筹国家、地方、社会各方面力量和资源，形成强大合力。我院将按照“对内集聚、整合、提升，对外共建、开放、共享”的原则，清除各种有形无形的栅栏，打破各种院内院外的围墙，依托在北京、上海、合肥的优质科教资源，整合吸纳院内外相关优势力量。同时，坚定创新自信，面向全球吸引和选拔顶尖创新创业人才，积极发起和参与国际重大科学计划，打造全球原始创新策源地，形成全球开放创新核心区，提高我国在世界科技发展和全球创新治理中的影响力。

全链条。充分发挥科技创新在全面创新中的核心作用，发挥综合性国家科学中心在科创中心建设中的核心作用，构建创新链、产业链、人才链、政策链、转化链相互交织、相互支撑的完整链条。在强化基础前沿研究、应用基础研究和战略高技术研发的同时，积极促进关键核心技术孵化、科技成果转化和高新技术产业发展，形成集聚、放大、辐射效应，发挥引领、示范、带动作用，为深化供给侧结构性改革和塑造引领型发展提供更多中高端有效科技供给，把科技优势转化为促进产业和经济发展的优势。

新机制。积极探索地方政府、科研院所、高校、企业等资源共用、资本合营、人才双聘、成果共享的新模式，构建院地融合、科教融合、军民融合的协同创新体系，淡化传统的人财物归属关系，让机构、人才、装置、资金、项目都充分活跃起来，形成共建共享、优势互补、开放流动、协同高效的新机制。我院将深入推进研究所分类改革，按照国家实验室的建设模式和管理运行机制，率先建设一批国际一流科研机构，成为综合性国家科学中心的核心骨干力量，并在国家实验室建设中发挥主力军作用。

三、重点任务

重点围绕北京、上海科创中心和3个综合性国家科学中心的建设定位，统筹部署基础前沿科学研究、关键核心技术研发和重大科技基础设施建设，加大力度调整优化科技布局和资源配置结构，支撑北京、上海、合肥成为具有世界影响力的科技创新中心和科学中心。

（一）共建北京怀柔综合性国家科学中心（怀柔科学城）

重点围绕物质科学、空间科学、大气环境科学、地球科学等重大创新领域，建设一批大装置，发展一批高平台，集聚一批顶尖人才，引领一批新兴产业，打造新的汇聚一流科研机构、代表我国最高水平的科学研究总部基地。

1. 建设高能同步辐射光源、综合极端条件实验装置、地球系统数值模拟装置、“子午工程”二期、多模态跨尺度生物医学成像设施、大气环境模拟系统、中国陆地生态系统观测实验网络等一批国际首创或具有领先水平的大科学装置。

2. 依托大科学装置集群，结合研究所分类改革，整合组建物质科学研究中心、空间科学研究院（国家空间科学中心），按照国家实验室的组织模式和运行机制进行建设。同时，以大科学装置为中心，在大气环境科学、地球科学、生命科学、信息与智能研究等领域组建新型科研机构，开展高水平科技创新活动。

3. 共建材料基因组研究平台、清洁能源材料测试诊断与研发平台、先进光源技术研发与测试平台、先进载运和测量技术综合实验平台、空间科学卫星系列及有效载荷研制测试保障平台等5个前沿交叉研究平台。适时启动国家太空实验室地面实验基地（中国载人航天应用中心）、脑认知功能图谱与类脑智能交叉研究平台等建设。

4. 与北京市共同支持中国科学院大学申请建设“双一流”大学。依托科教融合、重大科技基础设施和重大科技任务，通过成建制、吸附式、网络式等多种方式，组织一批科研院所和高水平创新团队入驻怀柔科学城，充分利用国家、北京市和院各类人才计划，聚集“数万量级”的科研骨干人才、“数万量级”的高端流动人才和“数万量级”的研究生。

5. 在轻元素量子科技、纳米能源、清洁能源、先进制造、3D网络超材料、先进仪器与特种材料、健康医疗、基因测序及应用等领域方向，研发突破一批关键共性技术，培育孵化一批重大产业化项目和创新型企业。

6. 在北京市支持下，构建多层次住房保障、高质量职工子女教育、高水平医疗服务、便捷的交通网络等布局合理、功能完善、配套齐全的支撑体系，打造宜研、宜读、宜业、宜居的工作生活条件和环境。

（二）共建北京中关村科学城

7. 重点围绕基础前沿交叉、网络信息、生命与健康等重大创新领域，整合重组我院京区和院内相关地区的现有科技力量，加快实现基础前沿研究和关键核心技术重大突破，产出一批具有重大科学意义和世界领先水平的原创成果。聚焦网络空间安全重大需求，以我院与中共中央办公厅共建的信息工程创新研究院为核心，整合全国相关力量，积极争取筹建国家实验室。

8. 利用中关村自主创新示范区的政策优势，创新体制机制，加强和深化与北京大学、清华大学等研究型大学的科教融合与协同攻关，加强和拓展与中关村高新技术产业和创新型企业的对接与合作，建设一批产学研紧密合作的国家技术创新中心，引领带动京津冀协同发展并辐射全国。

9. 积极争取北京市支持，推动中关村园区和北郊奥运园区改造。聚焦我院在中关村科学城的重点科技领域，统筹规划和调整科研园区布局，优化资源配置，拓展发展空间，实现“高效聚集、合理疏解、改善条件、提升能力”的目标。同时，努力改善职工居住、子女教育、健康医疗等生活条件。

（三）共建上海张江综合性国家科学中心

聚焦光子科学与技术、生命科学、能源科技、类脑智能、计算科学等重点研究方向，通过院市合作和体制机制创新，开展国际一流的原始创新和集成创新，建设具有示范效应的“生态型”科技创新基地。

10. 与上海市合作推进“上海光源”线站工程、超强超短激光实验装置、软X射线自由电子激光装置、活细胞成像平台等重大科技基础设施建设，打造全球规模最大、种类最全、综合能力最强的先进光源大科学装置集聚区。共同推进硬X射线自由电子激光装置、高效低碳燃气轮机、生物医学大数据基础设施等新的国家重大科技基础设施立项并落户上海。依托上海高等研究院，以张江地区大科学装置集群为基础，积极争取筹建国家实验室。

11. 与上海市共建中科院微小卫星、药物和先进核能创新研究院。继续共建上海科技大学，推进科教深度融合。共同开展低碳能源、脑—智等交叉研究行动计划，共同争取“科技创新 2030—重大项目”等重大科技任务。

12. 继续建设上海微技术工业研究院等新型公共研发平台。布局建设平方公里阵列射电望远镜（SKA）大数据中心、上海先进材料产业技术研究院、先进红外系统科学实验协同创新平台等。

13. 充分发挥我院科研院所的集聚优势，全面对接张江科技创新核心区、嘉定新兴产业示范区、徐汇科技服务示范区、临港成果转化示范区等科技创新集聚区建设，加强与上海地区高校、科研院所和企业的产学研合作，引领带动长三角地区创新发展，辐射长江经济带乃至全国。

（四）共建安徽合肥综合性国家科学中心

依托中国科大、合肥物质科学研究院等优质科教资源，重点聚焦信息、能源、健康、环境等重大创新领域，促进重大科技基础设施集群与高校院所、产业机构等深度融合、协同发展，建成高端人才聚集地，形成创新生态示范区，抢占科学研究制高点，打造原创成果策源地，下好创新发展先手棋，成为国家创新体系的核心基础平台和国际创新网络的重要组成部分。

14. 依托中国科大在量子通信领域的国际领跑地位，共建中科院量子信息与量子科技创新研究院，整合吸纳全国优势力量，牵头组织实施“量子通信与量子计算机”科技创新 2030—重大项目，积极筹建国家实验室，全面提高我国量子科技原始创新能力，抢占量子科技国际竞争和未来发展制高点。

15. 在中科院合肥大科学研究中心的基础上，共建聚变堆主机关键系统综合研究设施、未来网络试验设施（合肥中心）等新的国家重大科技基础设施，提升全超导托卡马克核聚变实验装置、稳态强磁场实验装置等现有大科学装置性能。开展合肥先进光源 HALS、大气环境立体探测实验装置的预研及技术验证装置建设，积极争取国家立项。

16. 与国家自然科学基金委员会、安徽地方政府联合设立科学研究基金，共同支持发起实施大科学计划和大科学工程，以及依托大科学装置开展的自由探索研究。

17. 继续共建中国科大，支持中国科大高新园区建设，支持中国科大“双一流”大学建设。共建中国科大先进技术研究院、中科院合肥技术创新工程院等新型研发机构，共同支持合肥离子医学治疗中心建设。

18. 共建一批国际一流的共性技术研发平台，支持安徽省培育和实施一批重大新兴产业专项和工程，建设一批重大新兴产业基地，推动合肥长三角世界级城市群副中心建设，辐射带动长江经济带乃至全国创新发展。

四、组织实施

（一）抓好动员部署，统一思想认识

各单位、各部门要及时组织传达学习“抢抓机遇、深化改革，加快实施‘率先行动’计划”视频动员会精神，从牢固树立“四个意识”特别是核心意识和看齐意识的政治高度，进一步统一思想、提高认识，把广大干部职工的思想和行动统一到党中央国务院重大决策上来，统一到院党组的重点部署上来。要加强对有关工作的引导和宣传，强化机遇意识、责任担当、战略思维、全局观念，把参与建设科创中心和共建综合性国家科学中心工作，作为当前和今后一个时期我院深入实施“率先行动”计划的重大任务，切实增强责任感和紧迫感，转化为全院上下抢抓机遇、深化改革、加快发展的实际行动。

（二）加强组织领导，明确责任分工

院成立参与建设科创中心和共建综合性国家科学中心领导小组，负责组织指导和统筹推进相关工作开展。下设北京、上海、合肥3个专项办公室，分别负主体责任，开展具体组织实施和协调推动工作。

院部要认真履行“抓总”职能，统筹做好顶层设计、政策制定、资源配置、协调服务等工作；院机关相关部门要根据工作分工，落实工作任务，认真履行职责。院属各单位和相关四类机构要从本单位发展战略和工作实际出发，着眼全院“一盘棋”，增强大局观，主动思考，前瞻谋划，选准突破口，找准切入点。位于北京、上海、合肥的院属单位，要主动融入科创中心和综合性国家科学中心，积极承担建设任务，发挥骨干引领作用。其他院属单位也要通过多种方式积极参与建设工作。各部门、各单位党政主要负责同志作为第一责任人，要敢于担当，亲力亲为，认真履职尽责，积极组织推进，切实抓好各项工作。

（三）制定实施方案，抓好工作落实

相关院领导分别牵头组织编制参与建设北京、上海科创中心和共建怀柔、张江、合肥综合性国家科学中心实施方案，依据本指导意见，明确主要目标、建设内容、重点任务、工作分工、进度安排、实施保障等。3个专项办公室分别做好具体组织和支撑保障工作。3个实施方案提请院党组会议审议批准。院属相关单位要以实施方案为指导，结合本单位实际，明确建设任务，制定工作方案和计划。

编制实施方案和工作计划，要坚持自上而下与自下而上相结合，既要解放思想、前瞻谋划，也要实事求是、求真务实，确保可操作、可实现、可检查。推进实施过程中，要以“钉钉子”精神，稳扎稳打、抓细抓实。要强化实施方案和工作计划的约束力和执行力，加强督查督办，确保院党组决策部署落到实处、见到成效。实施过程中的重大事项、重要进展和重点问题，要及时向院党组请示报告。

（四）着力深化改革，加强院地协同

要把谋划推动国家实验室建设、深入推进研究所分类改革、深化人才发展体制机制改革、落实科技领域“放管服”改革、深化资源配置和科技评价制度改革等重大改革举措，与参与建设科创中心和共建综合性国家科学中心紧密结合起来，形成改革创新发展的强大合力。要坚持问题导向，找准制约创新发展的全局性、根本性、关键性、深层次问题，抓住主要矛盾和关键环节，敢于闯“深水区”，敢于啃“硬骨头”，善于在全局中谋势、在关键处落子，实现以点带面、激活全局。

要按照党中央、国务院统一部署，在国务院科技创新中心建设领导小组的领导下，与北京市、上海市和安徽省加强沟通对接，落实共建机制，健全多层次协同工作机制。贯彻开放办院理念，联合整合全国相关科教资源和研究力量，加强与北京、上海、合肥三地高校、科研院所和企业的协同创新与资源共享，共同推进科创中心和综合性国家科学中心建设。

（五）统筹支持政策，保障方案实施

院将根据参与建设科创中心和共建综合性国家科学中心的需要，陆续出台相关支持和激励政策，加强政策统筹协调，鼓励和引导院属单位积极参与有关建设工作。对主体参与科创中心和综合性国家科学中心建设的研究所，优先支持牵头建设四类机构，积极支持参与建设国家实验室，并在科研园区和平台条件建设、优秀人才引进和培养、重大科技任务部署等方面给予重点支持。对其他参与单位，也通过不同形式加大配套支持力度。鼓励院属单位和院所投资企业根据实际情况，依托科创中心和综合性国家科学中心，建设联合研发平台和科技成果转移转化基地。今后院部署建设国家重大科技基础设施，优先向综合性国家科学中心集聚。

中国科学院

2017 年 5 月 9 日

第五部分

考核评价

中共中央印发《关于深化人才发展体制机制改革的意见》

（2016 年）

人才是经济社会发展的第一资源。人才发展体制机制改革是全面深化改革的重要组成部分，是党的建设制度改革的重要内容。协调推进“四个全面”战略布局，贯彻落实创新、协调、绿色、开放、共享的发展理念，实现“两个一百年”奋斗目标，必须深化人才发展体制机制改革，加快建设人才强国，最大限度激发人才创新创造创业活力，把各方面优秀人才集聚到党和国家事业中来。现就深化人才发展体制机制改革提出如下意见。

一、指导思想、基本原则和主要目标

（一）指导思想

高举中国特色社会主义伟大旗帜，全面贯彻党的十八大和十八届三中、四中、五中全会精神，以邓小平理论、“三个代表”重要思想、科学发展观为指导，深入贯彻习近平总书记系列重要讲话精神，坚持聚天下英才而用之，牢固树立科学人才观，深入实施人才优先发展战略，遵循社会主义市场经济规律和人才成长规律，破除束缚人才发展的思想观念和体制机制障碍，解放和增强人才活力，构建科学规范、开放包容、运行高效的人才发展治理体系，形成具有国际竞争力的人才制度优势。

（二）基本原则

——坚持党管人才。充分发挥党的思想政治优势、组织优势和密切联系群众优势，进一步加强和改进党对人才工作的领导，健全党管人才领导体制和工作格局，创新党管人才方式方法，为深化人才发展体制机制改革提供坚强的政治和组织保证。

——服务发展大局。围绕经济社会发展需求，聚焦国家重大战略，科学谋划改革思路和政策措施，促进人才规模、质量和结构与经济社会发展相适应、相协调，实现人才发展与经济建设、政治建设、文化建设、社会建设、生态文明建设深度融合。

——突出市场导向。充分发挥市场在人才资源配置中的决定性作用和更好发挥政府作用，加快转变政府人才管理职能，保障和落实用人主体自主权，提高人才横向和纵向流动性，健全人才评价、流动、激励机制，最大限度激发和释放人才创新创造创业活力，使人才各尽其能、各展其长、各得其所，让人才价值得到充分尊重和实现。

——体现分类施策。根据不同领域、行业特点，坚持从实际出发，具体问题具体分析，增强改革针对性、精准性。纠正人才管理中存在的行政化、“官本位”倾向，防止简单套用党政领导干部管理办法管理科研教学机构学术领导人员和专业人才。

——扩大人才开放。树立全球视野和战略眼光，充分开发利用国内国际人才资源，主动参与国际人才竞争，完善更加开放、更加灵活的人才培养、吸引和使用机制，不唯地域引进人才，不求所有开发人才，不拘一格用好人才，确保人才引得进、留得住、流得动、用得好。

（三）主要目标

通过深化改革，到2020年，在人才发展体制机制的重要领域和关键环节上取得突破性进展，人才管理体制更加科学高效，人才评价、流动、激励机制更加完善，全社会识才爱才敬才用才氛围更加浓厚，形成与社会主义市场经济体制相适应、人人皆可成才、人人尽展其才的政策法律体系和社会环境。

二、推进人才管理体制改革

（四）转变政府人才管理职能。根据政社分开、政事分开和管办分离要求，强化政府人才宏观管理、政策法规制定、公共服务、监督保障等职能。推动人才管理部门简政放权，消除对用人主体的过度干预，建立政府人才管理服务权力清单和责任清单，清理和规范人才招聘、评价、流动等环节中的行政审批和收费事项。

（五）保障和落实用人主体自主权。充分发挥用人主体在人才培养、吸引和使用中的主导作用，全面落实国有企业、高校、科研院所等企事业单位和社会组织的用人自主权。创新事业单位编制管理方式，对符合条件的公益二类事业单位逐步实行备案制管理。改进事业单位岗位管理模式，建立动态调整机制。探索高层次人才协议工资制等分配办法。

（六）健全市场化、社会化的人才管理服务体系。构建统一、开放的人才市场体系，完善人才供求、价格和竞争机制。深化人才公共服务机构改革。大力发展专业性、行业性人才市场，鼓励发展高端人才猎头等专业化服务机构，放宽人才服务业准入限制。积极培育各类专业社会组织和人才中介服务机构，有序承接政府转移的人才培养、评价、流动、激励等职能。充分运用云计算和大数据等技术，为用人主体和人才提供高效便捷服务。扩大社会组织人才公共服务覆盖面。完善人才诚信体系，建立失信惩戒机制。

（七）加强人才管理法制建设。研究制定促进人才开发及人力资源市场、人才评价、人才安全等方面的法律法规。完善外国人才来华工作、签证、居留和永久居留管理的法律法规。制定人才工作条例。清理不合时宜的人才管理法律法规和政策性文件。

三、改进人才培养支持机制

（八）创新人才教育培养模式。突出经济社会发展需求导向，建立高校学科专业、类型、层次和区域布局动态调整机制。统筹产业发展和人才培养开发规划，加强产业人才需求预测，加快培育重点行业、重要领域、战略性新兴产业人才。注重人才创新意识和创新能力培养，探索建立以创新创业为导向的人才培养机制，完善产学研用结合的协同育人模式。

（九）改进战略科学家和创新型科技人才培养支持方式。更大力度实施国家高层次人才特殊支持计划（国家“万人计划”），完善支持政策，创新支持方式。构建科学、技术、工程专家协同创新机制。建立统一的人才工程项目信息管理平台，推动人才工程项目与各类科研、基地计划相衔接。按照精简、合并、取消、下放要求，深入推进项目评审、人才评价、机构评估改革。

建立基础研究人才培养长期稳定支持机制。加大对新兴产业以及重点领域、企业急需紧缺人才支持力度。支持新型研发机构建设，鼓励人才自主选择科研方向、组建科研团队，开展原创性基础研究和面向需求的应用研发。

（十）完善符合人才创新规律的科研经费管理办法。改革完善科研项目招投标制度，健全竞争性经费和稳定支持经费相协调的投入机制，提高科研项目立项、评审、验收科学化水平。进一步改革科研经费管理制度，探索实行充分体现人才创新价值和特点的经费使用管理办法。下放科研项目部分经费预算调整审批权，推行有利于人才创新的经费审计方式。完善企业研发费用加计扣除政策。探索实行哲学社会科学研究成果后期资助和事后奖励制。

（十一）优化企业家成长环境。遵循企业家成长规律，拓宽培养渠道。建立有利于企业家参与创新决策、凝聚创新人才、整合创新资源的新机制。依法保护企业家财产权和创新收益，进一步营造尊重、关怀、宽容、支持企业家的社会文化环境。合理提高国有企业经营管理人才市场化选聘比例，畅通各类企业人才流动渠道。研究制定在国有企业建立职业经理人制度的指导意见。完善国有企业经营管理人才中长期激励措施。

（十二）建立产教融合、校企合作的技术技能人才培养模式。大力培养支撑中国制造、中国创造的技术技能人才队伍，加快构建现代职业教育体系，深化技术技能人才培养体制改革，加强统筹协调，形成工作合力。创新技术技能人才教育培训模式，促进企业和职业院校成为技术技能人才培养的“双主体”，开展校企联合培养试点。研究制定技术技能人才激励办法，探索建立企业首席技师制度，试行年薪制和股权制、期权制。健全以职业农民为主体的农村实用人才培养机制。弘扬劳动光荣、技能宝贵、创造伟大的时代风尚，不断提高技术技能人才经济待遇和社会地位。

（十三）促进青年优秀人才脱颖而出。破除论资排辈、求全责备等陈旧观念，抓紧培养造就青年英才。建立健全对青年人才普惠性支持措施。加大教育、科技和其他各类人才工程项目对青年人才培养支持力度，在国家重大人才工程项目中设立青年专项。改革博士后制度，发挥高校、科研院所、企业在博士后研究人员招收培养中的主体作用，有条件的博士后科研工作站可独立招收博士后研究人员。拓宽国际视野，吸引国外优秀青年人才来华从事博士后研究。

四、创新人才评价机制

（十四）突出品德、能力和业绩评价。制定分类推进人才评价机制改革的指导意见。坚持德才兼备，注重凭能力、实绩和贡献评价人才，克服唯学历、唯职称、唯论文等倾向。不将论文等作为评价应用型人才的限制性条件。建立符合中小学教师、全科医生等岗位特点的人才评价机制。

（十五）改进人才评价考核方式。发挥政府、市场、专业组织、用人单位等多元评价主体作用，加快建立科学化、社会化、市场化的人才评价制度。基础研究人才以同行学术评价为主，应用研究和技术开发人才突出市场评价，哲学社会科学人才强调社会评价。注重引入国际同行评价。应用型人才评价应根据职业特点突出能力和业绩导向。加强评审专家数据库建设，建立评价责任和信誉制度。适当延长基础研究人才评价考核周期。

（十六）改革职称制度和职业资格制度。深化职称制度改革，提高评审科学化水平。研究制定深化职称制度改革的意见。突出用人主体在职称评审中的主导作用，合理界定和下放职称评审权限，推动高校、科研院所和国有企业自主评审。对职称外语和计算机应用能力考试不作统一要求。探索高层次人才、急需紧缺人才职称直聘办法。畅通非公有制经济组织和社会组织人才申报参加职称评审渠道。清理减少准入类职业资格并严格管理，推进水平类职业资格评价市场化、社会化。放宽急需紧缺人才职业资格准入。

五、健全人才顺畅流动机制

（十七）破除人才流动障碍。打破户籍、地域、身份、学历、人事关系等制约，促进人才资源合理流动、有效配置。建立高层次人才、急需紧缺人才优先落户制度。加快人事档案管理服务信息化建设，完善社会保险关系转移接续办法，为人才跨地区、跨行业、跨体制流动提供便利条件。

（十八）畅通党政机关、企事业单位、社会各方面人才流动渠道。研究制定吸引非公有制经济组织和社会组织优秀人才进入党政机关、国有企事业单位的政策措施，注重人选思想品德、职业素养、从业经验和专业技能综合考核。

（十九）促进人才向艰苦边远地区和基层一线流动。研究制定鼓励和引导人才向艰苦边远地区和基层一线流动的意见，提高艰苦边远地区和基层一线人才保障水平，使他们在政治上受重视、社会上受尊重、经济上得实惠。重大人才工程项目适当向艰苦边远地区倾斜。边远贫困和民族地区县以下单位招录人才，可适当放宽条件、降低门槛。鼓励西部地区、东北地区、边远地区、民族地区、革命老区设立人才开发基金。完善东、中部地区对口支持西部地区人才开发机制。

六、强化人才创新创业激励机制

（二十）加强创新成果知识产权保护。完善知识产权保护制度，加快出台职务发明条例。研究制定商业模式、文化创意等创新成果保护办法。建立创新人才维权援助机制。建立人才引进使用中的知识产权鉴定机制，防控知识产权风险。完善知识产权质押融资等金融服务机制，为人才创新创业提供支持。

（二十一）加大对创新人才激励力度。赋予高校、科研院所科技成果使用、处置和收益管理自主权，除事关国防、国家安全、国家利益、重大社会公共利益外，行政主管部门不再审批或备案。允许科技成果通过协议定价、在技术市场挂牌交易、拍卖等方式转让转化。完善科研人员收入分配政策，依法赋予创新领军人才更大人财物支配权、技术路线决定权，实行以增加知识价值为导向的激励机制。完善市场评价要素贡献并按贡献分配的机制。研究制定国有企事业单位人才股权期权激励政策，对不适宜实行股权期权激励的采取其他激励措施。探索高校、科研院所担任领导职务科技人才获得现金与股权激励管理办法。完善人才奖励制度。

（二十二）鼓励和支持人才创新创业。研究制定高校、科研院所等事业单位科研人员离岗创业的政策措施。高校、科研院所科研人员经所在单位同意，可在科技型企业兼职并按规定获得报酬。允许高校、科研院所设立一定比例的流动岗位，吸引具有创新实践经验的企业家、科技人才兼职。鼓励和引导优秀人才向企业集聚。重视吸收民营企业育才引才用才经验做法。总结推广各类创新创业孵化模式，打造一批低成本、便利化、开放式的众创空间。

七、构建具有国际竞争力的引才用才机制

（二十三）完善海外人才引进方式。实行更积极、更开放、更有效的人才引进政策，更大力度实施海外高层次人才引进计划（国家“千人计划”），敞开大门，不拘一格，柔性汇聚全球人才资源。对国家急需紧缺的特殊人才，开辟专门渠道，实行特殊政策，实现精准引进。支持地方、部门和用人单位设立引才项目，加强动态管理。鼓励社会力量参与人才引进。扩大来华留学规模，优化外国留学生结构，提高政府奖学金资助标准，出台学位研究生毕业后在华工作的相关政策。

（二十四）健全工作和服务平台。对引进人才充分信任、放手使用，支持他们深度参与国家计划项目、开展科研攻关。研究制定外籍科学家领衔国家科技项目办法。完善引才配套政策，解决引进人才任职、社会保障、户籍、子女教育等问题。对外国人才来华签证、居留，放宽条件、简化程序、落实相关待遇。整合人才引进管理服务资源，优化机构与职能配置。

（二十五）扩大人才对外交流。鼓励支持人才更广泛地参加国际学术交流与合作，完善相关管理办法。支持有条件的高校、科研院所、企业在海外建立办学机构、研发机构，吸引使用当地优秀人才。完善国际组织人才培养推送机制。创立国际人才合作组织，促进人才国际交流与合作。研究制定维护国家人才安全的政策措施。

八、建立人才优先发展保障机制

（二十六）促进人才发展与经济社会发展深度融合。坚持人才引领创新发展，将人才发展列为经济社会发展综合评价指标。综合运用区域、产业政策和财政、税收杠杆，加大人才资源开发力度。坚持人才发展与实施重大国家战略、调整产业布局同步谋划、同步推进。研究制定“一带一路”建设、京津冀协同发展、长江经济带建设、“中国制造 2025”、自贸区建设以及国家重大项目和重大科技工程等人才支持措施。创新人才工作服务发展政策，鼓励和支持地方开展人才管理改革试验探索。围绕实施国家“十三五”规划，编制地区、行业系统以及重点领域人才发展规划。鼓励各类优秀人才投身国防事业，促进军民深度融合发展，建立军地人才、技术、成果转化对接机制。

（二十七）建立多元投入机制。优化财政支出结构，完善人才发展投入机制，加大人才开发投入力度。实施重大建设工

程和项目时，统筹安排人才开发培养经费。调整和规范人才工程项目财政性支出，提高资金使用效益。发挥人才发展专项资金、中小企业发展基金、产业投资基金等政府投入的引导和撬动作用，建立政府、企业、社会多元投入机制。创新人才与资本、技术对接合作模式。研究制定鼓励企业、社会组织加大人才投入的政策措施。发展天使投资和创业投资引导基金，鼓励金融机构创新产品和服务，加大对人才创新创业资金扶持力度。落实有利于人才发展的税收支持政策，完善国家有关鼓励和吸引高层次人才的税收优惠政策。

九、加强对人才工作的领导

（二十八）完善党管人才工作格局。发挥党委（党组）总揽全局、协调各方的领导核心作用，加强党对人才工作统一领导，切实履行管宏观、管政策、管协调、管服务职责。改进党管人才方式方法，完善党委统一领导，组织部门牵头抓总，有关部门各司其职、密切配合，社会力量发挥重要作用的人才工作新格局。进一步明确人才工作领导小组职责任务和工作规则，健全领导机构，配强工作力量，完善宏观指导、科学决策、统筹协调、督促落实机制。理顺党委和政府人才工作职能部门职责，将行业、领域人才队伍建设列入相关职能部门“三定”方案。

（二十九）实行人才工作目标责任考核。建立各级党政领导班子和领导干部人才工作目标责任制，细化考核指标，加大考核力度，将考核结果作为领导班子评优、干部评价的重要依据。将人才工作列为落实党建工作责任制情况述职的重要内容。

（三十）坚持对人才的团结教育引导服务。加强政治引领和政治吸纳，充分发挥党的组织凝聚人才作用。制定加强党委联系专家工作意见，建立党政领导干部直接联系人才机制。加强各类人才教育培训、国情研修，增强认同感和向心力。完善专家决策咨询制度，畅通建言献策渠道，充分发挥新型智库作用。建立健全特殊一线岗位人才医疗保健制度。加强优秀人才和工作典型宣传，营造尊重人才、见贤思齐的社会环境，鼓励创新、宽容失败的工作环境，待遇适当、无后顾之忧的生活环境，公开平等、竞争择优的制度环境。

各级党委和政府要切实增强责任感、使命感，统一思想、加强领导，部门协同、上下联动，推动各项改革任务落实。鼓励支持各地区各部门因地制宜，开展差别化改革探索。加强指导监督，研究解决人才发展体制机制改革中遇到的新情况新问题。有关方面要抓紧制定任务分工方案，明确各项改革的进度安排。各地应当结合实际研究制定实施意见。加强政策解读和舆论引导，形成全社会关心支持人才发展体制机制改革的良好氛围。

国务院关于优化科研管理提升科研绩效若干措施的通知

（国发〔2018〕25号）

各省、自治区、直辖市人民政府，国务院各部委、各直属机构：

为了贯彻落实党中央、国务院关于推进科技领域“放管服”改革的要求，建立完善以信任为前提的科研管理机制，按照能放尽放的要求赋予科研人员更大的人财物自主支配权，减轻科研人员负担，充分释放创新活力，调动科研人员积极性，激励科研人员敬业报国、潜心研究、攻坚克难，大力提升原始创新能力和关键领域核心技术攻关能力，多出高水平成果，壮大经济发展新动能，为实现经济高质量发展、建设世界科技强国作出更大贡献，现就有关事项通知如下：

一、优化科研项目和经费管理

（一）简化科研项目申报和过程管理。聚焦国家重大战略任务，优化中央财政科技计划项目形成机制，合理确定项目数量。加快完善国家科技管理信息系统，2018年底前要将中央财政科技计划（专项、基金等）项目全部纳入。逐步实行国家科技计划年度指南定期发布制度，并将指南提前在网上公示，加强项目查重、避免重复申报，增加科研人员申报准备时间；精简科研项目申报要求，减少不必要的申报材料。针对关键节点实行“里程碑”式管理，减少科研项目实施周期内的各类评估、检查、抽查、审计等活动；自由探索类基础研究项目和实施周期三年以下的项目以承担单位自我管理为主，一般不开展过程检查。

（二）合并财务验收和技术验收。由项目管理专业机构严格依据任务书在项目实施期末进行一次性综合绩效评价，不再分别开展单独的财务验收和技术验收，项目承担单位自主选择具有资质的第三方中介机构进行结题财务审计，利用好单位内外部审计结果。

（三）推行“材料一次报送”制度。整合科技管理各项工作和计划管理的材料报送相关环节，实现一表多用。国家科技管理信息系统按权限向项目承担单位、项目管理专业机构、行业主管部门等相关主体开放，加强数据共享，凡是国家科技管理信息系统已有的材料或已要求提供过的材料，不得要求重复提供。项目管理专业机构和承担单位要简化报表及流程，加快建立健全学术助理和财务助理制度，允许通过购买财会等专业服务，把科研人员从报表、报销等具体事务中解脱出来。

（四）赋予科研人员更大技术路线决策权。科研人员具有自主选择和调整技术路线的权利，科研项目申报期间，以科研人员提出的技术路线为主进行论证，科研项目实施期间，科研人员可以在研究方向不变、不降低申报指标的前提下自主调整研究方案和技术路线，报项目管理专业机构备案。科研项目负责人可以根据项目需要，按规定自主组建科研团队，并结合项目实施进展情况进行相应调整。

（五）赋予科研单位科研项目经费管理使用自主权。直接费用中除设备费外，其他科目费用调剂权全部下放给项目承担单位。项目承担单位应完善管理制度，及时为科研人员办理调剂手续。对于接受企业或其他社会组织委托取得的项目经费，纳入单位财务统一管理，由项目承担单位按照委托方要求或合同约定管理使用。高校和科研院所要简化科研仪器设备采购流程，对科研急需的设备和耗材，采用特事特办、随到随办的采购机制，可不进行招投标程序，缩短采购周期；对于独家代理或生产的仪器设备，按程序确定采取单一来源采购等方式增强采购灵活性和便利性。

（六）避免重复多头检查。科技部、财政部要会同相关部门加强科研项目监督检查工作统筹，制定统一的年度监督检查计划，在相对集中时间开展联合检查，避免在同一年度对同一项目重复检查、多头检查。探索实行"双随机、一公开"检查方式，充分利用大数据等信息技术提高监督检查效率，实行监督检查结果信息共享和互认，最大限度降低对科研活动的干扰。

二、完善有利于创新的评价激励制度

（七）切实精简人才"帽子"。在中央人才工作协调小组的领导下，对科技领域人才计划进行优化整合。西部地区因政策倾斜获得人才计划支持的科研人员，在支持周期内离开相关岗位的，取消对其相应支持。开展科技人才计划申报查重工作，一个人只能获得一项相同层次的人才计划支持。科技人才计划突出人才培养和使用导向，明确支持周期，人才计划项目结束后不得再使用有关人才称号。主管部门、用人单位要逐步取消入选人才计划与薪酬待遇和职称评定等直接挂钩的做法。科研项目申报书中不得设置填写人才"帽子"等称号的栏目。不得将科研项目（基地、平台）负责人、项目评审专家等作为荣誉称号加以使用、宣传。

（八）开展"唯论文、唯职称、唯学历"问题集中清理。由科技部会同教育部、人力资源社会保障部、中科院、工程院及相关行业主管部门在2018年底前对项目、人才、学科、基地等科技评价活动中涉及简单量化的做法进行清理，建立以创新质量和贡献为导向的绩效评价体系，准确评价科研成果的科学价值、技术价值、经济价值、社会价值、文化价值。减少评价频次，对于评价结果连续优秀的，实行一定期限免评的制度。

（九）加大对承担国家关键领域核心技术攻关任务科研人员的薪酬激励。对全时全职承担任务的团队负责人（领衔科学家/首席科学家、技术总师、型号总师、总指挥、总负责人等）以及引进的高端人才，实行一项一策、清单式管理和年薪制。项目承担单位应在项目立项时与项目管理专业机构协商确定人员名单和年薪标准，并报科技部、人力资源社会保障部、财政部备案。年薪所需经费在项目经费中单独核定，在本单位绩效工资总量中单列，相应增加单位当年绩效工资总量。项目范围、年薪制具体操作办法由科技部、财政部、人力资源社会保障部细化制定。单位从国家关键领域核心技术攻关任务项目间接费用中提取的绩效支出，应向承担任务的中青年科研骨干倾斜。完善以科技成果为纽带的产学研深度融合机制，建立科研机构和企业等各方参与的创新联盟，落实相关政策，支持高校、科研院所科研人员到国有企业或民营企业兼职开展研发和成果转化，加大高校、科研院所和国有企业科研人员科技成果转化股权激励力度，科研人员获得的职务科技成果转化现金奖励计入当年本单位绩效工资总量，但不受总量限制，不纳入总量基数。

三、强化科研项目绩效评价

（十）推动项目管理从重数量、重过程向重质量、重结果转变。明确设定科研项目绩效目标，项目指南要按照分类评价要求提出项目绩效目标。目标导向类项目申报书和任务书要有科学、合理、具体的项目绩效目标和适用于考核的结果指标，并按照关键节点设定明确、细化的阶段性目标，用于判断实质性进展；立项评审应审核绩效目标、结果指标与指南要求的相符性，以及创新性、可行性、可考核性，实现项目绩效目标的能力和条件等；要加强项目关键环节考核，项目实施进度严重滞后或难以达到预期绩效目标的，及时予以调整或取消后续支持。

（十一）实行科研项目绩效分类评价。基础研究与应用基础研究类项目重点评价新发现新原理新方法新规律的重大原创性和科学价值、解决经济社会发展和国家安全重大需求中关键科学问题的效能、支撑技术和产品开发的效果、代表性论文等科研成果的质量和水平，以国际国内同行评议为主。技术和产品开发类项目重点评价新技术、新方法、新产品、关键部件等的创新性、成熟度、稳定性、可靠性，突出成果转化应用情况及其在解决经济社会发展关键问题、支撑引领行业产业发展中发挥的作用。应用示范类项目绩效评价以规模化应用、行业内推广为导向，重点评价集成性、先进性、经济适用性、辐射带动作用及产生的经济社会效益，更多采取应用推广相关方评价和市场评价方式。

（十二）严格依据任务书开展综合绩效评价。强化契约精神，严格按照任务书的约定逐项考核结果指标完成情况，对绩效目标实现程度作出明确结论，不得“走过场”，无正当理由不得延迟验收，应用研究和工程技术研究要突出技术指标刚性要求，严禁成果充抵等弄虚作假行为。突出代表性成果和项目实施效果评价，对提交评价的论文、专利等作出数量限制规定。目标导向类项目可在结束后2—3年内进行绩效跟踪评价，重点关注项目成果转移转化、应用推广以及产生的经济社会效益。有关单位和企业要如实客观开具科研项目经济社会效益证明，对虚开造假者严肃处理。

（十三）加强绩效评价结果的应用。绩效评价结果应作为项目调整、后续支持的重要依据，以及相关研发、管理人员和项目承担单位、项目管理专业机构业绩考核的参考依据。对绩效评价优秀的，在后续项目支持、表彰奖励等工作中给予倾斜。要区分因科研不确定性未能完成项目目标和因科研态度不端导致项目失败，鼓励大胆创新，严惩弄虚作假。项目承担单位在评定职称、制定收入分配制度等工作中，应更加注重科研项目绩效评价结果，不得简单计算获得科研项目的数量和经费规模。

四、完善分级责任担当机制

（十四）建立相关部门为高校和科研院所分担责任机制。项目管理部门应建立自由探索和颠覆性技术创新活动免责机制，对已履行勤勉尽责义务但因技术路线选择失误导致难以完成预定目标的单位和项目负责人予以免责，同时认真总结经验教训，为后续研究路径等提供借鉴。单位主管部门、项目管理部门和其他相关部门要支持高校和科研院所按照国家科技体制改革要求和科技创新规律进行改革创新，合理区分改革创新、探索性试验、推动发展的无意过失与明知故犯、失职渎职、谋取私利等违纪违法行为。对科研活动的审计和财务检查要尊重科研规律，减少频次，与工作对象对相关政策理解不一致时，要及时与政策制定部门沟通，调查澄清。

（十五）强化高校、科研院所和科研人员的主体责任。主管部门要在岗位设置、人员聘用、内部机构调整、绩效工资分配、评价考核、科研组织等方面充分尊重高校和科研院所管理权限。高校和科研院所要根据国家科技体制改革要求，制定完善本单位科研、人事、财务、成果转化、科研诚信等具体管理办法，强化服务意识，推行一站式服务，让科研人员少跑腿。强化科研人员主体地位，在充分信任基础上赋予更大的人财物支配权，强化责任和诚信意识，对严重违背科研诚信要求的，实行终身追究、联合惩戒。

（十六）完善鼓励法人担当负责的考核激励机制。以科研机构评估为统领，协调推进项目评审、人才评价、机构评估相关工作，形成合力，压实项目承担单位对科研项目和人才的管理责任。主管部门在对所属高校、科研院所开展考核时，应当将落实国家科技体制改革政策情况作为重要内容。对于落实国家科技体制改革政策到位、科技创新绩效突出的高校、科研院所，在申请国家科技计划和人才项目、核定绩效工资总量、布局建设国家科技创新基地、核定研究生招生指标等方面给予倾斜支持。

五、开展基于绩效、诚信和能力的科研管理改革试点

科技部、财政部会同教育部、中科院在教育部直属高校和中科院所属科研院所中选择部分创新能力和潜力突出、创新绩效显著、科研诚信状况良好的单位开展支持力度更大的“绿色通道”改革试点。

（十七）开展简化科研项目经费预算编制试点。项目直接费用中除设备费外，其他费用只提供基本测算说明，不提供明细。进一步精简合并其他直接费用科目。各项目管理专业机构要简化相关科研项目预算编制要求，精简说明和报表。

（十八）开展扩大科研经费使用自主权试点。允许试点单位从基本科研业务费、中科院战略性先导科技专项经费等稳定支持科研经费中提取不超过20%作为奖励经费，由单位探索完善科研项目资金的激励引导机制。奖励经费的使用范围和标准由试点单位在绩效工资总量内自主决定，在单位内部公示。对试验设备依赖程度低和实验材料耗费少的基础研究、软件开发、集成电路设计等智力密集型项目，

提高间接经费比例，500万元以下的部分为不超过30%，500万元至1000万元的部分为不超过25%，1000万元以上的部分为不超过20%。对数学等纯理论基础研究项目，可进一步根据实际情况适当调整间接经费比例。间接经费的使用应向创新绩效突出的团队和个人倾斜。

（十九）开展科研机构分类支持试点。对从事基础前沿研究、公益性研究、应用技术研究开发等不同类型的科研机构实施差别化的经费保障机制，结合科研机构职责定位，完善稳定支持和竞争性经费支持相协调的保障机制。对基础前沿研究类机构，加大经常性经费等稳定支持力度，适当提高人员经费补助标准，保障合理的薪酬待遇，使科研人员潜心长期从事基础研究。

（二十）开展赋予科研人员职务科技成果所有权或长期使用权试点。对于接受企业、其他社会组织委托项目形成的职务科技成果，允许合同双方自主约定成果归属和使用、收益分配等事项；合同未约定的，职务科技成果由项目承担单位自主处置，允许赋予科研人员所有权或长期使用权。对利用财政资金形成的职务科技成果，由单位按照权利与责任对等、贡献与回报匹配的原则，在不影响国家安全、国家利益、社会公共利益的前提下，探索赋予科研人员所有权或长期使用权。

科技部、财政部、教育部、中科院等相关部门和单位要加快职能转变，优化管理与服务，加强事中事后监管，放出活力与效率，管好底线与秩序，为科研活动保驾护航。要开展对试点单位落实改革措施的跟踪指导和考核，对推进试点工作不力、无法达到预期目标的，及时取消试点资格、终止支持。对证明行之有效的经验和做法，及时总结提炼在全国推广。

国务院

2018年7月18日

中共中央办公厅　国务院办公厅印发《关于深化职称制度改革的意见》

（2017 年）

职称是专业技术人才学术技术水平和专业能力的主要标志。职称制度是专业技术人才评价和管理的基本制度，对于党和政府团结凝聚专业技术人才，激励专业技术人才职业发展，加强专业技术人才队伍建设具有重要意义。按照党中央关于深化人才发展体制机制改革的部署，现就深化职称制度改革提出以下意见。

一、总体要求

（一）指导思想。高举中国特色社会主义伟大旗帜，全面贯彻党的十八大和十八届三中、四中、五中、六中全会精神，以邓小平理论、“三个代表”重要思想、科学发展观为指导，深入贯彻习近平总书记系列重要讲话精神和治国理政新理念新思想新战略，紧紧围绕统筹推进“五位一体”总体布局和协调推进“四个全面”战略布局，牢固树立和贯彻落实新发展理念，立足服务人才强国战略和创新驱动发展战略，坚持党管人才原则，遵循人才成长规律，把握职业特点，以职业分类为基础，以科学评价为核心，以促进人才开发使用为目的，建立科学化、规范化、社会化的职称制度，为客观科学公正评价专业技术人才提供制度保障。

（二）基本原则

——坚持服务发展、激励创新。围绕经济社会发展和人才队伍建设需求，服务人才强国战略和创新驱动发展战略，充分发挥人才评价“指挥棒”作用，进一步简政放权，最大限度释放和激发专业技术人才创新创造创业活力，推动大众创业、万众创新。

——坚持遵循规律、科学评价。遵循人才成长规律，以品德、能力、业绩为导向，完善评价标准，创新评价方式，克服唯学历、唯资历、唯论文的倾向，科学客观公正评价专业技术人才，让专业技术人才有更多时间和精力深耕专业，让作出贡献的人才有成就感和获得感。

——坚持问题导向、分类推进。针对现行职称制度存在的问题特别是专业技术人才反映的突出问题，精准施策。把握不同领域、不同行业、不同层次专业技术人才特点，分类评价。

——坚持以用为本、创新机制。围绕用好用活人才，创新人才评价机制，把人才评价与使用紧密结合，促进专业技术人才职业发展，满足各类用人单位选才用才需要。

（三）主要目标。通过深化职称制度改革，重点解决制度体系不够健全、评价标准不够科学、评价机制不够完善、管理服务不够规范配套等问题，使专业技术人才队伍结构更趋合理，能力素质不断提高。力争通过3年时间，基本完成工程、卫生、农业、会计、高校教师、科学研究等职称系列改革任务；通过5年努力，基本形成设置合理、评价科学、管理规范、运转协调、服务全面的职称制度。

二、健全职称制度体系

（四）完善职称系列。保持现有职称系列总体稳定。继续沿用工程、卫生、农业、经济、会计、统计、翻译、新闻出版广电、艺术、教师、科学研究等领域的职称系列，取消个别不适应经济社会发展的职称系列，整合职业属性相近的职称系列。适应经济社会发展新需求，探索在新兴职业领域增设职称系列。新设职称系列由中央和国家机关有关部门提出，经人力资源社会保障部审核后，报国务院批准。各地区各部门未经批准不得自行设置职称系列。职称系列可根据专业领域设置相应专业类别。

军队专业技术人才参加通用专业职称评审按照国家有关规定执行；相近专业职称评审可参照国家有关规定；特殊专业职称评审可根据军队实际情况制定评审办法，评审结果纳入国家人才评价管理体系。

（五）健全层级设置。各职称系列均设置初级、中级、高级职称，其中高级职称分为正高级和副高级，初级职称分为助理级和员级，可根据需要仅设置助理级。目前未设置正高级职称的职称系列均设置到正高级，以拓展专业技术人才职业发展空间。

（六）促进职称制度与职业资格制度有效衔接。以职业分类为基础，统筹研究规划职称制度和职业资格制度框架，避免交叉设置，减少重复评价，降低社会用人成本。在职称与职业资格密切相关的职业领域建立职称与职业资格对应关系，专业技术人才取得职业资格即可认定其具备相应系列和层级的职称，并可作为申报高一级职称的条件。初级、中级职称实行全国统一考试的专业不再进行相应的职称评审或认定。

三、完善职称评价标准

（七）坚持德才兼备、以德为先。坚持把品德放在专业技术人才评价的首位，重点考察专业技术人才的职业道德。用人单位通过个人述职、考核测评、民意调查等方式全面考察专业技术人才的职业操守和从业行为，倡导科学精神，强化社会责任，坚守道德底线。探索建立职称申报评审诚信档案和失信黑名单制度，纳入全国信用信息共享平台。完善诚信承诺和失信惩戒机制，实行学术造假“一票否决制”，对通过弄虚作假、暗箱操作等违纪违规行为取得的职称，一律予以撤销。

（八）科学分类评价专业技术人才能力素质。以职业属性和岗位需求为基础，分系列修订职称评价标准，实行国家标准、地区标准和单位标准相结合，注重考察专业技术人才的专业性、技术性、实践性、创造性，突出对创新能力的评价。合理设置职称评审中的论文和科研成果条件，不将论文作为评价应用型人才的限制性条件。对在艰苦边远地区和基层一线工作的专业技术人才，淡化或不作论文要求；对实践性、操作性强，研究属性不明显的职称系列，可不作论文要求；探索以专利成果、项目报告、工作总结、工程方案、设计文件、教案、病历等成果形式替代论文要求；推行代表作制度，重点考察研究成果和创作作品质量，淡化论文数量要求。对职称外语和计算机应用能力考试不作统一要求。确实需要评价外语和计算机水平的，由用人单位或评审机构自主确定评审条件。对在艰苦边远地区和基层一线工作的专业技术人才，以及对外语和计算机水平要求不高的职称系列和岗位，不作职称外语和计算机应用能力要求。

（九）突出评价专业技术人才的业绩水平和实际贡献。注重考核专业技术人才履行岗位职责的工作绩效、创新成果，增加技术创新、专利、成果转化、技术推广、标准制定、决策咨询、公共服务等评价指标的权重，将科研成果取得的经济效益和社会效益作为职称评审的重要内容。取得重大基础研究和前沿技术突破、解决重大工程技术难题、在经济社会各项事业发展中作出重大贡献的专业技术人才，可直接申报评审高级职称。对引进的海外高层次人才和急需紧缺人才，放宽资历、年限等条件限制，建立职称评审绿色通道。对长期在艰苦边远地区和基层一线工作的专业技术人才，侧重考察其实际工作业绩，适当放宽学历和任职年限要求。

四、创新职称评价机制

（十）丰富职称评价方式。建立以同行专家评审为基础的业内评价机制，注重引入市场评价和社会评价。基础研究人才评价以同行学术评价为主，应用研究和技术开发人才评价突出市场和社会评价，哲学社会科学研究人才评价重在同行认可和社会效益。对特殊人才通过特殊方式进行评价。鼓励有条件的地区单独建立基层专业技术人才职称评审委员会或评审组，单独评审。采用考试、评审、考评结合、考核认定、个人述职、面试答辩、实践操作、业绩展示等多种评价方式，提高职称评价的针对性和科学性。

（十一）拓展职称评价人员范围。进一步打破户籍、地域、身份、档案、人事关系等制约，创造便利条件，畅通非公有制经济组织、社会组织、自由职业专业技术人才职称申报渠道。科技、教育、医疗、文化等领域民办机构专业技术人才与公立机构专业技术人才在职称评审等方面享有平等待遇。高校、科研院所、医疗机构等企事业单位中经批准离岗创业或兼职的专业技术人才，3 年内可在原单位按规定正常申报职称，其创业或兼职期间工作业绩作为职称评审的依据。打通高技能人才与工程技术人才职业发展通道，符合条件的高技能人才，可参加工程系列专业技术人才职称评审。在内地就业的港澳台专业技术人才，以及持有外国人永久居留证或各地颁发的海外高层次人才居住证的外籍人员，可按规定参加职称评审。公务员不得参加专业技术人才职称评审。

（十二）推进职称评审社会化。对专业性强、社会通用范围广、标准化程度高的职称系列，以及不具备评审能力的单位，依托具备较强服务能力和水平的专业化人才服务机构、行业协会学会等社会组织，组建社会化评审机构进行职称评审。建立完善个人自主申报、业内公正评价、单位择优使用、政府指导监督的社会化评审机制，满足非公有制经济组织、社会组织以及新兴业态职称评价需求，服务产业结构优化升级和实体经济发展。

（十三）加强职称评审监督。完善各级职称评审委员会核准备案管理制度，明确界定评审委员会评审的专业和人员范围，从严控制面向全国的职称评审委员会。完善评审专家遴选机制，加强评审专家库建设，积极吸纳高校、科研机构、行业协会学会、企业专家，实行动态管理。健全职称评审委员会工作程序和评审规则，严肃评审纪律，明确评审委员会工作人员和评审专家责任，强化评审考核，建立倒查追责机制。建立职称评审公开制度，实行政策公开、标准公开、程序公开、结果公开。企事业单位领导不得利用职务之便为本人或他人评定职称谋取利益。建立职称评审回避制度、公示制度和随机抽查、巡查制度，建立复查、投诉机制，加强对评价全过程的监督管理，构建政府监管、单位（行业）自律、社会监督的综合监管体系。严禁社会组织以营利为目的开展职称评审，突出职称评审公益性，加强评价能力建设，强化自我约束和外部监督。

依法清理规范各类职称评审、考试、发证和收费事项，大力查处开设虚假网站、制作和贩卖假证等违纪违法行为，打击考试舞弊、假冒职称评审、扰乱职称评审秩序、侵害专业技术人才利益等违法行为。

五、促进职称评价与人才培养使用相结合

（十四）促进职称制度与人才培养制度的有效衔接。充分发挥职称制度对提高人才培养质量的导向作用，紧密结合专业技术领域人才需求和职业标准，在工程、卫生、经济、会计、统计、审计、教育、翻译、新闻出版广电等专业领域，逐步建立与职称制度相衔接的专业学位研究生培养制度，加快培育重点行业、重要领域专业技术人才；推进职称评审与专业技术人才继续教育制度相衔接，加快专业技术人才知识更新。

（十五）促进职称制度与用人制度的有效衔接。用人单位结合用人需求，根据职称评价结果合理使用专业技术人才，实现职称评价结果与各类专业技术人才聘用、考核、晋升等用人制度的衔接。对于全面实行岗位管理、专业技术人才学术技术水平与岗位职责密切相关的事业单位，一般应在岗位结构比例内开展职称评审。对于不实行岗位管理的单位，以及通用性强、广泛分布在各社会组织的职称系列和新兴职业，可采用评聘分开方式。坚持以用为本，深入分析职业属性、单位性质和岗位特点，合理确定评价与聘用的衔接关系，评以适用、以用促评。健全考核制度，加强聘后管理，在岗位聘用中实现人员能上能下。

六、改进职称管理服务方式

（十六）下放职称评审权限。进一步推进简政放权、放管结合、优化服务。政府部门在职称评价工作中要加强宏观管理，加强公共服务，加强事中事后监管，减少审批事项，减少微观管理，减少事务性工作。发挥用人主体在职称评审中的主导作用，科学界定、合理下放职称评审权限，人力资源社会保障部门对职称的整体数量、结构进行宏观调控，逐步将高级职称评审权下放到符合条件的市地或社会组织，推动高校、医院、科研院所、大型企

业和其他人才智力密集的企事业单位按照管理权限自主开展职称评审。对于开展自主评审的单位，政府不再审批评审结果，改为事后备案管理。加强对自主评审工作的监管，对于不能正确行使评审权、不能确保评审质量的，将暂停自主评审工作直至收回评审权。

（十七）健全公共服务体系。按照全覆盖、可及性、均等化的要求，打破地域、所有制、身份等限制，建立权利平等、条件平等、机会平等的职称评价服务平台，简化职称申报手续和审核环节。健全专业化的考试评价机构，建立职称评审考试信息化管理系统，开展职称证书查询验证服务。选择应用性、实践性、社会通用性强的职称系列，依托京津冀协同发展等国家战略，积极探索跨区域职称互认。在条件成熟的领域探索专业技术人才评价结果的国际互认。

（十八）加强领导，落实责任。坚持党管人才原则，切实加强党委和政府对职称工作的统一领导。各级党委及其组织部门要把职称制度改革作为人才工作的重要内容，在政策研究、宏观指导等方面发挥统筹协调作用。各级政府人力资源社会保障部门会同行业主管部门负责职称政策制定、制度建设、协调落实和监督检查；充分发挥社会组织专业优势，鼓励其参与评价标准制定，有序承接具体评价工作；用人单位作为人才使用主体，要根据本单位岗位设置和人员状况，自主组织开展职称评审或推荐本单位专业技术人才参加职称评审，实现评价结果与使用有机结合。

各地区各部门要充分认识职称制度改革的重要性、复杂性、敏感性，将职称制度改革列入重要议事日程，加强组织领导，狠抓工作落实。人力资源社会保障部要会同有关部门抓紧制定配套措施，分系列推进职称制度改革。各地区各部门要深入调查研究，制订具体实施方案，坚持分类推进、试点先行、稳步实施，妥善处理改革中遇到的矛盾和问题。加强职称管理法治建设，完善职称政策法规体系。加强舆论引导，搞好政策解读，做好深入细致的思想政治工作，引导广大专业技术人才积极支持和参与职称制度改革，确保改革平稳推进和顺利实施。

中共中央办公厅　国务院办公厅印发《关于分类推进人才评价机制改革的指导意见》

（2018 年）

人才评价是人才发展体制机制的重要组成部分，是人才资源开发管理和使用的前提。建立科学的人才分类评价机制，对于树立正确用人导向、激励引导人才职业发展、调动人才创新创业积极性、加快建设人才强国具有重要作用。当前，我国人才评价机制仍存在分类评价不足、评价标准单一、评价手段趋同、评价社会化程度不高、用人主体自主权落实不够等突出问题，亟需通过深化改革加以解决。为深入贯彻落实《中共中央印发〈关于深化人才发展体制机制改革的意见〉的通知》，创新人才评价机制，发挥人才评价指挥棒作用，现就分类推进人才评价机制改革提出如下意见。

一、总体要求和基本原则

（一）总体要求。全面贯彻党的十九大精神，以习近平新时代中国特色社会主义思想为指导，认真落实党中央、国务院决策部署，按照统筹推进“五位一体”总体布局和协调推进“四个全面”战略布局要求，落实新发展理念，围绕实施人才强国战略和创新驱动发展战略，以科学分类为基础，以激发人才创新创业活力为目的，加快形成导向明确、精准科学、规范有序、竞争择优的科学化社会化市场化人才评价机制，建立与中国特色社会主义制度相适应的人才评价制度，努力形成人人渴望成才、人人努力成才、人人皆可成才、人人尽展其才的良好局面，使优秀人才脱颖而出。

（二）基本原则

——坚持党管人才原则。充分发挥党的思想政治优势、组织优势、密切联系群众优势，进一步加强党对人才评价工作的领导，将改革完善人才评价机制作为人才工作的重要内容，在全社会大兴识才爱才敬才用才容才聚才之风，把各方面优秀人才集聚到党和人民的伟大奋斗中来。

——坚持服务发展。围绕经济社会发展和人才发展需求，充分发挥人才评价正向激励作用，推动多出人才、出好人才，最大限度激发和释放人才创新创业活力，促进人才发展与经济社会发展深度融合。

——坚持科学公正。遵循人才成长规律，突出品德、能力和业绩评价导向，分类建立体现不同职业、不同岗位、不同层次人才特点的评价机制，科学客观公正评价人才，让各类人才价值得到充分尊重和体现。

——坚持改革创新。围绕用好用活人才，着力破除思想障碍和制度藩篱，加快转变政府职能，保障落实用人主体自主权，发挥政府、市场、专业组织、用人单位等多元评价主体作用，营造有利于人才成长和发挥作用的评价制度环境。

二、分类健全人才评价标准

（三）实行分类评价。以职业属性和岗位要求为基础，健全科学的人才分类评价体系。根据不同职业、不同岗位、不同层次人才特点和职责，坚持共通性与特殊性、水平业绩与发展潜力、定性与定量评价相结合，分类建立健全涵盖品德、知识、能力、业绩和贡献等要素，科学合理、各有侧重的人才评价标准。加快新兴职业领域人才评价标准开发工作。建立评价标准动态更新调整机制。

（四）突出品德评价。坚持德才兼备，把品德作为人才评价的首要内容，加强对人才科学精神、职业道德、从业操守等评价考核，倡导诚实守信，强化社会责任，抵制心浮气躁、急功近利等不良风气，从严治理弄虚作假和学术不端行为。完善人才评价诚信体系，建立诚信守诺、失信行为记录和惩戒制度。探索建立基于道德操守和诚信情况的评价退出机制。

（五）科学设置评价标准。坚持凭能力、实绩、贡献评价人才，克服唯学历、唯资历、唯论文等倾向，注重考察各类人才的专业性、创新性和履责绩效、创新成果、实际贡献。着力解决评价标准“一刀切”问题，合理设置和使用论文、专著、影响因子等评价指标，实行差别化评价，鼓励人才在不同领域、不同岗位作出贡献、追求卓越。

三、改进和创新人才评价方式

（六）创新多元评价方式。按照社会和业内认可的要求，建立以同行评价为基础的业内评价机制，注重引入市场评价和社会评价，发挥多元评价主体作用。基础研究人才以同行学术评价为主，加强国际同行评价。应用研究和技术开发人才突出市场评价，由用户、市场和专家等相关第三方评价。哲学社会科学人才评价重在同行认可和社会效益。丰富评价手段，科学灵活采用考试、评审、考评结合、考核认定、个人述职、面试答辩、实践操作、业绩展示等不同方式，提高评价的针对性和精准性。

（七）科学设置人才评价周期。遵循不同类型人才成长发展规律，科学合理设置评价考核周期，注重过程评价和结果评价、短期评价和长期评价相结合，克服评价考核过于频繁的倾向。探索实施聘期评价制度。突出中长期目标导向，适当延长基础研究人才、青年人才等评价考核周期，鼓励持续研究和长期积累。

（八）畅通人才评价渠道。进一步打破户籍、地域、所有制、身份、人事关系等限制，依托具备条件的行业协会、专业学会、公共人才服务机构等，畅通非公有制经济组织、社会组织和新兴职业等领域人才申报评价渠道。对引进的海外高层次人才和急需紧缺人才，建立评价绿色通道。完善外籍人才、港澳台人才申报评价办法。

（九）促进人才评价和项目评审、机构评估有机衔接。按照既出成果、又出人才的要求，在各类工程项目、科技计划、机构平台等评审评估中加强人才评价，完善在重大科研、工程项目实施、急难险重工作中评价、识别人才机制。深入推进项目评审、人才评价、机构评估改革，树立正确评价导向，进一步精简整合、取消下放、优化布局评审事项，简化评审环节，改进评审方式，减轻人才负担。避免简单通过各类人才计划头衔评价人才。加强评价结果共享，避免多头、频繁、重复评价人才。

四、加快推进重点领域人才评价改革

（十）改革科技人才评价制度。围绕建设创新型国家和世界科技强国目标，结合科技体制改革，建立健全以科研诚信为基础，以创新能力、质量、贡献、绩效为导向的科技人才评价体系。对主要从事基础研究的人才，着重评价其提出和解决重大科学问题的原创能力、成果的科学价值、学术水平和影响等。对主要从事应用研究和技术开发的人才，着重评价其技术创新与集成能力、取得的自主知识产权和重大技术突破、成果转化、对产业发展的实际贡献等。对从事社会公益研究、科技管理服务和实验技术的人才，重在评价考核工作绩效，引导其提高服务水平和技术支持能力。

实行代表性成果评价，突出评价研究成果质量、原创价值和对经济社会发展实际贡献。改变片面将论文、专利、项目、经费数量等与科技人才评价直接挂钩的做法，建立并实施有利于科技人才潜心研究和创新的评价制度。

注重个人评价与团队评价相结合。适应科技协同创新和跨学科、跨领域发展等特点，进一步完善科技创新团队评价办法，实行以合作解决重大科技问题为重点的整体性评价。对创新团队负责人以把握研究发展方向、学术造诣水平、组织协调和团队建设等为评价重点。尊重认可团队所有参与者的实际贡献，杜绝无实质贡献的虚假挂名。

（十一）科学评价哲学社会科学和文化艺术人才。坚持马克思主义指导地位、为人民做学问的研究立场、以人民为中心的创作导向，注重政治标准和学术标准、继承性和民族性、原创性和时代性、系统性和专业性相统一，建立健全中国特色的哲学社会科学和文化艺术人才评价体系，推进中国特色哲学社会科学学科体系、学术体系、话语体系建设，推出更多无愧于民族、无愧于时代的文艺精品。

根据人文科学、社会科学、文化艺术等不同学科领域，理论研究、应用对策研究、艺术表演创作等不同类型，对其人才实行分类评价。对主要从事理论研究的人才，重点评价其在推动理论创新、传承文明、学科建设等方面的能力贡献。对主要从事应用对策研究的人才，重点评价其围绕统筹推进“五位一体”总体布局和协调推进“四个全面”战略布局，为党和政府决策提供服务支撑的能力业绩。对主要从事艺术表演创作的人才，重点评价其在艺术表演、作品创作、满足人民精神文化需求等方面的能力业绩。突出成果的研究质量、内容创新和社会效益，推行理论文章、决策咨询研究报告、建言献策成果、优秀网络文章、艺术创作作品等与论文、专著等效评价。

（十二）健全教育人才评价体系。坚持立德树人，把教书育人作为教育人才评价的核心内容。深化高校教师评价制度改革，坚持社会主义办学方向，坚持思想政治素质和业务能力双重考察、全面考核和突出重点相结合，注重对师德师风、教育教学、科学研究、社会服务、专业发展的综合评价。坚持分类指导和分层次评价相结合，根据不同类型高校、不同岗位教师的职责特点，分类分层次分学科设置评价内容和评价方式。突出教育教学业绩评价，将人才培养中心任务落到实处，要求所有教师都必须承担教育教学工作，建立健全教学工作量评价标准，落实教授为本专科生授课制度，加强教学质量和课堂教学纪律考核。

适应现代职业教育发展需要，按照兼备专业理论知识和技能操作实践能力的要求，完善职业院校（含技工院校）“双师型”教师评价标准，吸纳行业、企业作为评价参与主体，重点评价其职业素养、专业教学能力和生产一线实践经验。

适应中小学素质教育和课程改革新要求，建立充分体现中小学教师岗位特点的评价标准，重点评价其教育教学方法、教书育人工作业绩和一线实践经历。严禁简单用学生升学率和考试成绩评价中小学教师。

（十三）改进医疗卫生人才评价制度。强化医疗卫生人才临床实践能力评价，完善涵盖医德医风、临床实践、科研带教、公共卫生服务等要素的评价指标体系，合理确定不同医疗卫生机构、不同专业岗位人才评价重点。对主要从事临床工作的人才，重点考察其临床医疗医技水平、实践操作能力和工作业绩，引入临床病历、诊治方案等作为评价依据。对主要从事科研工作的人才，重点考察其创新能力业绩，突出创新成果的转化应用能力。对主要从事疾病预防控制等的公共卫生人才，重点考察其流行病学调查、传染病疫情和突发公共卫生事件处置、疾病及危害因素监测与评价等能力。

建立符合全科医生岗位特点的评价机制，考核其掌握全科医学基本理论知识、常见病多发病诊疗、预防保健和提供基本公共卫生服务的能力，将签约居民数量、接诊量、服务质量、群众满意度作为重要评价因素。

按照强基层、保基本及分级诊疗要求，建立更加注重临床水平、服务质量、工作业绩的基层医疗卫生人才评价机制，鼓励医疗卫生人才服务基层，更好满足基层人民群众健康需求。

（十四）创新技术技能人才评价制度。适应工程技术专业化、标准化程度高、通用性强等特点，分专业领域建立健全工程技术人才评价标准，着力解决评价标准过于追求学术化问题，重点评价其掌握必备专业理论知识和解决工程技术难题、技术创造发明、技术推广应用、工程项目设计、工艺流程标准开发等实际能力和业绩。探索推动工程师国际互认，提高工程教育质量和工程技术人才职业化、国际化水平。

健全以职业能力为导向、以工作业绩为重点、注重职业道德和知识水平的技能人才评价体系。加快构建国家职业标准、行业企业工种岗位要求、专项职业能力考核规范等多层次职业标准。完善职业资格评价、职业技能等级认定、专项职业能力考核等多元化评价方式，做好评价结果有机衔接。坚持职业标准和岗位要求、职业能力考核和工作业绩评价、专业评价和企业认可相结合的原则，对技术技能型人才突出实际操作能力和解决关键生产技术难题要求，对知识技能型人才突出掌握运用理论知识指导生产实践、创造性开展工作要求，对复合技能型人才突出掌握多项技能、从事多工种多岗位复杂工作要求，引导鼓励技能人才培育精益求精的工匠精神。

（十五）完善面向企业、基层一线和青年人才的评价机制。建立与产业发展需求、经济结构相适应的企业人才评价机制，突出创新创业实践能力，推动企业自主创新能力提升。对业绩贡献突出的优秀企业家、经营管理人才、高层次创新创业人才，可放宽学历、资历、年限等申报条件。健全以市场和出资人认可为重要标准的企业经营管理人才评价体系，突出对经营业绩和综合素质的考核。建立社会化的职业经理人评价制度。

创新基层人才评价激励机制。对长期在基层一线和艰苦边远地区工作的人才，加大爱岗敬业表现、实际工作业绩、工作年限等评价权重，着力拓展基层人才职业发展空间。健全以职业农民为主体的农村实用人才评价制度，完善教育培训、认定评价管理、政策扶持“三位一体”的制度体系。完善社会工作专业人才职业水平评价制度，加强社会工作者职业化管理与激励保障，提升社会治理和社会服务现代化水平。

完善青年人才评价激励措施。破除论资排辈、重显绩不重潜力等陈旧观念，重点遴选支持一批有较大发展潜力、有真才实学、堪当重任的优秀青年人才。加大各类科技、教育、人才工程项目对青年人才支持力度，鼓励设立青年专项，促进优秀青年人才脱颖而出。探索建立优秀青年人才举荐制度。

五、健全完善人才评价管理服务制度

（十六）保障和落实用人单位自主权。尊重用人单位主导作用，支持用人单位结合自身功能定位和发展方向评价人才，促进人才评价与培养、使用、激励等相衔接。合理界定和下放人才评价权限，推动具备条件的高校、科研院所、医院、文化机构、大型企业、国家实验室、新型研发机构及其他人才智力密集单位自主开展评价聘用（任）工作。防止人才评价行政化、“官本位”倾向，充分发挥学术委员会等作用。对开展自主评价的单位，人才管理部门不再进行资格审批，通过完善信用机制、第三方评估、检查抽查等方式加强事中事后监管。

（十七）健全市场化、社会化的管理服务体系。进一步明确政府、市场、用人主体在人才评价中的职能定位，建立权责清晰、管理科学、协调高效的人才评价管理体制。推动人才管理部门转变职能、简政放权，强化政府人才评价宏观管理、政策法规制定、公共服务、监督保障等职能，减少审批事项和微观管理。发挥市场、社会等多元评价主体作用，积极培育发展各类人才评价社会组织和专业机构，逐步有序承接政府转移的人才评价职能。建立人才评价机构综合评估、动态调整机制。

（十八）优化公平公正的评价环境。加强人才评价法治建设，健全完善规章制度，提高评价质量和公信力，维护人才合法权益。严格规范评价程序，建立健全申报、审核、公示、反馈、申诉、巡查、举报、回溯等制度。加强评价专家数据库建设和资源共享，建立随机、回避、轮换的专家遴选机制，优化专家来源和结构，强化业内代表性。建立评价专家责任和信誉制度，实施退出和问责机制。强化人才评价综合治理，依法清理规范各类人才评价活动和发证、收费等事项，加强考试环境治理，落实考试安全主体责任。加强人才评价文化建设，提倡开展平等包容的学术批评、学术争论，保障不同学术观点的充分讨论，营造求真务实、鼓励创新、宽容失败的评价氛围和环境。

各地区各部门要坚持党管人才原则，切实加强党委和政府对改革完善人才评价机制的统一领导，党委组织部门要牵头抓总，有关部门要各司其职、密切配合，发挥社会力量重要作用，认真抓好组织落实。要深入调查研究，结合实际制定具体实施方案，加强分类指导，强化督促检查，确保改革任务落地见效。军队可根据本意见，结合实际建立健全军队人才评价机制。要坚持分类推进、先行试点、稳步实施，及时研究解决改革中遇到的新情况新问题。要加强政策解读和舆论引导，积极回应社会关切，为分类推进人才评价机制改革营造良好氛围。

中共中央办公厅　国务院办公厅印发《关于深化项目评审、人才评价、机构评估改革的意见》

（2018 年）

项目评审、人才评价、机构评估（以下简称“三评”）改革是推进科技评价制度改革的重要举措。为全面贯彻党的十九大精神，落实全国科技创新大会部署和《国家创新驱动发展战略纲要》要求，深入推进“三评”改革，进一步优化科研项目评审管理机制、改进科技人才评价方式、完善科研机构评估制度、加强监督评估和科研诚信体系建设，现提出如下意见。

一、总体要求

（一）指导思想。全面贯彻党的十九大和十九届二中、三中全会精神，以习近平新时代中国特色社会主义思想为指导，按照党中央、国务院决策部署，坚定实施创新驱动发展战略，深化科技体制改革，以激发科研人员的积极性创造性为核心，以构建科学、规范、高效、诚信的科技评价体系为目标，以改革科研项目评审、人才评价、机构评估为关键，统筹自然科学和哲学社会科学等不同学科门类，推进分类评价制度建设，发挥好评价指挥棒和风向标作用，营造潜心研究、追求卓越、风清气正的科研环境，形成中国特色科技评价体系，为提升我国科技创新能力、加快建设创新型国家和世界科技强国提供有力的制度保障。

（二）基本原则

——坚持尊重规律。遵循科技人才发展和科研规律，科学设立评价目标、指标、方法，引导科研人员潜心研究、追求卓越。加强顶层设计，统筹和精简“三评”工作，简化优化流程，为科研人员和机构松绑减负，并形成长效机制。

——坚持问题导向。聚焦“三评”工作中存在的突出问题，从破除体制机制障碍入手，找准突破口，更加注重质量、贡献、绩效，树立正确评价导向，增强针对性，突出实招硬招，提高改革的含金量和实效性。

——坚持分类评价。针对自然科学、哲学社会科学、军事科学等不同学科门类特点，建立分类评价指标体系和评价程序规范。基础前沿研究突出原创导向，以同行评议为主；社会公益性研究突出需求导向，以行业用户和社会评价为主；应用技术开发和成果转化评价突出企业主体、市场导向，以用户评价、第三方评价和市场绩效为主。

——坚持客观公正。客观、真实、准确反映不同评价对象的实际情况，推行同行评价，引入国际评价，进一步提高科技评价活动的公开性和开放性，保证评价工作的独立性和公正性，确保评价结果的科学性和客观性。

（三）主要目标。“十三五”期间，在优化“三评”工作布局、减少“三评”项目数量、改进评价机制、提高质量效率等方面实现更大突破，基本形成适应创新驱动发展要求、符合科技创新规律、突出质量贡献绩效导向的分类评价体系，科技资源配置更加高效，科研机构和科研人员创新创业潜能活力竞相迸发，科技创新和供给能力大幅提升，科技进步对经济社会发展作出更大贡献。

二、优化科研项目评审管理

（一）完善项目指南编制和发布机制。国家科技计划项目指南编制工作应采取有效方式充分吸收相关部门、行业、地方以及产业界、科技社团、社会公众共同参与。项目指南内容要广泛吸纳各方意见，更好体现国家意志、反映各方需求，有条件的可在网上公开征求意见并进行审核评估，提高指南的科学性。项目体量应大小适中，目标集中明确，合理设置课题及参加单位数量，确保下设各课题任务紧密关联形成有机整体，避免拼凑组团和执行中的碎片化。各类国家科技计划逐步实行年度指南定期发布制度。自然科学类项目指南应关注重大原创性、颠覆性、交叉学科创新等。哲学社会科学类项目指南应注重研究的政治方向、学术创新、社会效益、实践价值等。

项目指南应根据分类原则明确不同类型项目的组织实施方式。国家科技计划项目一般采取公开竞争的方式择优遴选承担单位。对具有明确国家目标、技术路线清晰、组织程度较高、优势承担单位集中的重大科技项目，可采取定向择优或定向委托等方式确定承担单位；对于企业牵头的技术创新项目，应对企业的资质、技术创新能力和财务情况提出明确要求，鼓励企业共同投入并组织实施。深入实施军民融合发展战略，加快建设军民融合创新体系，推动重大科技项目军地一体论证和实施。

（二）保证项目评审公开公平公正。建立公正、科学、明确的项目评审工作规则，并在评审前公布。按照不同立项方式，采取相应的评审程序和方法，同一轮次实行同一种评审方法，避免评审结果出现歧义。推行视频评审、电话录音、评审结果反馈、立项公示等措施，实现评审全过程的可申诉、可查询、可追溯。允许项目申报人在评审前提出回避单位及个人。建立项目负责人科研背景核查制度，对立项公示期间存在异议的项目负责人开展科研业绩、经历、诚信情况调查，确保符合项目要求。不同类别国家科技计划应根据实际情况，在项目申报和评审中，综合考虑负责人和团队实际能力以及项目要求，不把发表论文、获得专利、荣誉性头衔、承担项目、获奖等情况作为限制性条件。探索建立对重大原创性、颠覆性、交叉学科创新项目等的非常规评审机制。保密项目评审管理按国家科技保密有关规定执行。

（三）完善评审专家选取使用。进一步推动建设集中统一、标准规范、安全可靠、开放共享的国家科技专家库，及时补充高层次专家，细化专家领域和研究方向，更好地满足项目评审要求。完善国家科技专家库入库标准和评审专家遴选规范，明确推荐单位在专家推荐和管理等方面的权责，强化推荐单位对专家信息的审核把关责任，建立专家入库信息定期更新机制。根据项目类型特点，合理确定评审专家遴选条件和专家组组成原则，原则上应主要选取活跃在科研一线、真懂此行此项的专家参与评审，充分考虑其专业水平和知识结构。与产业应用结合紧密的项目，还应选取活跃在生产一线的专家参与评审。建立完善评审专家的诚信记录、动态调整、责任追究制度，严格规范专家评审行为。完善专家轮换、随机抽取、回避、公示等相关制度，对公示期间存在异议的专家开展背景经历调查，确保专家选取使用科学、公正。初评环节实施小同行评议，在部分前沿与基础科学等领域逐步按适当比例引入国际同行评议。项目管理专业机构应加强对评审专家名单抽取和保密的管理，进一步推进专家抽取和使用岗位分离。开展会议评审的，原则上应在评审前公布评审专家名单；开展通讯评审的，应在评审结束前对评审专家名单严格保密，有条件的应在评审结束后向社会公布。评审专家要强化学术自律，学术共同体要加强学术监督。

（四）提高项目评审质量和效率。合理确定专家的评审项目数、总时长等工作量，会议评审前及时组织专家审阅申报材料，确保专家充分了解申报项目情况；合理确定项目汇报和质询答辩时间。项目负责人原则上应亲自汇报答辩，不在项目申报团队内的人员不得参与答辩。进一步优化预算评估工作，只针对拟立项的项目开展预算评估，规范和优化预算评估专家的遴选、评估方法，提高评估质量，及时反馈评估结果。

（五）严格项目成果评价验收。项目承担单位对本单位科研成果管理负主体责任，要组织对本单位科研人员拟公布的成果进行真实性审查。行业主管部门对所属科研单位的科研成果每年要按一定比例进行抽查。非涉密的国家科技计划项目成果验收前，应在遵守知识产权保护法律法规的前提下，纳入国家科技报告系统，向社会公开，接受监督。项目管理专业机构应按照规定时限和程序组织开展国家科技计划项目验收，严格依据任务书确定的目标、指标和验收工作标准规范进行考核评价。有明确应用要求的，在项目验收后不定期组织对成果应用情况的现场抽查、后评估。

（六）加强国家科技计划绩效评估。针对科技计划整体情况组织开展绩效评估，重点评估计划目标完成、管理、产出、效果、影响等绩效。绩效评估通过公开竞争等方式择优委托第三方开展，以独立、专业、负责为基本要求，充分发挥第三方评估机构作用，根据需要引入国际评估。加强对第三方评估机构的规范和监督，逐步建立第三方评估机构评估结果负责制和信用评价机制。

（七）落实国家科技奖励改革方案。改革现行由政府下达指标、科技人员申报、单位推荐的方式，实行由专家学者、组织机构、相关部门提名的制度。提名者承担推荐、答辩、异议答复等责任，对相关材料的真实性和准确性负责。实行定标定额评审制度，自然科学奖、技术发明奖、科技进步奖实行按等级标准提名、独立评审表决的机制，一等奖评审落选项目不再降格参评二等奖。提高奖励工作的公开透明度，向全社会公开评奖规则、流程、指标数量，全程公示自然科学奖、技术发明奖、科技进步奖候选项目及其提名者。

三、改进科技人才评价方式

（一）统筹科技人才计划。加强部门、地方的协调，建立人才项目申报查重及处理机制，防止人才申报违规行为，避免多个类似人才项目同时支持同一人才。指导部门、地方针对不同支持对象科学设置科技人才计划，优化人才计划结构。

（二）科学设立人才评价指标。突出品德、能力、业绩导向，克服唯论文、唯职称、唯学历、唯奖项倾向，推行代表作评价制度，注重标志性成果的质量、贡献、影响。把学科领域活跃度和影响力、重要学术组织或期刊任职、研发成果原创性、成果转化效益、科技服务满意度等作为重要评价指标。在对社会公益性研究、应用技术开发等类型科研人才的评价中，SCI（科学引文索引）和核心期刊论文发表数量、论文引用榜单和影响因子排名等仅作为评价参考。注重个人评价与团队评价相结合，尊重和认可团队所有参与者的实际贡献。引进海外人才要加强对其海外教育和科研经历的调查验证，不把教育、工作背景简单等同于科研水平。注重发挥同行评议机制在人才评价过程中的作用。探索对特殊人才采取特殊评价标准。对承担国防重大工程任务的人才可采用针对性评价措施，对国防科技涉密领域人才评价开辟特殊通道。

（三）树立正确的人才评价使用导向。坚持正确价值导向，不把人才荣誉性称号作为承担各类国家科技计划项目、获得国家科技奖励、职称评定、岗位聘用、薪酬待遇确定的限制性条件，使人才称号回归学术性、荣誉性本质，避免与物质利益简单、直接挂钩。鼓励人才合理流动，引导人才良性竞争和有序流动，探索人才共享机制。中西部、东北老工业基地及欠发达地区的科研人员因政策倾斜因素获得的国家级人才称号、人才项目等支持，在支持周期内原则上不得跟随人员向东部、发达地区流转。合理发挥市场机制作用，逐步建立高层次人才流动的培养补偿机制。

（四）强化用人单位人才评价主体地位。坚持评用结合，支持用人单位健全科技人才评价组织管理，根据单位实际建立人才分类评价指标体系，突出岗位履职评价，完善内部监督机制，使人才发展与单位使命更好协调统一。按照深化职称制度改革方向要求，分类完善职称评价标准，不将论文、外语、专利、计算机水平作为应用型人才、基层一线人才职称评审的限制性条件。落实职称评审权限下放改革措施，支持符合条件的高校、科研院所、医院、大型企业等单位自主开展职称评审。选择部分国家临床医学研究中心试点开展临床医生科研评价改革工作。不简单以学术头衔、人才称号确定薪酬待遇、配置学术资源。

（五）加大对优秀人才和团队的稳定支持力度。国家实验室等的全职科研人员及团队不参与申请除国家人才计划之外的竞争性科研经费，由中央财政给予中长期目标导向的持续稳定经费支持。推动中央部委所属高校、科研院所完善基本科研业务费的内部管理机制，切实加强对青年科研人员的倾斜支持。

四、完善科研机构评估制度

（一）实行章程管理。推动中央级科

研事业单位制定实施章程，确立章程在单位管理运行中的基础性制度地位，实现“一院（所）一章程”和依章程管理。章程要明确规定单位的宗旨目标、功能定位、业务范围、领导体制、运行管理机制等，确保机构运行各项事务有章可循。

（二）落实法人自主权。中央级科研事业单位主管部门要加快推进政事分开、管办分离，赋予科研事业单位充分自主权，对章程明确赋予科研事业单位管理权限的事务，由单位自主独立决策、科学有效管理，少干预或不干预。坚持权责一致原则，细化自主权的行使规则与监督制度，明确重大管理决策事项的基本规则、决策程序、监督机制、责任机制，形成完善的内控机制，保障科研事业单位依法合规管理运行。切实发挥单位党委（党组）把方向、管大局、保落实的重要作用，坚决防止党的领导弱化、党的建设缺失。

（三）建立中长期绩效评价制度。根据科研机构从事的科研活动类型，分类建立相应的评价指标和评价方式，避免简单以高层次人才数量评价科研事业单位。建立综合评价与年度抽查评价相结合的中央级科研事业单位绩效评价长效机制。以5年为评价周期，对科研事业单位开展综合评价，涵盖职责定位、科技产出、创新效益等方面。5年期间，每年按一定比例，聚焦年度绩效完成情况等重点方面，开展年度抽查评价。加强绩效评价结果与科研管理机制的衔接，充分发挥绩效评价的激励约束作用，在科技创新政策规划制定、财政拨款、国家科技计划项目承担、国家级科技人才推荐、国家科技创新基地建设、学科专业设置、研究生和博士后招收、科研事业单位领导人员考核评价、科研事业单位人事管理、绩效工资总量核定等工作中，将绩效评价结果作为重要依据。按照程序办理科研事业单位编制调整事项时，应参考绩效评价结果。

（四）完善国家科技创新基地评价考核体系。根据优化整合后的各类国家科技创新基地功能定位、任务目标、运行机制等不同特点，确定合理的评价方式和标准。科学与工程研究类基地重点评价原始创新能力、国际科学前沿竞争力、满足国家重大需求的能力；技术创新与成果转化类基地重点评价行业共性关键技术研发、成果转化应用能力、对行业技术进步的带动作用；基础支撑与条件保障类基地重点评价科技创新条件资源支撑保障和服务能力。对各类基地的评价要有利于人才队伍建设、能力提升和可持续发展。建立与评价结果挂钩的动态管理机制，坚持优胜劣汰、有进有出，实现国家科技创新基地建设运行的良性循环。

五、加强监督评估和科研诚信体系建设

（一）建立覆盖“三评”全过程的监督评估机制。将监督和评估嵌入“三评”活动事前、事中、事后全过程，确保科学、规范、高效。事前，实行诚信承诺制度，申报人员、评审专家、工作人员均应签订诚信承诺书，明确行为规范并划定负面行为的底线。事中，实行重点监督和随机抽查相结合，强化重点环节监督，加强对各类主体履职尽责和任务完成情况的监督评估。事后，强化绩效评估和动态调整，按照合同（委托书、协议书）约定开展绩效评估，评估结果作为对相关主体今后监督管理和动态调整的重要参考。建立

学术期刊预警监测制度，定期发布学术期刊预警名单和黑名单。加强与纪检监察机关等的信息沟通，自觉接受监督。

（二）加强科研诚信建设。对科研不端行为零容忍，完善调查核实、公开公示、惩戒处理等制度。建设完善严重失信行为记录信息系统，对纳入系统的严重失信行为责任主体实行“一票否决”，一定期限、一定范围内禁止其获得政府奖励和申报政府科技项目等。推进科研信用与其他社会领域诚信信息共享，实施联合惩戒。逐步建立科研领域守信激励机制。将诚信监管关口前移，推动高校、科研院所、医院等单位建立完善学术管理制度，对科研人员学术成长轨迹和学术水平进行跟踪评价，加强对科研人员和青年学生的科研诚信教育，引导其树立正确的科研价值观，潜心科研、淡泊名利。强化导师对学生发表论文的主要内容和研究数据的真实性及实验的可重复性等的审核把关。引导学术共同体建立符合本领域特点的科研诚信规范。

六、加强组织实施，确保政策措施落地见效

（一）加强组织领导。国家科技体制改革和创新体系建设领导小组负责“三评”改革工作的组织领导和统筹协调。各有关部门要根据职责分工，细化任务举措，加强协调配合，抓好本领域“三评”改革的组织实施。各地区要结合实际制定具体方案，推进本地区“三评”改革工作。

（二）强化责任担当。各相关评价主体要强化责任意识，敢于担当，切实推进“三评”改革政策措施落实落地。各有关部门要深化“放管服”改革，进一步减少“三评”项目数量，加强监管，优化服务。各项目管理专业机构要切实履行监督管理职责，各法人单位、学（协）会要完善内部管理，广大科研人员要强化学术自律。各方面要齐心协力，共同营造良好科研环境。

（三）加大推进力度。加强政府部门、用人单位、学术共同体、第三方评估机构等各类评价主体间的相互配合和协同联动，强化“三评”之间的统筹协调。强化政策解读和宣传引导，加强对科研单位干部教育培训，提升科研管理水平，让广大科研人员知晓、掌握、用好改革政策。持续跟踪调研，加强总结评估，及时推广先进经验，发现和解决问题。加强督查督办，推动“三评”改革政策措施落实和动态完善，形成长效机制。

（四）开展试点示范。对一些关联度高、探索性强、暂时不具备全面推行条件的改革举措，可以结合实际情况选择部分地方和单位先期开展试点。鼓励试点地方和单位大胆探索实践，发挥示范突破和带动作用。对基层因地制宜的改革要探索建立容错纠错机制，激发改革动力，保护改革积极性。

国务院办公厅关于完善科技成果评价机制的指导意见

（国办发〔2021〕26号）

各省、自治区、直辖市人民政府，国务院各部委、各直属机构：

为健全完善科技成果评价体系，更好发挥科技成果评价作用，促进科技与经济社会发展更加紧密结合，加快推动科技成果转化为现实生产力，经国务院同意，现提出如下意见。

一、总体要求

（一）指导思想。以习近平新时代中国特色社会主义思想为指导，深入贯彻党的十九大和十九届二中、三中、四中、五中全会精神，深入实施创新驱动发展战略，深化科技体制改革，坚持正确的科技成果评价导向，创新科技成果评价方式，通过评价激发科技人员积极性，推动产出高质量成果、营造良好创新生态，促进创新链、产业链、价值链深度融合，为构建新发展格局和实现高质量发展提供有力支撑。

（二）基本原则。

坚持科技创新质量、绩效、贡献为核心的评价导向。充分发挥科技成果评价的“指挥棒”作用，全面准确反映成果创新水平、转化应用绩效和对经济社会发展的实际贡献，着力强化成果高质量供给与转化应用。

坚持科学分类、多维度评价。针对科技成果具有多元价值的特点，科学确定评价标准，开展多层次差别化评价，提高成果评价的标准化、规范化水平，解决分类评价体系不健全以及评价指标单一化、标准定量化、结果功利化的问题。

坚持正确处理政府和市场关系。充分发挥市场在资源配置中的决定性作用，更好发挥政府作用，引入第三方评价，加快技术市场建设，加快构建政府、社会组织、企业、投融资机构等共同参与的多元评价体系，充分调动各类评价主体的积极性，营造成果评价的良好创新生态。

坚持尊重科技创新规律。把握科研渐进性和成果阶段性的特点，创新成果评价方式方法，加强中长期评价、后评价和成果回溯，引导科研人员潜心研究、探索创新，推动科技成果价值早发现、早实现。

二、主要工作措施

（一）全面准确评价科技成果的科学、技术、经济、社会、文化价值。根据科技成果不同特点和评价目的，有针对性地评价科技成果的多元价值。科学价值重点评价在新发现、新原理、新方法方面的独创性贡献。技术价值重点评价重大技术发明，突出在解决产业关键共性技术问题、企业重大技术创新难题，特别是关键核心技术问题方面的成效。经济价值重点评价推广前景、预期效益、潜在风险等对经济和产业发展的影响。社会价值重点评价在解决人民健康、国防与公共安全、生态环境等重大瓶颈问题方面的成效。文化价值重点评价在倡导科学家精神、营造创新文化、弘扬社会主义核心价值观等方面的影响和贡献。

（二）健全完善科技成果分类评价体系。基础研究成果以同行评议为主，鼓励国际“小同行”评议，推行代表作制度，实行定量评价与定性评价相结合。应用研究成果以行业用户和社会评价为主，注重高质量知识产权产出，把新技术、新材料、新工艺、新产品、新设备样机性能等作为主要评价指标。不涉及军工、国防等敏感领域的技术开发和产业化成果，以用户评价、市场检验和第三方评价为主，把技术交易合同金额、市场估值、市场占有率、重大工程或重点企业应用情况等作为主要评价指标。探索建立重大成果研发过程回溯和阶段性评估机制，加强成果真实性和可靠性验证，合理评价成果研发过程性贡献。

（三）加快推进国家科技项目成果评价改革。按照“四个面向”要求深入推进科研管理改革试点，抓紧建立科技计划成果后评估制度。建设完善国家科技成果项目库，根据不同应用需求制定科技成果推广清单，推动财政性资金支持形成的非涉密科技成果信息按规定公开。改革国防科技成果评价制度，探索多主体参与评价的办法。完善高等院校、科研机构职务科技成果披露制度。建立健全重大项目知识产权管理流程，建立专利申请前评估制度，加大高质量专利转化应用绩效的评价权重，把企业专利战略布局纳入评价范围，杜绝简单以申请量、授权量为评价指标。

（四）大力发展科技成果市场化评价。健全协议定价、挂牌交易、拍卖、资产评估等多元化科技成果市场交易定价模式，加快建设现代化高水平技术交易市场。推动建立全国性知识产权和科技成果产权交易中心，完善技术要素交易与监管体系，支持高等院校、科研机构和企业科技成果进场交易，鼓励一定时期内未转化的财政性资金支持形成的成果进场集中发布信息并推动转化。建立全国技术交易信息发布机制，依法推动技术交易、科技成果、技术合同登记等信息数据互联互通。鼓励技术转移机构专业化、市场化、规范化发展，建立以技术经理人为主体的评价人员培养机制，鼓励技术转移机构和技术经理人全程参与发明披露、评估、对接谈判，面向市场开展科技成果专业化评价活动。提升国家科技成果转移转化示范区建设水平，发挥其在科技成果评价与转化中的先行先试作用。

（五）充分发挥金融投资在科技成果评价中的作用。完善科技成果评价与金融机构、投资公司的联动机制，引导相关金融机构、投资公司对科技成果潜在经济价值、市场估值、发展前景等进行商业化评价，通过在国家高新技术产业开发区设立分支机构、优化信用评价模型等，加大对科技成果转化和产业化的投融资支持。推广知识价值信用贷款模式，扩大知识产权质押融资规模。在知识产权已确权并能产生稳定现金流的前提下，规范探索知识产权证券化。加快推进国家科技成果转化引导基金管理改革，引导企业家、天使投资人、创业投资机构、专业化技术转移机构等各类市场主体提早介入研发活动。

（六）引导规范科技成果第三方评价。发挥行业协会、学会、研究会、专业化评估机构等在科技成果评价中的作用，强化自律管理，健全利益关联回避制度，促进市场评价活动规范发展。制定科技成果评价通用准则，细化具体领域评价技术标准和规范。建立健全科技成果第三方评价机构行业标准，明确资质、专业水平等要求，完善相关管理制度、标准规范及质量控制体系。形成并推广科技成果创新性、成熟度评价指标和方法。鼓励部门、地方、行业建立科技成果评价信息服务平台，发布成果评价政策、标准规范、方法工具和机构人员等信息，提高评价活动的公开透明度。推进评价诚信体系和制度建设，将科技成果评价失信行为纳入科研诚信管理信息系统，对在评价中弄虚作假、协助他人骗取评价、搞利益输送等违法违规行为"零容忍"、从严惩处，依法依规追究责任，优化科技成果评价行业生态。

（七）改革完善科技成果奖励体系。坚持公正性、荣誉性，重在奖励真正作出创造性贡献的科学家和一线科技人员，控制奖励数量，提升奖励质量。调整国家科技奖评奖周期。完善奖励提名制，规范提名制度、机制、流程，坚决排除人情、关系、利益等小圈子干扰，减轻科研人员负担。优化科技奖励项目，科学定位国家科技奖和省部级科技奖、社会力量设奖，构建结构合理、导向鲜明的中国特色科技奖励体系。强化国家科技奖励与国家重大战略需求的紧密结合，加大对基础研究和应用基础研究成果的奖励力度。培育高水平的社会力量科技奖励品牌，政府加强事中事后监督，提高科技奖励整体水平。

（八）坚决破解科技成果评价中的"唯论文、唯职称、唯学历、唯奖项"问题。全面纠正科技成果评价中单纯重数量指标、轻质量贡献等不良倾向，鼓励广大科技工作者把论文写在祖国大地上。以破除"唯论文"和"SCI至上"为突破口，不把论文数量、代表作数量、影响因子作为唯一的量化考核评价指标。对具有重大学术影响、取得显著应用效果、为经济社会发展和国家安全作出突出贡献等高质量成果，提高其考核评价权重，具体由相关科技评价组织管理单位（机构）根据实际情况确定。不得把成果完成人的职称、学历、头衔、获奖情况、行政职务、承担科研项目数量等作为科技成果评价、科研项目绩效评价和人才计划评审的参考依据。科学确定个人、团队和单位在科技成果产出中的贡献，坚决扭转过分重排名、争排名的不良倾向。

（九）创新科技成果评价工具和模式。加强科技成果评价理论和方法研究，利用大数据、人工智能等技术手段，开发信息化评价工具，综合运用概念验证、技术预测、创新大赛、知识产权评估以及扶优式评审等方式，推广标准化评价。充分利用各类信息资源，建设跨行业、跨部门、跨地区的科技成果库、需求库、案例库和评价工具方法库。发布新应用场景目录，实施重大科技成果产业化应用示范工程，在重大项目和重点任务实施中运用评价结果。

（十）完善科技成果评价激励和免责机制。把科技成果转化绩效作为核心要求，纳入高等院校、科研机构、国有企业创新能力评价，细化完善有利于转化的职务科技成果评估政策，激发科研人员创新与转化的活力。健全科技成果转化有关资产评估管理机制，明确国有无形资产管理的边界和红线，优化科技成果转化管理流程。开展科技成果转化尽责担当行动，鼓励高等院校、科研机构、国有企业建立成果评价与转化行为负面清单，完善尽职免责规范和细则。推动成果转化相关人员按照法律法规、规章制度履职尽责，落实“三个区分开来”要求，依法依规一事一议确定相关人员的决策责任，坚决查处腐败问题。

三、组织实施

（一）加强统筹协调。科技部要发挥主责作用，牵头做好科技成果评价改革的组织实施、统筹指导与监督评估，教育部、中科院、工程院、中国科协等相关单位要积极主动协调配合。行业、地方科技管理部门负责本行业本地区成果评价的指导推动、监督服务工作。各有关部门、各地方要在本意见出台半年内完成本行业本地区有关规章制度制修订工作。

（二）开展改革试点。选择不同类型单位和地区开展有针对性的科技成果评价改革试点，探索简便实用的制度、规范和流程，解决改革落地难问题，形成可操作可复制的做法并进行推广。

（三）落实主体责任。科技成果评价实行“谁委托科研任务谁评价”、“谁使用科研成果谁评价”。各科技评价组织管理单位（机构）要切实承担主体责任，对照本意见要求在一年内完成相关科技成果评价标准或管理办法制修订任务，提升专业能力，客观公正开展科技成果评价活动。

（四）营造良好氛围。进一步落实“放管服”改革要求，严格制度执行，注重社会监督，强化评价活动的学术自律和行业自律，坚决反对“为评而评”、滥用评价结果，防止与物质利益过度挂钩，杜绝科技成果评价中急功近利、盲目跟风现象。要加强政策宣传解读，及时总结推广典型经验做法，积极营造良好的评价环境。

国务院办公厅

2021年7月16日

科技部　财政部　国家税务总局关于印发《科技型中小企业评价办法》的通知

（国科发政〔2017〕115号）

各省、自治区、直辖市及计划单列市科技厅（委、局）、财政厅（局）、国家税务局、地方税务局，新疆生产建设兵团科技局、财务局：

为贯彻落实《国家创新驱动发展战略纲要》，推动大众创业万众创新，加大对科技型中小企业的精准支持力度，按照《深化科技体制改革实施方案》要求，科技部、财政部、国家税务总局研究制定了《科技型中小企业评价办法》，现印发给你们，请遵照执行。

科技部　财政部　国家税务总局

2017年5月3日

科技型中小企业评价办法

第一章　总　则

第一条　为贯彻落实《国家创新驱动发展战略纲要》，推动大众创业万众创新，加速科技成果产业化，加大对科技型中小企业的精准支持力度，壮大科技型中小企业群体，培育新的经济增长点，根据《深化科技体制改革实施方案》要求，制定本办法。

第二条　本办法所称的科技型中小企业是指依托一定数量的科技人员从事科学技术研究开发活动，取得自主知识产权并将其转化为高新技术产品或服务，从而实现可持续发展的中小企业。

第三条　科技型中小企业评价工作采取企业自主评价、省级科技管理部门组织实施、科技部服务监督的工作模式，坚持服务引领、放管结合、公开透明的原则。

第四条　科技部负责建设“全国科技型中小企业信息服务平台”（以下简称“服务平台”）和“全国科技型中小企业信息库”（以下简称“信息库”）。科技部火炬高技术产业开发中心负责服务平台和信息库建设与运行的日常工作。

企业可根据本办法进行自主评价，并按照自愿原则到服务平台填报企业信息，经公示无异议的，纳入信息库。

第五条　各有关部门和各级人民政府应当对纳入信息库的科技型中小企业提供

精准支持和精准服务，制定的支持企业技术创新的政策措施应优先支持纳入信息库的企业。

第二章 评价指标

第六条 科技型中小企业须同时满足以下条件：

（一）在中国境内（不包括港、澳、台地区）注册的居民企业。

（二）职工总数不超过500人、年销售收入不超过2亿元、资产总额不超过2亿元。

（三）企业提供的产品和服务不属于国家规定的禁止、限制和淘汰类。

（四）企业在填报上一年及当年内未发生重大安全、重大质量事故和严重环境违法、科研严重失信行为，且企业未列入经营异常名录和严重违法失信企业名单。

（五）企业根据科技型中小企业评价指标进行综合评价所得分值不低于60分，且科技人员指标得分不得为0分。

第七条 科技型中小企业评价指标具体包括科技人员、研发投入、科技成果三类，满分100分。

1. 科技人员指标（满分20分）。按科技人员数占企业职工总数的比例分档评价。

A. 30%（含）以上（20分）

B. 25%（含）~30%（16分）

C. 20%（含）~25%（12分）

D. 15%（含）~20%（8分）

E. 10%（含）~15%（4分）

F. 10%以下（0分）

2. 研发投入指标（满分50分）。企业从（1）、（2）两项指标中选择一个指标进行评分。

（1）按企业研发费用总额占销售收入总额的比例分档评价。

A. 6%（含）以上（50分）

B. 5%（含）~6%（40分）

C. 4%（含）~5%（30分）

D. 3%（含）~4%（20分）

E. 2%（含）~3%（10分）

F. 2%以下（0分）

（2）按企业研发费用总额占成本费用支出总额的比例分档评价。

A. 30%（含）以上（50分）

B. 25%（含）~30%（40分）

C. 20%（含）~25%（30分）

D. 15%（含）~20%（20分）

E. 10%（含）~15%（10分）

F. 10%以下（0分）

3. 科技成果指标（满分30分）。按企业拥有的在有效期内的与主要产品（或服务）相关的知识产权类别和数量（知识产权应没有争议或纠纷）分档评价。

A. 1项及以上Ⅰ类知识产权（30分）

B. 4项及以上Ⅱ类知识产权（24分）

C. 3项Ⅱ类知识产权（18分）

D. 2项Ⅱ类知识产权（12分）

E. 1项Ⅱ类知识产权（6分）

F. 没有知识产权（0分）

第八条 符合第六条第（一）~（四）项条件的企业，若同时符合下列条件中的一项，则可直接确认符合科技型中小企业条件：

（一）企业拥有有效期内高新技术企业资格证书；

（二）企业近五年内获得过国家级科技奖励，并在获奖单位中排在前三名；

（三）企业拥有经认定的省部级以上研发机构；

（四）企业近五年内主导制定过国际标准、国家标准或行业标准。

第九条　科技型中小企业评价指标的说明：

（一）企业科技人员是指企业直接从事研发和相关技术创新活动，以及专门从事上述活动管理和提供直接服务的人员，包括在职、兼职和临时聘用人员，兼职、临时聘用人员全年须在企业累计工作 6 个月以上。

（二）企业职工总数包括企业在职、兼职和临时聘用人员。在职人员通过企业是否签订了劳动合同或缴纳社会保险费来鉴别，兼职、临时聘用人员全年须在企业累计工作 6 个月以上。

（三）企业研发费用是指企业研发活动中发生的相关费用，具体按照财政部 国家税务总局 科技部《关于完善研究开发费用税前加计扣除政策的通知》（财税〔2015〕119 号）有关规定进行归集。

（四）企业销售收入为主营业务与其他业务收入之和。

（五）知识产权采用分类评价，其中：发明专利、植物新品种、国家级农作物品种、国家新药、国家一级中药保护品种、集成电路布图设计专有权按Ⅰ类评价；实用新型专利、外观设计专利、软件著作权按Ⅱ类评价。

（六）企业主导制定国际标准、国家标准或行业标准是指企业在国家标准化委员会、工业和信息化部、国际标准化组织等主管部门的相关文件中排名起草单位前五名。

（七）省部级以上研发机构包括国家（省、部）重点实验室、国家（省、部）工程技术研究中心、国家（省、部）工程实验室、国家（省、部）工程研究中心、国家（省、部）企业技术中心、国家（省、部）国际联合研究中心等。

第三章　信息填报与登记入库

第十条　企业可对照本办法自主评价是否符合科技型中小企业条件，认为符合条件的，可自愿在服务平台上注册登记企业基本信息，在线填报《科技型中小企业信息表》（附件）。

各省级科技管理部门组织有关单位对企业填报的《科技型中小企业信息表》内容是否完整进行确认。内容不完整的，在服务平台上通知企业补正。信息完整且符合条件的，由省级科技管理部门在服务平台公示 10 个工作日。

公示无异议的企业，纳入信息库并在服务平台公告；有异议的，由省级科技管理部门组织有关单位进行核实处理。

第十一条　省级科技管理部门为入库企业赋予科技型中小企业入库登记编号（以下简称“登记编号”）。

有关单位可通过服务平台查验企业的登记编号。

第十二条　已入库企业应在每年 3 月底前通过服务平台对《科技型中小企业信息表》中的信息进行更新，并对本企业是否仍符合科技型中小企业条件进行自主评价，仍符合条件的，由省级科技管理部门按本办法第十条和第十一条规定程序办理。

第十三条　已入库企业发生更名或与第二章规定的条件有关的重大变化的，应在三个月内通过服务平台填报变化情况。

第十四条　已入库企业有下列行为之一的，由省级科技管理部门撤销其行为发生年度登记编号并在服务平台上公告：

（一）企业发生重大变化，不再符合第二章规定条件的；

（二）存在严重弄虚作假行为的；

（三）发生科研严重失信行为的；

（四）发生重大安全、重大质量事故或有严重环境违法行为的；

（五）被列入经营异常名录和严重违法失信企业名单的；

（六）未按期更新《科技型中小企业信息表》信息的。

第十五条 科技部根据工作需要对省级科技管理部门管理工作进行监督检查。省级科技管理部门对已入库企业进行抽查，对经抽查或审核企业确认不符合条件的，由省级科技管理部门按照第十四条规定处理。

第四章 附 则

第十六条 本办法由科技部、财政部、国家税务总局负责解释。

各省级科技管理部门、财政部门、税务部门可根据本地区情况制定实施细则。

第十七条 本办法自发布之日起实施。

附件：科技型中小企业信息表（略）

科技部　教育部　人力资源社会保障部　中科院　工程院关于开展清理"唯论文、唯职称、唯学历、唯奖项"专项行动的通知

（国科发政〔2018〕210号）

国务院各有关部门和单位、中国科协，各省、自治区、直辖市、计划单列市科技厅（委、局）、教育厅（教委）、人力资源社会保障厅（局）、科协，新疆生产建设兵团科技局、教育局、人力资源社会保障局、科协：

为深入贯彻习近平总书记在两院院士大会、中央财经委员会第二次会议上重要讲话精神，根据《中共中央办公厅　国务院办公厅关于深化项目评审、人才评价、机构评估改革的若干意见》（以下简称《若干意见》）和《国务院关于优化科研管理提升科研绩效若干措施的通知》（国发〔2018〕25号，以下简称《若干措施》）要求，决定开展清理"唯论文、唯职称、唯学历、唯奖项"（以下简称"四唯"）专项行动。有关事项通知如下。

一、任务依据

1. 习近平总书记在2018年两院院士大会上的重要讲话中强调"人才评价制度不合理，唯论文、唯职称、唯学历的现象仍然严重"。

2. 中共中央办公厅、国务院办公厅印发的《若干意见》提出，"突出品德、能力、业绩导向，克服唯论文、唯职称、唯学历、唯奖项倾向，推行代表作评价制度，注重标志性成果的质量、贡献、影响"。

3. 国务院印发的《若干措施》提出，要"开展'唯论文、唯职称、唯学历'问题集中清理"。

二、清理范围

1. 科技部：重点清理科技计划项目、人才项目、基地建设、机构评估、国家科学技术奖励以及所属事业单位职称评审、人员绩效考核等活动中涉及"四唯"的做法。

2. 教育部：重点清理学科评估、"双一流"建设、基地建设、成果奖励、人才项目等活动中涉及"四唯"的做法。指导和督促所属高校清理内部管理中涉及"四唯"的做法。

3. 人力资源社会保障部：重点清理人才项目、职称评审等活动中涉及"四唯"的做法。

4. 中科院：重点清理院士增选、战略性先导科技专项经费、院所评估、人才项目等活动中涉及"四唯"的做法；指导和督促所属科研院所清理内部管理中涉及"四唯"的做法。

5. 工程院：重点清理院士增选等活动中涉及“四唯”的做法。

6. 自然科学基金委：重点清理科技计划项目管理中涉及“四唯”的做法。

7. 中国科协：重点清理院士推荐、人才项目等活动中涉及“四唯”的做法。

8. 行业主管部门：重点清理机构评估、人才项目和人员考核等活动中“四唯”的做法。

9. 地方相关部门：组织清理地方科技计划项目、人才项目、基地建设、机构评估、科技奖励评审、学科评估、职称评审以及主管部门对下属单位开展绩效考核等活动中涉及“四唯”的做法。

三、清理方向

1. 对部门和单位政策文件中涉及“四唯”的规定进行修改；对本部门和单位牵头执行的法律和行政法规中涉及“四唯”的规定，提出修改建议。

2. 对各类考核评价条件和指标中涉及“四唯”的内容进行调整，具体表现形式包括但不限于评价指标体系、评价手册、评审细则等。

3. 对有关管理信息系统和工作表格中涉及“四唯”的内容进行修改。

四、组织实施

1. 请各部门和单位根据《若干意见》和《若干措施》要求，按照上述清理范围，开展“四唯”清理。

2. 各部门（单位）和地方根据各自职权，自行开展清理，形成整改报告，于11月12日前报科技部、教育部、人力资源社会保障部、中科院、工程院。

3. 科技部将会同教育部、人力资源社会保障部、中科院、工程院对各部门、各单位清理情况进行督促指导、梳理总结，确保落实见效。

科技部
教育部
人力资源社会保障部
中科院
工程院
2018 年 10 月 15 日

科技部　财政部　教育部　中科院关于持续开展减轻科研人员负担　激发创新活力专项行动的通知

（国科发政〔2020〕280号）

国务院有关部门和单位，各省、自治区、直辖市、计划单列市科技厅（委、局）、财政厅（局）、教育厅（教委），新疆生产建设兵团科技局、财政局、教育局，教育部直属高校、中科院所属院所：

2018年，科技部、财政部、教育部、中科院联合印发了《贯彻落实习近平总书记在两院院士大会上重要讲话精神开展减轻科研人员负担专项行动》的通知，在全国范围开展减轻科研人员负担7项行动（简称“减负行动1.0”），取得积极成效，广大科研人员反映的表格多、报销繁、检查多等突出问题逐步得到解决。与此同时，科技成果转化、科研人员保障激励、新型研发机构发展等方面又暴露出一些阻碍改革落地的新“桎梏”。为贯彻落实党中央关于持续解决困扰基层的形式主义问题、减轻基层负担的决策部署和中央领导同志指示精神，根据新形势新要求进一步攻坚克难，切实推动政策落地见效，减轻科研人员负担并强化激励，拟在前期工作基础上，持续组织开展减轻科研人员负担、激发创新活力专项行动（简称“减负行动2.0”）。

一、总体要求

以习近平新时代中国特色社会主义思想为指导，发挥改革统领全局作用，加快转变政府职能，围绕推动改革落地见效，坚持减负与激励相结合，巩固成果与拓展深化相结合，坚持聚焦突出问题、自我革命，坚持解剖麻雀、集中治理，坚持小切口、大成效，注重流程再造、制度创新，注重部门协同、破除深层次障碍，注重权责一致、完善监督体系，注重上下联动、发挥基层单位积极性。通过进一步减负，充分激发科技创新活力，提升创新绩效，更好发挥科技支撑高质量发展的作用。

二、行动安排

（一）持续深化已部署的专项行动，巩固和扩大行动成果。

在继续坚持和巩固前期工作成果的基础上，根据新形势要求拓展内容、调整聚焦、加大工作力度。减表行动进一步加强国家科技计划项目有关数据与科技统计工作的统筹，减少基层填报工作量；推动减表行动进基层单位，形成上下联动合力。解决报销繁行动进一步推动简化项目经费调剂管理方式和科研仪器设备采购流程等改革落地，并深入实施开发科研助理岗位吸纳高校毕业生就业的工作计划。检查瘦身行动持续巩固完善科研项目监督检查工作统筹机制，建立统一的年度监督检查计划，采取“飞行检查”工作方式，强化科技计划监督检查结果的信息共享互认。精简牌子行动在已摸底掌握的科技创新基地牌子存量情况基础上，推动重组国家重点实验室体系。精简帽子行动结合对科技人才计划调查摸底情况，积极配合中央人才工作协调小组指导推进地方人才计划整合；清理规范科技评价活动中人才“帽子”作为评审评价指标的使用、人才“帽子”与物质利益直接挂钩的问题。“四唯”清理行动深入推动落实破除“SCI至上”“唯论文”等硬措施，树好科技评价导向，改进学科、学校评估；优化临床医务人员职称评审和其他领域职称（职务）评聘办法；扭转考核奖励功利化倾向，优化高校专利资助奖励体系。信息共享行动在国家科技管理信息系统已开放信息基础上，进一步拓展开放内容和对象范围，在确保科技安全前提下，逐步向科研管理各相关主体分权限开放。

科技部、财政部、教育部、中科院按原行动分工继续推进，卫生健康委结合职能参与，2020年12月底前，推动已有成果制度化；2021年6月底前，对照新的行动内容开展工作部署，推动取得新成效；2021年12月底前，开展总结评估。

众筹科改行动转为常态化工作，不再按专项行动方式限时开展。

（二）组织开展新的专项行动，回应科研人员新期盼。

1. 成果转化尽责担当行动。针对科技成果转化决策担责问题，要为负责者负责，为担当者担当，建立健全科技成果转化尽职免责和风险防控机制，制定高校和科研院所科技成果转化尽职免责负面清单。结合“赋予科研人员职务科技成果所有权或长期使用权试点”，以及科技部、教育部开展的高等学校专业化国家技术转移中心建设试点和高等学校科技成果转化和技术转移基地认定工作，指导、推动和督促高校、科研院所建立符合自身具体情况的尽职免责细化负面清单。（科技部、财政部、教育部、中科院按职责分工）

2. 科研人员保障激励行动。落实社会委托项目按合同约定管理使用。加强对承接科研项目财务审计委托任务的会计师事务所的科技创新政策宣传与培训，提高其政策理解和把握能力，推动相关工作与最新科研经费管理政策要求相一致。加强各类国家科技计划对青年科学家的支持力度，研究扩大青年科学家项目比例。督查推动项目承担单位针对实验设备依赖程度低和实验材料耗费少的基础研究、软件开发和软科学研究等智力密集型项目，建立健全与之相匹配的劳务费和间接经费使用管理办法。支持科研单位对优秀青年科研人员设立青年科学家、特别研究等岗位，在科研条件、收入待遇、继续教育等方面给予必要保障。对中青年科技领军人才进行摸底，形成人才清单，提供定期体检和相关保健服务。（科技部、财政部、教育部、中科院、卫生健康委按职责分工）

3. 新型研发机构服务行动。对重点新型研发机构实行“一所一策”，在内部管理、科研创新、人员聘用、成果转化等方面充分赋予自主权。研究制定新型研发机构的统计指标，加快建设新型研发机构数据库和信息服务平台，发布新型研发机构年度报告。推动地方根据区域创新发展需要，从科技计划项目、创新平台、成果转化、人才团队等方面加强专题研究，给予更多针对性的政策支持。指导和推动

新型研发机构实行章程管理、理事会决策制、院长负责制。（科技部、统计局按职责分工）

4. 政策宣传行动。对近年来出台的科技创新相关政策进行梳理，在科技日报等主流媒体设立专栏，通过宣传解读、采访专家、收集案例、总结典型经验等方式，加大政策宣传力度，发挥基层落实典型示范带动作用，推动政策更好落实落地。（科技部牵头，相关部门按职责分工）

上述行动于2020年12月底前，开展解剖麻雀，梳理问题；2021年6月底前，制定细化相关行动措施，组织开展集中治理，动员各方力量广泛参与；2021年12月底前，开展总结评估。

各地方、各部门要统一思想认识，加强统筹协调和沟通配合，紧抓组织实施，加快推进各项行动部署。各基层单位要提高思想认识，落实主体责任，健全内部工作体系和配套制度，借鉴减负行动1.0的成功经验做法，进一步找准问题堵点痛点，切实破除政策落实最后一公里“梗阻”，推动相关政策加快落地见效，增强科研人员的获得感和满意度。

四部门进一步加强宣传发动、跟踪指导，提升工作实效。行动完成后组织开展第三方评估，推动减负成果制度化。对于行动积极主动、成效显著的单位，将作为典型案例宣传推广，对于落实不到位的以适当方式予以通报。专项行动进展和成效及时报送国务院和中央改革办。

科技部
财政部
教育部
中科院
2020年10月22日

科技部印发《关于破除科技评价中“唯论文”不良导向的若干措施（试行）》的通知

（国科发监〔2020〕37号）

国务院各有关部门、直属机构，各有关单位：

为落实中共中央办公厅、国务院办公厅《关于深化项目评审、人才评价、机构评估改革的意见》《关于进一步弘扬科学家精神加强作风和学风建设的意见》要求，改进科技评价体系，破除科技评价中“唯论文”不良导向，按照分类评价、注重实效的原则，科技部会同财政部研究制订了《关于破除科技评价中“唯论文”不良导向的若干措施（试行）》。现予印发，请遵照执行。

对执行过程中的有关问题，请及时向科技部反映。试行1年后将开展实施效果评估，对有关措施进一步调整完善，对效果好的措施商有关部门在更大范围复制推广。

联系电话：010-58884332

科技部

2020年2月17日

关于破除科技评价中“唯论文”不良导向的若干措施（试行）

为落实中共中央办公厅、国务院办公厅《关于深化项目评审、人才评价、机构评估改革的意见》《关于进一步弘扬科学家精神加强作风和学风建设的意见》要求，改进科技评价体系，破除国家科技计划项目、国家科技创新基地、中央级科研事业单位、国家科技奖励、创新人才推进计划等科技评价中过度看重论文数量多少、影响因子高低，忽视标志性成果的质量、贡献和影响等“唯论文”不良导向，按照分类评价、注重实效的原则，经商财政部，现提出如下措施。

一、强化分类考核评价导向。实施分类考核评价，注重标志性成果的质量、贡献和影响。

（一）对于基础研究类科技活动，注重评价新发现、新观点、新原理、新机制等标志性成果的质量、贡献和影响。对论文评价实行代表作制度，根据科技活动特点，合理确定代表作数量，其中，国内科技期刊论文原则上应不少于1/3。强化代表作同行评议，实行定量评价与定性评价相结合，重点评价其学术价值及影响、与当次科技评价的相关性以及相关人员的贡献等，不把代表作的数量多少、影响因子高低作为量化考核评价指标。

（二）对于应用研究、技术开发类科技活动，注重评价新技术、新工艺、新产品、新材料、新设备，以及关键部件、实验装置/系统、应用解决方案、新诊疗方案、临床指南/规范、科学数据、科技报告、软件等标志性成果的质量、贡献和影响，不把论文作为主要的评价依据和考核指标。

（三）提高对高质量成果的考核评价权重。对于具有一定学术影响或取得实际应用效果的标志性成果可作为高质量成果，可增加到10%的权重；对于具有重要学术影响、对相关领域的科技创新具有带动作用的，可增加到30%的权重；对于已在实践中应用、对经济社会发展和国家安全作出重要贡献的，可增加到50%的权重。具体权重由相关科技评价组织管理单位（机构）根据实际情况确定。

鼓励发表高质量论文，包括发表在具有国际影响力的国内科技期刊、业界公认的国际顶级或重要科技期刊的论文，以及在国内外顶级学术会议上进行报告的论文（以下简称“三类高质量论文”）。上述期刊、学术会议的具体范围由本单位的学术委员会本着少而精的原则确定，其中，具有国际影响力的国内科技期刊参照中国科技期刊卓越行动计划入选期刊目录确定；业界公认的国际顶级或重要科技期刊、国内外顶级学术会议由本单位学术委员会结合学科或技术领域选定。对于“三类高质量论文”的研究成果，可按高质量成果进行考核评价。发挥同行评议在高质量成果考核评价中的作用。

二、对国家科技计划项目（课题）评审评价突出创新质量和综合绩效。立项评审注重对项目（课题）可行性和先进性进行评价，综合绩效评价注重对项目（课题）合同约定标志性成果的质量和影响进行评价。

（四）对于应用研究、技术开发类项目（课题），不把论文作为申报指南、立项评审、综合绩效评价、随机抽查等的评价依据和考核指标，不得要求在申报书、任务书、年度报告等材料中填报论文发表情况。

（五）对于基础研究类项目（课题），对论文评价实行代表作制度，代表作数量原则上不超过5篇。在申报书、任务书、年度报告等材料中，重点填报代表作对相关项目（课题）的支撑作用和相关性；在立项评审、综合绩效评价、随机抽查等环节，重点考核评价代表作的质量和应用情况。

三、对国家科技创新基地评估突出支撑服务能力。注重评估科技创新基地支撑服务国家重大需求、经济社会发展的作用和效果。

（六）对于国家技术创新中心、国家临床医学研究中心等技术创新与成果转化类基地，注重评估对国家重大需求和工程建设的支撑作用、对重大临床需求和产业化需要的支撑保障作用。不把论文作为主要的评价依据和考核指标。

（七）对于国家科技资源共享服务平台、国家野外科学观测研究站等基础支撑与条件保障类基地，注重评估对外服务的质量和效果。不把论文作为主要的评价依据和考核指标。

（八）对于国家实验室、国家重点实验室等科学与工程研究类基地，注重评估原始创新能力、国际科学前沿竞争力、满足国家重大需求的能力等。对论文评价实行代表作制度，每个评价周期代表作数量原则上不超过20篇。

四、对中央级科研事业单位绩效评价突出使命完成情况。注重评估科研机构履行国家使命和宗旨目标的情况，以及成果的学术价值和影响力。

（九）对于技术研发类机构，注重评估在成果转化、支撑产业发展等方面的绩效，不把论文作为主要的评价依据和考核指标。

（十）对于社会公益性研究类机构，注重评估公益性研究成果的绩效、履行社会责任的效果，不把论文作为主要的评价依据和考核指标。

（十一）对于基础研究类机构，注重评估代表性成果水平、国际学术影响、在经济社会发展和国家重大需求中的贡献等。对论文评价实行代表作制度，每个评价周期代表作数量原则上不超过40篇。

五、对国家科技奖励评审突出成果质量和贡献。注重评审相关科技成果的质量、效果和影响，以及相关人员的贡献。

（十二）对于自然科学奖，注重对成果的原创性、公认度和科学价值等进行评审。对论文评价实行代表作制度，代表作数量原则上不超过5篇。

（十三）对于技术发明奖、科技进步奖，注重对成果的创新性、先进性、应用价值和经济社会效益等进行评审，不把论文作为主要的评审依据。

（十四）最高科学技术奖、国际合作奖也要落实分类评价要求。

六、对创新人才推进计划人才评选突出科学精神、能力和业绩。注重评价学术道德水平以及在学科领域的活跃度和影响力、研发成果原创性、成果转化效益、科技服务满意度等。

（十五）对于科技创新创业人才，注重评价创业人才创办企业带动就业、产业科技含量及经济社会效益等，不把论文作为主要的评价依据和考核指标。

（十六）对于中青年科技创新领军人才，注重评价已取得核心成果的创新性和学术影响。对论文评价实行代表作制度，代表作数量原则上不超过5篇。

（十七）对于重点领域创新团队，注重评价团队协作创新能力，以及团队负责人的组织协调和领导力。对论文评价实行代表作制度，代表作数量原则上不超过10篇。

（十八）其他科技人才计划也要落实分类评价要求。

七、培育打造中国的高质量科技期刊。以培育世界一流的中国科技期刊为目标，推动中国科技期刊高质量发展，服务科技强国建设。

（十九）加快实施中国科技期刊卓越行动计划，推进领军期刊建设，培育重点期刊、梯队期刊，鼓励创办高起点英文期刊，提高中文期刊英文摘要质量；建立中国特色、具有国际影响力的“科学引文索引”系统。鼓励财政资金资助的论文在高质量国内科技期刊发表。

（二十）完善学术期刊预警机制，定期发布国内和国际学术期刊的预警名单，并实行动态跟踪、及时调整。将管理和学术信誉差、商业利益至上的学术期刊，列入“黑名单”。

八、加强论文发表支出管理。建立与破除“唯论文”导向相适应的资金管理措施，从严控制论文资助范围、从紧管理论文发表支出。

（二十一）对于国家科技计划项目产生的代表作和“三类高质量论文”，发表支出可在国家科技计划项目专项资金按规定据实列支，其它论文发表支出均不允许列支。对于单篇论文发表支出超过2万元人民币的，需经该论文通讯作者或第一作者所在单位学术委员会对论文发表的必要性审核通过后，方可在国家科技计划项目专项资金中列支。

（二十二）对于发表在“黑名单”和预警名单学术期刊上的论文，相关的论文发表支出不得在国家科技计划项目专项资金中列支。不允许使用国家科技计划项目专项资金奖励论文发表，对于违反规定的，追回奖励资金和相关项目结余资金。

（二十三）在项目综合绩效评价过程中，项目管理机构应加强对在国家科技计划项目专项资金中列支论文发表情况的核验。

（二十四）相关高校、科研院所等要对论文发表的必要性以及与项目研究的相关性进行审核；对于可能涉及国家安全和秘密等的论文，要从严审核、加强管理。不允许将论文发表数量、影响因子等与奖励奖金挂钩。

九、强化监督检查。加大监督检查力度，确保各项措施落实落地。

（二十五）开展破除“唯论文”不良导向各项措施落实情况的监督检查。对落实不力、存在严重“唯论文”问题或存在奖励论文发表的相关高校、科研院所等，采取约谈、通报批评等方式予以处理并责令整改，整改期间暂停国家科技计划项目专项资金对该单位论文发表的资助。加强对咨询评审专家的培训引导，对项目评审中存在“唯论文”现象的，及时予以纠正。

（二十六）相关高校、科研院所要加强论文发表署名管理。《关于进一步弘扬科学家精神加强作风和学风建设的意见》发布后，对论文无实质学术贡献仍然“挂名”的，依规严肃追究责任。

（二十七）加大正面典型案例的宣传，树立正确的舆论导向。不允许过度宣传论文发表情况，不提倡将论文数量、影响因子作为宣传报道、工作总结、年度报告的重要内容。

科技部等八部门印发《关于开展科技人才评价改革试点的工作方案》的通知

（国科发才〔2022〕255号）

上海市、山东省、湖北省、四川省、深圳市、南京市人民政府，各有关试点单位：

《关于开展科技人才评价改革试点的工作方案》(以下简称《试点方案》)已经2022年6月22日中央全面深化改革委员会第二十六次会议审议通过。现印发给你们，请结合实际认真贯彻执行。

请各试点单位主管部门组织试点单位编制试点实施方案，试点地方制定综合改革试点方案，于2022年12月15日前报送科技部。

科技部　教育部　工业和信息化部
财政部　水利部　农业农村部
国家卫生健康委　中科院
2022年9月23日

关于开展科技人才评价改革试点的工作方案

为深入贯彻党的十九届五中全会关于健全科技人才评价体系的重要部署和中央人才工作会议精神，按照中央全面深化改革委员会关于开展科技人才评价改革试点的工作安排，针对人才评价“破四唯”后“立新标”不到位、评价方式创新不到位、资源配置评价改革不到位、用人单位评价制度建设不到位等突出问题，制定开展科技人才评价改革试点工作方案如下。

一、总体思路

以习近平新时代中国特色社会主义思想为指导，全面落实党的十九大和十九届历次全会精神，认真贯彻落实习近平总书记关于做好新时代人才工作的重要思想和关于科技创新的重要论述，聚焦“四个面向”，围绕国家科技任务用好用活人才，创新科技人才评价机制，以激发科技人才创新活力为目标，以“评什么、谁来评、怎么评、怎么用”为着力点，以“破四唯”和“立新标”为突破口，以深化改革和政策协同为保障，按照创新活动类型构建以创新价值、能力、贡献为导向的科技人才评价体系，引导各类科技人才人尽其才、才尽其用、用有所成，为实现高水平科技自立自强和建设世界科技强国提供有力人才支撑。

基本原则：

——坚持问题导向。在重大科技任务、重大创新基地建设等国家重大创新活动中推动人才评价改革落地见效，着力克服“唯论文、唯职称、唯学历、唯奖项”倾向，重点解决好科技人才评价改革落实难等问题。

——坚持分类推进。探索科技人才在承担国家重大科技任务、基础研究、应用研究和技术开发、社会公益研究等创新活动中的评价指标和评价方式，科学客观公正评价人才，形成可推广的经验做法。

——坚持使用牵引。突出国家目标和使命导向，发挥激励作用，坚持谁使用谁评价，以用定评、评用相适，科学使用评价结果，合理衔接科技人才激励，引导各类科研人员服务国家、潜心研究、尽职履责、作出贡献。

——坚持协同实施。加强部门协同和地方联动，充分集成科技成果评价、科研经费管理、科研相关自主权等现有改革试点政策，在科技人才发现、培养、使用、激励等方面形成改革合力。

试点单位和地方：选择建有国家科技创新基地、承担国家科技任务多、示范效应较好、有较好人才评价基础的科研院所、高等学校或高等学校附属机构，以及科研人员数量较多的农业、卫生健康、水利、工业和信息化等行业领域科研院所，分类开展科技人才评价改革试点工作。同时，选择科研单位相对集中、承担国家任务较多、具备较好基础的部分省市，开展科技人才评价改革综合试点工作。试点单位应具有独立法人资格。

试点期限：2年（自试点实施方案批复之日起）。

二、试点任务

坚持德才兼备，把品德作为科技人才评价的首要内容，在加强对科技人才科学精神、学术道德等评价的基础上，按照承担国家重大攻关任务的人才评价以及基础研究类、应用研究和技术开发类、社会公益研究类的人才评价，从构建符合科研活动特点的评价指标、创新评价方式、完善用人单位内部制度建设等方面提出试点任务，推动人才评价体系更加完善，形成可操作可复制可推广的有效做法。

（一）承担国家重大攻关任务的人才评价

1. 突出支撑国家重大战略需求导向，建立体现支撑国家安全、突破关键核心技术、解决经济社会发展重大问题的实际贡献和创新价值的评价指标，重点评价国家重大科研任务完成情况。

2. 完善科研任务用户导向的评价方式，充分听取任务委托方、成果采用方意见。注重个人评价与团队评价相结合。

3. 对承担“卡脖子”国家重大攻关任务、国家重大科技基础设施建设任务等并作出重要贡献的科研人员，在岗位聘用、职称评审、绩效考核等方面，加大倾斜支持力度。

（二）基础研究类人才评价

1. 实行以原创成果和高质量论文为标志的代表作评价，建立体现重大原创性贡献、国家战略需求以及学科特点、学术影响力和研究能力等的人才评价指标。破除

“唯论文”数量倾向，不把论文数量、影响因子高低等相关指标作为量化考核评价指标，鼓励科研人员把高质量论文更多发表在国内科技期刊上。

2. 按照学科特点和任务性质，科学确定评价周期，着力探索低频次、长周期的考核机制。

3. 探索建立同行评价的责任机制，在专家选用、管理和信用记录等方面建立相关制度，规范同行评价的方式和程序、评价意见反馈等行为。探索引入学术团体等第三方评价、国际同行评价等。

4. 建立完善体现基础研究人才评价特点的岗位聘用、职称评审、绩效考核等相关制度，加大对重大科学发现和取得原创性突破的基础研究人员的倾斜支持。

5. 探索由一线科学家举荐优秀青年科技人才担任重要科研岗位、承担“从0到1”基础研究任务的机制。

（三）应用研究和技术开发类人才评价

1. 以技术突破和产业贡献为导向，重点评价技术标准、技术解决方案、高质量专利、成果转化产业化、产学研深度融合成效等代表性成果，建立体现产学研和团队合作、技术创新与集成能力、成果的市场价值和应用实效、对经济社会发展贡献的评价指标。不得以是否发表论文、取得专利多少和申请国家项目经费数量为主要评价指标。

2. 探索构建专家重点评价技术水平、市场评价产业价值相结合，市场、用户、第三方深度参与的评价方式。

3. 对承担国家科研任务特别是急难险重科研攻关任务、国家重大科技基础设施建设任务等并作出贡献的科研人员，在绩效考核权重方面予以倾斜，引导优秀科研人员投身国家科技任务。

4. 探索设立科技成果转化岗，重点评价科技成果转化成效，建立高水平、专业化的成果转化人才队伍。

（四）社会公益研究类人才评价

1. 突出行业特色和岗位特点，重点评价服务公共管理、应对突发事件、保障民生和社会安全等共性关键技术开发、服务的能力与效果，探索建立体现成果应用效益、科技服务满意度和社会效益的评价指标，引导科研人员把论文写在祖国大地上。突出长期在艰苦边远地区、高危岗位、基层一线和从事科研基础性工作科研人员的贡献。不得设立硬性经济效益的评价指标。

2. 完善社会化评价方式，充分听取行业用户和服务对象的意见，注重政府和社会评价。依据不同科研和服务活动类型确定合理评价周期。

3. 对承担和支撑国家科研任务并作出贡献，成果应用实效显著的科研人员，在岗位聘用、职称评审、绩效考核等方面予以倾斜，引导优秀科研人员投身国家公益事业。

（五）地方科技人才评价改革综合试点任务

试点地方政府要围绕本地区科技创新任务和人才队伍建设，以“破四唯”、“立新标”为突破口，组织并指导本地区优势科研单位、新型研发机构深化科技人才分类评价改革，大胆创新人才发现、培养、使用、激励机制，发挥政策集成效应，推动人才、项目、基地、资金一体化配置，有效激发科技人才活力，探索形成可推广可复制的地区经验。

三、试点保障措施

有关部门和地方要深入落实科技人才评价改革部署，加强对试点单位的指导、服务和政策支持，压实改革主体责任，强化对试点工作的监督，确保试点工作顺利推进。

科技部作为主责单位要肩负起组织推动责任并率先改革，推动落实科研单位自主权，在科技计划项目评审、科研机构绩效评价、科技人才计划评选中破除“四唯”，突出创新价值、能力、贡献导向。完善“首席科学家负责制”、“揭榜挂帅制”、“赛马制”等项目组织实施中的人才评价机制，发现遴选有实力、能攻关、出成果的优秀科技领军人才和创新团队承担重大科技攻关任务。

教育部、工业和信息化部、水利部、农业农村部、国家卫生健康委、中国科学院等作为试点单位的主管部门，要结合本部门本行业本领域工作贯彻落实人才评价改革要求，完善行业人才评价机制，赋予用人单位评价自主权。组织并指导所属试点单位积极开展评价改革试点工作，把完成国家任务特别是急难险重科研攻关任务、原创性科学发现、重大技术突破、科技成果转化实效、社会公益服务效益等作为试点单位创新绩效评价的重要内容。教育部要在“双一流”建设和学科评估中科学合理设置评价指标，完善“双一流”建设成效评价动态监测和周期评价。工业和信息化部要构建以产业科技创新为导向的人才评价体系，突出支撑国家重点工程、重大技术和装备科技创新，引导科技人才服务制造强国、网络强国建设。水利部要构建以应用创新为导向的科技人才评价体系，突出效益指标，引导人才服务重大工程建设。农业农村部要构建突出服务“三农”的主责主业和业绩贡献的分类评价体系，向长期扎根基层生产一线从事科研和技术推广服务的科研人员倾斜。国家卫生健康委要构建以临床实践为导向的人才评价体系，探索基于病历备案数据的大数据评价方式，引导人才提升医疗卫生技术能力、服务人民健康。中国科学院要探索通过设置特聘研究岗位制度，精准激励和稳定支持一批核心和骨干人才潜心从事基础前沿交叉原始创新和关键核心技术攻关。

四、组织实施

（一）建立工作机制

在中央人才工作领导小组统筹协调下，科技部会同教育部、工业和信息化部、财政部、水利部、农业农村部、国家卫生健康委、中国科学院等部门联合推进实施试点工作方案，选择试点单位，明确任务分工，协调解决重点问题，督促试点工作落实，开展评估总结和示范推广。

（二）编制试点实施方案

试点工作方案印发后，相关主管部门组织试点单位结合本行业本单位特点选择试点内容，编制具体实施方案，鼓励全面试点，突出承担国家重大攻关任务的人才评价；地方制定综合改革试点方案，做好系统设计。试点单位实施方案、地方综合改革试点方案报科技部，由科技部商相关部门研究同意后启动实施。

（三）推进试点实施

试点单位要切实加强党的领导，履行法人主体责任，充分发扬民主，广泛凝聚共识，在调研基础上研究制定试点实施方案，坚持激励与约束并重，切实建立健全各项规章制度，改进完善岗位聘用、职称评审、绩效考核、表彰奖励等人才评价相关制度，在加强合理激励的同时，加强对科研诚信、勤勉尽责的监督，强化对学术不端、科研违规违纪行为的约束，引导科技人才潜心研究、担当作为，使试点成果更加有利于本单位事业发展、能力提升、环境优化。

科技部和相关部门要做好试点工作统筹协调，做好改革试点的宣传解读，及时跟踪了解试点工作进展，组织开展试点任务进展情况工作交流，及时研究解决试点过程中出现的重要情况和问题，做到边试点、边总结、边提升。试点工作期满后，由科技部会同相关部门、地方对试点工作完成情况进行评估，总结经验和典型案例，及时宣传推广。

附件：开展科技人才评价改革试点单位和地方名单

开展科技人才评价改革试点单位和地方名单

科研院所（共12家）：

中国科学院上海微系统与信息技术研究所、中国科学院计算技术研究所、中国科学院数学与系统科学研究院、中国科学院物理研究所、中国科学院过程工程研究所、中国科学院大连化学物理研究所。

中国水利水电科学研究院、南京水利科学研究院、中国农业科学院农业资源与农业区划研究所、中国农业科学院农业基因组研究所、工业和信息化部电子第五研究所、中国医学科学院北京协和医学院。

高等学校或高等学校附属机构（共9家）：

清华大学、北京大学、浙江大学、北京邮电大学、西安电子科技大学、西南交通大学、江南大学、四川大学华西临床医学院、哈尔滨工业大学。

地方（共6个）：

上海市、山东省、湖北省、四川省、深圳市、南京市。

人力资源社会保障部关于支持和鼓励事业单位专业技术人员创新创业的指导意见

（人社部规〔2017〕4号）

各省、自治区、直辖市及新疆生产建设兵团人力资源社会保障厅（局），国务院各部委、各直属机构人事部门：

为贯彻落实党中央、国务院关于加快实施创新驱动发展战略、深化人才发展体制机制改革、大力推进大众创业万众创新和做好新形势下就业创业工作的总体部署和要求，发挥事业单位在科技创新和大众创业万众创新中的示范引导作用，激发高校、科研院所等事业单位（简称“事业单位”）专业技术人员科技创新活力和干事创业热情，促进人才在事业单位和企业间合理流动，营造有利于创新创业的政策和制度环境，按照简政放权、放管结合、优化服务的要求，现就支持和鼓励事业单位专业技术人员创新创业提出以下指导意见。

一、支持和鼓励事业单位选派专业技术人员到企业挂职或者参与项目合作

事业单位选派符合条件的专业技术人员到企业挂职或者参与项目合作，是强化科技同经济对接、创新成果同产业对接、创新项目同现实生产力对接的重要举措，有助于实现企业、高校、科研院所协同创新，强化对企业技术创新的源头支持。

事业单位专业技术人员到企业挂职或者参与项目合作期间，与原单位在岗人员同等享有参加职称评审、项目申报、岗位竞聘、培训、考核、奖励等方面权利。合作期满，应返回原单位，事业单位可以按照有关规定对业绩突出人员在岗位竞聘时予以倾斜；所从事工作确未结束的，三方协商一致可以续签协议。专业技术人员与企业协商一致，自愿流动到企业工作的，事业单位应当及时与其解除聘用合同并办理相关手续。

事业单位选派专业技术人员到企业挂职或者参与项目合作，应当根据实际情况，与专业技术人员变更聘用合同，约定岗位职责和考核、工资待遇等管理办法。事业单位、专业技术人员、企业应当约定工作期限、报酬、奖励等权利义务，以及依据专业技术人员服务形成的新技术、新材料、新品种以及成果转让、开发收益等进行权益分配等内容。

二、支持和鼓励事业单位专业技术人员兼职创新或者在职创办企业

支持和鼓励事业单位专业技术人员到与本单位业务领域相近企业、科研机构、高校、社会组织等兼职，或者利用与本人从事专业相关的创业项目在职创办企业，

是鼓励事业单位专业技术人员合理利用时间，挖掘创新潜力的重要举措，有助于推动科技成果加快向现实生产力转化。

事业单位专业技术人员在兼职单位的工作业绩或者在职创办企业取得的成绩可以作为其职称评审、岗位竞聘、考核等的重要依据。专业技术人员自愿流动到兼职单位工作，或者在职创办企业期间提出解除聘用合同的，事业单位应当及时与其解除聘用合同并办理相关手续。

事业单位专业技术人员兼职或者在职创办企业，应该同时保证履行本单位岗位职责、完成本职工作。专业技术人员应当提出书面申请，并经单位同意；单位应当将专业技术人员兼职和在职创办企业情况在单位内部进行公示。事业单位应当与专业技术人员约定兼职期限、保密、知识产权保护等事项。创业项目涉及事业单位知识产权、科研成果的，事业单位、专业技术人员、相关企业可以订立协议，明确权益分配等内容。

三、支持和鼓励事业单位专业技术人员离岗创新创业

事业单位专业技术人员带着科研项目和成果离岗创办科技型企业或者到企业开展创新工作（简称离岗创业），是充分发挥市场在人才资源配置中的决定性作用，提高人才流动性，最大限度激发和释放创新创业活力的重要举措，有助于科技创新成果快速实现产业化，转化为现实生产力。

事业单位专业技术人员离岗创业期间依法继续在原单位参加社会保险，工资、医疗等待遇，由各地各部门根据国家和地方有关政策结合实际确定，达到国家规定退休条件的，应当及时办理退休手续。创业企业或所工作企业应当依法为离岗创业人员缴纳工伤保险费用，离岗创业人员发生工伤的，依法享受工伤保险待遇。离岗创业期间非因工死亡的，执行人事关系所在事业单位抚恤金和丧葬费规定。离岗创业人员离岗创业期间执行原单位职称评审、培训、考核、奖励等管理制度。离岗创业期间取得的业绩、成果等，可以作为其职称评审的重要依据；创业业绩突出，年度考核被确定为优秀档次的，不占原单位考核优秀比例。离岗创业期间违反事业单位工作人员管理相关规定的，按照事业单位人事管理条例等相关政策法规处理。

事业单位对离岗创业人员离岗创业期间空出的岗位，确因工作需要，经同级事业单位人事综合管理部门同意，可按国家有关规定用于聘用急需人才。离岗创业人员返回的，如无相应岗位空缺，可暂时突破岗位总量聘用，并逐步消化。离岗创业人员离岗创业期间，本人提出与原单位解除聘用合同的，原单位应当依法解除聘用合同；本人提出提前返回的，可以提前返回原单位。离岗创业期满无正当理由未按规定返回的，原单位应当与其解除聘用合同，终止人事关系，办理相关手续。

事业单位专业技术人员离岗创业，须提出书面申请，经单位同意，可在3年内保留人事关系。对离岗创办科技型企业的，按规定享受国家创业有关扶持政策。事业单位与离岗创业人员应当订立离岗协议，约定离岗事项、离岗期限、基本待遇、保密、成果归属等内容，明确双方权利义务，同时相应变更聘用合同。离岗创业项目涉及原单位知识产权、科研成果的，事业单位、离岗创业人员、相关企业可以订立协议，明确收益分配等内容。

四、支持和鼓励事业单位设置创新型岗位

在事业单位设置创新型岗位，是促进事业单位全面参与国家创新体系建设的重要举措，有助于充分发挥高校、科研院所等事业单位人力资源和技术资源优势，加快推动科技创新。

事业单位可根据创新工作需要设置开展科技项目开发、科技成果推广和转化、科研社会服务等工作的岗位（简称“创新岗位”），并按规定调整岗位设置方案。通过调整岗位设置难以满足创新工作需求的，可按规定申请设置特设岗位，不受岗位总量和结构比例限制。创新岗位人选可以通过内部竞聘上岗或者面向社会公开招聘等方式产生，任职条件要求具有与履行岗位职责相符的科技研发、科技创新、科技成果推广能力和水平。事业单位根据创新工作实际，可探索在创新岗位实行灵活、弹性的工作时间，便于工作人员合理安排利用时间开展创新工作。事业单位绩效工资分配应当向在创新岗位做出突出成绩的工作人员倾斜。创新岗位工作人员依法取得的科技成果转化奖励收入，不纳入单位绩效工资；取得的技术项目开发、科技成果推广和转化、科研社会服务成果，应当作为职称评审、项目申报、岗位竞聘、考核、奖励的重要依据。事业单位应当与创新岗位工作人员订立或者变更聘用合同，聘用合同内容应当符合创新工作实际，明确合同期限、岗位职责要求、岗位工作条件、工资待遇、社会保险、合同变更、终止和解除的条件、违反合同的责任等条款，双方协商一致，可以约定知识产权保护等条款。

事业单位可以设立流动岗位，吸引有创新实践经验的企业管理人才、科技人才和海外高水平创新人才兼职。事业单位设置流动岗位，可按规定申请调整工资总额，用于发放流动岗位人员工作报酬。流动岗位人员通过公开招聘、人才项目引进等方式被事业单位正式聘用的，其在流动岗位工作业绩可以作为事业单位岗位聘用和职称评审的重要依据。事业单位应当与流动岗位人员订立协议，明确工作期限、工作内容、工作时间、工作要求、工作条件、工作报酬、保密、成果归属等内容。

五、组织实施

各级人力资源社会保障部门要树立大局意识，充分认识到支持和鼓励事业单位专业技术人员参与创新创业工作的重要意义，把这项工作摆到重要议事日程。要解放思想，大胆创新，结合本地区本部门实际，细化相关政策，研究具体措施，做到真正切实管用；要加强组织实施，指导事业单位主管部门和事业单位落实文件要求，建立健全内部管理制度，确保政策落到实处；要搞好跟踪服务，切实解决事业单位专业技术人员创新创业中的实际困难，解决他们的后顾之忧，为事业单位专业技术人员投身创新发展实践提供人事政策保障。同时，要通过完善聘用合同管理、强化考核等办法，加强规范管理；指导事业单位按规定定期将离岗创业人员情况按程序报主管部门并同级事业单位人事综合管理部门备案。要及时研究解决政策实施过程中碰到的新情况、新问题，重点问题及时向人力资源社会保障部报告。

人力资源社会保障部

2017 年 3 月 10 日

人力资源社会保障部　科技部关于深化自然科学研究人员职称制度改革的指导意见

（人社部发〔2019〕40号）

各省、自治区、直辖市及新疆生产建设兵团人力资源社会保障厅（局）、科技厅（委、局），中央和国家机关各部委、各直属机构人事部门，各中央企业人事部门：

自然科学研究人员是我国专业技术人才队伍的重要组成部分，是推进科技创新发展、建设创新型国家和世界科技强国的重要力量。为贯彻落实中共中央办公厅、国务院办公厅印发的《关于深化职称制度改革的意见》，现就深化自然科学研究人员职称制度改革提出如下指导意见。

一、总体要求

（一）指导思想

以习近平新时代中国特色社会主义思想为指导，全面贯彻党的十九大和十九届二中、三中全会精神，认真落实党中央、国务院决策部署，深入实施科教兴国战略、人才强国战略和创新驱动发展战略，以激发自然科学研究人员的积极性、创造性为核心，尊重科研人员成长规律，建立符合自然科学研究人员职业特点的职称制度，发挥好人才评价“指挥棒”和风向标作用，培养造就高水平创新型自然科学研究人员队伍，为高质量发展提供人才支撑。

（二）基本原则

1. 坚持遵循规律。遵循自然科学研究人员成长规律和科技创新规律，尊重科学研究灵感瞬间性、方式随意性、路径不确定性的特点，引导自然科学研究人员攻坚克难、追求卓越。

2. 坚持科学评价。以品德、能力、业绩为导向，科学制定评价标准，破除唯学历、唯资历、唯论文、唯奖项倾向。坚持分类评价，丰富评价方式，注重同行和业内认可，探索引入国际同行评价，客观科学公正评价科研人员。

3. 坚持鼓励创新。面向世界科技前沿、面向经济主战场、面向国家重大需求，形成并实施有利于科研人员潜心研究和创新的人才评价制度，充分释放科研人员创新活力，营造鼓励创新、宽容失败的科研氛围。

4. 坚持以用为本。着眼于用好用活人才、提高人才效能，充分发挥用人主体的主导作用，把科研人员职称评价与使用紧密结合，做到人尽其才、才尽其用，促进自然科学研究人员职业发展，满足用人单位选才用才需求。

二、主要内容

通过完善评价标准、创新评价机制、

促进与用人制度有效衔接、加强职称评审监督服务等措施，进一步健全自然科学研究人员职称制度。

（一）完善评价标准

1. 坚持德才兼备、以德为先。坚持把品德放在自然科学研究人员评价的首位，通过个人述职、年度考核等方式加强对科学精神、职业道德、从业操守等方面的评价。强化科研人员的爱国情怀和社会责任，倡导追求真理、勇攀高峰的科学精神，树立勇于创新、严谨求实的学术风气，坚守道德底线，对科研不端行为实行“零容忍”。

2. 实行分类评价。根据不同类型科研活动特点，分类制定职称评价标准。对主要从事基础研究的人员，着重评价提出和解决重大科学问题、开展原创性科技创新的能力，重点考察研究成果的科学价值、学术水平和影响力等内容。对主要从事应用研究、技术开发与推广的人员，着重评价技术创新与集成能力、重大技术突破、成果转化效益、技术推广成效和对产业发展的实际贡献等。对主要从事科技咨询与科技管理服务的人员，着重评价其战略和政策研究能力、决策咨询服务水平、行业评价认可度和科技服务满意度等。

3. 推行代表作制度。将自然科学研究人员的代表性成果作为职称评审的重要内容，注重标志性成果的质量、贡献和影响力，改变片面将论文、著作、专利、资金数量等与职称评审直接挂钩的做法。丰富代表作形式，项目成果、研究报告、专著译著、技术标准规范等均可作为代表作。严格实行代表作审核制度，代表作应在本研究领域内具有较大影响力，受到同行专家的认可。

4. 实行国家标准、地区标准和单位标准相结合。人力资源社会保障部会同科学技术部等有关部门研究制定《自然科学研究人员职称评价基本标准条件》（附后）。各地区可根据本地区经济社会发展情况，制定地区标准。具有自主评审权的用人单位可结合本单位实际，制定单位标准。地区标准和单位标准不得低于国家标准。

（二）创新评价机制

1. 丰富职称评价方式。以同行专家评审为基础，注重引入市场评价和社会评价，发挥多元评价主体作用。基础和前沿技术研究人员以同行评价为主，倡导小同行评价，探索引入国际同行评价。应用研究人员、技术开发与推广人员、科技咨询人员等突出市场评价和社会评价。对特殊人才要打破常规、简化手续，采取特殊方式进行评价。注重个人评价与团队评价相结合，尊重、认可和科学评价个人在团队中的实际贡献。采取个人述职、面试答辩、业绩展示、专家评议等多种评价方式，提高职称评价的针对性和科学性。

2. 畅通职称评价渠道。进一步打破户籍、地域、身份、人事关系等制约，创造便利条件，畅通自然科学研究人员职称申报渠道。民办机构自然科学研究人员与公立机构自然科学研究人员在职称评审方面享有平等待遇。科研院所、高校等事业单位中经批准离岗创业或兼职的科研人员，3 年内可在原单位按规定正常申报职称，离岗创业或兼职期内工作业绩及取得的科研成果等可作为职称评审的重要依据。

3. 建立职称评审绿色通道。对取得重大原创性研究成果或关键核心技术突破，以及在经济社会事业发展中作出重大贡献的自然科学研究人员，可直接申报评审副研究员、研究员职称。对引进的海外高层次人才和急需紧缺人才，在职称评审中可放宽资历、年限等条件限制，其在国外从事科研工作的经历和贡献可作为职称评审的依据，不把教育、工作背景简单等同于科研水平。对长期在艰苦边远地区、野外台站和基层一线工作的自然科学研究人员，侧重考察其实际工作业绩，放宽学历、论文等要求。

（三）促进职称制度与用人制度有效衔接

1. 坚持以用促评。用人单位应当结合用人需求，将职称评审结果作为岗位聘用的重要依据，实现职称制度与岗位聘用、考核、晋升等用人制度相衔接。全面实行岗位管理、专业技术人才学术技术水平与岗位职责密切相关的事业单位，一般应在岗位结构比例内开展职称评审。不实行岗位管理的单位和人员，可采用评聘分开方式，自主择优聘用具有相应职称的人员从事研究工作。

2. 加强聘后管理。坚持“按需设岗、按岗聘用、竞争择优、合同管理”的原则，结合年度考核和聘期考核结果，对不符合岗位要求、不能履行岗位职责或年度考核不合格的自然科学研究人员，可按照有关规定调整岗位、低聘或者解聘，在岗位聘用中实现人员能上能下，改变给人才贴上“永久牌”标签的做法。

（四）加强职称评审监督和服务

1. 加强职称评审委员会建设。落实各级职称评审委员会核准备案管理制度，各省（自治区、直辖市）、国务院有关部门和单位可按规定成立自然科学研究系列高级职称评审委员会。国务院有关部门和单位成立的高级职称评审委员会报人力资源社会保障部核准备案，其他高级职称评审委员会报省级人力资源社会保障部门核准备案。完善评审专家遴选机制，明确评审专家责任，强化评审考核，建立倒查追责机制，提高职称评审的公平性和权威性。

2. 进一步下放职称评审权限。科学界定、合理下放职称评审权限，逐步将自然科学研究人员高级职称评审权下放到市地或符合条件的科研单位，充分发挥科研单位在职称评审中的主导作用。推动用人单位按照管理权限自主开展职称评审。自主评审单位组建的高级职称评审委员会应当按照管理权限报省级以上人力资源社会保障部门核准备案。自主评审结果报相应人力资源社会保障部门备案。

3. 严肃职称评审工作纪律。健全职称申报诚信承诺和失信联合惩戒机制，实行学术造假“一票否决制”，对通过弄虚作假、暗箱操作等违纪违规行为取得的职称，一律予以撤销。建立职称评审公开制度，实行政策公开、标准公开、程序公开、结果公开。加强对自主评审工作的监管，对于不能正确行使评审权、不能确保评审质量的，将暂停自主评审工作直至收回评审权。

4. 优化职称评审服务。加强职称评审信息化建设，减少各类申报表格和纸质证明材料。科研项目、人才支持计划等申报材料中与职称相关的内容，可作为职称评审的参考。在团队科研项目作出贡献的科研人员，在参加职称评审时，可提供团队科研项目情况、科研单位或项目组织实施单位对其在项目中作出实际贡献的情况说明等，作为业绩证明材料。

三、组织实施

（一）提高认识，加强领导。职称制度改革涉及自然科学研究人员的切身利益，各地区、各有关部门要充分认识改革的重要意义，高度重视改革工作。各级人力资源社会保障部门会同科学技术部门负责职称政策制定、组织实施和监督检查等工作。各有关部门要密切配合，建立有效工作机制，确保改革各项工作顺利推进。

（二）周密部署、狠抓落实。各地区、各有关部门要根据本意见精神，围绕改革重点任务，紧密结合实际，抓紧制定改革具体实施方案和配套办法，明确时间表、路线图、操作流程，把各项具体改革任务落实到责任人、责任部门，确保改革举措落到实处、见到实效。

（三）加强宣传，营造环境。各地区、各有关部门要深入细致地做好政策解释和宣传引导工作，广泛听取自然科学研究人员、相关单位和社会公众意见，回应社会关切，统筹处理好改革推进工作中遇到的新情况和新问题，引导科研人员积极支持和参与改革，营造共同推进改革的良好氛围。

军队可结合自身实际制定自然科学研究人员职称评审的具体办法。

附件：自然科学研究人员职称评价基本标准条件（略）

人力资源社会保障部　科技部

2019 年 4 月 23 日

人力资源社会保障部关于进一步支持和鼓励事业单位科研人员创新创业的指导意见

（人社部发〔2019〕137 号）

各省、自治区、直辖市及新疆生产建设兵团人力资源社会保障厅（局），国务院各部委、各直属机构人事部门：

为贯彻党中央、国务院关于加快实施创新驱动发展战略、壮大新动能的精神，落实《国务院关于推动创新创业高质量发展打造“双创”升级版的意见》（国发〔2018〕32 号）决策部署，现就进一步支持和鼓励高校、科研院所等事业单位聘用在专业技术岗位上的科研人员，依据《中华人民共和国促进科技成果转化法》开展科技成果研发和转化的活动（以下简称“双创”活动），提出以下指导意见。

一、支持和鼓励科研人员离岗创办企业

（一）完善离岗创办企业政策。科研人员开展“双创”活动可申请离岗创办企业，职称、年龄、资历、科技成果形式、获奖层次、获得专利与否均不作为限制离岗创办企业的条件。离岗创办企业申请应经事业单位批准，期限不超过 3 年，期满后创办企业尚未实现盈利的可以申请延长 1 次，延长期限不超过 3 年。离岗创办企业期限最长不超过离岗创办企业人员达到国家规定的退休年龄的年限。在同一事业单位申请离岗创办企业的期限累计不超过 6 年。

（二）规范聘用和岗位管理。事业单位应当与离岗创办企业人员订立离岗协议，同时相应变更聘用合同。聘用合同变更后，未执行的合同期限应与离岗协议期限一致。离岗创办企业期间空出的岗位，可按国家有关规定用于聘用急需或者紧缺人才。离岗创办企业人员返回时，如无相应岗位空缺，可暂时突破岗位总量和结构比例，将其聘用至不低于离岗创办企业时原岗位等级的岗位，通过自然消化方式逐步核销。离岗创办企业人员提出提前返回的，应提前书面报告其人事关系所在单位，单位应及时为其安排相应岗位；提出解除聘用合同的，其人事关系所在单位应及时依法解除聘用合同。

（三）保障离岗创办企业人员合法权益。允许离岗创办企业人员在所创办企业申报职称，所获得的职称可以作为其返回事业单位后参加岗位竞聘、重新订立聘用合同的参考。离岗创办企业业绩突出，其年度考核被确定为优秀档次的，不占人事关系所在单位考核优秀比例；经济效益或者社会效益显著的，可按国家有关规定给予表彰奖励。离岗创办企业人员依法继续在人事关系所在单位缴纳社会保险，其他基本待遇由各地各部门根据国家和地方有关政策结合实际确定。创办企业应当依法为离岗创办企业人员缴纳工伤保险费用，

离岗创办企业人员发生工伤的，依法享受工伤保险待遇。

二、支持和鼓励科研人员兼职创新、在职创办企业

（四）维护兼职创新、在职创办企业人员在人事关系所在单位的合法权益。科研人员开展“双创”活动，可在保证保质保量完成本职工作的基础上，进行兼职创新、在职创办企业。兼职创新、在职创办企业人员继续享有参加职称评审、项目申报、岗位竞聘、培训、考核、奖励等各方面权利，工资、社会保险等各项福利待遇不受影响。经与人事关系所在单位协商一致，科研人员兼职创新或在职创办企业期间，可以实行相对灵活、弹性的工作时间。

（五）加大对兼职创新、在职创办企业人员的政策支持。兼职创新、在职创办企业人员可以在兼职单位或者创办企业申报职称。到企业兼职创新的人员，与企业职工同等享有获取报酬、奖金、股权激励的权利，国家另有规定的从其规定。兼职单位或创办企业应当依法为兼职创新、在职创办企业人员缴纳工伤保险费，其在人事关系所在单位外工作期间发生工伤的，依法享受工伤保险待遇，由相关单位或企业承担工伤保险责任。鼓励企业为兼职创新人员参加个人储蓄性养老保险提供补贴。

三、支持和鼓励事业单位选派科研人员到企业工作或者参与项目合作

（六）理顺选派人员的人事管理。事业单位根据开展“双创”活动需要，选派科研人员到企业工作或者参与项目合作，应与科研人员变更聘用合同，约定岗位职责、工作标准和考核、工资待遇等。派出单位、选派人员、派驻企业应当签订三方协议，约定选派人员的工作内容、期限、报酬、奖励等权利义务以及成果转让、开发收益等权益分配内容。合作期满，选派人员应当返回派出单位原岗位工作，或者由派出单位安排相应等级的岗位工作；所从事工作确未结束的，三方协商一致可以续签协议。选派人员在选派期间执行事业单位人事管理政策规定和派出单位的内部人事管理办法，同时遵守派驻企业的规章制度。

（七）充分调动选派人员的积极性主动性创造性。选派人员在选派期间，与派出单位在岗同类人员享有同等权益，并与派驻企业职工同等享有获取报酬、奖金的权利，国家另有规定的从其规定。选派人员在派驻企业的工作业绩应作为其职称评审、岗位竞聘、考核奖励等的主要依据，派出单位可以按照有关规定对业绩突出人员在岗位竞聘时予以倾斜。建立健全事业单位成果转化处置和收益分配政策，事业单位转化科技成果依法获得的收入全部留归本单位，可按国家有关规定对完成或者转化职务科技成果做出贡献的人员给予奖励和报酬，相关支出计入当年本单位绩效工资总量，但不受总量限制，不纳入总量基数。

四、支持和鼓励事业单位设置创新型岗位

（八）健全创新岗位设置和选人用人办法。事业单位根据开展“双创”活动需要，可根据人事综合管理部门备案后的岗

位设置方案，在专业技术岗位中自主设置创新岗位。现有岗位设置方案难以满足创新工作需求的，可以按规定申请调整岗位设置方案，也可以按规定申请设置特设岗位，不受岗位总量和结构比例限制。创新岗位人选可以通过内部竞聘上岗或者面向社会公开招聘等方式产生，任职条件要求具有与履行岗位职责相符的科技研发、科技创新、科技成果推广能力和水平。其中，高层次紧缺人才可通过直接考察的方式引进。

（九）优化创新岗位科研人员管理。事业单位根据创新工作实际，可探索在创新岗位实行相对灵活、弹性的工作时间，便于科研人员合理安排利用时间开展创新工作。在创新岗位工作期间，取得的技术项目开发、科技成果推广和转化、科研社会服务成果，应作为科研人员职称评审、项目申报、岗位竞聘、考核、奖励的主要依据。事业单位绩效工资分配应向在创新岗位做出突出成绩的科研人员倾斜。对创新岗位科研人员，按照国家有关规定，经有关部门批准可实行协议工资、项目工资等灵活多样的分配方法。创新岗位科研人员依法取得的职务科技成果转化现金奖励，计入当年本单位绩效工资总量，但不受总量限制，不纳入总量基数。

（十）动态管理流动岗位。事业单位可根据开展“双创”活动需要自主设置流动岗位，不纳入人事综合管理部门备案后的岗位设置方案，用于引进高层次紧缺人才。流动岗位人员由事业单位自主引进，不与事业单位建立人事关系，其薪酬由双方协商确定。事业单位应与流动岗位人员订立协议，明确工作期限、工作内容、工作时间、工作要求、工作条件、工作报酬、保密纪律、成果归属等内容。流动岗位人员通过公开招聘等方式被事业单位正式聘用的，其在流动岗位期间的工作业绩可以作为岗位聘用和职称评审的重要依据。

五、加强监督管理

（十一）落实领导责任。进一步强化参加“双创”活动的科研人员人事关系所在单位领导把关责任，加强事中事后监管，完善对违反政策要求的惩戒措施。事业单位应当根据国务院《关于加强和规范事中事后监管的指导意见》要求，对新技术、新产业、新业态、新模式，充分给予支持和鼓励，同时健全监管规则，创新监管方式，完善监管措施，坚守质量和安全底线，严禁简单封杀或放任不管。对掌握国家秘密和关系国家安全、社会经济发展的关键核心技术、重要信息情报等的科研人员，要引导他们到诚信记录良好、具有保密资质的国有企业、民营企业从事“双创”活动，既要适当支持，更要有效规范，并严格落实保密纪律。

（十二）规范人事管理。事业单位要切实提高政治站位，从深入贯彻实施创新驱动发展战略的高度出发，支持符合条件的科研人员以各种形式参与“双创”活动。要简化审核流程，对科研人员兼职创新、在职创办企业的申请，在不影响完成本职工作的情况下，一般应予同意，且不应随意撤销或变更；对审核同意的离岗创办企业申请，应当自审核手续完成15个工作日内与其订立离岗协议。鼓励事业单位在“双创”活动中赋予科研人员职务科技成果所有权或长期使用权。要建立健全事业单位内部人事管理制度，完善聘用合同、岗位聘用、考核奖励等各项制度，规范人事管理，不得擅自扩大离岗创办企业政策实施范围、违规设置创新型岗位，坚决杜绝不符合条件的人员违规“搭便车”，出现新的“吃空饷”问题。

（十三）*严肃纪律要求*。科研人员应当严格遵守国家有关规定，不得损害或侵占本单位合法权益，不得通过交叉兼职等手段规避国家收入分配政策。对离岗创办企业或者到企业工作期满无正当理由未返回的人员，按旷工处理。对欺骗组织从事非“双创”活动等各类违纪违规行为，同级人力资源社会保障部门予以记录，并按照干部人事管理权限予以纠正；对拒不改正的，终止其“双创”活动；情节严重的，依法依规给予组织处理或处分。同时，对违规获取的资金、项目、荣誉等，按照国家有关规定取消或者撤销。

各级人力资源社会保障部门要进一步提高政治站位，切实推进“放管服”改革，对事业单位科研人员参与“双创”活动不作审批或备案，对“双创”活动的经济效益指标不作要求，对科技成果转化成功率不作要求，同时加强事中事后监管，优化服务，进一步推动事业单位科研人员创新创业高质量发展。

此前与本指导意见不一致的，以本指导意见为准。

人力资源社会保障部

2019 年 12 月 27 日

人力资源社会保障部办公厅关于进一步做好职称评审工作的通知

（人社厅发〔2022〕60号）

各省、自治区、直辖市及新疆生产建设兵团人力资源社会保障厅（局），国务院各部委、各直属机构人事部门，有关中央企业人事部门：

为贯彻落实党的二十大和中央人才工作会议精神，持续深化职称制度改革，努力破解职称评审中的“一刀切”、简单化问题，根据中共中央办公厅 国务院办公厅《关于深化职称制度改革的意见》，现就做好职称评审工作有关事项通知如下。

一、动态调整职称评审专业。国家职称系列保持总体稳定，职称评审专业实行动态调整。通用性强、人才规模较大的评审专业由人力资源社会保障部会同有关行业主管部门研究设立。省级人力资源社会保障部门可会同省级有关行业主管部门，围绕国家重大战略需求和产业发展需要设立新评审专业。具有职称评审权的用人单位可结合本单位发展实际设立新评审专业，按管理权限报人力资源社会保障部门备案。探索将大数据、区块链、云计算、集成电路、人工智能、技术经纪、创意设计等新职业纳入职称评审范围。支持各地围绕特色产业、重点产业链设立特色评审专业，开展专项评审，通过“一产一策”“一链一策”，实现产业链、人才链、创新链融合发展。省级人力资源社会保障部门应建立职称评审专业目录，实行清单式管理。

二、科学制定职称评审标准。以破“四唯”和立“新标”为突破口，以激发专业技术人才创新活力为目标，坚持“先立后破”，力避“一刀切”、简单化，突出品德、能力、业绩导向，分系列分专业修订职称评审标准，建立体现思想品德、职业道德、专业能力、技术水平、学术影响力、创新成效、决策咨询、人才培养、公共服务等多维度的评价指标，形成并实施有利于专业技术人才潜心研究和创新的职称评审标准。逐步开发专业技术类新职业标准，促进新职业标准与职称评审标准相衔接。鼓励从职业标准、技术标准、行业标准中提炼职称评审标准，将工作绩效、创新成果、解决实际问题能力等作为评价的核心内容。根据不同学科领域特点探索建立能够识别有天赋、有潜力人才的评价标准。

三、合理设置论文和科研成果要求。卫生、工程、艺术、中小学教师等实践性强的职称系列不将论文作为职称评审的主要评价指标，评价标准中不得简单设立论文数量、影响因子等硬性要求。对研究系列人才，聚焦原创成果和高质量论文，注重评价原创性贡献、学术影响力和研究能力，淡化论文数量要求。各职称系列逐步将论文“必选”转变为成果“多选”，建立“菜单式”评价指标体系。推广代表性成果制度，标准开发、技术推广、技术解决方案、创新突破、高质量专利、成果转化、理论文章、智库成果、文艺作品、教案、病历等业绩成果均可作为代表性成果参加职称评审。探索通过学术委员会认定、同行专家评审、第三方机构评价、国际同行评价等方式，提高代表性成果评价的权威性。各级人力资源社会保障部门配合有关行业主管部门严厉打击论文代写代发、虚假刊发等违纪违规行为，鼓励科研人员把高质量论文发表在国内科技期刊上。对于抄袭、剽窃、不当署名等学术不端行为，按照《科研失信行为调查处理规则》等有关规定处理，撤销取得的职称，记入职称申报评审诚信档案库，情节严重的在一定期限内取消职称及岗位晋升资格。

四、减少学历、奖项等限制性条件。各职称系列对申报人学历只作基本要求，不具备规定学历但业绩显著、贡献突出的，可由2名以上具备正高级职称的同行专家推荐破格申报，法律法规另有规定的除外。除涉及公共安全、人身健康的系列或专业外，从事专业与所学专业不一致的，可允许按照本人长期从事专业申报职称。非全日制学历与全日制学历、职业院校毕业生与同层次普通学校毕业生在职称评审方面享有同等待遇。技工院校中级工班、高级工班、预备技师（技师）班毕业，可分别按照中专、大专、本科学历申报相应系列职称。不得将科研项目、经费数量、获奖情况、论文期刊层次、头衔、称号等作为职称评审的限制性要求。

五、完善同行评价机制。建立专业性、自律性的职称评审委员会，开展公平公正、代表性强、权威性高的同行评价。高端人才可实行国际同行评价，职称分组评议可采取小同行评价。发挥学术共同体在同行评价中的作用，鼓励对成果本身进行直接性同行评价。建立职称评审专家推荐遴选、培训考核、信用记录、退出惩戒等制度。加强职称评审专家库建设，遴选专业技术水平高、贴近科研生产一线、业内公认的专家担任评审专家。加大对评审专家履职尽责的考核力度，考核结果作为遴选专家的重要依据，探索建立同行评价责任追究机制。进一步规范各级职称评审委员会核准备案工作，未经备案的职称评审委员会，评审结果不纳入全国职称评审信息查询验证系统。

六、畅通职称评审绿色通道。取得重大基础研究和前沿技术突破、解决重大工程技术难题或在经济社会各项事业中作出重大贡献的专业技术人才，引进的海外高层次人才、急需紧缺人才，可采取“一事一议”“一人一策”的方式直接申报高级职称。海外归国人员、党政机关交流或部队转业安置到企事业单位从事专业技术工作的人员，首次申报职称时可根据专业水平和工作业绩并参照同类人员评审标准，直接申报相应职称。探索国防和科技等特殊领域人才职称评审专门办法。

七、开展好职称“定向评价、定向使用”。以国家乡村振兴重点帮扶县为主体，在县以下基层开展职称“定向评价、定向使用”。由各地单独制定职称评审条件，适当放宽学历、科研要求，主要考察职业道德、实践能力、工作业绩、任务完成情况、群众认可度等内容。“定向评价”可采取单独分组、单独评审的方式。取得的职称限定在基层有效，评审结果由人力资源社会保障部门按管理权限备案。“定向评价、定向使用”的中高级岗位实行总量控制、比例单列、专岗专用，不占各地专业技术岗位结构比例，与常设岗位分开设置、单独管理。各地人力资源社会保障部门会同行业主管部门加强对“定向评价”数量、结构的宏观调控。

八、发挥用人单位主体作用。根据单位类型和岗位特点有序下放职称评审权限，向用人单位授予更多的职称评审自主权。支持国家实验室开展高级职称自主评审。具有职称评审权的单位结合目标任务、岗位职责、绩效考核等分类制定职称评审标准，科学合理明确论文、科研成果等要求。鼓励通过同行评价、技术技能竞赛、揭榜挂帅、服务对象评价等多元评价方法识别人才，促进评用结合。用人单位要切实履行好推荐申报主体责任，对申报人员的品德、能力、业绩情况的真实性负责。国家重点实验室、国家技术创新中心、科技领军企业、行业龙头企业等可推荐本单位技术负责人直接评定相应层级职称。支持科学中心、创新高地采取更加灵活的职称评聘机制。用人单位要切实履行好主体责任，用不好授权、履责不到位的要问责。

九、优化职称评审服务。进一步畅通外籍人才、港澳台人才、自由职业人才、高技能人才、农村实用人才职称申报渠道。优化职称评审工作流程，寓管理于服务之中，减少申报材料和证明材料。加强职称评审信息化建设，推行职称电子证书，加快实现职称评审结果全国查询验证。持续开展清理“四唯”专项行动，对职称申报、推荐和评审中存在的“四唯”做法，要及时约谈整改。加强职称评审备案管理、巡视巡查、信息公开、数据监测等工作，畅通投诉举报渠道，主动接受社会监督。严肃处理职称评审中“说情打招呼”“圈子评审”等现象，营造风清气正的职称评审环境。

持续推动职称评审破“四唯”、立“新标”是进一步深化职称制度改革的重要举措。各地各有关单位要以习近平新时代中国特色社会主义思想为指导，全面贯彻党的二十大对人才工作的新部署新要求，进一步提高政治站位，坚持党管人才原则，提高思想认识，深入基层一线，加强调查研究，切实采取管用有效的措施推动改革任务落实落地落细。2023 年 6 月底前完成各系列评审标准修订工作。2023 年底前，系统梳理本地区设置的职称评审专业，形成职称评审专业目录，向社会公布。职称制度改革推进过程中遇到的重要问题及时向人力资源社会保障部报告。

人力资源社会保障部办公厅

2022 年 11 月 30 日

中共中国科学院党组关于印发《中国科学院领导人员兼职和科技成果转化激励管理办法》的通知

（科发党字〔2016〕61号）

院属各单位、院机关各部门：

现将《中国科学院领导人员兼职和科技成果转化激励管理办法》印发给你们，请遵照执行。本办法自印发之日起施行。我院其他有关政策、规定与本办法不符的，以本办法为准。

中共中国科学院党组

2016年9月30日

中国科学院领导人员兼职和科技成果转化激励管理办法

第一条　为贯彻落实中央改进和完善科研院所领导人员兼职管理以及科技成果转化激励等有关精神，着力破除体制机制障碍，释放科技创新活力，根据中央有关规定，结合我院实际，制定本办法。

第二条　本办法适用于院属事业单位（以下简称单位）领导班子成员以及所长助理、内设党政部门领导人员等中层领导人员（以下统称领导人员）。

第三条　单位领导班子成员经批准可兼任与本单位或本人科研教学领域相关的社会团体、基金会等职务，兼职数量一般不超过3个；在高水平学术期刊（影响因子位于本领域期刊的前列，下同）担任编委或在国际学术组织兼职的，兼职数量可根据实际情况适当放宽。

第四条　单位正职（主要指所长、党委书记或担任法定代表人的其他领导人员，下同）一般不得在企业兼职，若确有需要，经批准可在主营业务涉及国家安全、国防军工的本单位出资企业（包括全资、控股和参股企业，下同）兼职。

第五条　单位领导班子除正职外的其他成员经批准可在主营业务涉及国家安全、国防军工的本单位出资企业兼职；经批准也可在本单位出资的其他企业或参与合作举办的民办非企业单位兼职，兼职数量一般不超过3个。

第六条　单位领导班子成员不得在兼职单位领取薪酬。

第七条 除在高水平学术期刊担任编委或在国际学术组织兼职外，单位领导班子成员在任期届满继续兼职的应当重新履行审批手续，兼职不得超过两届，所兼职务未实行任期制的，兼职时间最长不得超过10年。

第八条 单位中层领导人员在社会团体、基金会、民办非企业单位和企业兼职的，根据工作需要和实际情况，按干部管理权限由所在单位审批，兼职数量应适当控制；个人按照有关规定在兼职单位获得的报酬，应当全额上缴本单位，由单位根据实际情况给予适当奖励。

第九条 对到国际学术组织或有国（境）外背景的社会团体、基金会、民办非企业单位和企业兼职的，领导人员所在单位要认真把握，必要时应当听取有关主管部门意见，了解其政治倾向和相关背景，并如实加以说明。领导人员不得到有敌视、分化我国背景的社会团体、基金会、民办非企业单位和企业兼职。

第十条 领导人员职务发生变动时，其兼职管理按照新任职务的相应规定掌握，职务变动后按规定不得兼任的有关职务，应在3个月内辞去；不再担任领导职务后，其兼职不再按照领导人员管理。

第十一条 领导人员要认真履行岗位职责，把主要精力放在做好本职工作上，不能因兼职影响其应履行的职责；经批准兼职的，在兼职活动中要严格遵纪守法。

第十二条 单位正职是科技成果的主要完成人或者对科技成果转化作出重要贡献的，可按照促进科技成果转化法的规定获得现金奖励，原则上不得获取股权激励。

第十三条 单位领导班子除正职外的其他成员、中层领导人员的科技成果转化，可以获得现金奖励或股权激励，但获得股权激励的领导人员不得利用职权为所持股权的企业谋取利益。

第十四条 单位正职在担任现职前因科技成果转化获得的股权，可在任现职后及时予以转让，转让股权的完成时间原则上不超过3个月；股权非特殊原因逾期未转让的，应在任现职期间限制交易；限制股权交易的，也不得利用职权为所持股权的企业谋取利益，在本人不担任上述职务1年后解除限制。

第十五条 领导人员兼职及因科技成果转化获取奖励、股权激励等情况，应公开透明并以适当方式进行公示，并在个人有关事项报告和年度述职报告中予以说明。

第十六条 中央管理的干部依照中央有关规定管理。

第十七条 本办法由院人事局负责解释。

第十八条 本办法自印发之日起施行。

中国科学院关于印发《中国科学院科技人员离岗创业管理暂行办法》的通知

（科发人字〔2016〕111号）

院属各事业单位：

现将《中国科学院科技人员离岗创业管理暂行办法》印发给你们，本办法自印发之日起施行。

中国科学院

2016年9月18日

中国科学院科技人员离岗创业管理暂行办法

第一条　为更好地促进我院科技成果转化工作，鼓励科技人员积极投身"大众创业、万众创新"事业，保障离岗创业人员的权益，根据国家关于科技人员离岗创业有关政策，结合我院实际，制定本办法。

第二条　离岗创业是我院促进科技成果转化的一项具体措施，申请离岗创业的科技人员应同时具备以下条件：

（一）在人事关系所在单位连续工作满3年的事业编制人员；

（二）离岗创业期间从事的工作与人事关系所在单位科技成果转化相关。

第三条　现主持国家或我院重大科技项目的人员，原则上不得离岗创业。正在接受审查、调查，尚未作出结论的人员，不得离岗创业。

单位领导班子成员、中层管理人员符合第二条规定的，在辞去领导职务后，可以申请离岗创业。

现从事军工项目或涉及国家秘密的人员（含在脱密期的人员），按照《中华人民共和国保密法》等有关规定执行。

第四条　科技人员离岗创业应当按照以下程序办理：

（一）科技人员向人事关系所在单位提出书面申请，并提交离岗创业计划；

（二）人事管理、科研管理等相关部门对科技人员的条件进行审核；

（三）人事关系所在单位领导集体研究决定；

（四）人事关系所在单位、科技人员和离岗创业所在单位签订三方协议，明确各方权利、责任和义务；

（五）签订或变更聘用合同，办理相关手续。

第五条 科技人员离岗创业的，由人事关系所在单位合理确定其离岗创业时限，原则上在不超过 3 年时间内保留其人事关系。离岗创业期满确需延期的，经人事关系所在单位同意可适当延长，延长期最多不超过 2 年。

第六条 人事关系所在单位、离岗创业人员和离岗创业所在单位，应当约定离岗创业时限、工资待遇、社会保险、知识产权、技术秘密保护、研究生培养、返回人事关系所在单位工作相关事宜、违约责任处理、发生争议处理等。

第七条 离岗创业期间，人事关系所在单位停发离岗创业人员工资，其工资由离岗创业所在单位发放；如由人事关系所在单位代发，所需经费由离岗创业所在单位列支。

离岗创业人员的社会保险和住房公积金由人事关系所在单位缴纳，缴费基数参照人事关系所在单位同类人员缴费工资基数确定，缴费所需经费由离岗创业所在单位列支。离岗创业人员的住房、医疗等待遇由人事关系所在单位予以保留。人事关系所在单位按照国家有关规定做好离岗创业人员档案工资管理。

第八条 离岗创业期间，离岗创业人员与人事关系所在单位其他在岗人员同等享有参加岗位等级晋升的权利，但应符合我院及人事关系所在单位岗位管理有关规定，岗位等级晋升结果计入个人人事档案。

第九条 离岗创业期间，由离岗创业所在单位负责离岗创业人员的年度考核，人事关系所在单位对其年度考核结果进行认定，并计入个人人事档案。

第十条 离岗创业期间，离岗创业人员所承担的国家科技计划和基金项目原则上不得中止，确需中止的应当按照有关管理办法办理手续。离岗创业人员承担的其他科技项目，由人事关系所在单位与离岗创业人员协商处理。

第十一条 离岗创业期间，离岗创业人员若有违法违纪行为，人事关系所在单位应依据有关规定，给予其处分或解除聘用合同。离岗创业人员若违反聘用合同约定事项，人事关系所在单位可依据有关规定或合同约定，予以处理。

第十二条 离岗创业期满，离岗创业人员申请返回人事关系所在单位工作的，应当在离岗创业期满 15 个工作日内返回，其工作相关事宜按照双方约定执行。对逾期未归的离岗创业人员，人事关系所在单位按照旷工处理，依据有关规定与其解除聘用合同，终止人事关系。

离岗创业期间，离岗创业人员申请提前返回人事关系所在单位工作的，按照双方约定执行。

第十三条 离岗创业期间或期满，离岗创业人员可与人事关系所在单位协商一致，解除聘用合同，终止人事关系。

第十四条 各单位应依据本办法，并结合实际，制定本单位科技人员离岗创业管理细则。管理细则应征求本单位职工代表大会意见，并报院备案。

第十五条 本办法由人事局负责解释，自印发之日起施行。

第六部分

财税管理

1. 相关法律规章

中华人民共和国企业所得税法

（2018 年修正）

（2007 年 3 月 16 日第十届全国人民代表大会第五次会议通过　根据 2017 年 2 月 24 日第十二届全国人民代表大会常务委员会第二十六次会议《关于修改〈中华人民共和国企业所得税法〉的决定》第一次修正　根据 2018 年 12 月 29 日第十三届全国人民代表大会常务委员会第七次会议《关于修改〈中华人民共和国电力法〉等四部法律的决定》第二次修正）

目　录

第一章　总　则

第一条　在中华人民共和国境内，企业和其他取得收入的组织（以下统称企业）为企业所得税的纳税人，依照本法的规定缴纳企业所得税。

个人独资企业、合伙企业不适用本法。

第二条　企业分为居民企业和非居民企业。

本法所称居民企业，是指依法在中国境内成立，或者依照外国（地区）法律成立但实际管理机构在中国境内的企业。

本法所称非居民企业，是指依照外国（地区）法律成立且实际管理机构不在中国境内，但在中国境内设立机构、场所的，或者在中国境内未设立机构、场所，但有来源于中国境内所得的企业。

第三条　居民企业应当就其来源于中国境内、境外的所得缴纳企业所得税。

非居民企业在中国境内设立机构、场所的，应当就其所设机构、场所取得的来源于中国境内的所得，以及发生在中国境外但与其所设机构、场所有实际联系的所得，缴纳企业所得税。

非居民企业在中国境内未设立机构、场所的，或者虽设立机构、场所但取得的所得与其所设机构、场所没有实际联系的，应当就其来源于中国境内的所得缴纳企业所得税。

第四条　企业所得税的税率为 25%。

非居民企业取得本法第三条第三款规定的所得，适用税率为 20%。

第二章　应纳税所得额

第五条　企业每一纳税年度的收入总额，减除不征税收入、免税收入、各项扣除以及允许弥补的以前年度亏损后的余额，为应纳税所得额。

第六条　企业以货币形式和非货币形式从各种来源取得的收入，为收入总额。包括：

（一）销售货物收入；

（二）提供劳务收入；

（三）转让财产收入；

（四）股息、红利等权益性投资收益；

（五）利息收入；

（六）租金收入；

（七）特许权使用费收入；

（八）接受捐赠收入；

（九）其他收入。

第七条　收入总额中的下列收入为不征税收入：

（一）财政拨款；

（二）依法收取并纳入财政管理的行政事业性收费、政府性基金；

（三）国务院规定的其他不征税收入。

第八条　企业实际发生的与取得收入有关的、合理的支出，包括成本、费用、税金、损失和其他支出，准予在计算应纳税所得额时扣除。

第九条　企业发生的公益性捐赠支出，在年度利润总额12%以内的部分，准予在计算应纳税所得额时扣除；超过年度利润总额12%的部分，准予结转以后三年内在计算应纳税所得额时扣除。

第十条　在计算应纳税所得额时，下列支出不得扣除：

（一）向投资者支付的股息、红利等权益性投资收益款项；

（二）企业所得税税款；

（三）税收滞纳金；

（四）罚金、罚款和被没收财物的损失；

（五）本法第九条规定以外的捐赠支出；

（六）赞助支出；

（七）未经核定的准备金支出；

（八）与取得收入无关的其他支出。

第十一条　在计算应纳税所得额时，企业按照规定计算的固定资产折旧，准予扣除。

下列固定资产不得计算折旧扣除：

（一）房屋、建筑物以外未投入使用的固定资产；

（二）以经营租赁方式租入的固定资产；

（三）以融资租赁方式租出的固定资产；

（四）已足额提取折旧仍继续使用的固定资产；

（五）与经营活动无关的固定资产；

（六）单独估价作为固定资产入账的土地；

（七）其他不得计算折旧扣除的固定资产。

第十二条　在计算应纳税所得额时，企业按照规定计算的无形资产摊销费用，准予扣除。

下列无形资产不得计算摊销费用扣除：

（一）自行开发的支出已在计算应纳税所得额时扣除的无形资产；

（二）自创商誉；

（三）与经营活动无关的无形资产；

（四）其他不得计算摊销费用扣除的无形资产。

第十三条　在计算应纳税所得额时，企业发生的下列支出作为长期待摊费用，按照规定摊销的，准予扣除：

（一）已足额提取折旧的固定资产的改建支出；

（二）租入固定资产的改建支出；

（三）固定资产的大修理支出；

（四）其他应当作为长期待摊费用的支出。

第十四条　企业对外投资期间，投资资产的成本在计算应纳税所得额时不得扣除。

第十五条　企业使用或者销售存货，按照规定计算的存货成本，准予在计算应纳税所得额时扣除。

第十六条　企业转让资产，该项资产的净值，准予在计算应纳税所得额时扣除。

第十七条　企业在汇总计算缴纳企业所得税时，其境外营业机构的亏损不得抵减境内营业机构的盈利。

第十八条　企业纳税年度发生的亏损，准予向以后年度结转，用以后年度的所得弥补，但结转年限最长不得超过五年。

第十九条　非居民企业取得本法第三条第三款规定的所得，按照下列方法计算其应纳税所得额：

（一）股息、红利等权益性投资收益和利息、租金、特许权使用费所得，以收入全额为应纳税所得额；

（二）转让财产所得，以收入全额减除财产净值后的余额为应纳税所得额；

（三）其他所得，参照前两项规定的方法计算应纳税所得额。

第二十条　本章规定的收入、扣除的具体范围、标准和资产的税务处理的具体办法，由国务院财政、税务主管部门规定。

第二十一条　在计算应纳税所得额时，企业财务、会计处理办法与税收法律、行政法规的规定不一致的，应当依照税收法律、行政法规的规定计算。

第三章　应纳税额

第二十二条　企业的应纳税所得额乘以适用税率，减除依照本法关于税收优惠的规定减免和抵免的税额后的余额，为应纳税额。

第二十三条　企业取得的下列所得已在境外缴纳的所得税税额，可以从其当期应纳税额中抵免，抵免限额为该项所得依照本法规定计算的应纳税额；超过抵免限额的部分，可以在以后五个年度内，用每年度抵免限额抵免当年应抵税额后的余额进行抵补：

（一）居民企业来源于中国境外的应税所得；

（二）非居民企业在中国境内设立机构、场所，取得发生在中国境外但与该机构、场所有实际联系的应税所得。

第二十四条　居民企业从其直接或者间接控制的外国企业分得的来源于中国境外的股息、红利等权益性投资收益，外国企业在境外实际缴纳的所得税税额中属于该项所得负担的部分，可以作为该居民企业的可抵免境外所得税税额，在本法第二十三条规定的抵免限额内抵免。

第四章　税收优惠

第二十五条　国家对重点扶持和鼓

励发展的产业和项目，给予企业所得税优惠。

第二十六条 企业的下列收入为免税收入：

（一）国债利息收入；

（二）符合条件的居民企业之间的股息、红利等权益性投资收益；

（三）在中国境内设立机构、场所的非居民企业从居民企业取得与该机构、场所有实际联系的股息、红利等权益性投资收益；

（四）符合条件的非营利组织的收入。

第二十七条 企业的下列所得，可以免征、减征企业所得税：

（一）从事农、林、牧、渔业项目的所得；

（二）从事国家重点扶持的公共基础设施项目投资经营的所得；

（三）从事符合条件的环境保护、节能节水项目的所得；

（四）符合条件的技术转让所得；

（五）本法第三条第三款规定的所得。

第二十八条 符合条件的小型微利企业，减按 20% 的税率征收企业所得税。

国家需要重点扶持的高新技术企业，减按 15% 的税率征收企业所得税。

第二十九条 民族自治地方的自治机关对本民族自治地方的企业应缴纳的企业所得税中属于地方分享的部分，可以决定减征或者免征。自治州、自治县决定减征或者免征的，须报省、自治区、直辖市人民政府批准。

第三十条 企业的下列支出，可以在计算应纳税所得额时加计扣除：

（一）开发新技术、新产品、新工艺发生的研究开发费用；

（二）安置残疾人员及国家鼓励安置的其他就业人员所支付的工资。

第三十一条 创业投资企业从事国家需要重点扶持和鼓励的创业投资，可以按投资额的一定比例抵扣应纳税所得额。

第三十二条 企业的固定资产由于技术进步等原因，确需加速折旧的，可以缩短折旧年限或者采取加速折旧的方法。

第三十三条 企业综合利用资源，生产符合国家产业政策规定的产品所取得的收入，可以在计算应纳税所得额时减计收入。

第三十四条 企业购置用于环境保护、节能节水、安全生产等专用设备的投资额，可以按一定比例实行税额抵免。

第三十五条 本法规定的税收优惠的具体办法，由国务院规定。

第三十六条 根据国民经济和社会发展的需要，或者由于突发事件等原因对企业经营活动产生重大影响的，国务院可以制定企业所得税专项优惠政策，报全国人民代表大会常务委员会备案。

第五章 源泉扣缴

第三十七条 对非居民企业取得本法第三条第三款规定的所得应缴纳的所得税，实行源泉扣缴，以支付人为扣缴义务人。税款由扣缴义务人在每次支付或者到期应支付时，从支付或者到期应支付的款项中扣缴。

第三十八条 对非居民企业在中国境内取得工程作业和劳务所得应缴纳的所得税，税务机关可以指定工程价款或者劳务费的支付人为扣缴义务人。

第三十九条 依照本法第三十七条、第三十八条规定应当扣缴的所得税，扣缴义务人未依法扣缴或者无法履行扣缴义务的，由纳税人在所得发生地缴纳。纳税人未依法缴纳的，税务机关可以从该纳税人在中国境内其他收入项目的支付人应付的款项中，追缴该纳税人的应纳税款。

第四十条 扣缴义务人每次代扣的税款，应当自代扣之日起七日内缴入国库，并向所在地的税务机关报送扣缴企业所得税报告表。

第六章 特别纳税调整

第四十一条 企业与其关联方之间的业务往来，不符合独立交易原则而减少企业或者其关联方应纳税收入或者所得额的，税务机关有权按照合理方法调整。

企业与其关联方共同开发、受让无形资产，或者共同提供、接受劳务发生的成本，在计算应纳税所得额时应当按照独立交易原则进行分摊。

第四十二条 企业可以向税务机关提出与其关联方之间业务往来的定价原则和计算方法，税务机关与企业协商、确认后，达成预约定价安排。

第四十三条 企业向税务机关报送年度企业所得税纳税申报表时，应当就其与关联方之间的业务往来，附送年度关联业务往来报告表。

税务机关在进行关联业务调查时，企业及其关联方，以及与关联业务调查有关的其他企业，应当按照规定提供相关资料。

第四十四条 企业不提供与其关联方之间业务往来资料，或者提供虚假、不完整资料，未能真实反映其关联业务往来情况的，税务机关有权依法核定其应纳税所得额。

第四十五条 由居民企业，或者由居民企业和中国居民控制的设立在实际税负明显低于本法第四条第一款规定税率水平的国家（地区）的企业，并非由于合理的经营需要而对利润不作分配或者减少分配的，上述利润中应归属于该居民企业的部分，应当计入该居民企业的当期收入。

第四十六条 企业从其关联方接受的债权性投资与权益性投资的比例超过规定标准而发生的利息支出，不得在计算应纳税所得额时扣除。

第四十七条 企业实施其他不具有合理商业目的的安排而减少其应纳税收入或者所得额的，税务机关有权按照合理方法调整。

第四十八条 税务机关依照本章规定作出纳税调整，需要补征税款的，应当补征税款，并按照国务院规定加收利息。

第七章 征收管理

第四十九条 企业所得税的征收管理除本法规定外，依照《中华人民共和国税收征收管理法》的规定执行。

第五十条 除税收法律、行政法规另有规定外，居民企业以企业登记注册地为纳税地点；但登记注册地在境外的，以实际管理机构所在地为纳税地点。

居民企业在中国境内设立不具有法人资格的营业机构的，应当汇总计算并缴纳企业所得税。

第五十一条 非居民企业取得本法第三条第二款规定的所得，以机构、场所所在地为纳税地点。非居民企业在中国境内设立两个或者两个以上机构、场所，符合国务院税务主管部门规定条件的，可以选择由其主要机构、场所汇总缴纳企业所得税。

非居民企业取得本法第三条第三款规定的所得，以扣缴义务人所在地为纳税地点。

第五十二条 除国务院另有规定外，企业之间不得合并缴纳企业所得税。

第五十三条 企业所得税按纳税年度计算。纳税年度自公历1月1日起至12月31日止。

企业在一个纳税年度中间开业，或者终止经营活动，使该纳税年度的实际经营期不足十二个月的，应当以其实际经营期为一个纳税年度。

企业依法清算时，应当以清算期间作为一个纳税年度。

第五十四条 企业所得税分月或者分季预缴。

企业应当自月份或者季度终了之日起十五日内，向税务机关报送预缴企业所得税纳税申报表，预缴税款。

企业应当自年度终了之日起五个月内，向税务机关报送年度企业所得税纳税申报表，并汇算清缴，结清应缴应退税款。

企业在报送企业所得税纳税申报表时，应当按照规定附送财务会计报告和其他有关资料。

第五十五条 企业在年度中间终止经营活动的，应当自实际经营终止之日起六十日内，向税务机关办理当期企业所得税汇算清缴。

企业应当在办理注销登记前，就其清算所得向税务机关申报并依法缴纳企业所得税。

第五十六条 依照本法缴纳的企业所得税，以人民币计算。所得以人民币以外的货币计算的，应当折合成人民币计算并缴纳税款。

第八章 附 则

第五十七条 本法公布前已经批准设立的企业，依照当时的税收法律、行政法规规定，享受低税率优惠的，按照国务院规定，可以在本法施行后五年内，逐步过渡到本法规定的税率；享受定期减免税优惠的，按照国务院规定，可以在本法施行后继续享受到期满为止，但因未获利而尚未享受优惠的，优惠期限从本法施行年度起计算。

法律设置的发展对外经济合作和技术交流的特定地区内，以及国务院已规定执行上述地区特殊政策的地区内新设立的国家需要重点扶持的高新技术企业，可以享受过渡性税收优惠，具体办法由国务院规定。

国家已确定的其他鼓励类企业，可以按照国务院规定享受减免税优惠。

第五十八条 中华人民共和国政府同外国政府订立的有关税收的协定与本法有不同规定的，依照协定的规定办理。

第五十九条 国务院根据本法制定实施条例。

第六十条 本法自2008年1月1日起施行。1991年4月9日第七届全国人民代表大会第四次会议通过的《中华人民共和国外商投资企业和外国企业所得税法》和1993年12月13日国务院发布的《中华人民共和国企业所得税暂行条例》同时废止。

中华人民共和国企业所得税法实施条例

（2019 年修订）

（2007 年 12 月 6 日中华人民共和国国务院令第 512 号公布　根据 2019 年 4 月 23 日《国务院关于修改部分行政法规的决定》修订）

第一章　总　则

第一条　根据《中华人民共和国企业所得税法》（以下简称企业所得税法）的规定，制定本条例。

第二条　企业所得税法第一条所称个人独资企业、合伙企业，是指依照中国法律、行政法规成立的个人独资企业、合伙企业。

第三条　企业所得税法第二条所称依法在中国境内成立的企业，包括依照中国法律、行政法规在中国境内成立的企业、事业单位、社会团体以及其他取得收入的组织。

企业所得税法第二条所称依照外国（地区）法律成立的企业，包括依照外国（地区）法律成立的企业和其他取得收入的组织。

第四条　企业所得税法第二条所称实际管理机构，是指对企业的生产经营、人员、账务、财产等实施实质性全面管理和控制的机构。

第五条　企业所得税法第二条第三款所称机构、场所，是指在中国境内从事生产经营活动的机构、场所，包括：

（一）管理机构、营业机构、办事机构；

（二）工厂、农场、开采自然资源的场所；

（三）提供劳务的场所；

（四）从事建筑、安装、装配、修理、勘探等工程作业的场所；

（五）其他从事生产经营活动的机构、场所。

非居民企业委托营业代理人在中国境内从事生产经营活动的，包括委托单位或者个人经常代其签订合同，或者储存、交付货物等，该营业代理人视为非居民企业在中国境内设立的机构、场所。

第六条　企业所得税法第三条所称所得，包括销售货物所得、提供劳务所得、转让财产所得、股息红利等权益性投资所得、利息所得、租金所得、特许权使用费所得、接受捐赠所得和其他所得。

第七条　企业所得税法第三条所称来源于中国境内、境外的所得，按照以下原则确定：

（一）销售货物所得，按照交易活动发生地确定；

（二）提供劳务所得，按照劳务发生

地确定；

（三）转让财产所得，不动产转让所得按照不动产所在地确定，动产转让所得按照转让动产的企业或者机构、场所所在地确定，权益性投资资产转让所得按照被投资企业所在地确定；

（四）股息、红利等权益性投资所得，按照分配所得的企业所在地确定；

（五）利息所得、租金所得、特许权使用费所得，按照负担、支付所得的企业或者机构、场所所在地确定，或者按照负担、支付所得的个人的住所地确定；

（六）其他所得，由国务院财政、税务主管部门确定。

第八条 企业所得税法第三条所称实际联系，是指非居民企业在中国境内设立的机构、场所拥有据以取得所得的股权、债权，以及拥有、管理、控制据以取得所得的财产等。

第二章 应纳税所得额

第一节 一般规定

第九条 企业应纳税所得额的计算，以权责发生制为原则，属于当期的收入和费用，不论款项是否收付，均作为当期的收入和费用；不属于当期的收入和费用，即使款项已经在当期收付，均不作为当期的收入和费用。本条例和国务院财政、税务主管部门另有规定的除外。

第十条 企业所得税法第五条所称亏损，是指企业依照企业所得税法和本条例的规定将每一纳税年度的收入总额减除不征税收入、免税收入和各项扣除后小于零的数额。

第十一条 企业所得税法第五十五条所称清算所得，是指企业的全部资产可变现价值或者交易价格减除资产净值、清算费用以及相关税费等后的余额。

投资方企业从被清算企业分得的剩余资产，其中相当于从被清算企业累计未分配利润和累计盈余公积中应当分得的部分，应当确认为股息所得；剩余资产减除上述股息所得后的余额，超过或者低于投资成本的部分，应当确认为投资资产转让所得或者损失。

第二节 收 入

第十二条 企业所得税法第六条所称企业取得收入的货币形式，包括现金、存款、应收账款、应收票据、准备持有至到期的债券投资以及债务的豁免等。

企业所得税法第六条所称企业取得收入的非货币形式，包括固定资产、生物资产、无形资产、股权投资、存货、不准备持有至到期的债券投资、劳务以及有关权益等。

第十三条 企业所得税法第六条所称企业以非货币形式取得的收入，应当按照公允价值确定收入额。

前款所称公允价值，是指按照市场价格确定的价值。

第十四条 企业所得税法第六条第（一）项所称销售货物收入，是指企业销售商品、产品、原材料、包装物、低值易耗品以及其他存货取得的收入。

第十五条 企业所得税法第六条第（二）项所称提供劳务收入，是指企业从事建筑安装、修理修配、交通运输、仓储租赁、金融保险、邮电通信、咨询经纪、文化体育、科学研究、技术服务、教育培训、餐饮住宿、中介代理、卫生保健、社区服务、旅游、娱乐、加工以及其他劳务服务活动取得的收入。

第十六条　企业所得税法第六条第（三）项所称转让财产收入，是指企业转让固定资产、生物资产、无形资产、股权、债权等财产取得的收入。

第十七条　企业所得税法第六条第（四）项所称股息、红利等权益性投资收益，是指企业因权益性投资从被投资方取得的收入。

股息、红利等权益性投资收益，除国务院财政、税务主管部门另有规定外，按照被投资方作出利润分配决定的日期确认收入的实现。

第十八条　企业所得税法第六条第（五）项所称利息收入，是指企业将资金提供他人使用但不构成权益性投资，或者因他人占用本企业资金取得的收入，包括存款利息、贷款利息、债券利息、欠款利息等收入。

利息收入，按照合同约定的债务人应付利息的日期确认收入的实现。

第十九条　企业所得税法第六条第（六）项所称租金收入，是指企业提供固定资产、包装物或者其他有形资产的使用权取得的收入。

租金收入，按照合同约定的承租人应付租金的日期确认收入的实现。

第二十条　企业所得税法第六条第（七）项所称特许权使用费收入，是指企业提供专利权、非专利技术、商标权、著作权以及其他特许权的使用权取得的收入。

特许权使用费收入，按照合同约定的特许权使用人应付特许权使用费的日期确认收入的实现。

第二十一条　企业所得税法第六条第（八）项所称接受捐赠收入，是指企业接受的来自其他企业、组织或者个人无偿给予的货币性资产、非货币性资产。

接受捐赠收入，按照实际收到捐赠资产的日期确认收入的实现。

第二十二条　企业所得税法第六条第（九）项所称其他收入，是指企业取得的除企业所得税法第六条第（一）项至第（八）项规定的收入外的其他收入，包括企业资产溢余收入、逾期未退包装物押金收入、确实无法偿付的应付款项、已作坏账损失处理后又收回的应收款项、债务重组收入、补贴收入、违约金收入、汇兑收益等。

第二十三条　企业的下列生产经营业务可以分期确认收入的实现：

（一）以分期收款方式销售货物的，按照合同约定的收款日期确认收入的实现；

（二）企业受托加工制造大型机械设备、船舶、飞机，以及从事建筑、安装、装配工程业务或者提供其他劳务等，持续时间超过12个月的，按照纳税年度内完工进度或者完成的工作量确认收入的实现。

第二十四条　采取产品分成方式取得收入的，按照企业分得产品的日期确认收入的实现，其收入额按照产品的公允价值确定。

第二十五条　企业发生非货币性资产交换，以及将货物、财产、劳务用于捐赠、偿债、赞助、集资、广告、样品、职工福利或者利润分配等用途的，应当视同销售货物、转让财产或者提供劳务，但国务院财政、税务主管部门另有规定的除外。

第二十六条 企业所得税法第七条第（一）项所称财政拨款，是指各级人民政府对纳入预算管理的事业单位、社会团体等组织拨付的财政资金，但国务院和国务院财政、税务主管部门另有规定的除外。

企业所得税法第七条第（二）项所称行政事业性收费，是指依照法律法规等有关规定，按照国务院规定程序批准，在实施社会公共管理，以及在向公民、法人或者其他组织提供特定公共服务过程中，向特定对象收取并纳入财政管理的费用。

企业所得税法第七条第（二）项所称政府性基金，是指企业依照法律、行政法规等有关规定，代政府收取的具有专项用途的财政资金。

企业所得税法第七条第（三）项所称国务院规定的其他不征税收入，是指企业取得的，由国务院财政、税务主管部门规定专项用途并经国务院批准的财政性资金。

第三节 扣 除

第二十七条 企业所得税法第八条所称有关的支出，是指与取得收入直接相关的支出。

企业所得税法第八条所称合理的支出，是指符合生产经营活动常规，应当计入当期损益或者有关资产成本的必要和正常的支出。

第二十八条 企业发生的支出应当区分收益性支出和资本性支出。收益性支出在发生当期直接扣除；资本性支出应当分期扣除或者计入有关资产成本，不得在发生当期直接扣除。

企业的不征税收入用于支出所形成的费用或者财产，不得扣除或者计算对应的折旧、摊销扣除。

除企业所得税法和本条例另有规定外，企业实际发生的成本、费用、税金、损失和其他支出，不得重复扣除。

第二十九条 企业所得税法第八条所称成本，是指企业在生产经营活动中发生的销售成本、销货成本、业务支出以及其他耗费。

第三十条 企业所得税法第八条所称费用，是指企业在生产经营活动中发生的销售费用、管理费用和财务费用，已经计入成本的有关费用除外。

第三十一条 企业所得税法第八条所称税金，是指企业发生的除企业所得税和允许抵扣的增值税以外的各项税金及其附加。

第三十二条 企业所得税法第八条所称损失，是指企业在生产经营活动中发生的固定资产和存货的盘亏、毁损、报废损失，转让财产损失，呆账损失，坏账损失，自然灾害等不可抗力因素造成的损失以及其他损失。

企业发生的损失，减除责任人赔偿和保险赔款后的余额，依照国务院财政、税务主管部门的规定扣除。

企业已经作为损失处理的资产，在以后纳税年度又全部收回或者部分收回时，应当计入当期收入。

第三十三条 企业所得税法第八条所称其他支出，是指除成本、费用、税金、损失外，企业在生产经营活动中发生的与生产经营活动有关的、合理的支出。

第三十四条 企业发生的合理的工资薪金支出，准予扣除。

前款所称工资薪金，是指企业每一

纳税年度支付给在本企业任职或者受雇的员工的所有现金形式或者非现金形式的劳动报酬，包括基本工资、奖金、津贴、补贴、年终加薪、加班工资，以及与员工任职或者受雇有关的其他支出。

第三十五条 企业依照国务院有关主管部门或者省级人民政府规定的范围和标准为职工缴纳的基本养老保险费、基本医疗保险费、失业保险费、工伤保险费、生育保险费等基本社会保险费和住房公积金，准予扣除。

企业为投资者或者职工支付的补充养老保险费、补充医疗保险费，在国务院财政、税务主管部门规定的范围和标准内，准予扣除。

第三十六条 除企业依照国家有关规定为特殊工种职工支付的人身安全保险费和国务院财政、税务主管部门规定可以扣除的其他商业保险费外，企业为投资者或者职工支付的商业保险费，不得扣除。

第三十七条 企业在生产经营活动中发生的合理的不需要资本化的借款费用，准予扣除。

企业为购置、建造固定资产、无形资产和经过12个月以上的建造才能达到预定可销售状态的存货发生借款的，在有关资产购置、建造期间发生的合理的借款费用，应当作为资本性支出计入有关资产的成本，并依照本条例的规定扣除。

第三十八条 企业在生产经营活动中发生的下列利息支出，准予扣除：

（一）非金融企业向金融企业借款的利息支出、金融企业的各项存款利息支出和同业拆借利息支出、企业经批准发行债券的利息支出；

（二）非金融企业向非金融企业借款的利息支出，不超过按照金融企业同期同类贷款利率计算的数额的部分。

第三十九条 企业在货币交易中，以及纳税年度终了时将人民币以外的货币性资产、负债按照期末即期人民币汇率中间价折算为人民币时产生的汇兑损失，除已经计入有关资产成本以及与向所有者进行利润分配相关的部分外，准予扣除。

第四十条 企业发生的职工福利费支出，不超过工资薪金总额14%的部分，准予扣除。

第四十一条 企业拨缴的工会经费，不超过工资薪金总额2%的部分，准予扣除。

第四十二条 除国务院财政、税务主管部门另有规定外，企业发生的职工教育经费支出，不超过工资薪金总额2.5%的部分，准予扣除；超过部分，准予在以后纳税年度结转扣除。

第四十三条 企业发生的与生产经营活动有关的业务招待费支出，按照发生额的60%扣除，但最高不得超过当年销售（营业）收入的5‰。

第四十四条 企业发生的符合条件的广告费和业务宣传费支出，除国务院财政、税务主管部门另有规定外，不超过当年销售（营业）收入15%的部分，准予扣除；超过部分，准予在以后纳税年度结转扣除。

第四十五条 企业依照法律、行政法规有关规定提取的用于环境保护、生态恢复等方面的专项资金，准予扣除。上述专项资金提取后改变用途的，不得扣除。

第四十六条 企业参加财产保险，按照规定缴纳的保险费，准予扣除。

第四十七条 企业根据生产经营活动

的需要租入固定资产支付的租赁费，按照以下方法扣除：

（一）以经营租赁方式租入固定资产发生的租赁费支出，按照租赁期限均匀扣除；

（二）以融资租赁方式租入固定资产发生的租赁费支出，按照规定构成融资租入固定资产价值的部分应当提取折旧费用，分期扣除。

第四十八条 企业发生的合理的劳动保护支出，准予扣除。

第四十九条 企业之间支付的管理费、企业内营业机构之间支付的租金和特许权使用费，以及非银行企业内营业机构之间支付的利息，不得扣除。

第五十条 非居民企业在中国境内设立的机构、场所，就其中国境外总机构发生的与该机构、场所生产经营有关的费用，能够提供总机构出具的费用汇集范围、定额、分配依据和方法等证明文件，并合理分摊的，准予扣除。

第五十一条 企业所得税法第九条所称公益性捐赠，是指企业通过公益性社会组织或者县级以上人民政府及其部门，用于符合法律规定的慈善活动、公益事业的捐赠。

第五十二条 本条例第五十一条所称公益性社会组织，是指同时符合下列条件的慈善组织以及其他社会组织：

（一）依法登记，具有法人资格；

（二）以发展公益事业为宗旨，且不以营利为目的；

（三）全部资产及其增值为该法人所有；

（四）收益和营运结余主要用于符合该法人设立目的的事业；

（五）终止后的剩余财产不归属任何个人或者营利组织；

（六）不经营与其设立目的无关的业务；

（七）有健全的财务会计制度；

（八）捐赠者不以任何形式参与该法人财产的分配；

（九）国务院财政、税务主管部门会同国务院民政部门等登记管理部门规定的其他条件。

第五十三条 企业当年发生以及以前年度结转的公益性捐赠支出，不超过年度利润总额12%的部分，准予扣除。

年度利润总额，是指企业依照国家统一会计制度的规定计算的年度会计利润。

第五十四条 企业所得税法第十条第（六）项所称赞助支出，是指企业发生的与生产经营活动无关的各种非广告性质支出。

第五十五条 企业所得税法第十条第（七）项所称未经核定的准备金支出，是指不符合国务院财政、税务主管部门规定的各项资产减值准备、风险准备等准备金支出。

第四节 资产的税务处理

第五十六条 企业的各项资产，包括固定资产、生物资产、无形资产、长期待摊费用、投资资产、存货等，以历史成本为计税基础。

前款所称历史成本，是指企业取得该项资产时实际发生的支出。

企业持有各项资产期间资产增值或者减值，除国务院财政、税务主管部门规定可以确认损益外，不得调整该资产的计税基础。

第五十七条　企业所得税法第十一条所称固定资产，是指企业为生产产品、提供劳务、出租或者经营管理而持有的、使用时间超过12个月的非货币性资产，包括房屋、建筑物、机器、机械、运输工具以及其他与生产经营活动有关的设备、器具、工具等。

第五十八条　固定资产按照以下方法确定计税基础：

（一）外购的固定资产，以购买价款和支付的相关税费以及直接归属于使该资产达到预定用途发生的其他支出为计税基础；

（二）自行建造的固定资产，以竣工结算前发生的支出为计税基础；

（三）融资租入的固定资产，以租赁合同约定的付款总额和承租人在签订租赁合同过程中发生的相关费用为计税基础，租赁合同未约定付款总额的，以该资产的公允价值和承租人在签订租赁合同过程中发生的相关费用为计税基础；

（四）盘盈的固定资产，以同类固定资产的重置完全价值为计税基础；

（五）通过捐赠、投资、非货币性资产交换、债务重组等方式取得的固定资产，以该资产的公允价值和支付的相关税费为计税基础；

（六）改建的固定资产，除企业所得税法第十三条第（一）项和第（二）项规定的支出外，以改建过程中发生的改建支出增加计税基础。

第五十九条　固定资产按照直线法计算的折旧，准予扣除。

企业应当自固定资产投入使用月份的次月起计算折旧；停止使用的固定资产，应当自停止使用月份的次月起停止计算折旧。

企业应当根据固定资产的性质和使用情况，合理确定固定资产的预计净残值。固定资产的预计净残值一经确定，不得变更。

第六十条　除国务院财政、税务主管部门另有规定外，固定资产计算折旧的最低年限如下：

（一）房屋、建筑物，为20年；

（二）飞机、火车、轮船、机器、机械和其他生产设备，为10年；

（三）与生产经营活动有关的器具、工具、家具等，为5年；

（四）飞机、火车、轮船以外的运输工具，为4年；

（五）电子设备，为3年。

第六十一条　从事开采石油、天然气等矿产资源的企业，在开始商业性生产前发生的费用和有关固定资产的折耗、折旧方法，由国务院财政、税务主管部门另行规定。

第六十二条　生产性生物资产按照以下方法确定计税基础：

（一）外购的生产性生物资产，以购买价款和支付的相关税费为计税基础；

（二）通过捐赠、投资、非货币性资产交换、债务重组等方式取得的生产性生物资产，以该资产的公允价值和支付的相关税费为计税基础。

前款所称生产性生物资产，是指企业为生产农产品、提供劳务或者出租等而持有的生物资产，包括经济林、薪炭林、产畜和役畜等。

第六十三条　生产性生物资产按照直线法计算的折旧，准予扣除。

企业应当自生产性生物资产投入使用

月份的次月起计算折旧；停止使用的生产性生物资产，应当自停止使用月份的次月起停止计算折旧。

企业应当根据生产性生物资产的性质和使用情况，合理确定生产性生物资产的预计净残值。生产性生物资产的预计净残值一经确定，不得变更。

第六十四条 生产性生物资产计算折旧的最低年限如下：

（一）林木类生产性生物资产，为10年；

（二）畜类生产性生物资产，为3年。

第六十五条 企业所得税法第十二条所称无形资产，是指企业为生产产品、提供劳务、出租或者经营管理而持有的、没有实物形态的非货币性长期资产，包括专利权、商标权、著作权、土地使用权、非专利技术、商誉等。

第六十六条 无形资产按照以下方法确定计税基础：

（一）外购的无形资产，以购买价款和支付的相关税费以及直接归属于使该资产达到预定用途发生的其他支出为计税基础；

（二）自行开发的无形资产，以开发过程中该资产符合资本化条件后至达到预定用途前发生的支出为计税基础；

（三）通过捐赠、投资、非货币性资产交换、债务重组等方式取得的无形资产，以该资产的公允价值和支付的相关税费为计税基础。

第六十七条 无形资产按照直线法计算的摊销费用，准予扣除。

无形资产的摊销年限不得低于10年。

作为投资或者受让的无形资产，有关法律规定或者合同约定了使用年限的，可以按照规定或者约定的使用年限分期摊销。

外购商誉的支出，在企业整体转让或者清算时，准予扣除。

第六十八条 企业所得税法第十三条第（一）项和第（二）项所称固定资产的改建支出，是指改变房屋或者建筑物结构、延长使用年限等发生的支出。

企业所得税法第十三条第（一）项规定的支出，按照固定资产预计尚可使用年限分期摊销；第（二）项规定的支出，按照合同约定的剩余租赁期限分期摊销。

改建的固定资产延长使用年限的，除企业所得税法第十三条第（一）项和第（二）项规定外，应当适当延长折旧年限。

第六十九条 企业所得税法第十三条第（三）项所称固定资产的大修理支出，是指同时符合下列条件的支出：

（一）修理支出达到取得固定资产时的计税基础50%以上；

（二）修理后固定资产的使用年限延长2年以上。

企业所得税法第十三条第（三）项规定的支出，按照固定资产尚可使用年限分期摊销。

第七十条 企业所得税法第十三条第（四）项所称其他应当作为长期待摊费用的支出，自支出发生月份的次月起，分期摊销，摊销年限不得低于3年。

第七十一条 企业所得税法第十四条所称投资资产，是指企业对外进行权益性投资和债权性投资形成的资产。

企业在转让或者处置投资资产时，投资资产的成本，准予扣除。

投资资产按照以下方法确定成本：

（一）通过支付现金方式取得的投资

资产，以购买价款为成本；

（二）通过支付现金以外的方式取得的投资资产，以该资产的公允价值和支付的相关税费为成本。

第七十二条 企业所得税法第十五条所称存货，是指企业持有以备出售的产品或者商品、处在生产过程中的在产品、在生产或者提供劳务过程中耗用的材料和物料等。

存货按照以下方法确定成本：

（一）通过支付现金方式取得的存货，以购买价款和支付的相关税费为成本；

（二）通过支付现金以外的方式取得的存货，以该存货的公允价值和支付的相关税费为成本；

（三）生产性生物资产收获的农产品，以产出或者采收过程中发生的材料费、人工费和分摊的间接费用等必要支出为成本。

第七十三条 企业使用或者销售的存货的成本计算方法，可以在先进先出法、加权平均法、个别计价法中选用一种。计价方法一经选用，不得随意变更。

第七十四条 企业所得税法第十六条所称资产的净值和第十九条所称财产净值，是指有关资产、财产的计税基础减除已经按照规定扣除的折旧、折耗、摊销、准备金等后的余额。

第七十五条 除国务院财政、税务主管部门另有规定外，企业在重组过程中，应当在交易发生时确认有关资产的转让所得或者损失，相关资产应当按照交易价格重新确定计税基础。

第三章 应纳税额

第七十六条 企业所得税法第二十二条规定的应纳税额的计算公式为：

应纳税额＝应纳税所得额 × 适用税率－减免税额－抵免税额

公式中的减免税额和抵免税额，是指依照企业所得税法和国务院的税收优惠规定减征、免征和抵免的应纳税额。

第七十七条 企业所得税法第二十三条所称已在境外缴纳的所得税税额，是指企业来源于中国境外的所得依照中国境外税收法律以及相关规定应当缴纳并已经实际缴纳的企业所得税性质的税款。

第七十八条 企业所得税法第二十三条所称抵免限额，是指企业来源于中国境外的所得，依照企业所得税法和本条例的规定计算的应纳税额。除国务院财政、税务主管部门另有规定外，该抵免限额应当分国（地区）不分项计算，计算公式如下：

抵免限额＝中国境内、境外所得依照企业所得税法和本条例的规定计算的应纳税总额 × 来源于某国（地区）的应纳税所得额 ÷ 中国境内、境外应纳税所得总额

第七十九条 企业所得税法第二十三条所称5个年度，是指从企业取得的来源于中国境外的所得，已经在中国境外缴纳的企业所得税性质的税额超过抵免限额的当年的次年起连续5个纳税年度。

第八十条 企业所得税法第二十四条所称直接控制，是指居民企业直接持有外国企业20%以上股份。

企业所得税法第二十四条所称间接控制，是指居民企业以间接持股方式持有外国企业20%以上股份，具体认定办法由国务院财政、税务主管部门另行制定。

第八十一条 企业依照企业所得税法

第二十三条、第二十四条的规定抵免企业所得税税额时，应当提供中国境外税务机关出具的税款所属年度的有关纳税凭证。

第四章　税收优惠

第八十二条　企业所得税法第二十六条第（一）项所称国债利息收入，是指企业持有国务院财政部门发行的国债取得的利息收入。

第八十三条　企业所得税法第二十六条第（二）项所称符合条件的居民企业之间的股息、红利等权益性投资收益，是指居民企业直接投资于其他居民企业取得的投资收益。企业所得税法第二十六条第（二）项和第（三）项所称股息、红利等权益性投资收益，不包括连续持有居民企业公开发行并上市流通的股票不足12个月取得的投资收益。

第八十四条　企业所得税法第二十六条第（四）项所称符合条件的非营利组织，是指同时符合下列条件的组织：

（一）依法履行非营利组织登记手续；

（二）从事公益性或者非营利性活动；

（三）取得的收入除用于与该组织有关的、合理的支出外，全部用于登记核定或者章程规定的公益性或者非营利性事业；

（四）财产及其孳息不用于分配；

（五）按照登记核定或者章程规定，该组织注销后的剩余财产用于公益性或者非营利性目的，或者由登记管理机关转赠给与该组织性质、宗旨相同的组织，并向社会公告；

（六）投入人对投入该组织的财产不保留或者享有任何财产权利；

（七）工作人员工资福利开支控制在规定的比例内，不变相分配该组织的财产。

前款规定的非营利组织的认定管理办法由国务院财政、税务主管部门会同国务院有关部门制定。

第八十五条　企业所得税法第二十六条第（四）项所称符合条件的非营利组织的收入，不包括非营利组织从事营利性活动取得的收入，但国务院财政、税务主管部门另有规定的除外。

第八十六条　企业所得税法第二十七条第（一）项规定的企业从事农、林、牧、渔业项目的所得，可以免征、减征企业所得税，是指：

（一）企业从事下列项目的所得，免征企业所得税：

1. 蔬菜、谷物、薯类、油料、豆类、棉花、麻类、糖料、水果、坚果的种植；

2. 农作物新品种的选育；

3. 中药材的种植；

4. 林木的培育和种植；

5. 牲畜、家禽的饲养；

6. 林产品的采集；

7. 灌溉、农产品初加工、兽医、农技推广、农机作业和维修等农、林、牧、渔服务业项目；

8. 远洋捕捞。

（二）企业从事下列项目的所得，减半征收企业所得税：

1. 花卉、茶以及其他饮料作物和香料作物的种植；

2. 海水养殖、内陆养殖。

企业从事国家限制和禁止发展的项目，不得享受本条规定的企业所得税优惠。

第八十七条　企业所得税法第二十七

条第（二）项所称国家重点扶持的公共基础设施项目，是指《公共基础设施项目企业所得税优惠目录》规定的港口码头、机场、铁路、公路、城市公共交通、电力、水利等项目。

企业从事前款规定的国家重点扶持的公共基础设施项目的投资经营的所得，自项目取得第一笔生产经营收入所属纳税年度起，第一年至第三年免征企业所得税，第四年至第六年减半征收企业所得税。

企业承包经营、承包建设和内部自建自用本条规定的项目，不得享受本条规定的企业所得税优惠。

第八十八条 企业所得税法第二十七条第（三）项所称符合条件的环境保护、节能节水项目，包括公共污水处理、公共垃圾处理、沼气综合开发利用、节能减排技术改造、海水淡化等。项目的具体条件和范围由国务院财政、税务主管部门商国务院有关部门制订，报国务院批准后公布施行。

企业从事前款规定的符合条件的环境保护、节能节水项目的所得，自项目取得第一笔生产经营收入所属纳税年度起，第一年至第三年免征企业所得税，第四年至第六年减半征收企业所得税。

第八十九条 依照本条例第八十七条和第八十八条规定享受减免税优惠的项目，在减免税期限内转让的，受让方自受让之日起，可以在剩余期限内享受规定的减免税优惠；减免税期限届满后转让的，受让方不得就该项目重复享受减免税优惠。

第九十条 企业所得税法第二十七条第（四）项所称符合条件的技术转让所得免征、减征企业所得税，是指一个纳税年度内，居民企业技术转让所得不超过500万元的部分，免征企业所得税；超过500万元的部分，减半征收企业所得税。

第九十一条 非居民企业取得企业所得税法第二十七条第（五）项规定的所得，减按10%的税率征收企业所得税。

下列所得可以免征企业所得税：

（一）外国政府向中国政府提供贷款取得的利息所得；

（二）国际金融组织向中国政府和居民企业提供优惠贷款取得的利息所得；

（三）经国务院批准的其他所得。

第九十二条 企业所得税法第二十八条第一款所称符合条件的小型微利企业，是指从事国家非限制和禁止行业，并符合下列条件的企业：

（一）工业企业，年度应纳税所得额不超过30万元，从业人数不超过100人，资产总额不超过3000万元；

（二）其他企业，年度应纳税所得额不超过30万元，从业人数不超过80人，资产总额不超过1000万元。

第九十三条 企业所得税法第二十八条第二款所称国家需要重点扶持的高新技术企业，是指拥有核心自主知识产权，并同时符合下列条件的企业：

（一）产品（服务）属于《国家重点支持的高新技术领域》规定的范围；

（二）研究开发费用占销售收入的比例不低于规定比例；

（三）高新技术产品（服务）收入占企业总收入的比例不低于规定比例；

（四）科技人员占企业职工总数的比例不低于规定比例；

（五）高新技术企业认定管理办法规定的其他条件。

《国家重点支持的高新技术领域》和高新技术企业认定管理办法由国务院科技、财政、税务主管部门商国务院有关部门制订，报国务院批准后公布施行。

第九十四条 企业所得税法第二十九条所称民族自治地方，是指依照《中华人民共和国民族区域自治法》的规定，实行民族区域自治的自治区、自治州、自治县。

对民族自治地方内国家限制和禁止行业的企业，不得减征或者免征企业所得税。

第九十五条 企业所得税法第三十条第（一）项所称研究开发费用的加计扣除，是指企业为开发新技术、新产品、新工艺发生的研究开发费用，未形成无形资产计入当期损益的，在按照规定据实扣除的基础上，按照研究开发费用的50%加计扣除；形成无形资产的，按照无形资产成本的150%摊销。

第九十六条 企业所得税法第三十条第（二）项所称企业安置残疾人员所支付的工资的加计扣除，是指企业安置残疾人员的，在按照支付给残疾职工工资据实扣除的基础上，按照支付给残疾职工工资的100%加计扣除。残疾人员的范围适用《中华人民共和国残疾人保障法》的有关规定。

企业所得税法第三十条第（二）项所称企业安置国家鼓励安置的其他就业人员所支付的工资的加计扣除办法，由国务院另行规定。

第九十七条 企业所得税法第三十一条所称抵扣应纳税所得额，是指创业投资企业采取股权投资方式投资于未上市的中小高新技术企业2年以上的，可以按照其投资额的70%在股权持有满2年的当年抵扣该创业投资企业的应纳税所得额；当年不足抵扣的，可以在以后纳税年度结转抵扣。

第九十八条 企业所得税法第三十二条所称可以采取缩短折旧年限或者采取加速折旧的方法的固定资产，包括：

（一）由于技术进步，产品更新换代较快的固定资产；

（二）常年处于强震动、高腐蚀状态的固定资产。

采取缩短折旧年限方法的，最低折旧年限不得低于本条例第六十条规定折旧年限的60%；采取加速折旧方法的，可以采取双倍余额递减法或者年数总和法。

第九十九条 企业所得税法第三十三条所称减计收入，是指企业以《资源综合利用企业所得税优惠目录》规定的资源作为主要原材料，生产国家非限制和禁止并符合国家和行业相关标准的产品取得的收入，减按90%计入收入总额。

前款所称原材料占生产产品材料的比例不得低于《资源综合利用企业所得税优惠目录》规定的标准。

第一百条 企业所得税法第三十四条所称税额抵免，是指企业购置并实际使用《环境保护专用设备企业所得税优惠目录》、《节能节水专用设备企业所得税优惠目录》和《安全生产专用设备企业所得税优惠目录》规定的环境保护、节能节水、安全生产等专用设备的，该专用设备的投资额的10%可以从企业当年的应纳税额中抵免；当年不足抵免的，可以在以后5个纳税年度结转抵免。

享受前款规定的企业所得税优惠的企业，应当实际购置并自身实际投入使用前款规定的专用设备；企业购置上述专用设备在5年内转让、出租的，应当停止享受企业所得税优惠，并补缴已经抵免的企业所得税税款。

第一百零一条　本章第八十七条、第九十九条、第一百条规定的企业所得税优惠目录，由国务院财政、税务主管部门商国务院有关部门制订，报国务院批准后公布施行。

第一百零二条　企业同时从事适用不同企业所得税待遇的项目的，其优惠项目应当单独计算所得，并合理分摊企业的期间费用；没有单独计算的，不得享受企业所得税优惠。

第五章　源泉扣缴

第一百零三条　依照企业所得税法对非居民企业应当缴纳的企业所得税实行源泉扣缴的，应当依照企业所得税法第十九条的规定计算应纳税所得额。

企业所得税法第十九条所称收入全额，是指非居民企业向支付人收取的全部价款和价外费用。

第一百零四条　企业所得税法第三十七条所称支付人，是指依照有关法律规定或者合同约定对非居民企业直接负有支付相关款项义务的单位或者个人。

第一百零五条　企业所得税法第三十七条所称支付，包括现金支付、汇拨支付、转账支付和权益兑价支付等货币支付和非货币支付。

企业所得税法第三十七条所称到期应支付的款项，是指支付人按照权责发生制原则应当计入相关成本、费用的应付款项。

第一百零六条　企业所得税法第三十八条规定的可以指定扣缴义务人的情形，包括：

（一）预计工程作业或者提供劳务期限不足一个纳税年度，且有证据表明不履行纳税义务的；

（二）没有办理税务登记或者临时税务登记，且未委托中国境内的代理人履行纳税义务的；

（三）未按照规定期限办理企业所得税纳税申报或者预缴申报的。

前款规定的扣缴义务人，由县级以上税务机关指定，并同时告知扣缴义务人所扣税款的计算依据、计算方法、扣缴期限和扣缴方式。

第一百零七条　企业所得税法第三十九条所称所得发生地，是指依照本条例第七条规定的原则确定的所得发生地。在中国境内存在多处所得发生地的，由纳税人选择其中之一申报缴纳企业所得税。

第一百零八条　企业所得税法第三十九条所称该纳税人在中国境内其他收入，是指该纳税人在中国境内取得的其他各种来源的收入。

税务机关在追缴该纳税人应纳税款时，应当将追缴理由、追缴数额、缴纳期限和缴纳方式等告知该纳税人。

第六章　特别纳税调整

第一百零九条　企业所得税法第四十一条所称关联方，是指与企业有下列关联关系之一的企业、其他组织或者个人：

（一）在资金、经营、购销等方面存在直接或者间接的控制关系；

（二）直接或者间接地同为第三者控制；

（三）在利益上具有相关联的其他关系。

第一百一十条 企业所得税法第四十一条所称独立交易原则，是指没有关联关系的交易各方，按照公平成交价格和营业常规进行业务往来遵循的原则。

第一百一十一条 企业所得税法第四十一条所称合理方法，包括：

（一）可比非受控价格法，是指按照没有关联关系的交易各方进行相同或者类似业务往来的价格进行定价的方法；

（二）再销售价格法，是指按照从关联方购进商品再销售给没有关联关系的交易方的价格，减除相同或者类似业务的销售毛利进行定价的方法；

（三）成本加成法，是指按照成本加合理的费用和利润进行定价的方法；

（四）交易净利润法，是指按照没有关联关系的交易各方进行相同或者类似业务往来取得的净利润水平确定利润的方法；

（五）利润分割法，是指将企业与其关联方的合并利润或者亏损在各方之间采用合理标准进行分配的方法；

（六）其他符合独立交易原则的方法。

第一百一十二条 企业可以依照企业所得税法第四十一条第二款的规定，按照独立交易原则与其关联方分摊共同发生的成本，达成成本分摊协议。

企业与其关联方分摊成本时，应当按照成本与预期收益相配比的原则进行分摊，并在税务机关规定的期限内，按照税务机关的要求报送有关资料。

企业与其关联方分摊成本时违反本条第一款、第二款规定的，其自行分摊的成本不得在计算应纳税所得额时扣除。

第一百一十三条 企业所得税法第四十二条所称预约定价安排，是指企业就其未来年度关联交易的定价原则和计算方法，向税务机关提出申请，与税务机关按照独立交易原则协商、确认后达成的协议。

第一百一十四条 企业所得税法第四十三条所称相关资料，包括：

（一）与关联业务往来有关的价格、费用的制定标准、计算方法和说明等同期资料；

（二）关联业务往来所涉及的财产、财产使用权、劳务等的再销售（转让）价格或者最终销售（转让）价格的相关资料；

（三）与关联业务调查有关的其他企业应当提供的与被调查企业可比的产品价格、定价方式以及利润水平等资料；

（四）其他与关联业务往来有关的资料。

企业所得税法第四十三条所称与关联业务调查有关的其他企业，是指与被调查企业在生产经营内容和方式上相类似的企业。

企业应当在税务机关规定的期限内提供与关联业务往来有关的价格、费用的制定标准、计算方法和说明等资料。关联方以及与关联业务调查有关的其他企业应当在税务机关与其约定的期限内提供相关资料。

第一百一十五条 税务机关依照企业所得税法第四十四条的规定核定企业的应纳税所得额时，可以采用下列方法：

（一）参照同类或者类似企业的利润率水平核定；

（二）按照企业成本加合理的费用和

利润的方法核定；

（三）按照关联企业集团整体利润的合理比例核定；

（四）按照其他合理方法核定。

企业对税务机关按照前款规定的方法核定的应纳税所得额有异议的，应当提供相关证据，经税务机关认定后，调整核定的应纳税所得额。

第一百一十六条　企业所得税法第四十五条所称中国居民，是指根据《中华人民共和国个人所得税法》的规定，就其从中国境内、境外取得的所得在中国缴纳个人所得税的个人。

第一百一十七条　企业所得税法第四十五条所称控制，包括：

（一）居民企业或者中国居民直接或者间接单一持有外国企业10%以上有表决权股份，且由其共同持有该外国企业50%以上股份；

（二）居民企业，或者居民企业和中国居民持股比例没有达到第（一）项规定的标准，但在股份、资金、经营、购销等方面对该外国企业构成实质控制。

第一百一十八条　企业所得税法第四十五条所称实际税负明显低于企业所得税法第四条第一款规定税率水平，是指低于企业所得税法第四条第一款规定税率的50%。

第一百一十九条　企业所得税法第四十六条所称债权性投资，是指企业直接或者间接从关联方获得的，需要偿还本金和支付利息或者需要以其他具有支付利息性质的方式予以补偿的融资。

企业间接从关联方获得的债权性投资，包括：

（一）关联方通过无关联第三方提供的债权性投资；

（二）无关联第三方提供的、由关联方担保且负有连带责任的债权性投资；

（三）其他间接从关联方获得的具有负债实质的债权性投资。

企业所得税法第四十六条所称权益性投资，是指企业接受的不需要偿还本金和支付利息，投资人对企业净资产拥有所有权的投资。

企业所得税法第四十六条所称标准，由国务院财政、税务主管部门另行规定。

第一百二十条　企业所得税法第四十七条所称不具有合理商业目的，是指以减少、免除或者推迟缴纳税款为主要目的。

第一百二十一条　税务机关根据税收法律、行政法规的规定，对企业作出特别纳税调整的，应当对补征的税款，自税款所属纳税年度的次年6月1日起至补缴税款之日止的期间，按日加收利息。

前款规定加收的利息，不得在计算应纳税所得额时扣除。

第一百二十二条　企业所得税法第四十八条所称利息，应当按照税款所属纳税年度中国人民银行公布的与补税期间同期的人民币贷款基准利率加5个百分点计算。

企业依照企业所得税法第四十三条和本条例的规定提供有关资料的，可以只按前款规定的人民币贷款基准利率计算利息。

第一百二十三条　企业与其关联方之间的业务往来，不符合独立交易原则，或者企业实施其他不具有合理商业目的的安排的，税务机关有权在该业务发生的纳税年度起10年内，进行纳税调整。

第七章　征收管理

第一百二十四条　企业所得税法第五十条所称企业登记注册地，是指企业依照国家有关规定登记注册的住所地。

第一百二十五条　企业汇总计算并缴纳企业所得税时，应当统一核算应纳税所得额，具体办法由国务院财政、税务主管部门另行制定。

第一百二十六条　企业所得税法第五十一条所称主要机构、场所，应当同时符合下列条件：

（一）对其他各机构、场所的生产经营活动负有监督管理责任；

（二）设有完整的账簿、凭证，能够准确反映各机构、场所的收入、成本、费用和盈亏情况。

第一百二十七条　企业所得税分月或者分季预缴，由税务机关具体核定。

企业根据企业所得税法第五十四条规定分月或者分季预缴企业所得税时，应当按照月度或者季度的实际利润额预缴；按照月度或者季度的实际利润额预缴有困难的，可以按照上一纳税年度应纳税所得额的月度或者季度平均额预缴，或者按照经税务机关认可的其他方法预缴。预缴方法一经确定，该纳税年度内不得随意变更。

第一百二十八条　企业在纳税年度内无论盈利或者亏损，都应当依照企业所得税法第五十四条规定的期限，向税务机关报送预缴企业所得税纳税申报表、年度企业所得税纳税申报表、财务会计报告和税务机关规定应当报送的其他有关资料。

第一百二十九条　企业所得以人民币以外的货币计算的，预缴企业所得税时，应当按照月度或者季度最后一日的人民币汇率中间价，折合成人民币计算应纳税所得额。年度终了汇算清缴时，对已经按照月度或者季度预缴税款的，不再重新折合计算，只就该纳税年度内未缴纳企业所得税的部分，按照纳税年度最后一日的人民币汇率中间价，折合成人民币计算应纳税所得额。

经税务机关检查确认，企业少计或者多计前款规定的所得的，应当按照检查确认补税或者退税时的上一个月最后一日的人民币汇率中间价，将少计或者多计的所得折合成人民币计算应纳税所得额，再计算应补缴或者应退的税款。

第八章　附　则

第一百三十条　企业所得税法第五十七条第一款所称本法公布前已经批准设立的企业，是指企业所得税法公布前已经完成登记注册的企业。

第一百三十一条　在香港特别行政区、澳门特别行政区和台湾地区成立的企业，参照适用企业所得税法第二条第二款、第三款的有关规定。

第一百三十二条　本条例自2008年1月1日起施行。1991年6月30日国务院发布的《中华人民共和国外商投资企业和外国企业所得税法实施细则》和1994年2月4日财政部发布的《中华人民共和国企业所得税暂行条例实施细则》同时废止。

中华人民共和国个人所得税法

（2018 年修正）

（1980 年 9 月 10 日第五届全国人民代表大会第三次会议通过　根据 1993 年 10 月 31 日第八届全国人民代表大会常务委员会第四次会议《关于修改〈中华人民共和国个人所得税法〉的决定》第一次修正　根据 1999 年 8 月 30 日第九届全国人民代表大会常务委员会第十一次会议《关于修改〈中华人民共和国个人所得税法〉的决定》第二次修正　根据 2005 年 10 月 27 日第十届全国人民代表大会常务委员会第十八次会议《关于修改〈中华人民共和国个人所得税法〉的决定》第三次修正　根据 2007 年 6 月 29 日第十届全国人民代表大会常务委员会第二十八次会议《关于修改〈中华人民共和国个人所得税法〉的决定》第四次修正　根据 2007 年 12 月 29 日第十届全国人民代表大会常务委员会第三十一次会议《关于修改〈中华人民共和国个人所得税法〉的决定》第五次修正　根据 2011 年 6 月 30 日第十一届全国人民代表大会常务委员会第二十一次会议《关于修改〈中华人民共和国个人所得税法〉的决定》第六次修正　根据 2018 年 8 月 31 日第十三届全国人民代表大会常务委员会第五次会议《关于修改〈中华人民共和国个人所得税法〉的决定》第七次修正）

第一条　在中国境内有住所，或者无住所而一个纳税年度内在中国境内居住累计满一百八十三天的个人，为居民个人。居民个人从中国境内和境外取得的所得，依照本法规定缴纳个人所得税。

在中国境内无住所又不居住，或者无住所而一个纳税年度内在中国境内居住累计不满一百八十三天的个人，为非居民个人。非居民个人从中国境内取得的所得，依照本法规定缴纳个人所得税。

纳税年度，自公历一月一日起至十二月三十一日止。

第二条　下列各项个人所得，应当缴纳个人所得税：

（一）工资、薪金所得；

（二）劳务报酬所得；

（三）稿酬所得；

（四）特许权使用费所得；

（五）经营所得；

（六）利息、股息、红利所得；

（七）财产租赁所得；

（八）财产转让所得；

（九）偶然所得。

居民个人取得前款第一项至第四项所得（以下称综合所得），按纳税年度合并计算个人所得税；非居民个人取得前款第一项至第四项所得，按月或者按次分项计算个人所得税。纳税人取得前款第五项至第九项所得，依照本法规定分别计算个人所得税。

第三条 个人所得税的税率：

（一）综合所得，适用百分之三至百分之四十五的超额累进税率（税率表附后）；

（二）经营所得，适用百分之五至百分之三十五的超额累进税率（税率表附后）；

（三）利息、股息、红利所得，财产租赁所得，财产转让所得和偶然所得，适用比例税率，税率为百分之二十。

第四条 下列各项个人所得，免征个人所得税：

（一）省级人民政府、国务院部委和中国人民解放军军以上单位，以及外国组织、国际组织颁发的科学、教育、技术、文化、卫生、体育、环境保护等方面的奖金；

（二）国债和国家发行的金融债券利息；

（三）按照国家统一规定发给的补贴、津贴；

（四）福利费、抚恤金、救济金；

（五）保险赔款；

（六）军人的转业费、复员费、退役金；

（七）按照国家统一规定发给干部、职工的安家费、退职费、基本养老金或者退休费、离休费、离休生活补助费；

（八）依照有关法律规定应予免税的各国驻华使馆、领事馆的外交代表、领事官员和其他人员的所得；

（九）中国政府参加的国际公约、签订的协议中规定免税的所得；

（十）国务院规定的其他免税所得。

前款第十项免税规定，由国务院报全国人民代表大会常务委员会备案。

第五条 有下列情形之一的，可以减征个人所得税，具体幅度和期限，由省、自治区、直辖市人民政府规定，并报同级人民代表大会常务委员会备案：

（一）残疾、孤老人员和烈属的所得；

（二）因自然灾害遭受重大损失的。

国务院可以规定其他减税情形，报全国人民代表大会常务委员会备案。

第六条 应纳税所得额的计算：

（一）居民个人的综合所得，以每一纳税年度的收入额减除费用六万元以及专项扣除、专项附加扣除和依法确定的其他扣除后的余额，为应纳税所得额。

（二）非居民个人的工资、薪金所得，以每月收入额减除费用五千元后的余额为应纳税所得额；劳务报酬所得、稿酬所得、特许权使用费所得，以每次收入额为应纳税所得额。

（三）经营所得，以每一纳税年度的收入总额减除成本、费用以及损失后的余额，为应纳税所得额。

（四）财产租赁所得，每次收入不超过四千元的，减除费用八百元；四千元以上的，减除百分之二十的费用，其余额为应纳税所得额。

（五）财产转让所得，以转让财产的收入额减除财产原值和合理费用后的余额，为应纳税所得额。

（六）利息、股息、红利所得和偶然所得，以每次收入额为应纳税所得额。

劳务报酬所得、稿酬所得、特许权使用费所得以收入减除百分之二十的费用后的余额为收入额。稿酬所得的收入额减按百分之七十计算。

个人将其所得对教育、扶贫、济困等公益慈善事业进行捐赠，捐赠额未超过纳税人申报的应纳税所得额百分之三十的部分，可以从其应纳税所得额中扣除；国务院规定对公益慈善事业捐赠实行全额税前扣除的，从其规定。

本条第一款第一项规定的专项扣除，包括居民个人按照国家规定的范围和标准缴纳的基本养老保险、基本医疗保险、失业保险等社会保险费和住房公积金等；专项附加扣除，包括子女教育、继续教育、大病医疗、住房贷款利息或者住房租金、赡养老人等支出，具体范围、标准和实施步骤由国务院确定，并报全国人民代表大会常务委员会备案。

第七条 居民个人从中国境外取得的所得，可以从其应纳税额中抵免已在境外缴纳的个人所得税税额，但抵免额不得超过该纳税人境外所得依照本法规定计算的应纳税额。

第八条 有下列情形之一的，税务机关有权按照合理方法进行纳税调整：

（一）个人与其关联方之间的业务往来不符合独立交易原则而减少本人或者其关联方应纳税额，且无正当理由；

（二）居民个人控制的，或者居民个人和居民企业共同控制的设立在实际税负明显偏低的国家（地区）的企业，无合理经营需要，对应当归属于居民个人的利润不作分配或者减少分配；

（三）个人实施其他不具有合理商业目的的安排而获取不当税收利益。

税务机关依照前款规定作出纳税调整，需要补征税款的，应当补征税款，并依法加收利息。

第九条 个人所得税以所得人为纳税人，以支付所得的单位或者个人为扣缴义务人。

纳税人有中国公民身份号码的，以中国公民身份号码为纳税人识别号；纳税人没有中国公民身份号码的，由税务机关赋予其纳税人识别号。扣缴义务人扣缴税款时，纳税人应当向扣缴义务人提供纳税人识别号。

第十条 有下列情形之一的，纳税人应当依法办理纳税申报：

（一）取得综合所得需要办理汇算清缴；

（二）取得应税所得没有扣缴义务人；

（三）取得应税所得，扣缴义务人未扣缴税款；

（四）取得境外所得；

（五）因移居境外注销中国户籍；

（六）非居民个人在中国境内从两处以上取得工资、薪金所得；

（七）国务院规定的其他情形。

扣缴义务人应当按照国家规定办理全员全额扣缴申报，并向纳税人提供其个人所得和已扣缴税款等信息。

第十一条 居民个人取得综合所得，按年计算个人所得税；有扣缴义务人的，由扣缴义务人按月或者按次预扣预缴税款；需要办理汇算清缴的，应当在取得所得的次年三月一日至六月三十日内办理汇算清缴。预扣预缴办法由国务院税务主管部门制定。

居民个人向扣缴义务人提供专项附加扣除信息的，扣缴义务人按月预扣预缴税款时应当按照规定予以扣除，不得拒绝。

非居民个人取得工资、薪金所得，劳务报酬所得，稿酬所得和特许权使用费所得，有扣缴义务人的，由扣缴义务人按月或者按次代扣代缴税款，不办理汇算清缴。

第十二条 纳税人取得经营所得，按年计算个人所得税，由纳税人在月度或者季度终了后十五日内向税务机关报送纳税申报表，并预缴税款；在取得所得的次年三月三十一日前办理汇算清缴。

纳税人取得利息、股息、红利所得，财产租赁所得，财产转让所得和偶然所得，按月或者按次计算个人所得税，有扣缴义务人的，由扣缴义务人按月或者按次代扣代缴税款。

第十三条 纳税人取得应税所得没有扣缴义务人的，应当在取得所得的次月十五日内向税务机关报送纳税申报表，并缴纳税款。

纳税人取得应税所得，扣缴义务人未扣缴税款的，纳税人应当在取得所得的次年六月三十日前，缴纳税款；税务机关通知限期缴纳的，纳税人应当按照期限缴纳税款。

居民个人从中国境外取得所得的，应当在取得所得的次年三月一日至六月三十日内申报纳税。

非居民个人在中国境内从两处以上取得工资、薪金所得的，应当在取得所得的次月十五日内申报纳税。

纳税人因移居境外注销中国户籍的，应当在注销中国户籍前办理税款清算。

第十四条 扣缴义务人每月或者每次预扣、代扣的税款，应当在次月十五日内缴入国库，并向税务机关报送扣缴个人所得税申报表。

纳税人办理汇算清缴退税或者扣缴义务人为纳税人办理汇算清缴退税的，税务机关审核后，按照国库管理的有关规定办理退税。

第十五条 公安、人民银行、金融监督管理等相关部门应当协助税务机关确认纳税人的身份、金融账户信息。教育、卫生、医疗保障、民政、人力资源社会保障、住房城乡建设、公安、人民银行、金融监督管理等相关部门应当向税务机关提供纳税人子女教育、继续教育、大病医疗、住房贷款利息、住房租金、赡养老人等专项附加扣除信息。

个人转让不动产的，税务机关应当根据不动产登记等相关信息核验应缴的个人所得税，登记机构办理转移登记时，应当查验与该不动产转让相关的个人所得税的完税凭证。个人转让股权办理变更登记的，市场主体登记机关应当查验与该股权交易相关的个人所得税的完税凭证。

有关部门依法将纳税人、扣缴义务人遵守本法的情况纳入信用信息系统，并实施联合激励或者惩戒。

第十六条 各项所得的计算，以人民币为单位。所得为人民币以外的货币的，按照人民币汇率中间价折合成人民币缴纳税款。

第十七条 对扣缴义务人按照所扣缴的税款，付给百分之二的手续费。

第十八条 对储蓄存款利息所得开征、减征、停征个人所得税及其具体办法，由国务院规定，并报全国人民代表大会常务委员会备案。

第十九条 纳税人、扣缴义务人和税务机关及其工作人员违反本法规定的，依照《中华人民共和国税收征收管理法》和有关法律法规的规定追究法律责任。

第二十条 个人所得税的征收管理，依照本法和《中华人民共和国税收征收管理法》的规定执行。

第二十一条　国务院根据本法制定实施条例。

第二十二条　本法自公布之日起施行。

附：个人所得税税率表一（综合所得适用）（略）

附：个人所得税税率表二（经营所得适用）（略）

中华人民共和国个人所得税法实施条例

（2018 年修订）

（1994 年 1 月 28 日中华人民共和国国务院令第 142 号发布　根据 2005 年 12 月 19 日《国务院关于修改〈中华人民共和国个人所得税法实施条例〉的决定》第一次修订　根据 2008 年 2 月 18 日《国务院关于修改〈中华人民共和国个人所得税法实施条例〉的决定》第二次修订　根据 2011 年 7 月 19 日《国务院关于修改〈中华人民共和国个人所得税法实施条例〉的决定》第三次修订　2018 年 12 月 18 日中华人民共和国国务院令第 707 号第四次修订）

第一条　根据《中华人民共和国个人所得税法》（以下简称个人所得税法），制定本条例。

第二条　个人所得税法所称在中国境内有住所，是指因户籍、家庭、经济利益关系而在中国境内习惯性居住；所称从中国境内和境外取得的所得，分别是指来源于中国境内的所得和来源于中国境外的所得。

第三条　除国务院财政、税务主管部门另有规定外，下列所得，不论支付地点是否在中国境内，均为来源于中国境内的所得：

（一）因任职、受雇、履约等在中国境内提供劳务取得的所得；

（二）将财产出租给承租人在中国境内使用而取得的所得；

（三）许可各种特许权在中国境内使用而取得的所得；

（四）转让中国境内的不动产等财产或者在中国境内转让其他财产取得的所得；

（五）从中国境内企业、事业单位、其他组织以及居民个人取得的利息、股息、红利所得。

第四条　在中国境内无住所的个人，在中国境内居住累计满 183 天的年度连续不满六年的，经向主管税务机关备案，其来源于中国境外且由境外单位或者个人支付的所得，免予缴纳个人所得税；在中国境内居住累计满 183 天的任一年度中有一次离境超过 30 天的，其在中国境内居住累计满 183 天的年度的连续年限重新起算。

第五条　在中国境内无住所的个人，在一个纳税年度内在中国境内居住累计不超过 90 天的，其来源于中国境内的所得，由境外雇主支付并且不由该雇主在中国境内的机构、场所负担的部分，免予缴纳个人所得税。

第六条　个人所得税法规定的各项个人所得的范围：

（一）工资、薪金所得，是指个人因任职或者受雇取得的工资、薪金、奖金、年终加薪、劳动分红、津贴、补贴以及与任职或者受雇有关的其他所得。

（二）劳务报酬所得，是指个人从事劳务取得的所得，包括从事设计、装潢、安装、制图、化验、测试、医疗、法律、会计、咨询、讲学、翻译、审稿、书画、雕刻、影视、录音、录像、演出、表演、广告、展览、技术服务、介绍服务、经纪服务、代办服务以及其他劳务取得的所得。

（三）稿酬所得，是指个人因其作品以图书、报刊等形式出版、发表而取得的所得。

（四）特许权使用费所得，是指个人提供专利权、商标权、著作权、非专利技术以及其他特许权的使用权取得的所得；提供著作权的使用权取得的所得，不包括稿酬所得。

（五）经营所得，是指：

1. 个体工商户从事生产、经营活动取得的所得，个人独资企业投资人、合伙企业的个人合伙人来源于境内注册的个人独资企业、合伙企业生产、经营的所得；

2. 个人依法从事办学、医疗、咨询以及其他有偿服务活动取得的所得；

3. 个人对企业、事业单位承包经营、承租经营以及转包、转租取得的所得；

4. 个人从事其他生产、经营活动取得的所得。

（六）利息、股息、红利所得，是指个人拥有债权、股权等而取得的利息、股息、红利所得。

（七）财产租赁所得，是指个人出租不动产、机器设备、车船以及其他财产取得的所得。

（八）财产转让所得，是指个人转让有价证券、股权、合伙企业中的财产份额、不动产、机器设备、车船以及其他财产取得的所得。

（九）偶然所得，是指个人得奖、中奖、中彩以及其他偶然性质的所得。

个人取得的所得，难以界定应纳税所得项目的，由国务院税务主管部门确定。

第七条 对股票转让所得征收个人所得税的办法，由国务院另行规定，并报全国人民代表大会常务委员会备案。

第八条 个人所得的形式，包括现金、实物、有价证券和其他形式的经济利益；所得为实物的，应当按照取得的凭证上所注明的价格计算应纳税所得额，无凭证的实物或者凭证上所注明的价格明显偏低的，参照市场价格核定应纳税所得额；所得为有价证券的，根据票面价格和市场价格核定应纳税所得额；所得为其他形式的经济利益的，参照市场价格核定应纳税所得额。

第九条 个人所得税法第四条第一款第二项所称国债利息，是指个人持有中华人民共和国财政部发行的债券而取得的利息；所称国家发行的金融债券利息，是指个人持有经国务院批准发行的金融债券而取得的利息。

第十条 个人所得税法第四条第一款第三项所称按照国家统一规定发给的补贴、津贴，是指按照国务院规定发给的政府特殊津贴、院士津贴，以及国务院规定免予缴纳个人所得税的其他补贴、津贴。

第十一条 个人所得税法第四条第一款第四项所称福利费，是指根据国家有关规定，从企业、事业单位、国家机关、社会组织提留的福利费或者工会经费中支付给个人的生活补助费；所称救济金，是指各级人民政府民政部门支付给个人的生活困难补助费。

第十二条 个人所得税法第四条第一款第八项所称依照有关法律规定应予免税的各国驻华使馆、领事馆的外交代表、领事官员和其他人员的所得，是指依照《中华人民共和国外交特权与豁免条例》和《中华人民共和国领事特权与豁免条例》规定免税的所得。

第十三条 个人所得税法第六条第一款第一项所称依法确定的其他扣除，包括个人缴付符合国家规定的企业年金、职业年金，个人购买符合国家规定的商业健康保险、税收递延型商业养老保险的支出，以及国务院规定可以扣除的其他项目。

专项扣除、专项附加扣除和依法确定的其他扣除，以居民个人一个纳税年度的应纳税所得额为限额；一个纳税年度扣除不完的，不结转以后年度扣除。

第十四条 个人所得税法第六条第一款第二项、第四项、第六项所称每次，分别按照下列方法确定：

（一）劳务报酬所得、稿酬所得、特许权使用费所得，属于一次性收入的，以取得该项收入为一次；属于同一项目连续性收入的，以一个月内取得的收入为一次。

（二）财产租赁所得，以一个月内取得的收入为一次。

（三）利息、股息、红利所得，以支付利息、股息、红利时取得的收入为一次。

（四）偶然所得，以每次取得该项收入为一次。

第十五条 个人所得税法第六条第一款第三项所称成本、费用，是指生产、经营活动中发生的各项直接支出和分配计入成本的间接费用以及销售费用、管理费用、财务费用；所称损失，是指生产、经营活动中发生的固定资产和存货的盘亏、毁损、报废损失，转让财产损失，坏账损失，自然灾害等不可抗力因素造成的损失以及其他损失。

取得经营所得的个人，没有综合所得的，计算其每一纳税年度的应纳税所得额时，应当减除费用6万元、专项扣除、专项附加扣除以及依法确定的其他扣除。专项附加扣除在办理汇算清缴时减除。

从事生产、经营活动，未提供完整、准确的纳税资料，不能正确计算应纳税所得额的，由主管税务机关核定应纳税所得额或者应纳税额。

第十六条 个人所得税法第六条第一款第五项规定的财产原值，按照下列方法确定：

（一）有价证券，为买入价以及买入时按照规定交纳的有关费用；

（二）建筑物，为建造费或者购进价格以及其他有关费用；

（三）土地使用权，为取得土地使用权所支付的金额、开发土地的费用以及其他有关费用；

（四）机器设备、车船，为购进价格、运输费、安装费以及其他有关费用。

其他财产，参照前款规定的方法确定财产原值。

纳税人未提供完整、准确的财产原值凭证，不能按照本条第一款规定的方法确定财产原值的，由主管税务机关核定财产原值。

个人所得税法第六条第一款第五项所称合理费用，是指卖出财产时按照规定支付的有关税费。

第十七条 财产转让所得，按照一次转让财产的收入额减除财产原值和合理费用后的余额计算纳税。

第十八条 两个以上的个人共同取得同一项目收入的，应当对每个人取得的收入分别按照个人所得税法的规定计算纳税。

第十九条 个人所得税法第六条第三款所称个人将其所得对教育、扶贫、济困等公益慈善事业进行捐赠，是指个人将其所得通过中国境内的公益性社会组织、国家机关向教育、扶贫、济困等公益慈善事业的捐赠；所称应纳税所得额，是指计算扣除捐赠额之前的应纳税所得额。

第二十条 居民个人从中国境内和境外取得的综合所得、经营所得，应当分别合并计算应纳税额；从中国境内和境外取得的其他所得，应当分别单独计算应纳税额。

第二十一条 个人所得税法第七条所称已在境外缴纳的个人所得税税额，是指居民个人来源于中国境外的所得，依照该所得来源国家（地区）的法律应当缴纳并且实际已经缴纳的所得税税额。

个人所得税法第七条所称纳税人境外所得依照本法规定计算的应纳税额，是居民个人抵免已在境外缴纳的综合所得、经营所得以及其他所得的所得税税额的限额（以下简称抵免限额）。除国务院财政、税务主管部门另有规定外，来源于中国境外一个国家（地区）的综合所得抵免限额、经营所得抵免限额以及其他所得抵免限额之和，为来源于该国家（地区）所得的抵免限额。

居民个人在中国境外一个国家（地区）实际已经缴纳的个人所得税税额，低于依照前款规定计算出的来源于该国家（地区）所得的抵免限额的，应当在中国缴纳差额部分的税款；超过来源于该国家（地区）所得的抵免限额的，其超过部分不得在本纳税年度的应纳税额中抵免，但是可以在以后纳税年度来源于该国家（地区）所得的抵免限额的余额中补扣。补扣期限最长不得超过五年。

第二十二条 居民个人申请抵免已在境外缴纳的个人所得税税额，应当提供境外税务机关出具的税款所属年度的有关纳税凭证。

第二十三条 个人所得税法第八条第二款规定的利息，应当按照税款所属纳税申报期最后一日中国人民银行公布的与补税期间同期的人民币贷款基准利率计算，自税款纳税申报期满次日起至补缴税款期限届满之日止按日加收。纳税人在补缴税款期限届满前补缴税款的，利息加收至补缴税款之日。

第二十四条 扣缴义务人向个人支付应税款项时，应当依照个人所得税法规定预扣或者代扣税款，按时缴库，并专项记载备查。

前款所称支付，包括现金支付、汇拨支付、转账支付和以有价证券、实物以及其他形式的支付。

第二十五条 取得综合所得需要办理汇算清缴的情形包括：

（一）从两处以上取得综合所得，且综合所得年收入额减除专项扣除的余额超过6万元；

（二）取得劳务报酬所得、稿酬所得、

特许权使用费所得中一项或者多项所得，且综合所得年收入额减除专项扣除的余额超过6万元；

（三）纳税年度内预缴税额低于应纳税额；

（四）纳税人申请退税。

纳税人申请退税，应当提供其在中国境内开设的银行账户，并在汇算清缴地就地办理税款退库。

汇算清缴的具体办法由国务院税务主管部门制定。

第二十六条 个人所得税法第十条第二款所称全员全额扣缴申报，是指扣缴义务人在代扣税款的次月十五日内，向主管税务机关报送其支付所得的所有个人的有关信息、支付所得数额、扣除事项和数额、扣缴税款的具体数额和总额以及其他相关涉税信息资料。

第二十七条 纳税人办理纳税申报的地点以及其他有关事项的具体办法，由国务院税务主管部门制定。

第二十八条 居民个人取得工资、薪金所得时，可以向扣缴义务人提供专项附加扣除有关信息，由扣缴义务人扣缴税款时减除专项附加扣除。纳税人同时从两处以上取得工资、薪金所得，并由扣缴义务人减除专项附加扣除的，对同一专项附加扣除项目，在一个纳税年度内只能选择从一处取得的所得中减除。

居民个人取得劳务报酬所得、稿酬所得、特许权使用费所得，应当在汇算清缴时向税务机关提供有关信息，减除专项附加扣除。

第二十九条 纳税人可以委托扣缴义务人或者其他单位和个人办理汇算清缴。

第三十条 扣缴义务人应当按照纳税人提供的信息计算办理扣缴申报，不得擅自更改纳税人提供的信息。

纳税人发现扣缴义务人提供或者扣缴申报的个人信息、所得、扣缴税款等与实际情况不符的，有权要求扣缴义务人修改。扣缴义务人拒绝修改的，纳税人应当报告税务机关，税务机关应当及时处理。

纳税人、扣缴义务人应当按照规定保存与专项附加扣除相关的资料。税务机关可以对纳税人提供的专项附加扣除信息进行抽查，具体办法由国务院税务主管部门另行规定。税务机关发现纳税人提供虚假信息的，应当责令改正并通知扣缴义务人；情节严重的，有关部门应当依法予以处理，纳入信用信息系统并实施联合惩戒。

第三十一条 纳税人申请退税时提供的汇算清缴信息有错误的，税务机关应当告知其更正；纳税人更正的，税务机关应当及时办理退税。

扣缴义务人未将扣缴的税款解缴入库的，不影响纳税人按照规定申请退税，税务机关应当凭纳税人提供的有关资料办理退税。

第三十二条 所得为人民币以外货币的，按照办理纳税申报或者扣缴申报的上一月最后一日人民币汇率中间价，折合成人民币计算应纳税所得额。年度终了后办理汇算清缴的，对已经按月、按季或者按次预缴税款的人民币以外货币所得，不再重新折算；对应当补缴税款的所得部分，按照上一纳税年度最后一日人民币汇率中间价，折合成人民币计算应纳税所得额。

第三十三条 税务机关按照个人所得税法第十七条的规定付给扣缴义务人手续费，应当填开退还书；扣缴义务人凭退还书，按照国库管理有关规定办理退库手续。

第三十四条 个人所得税纳税申报表、扣缴个人所得税报告表和个人所得税完税凭证式样，由国务院税务主管部门统一制定。

第三十五条 军队人员个人所得税征收事宜，按照有关规定执行。

第三十六条 本条例自2019年1月1日起施行。

2. 科技成果转化转让

国家税务总局关于技术转让所得减免企业所得税有关问题的通知

（国税函〔2009〕212号）

注释：

废止第四条。参见：《国家税务总局关于公布失效废止的税务部门规章和税收规范性文件目录的决定》（2017年国家税务总局令第42号）。

各省、自治区、直辖市和计划单列市国家税务局、地方税务局：

根据《中华人民共和国企业所得税法》（以下简称企业所得税法）及其实施条例和相关规定，现就符合条件的技术转让所得减免企业所得税有关问题通知如下：

一、根据企业所得税法第二十七条第（四）项规定，享受减免企业所得税优惠的技术转让应符合以下条件：

（一）享受优惠的技术转让主体是企业所得税法规定的居民企业；

（二）技术转让属于财政部、国家税务总局规定的范围；

（三）境内技术转让经省级以上科技部门认定；

（四）向境外转让技术经省级以上商务部门认定；

（五）国务院税务主管部门规定的其他条件。

二、符合条件的技术转让所得应按以下方法计算：

技术转让所得＝技术转让收入－技术转让成本－相关税费

技术转让收入是指当事人履行技术转让合同后获得的价款，不包括销售或转让设备、仪器、零部件、原材料等非技术性收入。不属于与技术转让项目密不可分的技术咨询、技术服务、技术培训等收入，不得计入技术转让收入。

技术转让成本是指转让的无形资产的净值，即该无形资产的计税基础减除在资产使用期间按照规定计算的摊销扣除额后的余额。

相关税费是指技术转让过程中实际发生的有关税费，包括除企业所得税和允许抵扣的增值税以外的各项税金及其附加、合同签订费用、律师费等相关费用及其他支出。

三、享受技术转让所得减免企业所得税优惠的企业，应单独计算技术转让所得，并合理分摊企业的期间费用；没有单独计算的，不得享受技术转让所得企业所得税优惠。

四、企业发生技术转让，应在纳税年度终了后至报送年度纳税申报表以前，向主管税务机关办理减免税备案手续。

（一）企业发生境内技术转让，向主管税务机关备案时应报送以下资料：

1. 技术转让合同（副本）；

2. 省级以上科技部门出具的技术合同登记证明；

3. 技术转让所得归集、分摊、计算的相关资料；

4. 实际缴纳相关税费的证明资料；

5. 主管税务机关要求提供的其他资料。

（二）企业向境外转让技术，向主管税务机关备案时应报送以下资料：

1. 技术出口合同（副本）；

2. 省级以上商务部门出具的技术出口合同登记证书或技术出口许可证；

3. 技术出口合同数据表；

4. 技术转让所得归集、分摊、计算的相关资料；

5. 实际缴纳相关税费的证明资料；

6. 主管税务机关要求提供的其他资料。

五、本通知自2008年1月1日起执行。

国家税务总局

二〇〇九年四月二十四日

财政部　国家税务总局关于居民企业技术转让有关企业所得税政策问题的通知

（财税〔2010〕111号）

各省、自治区、直辖市、计划单列市财政厅（局）、国家税务局、地方税务局，新疆生产建设兵团财务局：

根据《中华人民共和国企业所得税法》（以下简称企业所得税法）及《中华人民共和国企业所得税法实施条例》（国务院令第512号，以下简称实施条例）的有关规定，现就符合条件的技术转让所得减免企业所得税有关问题通知如下：

一、技术转让的范围，包括居民企业转让专利技术、计算机软件著作权、集成电路布图设计权、植物新品种、生物医药新品种，以及财政部和国家税务总局确定的其他技术。

其中：专利技术，是指法律授予独占权的发明、实用新型和非简单改变产品图案的外观设计。

二、本通知所称技术转让，是指居民企业转让其拥有符合本通知第一条规定技术的所有权或5年以上（含5年）全球独占许可使用权的行为。

三、技术转让应签订技术转让合同。其中，境内的技术转让须经省级以上（含省级）科技部门认定登记，跨境的技术转让须经省级以上（含省级）商务部门认定登记，涉及财政经费支持产生技术的转让，需省级以上（含省级）科技部门审批。

居民企业技术出口应由有关部门按照商务部、科技部发布的《中国禁止出口限制出口技术目录》（商务部、科技部令2008年第12号）进行审查。居民企业取得禁止出口和限制出口技术转让所得，不享受技术转让减免企业所得税优惠政策。

四、居民企业从直接或间接持有股权之和达到100%的关联方取得的技术转让所得，不享受技术转让减免企业所得税优惠政策。

五、本通知自2008年1月1日起执行。

财政部

税务总局

二〇一〇年十二月三十一日

国家税务总局关于技术转让所得减免企业所得税有关问题的公告

（国家税务总局公告 2013 年第 62 号）

为加强技术转让所得减免企业所得税的征收管理，现将《国家税务总局关于技术转让所得减免企业所得税有关问题的通知》（国税函〔2009〕212 号）中技术转让收入计算的有关问题，公告如下：

一、可以计入技术转让收入的技术咨询、技术服务、技术培训收入，是指转让方为使受让方掌握所转让的技术投入使用、实现产业化而提供的必要的技术咨询、技术服务、技术培训所产生的收入，并应同时符合以下条件：

（一）在技术转让合同中约定的与该技术转让相关的技术咨询、技术服务、技术培训；

（二）技术咨询、技术服务、技术培训收入与该技术转让项目收入一并收取价款。

二、本公告自 2013 年 11 月 1 日起施行。此前已进行企业所得税处理的相关业务，不作纳税调整。

国家税务总局

2013 年 10 月 21 日

国家税务总局关于许可使用权技术转让所得企业所得税有关问题的公告

（国家税务总局公告2015年第82号）

根据《中华人民共和国企业所得税法》及其实施条例、《财政部 国家税务总局关于将国家自主创新示范区有关税收试点政策推广到全国范围实施的通知》（财税〔2015〕116号）规定，现就许可使用权技术转让所得企业所得税有关问题公告如下：

一、自2015年10月1日起，全国范围内的居民企业转让5年（含，下同）以上非独占许可使用权取得的技术转让所得，纳入享受企业所得税优惠的技术转让所得范围。居民企业的年度技术转让所得不超过500万元的部分，免征企业所得税；超过500万元的部分，减半征收企业所得税。

所称技术包括专利（含国防专利）、计算机软件著作权、集成电路布图设计专有权、植物新品种权、生物医药新品种，以及财政部和国家税务总局确定的其他技术。其中，专利是指法律授予独占权的发明、实用新型以及非简单改变产品图案和形状的外观设计。

二、企业转让符合条件的5年以上非独占许可使用权的技术，限于其拥有所有权的技术。技术所有权的权属由国务院行政主管部门确定。其中，专利由国家知识产权局确定权属；国防专利由总装备部确定权属；计算机软件著作权由国家版权局确定权属；集成电路布图设计专有权由国家知识产权局确定权属；植物新品种权由农业部确定权属；生物医药新品种由国家食品药品监督管理总局确定权属。

三、符合条件的5年以上非独占许可使用权技术转让所得应按以下方法计算：

技术转让所得＝技术转让收入－无形资产摊销费用－相关税费－应分摊期间费用

技术转让收入是指转让方履行技术转让合同后获得的价款，不包括销售或转让设备、仪器、零部件、原材料等非技术性收入。不属于与技术转让项目密不可分的技术咨询、服务、培训等收入，不得计入技术转让收入。技术许可使用权转让收入，应按转让协议约定的许可使用权人应付许可使用权使用费的日期确认收入的实现。

无形资产摊销费用是指该无形资产按税法规定当年计算摊销的费用。涉及自用和对外许可使用的，应按照受益原则合理划分。

相关税费是指技术转让过程中实际发生的有关税费，包括除企业所得税和允许抵扣的增值税以外的各项税金及其附加、合同签订费用、律师费等相关费用。

应分摊期间费用（不含无形资产摊销费用和相关税费）是指技术转让按照当年销售收入占比分摊的期间费用。

四、企业享受技术转让所得企业所得税优惠的其他相关问题，仍按照《国家税务总局关于技术转让所得减免企业所得税有关问题的通知》（国税函〔2009〕212号）、《财政部　国家税务总局关于居民企业技术转让有关企业所得税政策问题的通知》（财税〔2010〕111号）、《国家税务总局关于技术转让所得减免企业所得税有关问题的公告》（国家税务总局公告2013年第62号）规定执行。

五、本公告自2015年10月1日起施行。本公告实施之日起，企业转让5年以上非独占许可使用权确认的技术转让收入，按本公告执行。

特此公告。

国家税务总局

2015年11月16日

财政部　国家税务总局关于全面推开营业税改征增值税试点的通知

（财税〔2016〕36号）

注释：

部分失效。本篇法规中“《营业税改征增值税试点实施办法》（财税〔2016〕36号印发）第七条、《营业税改征增值税试点过渡政策的规定》（财税〔2016〕36号印发）第一条第（二十三）项第4点”已被财政部、国家税务总局关于建筑服务等营改增试点政策的通知废止、本篇法规中“附件3《营业税改征增值税试点过渡政策的规定》第一条第（二十四）款规定的中小企业信用担保增值税免税政策”已被财政部、税务总局关于租入固定资产进项税额抵扣等增值税政策的通知停止执行、本篇法规中“《营业税改征增值税试点有关事项的规定》（财税〔2016〕36号印发）第一条第（四）项第1点、第二条第（一）项第1点”已被财政部、税务总局、海关总署关于深化增值税改革有关政策的公告停止执行。

各省、自治区、直辖市、计划单列市财政厅（局）、国家税务局、地方税务局，新疆生产建设兵团财务局：

经国务院批准，自2016年5月1日起，在全国范围内全面推开营业税改征增值税（以下称营改增）试点，建筑业、房地产业、金融业、生活服务业等全部营业税纳税人，纳入试点范围，由缴纳营业税改为缴纳增值税。现将《营业税改征增值税试点实施办法》、《营业税改征增值税试点有关事项的规定》、《营业税改征增值税试点过渡政策的规定》和《跨境应税行为适用增值税零税率和免税政策的规定》印发你们，请遵照执行。

本通知附件规定的内容，除另有规定执行时间外，自2016年5月1日起执行。《财政部　国家税务总局关于将铁路运输和邮政业纳入营业税改征增值税试点的通知》（财税〔2013〕106号）、《财政部　国家税务总局关于铁路运输和邮政业营业税改征增值税试点有关政策的补充通知》（财税〔2013〕121号）、《财政部　国家税务总局关于将电信业纳入营业税改征增值税试点的通知》（财税〔2014〕43号）、《财政部　国家税务总局关于国际水路运输增值税零税率政策的补充通知》（财税〔2014〕50号）和《财政部　国家税务总局关于影视等出口服务适用增值税零税率政策的通知》（财税〔2015〕118号），除另有规定的条款外，相应废止。

各地要高度重视营改增试点工作，切实加强试点工作的组织领导，周密安排，明确责任，采取各种有效措施，做好试点前的各项准备以及试点过程中的监测分析和宣传解释等工作，确保改革的平稳、有序、顺利进行。遇到问题请及时向财政部和国家税务总局反映。

附件 1. 营业税改征增值税试点实施办法

2. 营业税改征增值税试点有关事项的规定（略）

3. 营业税改征增值税试点过渡政策的规定（略）

4. 跨境应税行为适用增值税零税率和免税政策的规定（略）

财政部　国家税务总局

2016 年 3 月 23 日

附件 1

营业税改征增值税试点实施办法

第一章　纳税人和扣缴义务人

第一条　在中华人民共和国境内（以下称境内）销售服务、无形资产或者不动产（以下称应税行为）的单位和个人，为增值税纳税人，应当按照本办法缴纳增值税，不缴纳营业税。

单位，是指企业、行政单位、事业单位、军事单位、社会团体及其他单位。

个人，是指个体工商户和其他个人。

第二条　单位以承包、承租、挂靠方式经营的，承包人、承租人、挂靠人（以下统称承包人）以发包人、出租人、被挂靠人（以下统称发包人）名义对外经营并由发包人承担相关法律责任的，以该发包人为纳税人。否则，以承包人为纳税人。

第三条　纳税人分为一般纳税人和小规模纳税人。

应税行为的年应征增值税销售额（以下称应税销售额）超过财政部和国家税务总局规定标准的纳税人为一般纳税人，未超过规定标准的纳税人为小规模纳税人。

年应税销售额超过规定标准的其他个人不属于一般纳税人。年应税销售额超过规定标准但不经常发生应税行为的单位和个体工商户可选择按照小规模纳税人纳税。

第四条　年应税销售额未超过规定标准的纳税人，会计核算健全，能够提供准确税务资料的，可以向主管税务机关办理一般纳税人资格登记，成为一般纳税人。

会计核算健全，是指能够按照国家统一的会计制度规定设置账簿，根据合法、有效凭证核算。

第五条　符合一般纳税人条件的纳税人应当向主管税务机关办理一般纳税人资格登记。具体登记办法由国家税务总局制定。

除国家税务总局另有规定外，一经登记为一般纳税人后，不得转为小规模纳税人。

第六条　中华人民共和国境外（以下称境外）单位或者个人在境内发生应税行为，在境内未设有经营机构的，以购买方为增值税扣缴义务人。财政部和国家税务总局另有规定的除外。

第七条 2个或者2个以上的纳税人，经财政部和国家税务总局批准可以视为1个纳税人合并纳税。具体办法由财政部和国家税务总局另行制定。

第八条 纳税人应当按照国家统一的会计制度进行增值税会计核算。

第二章 征税范围

第九条 应税行为的具体范围，按照本办法所附的《销售服务、无形资产、不动产注释》执行。

第十条 销售服务、无形资产或者不动产，是指有偿提供服务、有偿转让无形资产或者不动产，但属于下列非经营活动的情形除外：

（一）行政单位收取的同时满足以下条件的政府性基金或者行政事业性收费：

1. 由国务院或者财政部批准设立的政府性基金，由国务院或者省级人民政府及其财政、价格主管部门批准设立的行政事业性收费；

2. 收取时开具省级以上（含省级）财政部门监（印）制的财政票据；

3. 所收款项全额上缴财政。

（二）单位或者个体工商户聘用的员工为本单位或者雇主提供取得工资的服务。

（三）单位或者个体工商户为聘用的员工提供服务。

（四）财政部和国家税务总局规定的其他情形。

第十一条 有偿，是指取得货币、货物或者其他经济利益。

第十二条 在境内销售服务、无形资产或者不动产，是指：

（一）服务（租赁不动产除外）或者无形资产（自然资源使用权除外）的销售方或者购买方在境内；

（二）所销售或者租赁的不动产在境内；

（三）所销售自然资源使用权的自然资源在境内；

（四）财政部和国家税务总局规定的其他情形。

第十三条 下列情形不属于在境内销售服务或者无形资产：

（一）境外单位或者个人向境内单位或者个人销售完全在境外发生的服务。

（二）境外单位或者个人向境内单位或者个人销售完全在境外使用的无形资产。

（三）境外单位或者个人向境内单位或者个人出租完全在境外使用的有形动产。

（四）财政部和国家税务总局规定的其他情形。

第十四条 下列情形视同销售服务、无形资产或者不动产：

（一）单位或者个体工商户向其他单位或者个人无偿提供服务，但用于公益事业或者以社会公众为对象的除外。

（二）单位或者个人向其他单位或者个人无偿转让无形资产或者不动产，但用于公益事业或者以社会公众为对象的除外。

（三）财政部和国家税务总局规定的其他情形。

第三章 税率和征收率

第十五条 增值税税率：

（一）纳税人发生应税行为，除本条第（二）项、第（三）项、第（四）项规定外，税率为6%。

（二）提供交通运输、邮政、基础电信、建筑、不动产租赁服务，销售不动产，转让土地使用权，税率为11%。

（三）提供有形动产租赁服务，税率为17%。

（四）境内单位和个人发生的跨境应税行为，税率为零。具体范围由财政部和国家税务总局另行规定。

第十六条　增值税征收率为3%，财政部和国家税务总局另有规定的除外。

第四章　应纳税额的计算

第一节　一般性规定

第十七条　增值税的计税方法，包括一般计税方法和简易计税方法。

第十八条　一般纳税人发生应税行为适用一般计税方法计税。

一般纳税人发生财政部和国家税务总局规定的特定应税行为，可以选择适用简易计税方法计税，但一经选择，36个月内不得变更。

第十九条　小规模纳税人发生应税行为适用简易计税方法计税。

第二十条　境外单位或者个人在境内发生应税行为，在境内未设有经营机构的，扣缴义务人按照下列公式计算应扣缴税额：

应扣缴税额＝购买方支付的价款÷（1+税率）×税率

第二节　一般计税方法

第二十一条　一般计税方法的应纳税额，是指当期销项税额抵扣当期进项税额后的余额。应纳税额计算公式：

应纳税额＝当期销项税额－当期进项税额

当期销项税额小于当期进项税额不足抵扣时，其不足部分可以结转下期继续抵扣。

第二十二条　销项税额，是指纳税人发生应税行为按照销售额和增值税税率计算并收取的增值税额。销项税额计算公式：

销项税额＝销售额×税率

第二十三条　一般计税方法的销售额不包括销项税额，纳税人采用销售额和销项税额合并定价方法的，按照下列公式计算销售额：

销售额＝含税销售额÷（1+税率）

第二十四条　进项税额，是指纳税人购进货物、加工修理修配劳务、服务、无形资产或者不动产，支付或者负担的增值税额。

第二十五条　下列进项税额准予从销项税额中抵扣：

（一）从销售方取得的增值税专用发票（含税控机动车销售统一发票，下同）上注明的增值税额。

（二）从海关取得的海关进口增值税专用缴款书上注明的增值税额。

（三）购进农产品，除取得增值税专用发票或者海关进口增值税专用缴款书外，按照农产品收购发票或者销售发票上注明的农产品买价和13%的扣除率计算的进项税额。计算公式为：

进项税额＝买价×扣除率

买价，是指纳税人购进农产品在农产品收购发票或者销售发票上注明的价款和按照规定缴纳的烟叶税。

购进农产品，按照《农产品增值税进项税额核定扣除试点实施办法》抵扣进项税额的除外。

（四）从境外单位或者个人购进服务、无形资产或者不动产，自税务机关或者扣缴义务人取得的解缴税款的完税凭证上注明的增值税额。

第二十六条 纳税人取得的增值税扣税凭证不符合法律、行政法规或者国家税务总局有关规定的，其进项税额不得从销项税额中抵扣。

增值税扣税凭证，是指增值税专用发票、海关进口增值税专用缴款书、农产品收购发票、农产品销售发票和完税凭证。

纳税人凭完税凭证抵扣进项税额的，应当具备书面合同、付款证明和境外单位的对账单或者发票。资料不全的，其进项税额不得从销项税额中抵扣。

第二十七条 下列项目的进项税额不得从销项税额中抵扣：

（一）用于简易计税方法计税项目、免征增值税项目、集体福利或者个人消费的购进货物、加工修理修配劳务、服务、无形资产和不动产。其中涉及的固定资产、无形资产、不动产，仅指专用于上述项目的固定资产、无形资产（不包括其他权益性无形资产）、不动产。

纳税人的交际应酬消费属于个人消费。

（二）非正常损失的购进货物，以及相关的加工修理修配劳务和交通运输服务。

（三）非正常损失的在产品、产成品所耗用的购进货物（不包括固定资产）、加工修理修配劳务和交通运输服务。

（四）非正常损失的不动产，以及该不动产所耗用的购进货物、设计服务和建筑服务。

（五）非正常损失的不动产在建工程所耗用的购进货物、设计服务和建筑服务。

纳税人新建、改建、扩建、修缮、装饰不动产，均属于不动产在建工程。

（六）购进的旅客运输服务、贷款服务、餐饮服务、居民日常服务和娱乐服务。

（七）财政部和国家税务总局规定的其他情形。

本条第（四）项、第（五）项所称货物，是指构成不动产实体的材料和设备，包括建筑装饰材料和给排水、采暖、卫生、通风、照明、通讯、煤气、消防、中央空调、电梯、电气、智能化楼宇设备及配套设施。

第二十八条 不动产、无形资产的具体范围，按照本办法所附的《销售服务、无形资产或者不动产注释》执行。

固定资产，是指使用期限超过12个月的机器、机械、运输工具以及其他与生产经营有关的设备、工具、器具等有形动产。

非正常损失，是指因管理不善造成货物被盗、丢失、霉烂变质，以及因违反法律法规造成货物或者不动产被依法没收、销毁、拆除的情形。

第二十九条 适用一般计税方法的纳税人，兼营简易计税方法计税项目、免征增值税项目而无法划分不得抵扣的进项税额，按照下列公式计算不得抵扣的进项税额：

不得抵扣的进项税额 = 当期无法划

分的全部进项税额 ×（当期简易计税方法计税项目销售额 + 免征增值税项目销售额）÷ 当期全部销售额

主管税务机关可以按照上述公式依据年度数据对不得抵扣的进项税额进行清算。

第三十条 已抵扣进项税额的购进货物（不含固定资产）、劳务、服务，发生本办法第二十七条规定情形（简易计税方法计税项目、免征增值税项目除外）的，应当将该进项税额从当期进项税额中扣减；无法确定该进项税额的，按照当期实际成本计算应扣减的进项税额。

第三十一条 已抵扣进项税额的固定资产、无形资产或者不动产，发生本办法第二十七条规定情形的，按照下列公式计算不得抵扣的进项税额：

不得抵扣的进项税额 = 固定资产、无形资产或者不动产净值 × 适用税率

固定资产、无形资产或者不动产净值，是指纳税人根据财务会计制度计提折旧或摊销后的余额。

第三十二条 纳税人适用一般计税方法计税的，因销售折让、中止或者退回而退还给购买方的增值税额，应当从当期的销项税额中扣减；因销售折让、中止或者退回而收回的增值税额，应当从当期的进项税额中扣减。

第三十三条 有下列情形之一者，应当按照销售额和增值税税率计算应纳税额，不得抵扣进项税额，也不得使用增值税专用发票：

（一）一般纳税人会计核算不健全，或者不能够提供准确税务资料的。

（二）应当办理一般纳税人资格登记而未办理的。

第三节 简易计税方法

第三十四条 简易计税方法的应纳税额，是指按照销售额和增值税征收率计算的增值税额，不得抵扣进项税额。应纳税额计算公式：

应纳税额 = 销售额 × 征收率

第三十五条 简易计税方法的销售额不包括其应纳税额，纳税人采用销售额和应纳税额合并定价方法的，按照下列公式计算销售额：

销售额 = 含税销售额 ÷（1+ 征收率）

第三十六条 纳税人适用简易计税方法计税的，因销售折让、中止或者退回而退还给购买方的销售额，应当从当期销售额中扣减。扣减当期销售额后仍有余额造成多缴的税款，可以从以后的应纳税额中扣减。

第四节 销售额的确定

第三十七条 销售额，是指纳税人发生应税行为取得的全部价款和价外费用，财政部和国家税务总局另有规定的除外。

价外费用，是指价外收取的各种性质的收费，但不包括以下项目：

（一）代为收取并符合本办法第十条规定的政府性基金或者行政事业性收费。

（二）以委托方名义开具发票代委托方收取的款项。

第三十八条 销售额以人民币计算。

纳税人按照人民币以外的货币结算销售额的，应当折合成人民币计算，折合率可以选择销售额发生的当天或者当月 1 日的人民币汇率中间价。纳税人应当在事先确定采用何种折合率，确定后 12 个月内不得变更。

第三十九条 纳税人兼营销售货物、劳务、服务、无形资产或者不动产，适用不同税率或者征收率的，应当分别核算适用不同税率或者征收率的销售额；未分别核算的，从高适用税率。

第四十条 一项销售行为如果既涉及服务又涉及货物，为混合销售。从事货物的生产、批发或者零售的单位和个体工商户的混合销售行为，按照销售货物缴纳增值税；其他单位和个体工商户的混合销售行为，按照销售服务缴纳增值税。

本条所称从事货物的生产、批发或者零售的单位和个体工商户，包括以从事货物的生产、批发或者零售为主，并兼营销售服务的单位和个体工商户在内。

第四十一条 纳税人兼营免税、减税项目的，应当分别核算免税、减税项目的销售额；未分别核算的，不得免税、减税。

第四十二条 纳税人发生应税行为，开具增值税专用发票后，发生开票有误或者销售折让、中止、退回等情形的，应当按照国家税务总局的规定开具红字增值税专用发票；未按照规定开具红字增值税专用发票的，不得按照本办法第三十二条和第三十六条的规定扣减销项税额或者销售额。

第四十三条 纳税人发生应税行为，将价款和折扣额在同一张发票上分别注明的，以折扣后的价款为销售额；未在同一张发票上分别注明的，以价款为销售额，不得扣减折扣额。

第四十四条 纳税人发生应税行为价格明显偏低或者偏高且不具有合理商业目的的，或者发生本办法第十四条所列行为而无销售额的，主管税务机关有权按照下列顺序确定销售额：

（一）按照纳税人最近时期销售同类服务、无形资产或者不动产的平均价格确定。

（二）按照其他纳税人最近时期销售同类服务、无形资产或者不动产的平均价格确定。

（三）按照组成计税价格确定。组成计税价格的公式为：

组成计税价格 = 成本 ×（1+ 成本利润率）

成本利润率由国家税务总局确定。

不具有合理商业目的，是指以谋取税收利益为主要目的，通过人为安排，减少、免除、推迟缴纳增值税税款，或者增加退还增值税税款。

第五章　纳税义务、扣缴义务发生时间和纳税地点

第四十五条 增值税纳税义务、扣缴义务发生时间为：

（一）纳税人发生应税行为并收讫销售款项或者取得索取销售款项凭据的当天；先开具发票的，为开具发票的当天。

收讫销售款项，是指纳税人销售服务、无形资产、不动产过程中或者完成后收到款项。

取得索取销售款项凭据的当天，是指书面合同确定的付款日期；未签订书面合同或者书面合同未确定付款日期的，为服务、无形资产转让完成的当天或者不动产权属变更的当天。

（二）纳税人提供建筑服务、租赁服务采取预收款方式的，其纳税义务发生时间为收到预收款的当天。

（三）纳税人从事金融商品转让的，

为金融商品所有权转移的当天。

（四）纳税人发生本办法第十四条规定情形的，其纳税义务发生时间为服务、无形资产转让完成的当天或者不动产权属变更的当天。

（五）增值税扣缴义务发生时间为纳税人增值税纳税义务发生的当天。

第四十六条　增值税纳税地点为：

（一）固定业户应当向其机构所在地或者居住地主管税务机关申报纳税。总机构和分支机构不在同一县（市）的，应当分别向各自所在地的主管税务机关申报纳税；经财政部和国家税务总局或者其授权的财政和税务机关批准，可以由总机构汇总向总机构所在地的主管税务机关申报纳税。

（二）非固定业户应当向应税行为发生地主管税务机关申报纳税；未申报纳税的，由其机构所在地或者居住地主管税务机关补征税款。

（三）其他个人提供建筑服务，销售或者租赁不动产，转让自然资源使用权，应向建筑服务发生地、不动产所在地、自然资源所在地主管税务机关申报纳税。

（四）扣缴义务人应当向其机构所在地或者居住地主管税务机关申报缴纳扣缴的税款。

第四十七条　增值税的纳税期限分别为 1 日、3 日、5 日、10 日、15 日、1 个月或者 1 个季度。纳税人的具体纳税期限，由主管税务机关根据纳税人应纳税额的大小分别核定。以 1 个季度为纳税期限的规定适用于小规模纳税人、银行、财务公司、信托投资公司、信用社，以及财政部和国家税务总局规定的其他纳税人。不能按照固定期限纳税的，可以按次纳税。

纳税人以 1 个月或者 1 个季度为 1 个纳税期的，自期满之日起 15 日内申报纳税；以 1 日、3 日、5 日、10 日或者 15 日为 1 个纳税期的，自期满之日起 5 日内预缴税款，于次月 1 日起 15 日内申报纳税并结清上月应纳税款。

扣缴义务人解缴税款的期限，按照前两款规定执行。

第六章　税收减免的处理

第四十八条　纳税人发生应税行为适用免税、减税规定的，可以放弃免税、减税，依照本办法的规定缴纳增值税。放弃免税、减税后，36 个月内不得再申请免税、减税。

纳税人发生应税行为同时适用免税和零税率规定的，纳税人可以选择适用免税或者零税率。

第四十九条　个人发生应税行为的销售额未达到增值税起征点的，免征增值税；达到起征点的，全额计算缴纳增值税。

增值税起征点不适用于登记为一般纳税人的个体工商户。

第五十条　增值税起征点幅度如下：

（一）按期纳税的，为月销售额 5000~20000 元（含本数）。

（二）按次纳税的，为每次（日）销售额 300~500 元（含本数）。

起征点的调整由财政部和国家税务总局规定。省、自治区、直辖市财政厅（局）和国家税务局应当在规定的幅度内，根据实际情况确定本地区适用的起征点，并报财政部和国家税务总局备案。

对增值税小规模纳税人中月销售额未

达到2万元的企业或非企业性单位，免征增值税。2017年12月31日前，对月销售额2万元（含本数）至3万元的增值税小规模纳税人，免征增值税。

第七章　征收管理

第五十一条　营业税改征的增值税，由国家税务局负责征收。纳税人销售取得的不动产和其他个人出租不动产的增值税，国家税务局暂委托地方税务局代为征收。

第五十二条　纳税人发生适用零税率的应税行为，应当按期向主管税务机关申报办理退（免）税，具体办法由财政部和国家税务总局制定。

第五十三条　纳税人发生应税行为，应当向索取增值税专用发票的购买方开具增值税专用发票，并在增值税专用发票上分别注明销售额和销项税额。

属于下列情形之一的，不得开具增值税专用发票：

（一）向消费者个人销售服务、无形资产或者不动产。

（二）适用免征增值税规定的应税行为。

第五十四条　小规模纳税人发生应税行为，购买方索取增值税专用发票的，可以向主管税务机关申请代开。

第五十五条　纳税人增值税的征收管理，按照本办法和《中华人民共和国税收征收管理法》及现行增值税征收管理有关规定执行。

附：销售服务、无形资产、不动产注释（略，详情请登录财政部网站）

财政部　税务总局　海关总署关于深化增值税改革有关政策的公告

（财政部　税务总局　海关总署公告2019年第39号）

为贯彻落实党中央、国务院决策部署，推进增值税实质性减税，现将2019年增值税改革有关事项公告如下：

一、增值税一般纳税人（以下称纳税人）发生增值税应税销售行为或者进口货物，原适用16%税率的，税率调整为13%；原适用10%税率的，税率调整为9%。

二、纳税人购进农产品，原适用10%扣除率的，扣除率调整为9%。纳税人购进用于生产或者委托加工13%税率货物的农产品，按照10%的扣除率计算进项税额。

三、原适用16%税率且出口退税率为16%的出口货物劳务，出口退税率调整为13%；原适用10%税率且出口退税率为10%的出口货物、跨境应税行为，出口退税率调整为9%。

2019年6月30日前（含2019年4月1日前），纳税人出口前款所涉货物劳务、发生前款所涉跨境应税行为，适用增值税免退税办法的，购进时已按调整前税率征收增值税的，执行调整前的出口退税率，购进时已按调整后税率征收增值税的，执行调整后的出口退税率；适用增值税免抵退税办法的，执行调整前的出口退税率，在计算免抵退税时，适用税率低于出口退税率的，适用税率与出口退税率之差视为零参与免抵退税计算。

出口退税率的执行时间及出口货物劳务、发生跨境应税行为的时间，按照以下规定执行：报关出口的货物劳务（保税区及经保税区出口除外），以海关出口报关单上注明的出口日期为准；非报关出口的货物劳务、跨境应税行为，以出口发票或普通发票的开具时间为准；保税区及经保税区出口的货物，以货物离境时海关出具的出境货物备案清单上注明的出口日期为准。

四、适用13%税率的境外旅客购物离境退税物品，退税率为11%；适用9%税率的境外旅客购物离境退税物品，退税率为8%。

2019年6月30日前，按调整前税率征收增值税的，执行调整前的退税率；按调整后税率征收增值税的，执行调整后的退税率。

退税率的执行时间，以退税物品增值税普通发票的开具日期为准。

五、自2019年4月1日起，《营业税改征增值税试点有关事项的规定》（财税〔2016〕36号印发）第一条第（四）项第1点、第二条第（一）项第1点停止执行，纳税人取得不动产或者不动产在建工程的进项税额不再分2年抵扣。此前按照上述规定尚未抵扣完毕的待抵扣进项税额，可自2019年4月税款所属期起从销项税额中抵扣。

六、纳税人购进国内旅客运输服务，其进项税额允许从销项税额中抵扣。

（一）纳税人未取得增值税专用发票的，暂按照以下规定确定进项税额：

1.取得增值税电子普通发票的，为发票上注明的税额；

2.取得注明旅客身份信息的航空运输电子客票行程单的，为按照下列公式计算进项税额：

航空旅客运输进项税额＝（票价＋燃油附加费）÷（1+9%）×9%

3.取得注明旅客身份信息的铁路车票的，为按照下列公式计算的进项税额：

铁路旅客运输进项税额＝票面金额÷（1+9%）×9%

4.取得注明旅客身份信息的公路、水路等其他客票的，按照下列公式计算进项税额：

公路、水路等其他旅客运输进项税额＝票面金额÷（1+3%）×3%

（二）《营业税改征增值税试点实施办法》（财税〔2016〕36号印发）第二十七条第（六）项和《营业税改征增值税试点有关事项的规定》（财税〔2016〕36号印发）第二条第（一）项第5点中“购进的旅客运输服务、贷款服务、餐饮服务、居民日常服务和娱乐服务”修改为“购进的贷款服务、餐饮服务、居民日常服务和娱乐服务”。

七、自2019年4月1日至2021年12月31日，允许生产、生活性服务业纳税人按照当期可抵扣进项税额加计10%，抵减应纳税额（以下称加计抵减政策）。

（一）本公告所称生产、生活性服务业纳税人，是指提供邮政服务、电信服务、现代服务、生活服务（以下称四项服务）取得的销售额占全部销售额的比重超过50%的纳税人。四项服务的具体范围按照《销售服务、无形资产、不动产注释》（财税〔2016〕36号印发）执行。

2019年3月31日前设立的纳税人，自2018年4月至2019年3月期间的销售额（经营期不满12个月的，按照实际经营期的销售额）符合上述规定条件的，自2019年4月1日起适用加计抵减政策。

2019年4月1日后设立的纳税人，自设立之日起3个月的销售额符合上述规定条件的，自登记为一般纳税人之日起适用加计抵减政策。

纳税人确定适用加计抵减政策后，当年内不再调整，以后年度是否适用，根据上年度销售额计算确定。

纳税人可计提但未计提的加计抵减额，可在确定适用加计抵减政策当期一并计提。

（二）纳税人应按照当期可抵扣进项税额的10%计提当期加计抵减额。按照现行规定不得从销项税额中抵扣的进项税额，不得计提加计抵减额；已计提加计抵减额的进项税额，按规定作进项税额转出的，应在进项税额转出当期，相应调减加计抵减额。计算公式如下：

当期计提加计抵减额＝当期可抵扣进项税额×10%

当期可抵减加计抵减额＝上期末加计抵减额余额＋当期计提加计抵减额－当期调减加计抵减额

（三）纳税人应按照现行规定计算一

般计税方法下的应纳税额（以下称抵减前的应纳税额）后，区分以下情形加计抵减：

1. 抵减前的应纳税额等于零的，当期可抵减加计抵减额全部结转下期抵减；

2. 抵减前的应纳税额大于零，且大于当期可抵减加计抵减额的，当期可抵减加计抵减额全额从抵减前的应纳税额中抵减；

3. 抵减前的应纳税额大于零，且小于或等于当期可抵减加计抵减额的，以当期可抵减加计抵减额抵减应纳税额至零。未抵减完的当期可抵减加计抵减额，结转下期继续抵减。

（四）纳税人出口货物劳务、发生跨境应税行为不适用加计抵减政策，其对应的进项税额不得计提加计抵减额。

纳税人兼营出口货物劳务、发生跨境应税行为且无法划分不得计提加计抵减额的进项税额，按照以下公式计算：

不得计提加计抵减额的进项税额＝当期无法划分的全部进项税额 × 当期出口货物劳务和发生跨境应税行为的销售额 ÷ 当期全部销售额

（五）纳税人应单独核算加计抵减额的计提、抵减、调减、结余等变动情况。骗取适用加计抵减政策或虚增加计抵减额的，按照《中华人民共和国税收征收管理法》等有关规定处理。

（六）加计抵减政策执行到期后，纳税人不再计提加计抵减额，结余的加计抵减额停止抵减。

八、自 2019 年 4 月 1 日起，试行增值税期末留抵税额退税制度。

（一）同时符合以下条件的纳税人，可以向主管税务机关申请退还增量留抵税额：

1. 自 2019 年 4 月税款所属期起，连续六个月（按季纳税的，连续两个季度）增量留抵税额均大于零，且第六个月增量留抵税额不低于 50 万元；

2. 纳税信用等级为 A 级或者 B 级；

3. 申请退税前 36 个月未发生骗取留抵退税、出口退税或虚开增值税专用发票情形的；

4. 申请退税前 36 个月未因偷税被税务机关处罚两次及以上的；

5. 自 2019 年 4 月 1 日起未享受即征即退、先征后返（退）政策的。

（二）本公告所称增量留抵税额，是指与 2019 年 3 月底相比新增加的期末留抵税额。

（三）纳税人当期允许退还的增量留抵税额，按照以下公式计算：

允许退还的增量留抵税额＝增量留抵税额 × 进项构成比例 ×60%

进项构成比例，为 2019 年 4 月至申请退税前一税款所属期内已抵扣的增值税专用发票（含税控机动车销售统一发票）、海关进口增值税专用缴款书、解缴税款完税凭证注明的增值税额占同期全部已抵扣进项税额的比重。

（四）纳税人应在增值税纳税申报期内，向主管税务机关申请退还留抵税额。

（五）纳税人出口货物劳务、发生跨境应税行为，适用免抵退税办法的，办理免抵退税后，仍符合本公告规定条件的，可以申请退还留抵税额；适用免退税办法的，相关进项税额不得用于退还留抵税额。

（六）纳税人取得退还的留抵税额后，应相应调减当期留抵税额。按照本条规定再次满足退税条件的，可以继续向主管税务机关申请退还留抵税额，但本条第（一）项第1点规定的连续期间，不得重复计算。

（七）以虚增进项、虚假申报或其他欺骗手段，骗取留抵退税款的，由税务机关追缴其骗取的退税款，并按照《中华人民共和国税收征收管理法》等有关规定处理。

（八）退还的增量留抵税额中央、地方分担机制另行通知。

九、本公告自2019年4月1日起执行。

特此公告。

财政部　税务总局　海关总署

2019年3月20日

3. 技术入股和企业股权激励

财政部　国家税务总局关于非货币性资产投资企业所得税政策问题的通知

（财税〔2014〕116 号）

各省、自治区、直辖市、计划单列市财政厅（局）、国家税务局、地方税务局，新疆生产建设兵团财务局：

为贯彻落实《国务院关于进一步优化企业兼并重组市场环境的意见》（国发〔2014〕14 号），根据《中华人民共和国企业所得税法》及其实施条例有关规定，现就非货币性资产投资涉及的企业所得税政策问题明确如下：

一、居民企业（以下简称企业）以非货币性资产对外投资确认的非货币性资产转让所得，可在不超过 5 年期限内，分期均匀计入相应年度的应纳税所得额，按规定计算缴纳企业所得税。

二、企业以非货币性资产对外投资，应对非货币性资产进行评估并按评估后的公允价值扣除计税基础后的余额，计算确认非货币性资产转让所得。

企业以非货币性资产对外投资，应于投资协议生效并办理股权登记手续时，确认非货币性资产转让收入的实现。

三、企业以非货币性资产对外投资而取得被投资企业的股权，应以非货币性资产的原计税成本为计税基础，加上每年确认的非货币性资产转让所得，逐年进行调整。

被投资企业取得非货币性资产的计税基础，应按非货币性资产的公允价值确定。

四、企业在对外投资 5 年内转让上述股权或投资收回的，应停止执行递延纳税政策，并就递延期内尚未确认的非货币性资产转让所得，在转让股权或投资收回当年的企业所得税年度汇算清缴时，一次性计算缴纳企业所得税；企业在计算股权转让所得时，可按本通知第三条第一款规定将股权的计税基础一次调整到位。

企业在对外投资 5 年内注销的，应停止执行递延纳税政策，并就递延期内尚未确认的非货币性资产转让所得，在注销当年的企业所得税年度汇算清缴时，一次性计算缴纳企业所得税。

五、本通知所称非货币性资产，是指现金、银行存款、应收账款、应收票据以及准备持有至到期的债券投资等货币性资产以外的资产。

本通知所称非货币性资产投资，限于以非货币性资产出资设立新的居民企业，或将非货币性资产注入现存的居民企业。

六、企业发生非货币性资产投资，符合《财政部、国家税务总局关于企业重组业务企业所得税处理若干问题的通知》（财税〔2009〕59 号）等文件规定的特殊性税务处理条件的，也可选择按特殊性税务处理规定执行。

七、本通知自2014年1月1日起执行。本通知发布前尚未处理的非货币性资产投资，符合本通知规定的可按本通知执行。

财政部　国家税务总局

2014年12月31日

财政部 国家税务总局关于个人非货币性资产投资有关个人所得税政策的通知

（财税〔2015〕41号）

各省、自治区、直辖市、计划单列市财政厅（局）、地方税务局，新疆生产建设兵团财务局：

为进一步鼓励和引导民间个人投资，经国务院批准，将在上海自由贸易试验区试点的个人非货币性资产投资分期缴税政策推广至全国。现就个人非货币性资产投资有关个人所得税政策通知如下：

一、个人以非货币性资产投资，属于个人转让非货币性资产和投资同时发生。对个人转让非货币性资产的所得，应按照“财产转让所得”项目，依法计算缴纳个人所得税。

二、个人以非货币性资产投资，应按评估后的公允价值确认非货币性资产转让收入。非货币性资产转让收入减除该资产原值及合理税费后的余额为应纳税所得额。

个人以非货币性资产投资，应于非货币性资产转让、取得被投资企业股权时，确认非货币性资产转让收入的实现。

三、个人应在发生上述应税行为的次月15日内向主管税务机关申报纳税。纳税人一次性缴税有困难的，可合理确定分期缴纳计划并报主管税务机关备案后，自发生上述应税行为之日起不超过5个公历年度内（含）分期缴纳个人所得税。

四、个人以非货币性资产投资交易过程中取得现金补价的，现金部分应优先用于缴税；现金不足以缴纳的部分，可分期缴纳。

个人在分期缴税期间转让其持有的上述全部或部分股权，并取得现金收入的，该现金收入应优先用于缴纳尚未缴清的税款。

五、本通知所称非货币性资产，是指现金、银行存款等货币性资产以外的资产，包括股权、不动产、技术发明成果以及其他形式的非货币性资产。

本通知所称非货币性资产投资，包括以非货币性资产出资设立新的企业，以及以非货币性资产出资参与企业增资扩股、定向增发股票、股权置换、重组改制等投资行为。

六、本通知规定的分期缴税政策自2015年4月1日起施行。对2015年4月1日之前发生的个人非货币性资产投资，尚未进行税收处理且自发生上述应税行为之日起期限未超过5年的，可在剩余的期限内分期缴纳其应纳税款。

财政部 国家税务总局

2015年3月30日

国家税务总局关于个人非货币性资产投资有关个人所得税征管问题的公告

（国家税务总局公告 2015 年第 20 号）

注释：

《国家税务总局关于修改部分税收规范性文件的公告》（国家税务总局公告 2018 年第 31 号）对本文进行了修改。

为落实国务院第 83 次常务会议决定，鼓励和引导民间个人投资，根据《中华人民共和国个人所得税法》及其实施条例、《中华人民共和国税收征收管理法》及其实施细则、《财政部　国家税务总局关于个人非货币性资产投资有关个人所得税政策的通知》（财税〔2015〕41 号）规定，现就落实个人非货币性资产投资有关个人所得税征管问题公告如下：

一、非货币性资产投资个人所得税以发生非货币性资产投资行为并取得被投资企业股权的个人为纳税人。

二、非货币性资产投资个人所得税由纳税人向主管税务机关自行申报缴纳。

三、纳税人以不动产投资的，以不动产所在地税务机关为主管税务机关；纳税人以其持有的企业股权对外投资的，以该企业所在地税务机关为主管税务机关；纳税人以其他非货币资产投资的，以被投资企业所在地税务机关为主管税务机关。

四、纳税人非货币性资产投资应纳税所得额为非货币性资产转让收入减除该资产原值及合理税费后的余额。

五、非货币性资产原值为纳税人取得该项资产时实际发生的支出。

纳税人无法提供完整、准确的非货币性资产原值凭证，不能正确计算非货币性资产原值的，主管税务机关可依法核定其非货币性资产原值。

六、合理税费是指纳税人在非货币性资产投资过程中发生的与资产转移相关的税金及合理费用。

七、纳税人以股权投资的，该股权原值确认等相关问题依照《股权转让所得个人所得税管理办法（试行）》（国家税务总局公告 2014 年第 67 号发布）有关规定执行。

八、纳税人非货币性资产投资需要分期缴纳个人所得税的，应于取得被投资企业股权之日的次月 15 日内，自行制定缴税计划并向主管税务机关报送《非货币性资产投资分期缴纳个人所得税备案表》（见附件）、纳税人身份证明、投资协议、非货币性资产评估价格证明材料、能够证明非货币性资产原值及合理税费的相关资料。

2015 年 4 月 1 日之前发生的非货币性资产投资，期限未超过 5 年，尚未进行税收处理且需要分期缴纳个人所得税的，纳税人应于本公告下发之日起 30 日内向主管税务机关办理分期缴税备案手续。

九、纳税人分期缴税期间提出变更原分期缴税计划的，应重新制定分期缴税计划并向主管税务机关重新报送《非货币性资产投资分期缴纳个人所得税备案表》。

十、纳税人按分期缴税计划向主管税务机关办理纳税申报时，应提供已在主管税务机关备案的《非货币性资产投资分期缴纳个人所得税备案表》和本期之前各期已缴纳个人所得税的完税凭证。

十一、纳税人在分期缴税期间转让股权的，应于转让股权之日的次月 15 日内向主管税务机关申报纳税。

十二、被投资企业应将纳税人以非货币性资产投入本企业取得股权和分期缴税期间纳税人股权变动情况，分别于相关事项发生后 15 日内向主管税务机关报告，并协助税务机关执行公务。

十三、纳税人和被投资企业未按规定备案、缴税和报送资料的，按照《中华人民共和国税收征收管理法》及有关规定处理。

十四、本公告自 2015 年 4 月 1 日起施行。

特此公告。

附件:《非货币性资产投资分期缴纳个人所得税备案表》及填报说明（略）

国家税务总局

2015 年 4 月 8 日

国家税务总局关于非货币性资产投资企业所得税有关征管问题的公告

（国家税务总局公告2015年第33号）

《国务院关于进一步优化企业兼并重组市场环境的意见》（国发〔2014〕14号）和《财政部　国家税务总局关于非货币性资产投资企业所得税政策问题的通知》（财税〔2014〕116号）发布后，各地陆续反映在非货币性资产投资企业所得税政策执行过程中有些征管问题亟需明确。经研究，现就非货币性资产投资企业所得税有关征管问题公告如下：

一、实行查账征收的居民企业（以下简称企业）以非货币性资产对外投资确认的非货币性资产转让所得，可自确认非货币性资产转让收入年度起不超过连续5个纳税年度的期间内，分期均匀计入相应年度的应纳税所得额，按规定计算缴纳企业所得税。

二、关联企业之间发生的非货币性资产投资行为，投资协议生效后12个月内尚未完成股权变更登记手续的，于投资协议生效时，确认非货币性资产转让收入的实现。

三、符合财税〔2014〕116号文件规定的企业非货币性资产投资行为，同时又符合《财政部　国家税务总局关于企业重组业务企业所得税处理若干问题的通知》（财税〔2009〕59号）、《财政部　国家税务总局关于促进企业重组有关企业所得税处理问题的通知》（财税〔2014〕109号）等文件规定的特殊性税务处理条件的，可由企业选择其中一项政策执行，且一经选择，不得改变。

四、企业选择适用本公告第一条规定进行税务处理的，应在非货币性资产转让所得递延确认期间每年企业所得税汇算清缴时，填报《中华人民共和国企业所得税年度纳税申报表》（A类，2014年版）中“A105100企业重组纳税调整明细表”第13行“其中：以非货币性资产对外投资”的相关栏目，并向主管税务机关报送《非货币性资产投资递延纳税调整明细表》（详见附件）。

五、企业应将股权投资合同或协议、对外投资的非货币性资产（明细）公允价值评估确认报告、非货币性资产（明细）计税基础的情况说明、被投资企业设立或变更的工商部门证明材料等资料留存备查，并单独准确核算税法与会计差异情况。

主管税务机关应加强企业非货币性资产投资递延纳税的后续管理。

六、本公告适用于2014年度及以后年度企业所得税汇算清缴。此前尚未处理的非货币性资产投资，符合财税〔2014〕116号文件和本公告规定的可按本公告执行。

特此公告。

附件：非货币性资产投资递延纳税调整明细表（略）

国家税务总局

2015 年 5 月 8 日

国家税务总局关于股权奖励和转增股本个人所得税征管问题的公告

（国家税务总局公告2015年第80号）

为贯彻落实《财政部　国家税务总局关于将国家自主创新示范区有关税收试点政策推广到全国范围实施的通知》（财税〔2015〕116号）规定，现就股权奖励和转增股本个人所得税征管有关问题公告如下：

一、关于股权奖励

（一）股权奖励的计税价格参照获得股权时的公平市场价格确定，具体按以下方法确定：

1. 上市公司股票的公平市场价格，按照取得股票当日的收盘价确定。取得股票当日为非交易时间的，按照上一个交易日收盘价确定。

2. 非上市公司股权的公平市场价格，依次按照净资产法、类比法和其他合理方法确定。

（二）计算股权奖励应纳税额时，规定月份数按员工在企业的实际工作月份数确定。员工在企业工作月份数超过12个月的，按12个月计算。

二、关于转增股本

（一）非上市及未在全国中小企业股份转让系统挂牌的中小高新技术企业以未分配利润、盈余公积、资本公积向个人股东转增股本，并符合财税〔2015〕116号文件有关规定的，纳税人可分期缴纳个人所得税；非上市及未在全国中小企业股份转让系统挂牌的其他企业转增股本，应及时代扣代缴个人所得税。

（二）上市公司或在全国中小企业股份转让系统挂牌的企业转增股本（不含以股票发行溢价形成的资本公积转增股本），按现行有关股息红利差别化政策执行。

三、关于备案办理

（一）获得股权奖励的企业技术人员、企业转增股本涉及的股东需要分期缴纳个人所得税的，应自行制订分期缴税计划，由企业于发生股权奖励、转增股本的次月15日内，向主管税务机关办理分期缴税备案手续。

办理股权奖励分期缴税，企业应向主管税务机关报送高新技术企业认定证书、股东大会或董事会决议、《个人所得税分期缴纳备案表（股权奖励）》、相关技术人员参与技术活动的说明材料、企业股权奖励计划、能够证明股权或股票价格的有关材料、企业转化科技成果的说明、最近一期企业财务报表等。

办理转增股本分期缴税，企业应向主管税务机关报送高新技术企业认定证书、股东大会或董事会决议、《个人所得税分期缴纳备案表（转增股本）》、上年度及转增股本当月企业财务报表、转增股本有关情况说明等。

高新技术企业认定证书、股东大会或董事会决议的原件，主管税务机关进行形式审核后退还企业，复印件及其他有关资料税务机关留存。

（二）纳税人分期缴税期间需要变更原分期缴税计划的，应重新制定分期缴税计划，由企业向主管税务机关重新报送《个人所得税分期缴纳备案表》。

四、关于代扣代缴

（一）企业在填写《扣缴个人所得税报告表》时，应将纳税人取得股权奖励或转增股本情况单独填列，并在“备注”栏中注明“股权奖励”或“转增股本”字样。

（二）纳税人在分期缴税期间取得分红或转让股权的，企业应及时代扣股权奖励或转增股本尚未缴清的个人所得税，并于次月15日内向主管税务机关申报纳税。

本公告自2016年1月1日起施行。

特此公告。

附件：1.《个人所得税分期缴纳备案表（股权奖励）》及填报说明（略）

2.《个人所得税分期缴纳备案表（转增股本）》及填报说明（略）

国家税务总局

2015年11月16日

国家税务总局关于股权激励和技术入股所得税征管问题的公告

（国家税务总局公告2016年第62号）

注释：

条款废止，第一条第（三）项中："员工在一个纳税年度中多次取得不符合递延纳税条件的股票（权）形式工资薪金所得的，参照《国家税务总局关于个人股票期权所得缴纳个人所得税有关问题的补充通知》（国税函〔2006〕902号）第七条规定执行。"。参见：《国家税务总局关于公布全文和部分条款失效废止的税务规范性文件目录的公告》（国家税务总局公告2023年第8号）。

为贯彻落实《财政部　国家税务总局关于完善股权激励和技术入股有关所得税政策的通知》（财税〔2016〕101号，以下简称《通知》），现就股权激励和技术入股有关所得税征管问题公告如下：

一、关于个人所得税征管问题

（一）非上市公司实施符合条件的股权激励，本公司最近6个月在职职工平均人数，按照股票（权）期权行权、限制性股票解禁、股权奖励获得之上月起前6个月"工资薪金所得"项目全员全额扣缴明细申报的平均人数确定。

（二）递延纳税期间，非上市公司情况发生变化，不再同时符合《通知》第一条第（二）款第4至6项条件的，应于情况发生变化之次月15日内，按《通知》第四条第（一）款规定计算缴纳个人所得税。

（三）员工以在一个公历月份中取得的股票（权）形式工资薪金所得为一次。员工取得符合条件、实行递延纳税政策的股权激励，与不符合递延纳税条件的股权激励分别计算。

员工在一个纳税年度中多次取得不符合递延纳税条件的股票（权）形式工资薪金所得的，参照《国家税务总局关于个人股票期权所得缴纳个人所得税有关问题的补充通知》（国税函〔2006〕902号）第七条规定执行。

（四）《通知》所称公平市场价格按以下方法确定：

1. 上市公司股票的公平市场价格，按照取得股票当日的收盘价确定。取得股票当日为非交易日的，按照上一个交易日收盘价确定。

2. 非上市公司股票（权）的公平市场价格，依次按照净资产法、类比法和其他合理方法确定。净资产法按照取得股票（权）的上年末净资产确定。

（五）企业备案具体按以下规定执行：

1. 非上市公司实施符合条件的股权激励，个人选择递延纳税的，非上市公司应于股票（权）期权行权、限制性股票解禁、股权奖励获得之次月 15 日内，向主管税务机关报送《非上市公司股权激励个人所得税递延纳税备案表》（附件 1）、股权激励计划、董事会或股东大会决议、激励对象任职或从事技术工作情况说明等。实施股权奖励的企业同时报送本企业及其奖励股权标的企业上一纳税年度主营业务收入构成情况说明。

2. 上市公司实施股权激励，个人选择在不超过 12 个月期限内缴税的，上市公司应自股票期权行权、限制性股票解禁、股权奖励获得之次月 15 日内，向主管税务机关报送《上市公司股权激励个人所得税延期纳税备案表》（附件 2）。上市公司初次办理股权激励备案时，还应一并向主管税务机关报送股权激励计划、董事会或股东大会决议。

3. 个人以技术成果投资入股境内公司并选择递延纳税的，被投资公司应于取得技术成果并支付股权之次月 15 日内，向主管税务机关报送《技术成果投资入股个人所得税递延纳税备案表》（附件 3）、技术成果相关证书或证明材料、技术成果投资入股协议、技术成果评估报告等资料。

（六）个人因非上市公司实施股权激励或以技术成果投资入股取得的股票（权），实行递延纳税期间，扣缴义务人应于每个纳税年度终了后 30 日内，向主管税务机关报送《个人所得税递延纳税情况年度报告表》（附件 4）。

（七）递延纳税股票（权）转让、办理纳税申报时，扣缴义务人、个人应向主管税务机关一并报送能够证明股票（权）转让价格、递延纳税股票（权）原值、合理税费的有关资料，具体包括转让协议、评估报告和相关票据等。资料不全或无法充分证明有关情况，造成计税依据偏低，又无正当理由的，主管税务机关可依据税收征管法有关规定进行核定。

二、关于企业所得税征管问题

（一）选择适用《通知》中递延纳税政策的，应当为实行查账征收的居民企业以技术成果所有权投资。

（二）企业适用递延纳税政策的，应在投资完成后首次预缴申报时，将相关内容填入《技术成果投资入股企业所得税递延纳税备案表》（附件 5）。

（三）企业接受技术成果投资入股，技术成果评估值明显不合理的，主管税务机关有权进行调整。

三、实施时间

本公告自 2016 年 9 月 1 日起实施。中关村国家自主创新示范区 2016 年 1 月 1 日至 8 月 31 日之间发生的尚未纳税的股权奖励事项，按《通知》有关政策执行的，可按本公告有关规定办理相关税收事宜。《国家税务总局关于 3 项个人所得税事项取消审批实施后续管理的公告》（国家税务总局公告 2016 年第 5 号）第二条第（一）项同时废止。

特此公告。

附件：1.《非上市公司股权激励个人所得税递延纳税备案表》及填报说明（略）

2.《上市公司股权激励个人所得税延期纳税备案表》及填报说明（略）

3.《技术成果投资入股个人所得税递延纳税备案表》及填报说明（略）

4.《个人所得税递延纳税情况年度报告表》及填报说明（略）

5.《技术成果投资入股企业所得税递延纳税备案表》及填报说明（略）

国家税务总局

2016 年 9 月 28 日

财政部 国家税务总局
关于完善股权激励和技术入股有关所得税政策的通知

（财税〔2016〕101号）

各省、自治区、直辖市、计划单列市财政厅（局）、国家税务局、地方税务局，新疆生产建设兵团财务局：

为支持国家大众创业、万众创新战略的实施，促进我国经济结构转型升级，经国务院批准，现就完善股权激励和技术入股有关所得税政策通知如下：

一、对符合条件的非上市公司股票期权、股权期权、限制性股票和股权奖励实行递延纳税政策

（一）非上市公司授予本公司员工的股票期权、股权期权、限制性股票和股权奖励，符合规定条件的，经向主管税务机关备案，可实行递延纳税政策，即员工在取得股权激励时可暂不纳税，递延至转让该股权时纳税；股权转让时，按照股权转让收入减除股权取得成本以及合理税费后的差额，适用“财产转让所得”项目，按照20%的税率计算缴纳个人所得税。

股权转让时，股票（权）期权取得成本按行权价确定，限制性股票取得成本按实际出资额确定，股权奖励取得成本为零。

（二）享受递延纳税政策的非上市公司股权激励（包括股票期权、股权期权、限制性股票和股权奖励，下同）须同时满足以下条件：

1. 属于境内居民企业的股权激励计划。

2. 股权激励计划经公司董事会、股东（大）会审议通过。未设股东（大）会的国有单位，经上级主管部门审核批准。股权激励计划应列明激励目的、对象、标的、有效期、各类价格的确定方法、激励对象获取权益的条件、程序等。

3. 激励标的应为境内居民企业的本公司股权。股权奖励的标的可以是技术成果投资入股到其他境内居民企业所取得的股权。激励标的股票（权）包括通过增发、大股东直接让渡以及法律法规允许的其他合理方式授予激励对象的股票（权）。

4. 激励对象应为公司董事会或股东（大）会决定的技术骨干和高级管理人员，激励对象人数累计不得超过本公司最近6个月在职职工平均人数的30%。

5. 股票（权）期权自授予日起应持有满3年，且自行权日起持有满1年；限制性股票自授予日起应持有满3年，且解禁后持有满1年；股权奖励自获得奖励之日起应持有满3年。上述时间条件须在股权激励计划中列明。

6. 股票（权）期权自授予日至行权日的时间不得超过10年。

7. 实施股权奖励的公司及其奖励股权

标的公司所属行业均不属于《股权奖励税收优惠政策限制性行业目录》范围（见附件）。公司所属行业按公司上一纳税年度主营业务收入占比最高的行业确定。

（三）本通知所称股票（权）期权是指公司给予激励对象在一定期限内以事先约定的价格购买本公司股票（权）的权利；所称限制性股票是指公司按照预先确定的条件授予激励对象一定数量的本公司股权，激励对象只有工作年限或业绩目标符合股权激励计划规定条件的才可以处置该股权；所称股权奖励是指企业无偿授予激励对象一定份额的股权或一定数量的股份。

（四）股权激励计划所列内容不同时满足第一条第（二）款规定的全部条件，或递延纳税期间公司情况发生变化，不再符合第一条第（二）款第4至6项条件的，不得享受递延纳税优惠，应按规定计算缴纳个人所得税。

二、对上市公司股票期权、限制性股票和股权奖励适当延长纳税期限

（一）上市公司授予个人的股票期权、限制性股票和股权奖励，经向主管税务机关备案，个人可自股票期权行权、限制性股票解禁或取得股权奖励之日起，在不超过12个月的期限内缴纳个人所得税。《财政部　国家税务总局关于上市公司高管人员股票期权所得缴纳个人所得税有关问题的通知》（财税〔2009〕40号）自本通知施行之日起废止。

（二）上市公司股票期权、限制性股票应纳税款的计算，继续按照《财政部、国家税务总局关于个人股票期权所得征收个人所得税问题的通知》（财税〔2005〕35号）、《财政部、国家税务总局关于股票增值权所得和限制性股票所得征收个人所得税有关问题的通知》（财税〔2009〕5号）、《国家税务总局关于股权激励有关个人所得税问题的通知》（国税函〔2009〕461号）等相关规定执行。股权奖励应纳税款的计算比照上述规定执行。

三、对技术成果投资入股实施选择性税收优惠政策

（一）企业或个人以技术成果投资入股到境内居民企业，被投资企业支付的对价全部为股票（权）的，企业或个人可选择继续按现行有关税收政策执行，也可选择适用递延纳税优惠政策。

选择技术成果投资入股递延纳税政策的，经向主管税务机关备案，投资入股当期可暂不纳税，允许递延至转让股权时，按股权转让收入减去技术成果原值和合理税费后的差额计算缴纳所得税。

（二）企业或个人选择适用上述任一项政策，均允许被投资企业按技术成果投资入股时的评估值入账并在企业所得税前摊销扣除。

（三）技术成果是指专利技术（含国防专利）、计算机软件著作权、集成电路布图设计专有权、植物新品种权、生物医药新品种，以及科技部、财政部、国家税务总局确定的其他技术成果。

（四）技术成果投资入股，是指纳税人将技术成果所有权让渡给被投资企业、取得该企业股票（权）的行为。

四、相关政策

（一）个人从任职受雇企业以低于公平市场价格取得股票（权）的，凡不符合递延

纳税条件，应在获得股票（权）时，对实际出资额低于公平市场价格的差额，按照“工资、薪金所得”项目，参照《财政部、国家税务总局关于个人股票期权所得征收个人所得税问题的通知》（财税〔2005〕35号）有关规定计算缴纳个人所得税。

（二）个人因股权激励、技术成果投资入股取得股权后，非上市公司在境内上市的，处置递延纳税的股权时，按照现行限售股有关征税规定执行。

（三）个人转让股权时，视同享受递延纳税优惠政策的股权优先转让。递延纳税的股权成本按照加权平均法计算，不与其他方式取得的股权成本合并计算。

（四）持有递延纳税的股权期间，因该股权产生的转增股本收入，以及以该递延纳税的股权再进行非货币性资产投资的，应在当期缴纳税款。

（五）全国中小企业股份转让系统挂牌公司按照本通知第一条规定执行。

适用本通知第二条规定的上市公司是指其股票在上海证券交易所、深圳证券交易所上市交易的股份有限公司。

五、配套管理措施

（一）对股权激励或技术成果投资入股选择适用递延纳税政策的，企业应在规定期限内到主管税务机关办理备案手续。未办理备案手续的，不得享受本通知规定的递延纳税优惠政策。

（二）企业实施股权激励或个人以技术成果投资入股，以实施股权激励或取得技术成果的企业为个人所得税扣缴义务人。递延纳税期间，扣缴义务人应在每个纳税年度终了后向主管税务机关报告递延纳税有关情况。

（三）工商部门应将企业股权变更信息及时与税务部门共享，暂不具备联网实时共享信息条件的，工商部门应在股权变更登记3个工作日内将信息与税务部门共享。

六、本通知自2016年9月1日起施行

中关村国家自主创新示范区2016年1月1日至8月31日之间发生的尚未纳税的股权奖励事项，符合本通知规定的相关条件的，可按本通知有关政策执行。

财政部　国家税务总局

2016年9月20日

附件：

股权奖励税收优惠政策限制性行业目录

门类代码	类别名称
A（农、林、牧、渔业）	（1）03 畜牧业（科学研究、籽种繁育性质项目除外）
	（2）04 渔业（科学研究、籽种繁育性质项目除外）
B（采矿业）	（3）采矿业（除第11类开采辅助活动）

续表

门类代码	类别名称
C（制造业）	（4）16 烟草制品业
	（5）17 纺织业（除第 178 类非家用纺织制成品制造）
	（6）19 皮革、毛皮、羽毛及其制品和制鞋业
	（7）20 木材加工和木、竹、藤、棕、草制品业
	（8）22 造纸和纸制品业（除第 223 类纸制品制造）
	（9）31 黑色金属冶炼和压延加工业（除第 314 类钢压延加工）
F（批发和零售业）	（10）批发和零售业
G（交通运输、仓储和邮政业）	（11）交通运输、仓储和邮政业
H（住宿和餐饮业）	（12）住宿和餐饮业
J（金融业）	（13）66 货币金融服务
	（14）68 保险业
K（房地产业）	（15）房地产业
L（租赁和商务服务业）	（16）租赁和商务服务业
O（居民服务、修理和其他服务业）	（17）79 居民服务业
Q（卫生和社会工作）	（18）84 社会工作
R（文化、体育和娱乐业）	（19）88 体育
	（20）89 娱乐业
S（公共管理、社会保障和社会组织）	（21）公共管理、社会保障和社会组织（除第 9421 类专业性团体和 9422 类行业性团体）
T（国际组织）	（22）国际组织

说明：以上目录按照《国民经济行业分类》（GB/T 4754–2011）编制。

4. 职务科技成果转化股权奖励及现金奖励

财政部　国家税务总局关于促进科技成果转化有关税收政策的通知

（财税字〔1999〕45号）

注释：

废止第二条。参见：《财政部　国家税务总局关于企业所得税若干优惠政策的通知》（财税〔2008〕1号）第五条规定。

各省、自治区、直辖市、计划单列市财政厅（局）、国家税务局、地方税务局：

为贯彻落实《中华人民共和国科学技术进步法》和《中华人民共和国促进科技成果转化法》，鼓励高新技术产业发展，经国务院批准，现将科研机构、高等学校研究开发高新技术，转化科技成果有关税收政策通知如下：

一、科研机构的技术转让收入继续免征营业税，对高等学校的技术转让收入自1999年5月1日起免征营业税。

二、科研机构、高等学校服务于各业的技术成果转让、技术培训、技术咨询、技术服务、技术承包所取得的技术性服务收入暂免征收企业所得税。

三、自1999年7月1日起，科研机构、高等学校转化职务科技成果以股份或出资比例等股权形式给予个人奖励，获奖人在取得股份、出资比例时，暂不缴纳个人所得税；取得按股份、出资比例分红或转让股权、出资比例所得时，应依法缴纳个人所得税。有关此项的具体操作规定，由国家税务总局另行制定。

财政部　国家税务总局

1999年5月27日

国家税务总局关于促进科技成果转化有关个人所得税问题的通知

（国税发〔1999〕125 号）

注释：

条款失效。根据《国家税务总局关于取消促进科技成果转化暂不征收个人所得税审核权有关问题的通知》（国税函〔2007〕833 号）：本篇法规中第一条的审核权自 2007 年 8 月 1 日起停止执行。本篇法规中附件 2 和 3 已被《关于废止以高新技术成果出资入股有关文件的通知》（国科发政字〔2006〕150 号）所废止。

为便于《财政部 国家税务总局关于促进科技成果转化有关税收政策的通知》（财税字〔1999〕45 号）的贯彻执行，现将有关个人所得税的问题明确如下：

一、科研机构、高等学校转化职务科技成果以股份或出资比例等股权形式给予科技人员个人奖励，经主管税务机关审核后，暂不征收个人所得税。

为了便于主管税务机关审核，奖励单位或获奖人应向主管税务机关提供有关部门根据国家科委和国家工商行政管理局联合制定的《关于以高新技术成果出资入股若干问题的规定》（国科发政字〔1997〕326 号）和科学技术部和国家工商行政管理局联合制定的《〈关于以高新技术成果出资入股若干问题的规定〉实施办法》（国科发政字〔1998〕171 号）出具的《出资入股高新技术成果认定书》、工商行政管理部门办理的企业登记手续及经工商行政管理机关登记注册的评估机构的技术成果价值评估报告和确认书。不提供上述资料的，不得享受暂不征收个人所得税优惠政策。

上述科研机构是指按中央机构编制委员会和国家科学技术委员会《关于科研事业单位机构设置审批事项的通知》（中编办发〔1997〕14 号）的规定设置审批的自然科学研究事业单位机构。

上述高等学校是指全日制普通高等学校（包括大学、专门学院和高等专科学校）。

二、在获奖人按股份、出资比例获得分红时，对其所得按“利息、股息、红利所得”应税项目征收个人所得税。

三、获奖人转让股权、出资比例，对其所得按“财产转让所得”应税项目征收个人所得税，财产原值为零。

四、享受上述优惠政策的科技人员必须是科研机构和高等学校的在编正式职工。

附件：1. 中央机构编制委员会办公室、国家科学技术委员会关于科研事业单位机构设置审批事项的通知

2. 国家科委、国家工商行政管理局关于印发《关于以高新技术成果出资入股若干问题的规定》的通知（废止，略）

3. 科学技术部、国家工商行政管理局关于印发《〈关于以高新技术成果出资入股若干问题的规定〉实施办法》的通知（废止，略）

国家税务总局

1999年7月1日

附件1：

中央机构编制委员会办公室　国家科学技术委员会关于科研事业单位机构设置审批事项的通知

（中编办发〔1997〕14号）

按照国务院关于《“九五”期间深化科技体制改革的决定》（国发〔1996〕30号）的精神和中央办公厅、国务院办公厅《关于印发〈中央机构编制委员会关于事业单位机构改革若干问题的意见〉的通知》（中办发〔1996〕17号）中“科研、教育、文化、卫生、新闻出版等各类事业单位的机构设置、人员编制事宜，均按照分级管理的原则和权限，由各级机构编制部门统一审批”的规定，为进一步理顺科研机构设置的审批关系，解决好科研机构设置重复、力量分散、专业和人才结构不尽合理的状况，促进科技资源的优化配置和科研机构的合理布局，现将自然科学研究事业单位机构（以下简称科研机构）设置审批的有关事项通知如下：

一、中央和国务院各部门设立科研机构包括各类研究所、研究中心、开发中心、中外合资研究所等，由中央和国务院各部门提出申请，分别报送国家科委和中央编办。国家科委提出审核意见后，报中央编办审批。

二、省级（含副省级市）各部门设立科研机构，由各部门分别报同级科委和编办。科委审核后，报同级编办审批。厅局级科研机构的设立、变更，由省级编办会同科委审查提出意见，并经省政府或省编委审核同意后，分别报国家科委和中央编办。国家科委提出审核意见后，由中央编办报送中央编委审批。

三、地方其他各级设立科研机构，由各省、自治区、直辖市编办商同级科委，参照（一）、（二）条作出规定。

四、科研机构的变更（包括更名、合并、分设、改变隶属关系和撤销），由各级科委审核后报同级编办审批。

国家税务总局关于取消促进科技成果转化暂不征收个人所得税审核权有关问题的通知

（国税函〔2007〕833号）

注释：

部分有效。第二条第一项和第三条失效。参见：《国家税务总局关于3项个人所得税事项取消审批实施后续管理的公告》（国家税务总局公告2016年第5号）。

各省、自治区、直辖市和计划单列市地方税务局，宁夏、西藏自治区国家税务局：

根据国务院关于行政审批制度改革工作要求，现对取消促进科技成果转化暂不征收个人所得税审核权的有关问题通知如下：

一、《国家税务总局关于促进科技成果转化有关个人所得税问题的通知》（国税发〔1999〕125号）规定，科研机构、高等学校转化职务科技成果以股份或出资比例等股权形式给予个人奖励，经主管税务机关审核后，暂不征收个人所得税。此项审核权自2007年8月1日起停止执行。

二、取消上述审核权后，主管税务机关应加强科研机构、高等学校转化职务科技成果以股份或出资比例等股权形式给予个人奖励暂不征收个人所得税的管理。

（一）将职务科技成果转化为股份、投资比例的科研机构、高等学校或者获奖人员，应在授（获）奖后30日内，向主管税务机关提交相关部门出具的《出资入股高新技术成果认定书》、技术成果价值评估报告和确认书，以及奖励的其他相关详细资料。

（二）主管税务机关应对科研机构、高等学校或者获奖人员提供的上述材料认真核对确认，并将其归入纳税人和扣缴义务人的“一户式”档案，一并动态管理。

（三）主管税务机关应对获奖人员建立电子台账（条件不具备的可建立纸质台账），及时登记奖励相关信息和股权转让等信息，具体包括授奖单位、获奖人员的姓名、获奖金额、获奖时间、职务转化股权数量或者出资比例，股权转让情况等信息，并根据获奖人员股权或者出资比例变动情况，及时更新电子台账和纸质台账，加强管理。

（四）主管税务机关要加强对有关科研机构、高等学校或者获奖人员的日常检查，及时掌握奖励和股权转让等相关信息，防止出现管理漏洞。

三、科研机构、高等学校和获奖人不能提供上述资料，或者报送虚假资料，故意隐瞒有关情况的，获奖人不得享受暂不征收个人所得税的优惠政策，税务机关应按照税收征管法的有关规定对报送虚假资料，故意隐瞒有关情况的科研机构、高等学校和获奖人进行处理。

国家税务总局

2007年8月1日

国家税务总局关于3项个人所得税事项取消审批实施后续管理的公告

（国家税务总局公告2016年第5号）

注释：

条款废止。第二条第（二）项废止。参见：《国家税务总局关于公布全文和部分条款失效废止的税务规范性文件目录的公告》（国家税务总局公告2023年第8号）。部分有效。第二条第（一）项同时废止。参见：《国家税务总局关于股权激励和技术入股所得税征管问题的公告》（国家税务总局公告2016年第62号）。

根据《国家税务总局关于贯彻落实〈国务院关于第一批取消62项中央指定地方实施行政审批事项的决定〉的通知》（税总发〔2015〕141号）等规定，现就下列个人所得税事项取消审批的后续管理问题公告如下：

一、关于“取消促进科技成果转化暂不征收个人所得税审核”的后续管理

按照《国家税务总局关于促进科技成果转化有关个人所得税问题的通知》（国税发〔1999〕125号）和《国家税务总局关于取消促进科技成果转化暂不征收个人所得税审核权有关问题的通知》（国税函〔2007〕833号）规定，将职务科技成果转化为股份、投资比例的科研机构、高等学校或者获奖人员，应在授（获）奖的次月15日内向主管税务机关备案，报送《科技成果转化暂不征收个人所得税备案表》（见附件1）。技术成果价值评估报告、股权奖励文件及其他证明材料由奖励单位留存备查。

二、关于“取消个人取得股票期权或认购股票等取得折扣或补贴收入个人所得税纳税有困难的审核”的后续管理

（一）按照《财政部　国家税务总局关于上市公司高管人员股票期权所得缴纳个人所得税有关问题的通知》（财税〔2009〕40号）规定，纳税人若选择分期缴纳个人所得税，其扣缴义务人应在股票期权行权的次月15日内，向主管税务机关办理分期缴纳个人所得税备案手续，报送《个人取得股票期权或认购股票等取得折扣或补贴收入分期缴纳个人所得税备案表》（见附件2）。其他相关证明材料由扣缴义务人留存备查。

（二）按照《国家税务总局关于个人认购股票等有价证券而从雇主取得折扣或补贴收入有关征收个人所得税问题的通知》（国税发〔1998〕9号）规定，纳税人若选择分期缴纳个人所得税，其扣缴义

务人应在实际认购股票等有价证券的次月15日内，向主管税务机关办理分期缴纳个人所得税备案手续，报送《个人取得股票期权或认购股票等取得折扣或补贴收入分期缴纳个人所得税备案表》（见附件2）。其他相关证明材料由扣缴义务人留存备查。

三、关于“取消对律师事务所征收方式的核准”的后续管理

《国家税务总局关于强化律师事务所等中介机构投资者个人所得税查账征收的通知》（国税发〔2002〕123号）第三条废止后，统一按照《中华人民共和国税收征收管理法》及其实施细则、《财政部　国家税务总局关于印发〈关于个人独资企业和合伙企业投资者征收个人所得税的规定〉的通知》（财税〔2000〕91号）等相关规定实施后续管理。

本公告自公布之日起施行。《国家税务总局关于取消促进科技成果转化暂不征收个人所得税审核权有关问题的通知》（国税函〔2007〕833号）第二条第一项和第三条、《国家税务总局关于个人认购股票等有价证券而从雇主取得折扣或补贴收入有关征收个人所得税问题的通知》（国税发〔1998〕9号）第二条关于“可在报经当地主管税务机关批准后”的规定和第三条同时废止。

特此公告。

附件：1. 科技成果转化暂不征收个人所得税备案表（略）

2. 个人取得股票期权或认购股票等取得折扣或补贴收入分期缴纳个人所得税备案表（略）

国家税务总局

2016年1月28日

财政部 税务总局 科技部关于科技人员取得职务科技成果转化现金奖励有关个人所得税政策的通知

（财税〔2018〕58号）

各省、自治区、直辖市、计划单列市财政厅（局）、地方税务局、科技厅（委、局），新疆生产建设兵团财政局、科技局：

为进一步支持国家大众创业、万众创新战略的实施，促进科技成果转化，现将科技人员取得职务科技成果转化现金奖励有关个人所得税政策通知如下：

一、依法批准设立的非营利性研究开发机构和高等学校（以下简称非营利性科研机构和高校）根据《中华人民共和国促进科技成果转化法》规定，从职务科技成果转化收入中给予科技人员的现金奖励，可减按50%计入科技人员当月"工资、薪金所得"，依法缴纳个人所得税。

二、非营利性科研机构和高校包括国家设立的科研机构和高校、民办非营利性科研机构和高校。

三、国家设立的科研机构和高校是指利用财政性资金设立的、取得《事业单位法人证书》的科研机构和公办高校，包括中央和地方所属科研机构和高校。

四、民办非营利性科研机构和高校，是指同时满足以下条件的科研机构和高校：

（一）根据《民办非企业单位登记管理暂行条例》在民政部门登记，并取得《民办非企业单位登记证书》。

（二）对于民办非营利性科研机构，其《民办非企业单位登记证书》记载的业务范围应属于"科学研究与技术开发、成果转让、科技咨询与服务、科技成果评估"范围。对业务范围存在争议的，由税务机关转请县级（含）以上科技行政主管部门确认。

对于民办非营利性高校，应取得教育主管部门颁发的《民办学校办学许可证》，《民办学校办学许可证》记载学校类型为"高等学校"。

（三）经认定取得企业所得税非营利组织免税资格。

五、科技人员享受本通知规定税收优惠政策，须同时符合以下条件：

（一）科技人员是指非营利性科研机构和高校中对完成或转化职务科技成果作出重要贡献的人员。非营利性科研机构和高校应按规定公示有关科技人员名单及相关信息（国防专利转化除外），具体公示办法由科技部会同财政部、税务总局制定。

（二）科技成果是指专利技术（含国防专利）、计算机软件著作权、集成电路布图设计专有权、植物新品种权、生物医药新品种，以及科技部、财政部、税务总局确定的其他技术成果。

（三）科技成果转化是指非营利性科研机构和高校向他人转让科技成果或者许可他人使用科技成果。现金奖励是指非营利性科研机构和高校在取得科技成果转化收入三年（36个月）内奖励给科技人员的现金。

（四）非营利性科研机构和高校转化科技成果，应当签订技术合同，并根据《技术合同认定登记管理办法》，在技术合同登记机构进行审核登记，并取得技术合同认定登记证明。

非营利性科研机构和高校应健全科技成果转化的资金核算，不得将正常工资、奖金等收入列入科技人员职务科技成果转化现金奖励享受税收优惠。

六、非营利性科研机构和高校向科技人员发放现金奖励时，应按个人所得税法规定代扣代缴个人所得税，并按规定向税务机关履行备案手续。

七、本通知自2018年7月1日起施行。本通知施行前非营利性科研机构和高校取得的科技成果转化收入，自施行后36个月内给科技人员发放现金奖励，符合本通知规定的其他条件的，适用本通知。

财政部　税务总局　科技部

2018年5月29日

国家税务总局关于科技人员取得职务科技成果转化现金奖励有关个人所得税征管问题的公告

（国家税务总局公告2018年第30号）

为贯彻落实《财政部　税务总局　科技部关于科技人员取得职务科技成果转化现金奖励有关个人所得税政策的通知》（财税〔2018〕58号，以下简称《通知》），现就有关征管问题公告如下：

一、《通知》第五条第（三）项所称“三年（36个月）内”，是指自非营利性科研机构和高校实际取得科技成果转化收入之日起36个月内。非营利性科研机构和高校分次取得科技成果转化收入的，以每次实际取得日期为准。

二、非营利性科研机构和高校向科技人员发放职务科技成果转化现金奖励（以下简称“现金奖励”），应于发放之日的次月15日内，向主管税务机关报送《科技人员取得职务科技成果转化现金奖励个人所得税备案表》（见附件）。单位资质材料（《事业单位法人证书》《民办学校办学许可证》《民办非企业单位登记证书》等）、科技成果转化技术合同、科技人员现金奖励公示材料、现金奖励公示结果文件等相关资料自行留存备查。

三、非营利性科研机构和高校向科技人员发放现金奖励，在填报《扣缴个人所得税报告表》时，应将当期现金奖励收入金额与当月工资、薪金合并，全额计入“收入额”列，同时将现金奖励的50%填至《扣缴个人所得税报告表》“免税所得”列，并在备注栏注明“科技人员现金奖励免税部分”字样，据此以“收入额”减除“免税所得”以及相关扣除后的余额计算缴纳个人所得税。

四、本公告自2018年7月1日起施行。

特此公告。

附件：科技人员取得职务科技成果转化现金奖励个人所得税备案表

国家税务总局

2018年6月11日

附件

科技人员取得职务科技成果转化现金奖励个人所得税备案表

备案编号（主管税务机关填写）： 单位：人民币元（列至角分）

<table>
<tr><td colspan="8">扣缴义务人基本情况</td></tr>
<tr><td>扣缴义务人名称</td><td></td><td>扣缴义务人
纳税人识别号</td><td></td><td>扣缴义务人类型</td><td colspan="3">□国家设立的科研机构 □国家设立的高校
□民办非营利性科研机构 □民办非营利性高校
□其他</td></tr>
<tr><td colspan="8">科技成果基本情况</td></tr>
<tr><td>科技成果名称</td><td></td><td>科技成果类型</td><td></td><td>发证部门</td><td></td><td>科技成果证书编号</td><td></td></tr>
<tr><td colspan="8">科技成果转化及现金奖励公示情况</td></tr>
<tr><td>转化方式</td><td>□转让 □许可使用</td><td>技术合同登记机构</td><td></td><td>技术合同编号</td><td></td><td>技术合同项目名称</td><td></td></tr>
<tr><td>取得转化收入金额</td><td></td><td>取得转化收入时间</td><td></td><td>公示结果文件文号</td><td></td><td>公示结果文件名称</td><td></td></tr>
<tr><td colspan="8">科技人员取得现金奖励基本情况</td></tr>
</table>

<table>
<tr><td>序号</td><td>姓名</td><td>身份证照类型</td><td>身份证照号码</td><td>现金奖励金额</td><td>现金奖励取得时间</td></tr>
<tr><td></td><td></td><td></td><td></td><td></td><td></td></tr>
<tr><td></td><td></td><td></td><td></td><td></td><td></td></tr>
<tr><td></td><td></td><td></td><td></td><td></td><td></td></tr>
<tr><td colspan="6">谨声明：此表是根据《中华人民共和国个人所得税法》及相关法律法规规定填写的，是真实的、完整的、可靠的。</td></tr>
<tr><td colspan="4">单位签章：

经办人：

填报日期： 年 月 日</td><td colspan="2">主管税务机关印章：

受理人：

受理日期： 年 月 日</td></tr>
</table>

国家税务总局监制

填报说明

一、适用范围

本表适用于科技人员取得职务科技成果转化现金奖励（以下简称“现金奖励”），扣缴义务人向主管税务机关办理相关个人所得税备案时填报。

二、报送期限

扣缴义务人应于向科技人员实际发放现金奖励之日的次月15日内报送。

三、表内各栏

（一）扣缴义务人基本情况

1. 扣缴义务人名称：填写发放现金奖励的单位名称全称。

2. 扣缴义务人纳税人识别号：填写扣缴义务人的纳税人识别号或统一社会信用代码。

3. 扣缴义务人类型：根据实际登记类型进行勾选，选择其他类型的，应在横线中写明符合规定的具体类型。

（二）科技成果基本情况

1. 科技成果名称：填写科技成果的标准名称。

2. 科技成果类型：填写专利技术（含国防专利）、计算机软件著作权、集成电路布图设计专有权、植物新品种权、生物医药新品种或科技部、财政部、国家税务总局确定的其他科技成果。

3. 发证部门：填写颁发科技成果证书的部门全称。

4. 科技成果证书编号：填写科技成果证书上的编号。

（三）科技成果转化及现金奖励公示情况

1. 转化方式：根据实际转化方式进行勾选。

2. 技术合同登记机构：填写技术合同登记机构全称。

3. 技术合同编号：填写技术合同编号。

4. 技术合同项目名称：填写技术合同项目名称。

5. 取得转化收入金额：填写扣缴义务人本次发放现金奖励对应的职务科技成果转化收入金额。

6. 取得转化收入时间：填写扣缴义务人发放现金奖励所对应的职务科技成果转化收入的实际取得时间。

7. 公示结果文件文号：填写列明科技人员取得现金奖励公示结果的文件文号。

8. 公示结果文件名称：填写列明科技人员取得现金奖励公示结果的文件名称。

（四）科技人员取得现金奖励基本情况

1. 姓名：填写取得现金奖励科技人员的姓名。中国境内无住所个人，其姓名应当用中、外文同时填写。

2. 身份证照类型：填写能识别取得现金奖励科技人员的唯一身份的身份证、军官证、士兵证、护照、港澳居民来往内地通行证、台湾居民来往大陆通行证等有效证照名称。

3. 身份证照号码：填写能识别取得现金奖励科技人员的唯一身份的号码。

4. 现金奖励金额：填写科技人员实际取得的现金奖励金额。

5. 现金奖励取得时间：填写科技人员实际取得的现金奖励的时间。

四、本表一式二份。主管税务机关受理后，由扣缴义务人和主管税务机关分别留存。

5. 科技创新与技术创新

财政部　国家税务总局关于将国家自主创新示范区有关税收试点政策推广到全国范围实施的通知

（财税〔2015〕116号）

各省、自治区、直辖市、计划单列市财政厅（局）、国家税务局、地方税务局，新疆生产建设兵团财务局：

根据国务院常务会议决定精神，将国家自主创新示范区试点的四项所得税政策推广至全国范围实施。现就有关税收政策问题明确如下：

一、关于有限合伙制创业投资企业法人合伙人企业所得税政策

1. 自2015年10月1日起，全国范围内的有限合伙制创业投资企业采取股权投资方式投资于未上市的中小高新技术企业满2年（24个月）的，该有限合伙制创业投资企业的法人合伙人可按照其对未上市中小高新技术企业投资额的70%抵扣该法人合伙人从该有限合伙制创业投资企业分得的应纳税所得额，当年不足抵扣的，可以在以后纳税年度结转抵扣。

2. 有限合伙制创业投资企业的法人合伙人对未上市中小高新技术企业的投资额，按照有限合伙制创业投资企业对中小高新技术企业的投资额和合伙协议约定的法人合伙人占有限合伙制创业投资企业的出资比例计算确定。

二、关于技术转让所得企业所得税政策

1. 自2015年10月1日起，全国范围内的居民企业转让5年以上非独占许可使用权取得的技术转让所得，纳入享受企业所得税优惠的技术转让所得范围。居民企业的年度技术转让所得不超过500万元的部分，免征企业所得税；超过500万元的部分，减半征收企业所得税。

2. 本通知所称技术，包括专利（含国防专利）、计算机软件著作权、集成电路布图设计专有权、植物新品种权、生物医药新品种，以及财政部和国家税务总局确定的其他技术。其中，专利是指法律授予独占权的发明、实用新型以及非简单改变产品图案和形状的外观设计。

三、关于企业转增股本个人所得税政策

1. 自2016年1月1日起，全国范围内的中小高新技术企业以未分配利润、盈余公积、资本公积向个人股东转增股本时，个人股东一次缴纳个人所得税确有困难的，可根据实际情况自行制定分期缴税计划，在不超过5个公历年度内（含）分期缴纳，并将有关资料报主管税务机关备案。

2. 个人股东获得转增的股本，应按照“利息、股息、红利所得”项目，适用20%税率征收个人所得税。

3. 股东转让股权并取得现金收入的，该现金收入应优先用于缴纳尚未缴清的税款。

4. 在股东转让该部分股权之前，企业依法宣告破产，股东进行相关权益处置后没有取得收益或收益小于初始投资额的，主管税务机关对其尚未缴纳的个人所得税可不予追征。

5. 本通知所称中小高新技术企业，是指注册在中国境内实行查账征收的、经认定取得高新技术企业资格，且年销售额和资产总额均不超过2亿元、从业人数不超过500人的企业。

6. 上市中小高新技术企业或在全国中小企业股份转让系统挂牌的中小高新技术企业向个人股东转增股本，股东应纳的个人所得税，继续按照现行有关股息红利差别化个人所得税政策执行，不适用本通知规定的分期纳税政策。

四、关于股权奖励个人所得税政策

1. 自2016年1月1日起，全国范围内的高新技术企业转化科技成果，给予本企业相关技术人员的股权奖励，个人一次缴纳税款有困难的，可根据实际情况自行制定分期缴税计划，在不超过5个公历年度内（含）分期缴纳，并将有关资料报主管税务机关备案。

2. 个人获得股权奖励时，按照“工资薪金所得”项目，参照《财政部、国家税务总局关于个人股票期权所得征收个人所得税问题的通知》（财税〔2005〕35号）有关规定计算确定应纳税额。股权奖励的计税价格参照获得股权时的公平市场价格确定。

3. 技术人员转让奖励的股权（含奖励股权孳生的送、转股）并取得现金收入的，该现金收入应优先用于缴纳尚未缴清的税款。

4. 技术人员在转让奖励的股权之前企业依法宣告破产，技术人员进行相关权益处置后没有取得收益或资产，或取得的收益和资产不足以缴纳其取得股权尚未缴纳的应纳税款的部分，税务机关可不予追征。

5. 本通知所称相关技术人员，是指经公司董事会和股东大会决议批准获得股权奖励的以下两类人员：

（1）对企业科技成果研发和产业化做出突出贡献的技术人员，包括企业内关键职务科技成果的主要完成人、重大开发项目的负责人、对主导产品或者核心技术、工艺流程做出重大创新或者改进的主要技术人员。

（2）对企业发展做出突出贡献的经营管理人员，包括主持企业全面生产经营工作的高级管理人员，负责企业主要产品（服务）生产经营合计占主营业务收入（或者主营业务利润）50%以上的中、高级经营管理人员。

企业面向全体员工实施的股权奖励，不得按本通知规定的税收政策执行。

6. 本通知所称股权奖励，是指企业无偿授予相关技术人员一定份额的股权或一定数量的股份。

7. 本通知所称高新技术企业，是指实行查账征收、经省级高新技术企业认定管理机构认定的高新技术企业。

财政部　国家税务总局

2015年10月23日

财政部等十部门关于支持科技创新进口税收政策管理办法的通知

（财关税〔2016〕71号）

各省、自治区、直辖市、计划单列市财政厅（局）、教育厅（局）、发展改革委、科技厅（委、局）、工业和信息化主管部门、民政厅（局）、商务厅（局）、国家税务局，海关总署广东分署、各直属海关，新疆生产建设兵团财务局、科技局、民政局、商务局：

为深入贯彻落实党中央、国务院关于创新驱动发展战略有关精神，发挥科技创新在全面创新中的引领作用，经国务院批准，财政部、海关总署、国家税务总局联合印发了《关于“十三五”期间支持科技创新进口税收政策的通知》（财关税〔2016〕70号）。为加强政策管理，现将支持科技创新进口税收政策管理办法通知如下：

一、国务院部委、直属机构所属从事科学研究工作的各类科研院所，由科技部核定名单，函告海关总署，并抄送本通知第八条出版物进口单位。此类科研院所持凭主管部门批准成立的文件、《事业单位法人证书》，按海关规定办理有关减免税手续。

各省、自治区、直辖市、计划单列市所属从事科学研究工作的各类科研院所，由本级科技主管部门核定名单，函告相关科研院所所在地直属海关，并抄送本通知第八条出版物进口单位。此类科研院所持凭主管部门批准成立的文件、《事业单位法人证书》，按海关规定办理有关减免税手续。

二、国家承认学历的实施专科及以上高等学历教育的高等学校，由教育部核定并在教育部门户网站公布，按海关规定办理有关减免税手续。

三、国家发展改革委会同财政部、海关总署和国家税务总局核定的国家工程研究中心的免税进口资格，按国家发展和改革委员会会同有关部门另行制定的国家工程研究中心管理办法确定。

国家发展改革委会同财政部、海关总署、国家税务总局和科技部核定的企业技术中心，按《国家企业技术中心认定管理办法》（国家发展改革委　科技部　财政部　海关总署　国家税务总局令第34号）确定免税资格，按海关规定办理有关减免税手续。

四、科技部会同财政部、海关总署和国家税务总局核定的科技体制改革过程中转制为企业和进入企业的主要从事科学研究和技术开发工作的机构、国家重点实验室、企业国家重点实验室、国家工程技术研究中心的免税进口管理办法由科技部会同有关部门另行制定。

五、科技部会同民政部核定或者各省、自治区、直辖市、计划单列市及新疆生产建设兵团科技主管部门会同同级民政部门核定的科技类民办非企业单位的免税进口管理办法见附件1。

六、工业和信息化部会同财政部、海关总署、国家税务总局核定的国家中小企业公共服务示范平台（技术类）的免税进口管理办法见附件2。

七、各省、自治区、直辖市、计划单列市及新疆生产建设兵团商务主管部门会同同级财政、国税部门和外资研发中心所在地直属海关核定的外资研发中心的免税进口管理办法见附件3。

八、国家新闻出版广电总局批准的下列具有出版物进口许可的出版物进口单位：中国图书进出口（集团）总公司及其具有独立法人资格的子公司、中国经济图书进出口公司、中国教育图书进出口有限公司、北京中科进出口有限责任公司、中国科技资料进出口总公司、中国国际图书贸易集团有限公司，按海关规定办理有关减免税手续。免税进口商品销售对象中的科研院所是指本通知第一条中经核定的科研院所；学校是指本通知第二条中经核定的高等学校。

出版物进口单位应在每年3月31日前将上一年度免税进口图书、资料等情况报财政部、海关总署、国家税务总局、国家新闻出版广电总局备案。备案信息应包括商品种类、进口额、免税进口商品的销售流向、使用单位等。

对出版物进口单位为科研院所、学校进口用于科研、教学的图书、资料等的免税范围，按进口科学研究、科技开发和教学用品免税清单中的“五、图书、文献、报刊及其他资料（包括只读光盘、微缩平片、胶卷、地球资料卫星照片、科技和教学声像制品）”执行。

九、财政部会同有关部门核定的其他科学研究机构、技术开发机构、学校，比照上述有关条款进行免税进口管理。

十、财政部等有关部门及其工作人员在政策执行过程中，存在违反执行免税政策规定的行为，以及滥用职权、玩忽职守、徇私舞弊等违法违纪行为的，按照《预算法》、《公务员法》、《行政监察法》、《财政违法行为处罚处分条例》等国家有关规定追究相应责任；涉嫌犯罪的，移送司法机关处理。

本通知自2016年1月1日起实施。

附件：1. 科技类民办非企业单位免税进口科学研究、科技开发和教学用品管理办法

2. 国家中小企业公共服务示范平台（技术类）免税进口科学研究、科技开发和教学用品管理办法

3. 外资研发中心免税进口科学研究、科技开发和教学用品管理办法

财政部　教育部　国家发展改革委
科技部　工业和信息化部　民政部
商务部　海关总署　国家税务总局
国家新闻出版广电总局
2017年1月14日

附件 1：

科技类民办非企业单位免税进口科学研究、科技开发和教学用品管理办法

第一条 本办法所指的民办非企业单位，应同时具备下列条件：

（一）依照《民办非企业单位登记管理暂行条例》、《民办非企业单位登记暂行办法》的要求，在民政部或省、自治区、直辖市、计划单列市和新疆生产建设兵团民政部门登记注册的、具有法人资格的民办非企业单位；

（二）资产总额在 300 万元人民币（含）以上；

（三）从事科学研究的专业技术人员（指大专以上学历或中级以上技术职称专业技术人员）在 20 人以上，且占全部人员的比例不低于 60%；

（四）兼职的科研人员不超过 25%。

第二条 符合上述条件的科技类民办非企业单位，应向科技部或省、自治区、直辖市、计划单列市、新疆生产建设兵团科技主管部门提出免税资格申请，科技主管部门会同同级民政部门按本办法第一条所列条件对其进行免税资格审核认定，对经认定符合免税资格条件的单位颁发免税资格证书，免税资格证书标明“颁发日期”，同时函告上述单位所在地直属海关。经认定符合免税资格条件的单位，自免税资格证书颁发之日起，可按规定享受支持科技创新进口税收政策。

第三条 科技主管部门会同同级民政部门对科技类民办非企业单位的免税资格进行复审。对复审未通过的单位，撤销其免税资格，注明撤销日期，并函告单位所在地直属海关。自撤销之日起，取消其免税资格。

第四条 已经获得免税资格的科技类民办非企业单位，如存在以虚报情况获得免税资格的，经科技部门会同民政部门查实后，除按有关法律法规和有关规定处理外，将撤销其免税资格，注明撤销日期，并函告同级海关，自撤销之日起，取消其免税资格。

科技主管部门会同民政部门及时将有关情况通报单位所在地直属海关，有关科技类民办非企业单位应补缴在支持科技创新进口税收政策项下已免税进口有关科学研究、科技开发和教学用品的相关税款。

第五条 经认定符合免税资格条件的科技类民办非企业单位可持有效的免税资格证书和其他有关材料，按海关规定办理减免税手续。

第六条 经认定符合免税资格条件的科技类民办非企业单位免税进口与本单位承担的科研任务直接相关的科学研究、科技开发和教学用品的范围，按照进口科学研究、科技开发和教学用品免税清单执行。

第七条 财政部会同科技部、民政部、海关总署和国家税务总局根据实际需要，适时对本办法第一条所列科技类民办非企业单位免税资格的认定条件进行调整。

附件 2：

国家中小企业公共服务示范平台（技术类）免税进口科学研究、科技开发和教学用品管理办法

第一条 本办法所指的示范平台（技术类）应同时满足以下条件：

1. 属于工业和信息化部认定的国家中小企业公共服务示范平台范围，且平台类别为技术类；

2. 资产总额不低于 1000 万元；

3. 累计购置设备总额（国产和进口设备原值）不低于 300 万元；

4. 具有良好的服务资质和业绩，年服务中小企业在 150 家以上，用户满意度在 90% 以上；

5. 在专业服务领域或区域内有一定的声誉和品牌影响力。

第二条 符合本管理办法第一条条件的示范平台（技术类），应于每年 3 月 1 日前向所在省、自治区、直辖市、计划单列市、新疆生产建设兵团中小企业主管部门（以下简称省级中小企业主管部门）提出书面申请，并附以下材料：

1. 进口科学研究、科技开发和教学用品免税资格审核表（见附 1）；

2. 资产总额和累计购置设备总额的专项审计报告；

3. 年度服务中小企业情况的报告；

4. 省级中小企业主管部门对平台服务中小企业户数及满意度的测评意见（具体测评要求以及测评意见表详见附 2、3）。

5. 审核部门要求提交的其他材料。

第三条 省级中小企业主管部门会同同级财政、国税部门和示范平台（技术类）所在地直属海关对提出申请的示范平台的免税资格进行初审，并将审核意见于每年 3 月底前报工业和信息化部。工业和信息化部会同财政部、海关总署、国家税务总局对示范平台（技术类）的免税资格进行最终审核。工业和信息化部、财政部、海关总署、国家税务总局联合公布享受支持科技创新进口税收政策的示范平台（技术类）名单。

经认定符合免税资格条件的新增单位，自名单公布之日起，可按规定享受支持科技创新进口税收政策。

第四条 经认定符合免税资格条件的示范平台（技术类）免税进口范围按照进口科学研究、科技开发和教学用品免税清单执行。

第五条 经认定符合免税资格条件的示范平台（技术类）应按照海关规定，向海关申请办理相关进口科学研究、科技开发和教学用品的减免税手续。

第六条 示范平台（技术类）免税资格每两年复审一次。享受支持科技创新进口税收政策的示范平台（技术类）将复审申请报告和两年的工作总结报省级中小企业主管部门。省级中小企业主管部门对其服务中小企业的业绩进行测评，出具测评意见，报工业和信息化部。

工业和信息化部会同财政部、海关总署、国家税务总局对示范平台（技术类）的免税资格进行复审。复审不合格的，由工业和信息化部、财政部、海关总署、国家税务总局联合公布名单。对复审不合格

的示范平台（技术类），自名单公布之日起，取消其免税资格。

第七条 已经获得免税资格的示范平台（技术类），如存在以虚报情况获得免税资格的，经工业和信息化部查实后，除按有关法律法规和有关规定处理外，将撤销其免税资格。

工业和信息化部及时将有关情况通报财政部、海关总署和国家税务总局，有关示范平台（技术类）应补缴在支持科技创新进口税收政策项下已免税进口有关科学研究、科技开发和教学用品的相关税款。

第八条 工业和信息化部应于每年6月底前，将汇总的经认定符合免税资格条件的示范平台（技术类）上一年度政策执行情况函告财政部，同时抄送海关总署和国家税务总局。

第九条 财政部会同工业和信息化部、海关总署和国家税务总局根据实际需要，适时对本办法第一条所列示范平台（技术类）免税资格的认定条件进行调整。

附：1. 国家中小企业公共服务示范平台（技术类）进口科学研究、科技开发和教学用品免税资格审核表（略）

2. 国家中小企业公共服务示范平台（技术类）服务满意度测评要求（略）

3. 国家中小企业公共服务示范平台（技术类）服务满意度测评意见表（略）

附件3：

外资研发中心免税进口科学研究、科技开发和教学用品管理办法

第一条 本管理办法所指外资研发中心，根据其设立时间，应分别满足下列条件：

（一）对2009年9月30日及其之前设立的外资研发中心，应同时满足下列条件：

1. 研发费用标准：（1）对外资研发中心，作为独立法人的，其投资总额不低于500万美元；作为公司内设部门或分公司的非独立法人的，其研发总投入不低于500万美元；（2）企业研发经费年支出额不低于1000万元。

2. 专职研究与试验发展人员不低于90人。

3. 设立以来累计购置的设备原值不低于1000万元。

（二）对2009年10月1日及其之后设立的外资研发中心，应同时满足下列条件：

1. 研发费用标准：作为独立法人的，其投资总额不低于800万美元；作为公司内设部门或分公司的非独立法人的，其研发总投入不低于800万美元。

2. 专职研究与试验发展人员不低于150人。

3. 设立以来累计购置的设备原值不低于2000万元。

其中，有关定义如下：

（1）“投资总额”，是指外商投资企业批准证书或设立、变更备案回执所载明的金额。

（2）“研发总投入”，是指外商投资

企业专门为设立和建设本研发中心而投入的资产，包括即将投入并签订购置合同的资产（应提交已采购资产清单和即将采购资产的合同清单）。

（3）“研发经费年支出额”，是指近两个会计年度研发经费年均支出额；不足两个完整会计年度的，可按外资研发中心设立以来任意连续12个月的实际研发经费支出额计算；现金与实物资产投入应不低于60%。

（4）“专职研究与试验发展人员”，是指企业科技活动人员中专职从事基础研究、应用研究和试验发展三类项目活动的人员，包括直接参加上述三类项目活动的人员以及相关专职科技管理人员和为项目提供资料文献、材料供应、设备的直接服务人员，上述人员须与外资研发中心或其所在外商投资企业签订1年以上劳动合同，以外资研发中心提交申请的前一日人数为准。

（5）“设备”，是指为科学研究、教学和科技开发提供必要条件的实验设备、装置和器械。在计算累计购置的设备原值时，应将进口设备和采购国产设备的原值一并计入，包括已签订购置合同并于当年内交货的设备（应提交购置合同清单及交货期限），适用本办法的上述进口设备范围为进口科学研究、科技开发和教学用品免税清单所列商品。

第二条　资格条件审核

（一）各省、自治区、直辖市、计划单列市及新疆生产建设兵团商务主管部门会同同级财政、国税部门和外资研发中心所在地直属海关（以下简称审核部门），根据本地情况，制定审核流程和具体办法。研发中心应按本办法有关要求向其所在地商务主管部门提交申请材料。

（二）商务主管部门牵头召开审核部门联席会议，对外资研发中心上报的申请材料进行审核，按照本办法第一条所列条件和要求，确定符合免税资格条件的研发中心名单。

（三）经审核，对符合免税资格条件的外资研发中心，由审核部门以公告形式联合发布，并将名单抄送商务部（外资司）、财政部（关税司）、海关总署（关税征管司）、国家税务总局（货物和劳务税司）备案。对不符合有关规定的，由商务主管部门根据联席会议的决定出具书面审核意见，并说明理由。上述公告或审核意见应在审核部门受理申请之日起45个工作日之内做出。

符合免税资格条件的外资研发中心，自公告发布之日起，可按规定享受支持科技创新进口税收政策，按照进口科学研究、科技开发和教学用品免税清单免税进口。在2015年12月31日（含）以前，已取得免税资格未满2年暂不需要进行资格复审的、按规定已复审合格的外资研发中心，在2015年12月31日享受免税未满2年的，可继续享受至2年期满。

（四）审核部门每两年对已获得免税资格的外资研发中心进行资格复审。对于复审不合格的研发中心，名单函告外资研发中心所在地直属海关，抄送海关总署（关税征管司）备案，并在函中明确取消复审不合格的研发中心享受支持科技创新进口税收政策资格的日期。

第三条　外资研发中心申请进口设备免税资格，应提交以下材料：

（一）外资研发中心进口设备免税资格申请书和审核表；

（二）外资研发中心为独立法人的，应提交外商投资企业批准证书或设立、变更备案回执及营业执照复印件；研发中心为非独立法人的，应提交其所在外商投资企业的外商投资企业批准证书或设立、变更备案回执及营业执照复印件；

（三）验资报告及上一年度审计报告复印件；

（四）研发费用支出明细、设备购置支出明细和清单以及通知规定应提交的材料；

（五）专职研究与试验发展人员名册（包括姓名、工作岗位、劳动合同期限、联系方式）；

（六）审核部门要求提交的其他材料。

第四条 相关工作管理

（一）列入公告名单的符合免税资格条件的外资研发中心，可按有关规定向海关申请办理减免税手续。

（二）审核部门在共同审核认定研发中心资格的过程中，可到研发中心查阅有关资料，了解情况，核实其报送的申请材料的真实性。同时应注意加强对研发中心的政策指导和服务，提高工作效率。

（三）省级商务主管部门应将《外资研发中心采购设备免、退税资格审核表》有关信息及时录入外商投资综合管理信息系统。

附表：外资研发中心采购设备免、退税资格审核表（略）

财政部　税务总局　科技部　教育部关于科技企业孵化器　大学科技园和众创空间税收政策的通知

（财税〔2018〕120号）

各省、自治区、直辖市、计划单列市财政厅（局）、科技厅（局）、教育厅（局），国家税务总局各省、自治区、直辖市、计划单列市税务局，新疆生产建设兵团财政局、科技局、教育局：

为进一步鼓励创业创新，现就科技企业孵化器、大学科技园、众创空间有关税收政策通知如下：

一、自2019年1月1日至2021年12月31日，对国家级、省级科技企业孵化器、大学科技园和国家备案众创空间自用以及无偿或通过出租等方式提供给在孵对象使用的房产、土地，免征房产税和城镇土地使用税；对其向在孵对象提供孵化服务取得的收入，免征增值税。

本通知所称孵化服务是指为在孵对象提供的经纪代理、经营租赁、研发和技术、信息技术、鉴证咨询服务。

二、国家级、省级科技企业孵化器、大学科技园和国家备案众创空间应当单独核算孵化服务收入。

三、国家级科技企业孵化器、大学科技园和国家备案众创空间认定和管理办法由国务院科技、教育部门另行发布；省级科技企业孵化器、大学科技园认定和管理办法由省级科技、教育部门另行发布。

本通知所称在孵对象是指符合前款认定和管理办法规定的孵化企业、创业团队和个人。

四、国家级、省级科技企业孵化器、大学科技园和国家备案众创空间应按规定申报享受免税政策，并将房产土地权属资料、房产原值资料、房产土地租赁合同、孵化协议等留存备查，税务部门依法加强后续管理。

2018年12月31日以前认定的国家级科技企业孵化器、大学科技园，自2019年1月1日起享受本通知规定的税收优惠政策。2019年1月1日以后认定的国家级、省级科技企业孵化器、大学科技园和国家备案众创空间，自认定之日次月起享受本通知规定的税收优惠政策。2019年1月1日以后被取消资格的，自取消资格之日次月起停止享受本通知规定的税收优惠政策。

五、科技、教育和税务部门应建立信息共享机制，及时共享国家级、省级科技企业孵化器、大学科技园和国家备案众创空间相关信息，加强协调配合，保障优惠政策落实到位。

财政部　税务总局　科技部　教育部

2018年11月1日

财政部　海关总署　税务总局关于“十四五”期间支持科技创新进口税收政策的通知

（财关税〔2021〕23号）

各省、自治区、直辖市、计划单列市财政厅（局）、新疆生产建设兵团财政局，海关总署广东分署、各直属海关，国家税务总局各省、自治区、直辖市、计划单列市税务局，财政部各地监管局，国家税务总局驻各地特派员办事处：

为深入实施科教兴国战略、创新驱动发展战略，支持科技创新，现将有关进口税收政策通知如下：

一、对科学研究机构、技术开发机构、学校、党校（行政学院）、图书馆进口国内不能生产或性能不能满足需求的科学研究、科技开发和教学用品，免征进口关税和进口环节增值税、消费税。

二、对出版物进口单位为科研院所、学校、党校（行政学院）、图书馆进口用于科研、教学的图书、资料等，免征进口环节增值税。

三、本通知第一、二条所称科学研究机构、技术开发机构、学校、党校（行政学院）、图书馆是指：

（一）从事科学研究工作的中央级、省级、地市级科研院所（含其具有独立法人资格的图书馆、研究生院）。

（二）国家实验室，国家重点实验室，企业国家重点实验室，国家产业创新中心，国家技术创新中心，国家制造业创新中心，国家临床医学研究中心，国家工程研究中心，国家工程技术研究中心，国家企业技术中心，国家中小企业公共服务示范平台（技术类）。

（三）科技体制改革过程中转制为企业和进入企业的主要从事科学研究和技术开发工作的机构。

（四）科技部会同民政部核定或者省级科技主管部门会同省级民政、财政、税务部门和社会研发机构所在地直属海关核定的科技类民办非企业单位性质的社会研发机构；省级科技主管部门会同省级财政、税务部门和社会研发机构所在地直属海关核定的事业单位性质的社会研发机构。

（五）省级商务主管部门会同省级财政、税务部门和外资研发中心所在地直属海关核定的外资研发中心。

（六）国家承认学历的实施专科及以上高等学历教育的高等学校及其具有独立法人资格的分校、异地办学机构。

（七）县级及以上党校（行政学院）。

（八）地市级及以上公共图书馆。

四、本通知第二条所称出版物进口单位是指中央宣传部核定的具有出版物进口许可的出版物进口单位，科研院所是指第三条第一项规定的机构。

五、本通知第一、二条规定的免税进口商品实行清单管理。免税进口商品清单由财政部、海关总署、税务总局征求有关部门意见后另行制定印发，并动态调整。

六、经海关审核同意，科学研究机构、技术开发机构、学校、党校（行政学院）、图书馆可将免税进口的科学研究、科技开发和教学用品用于其他单位的科学研究、科技开发和教学活动。

对纳入国家网络管理平台统一管理、符合本通知规定的免税进口科研仪器设备，符合科技部会同海关总署制定的纳入国家网络管理平台免税进口科研仪器设备开放共享管理有关规定的，可以用于其他单位的科学研究、科技开发和教学活动。

经海关审核同意，科学研究机构、技术开发机构、学校以科学研究或教学为目的的，可将免税进口的医疗检测、分析仪器及其附件、配套设备用于其附属、所属医院的临床活动，或用于开展临床实验所需依托的其分立前附属、所属医院的临床活动。其中，大中型医疗检测、分析仪器，限每所医院每3年每种1台。

七、“十四五”期间支持科技创新进口税收政策管理办法由财政部、海关总署、税务总局会同有关部门另行制定印发。

八、本通知有效期为2021年1月1日至2025年12月31日。

财政部

海关总署

税务总局

2021年4月15日

财政部等十一部门关于"十四五"期间支持科技创新进口税收政策管理办法的通知

（财关税〔2021〕24号）

各省、自治区、直辖市、计划单列市财政厅（局）、党委宣传部、发展改革委、教育厅（局）、科技厅（委、局）、工业和信息化主管部门、民政厅（局）、商务厅（委、局）、文化和旅游厅（委、局），新疆生产建设兵团财政局、党委宣传部、发展改革委、教育局、科技局、工业和信息化局、民政局、商务局、文体广旅局，海关总署广东分署、各直属海关，国家税务总局各省、自治区、直辖市、计划单列市税务局，财政部各地监管局，国家税务总局驻各地特派员办事处：

为落实《财政部　海关总署　税务总局关于"十四五"期间支持科技创新进口税收政策的通知》（财关税〔2021〕23号，以下简称《通知》），现将政策管理办法通知如下：

一、科技部核定从事科学研究工作的中央级科研院所名单，函告海关总署，抄送财政部、税务总局。省级（包括省、自治区、直辖市、计划单列市、新疆生产建设兵团，下同）科技主管部门会同省级财政、税务部门和科研院所所在地直属海关核定从事科学研究工作的省级、地市级科研院所名单，核定结果由省级科技主管部门函告科研院所所在地直属海关，抄送省级财政、税务部门，并报送科技部。

本办法所称科研院所名单，包括科研院所所属具有独立法人资格的图书馆、研究生院名单。

二、科技部核定国家实验室、国家重点实验室、企业国家重点实验室、国家技术创新中心、国家临床医学研究中心、国家工程技术研究中心名单，国家发展改革委核定国家产业创新中心、国家工程研究中心、国家企业技术中心名单，工业和信息化部核定国家制造业创新中心、国家中小企业公共服务示范平台（技术类）名单。核定结果分别由科技部、国家发展改革委、工业和信息化部函告海关总署，抄送财政部、税务总局。

科技部核定根据《国务院办公厅转发科技部等部门关于深化科研机构管理体制改革实施意见的通知》（国办发〔2000〕38号），国务院部门（单位）所属科研机构已转制为企业或进入企业的主要从事科学研究和技术开发工作的机构名单，函告海关总署，抄送财政部、税务总局。省级科技主管部门会同省级财政、税务部门和机构所在地直属海关核定根据国办发〔2000〕38号文件，各省、自治区、直辖市、计划单列市所属已转制为企业或进入企业的主要从事科学研究和技术开发工作的机构名单，核定结果由省级科技主管部门函告机构所在地直属海关，抄送省级财政、税务部门，并报送科技部。

科技部会同民政部核定或者省级科技主管部门会同省级民政、财政、税务部门和社会研发机构所在地直属海关核定科技类民办非企业单位性质的社会研发机构名单。科技部牵头的核定结果，由科技部函告海关总署，抄送民政部、财政部、税务总局。省级科技主管部门牵头的核定结果，由省级科技主管部门函告社会研发机构所在地直属海关，抄送省级民政、财政、税务部门，并报送科技部。享受政策的科技类民办非企业单位性质的社会研发机构条件见附件1。

省级科技主管部门会同省级财政、税务部门和社会研发机构所在地直属海关核定事业单位性质的社会研发机构名单，核定结果由省级科技主管部门函告社会研发机构所在地直属海关，抄送省级财政、税务部门，并报送科技部。享受政策的事业单位性质的社会研发机构，应符合科技部和省级科技主管部门规定的事业单位性质的社会研发机构（新型研发机构）条件。

省级商务主管部门会同省级财政、税务部门和外资研发中心所在地直属海关核定外资研发中心名单，核定结果由省级商务主管部门函告外资研发中心所在地直属海关，抄送省级财政、税务部门，并报送商务部。享受政策的外资研发中心条件见附件2。

本条上述函告文件中，凡不具有独立法人资格的单位、机构，应一并函告其依托单位；有关单位、机构具有有效期限的，应一并函告其有效期限。

三、教育部核定国家承认学历的实施专科及以上高等学历教育的高等学校及其具有独立法人资格的分校、异地办学机构名单，函告海关总署，抄送财政部、税务总局。

四、文化和旅游部核定省级以上公共图书馆名单，函告海关总署，抄送财政部、税务总局。省级文化和旅游主管部门会同省级财政、税务部门和公共图书馆所在地直属海关核定省级、地市级公共图书馆名单，核定结果由省级文化和旅游主管部门函告公共图书馆所在地直属海关，抄送省级财政、税务部门，并报送文化和旅游部。

五、中央宣传部核定具有出版物进口许可的出版物进口单位名单，函告海关总署，抄送中央党校（国家行政学院）、教育部、科技部、财政部、文化和旅游部、税务总局。

出版物进口单位免税进口图书、资料等商品的销售对象为中央党校（国家行政学院）和省级、地市级、县级党校（行政学院）以及本办法第一、三、四条中经核定的单位。牵头核定部门应结合实际需要，将核定的有关单位名单告知有关出版物进口单位。

六、中央党校（国家行政学院）和省级、地市级、县级党校（行政学院）以及按照本办法规定经核定的单位或机构（以下统称进口单位），应按照海关有关规定，办理有关进口商品的减免税手续。

七、本办法中相关部门函告海关的进口单位名单和《通知》第五条所称的免税进口商品清单应注明批次。其中，第一批名单、清单自2021年1月1日实施，至第一批名单印发之日后30日内已征的应免税款，准予退还；以后批次的名单、清单，分别自其印发之日后第20日起实施。中央党校（国家行政学院）和省级、地市级、县级党校（行政学院）自2021年1月1日起具备免税进口资格，至本办法印发之日后30日内已征的应免税款，准予退还。

前款规定的已征应免税款，依进口单位申请准予退还。其中，已征税进口且尚未申报增值税进项税额抵扣的，应事先取得主管税务机关出具的《“十四五”期间支持科技创新进口税收政策项下进口商品已征进口环节增值税未抵扣情况表》（见附件3），向海关申请办理退还已征进口关税和进口环节增值税手续；已申报增值税进项税额抵扣的，仅向海关申请办理退还已征进口关税手续。

八、进口单位可向主管海关提出申请，选择放弃免征进口环节增值税。进口单位主动放弃免征进口环节增值税后，36个月内不得再次申请免征进口环节增值税。

九、进口单位发生名称、经营范围变更等情形的，应在《通知》有效期限内及时将有关变更情况说明报送核定其名单的牵头部门。牵头部门按照本办法规定的程序，核定变更后的单位自变更登记之日起能否继续享受政策，注明变更登记日期。核定结果由牵头部门函告海关（核定结果较多时，每年至少分两批函告），抄送同级财政、税务及其他有关部门。其中，牵头部门为省级科技、商务、文化和旅游主管部门的，核定结果应相应报送科技部、商务部、文化和旅游部。

十、进口单位应按有关规定使用免税进口商品，如违反规定，将免税进口商品擅自转让、移作他用或者进行其他处置，被依法追究刑事责任的，在《通知》剩余有效期限内停止享受政策。

十一、进口单位如存在以虚报情况获得免税资格，由核定其名单的牵头部门查实后函告海关，自函告之日起，该单位在《通知》剩余有效期限内停止享受政策。

十二、中央宣传部、国家发展改革委、教育部、科技部、工业和信息化部、民政部、商务部、文化和旅游部加强政策评估工作。

十三、本办法印发之日后90日内，省级科技主管部门应会同省级民政、财政、税务部门和社会研发机构所在地直属海关制定核定享受政策的科技类民办非企业单位性质、事业单位性质的社会研发机构名单的具体实施办法，省级商务主管部门应会同省级财政、税务部门和外资研发中心所在地直属海关制定核定享受政策的外资研发中心名单的具体实施办法。

十四、财政等有关部门及其工作人员在政策执行过程中，存在违反执行免税政策规定的行为，以及滥用职权、玩忽职守、徇私舞弊等违法违纪行为的，依照国家有关规定追究相应责任；涉嫌犯罪的，依法追究刑事责任。

十五、本办法有效期为2021年1月1日至2025年12月31日。

附件：1. 享受“十四五”期间支持科技创新进口税收政策的科技类民办非企业单位性质的社会研发机构条件

2. 享受“十四五”期间支持科技创新进口税收政策的外资研发中心条件

3. “十四五”期间支持科技创新进口税收政策项下进口商品已征进口环节增值

税未抵扣情况表（略）

财政部 中央宣传部
国家发展改革委 教育部 科技部
工业和信息化部 民政部 商务部
文化和旅游部 海关总署 税务总局
2021 年 4 月 16 日

附件 1

享受“十四五”期间支持科技创新进口税收政策的科技类民办非企业单位性质的社会研发机构条件

享受“十四五”期间支持科技创新进口税收政策的科技类民办非企业单位性质的社会研发机构，应同时满足以下条件：

一、符合科技部和省级科技主管部门规定的社会研发机构（新型研发机构）基本条件。

二、依照《民办非企业单位登记管理暂行条例》、《民办非企业单位登记暂行办法》的要求，在民政部或省级民政部门登记注册的、具有独立法人资格的民办非企业单位。

三、资产总额不低于 300 万元。

四、从事科学研究工作的专业技术人员（指大专以上学历或中级以上技术职称专业技术人员）在 20 人以上，且占全部在职人员的比例不低于 60%。

附件 2

享受“十四五”期间支持科技创新进口税收政策的外资研发中心条件

享受“十四五”期间支持科技创新进口税收政策的外资研发中心，应同时满足以下条件：

一、研发费用标准：作为独立法人的，其投资总额不低于 800 万美元；作为公司内设部门或分公司的非独立法人的，其研发总投入不低于 800 万美元。

二、专职研究与试验发展人员不低于 80 人。

三、设立以来累计购置的设备原值不低于 2000 万元。

四、上述第一、二、三条中，有关定义如下：

（一）“投资总额”是指外商投资信息报告回执所载明的金额。

（二）“研发总投入”是指外商投资企业专门为设立和建设本研发中心而投入的资产，包括即将投入并签订购置合同的资产（应提交已采购资产清单和即将采购资产的合同清单）。

（三）“专职研究与试验发展人员”是指企业科技活动人员中专职从事基础研究、应用研究和试验发展三类项目活动的人员，包括直接参加上述三类项目活动的人员以及相关专职科技管理人员和为项目提供资料文献、材料供应、设备的直接服务人员，上述人员须与外资研发中心或其所在外商投资企业签订 1 年以上劳动合同，以外资研发中心提交申请的前一日人数为准。

（四）“设备”是指为科学研究、教学和科技开发提供必要条件的实验设备、装置和器械。在计算累计购置的设备原值时，应将进口设备和采购国产设备的原值一并计入，包括已签订购置合同并于当年内交货的设备（应提交购置合同清单及交货期限），适用本办法的上述进口设备范围为进口科学研究、科技开发和教学用品免税清单所列商品。

财政部　海关总署　税务总局关于“十四五”期间进口科学研究、科技开发和教学用品免税清单（第一批）的通知

（财关税〔2021〕44号）

各省、自治区、直辖市、计划单列市财政厅（局），新疆生产建设兵团财政局，海关总署广东分署、各直属海关，国家税务总局各省、自治区、直辖市、计划单列市税务局，财政部各地监管局，国家税务总局驻各地特派员办事处：

根据《财政部　海关总署　税务总局关于“十四五”期间支持科技创新进口税收政策的通知》（财关税〔2021〕23号）和《财政部　中央宣传部　国家发展改革委　教育部　科技部　工业和信息化部　民政部　商务部　文化和旅游部　海关总署　税务总局关于“十四五”期间支持科技创新进口税收政策管理办法的通知》（财关税〔2021〕24号）有关规定，现将“十四五”期间进口科学研究、科技开发和教学用品的第一批免税清单（见附件）予以公布，自2021年1月1日起实施。

一、科学研究机构、技术开发机构、学校、党校（行政学院）、图书馆的免税进口商品清单，按照附件第一至十五条执行。

二、出版物进口单位的免税进口商品清单，按照附件第五条执行。

附件：“十四五”期间进口科学研究、科技开发和教学用品免税清单（第一批）

财政部

海关总署

税务总局

2021年10月29日

附件

“十四五”期间进口科学研究、科技开发和教学用品免税清单（第一批）

一、分析、测量、检查、计量、观测、发生信号、处理信号的仪器、仪表及其附件。其中包括进行分析、测量、检查、计量、观测等工作必需的传感器或类似装置及附件。

本条所述商品中，除“附件”不受税则号列限制外，其他商品应在以下税则号列范围内：《中华人民共和国进出口税则（2021）》（以下简称《税则》）第八十四、八十五、九十章（84.23、90.04、

9015.1000除外），91.05，91.06。

二、实验、教学用的设备，不包括用于中试和生产的设备。包括：

（一）实验环境方面。

1. 教学实验仪器及装置；

2. 教学示教、演示仪器及装置；

3. 净化设备（如换气、灭菌、纯水设备等）；

4. 特殊实验环境设备（如超低温、超高温、高压、低压、强腐蚀设备、磁场设备、搭载实验仪器的减震平台等）；

5. 特殊电源、光源设备（如电极、开关、线圈、各种光源等）；

6. 清洗循环设备；

7. 小型粉碎、研磨制备设备；

8. 光学元器件；

9. 其他。

（二）样品制备设备和装置。

1. 特种泵类（如分子泵、离子泵、真空泵、蠕动泵、涡轮泵、干泵、高压输液泵等）；

2. 培养设备（如培养箱、发酵罐等）；

3. 微量取样设备（如移液管、取样器、精密天平等）；

4. 分离、纯化、浓缩设备（如离心机、萃取、结晶设备、旋转蒸发器等，层析、色谱设备除外）；

5. 气体、液体、固体混合设备（如旋涡混合器等）；

6. 制气设备、气体压缩设备、气体膨胀设备；

7. 专用制样设备（如切片机、压片机、镀膜机、减薄仪、抛光机等），实验用注射、挤出、造粒、膜压设备；实验室样品前处理设备；

8. 实验室用器具（如分配器、量具、循环器、清洗器、拉制器、制刀器、制冷设备、刺激器、工具等）；

9. 其他。

（三）实验室专用设备。

1. 特种照相和摄影设备（如水下、高空、高速、高分辨率、不可见光等）；

2. 科研飞机、船舶用关键设备和部件；

3. 特种数据记录设备（如大幅面扫描仪、大幅面绘图仪、磁带机、光盘机、磁盘阵列等）；

4. 特殊电子部件（如电路板、特种晶体管、特种二极管、专用集成电路等）；

5. 材料科学专用设备（如干胶仪、特种坩埚、陶瓷、图形转换设备、制版用干板、特种等离子体源、离子源、外延炉、扩散炉、溅射仪、离子刻蚀机，材料实验机等），可靠性试验设备，微电子加工设备，通信模拟仿真设备，通信环境试验设备；

6. 小型熔炼设备（如真空、粉末、电渣等），特殊焊接设备；

7. 小型染整、纺丝试验专用设备；

8. 电生理设备（如脑电仪、眼动仪、神经电生理记录仪、脑磁分析仪等）；

9. 精密位移设备（如微操作器、精密移动台、定位仪等）；

10. 其他。

本条所述商品中，除“（一）实验环境方面”中的“9. 其他”、“（二）样品制备设备和装置”中的“8. 实验室用器具；9. 其他”、“（三）实验室专用设备”中的“5. 材料科学专用设备中的特种坩埚；10. 其他”不受税则号列限制外，其他商品应在以下税则号列范围内：

《税则》69.01-69.03，69.09，69.14，84.01-84.05，84.07-84.08（8408.1000除外），84.10-84.72（8418.1-8418.5除外），84.74-84.86，85.01-85.02，85.04-85.07，85.11，5.14-85.15，8516.2，85.17-85.21，85.23，85.25-85.28，85.30-85.37，85.39-85.46，8548.9000，88.03，88.05，90.01-90.02，90.06-90.07，90.13，90.16，0.18-90.19，90.23-90.27，90.29-90.32，9405.4-9405.5，94.06。

三、计算机工作站，中型、大型计算机。其中包括数据交换仪。

本条所述商品应在以下税则号列范围内：《税则》8471.4110，8471.4190，8471.4910，8471.4999，8517.6。

四、用于维修依照《财政部　海关总署　税务总局关于"十四五"期间支持科技创新进口税收政策的通知》（财关税〔2021〕23号）项下免税进口商品清单已免税进口或者可予免税进口的仪器、仪表和设备，或者用于改进、扩充、升级其功能，而单独进口的专用零部件及配件（自进口的仪器、仪表和设备海关放行之日起10年内，但不超过政策执行期限2025年12月31日）。

本条所述商品不受税则号列限制。

五、图书、文献（含数字文献数据库）、报刊、乐谱及其他资料（包括只读光盘、微缩平片、胶卷、地球资料卫星照片、科技和教学声像制品）。

本条所述商品应在以下税则号列范围内：《税则》37.04-37.06，49.01-49.11，85.23。

六、各种载体形式的讲稿、音像资料、幻灯片、软件及软件许可证。

本条所述商品应在以下税则号列范围内：《税则》49.06-49.07，49.11，84.71，85.23。

七、标本，模型。

本条所述商品中，"标本"的税则号列为《税则》9705.0000，"模型"不受税则号列限制。

八、实验、研究用材料，包括试剂、生物中间体和制品、药物、同位素等专用材料。包括：

1. 无机试剂、有机试剂、生化试剂；

2. 生物中间体及其制品（如动物血制品等）；

3. 新合成或新发现的化学物质或化学材料；

4. 矿石、矿物燃料、矿物油及其副产品；

5. 电子产品原材料（如超纯硅、光刻胶、蒸镀源、靶材、衬底等）、特种金属材料（含高纯度金属材料等）、膜材料，各种分析用的标准物、固定相；

6. 水（超纯水、导电水、去离子水等），空气（液态空气、压缩空气、已除去惰性气体的空气等），超纯氮、氦（包括液氮、液氦等）以及其他超纯气体（如超纯氩气等）；

7. 各种催化剂、助剂及添加剂（包括防老化剂、防腐剂、促进剂、黏合剂、硫化剂、光吸收剂、发泡剂、消泡剂、乳化剂、破乳剂、分散剂、絮凝剂、抗静电剂、引发剂、渗透剂、光稳定剂、再生活化剂等）；

8. 高分子化合物：特种塑料、树脂、橡胶（耐高、低温，耐强酸碱腐蚀、抗静电、高机械强度，或易降解等）。

本条所述商品中，除第项所列商品不受税则号列限制外，其他商品应在以下税则号列范围内:《税则》第二十五至四十章。

九、实验用动物。

本条所述商品应在以下税则号列范围内:《税则》第一、三章。

十、医疗检测、分析仪器及其附件、配套设备。包括:

(一)医疗检测、分析仪器及其附件。

本项所述商品应在以下税则号列范围内:《税则》90.18–90.22(9018.1100、9018.1210、9018.1930、9018.9020、9018.9070除外),90.27。

(二)配套设备。

本项所述商品应在以下税则号列范围内:《税则》第八十四、八十五、九十章。

十一、优良品种植物及种子(限于农林类学校、专业和农林类科学研究机构、技术开发机构)。

本条所述商品应在以下税则号列范围内:《税则》第六至十章。

十二、乐器,包括弦乐类、管乐类、打击乐和弹拨乐类、键盘乐类、电子乐类等专业乐器(限于艺术类学校、专业和艺术类科学研究机构、技术开发机构)。

本条所述商品应在以下税则号列范围内:《税则》84.71,92.01–92.07。

十三、体育器材(限于体育类学校、专业和体育类科学研究机构、技术开发机构)。

本条所述商品应在以下税则号列范围内:《税则》95.06。

十四、船舶所用关键设备(限于航运类学校、专业)。

本条所述商品应在以下税则号列范围内:《税则》8406.1000,8408.1000(仅包括功率在8000~10000千瓦的高速船用柴油发动机)。

十五、非汽油、柴油动力样车(限于汽车类学校、专业和汽车类科学研究机构、技术开发机构)。

本条所述商品应在以下税则号列范围内:《税则》8701.9190,8701.9290,8701.9390,8701.9490,8701.9590,8702.40,8703.8000,8704.1030,87.05。

“大众创业 万众创新”税费优惠政策指引

（国家税务总局2022年）

推进大众创业、万众创新，是发展的动力之源，也是富民之道、公平之计、强国之策。近年来，大众创业、万众创新持续向更大范围、更高层次和更深程度推进，创新创业与经济社会发展深度融合，对推动新旧动能转换和经济结构升级、扩大就业和改善民生、营造公平营商环境和创新社会氛围发挥了重要作用。

2022年，党中央、国务院根据经济发展形势出台了新的组合式税费支持政策后，税务总局围绕创新创业的主要环节和关键领域进一步梳理归并成120项税费优惠政策措施，覆盖企业整个生命周期。

一、企业初创期税费优惠

企业初创期，除了普惠式税收优惠，符合条件的增值税小规模纳税人、小型微利企业、个体工商户，特殊群体创业或者吸纳特殊群体就业（高校毕业生、失业人员、退役士兵、军转干部、随军家属、残疾人、回国服务的在外留学人员、长期来华定居专家等）还能享受特殊的税费优惠。同时，国家还对扶持企业成长的科技企业孵化器、大学科技园等创业就业平台，创投企业、金融机构、企业和个人等给予税收优惠，充分发挥集聚效应，给予企业金融支持。具体包括：

（一）小微企业税费优惠

1. 小微企业增值税期末留抵退税

2. 符合条件的增值税小规模纳税人免征增值税

3. 增值税小规模纳税人阶段性免征增值税

4. 小型微利企业减免企业所得税

5. 个体工商户应纳税所得不超过100万元部分个人所得税减半征收

6. 增值税小规模纳税人减征地方“六税两费”

7. 小型微利企业减征地方“六税两费”

8. 个体工商户减征地方“六税两费”

9. 制造业中小微企业延缓缴纳部分税费

10. 中小微企业购置设备器具按一定比例一次性税前扣除

11. 个体工商户阶段性缓缴企业社会保险费政策

12. 符合条件的企业暂免征收残疾人就业保障金

13. 符合条件的缴纳义务人免征有关政府性基金

14. 符合条件的企业减征残疾人就业保障金

15. 符合条件的缴纳义务人减征文化事业建设费

16. 符合条件的增值税小规模纳税人免征文化事业建设费

（二）重点群体创业就业税费优惠

17. 重点群体创业税费扣减

18. 吸纳重点群体就业税费扣减

19. 退役士兵创业税费扣减

20. 吸纳退役士兵就业税费扣减

21. 随军家属创业免征增值税

22. 随军家属创业免征个人所得税

23. 安置随军家属就业的企业免征增值税

24. 军队转业干部创业免征增值税

25. 自主择业的军队转业干部免征个人所得税

26. 安置军队转业干部就业的企业免征增值税

27. 残疾人创业免征增值税

28. 安置残疾人就业的单位和个体工商户增值税即征即退

29. 特殊教育校办企业安置残疾人就业增值税即征即退

30. 安置残疾人就业的企业残疾人工资加计扣除

31. 安置残疾人就业的单位减免城镇土地使用税

32. 长期来华定居专家进口自用小汽车免征车辆购置税

33. 回国服务的在外留学人员购买自用国产小汽车免征车辆购置税

（三）创业就业平台税收优惠

34. 科技企业孵化器和众创空间免征增值税

35. 科技企业孵化器和众创空间免征房产税

36. 科技企业孵化器和众创空间免征城镇土地使用税

37. 大学科技园免征增值税

38. 大学科技园免征房产税

39. 大学科技园免征城镇土地使用税

（四）创业投资税收优惠

40. 创投企业投资未上市的中小高新技术企业按比例抵扣应纳税所得额

41. 有限合伙制创业投资企业法人合伙人投资未上市的中小高新技术企业按比例抵扣应纳税所得额

42. 公司制创业投资企业投资初创科技型企业抵扣应纳税所得额

43. 有限合伙制创投企业法人合伙人投资初创科技型企业抵扣从合伙企业分得的所得

44. 有限合伙制创投企业个人合伙人投资初创科技型企业抵扣从合伙企业分得的经营所得

45. 天使投资个人投资初创科技型企业抵扣应纳税所得额

46. 创业投资企业灵活选择个人合伙人所得税核算方式

47. 中关村国家自主创新示范区试行公司型创业投资企业所得税优惠政策

48. 中国（上海）自由贸易试验区临港新片区内重点产业减征企业所得税

49. 上海市浦东新区特定区域内公司型创业投资企业所得税试点政策

（五）金融支持税收优惠

50. 创新企业境内发行存托凭证试点阶段增值税优惠政策

51. 创新企业境内发行存托凭证试点阶段企业所得税优惠政策

52. 创新企业境内发行存托凭证试点阶段个人所得税优惠政策

53. 以非货币性资产对外投资确认的非货币性资产转让所得分期缴纳企业所

得税

54. 以非货币性资产对外投资确认的非货币性资产转让所得分期缴纳个人所得税

55. 金融机构向小微企业及个体工商户小额贷款利息收入免征增值税

56. 金融机构农户小额贷款利息收入企业所得税减计收入

57. 金融企业涉农和中小企业贷款损失准备金税前扣除

58. 金融企业涉农和中小企业贷款损失税前扣除

59. 金融机构与小型微型企业签订借款合同免征印花税

60. 小额贷款公司农户小额贷款利息收入免征增值税

61. 小额贷款公司农户小额贷款利息收入企业所得税减计收入

62. 小额贷款公司贷款损失准备金企业所得税税前扣除

63. 为农户及小型微型企业提供融资担保及再担保业务免征增值税

64. 中小企业融资（信用）担保机构有关准备金企业所得税税前扣除

65. 金融机构向农户小额贷款利息收入免征增值税

66. 农牧保险及相关技术培训业务项目免征增值税

67. 保险公司为种植业、养殖业提供保险业务取得的保费收入减计企业所得税收入

68. 个人转让北京证券交易所上市公司股票免征增值税

69. 投资北京证券交易所上市公司个人所得税优惠政策

70. 支持基础设施领域不动产投资信托基金（REITs）试点原始权益人企业所得税优惠政策

71. 支持基础设施领域不动产投资信托基金（REITs）试点项目公司企业所得税优惠政策

72. 账簿印花税减免

二、企业成长期税费优惠

（一）生产、生活性服务业增值税加计抵减政策

73. 生产、生活性服务业增值税加计抵减政策

（二）研发费用加计扣除政策

74. 研发费用加计扣除

75. 制造业企业研发费用企业所得税100%加计扣除

76. 科技型中小企业研发费用企业所得税 100% 加计扣除

77. 委托境外研发费用加计扣除

（三）固定资产加速折旧政策

78. 固定资产加速折旧或一次性扣除

79. 制造业及部分服务业企业符合条件的仪器、设备加速折旧

（四）进口科研技术装备用品税收优惠

80. 重大技术装备进口免征增值税

81. 科学研究机构、技术开发机构、学校等单位进口免征增值税、消费税

（五）科技成果转化税收优惠

82. 技术转让、技术开发和与之相关的技术咨询、技术服务免征增值税

83. 技术转让所得减免企业所得税

84. 中关村国家自主创新示范区特定区域内居民企业技术转让所得减免企业所得税

（六）科研创新人才税收优惠

85. 科研机构、高等学校股权奖励延

期缴纳个人所得税

86. 高新技术企业技术人员股权奖励分期缴纳个人所得税

87. 中小高新技术企业向个人股东转增股本分期缴纳个人所得税

88. 获得非上市公司股票期权、股权期权、限制性股票和股权奖励递延缴纳个人所得税

89. 获得上市公司股票期权、限制性股票和股权奖励适当延长纳税期限

90. 企业以及个人以技术成果投资入股递延缴纳所得税

91. 由国家级、省部级以及国际组织对科技人员颁发的科技奖金免征个人所得税

92. 职务科技成果转化现金奖励减免个人所得税

三、企业成熟期税费优惠

（一）高新技术类企业和制造业等行业税收优惠

93. 高新技术企业减按 15% 税率征收企业所得税

94. 高新技术企业和科技型中小企业亏损结转年限延长至 10 年

95. 技术先进型服务企业减按 15% 税率征收企业所得税

96. 符合条件的制造业等行业纳税人增值税期末留抵退税

（二）软件企业税收优惠

97. 软件产品增值税超税负即征即退

98. 国家鼓励的软件企业定期减免企业所得税

99. 国家鼓励的重点软件企业减免企业所得税

100. 软件企业取得即征即退增值税款用于软件产品研发和扩大再生产企业所得税政策

101. 符合条件的软件企业职工培训费用按实际发生额税前扣除

102. 企业外购软件缩短折旧或摊销年限

（三）集成电路企业税费优惠

103. 集成电路重大项目企业增值税留抵税额退税

104. 集成电路企业退还的增值税期末留抵税额在城市维护建设税、教育费附加和地方教育附加的计税（征）依据中扣除

105. 承建集成电路重大项目的企业进口新设备可分期缴纳进口增值税

106. 线宽小于 0.8 微米的集成电路生产企业定期减免企业所得税

107. 线宽小于 0.25 微米的集成电路生产企业定期减免企业所得税

108. 投资额超过 80 亿元的集成电路生产企业定期减免企业所得税

109. 投资额超过 150 亿元的集成电路生产企业或项目定期减免企业所得税

110. 国家鼓励的线宽小于 28 纳米的集成电路生产企业或项目定期减免企业所得税

111. 国家鼓励的线宽小于 65 纳米的集成电路生产企业或项目定期减免企业所得税

112. 国家鼓励的线宽小于 130 纳米的集成电路生产企业或项目定期减免企业所得税

113. 国家鼓励的线宽小于 130 纳米的集成电路生产企业延长亏损结转年限

114. 国家鼓励的集成电路设计、装备、材料、封装、测试企业定期减免企业所得税

115. 国家鼓励的重点集成电路设计企业定期减免企业所得税

116. 集成电路生产企业生产设备缩短折旧年限

（四）动漫企业税收优惠

117. 销售自主开发生产动漫软件增值税超税负即征即退

118. 符合条件的动漫设计等服务可选择适用简易计税方法计算缴纳增值税

119. 动漫软件出口免征增值税

120. 符合条件的动漫企业可申请享受国家现行鼓励软件产业发展的企业所得税优惠政策

附件：1.“大众创业　万众创新”税费优惠政策指引汇编（略）

2.“大众创业　万众创新”税费优惠政策文件目录（略）

6. 创业投资

国家税务总局关于实施创业投资企业所得税优惠问题的通知

（国税发〔2009〕87号）

注释：

废止第四条。参见：《国家税务总局关于公布失效废止的税务部门规章和税收规范性文件目录的决定》（2017年国家税务总局令第42号）。

各省、自治区、直辖市和计划单列市国家税务局、地方税务局：

为落实创业投资企业所得税优惠政策，促进创业投资企业的发展，根据《中华人民共和国企业所得税法》及其实施条例等有关规定，现就创业投资企业所得税优惠的有关问题通知如下：

一、创业投资企业是指依照《创业投资企业管理暂行办法》（国家发展和改革委员会等10部委令2005年第39号，以下简称《暂行办法》）和《外商投资创业投资企业管理规定》（商务部等5部委令2003年第2号）在中华人民共和国境内设立的专门从事创业投资活动的企业或其他经济组织。

二、创业投资企业采取股权投资方式投资于未上市的中小高新技术企业2年（24个月）以上，凡符合以下条件的，可以按照其对中小高新技术企业投资额的70%，在股权持有满2年的当年抵扣该创业投资企业的应纳税所得额；当年不足抵扣的，可以在以后纳税年度结转抵扣。

（一）经营范围符合《暂行办法》规定，且工商登记为“创业投资有限责任公司”、“创业投资股份有限公司”等专业性法人创业投资企业。

（二）按照《暂行办法》规定的条件和程序完成备案，经备案管理部门年度检查核实，投资运作符合《暂行办法》的有关规定。

（三）创业投资企业投资的中小高新技术企业，除应按照科技部、财政部、国家税务总局《关于印发〈高新技术企业认定管理办法〉的通知》（国科发火〔2008〕172号）和《关于印发〈高新技术企业认定管理工作指引〉的通知》（国科发火〔2008〕362号）的规定，通过高新技术企业认定以外，还应符合职工人数不超过500人，年销售（营业）额不超过2亿元，资产总额不超过2亿元的条件。

2007年底前按原有规定取得高新技术企业资格的中小高新技术企业，且在2008年继续符合新的高新技术企业标准的，向其投资满24个月的计算，可自创业投资企业实际向其投资的时间起计算。

（四）财政部、国家税务总局规定的其他条件。

三、中小企业接受创业投资之后，经

认定符合高新技术企业标准的，应自其被认定为高新技术企业的年度起，计算创业投资企业的投资期限。该期限内中小企业接受创业投资后，企业规模超过中小企业标准，但仍符合高新技术企业标准的，不影响创业投资企业享受有关税收优惠。

四、创业投资企业申请享受投资抵扣应纳税所得额，应在其报送申请投资抵扣应纳税所得额年度纳税申报表以前，向主管税务机关报送以下资料备案：

（一）经备案管理部门核实后出具的年检合格通知书（副本）；

（二）关于创业投资企业投资运作情况的说明；

（三）中小高新技术企业投资合同或章程的复印件、实际所投资金验资报告等相关材料；

（四）中小高新技术企业基本情况［包括企业职工人数、年销售（营业）额、资产总额等］说明；

（五）由省、自治区、直辖市和计划单列市高新技术企业认定管理机构出具的中小高新技术企业有效的高新技术企业证书（复印件）。

五、本通知自2008年1月1日起执行。

国家税务总局

二〇〇九年四月三十日

国家税务总局关于有限合伙制创业投资企业法人合伙人企业所得税有关问题的公告

（国家税务总局公告 2015 年第 81 号）

根据《中华人民共和国企业所得税法》及其实施条例、《财政部 国家税务总局关于将国家自主创新示范区有关税收试点政策推广到全国范围实施的通知》（财税〔2015〕116 号）规定，现就有限合伙制创业投资企业法人合伙人企业所得税有关问题公告如下：

一、有限合伙制创业投资企业是指依照《中华人民共和国合伙企业法》、《创业投资企业管理暂行办法》（国家发展和改革委员会令第 39 号）和《外商投资创业投资企业管理规定》（外经贸部、科技部、工商总局、税务总局、外汇管理局令 2003 年第 2 号）设立的专门从事创业投资活动的有限合伙企业。

二、有限合伙制创业投资企业的法人合伙人，是指依照《中华人民共和国企业所得税法》及其实施条例以及相关规定，实行查账征收企业所得税的居民企业。

三、有限合伙制创业投资企业采取股权投资方式投资于未上市的中小高新技术企业满 2 年（24 个月，下同）的，其法人合伙人可按照对未上市中小高新技术企业投资额的 70% 抵扣该法人合伙人从该有限合伙制创业投资企业分得的应纳税所得额，当年不足抵扣的，可以在以后纳税年度结转抵扣。

所称满 2 年是指 2015 年 10 月 1 日起，有限合伙制创业投资企业投资于未上市中小高新技术企业的实缴投资满 2 年，同时，法人合伙人对该有限合伙制创业投资企业的实缴出资也应满 2 年。

如果法人合伙人投资于多个符合条件的有限合伙制创业投资企业，可合并计算其可抵扣的投资额和应分得的应纳税所得额。当年不足抵扣的，可结转以后纳税年度继续抵扣；当年抵扣后有结余的，应按照企业所得税法的规定计算缴纳企业所得税。

四、有限合伙制创业投资企业的法人合伙人对未上市中小高新技术企业的投资额，按照有限合伙制创业投资企业对中小高新技术企业的投资额和合伙协议约定的法人合伙人占有限合伙制创业投资企业的出资比例计算确定。其中，有限合伙制创业投资企业对中小高新技术企业的投资额按实缴投资额计算；法人合伙人占有限合伙制创业投资企业的出资比例按法人合伙人对有限合伙制创业投资企业的实缴出资额占该有限合伙制创业投资企业的全部实缴出资额的比例计算。

五、有限合伙制创业投资企业应纳税所得额的确定及分配，按照《财政部 国家税务总局关于合伙企业合伙人所得税问题的通知》(财税〔2008〕159号)相关规定执行。

六、有限合伙制创业投资企业法人合伙人符合享受优惠条件的，应在符合条件的年度终了后3个月内向其主管税务机关报送《有限合伙制创业投资企业法人合伙人应纳税所得额分配情况明细表》(附件1)。

七、法人合伙人向其所在地主管税务机关备案享受投资抵扣应纳税所得额时，应提交《法人合伙人应纳税所得额抵扣情况明细表》(附件2)以及有限合伙制创业投资企业所在地主管税务机关受理后的《有限合伙制创业投资企业法人合伙人应纳税所得额分配情况明细表》，同时将《国家税务总局关于实施创业投资企业所得税优惠问题的通知》(国税发〔2009〕87号)规定报送的备案资料留存备查。

八、本公告自2015年10月1日起执行。2015年度符合优惠条件的企业，可统一在2015年度汇算清缴时办理相关手续。《国家税务总局关于苏州工业园区有限合伙制创业投资企业法人合伙人企业所得税政策试点有关征收管理问题的公告》(国家税务总局公告2013年第25号)同时废止。

特此公告。

附件：1. 有限合伙制创业投资企业法人合伙人应纳税所得额分配情况明细表(略)

2. 法人合伙人应纳税所得额抵扣情况明细表(略)

国家税务总局

2015年11月16日

财政部　税务总局关于创业投资企业和天使投资个人有关税收政策的通知

（财税〔2018〕55 号）

注释：

第二条第（一）项关于初创科技型企业条件中的“从业人数不超过200人”调整为“从业人数不超过300人”，“资产总额和年销售收入均不超过3000万元”调整为“资产总额和年销售收入均不超过5000万元”。参见：《财政部　税务总局关于实施小微企业普惠性税收减免政策的通知》（财税〔2019〕13号）。

各省、自治区、直辖市、计划单列市财政厅（局）、国家税务局、地方税务局，新疆生产建设兵团财政局：

为进一步支持创业投资发展，现就创业投资企业和天使投资个人有关税收政策问题通知如下：

一、税收政策内容

（一）公司制创业投资企业采取股权投资方式直接投资于种子期、初创期科技型企业（以下简称初创科技型企业）满 2 年（24 个月，下同）的，可以按照投资额的 70% 在股权持有满 2 年的当年抵扣该公司制创业投资企业的应纳税所得额；当年不足抵扣的，可以在以后纳税年度结转抵扣。

（二）有限合伙制创业投资企业（以下简称合伙创投企业）采取股权投资方式直接投资于初创科技型企业满 2 年的，该合伙创投企业的合伙人分别按以下方式处理：

1. 法人合伙人可以按照对初创科技型企业投资额的 70% 抵扣法人合伙人从合伙创投企业分得的所得；当年不足抵扣的，可以在以后纳税年度结转抵扣。

2. 个人合伙人可以按照对初创科技型企业投资额的 70% 抵扣个人合伙人从合伙创投企业分得的经营所得；当年不足抵扣的，可以在以后纳税年度结转抵扣。

（三）天使投资个人采取股权投资方式直接投资于初创科技型企业满 2 年的，可以按照投资额的 70% 抵扣转让该初创科技型企业股权取得的应纳税所得额；当期不足抵扣的，可以在以后取得转让该初创科技型企业股权的应纳税所得额时结转抵扣。

天使投资个人投资多个初创科技型企业的，对其中办理注销清算的初创科技型企业，天使投资个人对其投资额的 70% 尚未抵扣完的，可自注销清算之日起 36

个月内抵扣天使投资个人转让其他初创科技型企业股权取得的应纳税所得额。

二、相关政策条件

（一）本通知所称初创科技型企业，应同时符合以下条件：

1. 在中国境内（不包括港、澳、台地区）注册成立、实行查账征收的居民企业；

2. 接受投资时，从业人数不超过 200 人，其中具有大学本科以上学历的从业人数不低于 30%；资产总额和年销售收入均不超过 3000 万元；

3. 接受投资时设立时间不超过 5 年（60 个月）；

4. 接受投资时以及接受投资后 2 年内未在境内外证券交易所上市；

5. 接受投资当年及下一纳税年度，研发费用总额占成本费用支出的比例不低于 20%。

（二）享受本通知规定税收政策的创业投资企业，应同时符合以下条件：

1. 在中国境内（不含港、澳、台地区）注册成立、实行查账征收的居民企业或合伙创投企业，且不属于被投资初创科技型企业的发起人；

2. 符合《创业投资企业管理暂行办法》（发展改革委等 10 部门令第 39 号）规定或者《私募投资基金监督管理暂行办法》（证监会令第 105 号）关于创业投资基金的特别规定，按照上述规定完成备案且规范运作；

3. 投资后 2 年内，创业投资企业及其关联方持有被投资初创科技型企业的股权比例合计应低于 50%。

（三）享受本通知规定的税收政策的天使投资个人，应同时符合以下条件：

1. 不属于被投资初创科技型企业的发起人、雇员或其亲属（包括配偶、父母、子女、祖父母、外祖父母、孙子女、外孙子女、兄弟姐妹，下同），且与被投资初创科技型企业不存在劳务派遣等关系；

2. 投资后 2 年内，本人及其亲属持有被投资初创科技型企业股权比例合计应低于 50%。

（四）享受本通知规定的税收政策的投资，仅限于通过向被投资初创科技型企业直接支付现金方式取得的股权投资，不包括受让其他股东的存量股权。

三、管理事项及管理要求

（一）本通知所称研发费用口径，按照《财政部 国家税务总局 科技部关于完善研究开发费用税前加计扣除政策的通知》（财税〔2015〕119 号）等规定执行。

（二）本通知所称从业人数，包括与企业建立劳动关系的职工人员及企业接受的劳务派遣人员。从业人数和资产总额指标，按照企业接受投资前连续 12 个月的平均数计算，不足 12 个月的，按实际月数平均计算。

本通知所称销售收入，包括主营业务收入与其他业务收入；年销售收入指标，按照企业接受投资前连续 12 个月的累计数计算，不足 12 个月的，按实际月数累计计算。

本通知所称成本费用，包括主营业务成本、其他业务成本、销售费用、管理费用、财务费用。

（三）本通知所称投资额，按照创业投资企业或天使投资个人对初创科技型企业的实缴投资额确定。

合伙创投企业的合伙人对初创科技型企业的投资额，按照合伙创投企业对初创科技型企业的实缴投资额和合伙协议约定的合伙人占合伙创投企业的出资比例计算确定。合伙人从合伙创投企业分得的所得，按照《财政部 国家税务总局关于合伙企业合伙人所得税问题的通知》(财税〔2008〕159号)规定计算。

(四)天使投资个人、公司制创业投资企业、合伙创投企业、合伙创投企业法人合伙人、被投资初创科技型企业应按规定办理优惠手续。

(五)初创科技型企业接受天使投资个人投资满2年，在上海证券交易所、深圳证券交易所上市的，天使投资个人转让该企业股票时，按照现行限售股有关规定执行，其尚未抵扣的投资额，在税款清算时一并计算抵扣。

(六)享受本通知规定的税收政策的纳税人，其主管税务机关对被投资企业是否符合初创科技型企业条件有异议的，可以转请被投资企业主管税务机关提供相关材料。对纳税人提供虚假资料，违规享受税收政策的，应按税收征管法相关规定处理，并将其列入失信纳税人名单，按规定实施联合惩戒措施。

四、执行时间

本通知规定的天使投资个人所得税政策自2018年7月1日起执行，其他各项政策自2018年1月1日起执行。执行日期前2年内发生的投资，在执行日期后投资满2年，且符合本通知规定的其他条件的，可以适用本通知规定的税收政策。

《财政部 税务总局关于创业投资企业和天使投资个人有关税收试点政策的通知》(财税〔2017〕38号)自2018年7月1日起废止，符合试点政策条件的投资额可按本通知的规定继续抵扣。

财政部 税务总局

2018年5月14日

财政部　税务总局关于延续执行创业投资企业和天使投资个人投资初创科技型企业有关政策条件的公告

（财政部　税务总局公告2022年第6号）

为进一步支持创业创新，现就创业投资企业和天使投资个人投资初创科技型企业所得税政策有关事项公告如下：

自2022年1月1日至2023年12月31日，对于初创科技型企业需符合的条件，从业人数继续按不超过300人、资产总额和年销售收入按均不超过5000万元执行，《财政部　税务总局关于创业投资企业和天使投资个人有关税收政策的通知》（财税〔2018〕55号）规定的其他条件不变。

在此期间已投资满2年及新发生的投资，可按财税〔2018〕55号文件和本公告规定适用税收政策。

财政部　税务总局

2022年2月9日

7. 研发费用税前加计扣除等

财政部　国家税务总局　科技部关于完善研究开发费用税前加计扣除政策的通知

（财税〔2015〕119 号）

注释：

废止第二条中“企业委托境外机构或个人进行研发活动所发生的费用，不得加计扣除。”。参见:《财政部　税务总局　科技部关于企业委托境外研究开发费用税前加计扣除有关政策问题的通知》(财税〔2018〕64 号)。

各省、自治区、直辖市、计划单列市财政厅（局）、国家税务局、地方税务局、科技厅（局），新疆生产建设兵团财务局、科技局：

根据《中华人民共和国企业所得税法》及其实施条例有关规定，为进一步贯彻落实《中共中央　国务院关于深化体制机制改革加快实施创新驱动发展战略的若干意见》精神，更好地鼓励企业开展研究开发活动（以下简称研发活动）和规范企业研究开发费用（以下简称研发费用）加计扣除优惠政策执行，现就企业研发费用税前加计扣除有关问题通知如下：

一、研发活动及研发费用归集范围。

本通知所称研发活动，是指企业为获得科学与技术新知识，创造性运用科学技术新知识，或实质性改进技术、产品（服务）、工艺而持续进行的具有明确目标的系统性活动。

（一）允许加计扣除的研发费用。

企业开展研发活动中实际发生的研发费用，未形成无形资产计入当期损益的，在按规定据实扣除的基础上，按照本年度实际发生额的 50%，从本年度应纳税所得额中扣除；形成无形资产的，按照无形资产成本的 150% 在税前摊销。研发费用的具体范围包括：

1. 人员人工费用。

直接从事研发活动人员的工资薪金、基本养老保险费、基本医疗保险费、失业保险费、工伤保险费、生育保险费和住房公积金，以及外聘研发人员的劳务费用。

2. 直接投入费用。

（1）研发活动直接消耗的材料、燃料和动力费用。

（2）用于中间试验和产品试制的模具、工艺装备开发及制造费，不构成固定资产的样品、样机及一般测试手段购置费，试制产品的检验费。

（3）用于研发活动的仪器、设备的运

行维护、调整、检验、维修等费用，以及通过经营租赁方式租入的用于研发活动的仪器、设备租赁费。

3. 折旧费用。

用于研发活动的仪器、设备的折旧费。

4. 无形资产摊销。

用于研发活动的软件、专利权、非专利技术（包括许可证、专有技术、设计和计算方法等）的摊销费用。

5. 新产品设计费、新工艺规程制定费、新药研制的临床试验费、勘探开发技术的现场试验费。

6. 其他相关费用。

与研发活动直接相关的其他费用，如技术图书资料费、资料翻译费、专家咨询费、高新科技研发保险费，研发成果的检索、分析、评议、论证、鉴定、评审、评估、验收费用，知识产权的申请费、注册费、代理费，差旅费、会议费等。此项费用总额不得超过可加计扣除研发费用总额的10%。

7. 财政部和国家税务总局规定的其他费用。

（二）下列活动不适用税前加计扣除政策。

1. 企业产品（服务）的常规性升级。

2. 对某项科研成果的直接应用，如直接采用公开的新工艺、材料、装置、产品、服务或知识等。

3. 企业在商品化后为顾客提供的技术支持活动。

4. 对现存产品、服务、技术、材料或工艺流程进行的重复或简单改变。

5. 市场调查研究、效率调查或管理研究。

6. 作为工业（服务）流程环节或常规的质量控制、测试分析、维修维护。

7. 社会科学、艺术或人文学方面的研究。

二、特别事项的处理

1. 企业委托外部机构或个人进行研发活动所发生的费用，按照费用实际发生额的 80% 计入委托方研发费用并计算加计扣除，受托方不得再进行加计扣除。委托外部研究开发费用实际发生额应按照独立交易原则确定。

委托方与受托方存在关联关系的，受托方应向委托方提供研发项目费用支出明细情况。

企业委托境外机构或个人进行研发活动所发生的费用，不得加计扣除。

2. 企业共同合作开发的项目，由合作各方就自身实际承担的研发费用分别计算加计扣除。

3. 企业集团根据生产经营和科技开发的实际情况，对技术要求高、投资数额大，需要集中研发的项目，其实际发生的研发费用，可以按照权利和义务相一致、费用支出和收益分享相配比的原则，合理确定研发费用的分摊方法，在受益成员企业间进行分摊，由相关成员企业分别计算加计扣除。

4. 企业为获得创新性、创意性、突破性的产品进行创意设计活动而发生的相关费用，可按照本通知规定进行税前加计扣除。

创意设计活动是指多媒体软件、动漫游戏软件开发，数字动漫、游戏设计制作；房屋建筑工程设计（绿色建筑评价标准为三星）、风景园林工程专项设计；工业设计、多媒体设计、动漫及衍生产品设计、模型设计等。

三、会计核算与管理

1. 企业应按照国家财务会计制度要求，对研发支出进行会计处理；同时，对享受加计扣除的研发费用按研发项目设置辅助账，准确归集核算当年可加计扣除的各项研发费用实际发生额。企业在一个纳税年度内进行多项研发活动的，应按照不同研发项目分别归集可加计扣除的研发费用。

2. 企业应对研发费用和生产经营费用分别核算，准确、合理归集各项费用支出，对划分不清的，不得实行加计扣除。

四、不适用税前加计扣除政策的行业

1. 烟草制造业。

2. 住宿和餐饮业。

3. 批发和零售业。

4. 房地产业。

5. 租赁和商务服务业。

6. 娱乐业。

7. 财政部和国家税务总局规定的其他行业。

上述行业以《国民经济行业分类与代码（GB/4754—2011）》为准，并随之更新。

五、管理事项及征管要求

1. 本通知适用于会计核算健全、实行查账征收并能够准确归集研发费用的居民企业。

2. 企业研发费用各项目的实际发生额归集不准确、汇总额计算不准确的，税务机关有权对其税前扣除额或加计扣除额进行合理调整。

3. 税务机关对企业享受加计扣除优惠的研发项目有异议的，可以转请地市级（含）以上科技行政主管部门出具鉴定意见，科技部门应及时回复意见。企业承担省部级（含）以上科研项目的，以及以前年度已鉴定的跨年度研发项目，不再需要鉴定。

4. 企业符合本通知规定的研发费用加计扣除条件而在2016年1月1日以后未及时享受该项税收优惠的，可以追溯享受并履行备案手续，追溯期限最长为3年。

5. 税务部门应加强研发费用加计扣除优惠政策的后续管理，定期开展核查，年度核查面不得低于20%。

六、执行时间

本通知自2016年1月1日起执行。《国家税务总局关于印发〈企业研究开发费用税前扣除管理办法（试行）〉的通知》（国税发〔2008〕116号）和《财政部　国家税务总局关于研究开发费用税前加计扣除有关政策问题的通知》（财税〔2013〕70号）同时废止。

财政部　国家税务总局　科技部

2015年11月2日

国家税务总局关于企业研究开发费用税前加计扣除政策有关问题的公告

（国家税务总局公告2015年第97号）

注释：

条款失效，第一条、第二条第（一）项、第二条第（二）项、第二条第（四）项同时废止。参见《国家税务总局关于研发费用税前加计扣除归集范围有关问题的公告》（国家税务总局公告2017年第40号）。条款第五条中“并在报送《年度财务会计报告》的同时随附注一并报送主管税务机关”的规定和第六条第一项、附件6《研发项目可加计扣除研究开发费用情况归集表》废止。参见:《国家税务总局关于修订企业所得税年度纳税申报表有关问题的公告》（国家税务总局公告2019年第41号）。第二条第（三）项“其他相关费用的归集与限额计算”的规定废止。参见:《国家税务总局关于进一步落实研发费用加计扣除政策有关问题的公告》（国家税务总局公告2021年第28号）。

根据《中华人民共和国企业所得税法》及其实施条例（以下简称税法）、《财政部　国家税务总局　科技部关于完善研究开发费用税前加计扣除政策的通知》（财税〔2015〕119号，以下简称《通知》）规定，现就落实完善研究开发费用（以下简称研发费用）税前加计扣除政策有关问题公告如下：

一、研究开发人员范围

企业直接从事研发活动人员包括研究人员、技术人员、辅助人员。研究人员是指主要从事研究开发项目的专业人员；技术人员是指具有工程技术、自然科学和生命科学中一个或一个以上领域的技术知识和经验，在研究人员指导下参与研发工作的人员；辅助人员是指参与研究开发活动的技工。

企业外聘研发人员是指与本企业签订劳务用工协议（合同）和临时聘用的研究人员、技术人员、辅助人员。

二、研发费用归集

（一）加速折旧费用的归集

企业用于研发活动的仪器、设备，符合税法规定且选择加速折旧优惠政策的，在享受研发费用税前加计扣除时，就已经进行会计处理计算的折旧、费用的部分加计扣除，但不得超过按税法规定计算的金额。

（二）多用途对象费用的归集

企业从事研发活动的人员和用于研发活动的仪器、设备、无形资产，同时从事或用于非研发活动的，应对其人员活动及仪器设备、无形资产使用情况做必要记录，并将其实际发生的相关费用按实际工时占比等合理方法在研发费用和生产经营费用间分配，未分配的不得加计扣除。

（三）其他相关费用的归集与限额计算

企业在一个纳税年度内进行多项研发活动的，应按照不同研发项目分别归集可加计扣除的研发费用。在计算每个项目其他相关费用的限额时应当按照以下公式计算：

其他相关费用限额＝《通知》第一条第一项允许加计扣除的研发费用中的第1项至第5项的费用之和 ×10%/(1 − 10%)。

当其他相关费用实际发生数小于限额时，按实际发生数计算税前加计扣除数额；当其他相关费用实际发生数大于限额时，按限额计算税前加计扣除数额。

（四）特殊收入的扣减

企业在计算加计扣除的研发费用时，应扣减已按《通知》规定归集计入研发费用，但在当期取得的研发过程中形成的下脚料、残次品、中间试制品等特殊收入；不足扣减的，允许加计扣除的研发费用按零计算。

企业研发活动直接形成产品或作为组成部分形成的产品对外销售的，研发费用中对应的材料费用不得加计扣除。

（五）财政性资金的处理

企业取得作为不征税收入处理的财政性资金用于研发活动所形成的费用或无形资产，不得计算加计扣除或摊销。

（六）不允许加计扣除的费用

法律、行政法规和国务院财税主管部门规定不允许企业所得税前扣除的费用和支出项目不得计算加计扣除。

已计入无形资产但不属于《通知》中允许加计扣除研发费用范围的，企业摊销时不得计算加计扣除。

三、委托研发

企业委托外部机构或个人开展研发活动发生的费用，可按规定税前扣除；加计扣除时按照研发活动发生费用的80%作为加计扣除基数。委托个人研发的，应凭个人出具的发票等合法有效凭证在税前加计扣除。

企业委托境外研发所发生的费用不得加计扣除，其中受托研发的境外机构是指依照外国和地区（含港澳台）法律成立的企业和其他取得收入的组织。受托研发的境外个人是指外籍（含港澳台）个人。

四、不适用加计扣除政策行业的判定

《通知》中不适用税前加计扣除政策行业的企业，是指以《通知》所列行业业务为主营业务，其研发费用发生当年的主营业务收入占企业按税法第六条规定计算的收入总额减除不征税收入和投资收益的余额50%（不含）以上的企业。

五、核算要求

企业应按照国家财务会计制度要求，对研发支出进行会计处理。研发项目立项时应设置研发支出辅助账，由企业留存备查；年末汇总分析填报研发支出辅助账汇总表，并在报送《年度财务会计报告》的同时随附注一并报送主管税务机关。研发支出辅助账、研发支出辅助账汇总表可参照本公告所附样式（见附件）编制。

六、申报及备案管理

（一）企业年度纳税申报时，根据研发支出辅助账汇总表填报研发项目可加计扣除研发费用情况归集表（见附件），在年度纳税申报时随申报表一并报送。

（二）研发费用加计扣除实行备案管理，除“备案资料”和“主要留存备查资料”按照本公告规定执行外，其他备案管理要求按照《国家税务总局关于发布〈企业所得税优惠政策事项办理办法〉的公告》（国家税务总局公告2015年第76号）的规定执行。

（三）企业应当不迟于年度汇算清缴纳税申报时，向税务机关报送《企业所得税优惠事项备案表》和研发项目文件完成备案，并将下列资料留存备查：

1. 自主、委托、合作研究开发项目计划书和企业有权部门关于自主、委托、合作研究开发项目立项的决议文件；

2. 自主、委托、合作研究开发专门机构或项目组的编制情况和研发人员名单；

3. 经科技行政主管部门登记的委托、合作研究开发项目的合同；

4. 从事研发活动的人员和用于研发活动的仪器、设备、无形资产的费用分配说明（包括工作使用情况记录）；

5. 集中研发项目研发费决算表、集中研发项目费用分摊明细情况表和实际分享收益比例等资料；

6.“研发支出”辅助账；

7. 企业如果已取得地市级（含）以上科技行政主管部门出具的鉴定意见，应作为资料留存备查；

8. 省税务机关规定的其他资料。

七、后续管理与核查

税务机关应加强对享受研发费用加计扣除优惠企业的后续管理和监督检查。每年汇算清缴期结束后应开展核查，核查面不得低于享受该优惠企业户数的20%。省级税务机关可根据实际情况制订具体核查办法或工作措施。

八、执行时间

本公告适用于2016年度及以后年度企业所得税汇算清缴。

特此公告。

附件：1. 自主研发“研发支出”辅助账（略）

2. 委托研发“研发支出”辅助账（略）

3. 合作研发“研发支出”辅助账（略）

4. 集中研发“研发支出”辅助账（略）

5.“研发支出”辅助账汇总表（略）

6. 研发项目可加计扣除研究开发费用情况归集表（略）

国家税务总局

2015年12月29日

财政部　税务总局关于设备器具扣除有关企业所得税政策的通知

（财税〔2018〕54号）

各省、自治区、直辖市、计划单列市财政厅（局）、国家税务局、地方税务局，新疆生产建设兵团财政局：

为引导企业加大设备、器具投资力度，现就有关企业所得税政策通知如下：

一、企业在2018年1月1日至2020年12月31日期间新购进的设备、器具，单位价值不超过500万元的，允许一次性计入当期成本费用在计算应纳税所得额时扣除，不再分年度计算折旧；单位价值超过500万元的，仍按企业所得税法实施条例、《财政部　国家税务总局关于完善固定资产加速折旧企业所得税政策的通知》（财税〔2014〕75号）、《财政部　国家税务总局关于进一步完善固定资产加速折旧企业所得税政策的通知》（财税〔2015〕106号）等相关规定执行。

二、本通知所称设备、器具，是指除房屋、建筑物以外的固定资产。

财政部

税务总局

2018年5月7日

财政部　税务总局　科技部关于企业委托境外研究开发费用税前加计扣除有关政策问题的通知

（财税〔2018〕64号）

各省、自治区、直辖市、计划单列市财政厅（局）、科技厅（局），国家税务总局各省、自治区、直辖市、计划单列市税务局，新疆生产建设兵团财政局、科技局：

为进一步激励企业加大研发投入，加强创新能力开放合作，现就企业委托境外进行研发活动发生的研究开发费用（以下简称研发费用）企业所得税前加计扣除有关政策问题通知如下：

一、委托境外进行研发活动所发生的费用，按照费用实际发生额的80%计入委托方的委托境外研发费用。委托境外研发费用不超过境内符合条件的研发费用三分之二的部分，可以按规定在企业所得税前加计扣除。

上述费用实际发生额应按照独立交易原则确定。委托方与受托方存在关联关系的，受托方应向委托方提供研发项目费用支出明细情况。

二、委托境外进行研发活动应签订技术开发合同，并由委托方到科技行政主管部门进行登记。相关事项按技术合同认定登记管理办法及技术合同认定规则执行。

三、企业应在年度申报享受优惠时，按照《国家税务总局关于发布修订后的〈企业所得税优惠政策事项办理办法〉的公告》（国家税务总局公告2018年第23号）的规定办理有关手续，并留存备查以下资料：

（一）企业委托研发项目计划书和企业有权部门立项的决议文件；

（二）委托研究开发专门机构或项目组的编制情况和研发人员名单；

（三）经科技行政主管部门登记的委托境外研发合同；

（四）“研发支出”辅助账及汇总表；

（五）委托境外研发银行支付凭证和受托方开具的收款凭据；

（六）当年委托研发项目的进展情况等资料。

企业如果已取得地市级（含）以上科技行政主管部门出具的鉴定意见，应作为资料留存备查。

四、企业对委托境外研发费用以及留存备查资料的真实性、合法性承担法律责任。

五、委托境外研发费用加计扣除其他政策口径和管理要求按照《财政部　国家税务总局　科技部关于完善研究开发费用税前加计扣除政策的通知》（财税〔2015〕119号）、《财政部　税务总局　科技部关于提高科技型中小企业研究开发费用税前加计扣除比例的通知》（财税〔2017〕34号）、《国家税务总局关于企业研究开发费用税前加计扣除政策有关问题的公告》（国家税务总局公告2015年第97号）等文件规定执行。

六、本通知所称委托境外进行研发活动不包括委托境外个人进行的研发活动。

七、本通知自2018年1月1日起执行。财税〔2015〕119号文件第二条中“企业委托境外机构或个人进行研发活动所发生的费用，不得加计扣除”的规定同时废止。

财政部

税务总局

科技部

2018年6月25日

财政部　税务总局　科技部关于提高研究开发费用税前加计扣除比例的通知

（财税〔2018〕99 号）

各省、自治区、直辖市、计划单列市财政厅（局）、科技厅（局），国家税务总局各省、自治区、直辖市、计划单列市税务局，新疆生产建设兵团财政局、科技局：

为进一步激励企业加大研发投入，支持科技创新，现就提高企业研究开发费用（以下简称研发费用）税前加计扣除比例有关问题通知如下：

一、企业开展研发活动中实际发生的研发费用，未形成无形资产计入当期损益的，在按规定据实扣除的基础上，在 2018 年 1 月 1 日至 2020 年 12 月 31 日期间，再按照实际发生额的 75% 在税前加计扣除；形成无形资产的，在上述期间按照无形资产成本的 175% 在税前摊销。

二、企业享受研发费用税前加计扣除政策的其他政策口径和管理要求按照《财政部　国家税务总局　科技部关于完善研究开发费用税前加计扣除政策的通知》（财税〔2015〕119 号）、《财政部　税务总局　科技部关于企业委托境外研究开发费用税前加计扣除有关政策问题的通知》（财税〔2018〕64 号）、《国家税务总局关于企业研究开发费用税前加计扣除政策有关问题的公告》（国家税务总局公告 2015 年第 97 号）等文件规定执行。

财政部　税务总局　科技部

2018 年 9 月 20 日

财政部　税务总局关于延长部分税收优惠政策执行期限的公告

（财政部　税务总局公告 2021 年第 6 号）

为进一步支持小微企业、科技创新和相关社会事业发展，现将有关税收政策公告如下：

一、《财政部　税务总局关于设备器具扣除有关企业所得税政策的通知》（财税〔2018〕54 号）等 16 个文件规定的税收优惠政策凡已经到期的，执行期限延长至 2023 年 12 月 31 日，详见附件 1。

二、《财政部　税务总局关于延续供热企业增值税房产税城镇土地使用税优惠政策的通知》（财税〔2019〕38 号）规定的税收优惠政策，执行期限延长至 2023 年供暖期结束。

三、《财政部　税务总局关于易地扶贫搬迁税收优惠政策的通知》（财税〔2018〕135 号）、《财政部　税务总局关于福建平潭综合实验区个人所得税优惠政策的通知》（财税〔2014〕24 号）规定的税收优惠政策，执行期限延长至 2025 年 12 月 31 日。

四、《财政部　国家税务总局关于保险公司准备金支出企业所得税税前扣除有关政策问题的通知》（财税〔2016〕114 号）等 6 个文件规定的准备金企业所得税税前扣除政策到期后继续执行，详见附件 2。

五、本公告发布之日前，已征的相关税款，可抵减纳税人以后月份应缴纳税款或予以退还。

特此公告。

附件：

1. 财税〔2018〕54 号等 16 个文件
2. 财税〔2016〕114 号等 6 个文件

财政部　税务总局

2021 年 3 月 15 日

附件 1

财税〔2018〕54 号等 16 个文件

序号	文件名称	备注
1	《财政部　税务总局关于设备　器具扣除有关企业所得税政策的通知》（财税〔2018〕54 号）	
2	《财政部　税务总局　科技部关于提高研究开发费用税前加计扣除比例的通知》（财税〔2018〕99 号）	

续表

序号	文件名称	备注
3	《财政部　税务总局关于金融机构小微企业贷款利息收入免征增值税政策的通知》（财税〔2018〕91号）	
4	《财政部　税务总局关于延续动漫产业增值税政策的通知》（财税〔2018〕38号）	
5	《财政部　税务总局关于保险保障基金有关税收政策问题的通知》（财税〔2018〕41号）	
6	《财政部　税务总局关于中国邮政储蓄银行三农金融事业部涉农贷款增值税政策的通知》（财税〔2018〕97号）	
7	《财政部　税务总局关于公共租赁住房税收优惠政策的公告》（财政部　税务总局公告2019年第61号）	
8	《财政部　税务总局关于继续实行农村饮水安全工程税收优惠政策的公告》（财政部　税务总局公告2019年第67号）	
9	《财政部　税务总局关于延续免征国产抗艾滋病病毒药品增值税政策的公告》（财政部　税务总局公告2019年第73号）	
10	《财政部　商务部　税务总局关于继续执行研发机构采购设备增值税政策的公告》（财政部　商务部　税务总局公告2019年第91号）	
11	《财政部　税务总局关于民用航空发动机、新支线飞机和大型客机税收政策的公告》（财政部　税务总局公告2019年第88号）	
12	《财政部　税务总局关于明确养老机构免征增值税等政策的通知》（财税〔2019〕20号）	
13	《财政部　税务总局关于支持小微企业融资有关税收政策的通知》（财税〔2017〕77号）	
14	《财政部　税务总局　证监会关于支持原油等货物期货市场对外开放税收政策的通知》（财税〔2018〕21号）	
15	《财政部　税务总局关于对页岩气减征资源税的通知》（财税〔2018〕26号）	税收优惠政策于2021年3月31日到期后，执行期限延长至2023年12月31日
16	《财政部　税务总局　工业和信息化部关于对挂车减征车辆购置税的公告》（财政部　税务总局　工业和信息化部公告2018年第69号）	税收优惠政策于2021年6月30日到期后，执行期限延长至2023年12月31日

附件 2

财税〔2016〕114 号等 6 个文件

序号	文件名称
1	《财政部　国家税务总局关于保险公司准备金支出企业所得税税前扣除有关政策问题的通知》（财税〔2016〕114 号）
2	《财政部　税务总局关于中小企业融资（信用）担保机构有关准备金企业所得税税前扣除政策的通知》（财税〔2017〕22 号）
3	《财政部　税务总局关于证券行业准备金支出企业所得税税前扣除有关政策问题的通知》（财税〔2017〕23 号）
4	《财政部　税务总局关于上海国际能源交易中心有关风险准备金和期货投资者保障基金支出企业所得税税前扣除政策问题的通知》（财税〔2019〕32 号）
5	《财政部　税务总局关于金融企业涉农贷款和中小企业贷款损失准备金税前扣除有关政策的公告》（财政部　税务总局公告 2019 年第 85 号）
6	《财政部　税务总局关于金融企业贷款损失准备金企业所得税税前扣除有关政策的公告》（财政部　税务总局公告 2019 年第 86 号）

国家税务总局关于进一步落实研发费用加计扣除政策有关问题的公告

（国家税务总局公告2021年第28号）

注释：

条款废止，第一条废止。参见：《国家税务总局关于公布全文和部分条款失效废止的税务规范性文件目录的公告》（国家税务总局公告2023年第8号）。

为贯彻落实国务院激励企业加大研发投入、优化研发费用加计扣除政策实施的举措，深入开展2021年“我为纳税人缴费人办实事暨便民办税春风行动”，方便企业提前享受研发费用加计扣除优惠政策，现就有关事项公告如下：

一、关于2021年度享受研发费用加计扣除政策问题

（一）企业10月份预缴申报第3季度（按季预缴）或9月份（按月预缴）企业所得税时，可以自主选择就前三季度研发费用享受加计扣除优惠政策。

对10月份预缴申报期未选择享受优惠的，可以在2022年办理2021年度企业所得税汇算清缴时统一享受。

（二）企业享受研发费用加计扣除政策采取“真实发生、自行判别、申报享受、相关资料留存备查”的办理方式，由企业依据实际发生的研发费用支出，自行计算加计扣除金额，填报《中华人民共和国企业所得税月（季）度预缴纳税申报表（A类）》享受税收优惠，并根据享受加计扣除优惠的研发费用情况（前三季度）填写《研发费用加计扣除优惠明细表》（A107012）。《研发费用加计扣除优惠明细表》（A107012）与政策规定的其他资料一并留存备查。

二、关于研发支出辅助账样式的问题

（一）《国家税务总局关于企业研究开发费用税前加计扣除政策有关问题的公告》（2015年第97号，以下简称97号公告）发布的研发支出辅助账和研发支出辅助账汇总表样式（以下简称2015版研发支出辅助账样式）继续有效。另增设简化版研发支出辅助账和研发支出辅助账汇总表样式（以下简称2021版研发支出辅助账样式），具体样式及填写说明见附件。

（二）企业按照研发项目设置辅助账时，可以自主选择使用2015版研发支出辅助账样式，或者2021版研发支出辅助账样式，也可以参照上述样式自行设计研

发支出辅助账样式。

企业自行设计的研发支出辅助账样式，应当包括2021版研发支出辅助账样式所列数据项，且逻辑关系一致，能准确归集允许加计扣除的研发费用。

三、关于其他相关费用限额计算的问题

（一）企业在一个纳税年度内同时开展多项研发活动的，由原来按照每一研发项目分别计算“其他相关费用”限额，改为统一计算全部研发项目“其他相关费用”限额。

企业按照以下公式计算《财政部 国家税务总局 科技部关于完善研究开发费用税前加计扣除政策的通知》（财税〔2015〕119号）第一条第（一）项“允许加计扣除的研发费用”第6目规定的“其他相关费用”的限额，其中资本化项目发生的费用在形成无形资产的年度统一纳入计算：

全部研发项目的其他相关费用限额＝全部研发项目的人员人工等五项费用之和×10%/（1－10%）

“人员人工等五项费用”是指财税〔2015〕119号文件第一条第（一）项“允许加计扣除的研发费用”第1目至第5目费用，包括“人员人工费用”“直接投入费用”“折旧费用”“无形资产摊销”和“新产品设计费、新工艺规程制定费、新药研制的临床试验费、勘探开发技术的现场试验费”。

（二）当“其他相关费用”实际发生数小于限额时，按实际发生数计算税前加计扣除额；当“其他相关费用”实际发生数大于限额时，按限额计算税前加计扣除额。

四、执行时间

本公告第一条适用于2021年度，其他条款适用于2021年及以后年度。97号公告第二条第（三）项“其他相关费用的归集与限额计算”的规定同时废止。

特此公告。

附件：1. 2021版研发支出辅助账（样式）（略）

2. 2021版研发支出辅助账汇总表（样式）（略）

国家税务总局

2021年9月13日

国家税务总局关于修订发布《研发机构采购国产设备增值税退税管理办法》的公告

（国家税务总局公告 2021 年第 18 号）

根据《财政部　税务总局关于延长部分税收优惠政策执行期限的公告》（2021 年第 6 号）和《财政部　商务部　税务总局关于继续执行研发机构采购设备增值税政策的公告》（2019 年第 91 号）规定，经商财政部，现修订发布《研发机构采购国产设备增值税退税管理办法》。《国家税务总局关于发布〈研发机构采购国产设备增值税退税管理办法〉的公告》（2020 年第 6 号）到期停止执行。

特此公告。

国家税务总局

2021 年 6 月 22 日

研发机构采购国产设备增值税退税管理办法

第一条　为规范研发机构采购国产设备增值税退税管理，根据《财政部　税务总局关于延长部分税收优惠政策执行期限的公告》（2021 年第 6 号）和《财政部　商务部　税务总局关于继续执行研发机构采购设备增值税政策的公告》（2019 年第 91 号，以下简称 91 号公告）规定，制定本办法。

第二条　符合条件的研发机构（以下简称研发机构）采购国产设备，按照本办法全额退还增值税（以下简称采购国产设备退税）。

第三条　本办法第二条所称研发机构、国产设备的具体条件和范围，按照 91 号公告规定执行。

第四条　主管研发机构退税的税务机关（以下简称主管税务机关）负责办理研发机构采购国产设备退税的备案、审核及后续管理工作。

第五条　研发机构享受采购国产设备退税政策，应于首次申报退税时，持以下资料向主管税务机关办理退税备案手续：

（一）符合 91 号公告第一条、第二条规定的研发机构资质证明资料。

（二）内容填写真实、完整的《出口退（免）税备案表》。该备案表在《国家税务总局关于出口退（免）税申报有关问题的公告》（2018 年第 16 号）发布。其中，“企业类型”选择“其他单位”；“出口退（免）税管理类型”依据资质证明材料填写“内资研发机构”或“外资研发中心”；其他栏次按填表说明填写。

（三）主管税务机关要求提供的其他资料。

本办法下发前，已办理采购国产设备退税备案的研发机构，无需再次办理备案。

第六条 研发机构备案资料齐全，《出口退（免）税备案表》填写内容符合要求，签字、印章完整的，主管税务机关应当予以备案。备案资料或填写内容不符合要求的，主管税务机关应一次性告知研发机构，待其补正后再予备案。

第七条 已办理备案的研发机构，《出口退（免）税备案表》中内容发生变更的，应自变更之日起30日内，持相关资料向主管税务机关办理备案变更。

第八条 研发机构发生解散、破产、撤销以及其他依法应终止采购国产设备退税事项的，应持相关资料向主管税务机关办理备案撤回。主管税务机关应按规定结清退税款后，办理备案撤回。

研发机构办理注销税务登记的，应先向主管税务机关办理退税备案撤回。

第九条 外资研发中心因自身条件发生变化不再符合91号公告第二条规定条件的，应自条件变化之日起30日内办理退税备案撤回，并自条件变化之日起，停止享受采购国产设备退税政策。未按照规定办理退税备案撤回，并继续申报采购国产设备退税的，依照本办法第十九条规定处理。

第十条 研发机构新设、变更或者撤销的，主管税务机关应根据核定研发机构的牵头部门提供的名单及注明的相关资质起止时间，办理有关退税事项。

第十一条 研发机构采购国产设备退税的申报期限，为采购国产设备之日（以发票开具日期为准）次月1日起至次年4月30日前的各增值税纳税申报期。

研发机构未在规定期限内申报办理退税的，根据《财政部　税务总局关于明确国有农用地出租等增值税政策的公告》（2020年第2号）第四条的规定，在收齐相关凭证及电子信息后，即可申报办理退税。

第十二条 已备案的研发机构应在退税申报期内，凭下列资料向主管税务机关办理采购国产设备退税：

（一）《购进自用货物退税申报表》。该申报表在《国家税务总局关于优化整合出口退税信息系统更好服务纳税人有关事项的公告》（2021年第15号）发布。填写该表时，应在备注栏填写“科技开发、科学研究、教学设备”。

（二）采购国产设备合同。

（三）增值税专用发票，或者开具时间为2021年1月1日至本办法发布之日前的增值税普通发票（不含增值税普通发票中的卷票，下同）。

（四）主管税务机关要求提供的其他资料。

上述增值税专用发票，应当已通过增值税发票综合服务平台确认用途为“用于出口退税”。

第十三条 属于增值税一般纳税人的研发机构申报采购国产设备退税，主管税务机关经审核符合规定的，应按规定办理退税。

研发机构申报采购国产设备退税，属

于下列情形之一的，主管税务机关应采取发函调查或其他方式调查，在确认增值税发票真实、发票所列设备已按规定申报纳税后，方可办理退税：

（一）审核中发现疑点，经核实仍不能排除疑点的。

（二）增值税一般纳税人使用增值税普通发票申报退税的。

（三）非增值税一般纳税人申报退税的。

第十四条 研发机构采购国产设备的应退税额，为增值税发票上注明的税额。

第十五条 研发机构采购国产设备取得的增值税专用发票，已用于进项税额抵扣的，不得申报退税；已用于退税的，不得用于进项税额抵扣。

第十六条 主管税务机关应建立研发机构采购国产设备退税情况台账，记录国产设备的型号、发票开具时间、价格、已退税额等情况。

第十七条 已办理增值税退税的国产设备，自增值税发票开具之日起 3 年内，设备所有权转移或移作他用的，研发机构须按照下列计算公式，向主管税务机关补缴已退税款。

应补缴税款＝增值税发票上注明的税额 ×（设备折余价值 ÷ 设备原值）

设备折余价值＝增值税发票上注明的金额－累计已提折旧

累计已提折旧按照企业所得税法的有关规定计算。

第十八条 研发机构涉及重大税收违法失信案件，按照《国家税务总局关于发布〈重大税收违法失信案件信息公布办法〉的公告》（2018 年第 54 号）被公布信息的，研发机构应自案件信息公布之日起，停止享受采购国产设备退税政策，并在 30 日内办理退税备案撤回。研发机构违法失信案件信息停止公布并从公告栏撤出的，自信息撤出之日起，研发机构可重新办理采购国产设备退税备案，其采购的国产设备可继续享受退税政策。未按照规定办理退税备案撤回，并继续申报采购国产设备退税的，依照本办法第十九条规定处理。

第十九条 研发机构采取假冒采购国产设备退税资格、虚构采购国产设备业务、增值税发票既申报抵扣又申报退税、提供虚假退税申报资料等手段，骗取采购国产设备退税的，主管税务机关应追回已退税款，并依照税收征收管理法的有关规定处理。

第二十条 本办法未明确的其他退税管理事项，比照出口退税有关规定执行。

第二十一条 本办法施行期限为 2021 年 1 月 1 日至 2023 年 12 月 31 日，以增值税发票的开具日期为准。

财政部 税务总局关于企业投入基础研究税收优惠政策的公告

（财政部 税务总局公告2022年第32号）

为鼓励企业加大创新投入，支持我国基础研究发展，现就企业投入基础研究相关税收政策公告如下：

一、对企业出资给非营利性科学技术研究开发机构（科学技术研究开发机构以下简称科研机构）、高等学校和政府性自然科学基金用于基础研究的支出，在计算应纳税所得额时可按实际发生额在税前扣除，并可按100%在税前加计扣除。

对非营利性科研机构、高等学校接收企业、个人和其他组织机构基础研究资金收入，免征企业所得税。

二、第一条所称非营利性科研机构、高等学校包括国家设立的科研机构和高等学校、民办非营利性科研机构和高等学校，具体按以下条件确定：

（一）国家设立的科研机构和高等学校是指利用财政性资金设立的、取得《事业单位法人证书》的科研机构和公办高等学校，包括中央和地方所属科研机构和高等学校。

（二）民办非营利性科研机构和高等学校，是指同时满足以下条件的科研机构和高等学校：

1. 根据《民办非企业单位登记管理暂行条例》在民政部门登记，并取得《民办非企业单位（法人）登记证书》。

2. 对于民办非营利性科研机构，其《民办非企业单位（法人）登记证书》记载的业务范围应属于科学研究与技术开发、成果转让、科技咨询与服务、科技成果评估范围。对业务范围存在争议的，由税务机关转请县级（含）以上科技行政主管部门确认。

对于民办非营利性高等学校，应取得教育主管部门颁发的《民办学校办学许可证》，记载学校类型为“高等学校”。

3. 经认定取得企业所得税非营利组织免税资格。

三、第一条所称政府性自然科学基金是指国家和地方政府设立的自然科学基金委员会管理的自然科学基金。

四、第一条所称基础研究是指通过对事物的特性、结构和相互关系进行分析，从而阐述和检验各种假设、原理和定律的活动。具体依据以下内容判断：

（一）基础研究不预设某一特定的应用或使用目的，主要是为获得关于现象和可观察事实的基本原理的新知识，可针对已知或具有前沿性的科学问题，或者针对人们普遍感兴趣的某些广泛领域，以未来广泛应用为目标。

（二）基础研究可细分为两种类型，一是自由探索性基础研究，即为了增进知识，不追求经济或社会效益，也不积极谋求将其应用于实际问题或把成果转移到负责应用的部门。二是目标导向（定向）基础研究，旨在获取某方面知识、期望为探索解决当前已知或未来可能发现的问题奠定基础。

（三）基础研究成果通常表现为新原理、新理论、新规律或新知识，并以论文、著作、研究报告等形式为主。同时，由于基础研究具有较强的探索性、存在失败的风险，论文、著作、研究报告等也可以体现为试错或证伪等成果。

上述基础研究不包括在境外开展的研究，也不包括社会科学、艺术或人文学方面的研究。

五、企业出资基础研究应签订相关协议或合同，协议或合同中需明确资金用于基础研究领域。

六、企业和非营利性科研机构、高等学校和政府性自然科学基金管理单位应将相关资料留存备查，包括企业出资协议、出资合同、相关票据等，出资协议、出资合同和出资票据应包含出资方、接收方、出资用途（注明用于基础研究）、出资金额等信息。

七、非营利性科研机构、高等学校和政府性自然科学基金管理单位应做好企业投入基础研究的资金管理，建立健全监督机制，确保资金用于基础研究，提高资金使用效率。

八、本公告自 2022 年 1 月 1 日起执行。

特此公告。

财政部　税务总局

2022 年 9 月 30 日

财政部　税务总局关于进一步完善研发费用税前加计扣除政策的公告

（财政部　税务总局公告2023年第7号）

为进一步激励企业加大研发投入，更好地支持科技创新，现就企业研发费用税前加计扣除政策有关问题公告如下：

一、企业开展研发活动中实际发生的研发费用，未形成无形资产计入当期损益的，在按规定据实扣除的基础上，自2023年1月1日起，再按照实际发生额的100%在税前加计扣除；形成无形资产的，自2023年1月1日起，按照无形资产成本的200%在税前摊销。

二、企业享受研发费用加计扣除政策的其他政策口径和管理要求，按照《财政部　国家税务总局　科技部关于完善研究开发费用税前加计扣除政策的通知》（财税〔2015〕119号）、《财政部　税务总局　科技部关于企业委托境外研究开发费用税前加计扣除有关政策问题的通知》（财税〔2018〕64号）等文件相关规定执行。

三、本公告自2023年1月1日起执行，《财政部　税务总局关于进一步完善研发费用税前加计扣除政策的公告》（财政部　税务总局公告2021年第13号）、《财政部　税务总局　科技部关于进一步提高科技型中小企业研发费用税前加计扣除比例的公告》（财政部　税务总局　科技部公告2022年第16号）、《财政部　税务总局　科技部关于加大支持科技创新税前扣除力度的公告》（财政部　税务总局　科技部公告2022年第28号）同时废止。

特此公告。

财政部　税务总局

2023年3月26日

研发费用税前加计扣除新政指引

（国家税务总局 2023 年）

一、研发费用加计扣除的具体政策

【适用主体】

除烟草制造业、住宿和餐饮业、批发和零售业、房地产业、租赁和商务服务业、娱乐业等以外，其他行业企业均可享受。

【优惠内容】

企业开展研发活动中实际发生的研发费用，未形成无形资产计入当期损益的，在按规定据实扣除的基础上，自 2023 年 1 月 1 日起，再按照实际发生额的 100% 在税前加计扣除；形成无形资产的，自 2023 年 1 月 1 日起，按照无形资产成本的 200% 在税前摊销。

上述政策作为制度性安排长期实施。

【政策依据】

1.《财政部　国家税务总局　科技部关于完善研究开发费用税前加计扣除政策的通知》（财税〔2015〕119 号）

2.《财政部　税务总局关于进一步完善研发费用税前加计扣除政策的公告》（2023 年第 7 号）

二、研发费用加计扣除政策的适用活动范围

【适用主体】

除烟草制造业、住宿和餐饮业、批发和零售业、房地产业、租赁和商务服务业、娱乐业等以外，其他行业企业均可享受。

【适用活动】

企业为获得科学与技术新知识，创造性运用科学技术新知识，或实质性改进技术、产品（服务）、工艺而持续进行的具有明确目标的系统性活动。

下列活动不适用税前加计扣除政策：

1. 企业产品（服务）的常规性升级。

2. 对某项科研成果的直接应用，如直接采用公开的新工艺、材料、装置、产品、服务或知识等。

3. 企业在商品化后为顾客提供的技术支持活动。

4. 对现存产品、服务、技术、材料或工艺流程进行的重复或简单改变。

5. 市场调查研究、效率调查或管理研究。

6. 作为工业（服务）流程环节或常规的质量控制、测试分析、维修维护。

7. 社会科学、艺术或人文学方面的研究。

【政策依据】

《财政部　国家税务总局　科技部关于完善研究开发费用税前加计扣除政策的通知》（财税〔2015〕119 号）

三、可加计扣除的研发费用范围

【适用主体】

除烟草制造业、住宿和餐饮业、批发和零售业、房地产业、租赁和商务服务业、娱乐业等以外，其他行业企业均可享受。

【优惠内容】

1. 人员人工费用。

直接从事研发活动人员的工资薪金、基本养老保险费、基本医疗保险费、失业保险费、工伤保险费、生育保险费和住房公积金，以及外聘研发人员的劳务费用。

2. 直接投入费用。

（1）研发活动直接消耗的材料、燃料和动力费用。

（2）用于中间试验和产品试制的模具、工艺装备开发及制造费，不构成固定资产的样品、样机及一般测试手段购置费，试制产品的检验费。

（3）用于研发活动的仪器、设备的运行维护、调整、检验、维修等费用，以及通过经营租赁方式租入的用于研发活动的仪器、设备租赁费。

3. 折旧费用。

用于研发活动的仪器、设备的折旧费。

4. 无形资产摊销。

用于研发活动的软件、专利权、非专利技术（包括许可证、专有技术、设计和计算方法等）的摊销费用。

5. 新产品设计费、新工艺规程制定费、新药研制的临床试验费、勘探开发技术的现场试验费。

6. 其他相关费用。

与研发活动直接相关的其他费用，如技术图书资料费、资料翻译费、专家咨询费、高新科技研发保险费，研发成果的检索、分析、评议、论证、鉴定、评审、评估、验收费用，知识产权的申请费、注册费、代理费，差旅费、会议费，职工福利费、补充养老保险费、补充医疗保险费。此类费用总额不得超过可加计扣除研发费用总额的10%。

【政策依据】

1.《财政部　国家税务总局　科技部关于完善研究开发费用税前加计扣除政策的通知》（财税〔2015〕119号）

2.《国家税务总局关于研发费用税前加计扣除归集范围有关问题的公告》（2017年第40号）

四、委托、合作、集中研发费用加计扣除政策

【适用主体】

除烟草制造业、住宿和餐饮业、批发和零售业、房地产业、租赁和商务服务业、娱乐业等以外，其他行业企业均可享受。

【判定标准】

1. 企业委托外部机构或个人进行研发活动所发生的费用，按照费用实际发生额的80%计入委托方研发费用并计算加计扣除，受托方不得再进行加计扣除。委托境外进行研发活动所发生的费用，按照费用实际发生额的80%计入委托方的委托境外研发费用。委托境外研发费用不超过境内符合条件的研发费用三分之二的部分，可以按规定在企业所得税前加计扣除。

2. 企业共同合作开发的项目，由合作各方就自身实际承担的研发费用分别计算

加计扣除。

3. 企业集团根据生产经营和科技开发的实际情况，对技术要求高、投资数额大，需要集中研发的项目，其实际发生的研发费用，可以按照权利和义务相一致、费用支出和收益分享相配比的原则，合理确定研发费用的分摊方法，在受益成员企业间进行分摊，由相关成员企业分别计算加计扣除。

【政策依据】

1.《财政部　国家税务总局　科技部关于完善研究开发费用税前加计扣除政策的通知》（财税〔2015〕119 号）

2.《财政部　税务总局　科技部关于企业委托境外研究开发费用税前加计扣除有关政策问题的通知》（财税〔2018〕64 号）

五、研发费用加计扣除政策会计核算与管理

【适用主体】

除烟草制造业、住宿和餐饮业、批发和零售业、房地产业、租赁和商务服务业、娱乐业等以外，其他行业企业均可享受。

【优惠内容】

1. 企业应按照国家财务会计制度要求，对研发支出进行会计处理；同时，对享受加计扣除的研发费用按研发项目设置辅助账，准确归集核算当年可加计扣除的各项研发费用实际发生额。企业在一个纳税年度内进行多项研发活动的，应按照不同研发项目分别归集可加计扣除的研发费用。

2. 企业应对研发费用和生产经营费用分别核算，准确、合理归集各项费用支出，对划分不清的，不得实行加计扣除。

【政策依据】

《财政部　国家税务总局　科技部关于完善研究开发费用税前加计扣除政策的通知》（财税〔2015〕119 号）

第七部分

科技金融

1. 转化基金

科学技术部 中国人民银行 中国银监会等关于印发促进科技和金融结合试点实施方案的通知

（国科发财〔2010〕720号）

各省、自治区、直辖市、计划单列市科技厅（委、局），新疆生产建设兵团科技局，中国人民银行上海总部、各分行、营业管理部、省会（首府）城市中心支行、副省级城市中心支行，各省、自治区、直辖市银监局、证监局、保监局：

为全面贯彻党的十七大和十七届五中全会精神，加快实施《国家中长期科学和技术发展规划纲要（2006－2020年）》及其配套政策，促进科技和金融结合，加快科技成果转化，培育发展战略性新兴产业，支撑和引领经济发展方式转变，科技部、中国人民银行、中国银监会、中国证监会、中国保监会决定联合开展“促进科技和金融结合试点”。

现将《促进科技和金融结合试点实施方案》（见附件）印发你们，请结合实际制定具体方案，积极申报试点，并认真组织实施。

附件：促进科技和金融结合试点实施方案

科学技术部 中国人民银行

中国银监会 中国证监会 中国保监会

二〇一〇年十二月十六日

附件：

促进科技和金融结合试点实施方案

为全面贯彻党的十七大和十七届五中全会精神，加快实施《国家中长期科学和技术发展规划纲要（2006－2020年）》及其金融配套政策，促进科技和金融结合，加快科技成果转化，增强自主创新能力，培育发展战略性新兴产业，支撑和引领经济发展方式转变，全面建设创新型国家，科技部会同中国人民银行、中国银监会、中国证监会、中国保监会联合开展“促进科技和金融结合试点”工作，试点实施方案如下。

一、指导思想和基本原则

组织开展“促进科技和金融结合试点”，要深刻把握科技创新和金融创新的客观规律，创新体制机制，突破瓶颈障碍，选择国家高新区、国家自主创新示范区、国家技术创新工程试点省（市）、创新型试点城市等科技金融资源密集的地区先行先试。

（一）指导思想。

深入贯彻落实科学发展观，围绕提高企业自主创新能力、培育发展战略性新兴产业、支撑引领经济发展方式转变的目标，创新财政科技投入方式，探索科技资源与金融资源对接的新机制，引导社会资本积极参与自主创新，提高财政资金使用效益，加快科技成果转化，促进科技型中小企业成长。

（二）基本原则。

1. 坚持统筹协调。加强多部门沟通与协调，统筹规划科技与金融资源，突出体制机制创新，优化政策环境，形成合力，实现科技资源与金融资源有效对接。

2. 加强协同支持。加强工作指导和政策引导，实现上下联动，充分调动和发挥地方的积极性与创造性，加大资源条件保障和政策扶持力度，以地方为主开展试点工作。

3. 实现多方共赢。发挥政府的引导和带动作用，运用市场机制，引导金融机构积极参与科技创新，突破科技型中小企业融资瓶颈，实现多方共赢和长远发展。

4. 突出特色优势。根据各地科技发展水平、金融资源聚集程度、产业特征和发展趋势等实际情况，明确地方发展目标和任务，充分发挥自身特色和优势，坚持整体推进与专项突破相结合，开展创新实践。

5. 发挥试点效应。试点由地方自愿申报，鼓励、支持和指导地方先行先试，及时总结和推广成功经验，发挥试点的示范效应。

（三）总体目标。

通过开展试点，为全面推进科技金融工作提供实践基础，为地方实施科技金融创新营造政策空间，以试点带动示范，不断完善体制，创新机制模式，加快形成多元化、多层次、多渠道的科技投融资体系。

二、试点内容

针对科技支撑引领经济发展中面临的新形势、新任务，通过创新财政科技投入方式，引导和促进银行业、证券业、保险业金融机构及创业投资等各类资本创新金融产品、改进服务模式、搭建服务平台，实现科技创新链条与金融资本链条的有机结合，为从初创期到成熟期各发展阶段的科技企业提供差异化的金融服务。试点地区可以结合实际，选择具有基础和优势的试点内容，突出特色，大胆探索，先行先试。

（一）优化科技资源配置，创新财政科技投入方式。

综合运用无偿资助、偿还性资助、风险补偿、贷款贴息以及后补助等方式引导金融资本参与实施国家科技重大专项、科技支撑计划、火炬计划等科技计划；进一步发挥科技型中小企业技术创新基金投融资平台的作用，运用贴息、后补助和股权投资等方式，增强中小企业商业融资能力；建立科技成果转化项目库，运用创业投资机制，吸引社会资本投资科技成果转化项目；扩大创业投资引导基金规模，鼓励和支持地方科技部门、国家高新区建立以支持初创期科技型中小企业为主的创业投资机构；建立贷款风险补偿基金，完善科技型中小企业贷款风险补偿机制，引导和支持银行业金融机构加大科技信贷投入；建立和完善科技保险保费补助机制，重点支持自主创新首台（套）产品的推广应用和科技企业融资类保险；发挥税收政策的引导作用，进一步落实企业研发费用加计扣除政策和创业投资税收优惠政策，研究对金融机构支持自主创新的税收政策。

（二）引导银行业金融机构加大对科技型中小企业的信贷支持。

建立和完善科技专家库，组织开展科技专家参与科技型中小企业贷款项目评审工作，为银行信贷提供专业咨询意见，建立科技专家网上咨询工作平台。

在有效控制风险的基础上，地方科技部门（国家高新区）与银行合作建设一批主要为科技型中小企业提供信贷等金融服务的科技金融合作试点支行；组建为科技型中小企业提供小额、快速信贷服务的科技小额贷款公司，加强与银行、担保机构的合作，创新金融业务和金融产品，为科技型中小企业提供多种金融服务。加强与农村金融系统的合作，创新适应农村科技创新创业特点的科技金融服务方式。推动建立专业化的科技融资租赁公司，支持专业化的科技担保公司发展。

在有条件的地区开展高新技术企业信用贷款试点，推动开展知识产权质押贷款和高新技术企业股权质押贷款业务。

（三）引导和支持企业进入多层次资本市场。

支持和推动科技型中小企业开展股份制改造，完善非上市公司股份公开转让的制度设计，支持具备条件的国家高新区内非上市股份公司进入代办系统进行股份公开转让。

进一步发挥技术产权交易机构的作用，统一交易标准和程序，建立技术产权交易所联盟和报价系统，为科技成果流通和科技型中小企业通过非公开方式进行股权融资提供服务。

培育和支持符合条件的高新技术企业在中小板、创业板及其他板块上市融资。组织符合条件的高新技术企业发行中小企业集合债券和集合票据；探索发行符合战略性新兴产业领域的高新技术企业高收益债券。

（四）进一步加强和完善科技保险服务。

进一步深化科技保险工作，不断丰富科技保险产品，完善保险综合服务，鼓励各地区开展科技保险工作。鼓励保险公司开展科技保险业务，支持保险公司创新科技保险产品，完善出口信用保险功能，提高保险中介服务质量，加大对科技人员保险服务力度，完善科技保险财政支持政策，进一步拓宽保险服务领域。

建立自主创新首台（套）产品风险分散机制，实施科技保险保费补贴政策，支持开展自主创新首台（套）产品的推广应用、科技企业融资以及科技人员保障类保险。探索保险资金参与国家高新技术产业开发区基础设施建设、战略性新兴产业培育和国家重大科技项目投资等支持科技发展的方式方法。

（五）建设科技金融合作平台，培育中介机构发展。

建立和完善科技成果评价和评估体系，培育一批专业化科技成果评估人员和机构。加快发展科技担保机构、创业投资机构和生产力促进中心、科技企业孵化器等机构，为科技型中小企业融资提供服务。推动地方科技部门和国家高新区建立科技金融服务平台，打造市场化运作的科技金融重点企业，集成科技金融资源为企业提供综合服务。

（六）建立和完善科技企业信用体系。

推广中关村科技园区信用体系建设的经验和模式，开展科技企业信用征信和评级，依托试点地区建立科技企业信用体系建设示范区。引入专业信用评级机构，试点开展重点高新技术企业信用评级工作，推动建立高新技术企业信用报告制度。

（七）组织开展多种科技金融专项活动。

组织开展农业科技创新、科技创业计划、大学生科技创新创业大赛等主题活动；实施科技金融专项行动，组织创业投资机构、银行、券商、保险、各类科技金融中介服务机构等的专业人员为科技企业提供全方位投融资和金融服务；举办各种科技金融论坛和对接活动；开展科技金融培训。

三、组织实施

（一）加强试点工作的组织领导。

科技部会同中国人民银行、中国银监会、中国证监会、中国保监会等部门共同推进试点工作，建立与财政部、国家税务总局的沟通协调机制，定期召开部门协调会议，研究决定试点的重大事项，统筹规划科技与金融资源，督促检查试点进展，组织开展调查研究，总结推广试点经验，共同指导地方开展创新实践。

（二）建立部门协同、分工负责机制。

根据实施方案，结合相关部门职能，发挥各自优势，落实相应责任；各部门及其地方分支机构加强对试点地区的对口工作指导和支持。各部门制定的有利于自主创新的政策，可在试点地区先行先试。加强部门间的协调配合，针对试点中出现的新情况、新问题，及时研究采取有效措施。

（三）形成上下联动的试点工作推进机制。

试点地方要成立以主要领导同志为组长，科技、财政、税务、金融部门和机构参加的试点工作领导小组，加强组织保障，创造政策环境，结合试点地方经济社会发展水平，合理确定目标任务，研究制定试点工作实施方案，落实保障措施，充分调动地方有关部门的积极性和创造性，扎实推进试点工作，形成上下联动、协同推进的工作格局。试点实施方案报批后，要积极组织力量加快实施。科技部会同地方政府安排必要的经费，保障试点工作推动和开展。

（四）加强试点工作的研究、交流和经验推广。

加强对试点重大问题的调查研究，为深化试点提供理论指导和政策支持。建立试点工作定期交流研讨制度，及时交流试点进展，研讨重点问题，总结工作经验。加大对试点地方典型经验的宣传和推广，发挥试点地方的示范作用，带动更多地方促进科技和金融结合，加快推进自主创新。

建立实施试点的监督检查机制，对在试点实施过程中表现突出的个人和机构给予表彰及奖励，对工作落实不到位、试点进展缓慢的地区加强督导，直至取消试点资格。

科技部　财政部关于印发《国家科技成果转化引导基金设立创业投资子基金管理暂行办法》的通知

（国科发财〔2014〕229号）

各省、自治区、直辖市及计划单列市科技厅（委、局）、财政厅（局），新疆生产建设兵团科技局、财务局，科技部、财政部各有关司（中心），各有关单位：

根据《国家科技成果转化引导基金管理暂行办法》（财教〔2011〕289号），为规范国家科技成果转化引导基金设立创业投资子基金工作，科技部、财政部制定了《国家科技成果转化引导基金设立创业投资子基金管理暂行办法》。现予印发，请遵照执行。

科技部

财政部

2014年8月8日

国家科技成果转化引导基金设立创业投资子基金管理暂行办法

第一章　总　则

第一条　为规范国家科技成果转化引导基金（以下简称引导基金）设立创业投资子基金（以下简称子基金），加强资金管理，根据《国家科技成果转化引导基金管理暂行办法》，制定本办法。

第二条　引导基金按照政府引导、市场运作、不以营利为目的的原则设立子基金。设立方式包括与民间资本、地方政府资金以及其他投资者共同发起设立，或对已有创业投资基金增资设立等。

第三条　科技部按照《国家科技成果转化引导基金管理暂行办法》和本办法规定的条件和程序批准出资设立子基金。

第二章　子基金的设立

第四条　子基金应当在中国大陆境内注册，募集资金总额不低于10000万元人民币，且以货币形式出资，经营范围为创业投资业务，组织形式为公司制或有限合伙制。

第五条　引导基金对子基金的参股比例为子基金总额的20%~30%，且始终不作为第一大股东或最大出资人；子基金的其余资金应依法募集，境外出资人应符合国家相关规定。

第六条 子基金存续期一般不超过8年。在子基金股权资产转让或变现受限等情况下，经子基金出资人协商一致，最多可延长2年。

第七条 在中国大陆境内注册的投资企业或创业投资管理企业（以下统称投资机构）可以作为申请者，向科技部、财政部申请设立子基金。多家投资机构拟共同发起子基金的，应推举一家机构作为申请者。

科技部、财政部委托引导基金的受托管理机构受理子基金的设立申请。

第八条 申请者为投资企业的，其注册资本或净资产应不低于5000万元；申请者为创业投资管理企业的，其注册资本应不低于500万元。

第九条 申请者应当确定一家创业投资管理企业作为拟设立的子基金的管理机构。该管理机构应具备以下条件：

（一）在中国大陆境内注册，主要从事创业投资业务；

（二）具有完善的创业投资管理和风险控制流程，规范的项目遴选和投资决策机制，健全的内部财务管理制度，能够为所投资企业提供创业辅导、管理咨询等增值服务；

（三）至少有3名具备5年以上创业投资或相关业务经验的专职高级管理人员；在国家重点支持的高新技术领域内，至少有3个创业投资成功案例；

（四）应参股子基金或认缴子基金份额，且出资额不得低于子基金总额的5‰；

（五）企业及其高级管理人员无重大过失，无受行政主管机关或司法机关处罚的不良记录。

第十条 申请者向受托管理机构提交的申请应包括以下材料：

（一）子基金组建或增资方案；

（二）主要出资人的出资承诺书或出资证明；

（三）会计师事务所出具的投资机构近期的审计报告；

（四）子基金管理机构的有关材料；

（五）其他应当提交的资料。

第十一条 受托管理机构收到申请后，应对申请材料进行初审。对于不符合要求的，应及时通知申请者补充完善；对于符合要求的，应在规定时间内组织开展尽职调查，形成调查报告，并向引导基金理事会提交调查报告和子基金设立方案。

受托管理机构按照理事会要求委托专业化的社会中介机构开展尽职调查等工作。

第十二条 引导基金理事会依据《国家科技成果转化引导基金理事会规程》的相关规定，对调查报告和子基金设立方案进行审核，形成审核意见。

第十三条 科技部根据引导基金理事会的审核意见，对子基金设立方案进行合规性审查。对于符合设立条件的，科技部商财政部同意后向社会公示，公示期为10个工作日；公示无异议的，批准出资设立子基金，并向社会公告。

第三章 投资管理

第十四条 科技部、财政部委托受托管理机构向子基金派出代表，依据法律法规和子基金章程或合伙协议等行使出资人职责，参与重大决策，监督子基金的投资和运作，不参与日常管理。子基金管理机构做出投资决定后，应在实施投资前3个工作日告知受托管理机构代表。

第十五条　子基金管理机构在完成子基金70%的资金委托投资之前，不得募集其他基金。子基金的待投资金应存放托管银行或购买国债等风险低、流动性强的符合国家有关规定的金融产品。

子基金管理费由子基金出资人与子基金管理机构协商确定。

第十六条　子基金投资于转化国家科技成果转化项目库中科技成果的企业的资金应不低于引导基金出资额的3倍，且不低于子基金总额的50%；其他投资方向应符合国家重点支持的高新技术领域；所投资企业应在中国大陆境内注册。

第十七条　子基金不得从事以下业务：

（一）投资于已上市企业（所投资企业上市后，子基金所持股份未转让及其配售部分除外）；

（二）从事担保、抵押、委托贷款、房地产（包括购买自用房地产）等业务；

（三）投资于股票、期货、企业债券、信托产品、理财产品、保险计划及其他金融衍生品；

（四）进行承担无限连带责任的对外投资；

（五）吸收或变相吸收存款，以及发行信托或集合理财产品的形式募集资金；

（六）向任何第三方提供资金拆借、赞助、捐赠等；

（七）其他国家法律法规禁止从事的业务。

第十八条　引导基金以出资额为限对子基金债务承担责任。子基金清算出现亏损时，首先由子基金管理机构以其对子基金的出资额承担亏损，剩余部分由引导基金和其他出资人按出资比例承担。

第十九条　出现下列情况之一时，引导基金可选择退出，且无需经由其他出资人同意：

（一）子基金方案获得科技部批准后，未按规定程序完成设立手续超过一年的；

（二）引导基金向子基金账户拨付资金后，子基金未开展投资超过一年的；

（三）子基金投资项目不符合本办法规定的政策目标的；

（四）子基金未按照章程或合伙协议约定投资的；

（五）子基金管理机构发生实质性变化的。

第二十条　子基金存续期内，鼓励子基金的股东（出资人）或其他投资者购买引导基金所持子基金的股权或份额。同等条件下，子基金的股东（出资人）优先购买。

对于发起设立的子基金，注册之日起4年内（含4年）购买的，以引导基金原始出资额转让；4年至6年内（含6年）购买的，以引导基金原始出资额及从第5年起按照转让时中国人民银行公布的1年期贷款基准利率计算的利息之和转让；6年以上仍未退出的，将与其他出资人同股同权在存续期满后清算退出。

对于增资设立的子基金的，上述年限从子基金完成变更登记手续之日起计算。

第二十一条　子基金存续期结束时，子基金出资各方按照出资比例或相关协议约定获取投资收益。子基金的年平均收益率不低于子基金出资时中国人民银行公布的一年期贷款基准利率的，引导基金可将其不超过20%的收益奖励子基金管理机构。

第四章　托管银行

第二十二条　科技部、财政部通过招标等方式确定若干家银行作为子基金的托管银行，并向社会公布。托管银行应当符合以下条件：

（一）成立时间在5年以上的全国性股份制商业银行；

（二）具有专门的基金托管机构和创业投资基金托管经验；

（三）无重大过失以及受行政主管机关或司法机关处罚的不良记录。

第二十三条　子基金应在科技部、财政部公布的银行名单中选择托管银行，签订资产托管协议，开设托管账户。托管银行与子基金主要出资人、子基金管理机构之间不得有股权和亲属等关联及利害关系。

第二十四条　托管银行负责托管子基金资产，按照托管协议和投资指令负责子基金的资金往来，定期向受托管理机构报告资金情况。受托管理机构负责对托管银行履行职责情况进行考核。

第二十五条　子基金存续期内产生的股权转让、分红、清算等资金应进入托管账户，不得循环投资。

第五章　收入收缴

第二十六条　引导基金投资子基金的收入包括引导基金退出时应收回的原始投资及应取得的收益、子基金清算时引导基金应取得的剩余财产清偿收入等。

上述原始投资及应取得的收益，按照引导基金的实际出资额以及引导基金股权或份额转让协议等确定；应取得的剩余财产清偿收入根据有关法律程序确定。

第二十七条　引导基金投资子基金的所得收入上缴中央国库，纳入中央公共财政预算管理。收入收缴工作由受托管理机构负责，按照国库集中收缴有关规定执行。

第二十八条　引导基金投资子基金的收入按以下程序上缴：

（一）受托管理机构与子基金其他出资人等商议股权或份额退出、收益分配及清算等事宜，并对子基金实施情况的专项审计报告、受让子基金股权或份额申请以及确认收入所依据的相关资料等进行审核；

（二）受托管理机构根据商议及审核结果，提出引导基金退出及收入收缴实施方案，报科技部、财政部审定；

（三）受托管理机构根据科技部、财政部的审定意见，办理股权或份额转让、收入收缴等手续，向有关缴款单位发送缴款通知；

（四）缴款单位在收到缴款通知后的30日内，将应缴的引导基金投资子基金收入缴入引导基金在托管银行开设的指定账户。

第六章　管理与监督

第二十九条　受托管理机构应建立子基金管理信息系统，实施子基金设立及运作的过程管理，并采取投资告知、定期报告、专项审计等方式，加强对子基金的管理和监督。

第三十条　受托管理机构应向科技部、财政部定期提交子基金运作情况和引导基金投资子基金收入上缴情况，及时报告子基金法律文件变更、资本增减、违法违规事件、管理机构变动、清算与解散等重大事项。

第三十一条　科技部、财政部委托引导基金理事会对子基金运作情况定期开展绩效评价，对受托管理机构改进工作提出建议。

第三十二条　受托管理机构不能有效履行职责、发生重大过失或违规行为等造成恶劣影响的，科技部、财政部视情况给予约谈、批评、警告直至取消其受托管理资格的处理。处理结果可向社会公告。

第三十三条　任何单位和个人不得隐瞒、滞留、截留、挤占、挪用引导基金投资子基金的收入。一经发现和查实前述行为，除收回有关资金外，按照《财政违法行为处罚处分条例》（国务院令第427号）的规定处理。

第七章　附　则

第三十四条　本办法规定的相关事项应在子基金章程或合伙协议等文件中载明。

第三十五条　本办法由科技部、财政部负责解释。

第三十六条　本办法自发布之日起30日后施行。

科技部　财政部关于印发《国家科技成果转化引导基金贷款风险补偿管理暂行办法》的通知

（国科发资〔2015〕417号）

各省、自治区、直辖市及计划单列市科技厅（委、局）、财政厅（局），新疆生产建设兵团科技局、财务局：

根据《国家科技成果转化引导基金管理暂行办法》（财教〔2011〕289号），为规范国家科技成果转化引导基金贷款风险补偿工作，科技部、财政部制定了《国家科技成果转化引导基金贷款风险补偿管理暂行办法》。现予印发，请遵照执行。

科技部　财政部

2015年12月4日

国家科技成果转化引导基金贷款风险补偿管理暂行办法

第一条　为规范国家科技成果转化引导基金（以下简称转化基金）贷款风险补偿工作，根据《国家科技成果转化引导基金管理暂行办法》，制定本办法。

第二条　贷款风险补偿是指转化基金对合作银行发放用于转化国家科技成果转化项目库中科技成果的贷款（以下简称科技成果转化贷款）给予一定的风险补偿。

第三条　科技成果转化贷款应符合以下条件：

（一）向年销售额3亿元以下的科技型中小企业发放用于科技成果转化和产业化的贷款；

（二）贷款期限为1年期（含1年）以上。

第四条　转化基金按照政府引导、共同支持、风险分担、适当补偿的原则，与设立贷款风险补偿资金的省、自治区、直辖市、计划单列市等（以下简称省市）联合实施贷款风险补偿工作。

第五条　省市科技部门、财政部门应根据本办法，与合作银行省市机构等协商制定本地开展贷款风险补偿工作的具体实施方案，报科技部、财政部备案。

第六条　科技部、财政部委托转化基金受托管理机构（以下简称受托管理机构）负责科技成果转化贷款风险补偿日常管理工作。

第七条　受托管理机构通过招标确定合作银行，向社会公告；报科技部、财政部批准后，与合作银行签订贷款风险补偿合作协议。合作协议有效期一般为三年。

第八条 合作银行应具备下列条件：

（一）在中国大陆境内注册，具有开展人民币贷款业务资格的银行业金融机构；

（二）自身实力较强，服务网点较多；

（三）资产状况良好，科技信贷管理机制较完善，具有较强的风险控制能力和较好的经营业绩，无重大违法违规行为。

第九条 合作银行应明确科技成果转化贷款的条件、标准和程序等，并在转化基金及合作银行等网站上公布。对于符合条件的贷款，合作银行应在综合评审、合理定价、风险可控的条件下积极支持，降低贷款成本，提高贷款效率。

第十条 对合作银行年度风险补偿额按照合作银行当年实际发放的科技成果转化贷款额进行核定，最高不超过合作银行当年实际发放的科技成果转化贷款额的2%。具体比例另行核定。

第十一条 合作银行省市机构向省级科技部门报送在当地发生的科技成果转化贷款项目。省级科技部门会同同级财政部门对符合科技成果转化贷款条件的贷款项目进行确认。

第十二条 省级科技部门、财政部门应将确认结果及时反馈合作银行省市机构，同时报送受托管理机构。

第十三条 合作银行总行应汇总、审核其省市机构上一年度发生的经确认的科技成果转化贷款项目情况，于每年第一季度向受托管理机构提交贷款风险补偿申请。

第十四条 受托管理机构应根据核定的补偿比例以及省级科技部门、财政部门报送的科技成果转化贷款项目情况等，审核合作银行的贷款风险补偿申请，拟订年度科技成果转化贷款风险补偿方案，并提交转化基金理事会审议。

第十五条 受托管理机构根据转化基金理事会的审议意见，向科技部提交年度科技成果转化贷款风险补偿方案。

第十六条 科技部对年度科技成果转化贷款风险补偿方案进行合规性审查，提出转化基金贷款风险补偿年度预算安排建议，报财政部批复。按照财政部批复的预算和财政国库管理制度有关规定，向合作银行支付贷款风险补偿资金。

第十七条 合作银行对贷款风险补偿金按照金融企业财务制度的有关规定处理。

第十八条 科技部、财政部委托转化基金理事会对贷款风险补偿工作的实施情况开展绩效评价。

第十九条 联合开展贷款风险补偿资金的省市应于每年一季度向受托管理机构报送本地贷款风险补偿工作开展情况，不能有效开展工作的，科技部、财政部将暂停直至终止与其联合实施贷款风险补偿工作。

第二十条 受托管理机构负责对合作银行开展的科技成果转化贷款增长、服务能力、科技金融专业团队建设情况等绩效情况进行评估，根据评估结果提出续约、经整改后续约、不续约和取消合作资格的建议，经转化基金理事会审议后报科技部、财政部同意后实施。

第二十一条 合作银行弄虚作假骗取贷款风险补偿资金的，一经查实，除收回有关资金、取消合作资格外，按照有关规定进行处理，并向社会通报。

第二十二条 受托管理机构不能有效履行职责、发生重大过失或违规行为等造成恶劣影响的，科技部、财政部视情况给予批评、警告直至取消其受托管理资格的处理。处理结果向社会公告。

第二十三条 本办法由科技部、财政部负责解释。

第二十四条 本办法自2016年1月1日起施行。

财政部　科技部关于印发《国家科技成果转化引导基金管理暂行办法》的通知

（财教〔2021〕176号）

各省（自治区、直辖市、计划单列市）财政厅（局）、科技厅（委、局），新疆生产建设兵团财政局、科技局，有关单位：

为贯彻落实《中华人民共和国促进科技成果转化法》，加快实施创新驱动发展战略，加速推动科技成果转化与应用，根据国家有关法律法规和财政管理规定，我们对《国家科技成果转化引导基金管理暂行办法》（财教〔2011〕289号）进行了修订。现予印发，请遵照执行。

附件：国家科技成果转化引导基金管理暂行办法

财政部　科技部

2021年10月24日

附件

国家科技成果转化引导基金管理暂行办法

第一章　总　则

第一条　为贯彻落实《中华人民共和国促进科技成果转化法》，加快实施创新驱动发展战略，加速推动科技成果转化与应用，引导社会力量和地方政府加大科技成果转化投入，中央财政设立国家科技成果转化引导基金（以下简称转化基金）。为规范转化基金的管理，制定本办法。

第二条　转化基金主要用于支持转化利用财政资金形成的科技成果，包括中央财政科技计划、地方科技计划及其他由事业单位产生的新技术、新产品、新工艺、新材料、新装置及其系统等。

第三条　转化基金的资金来源为中央财政拨款和社会捐赠。

第四条　转化基金通过设立创业投资子基金（以下简称子基金）的方式支持科技成果转化。

第五条　转化基金遵循引导性、间接性、非营利性和市场化原则。

第六条　转化基金应坚持绩效导向，落实全面预算绩效管理要求，提升资金使用效益。

第二章　子基金

第七条　转化基金与符合条件的投资机构共同设立子基金，为转化科技成果的企业提供股权投资。子基金重点支持转化应用科技成果的种子期、初创期、成长期的科技型中小企业。

第八条 鼓励地方政府投资基金与转化基金共同设立子基金。鼓励符合条件的创新创业载体参与设立子基金，加强投资和孵化协同，促进科技成果转化。

第九条 转化基金不作为子基金的第一大股东或出资人，对子基金的出资比例为子基金总额的10%~30%，其余资金由子基金管理机构依法募集。

第十条 子基金应以不低于转化基金出资额三倍且不低于子基金总额50%的资金投资于转化利用财政资金形成科技成果的企业。其他投资方向应符合国家重点支持的高新技术领域。

第十一条 子基金不得从事贷款或股票（投资企业上市除外）、期货、房地产、证券投资基金、企业债券、金融衍生品等投资，以及其他国家法律法规禁止私募基金从事的业务，不得用于赞助、捐赠等支出。待投资金应当存放银行或购买国债和地方政府债券。

第十二条 子基金存续期一般不超过8年。存续期内，鼓励其他投资者购买转化基金所持子基金的份额或股权。存续期满，转化基金与其他出资人同股同权清算退出。转化基金转让子基金份额或股权取得的收入，以及从子基金清算退出取得的收入上缴中央国库，具体按照财政部有关规定执行。

第十三条 子基金应当选择具有托管资格和符合托管要求的银行开设托管账户。存续期内产生的股权转让、分红、清算等资金应进子基金托管账户，不得循环投资。

第十四条 子基金应当委托专业的投资管理企业作为子基金管理机构。

第十五条 子基金存续期结束时，年平均收益达到一定要求的，子基金管理机构可提取一定比例的业绩提成。子基金各出资方按照出资比例或相关协议约定获取投资收益，并可将部分投资收益奖励子基金管理机构。

第十六条 子基金应当在子基金合伙协议或公司章程中载明本办法规定的相关事项。

第十七条 其他投资者在子基金存续期内购买转化基金所持子基金的份额或股权，转化基金可按照利益共享、风险共担原则对其适当让利。

第三章　组织管理与监督

第十八条 财政部、科技部负责转化基金顶层设计、规划布局，制定转化基金管理制度，统筹负责转化基金管理运行、绩效管理和监督等工作。财政部履行转化基金出资人职责。科技部按规定批准设立子基金、管理子基金重大变更事项。

第十九条 科技部、财政部共同委托具备条件的机构（以下称受托管理机构）负责转化基金的日常管理工作。

第二十条 受托管理机构应当建立适应转化基金管理和工作需要的专业人员队伍、内部组织机构、管理制度和风险控制机制等。

第二十一条 受托管理机构向子基金派出代表，对子基金行使出资人职责、参与重大决策、监督投资和运作，不参与日常管理。派出代表不得在子基金及其管理机构兼职，不得从子基金领取工作津贴、补助、奖金等任何形式的报酬。

第二十二条　科技部、财政部组织成立转化基金理事会，成员由科技、财务、法律、金融、投资等领域的专家组成，为转化基金提供咨询。

理事会通过理事工作会议审核子基金设立方案，定期召开年度全体会议为转化基金发展提供意见和建议等。理事会成员依规履行职责，并接受科技部、财政部监督。

第二十三条　科技部、财政部以外的理事会成员每届任期为三年，连任不得超过两届。每届理事会任届期满时，除科技部、财政部外的理事会成员应至少更换三分之一。

第二十四条　理事会设理事长，负责召集理事会工作会议。出席理事会工作会议的理事会成员人数应达到全体理事会成员人数的二分之一以上，且各领域至少应有 1 名理事会成员参加。

理事会工作会议审核设立子基金时，采取记名投票方式表决，并形成理事会审核意见。同意票数占比达到出席人数三分之二以上为通过。

第二十五条　科技部建立国家科技成果转化信息共享平台，主要展示利用财政资金形成的科技成果，为科技成果转化提供信息支持。平台中科技成果摘要信息除涉及国家安全、重大社会公共利益和商业秘密外，向社会公开。

第二十六条　转化基金建立全过程绩效管理机制，科技部负责科学设置绩效目标和绩效指标、开展绩效监控。每年末受托管理机构对转化基金实施绩效自评。自评结果经科技部认可后报财政部。财政部根据工作需要适时组织重点绩效评价。科技部、财政部加强组织指导，督促做好绩效评价结果应用。

第二十七条　转化基金管理费参照市场同等规模政府投资基金情况并结合绩效评价结果和实际工作需要决定。管理费具体核定比例和使用管理，由科技部、财政部另行规定。

第二十八条　财政部、科技部及受托管理机构工作人员在转化基金管理过程中，存在滥用职权、玩忽职守、徇私舞弊等违法违纪行为的，依法责令改正，对负有责任的领导人员和直接责任人员依法给予处分；涉嫌犯罪的，依法移送有关机关处理。

第二十九条　转化基金实施过程中涉及信息提供的单位，应当保证所提供信息的真实性，并对信息虚假导致的后果承担责任。

第三十条　转化基金建立公示制度。

第四章　附　则

第三十一条　科技部、财政部根据本办法制定转化基金相关实施细则。

第三十二条　地方可以参照本办法设立科技成果转化引导基金。

第三十三条　本办法由财政部、科技部负责解释。

第三十四条　本办法自 2022 年 1 月 1 日起施行，《国家科技成果转化引导基金管理暂行办法》（财教〔2011〕289 号）同时废止。

科技部　财政部关于印发《国家科技成果转化引导基金创业投资子基金变更事项管理暂行办法》的通知

（国科发区〔2021〕46 号）

各省、自治区、直辖市及计划单列市科技厅（委、局）、财政厅（局），新疆生产建设兵团科技局、财政局，科技部、财政部各有关司（中心），各有关单位：

为健全国家科技成果转化引导基金管理制度，进一步提高创业投资子基金规范化管理和专业化服务水平，提升运行效率，科技部、财政部制定了《国家科技成果转化引导基金创业投资子基金变更事项管理暂行办法》。现予印发，请遵照执行。

科技部　财政部

2021 年 2 月 10 日

国家科技成果转化引导基金创业投资子基金变更事项管理暂行办法

第一章　总　则

第一条　根据《国家科技成果转化引导基金管理暂行办法》《国家科技成果转化引导基金设立创业投资子基金管理暂行办法》及相关法律法规，为规范国家科技成果转化引导基金已设立子基金变更事项管理，提高转化基金管理效率，促进子基金健康有序发展，加快科技成果转化应用，制定本办法。

第二条　本办法所称变更事项是指子基金批复设立后直至转化基金退出（含退出），所发生的可导致子基金构成要素发生变化的事项。子基金变更事项实行分类分级管理，要充分尊重市场规律，防范风险，发挥好政府引导、市场运作、专业管理的作用。

第三条　科技部、财政部统筹负责子基金变更事项管理工作。转化基金受托管理机构负责子基金变更事项的具体管理工作。科技部、财政部对受托管理机构工作进行指导和监督。

第四条　已设立子基金应严格按照相关法律法规及有限合伙协议或章程组织实施。对于确需变更的事项，子基金管理机构应按照本办法及时分类办理，认真组织落实。

第二章　子基金变更事项分类

第五条　依据转化基金管理要求及对

子基金运营的影响程度，子基金变更事项可分为重大变更事项、重要变更事项、一般变更事项。

第六条 子基金重大变更事项主要包括：

（一）导致转化基金退出子基金的事项，包括转让退出、减资退出、清算退出、强制退出等；

（二）科技部、财政部根据相关制度作出的其他重大变更要求。

第七条 子基金重要变更事项主要包括：

（一）子基金出资人或其所持份额变更；

（二）子基金投资期、存续期变更；

（三）子基金执行事务合伙人委派代表或法定代表人、有限合伙协议或章程中约定的关键人士等重要人员变更；

（四）子基金管理机构或其重要人员因涉及重大诉讼、行政或司法处罚及其他违法违规、严重失信等情况导致的变更；

（五）其他对子基金或其管理机构运行可能会造成重要影响的相关事项。

第八条 子基金一般变更事项是指重大变更事项、重要变更事项以外的事项。主要包括：

（一）子基金管理机构股东或其所持股份变更；

（二）子基金管理机构执行事务合伙人委派代表或法定代表人等重要人员变更；

（三）子基金及其管理机构、子基金出资人名称或地址变更；

（四）子基金托管银行变更；

（五）其他导致子基金构成要素变化的事项。

第三章 子基金变更事项管理

第九条 重大变更事项由子基金管理机构向受托管理机构提出申请（强制退出的除外），受托管理机构按有关规定审核后在30日内提出建议，报科技部。科技部商财政部于50个工作日内作出批复。受托管理机构根据批复办理后续变更手续。

第十条 重要变更事项由子基金管理机构向受托管理机构提出申请，受托管理机构依据相关法律法规、转化基金管理办法、有限合伙协议或章程等规定，对子基金变更申请进行核实，于15个工作日内回复意见。变更情况和办理结果报科技部备案；其中第一大出资人变更的，受托机构办理前须听取科技部、财政部相关司局意见。

第十一条 一般变更事项由子基金管理机构依据相关法律法规、转化基金管理办法、有限合伙协议或章程等规定及相关要求，提前报受托管理机构，受托管理机构配合子基金管理机构办理有关手续，做好有关材料的备案存档。

第四章 子基金变更事项监督

第十二条 子基金管理机构提出变更事项应遵守《证券投资基金法》等相关法律法规及转化基金管理办法的规定。

第十三条 受托管理机构应按照变更事项分类管理的要求，对变更事项认真审核，及时办理。审核内容包括但不限于以下内容：相关材料是否真实、准确、完备，是否符合本办法的相关要求，是否会对子基金各出资人按照有限合伙协议或章程履行出资义务造成影响，是否会对子基金的运营造成重大风险隐患。

第十四条 子基金管理机构未及时、如实按照上述要求处理子基金变更事项，受托管理机构可以采取以下措施：

（一）约谈子基金管理机构，督促整改；

（二）约谈后限期未整改落实的，书面通知子基金管理机构限期整改；

（三）书面通知后限期未整改的，受托机构经商科技部、财政部相关司局同意，可暂停子基金对外投资新项目、暂缓转化基金对子基金出资、暂停子基金支付管理费。

第十五条 对于出现《国家科技成果转化引导基金设立创业投资子基金管理暂行办法》第十九条规定情况的，转化基金可强制退出子基金，无需经子基金其他出资人同意。转化基金强制退出子基金可采取转让所持子基金份额、子基金减资、清算等方式，收回转化基金出资。具体情况包括：

（一）子基金或其管理机构出现《国家科技成果转化引导基金设立创业投资子基金管理暂行办法》第十九条规定的事项，或出现严重违反国家法律法规的其他事项；

（二）子基金分期出资的，其他任一出资人当期应缴资金未按时出资到位超过十二个月，导致转化基金无法出资；

（三）子基金投资期（含延长投资期）已满，投资进度未达60%（投资进度＝已投资金／子基金规模）；

（四）其他属于第十九条规定的情形的。

第十六条 对于强制退出的子基金，由受托管理机构提出申请，报科技部。科技部商财政部于50个工作日内作出批复。受托管理机构根据批复办理后续变更手续。

第十七条 受托管理机构在变更事项办理中，应严格遵守法律法规及转化基金管理办法等规定，建立健全内部管理流程、决策机制等，确保各类变更事项及时处理，不影响子基金管理运行。

第十八条 对于强制退出的子基金，应公告其退出原因，子基金管理机构及子基金违约出资人5年内不得再次申请转化基金出资。情节严重的，可按规定将子基金管理机构、子基金违约出资人及其执行事务合伙人委派代表或法定代表人、董事长、总经理、副总经理或实际履行上述职务的人员及有限合伙协议或章程中约定的关键人士等列入失信名单，实行联合惩戒。

第十九条 科技部、财政部加强对子基金变更事项的监督指导，定期组织第三方机构对转化基金创业投资子基金工作开展绩效评价，把变更事项的管理与落实作为评价内容，根据评价情况适时作出相关管理调整。

第二十条 科技部、财政部可以根据实际需要，组织对子基金的内部治理结构、内部监控机制、经营运作、风险状况，以及相关业务活动进行监督检查。

第五章 附 则

第二十一条 本办法由科技部、财政部负责解释。

第二十二条 本办法自发布之日起实施。

2. 科技金融服务

银监会 科技部关于进一步加大对科技型中小企业信贷支持的指导意见

（银监发〔2009〕37号）

各银监局，各省、自治区、直辖市、计划单列市科技厅（委、局），各政策银行、国有商业银行、股份制商业银行、邮政储蓄银行：

为贯彻实施《国家中长期科学和技术发展规划纲要（2006—2020年）》及其配套政策，落实《国务院办公厅关于当前金融促进经济发展的若干意见》（国办发〔2008〕126号），加强科技资源和金融资源的结合，进一步加大对科技型中小企业信贷支持，缓解科技型中小企业融资困难，促进科技产业的全面可持续发展，建设创新型国家，现提出以下指导意见：

一、鼓励进一步加大对科技型中小企业信贷支持。科技型中小企业是我国技术创新的主要载体和经济增长的重要推动力量，在促进科技成果转化和产业化、以创新带动就业、建设创新型国家中发挥着重要作用。银监会、科技部鼓励各银行进一步加大对科技型中小企业的信贷支持和金融服务力度。

本指导意见中的科技型中小企业是指符合以下条件的企业：

（一）符合中小企业国家标准；

（二）企业产品（服务）属于《国家重点支持的高新技术领域》的范围：电子信息技术、生物与新医药技术、航空航天技术、新材料技术、高技术服务业、新能源及节能技术、资源与环境技术、高新技术改造传统产业；

（三）企业当年研究开发费（技术开发费）占企业总收入的3%以上；

（四）企业有原始性创新、集成创新、引进消化再创新等可持续的技术创新活动，有专门从事研发的部门或机构。

二、完善科技部门、银行业监管部门合作机制，加强科技资源和金融资源的结合。各级科技部门、银行业监管部门应建立合作机制，整合科技、金融等相关资源，推动建立政府部门、各类投资基金、银行、科技型中小企业、担保公司等多方参与、科学合理的风险分担体系，引导银行进一步加大对科技型中小企业的信贷支持。

三、建立和完善科技型企业融资担保体系。各级科技部门、国家高新区应设立不以盈利为目的、专门的科技担保公司，已设立的地方可通过补充资本金、担保补贴等方式进一步提高担保能力，推动建立科技型中小企业贷款风险多方分担机制。对于专门的科技担保公司，在风险可控的前提下，各银行可以在国家规定的范围内提高其担保放大倍数。研究设立相应的再担保机构，逐步建立和完善科技型企业融资担保体系。

四、整合科技资源，营造加大对科技型中小企业信贷支持的有利环境。各级科技部门、国家高新区应积极整合政策、资金、项目、信息、专家等科技资源，建立科技型中小企业贷款风险补偿基金，制定具体的补贴或风险补偿和奖励政策，支持银行发放科技型中小企业贷款；定期推荐科技贷款项目，对属于科技计划和专项的项目优先推荐，并提出科技专业咨询意见，协助银行加强对科技贷款项目的贷后管理；推动科技型中小企业信用体系建设，建立企业信用档案，按照企业信用等级给予相应补贴；加快公共服务平台建设，建立和完善多种形式为科技型中小企业、银行服务的中介服务机构；对入驻科技企业孵化器的银行给予孵化企业待遇；通过交流、挂职等方式推荐科技副行长，协调开发地方科技资源。鼓励银行加强与科技创业投资机构的合作，通过贷投结合，拓宽科技型中小企业融资渠道。探索创新科技保险产品，分散科技型中小企业贷款风险。

五、明确和完善银行对科技型中小企业信贷支持的有关政策。鼓励和引导银行在科技型中小企业密集地区、国家高新区的分支机构设立科技专家顾问委员会，发挥国家、地方科技计划专家库的优势，提供科技专业咨询服务；在审贷委员会中吸收有表决权的科技专家，并建立相应的考核约束机制；适当下放贷款审批权限；建立适合科技型中小企业特点的风险评估、授信尽职和奖惩制度；适当提高对科技型中小企业不良贷款的风险容忍度；开发适合科技型中小企业特点的金融服务产品，创新还款方式，提高对科技型中小企业的增值服务；推动完善知识产权转让和登记制度，培育知识产权流转市场，积极开展专利等知识产权质押贷款业务。

六、创新科技金融合作模式，开展科技部门与银行之间的科技金融合作模式创新试点。科技部门和银行选择部分银行分支机构作为科技金融合作模式创新试点单位进行共建，开展科技资源和金融资源结合的具体实践，探索加大对科技型中小企业信贷支持和提高对科技型中小企业金融服务水平的有效途径。同时，分别在东、中、西部的涉农科技型中小企业密集省份，选择部分银行开展支持涉农科技型中小企业试点工作。各试点单位应按照“六项机制”和本指导意见的有关要求，积极加强与科技部门之间的协商与合作，共同制订试点方案，切实落实有关政策，做好科技资源和金融资源结合的有关工作。

七、建立银行业支持科技型中小企业的长效机制。各地银行业监管部门、科技部门和各银行要深入贯彻落实科学发展观，结合本指导意见，积极加强部门合作和政策协调，加大相互开展科技与金融知识培训力度，认真做好有关试点工作，及时总结经验教训，不断创新和完善部门合作、资源结合、风险分担、信息共享等多方面的科技金融合作模式。银监会、科技部将选择部分科技金融合作模式创新试点单位作为观察联系点，对有效加大对科技型中小企业信贷支持情况进行长期跟踪和调研，确保银行业支持科技型中小企业的长效机制建立并有效运行。

中国银行业监督管理委员会
中华人民共和国科学技术部
二〇〇九年五月五日

中国保监会 科技部关于进一步做好科技保险有关工作的通知

（保监发〔2010〕31号）

各省、自治区、直辖市、计划单列市保监局、科技厅（局、委），深圳市科工贸信委，各国家高新技术开发区管委会，各中资保险公司、保险中介机构：

2007年保监会和科技部共同开展科技保险创新发展模式试点工作以来，科技保险的保险产品逐步丰富，承保范围逐步扩大，投保企业快速增加，为科技领域开展自主创新提供了风险保障。为进一步发挥科技保险的功能作用，支持国家自主创新战略的实施，现就科技保险有关工作通知如下：

一、鼓励保险公司开展科技保险业务。保险公司要增强科技保险工作意识，主动与科技部门联系，深入科技行业研究科技领域风险特点，组建专门团队开展业务，建立科技保险理赔绿色通道，做好科技保险服务。地方保监局和科技主管部门要积极组织推动，加强工作协调，提供相关支持，与保险机构共同推动科技保险的创新发展。

二、支持保险公司创新科技保险产品。保险机构要建立保险公司、科研机构、中介机构和科技企业共同参与的科技保险产品创新机制，根据科技行业不同特点和实际需求，针对科技领域风险特点，组织专门技术力量，积极创新，大力开发新险种，在科技型中小企业自主创业、融资、企业并购以及战略性新型产业供应链等方面提供保险支持，不断拓宽保险服务领域。

三、进一步完善出口信用保险功能。发挥中国出口信用保险公司政策性业务在应对国际金融危机和支持科技企业出口方面的特殊作用，在信用风险管理、融资支持和企业信用体系建设等方面，为科技企业提供信用保险、资信调查、商账追收、保单融资等多方面的保障服务，扩大信用保险在科技领域的综合性服务。

四、加大对科技人员保险服务力度。科技人员是科技工作的重要力量，要进一步研究利用保险手段分散科技人员在科研、生产过程中的风险，解决他们的后顾之忧。高新技术企业可以为符合人数要求的关键研发人员投保团体保险。

五、提高保险中介机构服务质量。各类保险中介机构应积极参与科技保险工作，发挥保险中介机构在企业风险管理、保险方案设计、保险产品宣传推广、保单维护和保险索赔服务以及科技型中小企业风险管理等方面的作用，切实做好保险中介服务工作。保险经纪公司要主动当好科技主管部门和科技企业的顾问，在科技保险工作中作为科技行业一方的代表，维护客户合法权益。

六、实施科技保险有关支持政策。研究在重大专项、国家科技计划经费中列支科技保险费和财政资金对自主创新首台（套）产品实施保费补贴的相关政策。地方科技主管部门要创新科研经费使用方式，制定支持科技保险发展的制度措施，推行科技保险保费补贴制度。企业科技保险保费计入高新技术企业研究与开发费用核算范围，享受国家规定的税收优惠政策。

七、创新科技风险分担机制。鼓励保险公司、再保险公司和担保公司等金融机构共同参与重大科技项目的风险管理工作，与银行等其他金融机构一起创新科技风险管理机制与服务，为科技企业特别是科技型中小企业提供融资、担保方面的支持。

八、探索保险资金支持科技发展新方式。根据科技领域需求和保险资金特点，研究保险资金支持国家高技术产业发展的相关机制和具体措施，探索保险资金参与国家高新技术产业开发区基础设施建设、战略性新兴产业的培育与发展以及国家重大科技项目投资的方式方法，并推动相关工作。

本通知自发文之日起执行。

中国保险监督管理委员会

中华人民共和国科学技术部

二〇一〇年三月十一日

中国银监会　科技部　中国人民银行关于支持银行业金融机构加大创新力度开展科创企业投贷联动试点的指导意见

（银监发〔2016〕14号）

各银监局；各省、自治区、直辖市、计划单列市科技厅（委、局）；中国人民银行上海总部，各分行、营业管理部、省会（首府）城市中心支行，副省级城市中心支行；各政策性银行、大型银行、股份制银行，邮储银行，外资银行，金融资产管理公司：

为完善科技金融服务模式，支持科技创新创业企业（以下简称科创企业）发展，现就银行业金融机构加大创新力度，开展科创企业投贷联动试点提出以下指导意见：

一、总体要求

（一）指导思想

全面贯彻党的十八大和十八届三中、四中、五中全会精神，按照党中央、国务院决策部署，坚持创新、协调、绿色、开放、共享的发展理念，加快实施创新驱动发展战略，大力推进大众创业、万众创新，充分发挥银行业金融机构的积极作用，坚持改革驱动，努力探索符合中国国情、适合科创企业发展的金融服务模式。

（二）基本原则

1. 统筹协调，稳步推进。加强多方协作，优化政策环境，整合各方资源，实现市场主导和政府支持相统一，股权投资和银行信贷相结合，引导银行业金融机构有序开展投贷联动试点工作，取得经验后稳步推广。

2. 简政放权，因地制宜。充分发挥试点银行业金融机构的主体作用和试点地区银监局监管职能，强调结合试点地区实际情况制定试点方案，加强事中事后管理。

3. 风险可控，商业可持续。银行业金融机构要探索建立合理的投贷联动业务发展模式，建立适应科创企业发展规律和金融需求的体制机制，实现风险可控、商业可持续。

（三）试点目标

通过开展投贷联动试点，推动银行业金融机构基于科创企业成长周期前移金融服务，为种子期、初创期、成长期的科创企业提供资金支持，有效增加科创企业金融供给总量，优化金融供给结构，探索推动银行业金融机构业务创新发展。

二、试点范围和条件

（一）投贷联动的界定。投贷联动是指银行业金融机构以"信贷投放"与本集团设立的具有投资功能的子公司"股权投资"相结合的方式，通过相关制度安排，由投资收益抵补信贷风险，实现科创企业信贷风险和收益的匹配，为科创企业提供持续资金支持的融资模式。

（二）适用对象。适用于试点银行业金融机构面向试点地区的科创企业开展的投贷联动业务。

本指导意见所称科创企业是指试点地区内符合下列条件之一的科技型中小微企业：

1. 满足高新技术企业认定条件、获得国家高新技术企业证书；

2. 经试点地区政府认定且纳入地方政府风险补偿范畴；

3. 经银行业金融机构审慎筛查后认定。

（三）试点银行业金融机构条件。投贷联动试点银行业金融机构应当具备如下条件：

1. 公司治理完善，监管评级良好；

2. 风险管控能力较强，投贷之间风险“防火墙”建设健全，能够严格隔离信贷业务和股权投资的风险，并表风险管理能力良好；

3. 具备相应的专业人才和业务创新能力、服务科创企业的能力；

4. 具备经董事会审议的投贷联动战略规划、实施方案和专门的管理制度；

5. 银监会要求的其他条件。

（四）试点地区条件。试点地区应当具备以下条件：

1. 科技资源较为丰富，科创企业聚集，创新创业生态系统较为完整；

2. 地方政府对科技创新支持力度大，对科创企业的管理和服务体系比较完备，已提供或承诺提供有效的风险分担机制等政策支持；

3. 社会诚信度较高，信用环境较好；

4. 区域内银行业金融机构管理稳健，经营状况良好；

5. 银监会要求的其他条件。

三、试点机构的组织架构设置

（一）设立投资功能子公司。试点机构在境内已设立具有投资功能子公司的，由其子公司开展股权投资进行投贷联动。试点机构未设立具有投资功能子公司的，经申请和依法批准后，允许设立具有投资功能子公司。

（二）设立科技金融专营机构。试点机构可按照《中资商业银行专营机构监管指引》（银监发〔2012〕59号）规定，设立服务科创企业的科技金融专营机构及其分支机构（以下简称科技金融专营机构），专司与科创企业股权投资相结合的信贷投放。除发放贷款外，科技金融专营机构可以向科创企业提供包括结算、财务顾问、外汇等在内的一站式、系统化金融服务。试点机构也可以新设或改造部分分（支）行，作为从事科创企业金融服务的专业或特色分（支）行，开展科创企业信贷及相关金融服务。

四、业务管理与机制建设

（一）建立“防火墙”。在开展投贷联动业务时，试点机构投资功能子公司应当以自有资金向科创企业进行股权投资，不得使用负债资金、代理资金、受托资金以及其他任何形式的非自有资金；投资功能子公司投资单一科创企业的比例不超过子公司自有资金的10%；面向科创企业的股权投资应当与其他投资业务隔离；投资功能子公司应当与银行母公司实行机构隔离、资金隔离。

银行开展科创企业信贷投放时，贷

款来源应当为表内资金，不得使用理财资金、委托资金、代理资金等非表内资金。

（二）项目筛查。试点机构投资功能子公司应当建立项目筛查机制。根据自身市场定位、行业专长和风险偏好独立判断，开发合适的、市场前景良好和风险可承受的科创企业作为目标客户。

（三）投资功能子公司定位。试点机构投资功能子公司应当作为财务投资人，可选择种子期、初创期、成长期的非上市科创企业进行股权投资，分享投资收益、承担相应风险。按照约定参与初创企业的经营管理，适时进行投资退出和管理退出。

（四）贷款“三查”。银行应当开展单独的科创企业贷款“三查”，对投资功能子公司的股权投资项目进行再筛查，确定投贷联动企业项目后跟进信贷投放。

在贷前调查时，可以增加技术专利和研发能力、管理团队构成和管理能力、商业模式和市场前景等要素。

在贷中审查时，应当建立单独的审批标准和审批流程，配备专业管理团队。

在贷后检查时，除直接对科创企业开展检查外，可以利用投资功能子公司等渠道掌握信息，将科创企业的成长性和后续融资能力等纳入评价要素。

（五）贷款定价。银行应当实行单独的科创企业贷款定价机制，根据科创企业发展前景、股权投资状况、业务成本、当地市场平均利率等因素综合确定贷款利率。

（六）信贷管理。银行应当建立单独的科创企业信贷管理制度，体现有别于传统模式的管理创新，单列信贷计划，单独进行财务资源配置。

在客户评价、业务模式、风险缓释方式、贷款额度和期限确定、还款方式等方面大力开展创新；进行担保创新，拓宽抵质押品范围，开发知识产权质押、股权质押等适合科创企业的担保方式。

（七）多方合作。试点机构可以整合各方资源，综合利用各项扶持政策，加强与地方政府、担保公司、保险公司的合作，完善信息共享，健全风险分担和补偿机制。开展投贷联动业务前，试点机构应当与投资功能子公司、地方政府、担保公司、保险公司等主体建立整体合作框架，与相关各方签订合作协议。

（八）风险容忍和风险分担。开展投贷联动业务时，试点机构应当合理设定科创企业的贷款风险容忍度，确定银行及其投资功能子公司、政府贷款风险补偿基金、担保公司、保险公司之间不良贷款本金的分担补偿机制和比例，使不良贷款率控制在设定的风险容忍度范围内。政府贷款风险补偿基金应当为纳入政府财政预算的资金。投资功能子公司分担的不良贷款损失由投贷联动业务中的投资收益覆盖。试点机构设立的投资功能子公司与银行科创企业信贷账务最终纳入银行集团并表管理。

在投贷联动业务中，有关各方应当通过合同安排，对不良贷款风险分担权责进行明确。

（九）不良清收。银行应对科创企业不良贷款进行持续监测，包括已分担或未分担风险的不良贷款。已分担风险的不良贷款收回时，应当按照合同约定在承担风险分担责任的相关主体间分配。

（十）激励约束。试点机构应当针对科创企业特点，构建单独的激励约束机制，制定专门的业绩考核和奖惩机制，建立与科创企业贷款业务相适应的信贷文化。

在信贷人员绩效考核上，应当延长考核周期，体现科创企业的发展特点；应当制订差异化的风险容忍政策，适当提高科创企业贷款不良容忍度；应当制定专门的内部资金成本核算方式；应当完善信贷尽职免责机制，符合制度和业务流程、因不可抗力等原因导致的信贷损失，相关人员应当免责。

（十一）人才队伍。银行和投资功能子公司的管理层应当配备具有科技行业背景、科技金融专业知识的人员，加快引进、培养一支懂科技、懂金融的经营管理人才队伍。鼓励银行业金融机构根据自身条件确定重点支持的科技领域，培养专业化团队。

（十二）信息管理。试点机构应当建立符合科创企业信贷特点的专门流程，加强投贷联动业务管理信息系统开发。应当采取多种方式采集科创企业数据信息，积累资料，掌握科创企业成长发展规律，为开展科创企业金融服务储备信息资料。

（十三）业务退出。试点机构应当加强对投贷联动业务风险的监测评估，结合自身风险偏好，确定投贷联动业务试点退出的触发条件和机制，制定退出程序。

五、实施和监测

（一）试点省（市）银监局应依据本指导意见，结合各级政府支持科技创新的有关政策，因地制宜制定辖内试点机构开展投贷联动业务的具体实施方案，加强事中事后管理；试点银行业金融机构应向监管部门报送试点方案。

试点省（市）银监局制定的投贷联动具体实施方案及辖内试点机构试点方案应按照《银监会机关监管运行操作规程（试行）》（银监发〔2015〕6号）要求报送银监会备案。新设投资功能子公司和科技金融专营机构按照行政许可程序报批，审批机关要严格规范审批行为，严格限制自由裁量权，优化审批流程，提高审批效率，涉及新设行政许可的，依法履行新设行政许可程序。

（二）银监局应当加强试点情况监测管理和信息报送工作。持续监测试点机构投贷联动业务运行情况和风险状况，并按季报送银监会。

（三）根据试点工作开展情况，总结试点工作成效，按程序报批后，适时扩大试点机构、地区范围，推广试点成功经验。

（四）银行业金融机构与其他外部投资公司开展的投贷联动业务参照本指导意见执行。

附件：第一批试点地区和试点银行业金融机构名单（略）

中国银监会　科技部　中国人民银行

2016年4月15日

工业和信息化部等十六部门关于印发发挥民间投资作用推进实施制造强国战略指导意见的通知

（工信部联规〔2017〕243号）

各省、自治区、直辖市及计划单列市、新疆生产建设兵团工业和信息化主管部门、发展改革委、科技厅、财政厅（局）、环境保护厅、商务厅、人民银行中心支行、工商局、质量技术监督局、知识产权局、银监局、证监局、保监局、国防科技工业主管部门、工商联：

《中国制造2025》发布实施以来，制造强国建设取得显著成效。民营企业是制造业发展的主力军，但近年来受多重因素影响，制造业民间投资增速放缓。为促进民营企业转型升级、激发民间投资活力，加快制造强国建设，制定《关于发挥民间投资作用推进实施制造强国战略的指导意见》。现印发给你们，请做好贯彻实施。

工业和信息化部　国家发展和改革委员会
科学技术部　财政部
环境保护部　商务部
中国人民银行　国家工商行政管理总局
国家质量监督检验检疫总局　国家知识产权局
中国工程院　中国银行业监督管理委员会
中国证券监督管理委员会　中国保险监督管理委员会
国家国防科技工业局　中华全国工商业联合会
2017年10月27日

关于发挥民间投资作用推进实施制造强国战略的指导意见

当前，新一轮科技革命和产业变革正在全球范围内孕育兴起，制造业重新成为全球经济竞争的制高点。随着我国经济发展进入新常态，增长速度、经济结构和发展动力发生重大变化，制造业发展站到了由大变强的历史起点上。民营企业是制造业的主力军和突击队，但近年来受多重因素影响，制造业民间投资增速明显放缓。为推进供给侧结构性改革，深入实施制造强国战略，贯彻落实《中国制造2025》，释放民间投资活力，引导民营企业转型升级，促进制造业向高端、智能、绿色、服务方向发展，现提出以下意见：

一、总体要求

（一）指导思想

全面贯彻党中央、国务院有关决策部署，牢固树立创新、协调、绿色、开放、共享的发展理念，着力推进供给侧结构性改革，破解制约民间投资的体制机制障碍，加快企业转型升级提质增效，培育壮大新动能，改造提升传统产业，优化现代产业体系，为建设制造强国提供有力支撑和持续动力。

（二）基本原则

坚持市场主导。充分发挥市场在资源配置中的决定性作用，更好地发挥政府规划引导和政策支持作用，形成有利于民营企业发展、促进民间投资的体制机制和政策环境。

坚持问题导向。从民营企业反映强烈、制约民间投资、影响提质增效升级的突出问题出发，提出有针对性的措施，及时回应社会关切。

坚持协同推进。与化解过剩产能、促进企业转型升级、降低实体经济企业成本和企业杠杆率等工作有机结合，加强部门协同，引导企业、社会中介和公众参与，形成合力。

坚持公平共享。推进产业政策由选择性向功能性转变，形成公平竞争的市场环境，促使各类市场主体平等有效地获取政策信息并受益。

二、主要任务

（一）提升创新发展能力

一是探索完善制造业创新体系，推动骨干民营企业参与制造业创新中心建设，建立市场化的创新方向选择机制和鼓励创新的风险分担、利益共享机制。支持有条件的民营企业组建国家技术创新中心，攻克转化一批产业前沿和共性关键技术，培育具有国际影响力的行业领军企业。引导社会资本共同建设协同创新公共服务平台、重大科研基础设施及大型科研仪器，推动设施和仪器向社会开放。（工业和信息化部、科技部、发展改革委）

二是分年度遴选实施一批标志性项目，引导民营企业参与承担相关任务，发挥民营骨干企业在重大工程、重点任务研发和产业化中的重要作用，在任务部署方面充分征求并吸收民营企业的意见。以民营企业为重要对象，推动国家技术创新示范企业认定工作和企业技术中心建设。以民营企业为主体打造创新设计集群，培育一批专业化、开放型的工业设计企业。（工业和信息化部、发展改革委、科技部）

三是进一步完善产学研合作机制，理顺创新成果所有权、使用权、收入分配权，提升研发及成果转化针对性。鼓励民营企业和社会资本建立一批从事技术集成、熟化和工程化的中试基地。建立国家技术成果服务系统等科技成果发布和共享平台，提供适合民营企业需求的项目技术源和公共技术服务。围绕重点领域试点示范，建立案例库、专家库、知识库，形成可复制、可推广的经验。（工业和信息化部、科技部）

四是推动民营企业参与知识产权联盟建设，完善国家知识产权运营公共服务平台运行机制，落实降低制造业企业知识产权申请、保护及维权成本的措施。支持民营企业参与国际标准、国家标准和行业标准制定，推动制定团体标准和区域标准，引导民营企业对标贯标。（知识产权

局、工业和信息化部、工商总局、国家标准委、全国工商联）

（二）提升信息化和工业化融合水平

一是建立完善两化融合管理体系标准，加快形成两化融合管理体系评定结果的市场化采信机制，鼓励民营企业参与两化融合管理体系贯标。引导民营企业和社会资本投入工业控制系统、工业软件、工业控制芯片、传感器、工业云与智能服务平台和工业网络等领域，围绕工业云、工业大数据、工业电子商务、信息物理系统、行业系统解决方案等开展制造业与互联网融合发展试点示范。（工业和信息化部）

二是推动制造业企业与互联网企业共同建设优势互补、合作共赢的开放型产业生产体系，鼓励民营企业和社会资本参与大企业“双创”平台和面向中小企业的“双创”服务平台建设。引导民营企业发展基于互联网的个性化定制、网络协同制造、服务型制造等制造业新模式和基于消费需求动态感知的研发、制造和产业组织方式。（工业和信息化部）

三是鼓励民营企业参与智能制造工程，围绕离散型智能制造、流程型智能制造、网络协同制造、大规模个性化定制、远程运维服务等新模式开展应用，建设一批数字化车间和智能工厂，引导产业智能升级。支持民营企业开展智能制造综合标准化工作，建设一批试验验证平台，开展标准试验验证。加快传统行业民营企业生产设备的智能化改造，提高精准制造、敏捷制造能力。（工业和信息化部）

四是鼓励和支持民营企业参与研发制造高档数控机床与工业机器人、增材制造装备等关键技术装备及《中国制造2025》十大领域急需的专用生产设备及测试装备、生产线及检测系统等关键短板装备，培育和提升民营企业智能制造系统集成服务能力。（工业和信息化部）

五是鼓励民营资本进入电信业，深入推进提速降费。开放民间资本进入基础电信领域竞争性业务，深入推进移动通信转售业务发展，进一步扩大宽带接入网业务试点范围。支持民营企业探索建设工业互联网。（工业和信息化部）

（三）参与工业基础能力提升

一是发布推广“四基”发展目录，广泛宣传工业强基工程实施进展和成果，建立协调推进机制，推动基础产品企业与整机企业加强战略合作，建立上下游合作紧密、分工明确、利益共享的组织模式。（工业和信息化部、工程院）

二是实施“一揽子”突破行动。围绕重点领域整机发展需要，聚焦工业基础领域亟待解决的重点难点和卡脖子问题，公开招标遴选一批核心基础零部件、关键基础材料、先进基础工艺，制定实施方案。支持民营企业参与军民两用技术联合攻关，支持军民技术相互有效利用，促进军民融合发展。（工业和信息化部、国防科工局、财政部）

三是开展重点产品、工艺“一条龙”示范应用，完善首台（套）、首批次保险政策。发挥第三方专业机构作用，以上下游需求和供给能力为依据，梳理形成若干条产业链，公开征集参与单位和投资机构，提供有针对性的支持服务。（工业和信息化部、保监会）

四是针对重点领域和行业发展需求，围绕可靠性试验验证、计量测试、标准制修订、认证认可、检验检测、产业信息、知识产权等技术基础支撑能力，依托现有第三方服务机构，创建一批产业技术基础公共服务平台，建立完善产业技术基础服务体系。（工业和信息化部、质检总局）

五是培育一批专注于核心基础零部件（元器件）、关键基础材料和先进基础工艺细分领域的专精特新“小巨人”企业。依托国家新型工业化产业示范基地，培育和建设一批特色鲜明、具备国际竞争优势的基础企业集聚区。（工业和信息化部）

（四）提升质量品牌水平

一是面向民营企业全面推广先进质量管理方法，参与质量标杆评选和品牌培育，加强中小企业质量管理培训辅导，推动出口食品企业内外销“同线同标同质”工作。推动民营企业参与行业自律活动，在重点领域实施质量管理、质量自我声明和质量追溯制度。（质检总局、工业和信息化部）

二是加大质量品牌公共服务平台建设，提高强制性产品认证的有效性，推动自愿性产品认证健康发展，指导社会中介组织及第三方机构，为民营企业提供质量改进和品牌创建服务。（工业和信息化部、质检总局）

三是健全产品质量标准、政策、法律法规体系。完善质量信用信息收集和发布制度，建立质量黑名单制度，加大对质量违法和商标侵权假冒行为的打击和惩处力度，重点查处流通领域强制性产品认证环节无证违法行为。严格实施产品“三包”、产品召回等制度。（质检总局、工商总局、工业和信息化部）

四是引导民营企业建立品牌管理体系，增强以信誉为核心的品牌意识。以民企民资为重点，扶持一批品牌培育和运营专业服务机构，打造产业集群区域品牌和知名品牌示范区。（工业和信息化部、工商总局、质检总局）

（五）推动绿色制造升级

一是试点推广企业用水等核定和确权，完善用水、排污权的等级、抵押、流转等配套制度。实施控制污染物排放许可制，落实企事业单位污染物治理主体责任，推动污染治理技术升级改造和污染物减排。加大节能减排宣传和执法力度。（发展改革委、工业和信息化部、财政部、环境保护部按职责分工负责）

二是开展绿色制造试点示范，支持民营企业实施绿色化改造、开发绿色产品，引导民营企业和社会资本积极投入节能环保产业。（工业和信息化部、财政部、发展改革委）

三是加快建立以资源节约、环境友好为导向的采购、生产、营销物流体系，落实生产者责任延伸制度，推动民营企业积极履行社会责任。（工业和信息化部、发展改革委）

（六）优化产业结构布局

一是加强重点领域技术路线图和分省市指南的宣传引导，及时发布技术创新和产业发展成果及趋势，引导民间投资找准方向、合理布局，形成错位发展、良性竞争的格局。（工程院、工业和信息化部）

二是编制发布重点产业技术改造投资指南，以重点领域产品、技术和工艺目录的形式，编制重点项目导向计划，细化对民营企业和社会资本的引导，优化投资结构。（工业和信息化部）

三是规范行业准入退出管理。建立完善产能过剩预警机制，综合运用法律、经济、技术及必要的行政手段，引导民营企业主动退出产能严重过剩行业，依法依规加快淘汰落后产能。完善企业破产制度，简化和完善企业注销流程。（工业和信息化部、工商总局）

四是支持民营企业战略合作与兼并重组，鼓励民间资本参与国有企业混合所有制改革，推动重点领域投资主体多元化。（发展改革委、国资委、工业和信息化部、财政部、全国工商联）

五是引导中小企业通过专业分工、服务外包、订单生产等方式，与国有大企业建立协同创新、合作共赢的协作关系。发展一批专业化“小巨人”企业，引导优势民营企业进入军品科研生产和维修领域，鼓励支持民营企业参与军民融合发展。（工业和信息化部、国防科工局、全国工商联）

六是制定和实施重点行业布局规划，修订产业转移指导目录，完善国家产业转移信息服务平台。将引导民间投资健康发展和促进民营企业转型升级纳入“中国制造 2025”国家级示范区创建工作当中，及时总结推广地方先进经验。支持民营企业参与国家新型工业化产业示范基地的建设提升，参与国家新型工业化卓越提升计划和智慧集群建设，推动新型网络化协作组织的培育形成。（工业和信息化部）

（七）促进服务化转型

一是引导制造业企业延伸服务链条，积极发展服务型制造，开展试点示范，总结推广经验案例。健全市场化收益共享和风险共担机制，鼓励社会资本参与制造业企业服务转型创新。（工业和信息化部）

二是支持民间资本投入个性化定制、网络精准营销、在线支持服务和制造设备融资租赁等领域，鼓励开展“互联网 +”制造业模式创新。（工业和信息化部牵头）

三是推动政府和民间投资共同参与面向制造业的公共平台建设，面向量大面广的中小企业和民营企业提供多元化的生产服务，健全数据共享和协同制造机制，建立技术标准和服务规范。（工业和信息化部牵头）

（八）鼓励国际化发展

一是支持企业运用商标品牌参与国际竞争，健全企业商标海外维权协调机制。引导企业在实施“走出去”战略中“商标先行”，通过马德里商标国际注册等途径，加强商标海外布局规划，拓展商标海外布局渠道。探索建立中国企业商标海外维权信息收集平台。进一步加大海外商标维权援助力度，协助企业解决海外商标注册与维权问题。（工商总局、商务部）

二是制定规范企业海外投资经营行为的指导性文件，推动加强企业“走出去”信用体系建设。对民营企业参与国家援外项目、对外融资、保险给予平等待遇。健全境外投资风险防控体系，完善境外投资风险评估与预警机制、境外突发安全事件应急处理机制。（发展改革委、商务部按职责分工牵头，财政部、全国工商联等参与）

三是加强民营企业“走出去”信息服务，建设综合信息服务平台，完善信息共享制度。加快境外分支机构和服务网点布局。发挥行业协会、中介组织作用，推动制定“走出去”行业自律规范，组织民营企业“抱团出海”、优势互补。（发展改革委、商务部按职责分工牵头，工业和信息化部、全国工商联等参与）

四是鼓励金融机构开发支持企业“走

出去”的金融产品，加强银担合作。支持符合条件的企业和金融机构在境内外市场募集资金。支持“走出去”企业以境外资产或股权、矿权为抵押获得融资。（发展改革委、商务部、人民银行、银监会、工业和信息化部）

五是鼓励民营企业“走出去”参与国外基础设施建设，构建国内外优势产业长效合作机制。加强与“一带一路”沿线国家的经贸合作，支持光伏、高铁等具有国际竞争力的优势产业，积极加强国际布局，提供政策、资金、金融等服务，推动民营企业稳妥有序拓展国际新兴市场。（发展改革委、商务部、工业和信息化部、人民银行、银监会、全国工商联）

三、保障措施

（一）改善制度供给，优化市场环境

一是深入推进简政放权、放管结合、优化服务，精简和优化行政审批，清理相关政策法规，建立和完善市场准入负面清单制度，构建完善市场准入管理新体制，保障民营经济依法平等参与市场竞争。（发展改革委、各相关部门）

二是深入推进落实投融资体制改革。不断优化制造业领域政府投资范围，平等对待各类投资主体，在不改变规划条件的前提下，依法依规研究推广零土地技改项目承诺备案制，完善事中事后监管和信用体系建设。（发展改革委、工业和信息化部）

三是深入推进企业减负工作。发挥国务院减轻企业负担部际联席会议机制作用，加强政策宣传和督促检查，推动各项惠企减负政策的落实。建立涉企收费目录清单制度，打造减轻企业负担综合服务平台，加强行政审批中介服务事项清理规范，完善企业举报查处机制，制止各种清单之外违规收费行为。（工业和信息化部、发展改革委、财政部牵头）

四是制定完善《中国制造 2025》配套政策，充分征求相关民营企业意见，细化落实更符合民营企业特点和需求的政策措施。（各相关部门）

（二）完善公共服务体系，提高服务质量水平

一是加快行业信息平台建设。充分运用新一代信息技术，可视化展示产业布局、发展动态、制约瓶颈，引导平台及时向民营企业发布宏观经济信息、政策信息、行业信息和项目信息。（工业和信息化部）

二是完善技术创新服务平台。打造以制造业创新中心为重要节点的制造业创新体系，完善产业技术基础，增强产业共性技术供给，为民营企业技术创新提供支撑。（工业和信息化部）

三是打造制造业企业互联网“双创”平台，深化工业云、大数据等技术的集成应用，推动互联网企业构建制造业“双创”服务体系，支持民营制造企业与互联网企业跨界融合，为中小企业提供系统解决方案。（工业和信息化部）

四是完善中小企业服务体系。加快建设中小企业服务平台网络，推进国家检验检测认证公共服务平台示范区建设，构建基于互联网的第三方服务平台，构建质量品牌专业化服务、信息共享和活动推进平台，构建商标品牌管理公共服务平台。推动建设面向中小企业的网络安全公共服务平台，提供专业化、实时的网络安全监测预警和应急响应服务，提升中小企业网络

安全防护水平。（工业和信息化部、质检总局、工商总局）

五是完善投融资服务平台。培育发展股权投资基金、创业投资基金等各类民间资本，鼓励引导服务于制造业的金融创新，为制造业民营企业融资提供咨询辅导。（人民银行、证监会）

六是完善投资项目在线审批监管平台，实现部门与投资项目相关审批在线平台对接和信息共享，促进网上并联审批，提高审批效率。（发展改革委牵头）

（三）健全人才激励体系，提升企业管理水平

一是大力倡导企业家精神。贯彻落实《关于完善产权保护制度依法保护产权的意见》。加强对民营企业家的关注和保障，营造鼓励创业创新、宽容失败的社会氛围，强化创造利润、奉献爱心、回报社会的价值导向。通过理论培训和实践锻炼，提升企业家的战略管理能力，培育一批专注实业、精于主业、勇于创新的企业家队伍。（发展改革委、工业和信息化部、全国工商联）

二是促进民营企业提升管理水平。充分发挥商会等社会组织的作用，鼓励和引导有条件的民营企业建立现代企业制度，完善公司治理结构；加强管理创新和提质增效，推广应用先进管理经验；鼓励和引导管理咨询机构为民营企业创新发展提供企业诊断和管理咨询服务。（工业和信息化部、全国工商联等）

三是完善职业经理人、专业技术人才、技能型人才的评价评定、薪酬设计、交流选聘、培训激励等机制，激发各类人才的活力和创造力。（人力资源社会保障部、工业和信息化部）

（四）加大财税支持力度，发挥引导带动作用

一是发挥工业转型升级（中国制造2025）资金作用，重点支持制造业关键领域和薄弱环节发展，为民营企业转型升级提供产业支撑。（工业和信息化部、财政部）

二是创新资金使用方式，支持战略性、基础性、公益性领域的技术改造，制订企业技术改造年度导向计划。（发展改革委、财政部、工业和信息化部）

三是探索和实践股权投资、资本合作方式，充分发挥先进制造、集成电路、中小企业等投资基金的作用，撬动更多社会资源投入工业领域。（发展改革委、财政部、工业和信息化部）

四是鼓励各地引导民营企业加大对技术改造的投入力度。（财政部、工业和信息化部）

五是运用政府和社会资本合作（PPP）模式，出台合同范本，引导民间投资参与制造业重大项目建设。（财政部、工业和信息化部）

六是综合运用税收政策工具，落实税收优惠政策，促进制造业转型升级。（财政部、税务总局、工业和信息化部）

（五）规范产融合作，创新金融支持方式

一是深入开展产融合作有关工作，建立信息共享和工作协调机制，推动各地以信息共享为切入点，完善产融信息对接合作平台，在严格监管前提下促进银企对接和产融合作。（工业和信息化部、财政部、人民银行、银监会）

二是开展产融合作试点城市有关工作，对产融合作实施严格准入和监管，促

进城市聚合各类资源，探索产业与金融良性互动、互利共赢的发展模式。鼓励金融机构在风险可控、商业可持续的前提下，创新适合民营企业需求特点的金融产品和金融服务，促进民营企业改造升级。（工业和信息化部、财政部、人民银行、银监会、证监会、保监会）

三是推动建立国家融资担保基金，增强省级再担保机构资本实力，强化省级再担保机构为担保机构增信和分担风险功能，推进开展中小企业信用担保代偿补偿工作。（财政部、银监会、工业和信息化部）

四是推进商业银行落实小微企业授信尽职免责制度，按照收益覆盖风险的原则合理确定贷款利率，支持商业银行发行小微企业金融债，加强小微企业增信合作。（银监会、人民银行）

五是引导开发性、政策性金融机构落实民营企业金融服务有关政策，支持其在依法合规、风险可控的前提下，根据职能定位和业务范围要求，加强与其他银行业金融机构合作，强化对民营企业信贷支持。（人民银行、银监会）

六是扩大民营企业财产质押范围，落实《商业银行押品管理指引》，在风险可控的前提下推动企业以应收账款、收益权、商标权、专利权等无形资产进行抵质押贷款，并推动建立全国统一的动产担保登记公示制度。（人民银行、银监会、工业和信息化部、工商总局、知识产权局）

七是鼓励银行等金融机构开展供应链融资，为制造业民营企业产业链上下游提供金融服务，促进产业链相关企业协调发展。（银监会、人民银行、工业和信息化部）

八是加快债券市场化产品创新，支持开展创新创业公司债券、可交换公司债券、可续期公司债券、绿色公司债券等公司信用类债券；研究发展项目收益债券，支持民营企业发行公司债券、资产支持证券等产品融资。（人民银行、证监会、工业和信息化部）

九是推进民营企业利用多层次资本市场直接融资。建立健全创业板上市公司再融资制度，继续完善新三板市场规则体系建设，扩大资本市场服务民营企业的覆盖面。（证监会、工业和信息化部）

中国人民银行　银保监会　发展改革委　工业和信息化部　财政部　市场监管总局　证监会　外汇局关于进一步强化中小微企业金融服务的指导意见

（银发〔2020〕120号）

面对新冠肺炎疫情对中小微企业造成的重大影响，金融及相关部门坚决贯彻党中央、国务院的决策部署，迅速行动，主动作为，出台了一系列措施，支持扩内需、助复产、保就业，为疫情防控、复工复产、实体经济发展提供了精准金融服务。为推动金融支持政策更好适应市场主体的需要，进一步疏通内外部传导机制，促进中小微企业（含个体工商户和小微企业主，不含地方政府融资平台，下同）融资规模明显增长、融资结构更加优化，实现“增量、降价、提质、扩面”，推动加快恢复正常生产生活秩序，支持实体经济高质量发展，提出以下意见。

一、不折不扣落实中小微企业复工复产信贷支持政策

（一）安排好中小微企业贷款延期还本付息。完善延期还本付息政策，加大对普惠小微企业延期还本付息的支持力度。银行业金融机构要加大政策落实力度，提高受惠企业占比，对于疫情前经营正常、受疫情冲击经营困难的企业，贷款期限要能延尽延。要结合企业实际，提供分期还本、利息平摊至后续还款日等差异化支持。提高响应效率、简化办理手续，鼓励通过线上办理。

（二）发挥好全国性银行带头作用。全国性银行要用好全面降准和定向降准政策，实现中小微企业贷款“量增价降”，出台细化方案，按月跟进落实。五家大型国有商业银行普惠型小微企业贷款增速高于40%。全国性银行要合理让利，确保中小微企业贷款覆盖面明显扩大，综合融资成本明显下降。

（三）用好再贷款再贴现政策。人民银行分支机构要用好再贷款再贴现政策，引导金融机构重点支持中小微企业，以及支持脱贫攻坚、春耕备耕、禽畜养殖、外贸、旅游娱乐、住宿餐饮、交通运输等行业领域。加强监督管理，确保资金发放依法合规，防止“跑冒滴漏”。中小银行要运用好再贷款再贴现资金，鼓励中小银行加大自有资金支持力度，促进加大中小微企业信贷投放，降低融资成本。

（四）落实好开发性、政策性银行专项信贷额度。开发性、政策性银行要在2020年6月底前将3500亿元专项信贷额度落实到位，以优惠利率支持中小微企业复工复产，制定本银行专项信贷额度实施方案，按月报送落实情况。

（五）加大保险保障支持力度。鼓励

保险机构根据中小微企业受疫情影响程度的具体情况，提供针对性较强的相关贷款保证保险产品。鼓励保险公司区分国别风险类型，进一步提高出口信用保险覆盖面，加大出口中小微企业的风险保障。鼓励保险公司在疫情防控期间，探索创新有效的理赔方式，确保出险客户得到及时、便捷的理赔服务。

二、开展商业银行中小微企业金融服务能力提升工程

（六）提高政治站位，转变经营理念。要高度重视对受疫情影响的中小微企业等实体经济的金融支持工作，强化社会责任担当。按照金融供给侧结构性改革要求，把经营重心和信贷资源从偏好房地产、地方政府融资平台，转移到中小微企业等实体经济领域，实现信贷资源增量优化、存量重组。

（七）改进内部资源配置和政策安排。大中型商业银行要做实普惠金融事业部“五专”机制，单列小微企业、民营企业、制造业等专项信贷计划，适当下放审批权限。改革小微信贷业务条线的成本分摊和收益分享机制，全国性商业银行内部转移定价优惠力度要不低于50个基点，中小银行可结合自身实际，实施内部转移定价优惠或经济利润补贴。

（八）完善内部绩效考核评价。商业银行要提升普惠金融在分支行和领导班子绩效考核中的权重，将普惠金融在分支行综合绩效考核中的权重提升至10%以上。要降低小微金融利润考核权重，增加小微企业客户服务情况考核权重。改进贷款尽职免责内部认定标准和流程，如无明显证据表明失职的均认定为尽职，逐步提高小微信贷从业人员免责比例，激发其开展小微信贷业务的积极性。

（九）大幅增加小微企业信用贷款、首贷、无还本续贷。商业银行要优化风险评估机制，注重审核第一还款来源，减少对抵押担保的依赖。在风险可控的前提下，力争实现新发放信用贷款占比显著提高。督促商业银行提高首次从银行体系获得贷款的户数。允许将符合条件的小微企业续贷贷款纳入正常类贷款，鼓励商业银行加大中长期贷款投放力度，力争2020年小微企业续贷比例高于上年。

（十）运用金融科技手段赋能小微企业金融服务。鼓励商业银行运用大数据、云计算等技术建立风险定价和管控模型，改造信贷审批发放流程。深入挖掘整合银行内部小微企业客户信用信息，加强与征信、税务、市场监管等外部信用信息平台的对接，提高客户识别和信贷投放能力。打通企业融资“最后一公里”堵点，切实满足中小微企业融资需求。

三、改革完善外部政策环境和激励约束机制

（十一）强化货币政策逆周期调节和结构调整功能。实施稳健的货币政策，综合运用公开市场操作、中期借贷便利等货币政策工具，保持银行体系流动性合理充裕，引导金融机构加大对中小微企业的信贷支持力度。

（十二）发挥贷款市场报价利率改革作用。将主要银行贷款利率与贷款市场报价利率的点差纳入宏观审慎评估考核，密切监测中小银行贷款点差变化。督促银行业金融机构将贷款市场报价利率内嵌到内部定价和传导相关环节，疏通银行内

部利率传导机制。按照市场化、法治化原则，有序推进存量浮动利率贷款定价基准转换。

（十三）优化监管政策外部激励。推动修订商业银行法，研究修改商业银行贷款应当提供担保的规定，便利小微企业获得信贷。开展商业银行小微企业金融服务监管评价，继续实施普惠型小微企业贷款增速和户数“两增”要求。进一步放宽普惠型小微企业不良贷款容忍度。

（十四）研究完善金融企业绩效评价制度。修改完善金融企业绩效评价管理办法，弱化国有金融企业绩效考核中对利润增长的要求。将金融机构绩效考核与普惠型小微企业贷款情况挂钩。引导金融企业更好地落实国家宏观战略、服务实体经济，加大对小微企业融资支持力度。鼓励期货公司风险管理子公司通过场外期权、仓单服务等方式，为小微企业提供更加优质、便捷的风险管理服务。

（十五）更好落实财税政策优惠措施。加大小微企业金融服务税收优惠和奖补措施的宣传力度，力争做到应享尽享。加强普惠金融发展专项资金保障，做好财政支持小微企业金融服务综合改革试点。

（十六）发挥地方政府性融资担保机构作用。建立政府性融资担保考核评价体系，突出其准公共产品属性和政策性，逐步取消盈利考核要求，重点考核其支小支农成效（包括新增户数、金额、占比、费率水平等）、降低反担保要求、及时履行代偿责任和首次贷款支持率等指标，落实考核结果与资金补充、风险补偿、薪酬待遇等直接挂钩的激励约束机制。逐步提高担保放大倍数，并将政府性融资担保和再担保机构平均担保费率降至1%以下。

（十七）推动国家融资担保基金加快运作。2020年力争新增再担保业务规模4000亿元。与银行业金融机构开展批量担保贷款业务合作，提高批量合作业务中风险责任分担比例至30%。对合作机构单户100万元及以下担保业务免收再担保费，2020年全年对100万元以上担保业务减半收取再担保费。

（十八）清理规范不合理和违规融资收费。对银行业金融机构小微贷款中违规收费及借贷搭售、转嫁成本、存贷挂钩等变相抬高中小微企业实际融资成本的乱象加强监管检查，从严问责处罚。

四、发挥多层次资本市场融资支持作用

（十九）加大债券市场融资支持力度。引导公司信用类债券净融资比上年多增1万亿元，支持大型企业更多发债融资，释放信贷资源用于支持小微企业贷款。优化小微企业专项金融债券审批流程，疏通审批堵点，加强后续管理，2020年支持金融机构发行小微企业专项金融债券3000亿元。进一步发挥民营企业债券融资工具支持作用。推动信用风险缓释工具和信用保护工具发展，推广非公开发行可转换公司债融资工具。

（二十）提升中小微企业使用商业汇票融资效率。对于确需延时支付中小微企业货款的，促进企业使用更有利于保护中小微企业合法权益的商业汇票结算，推动供应链信息平台与商业汇票基础设施互联，加快商业汇票产品规范创新，提升中小微企业应收账款融资效率。

（二十一）支持优质中小微企业上市或挂牌融资。支持符合条件的中小企业在

主板、科创板、中小板、创业板上市融资，加快推进创业板改革并试点注册制。优化新三板发行融资制度，引入向不特定合格投资者公开发行机制，取消定向发行单次融资新增股东35人限制，允许内部小额融资实施自办发行，降低企业融资成本。设立精选层，建立转板上市制度，允许在精选层挂牌一年并符合相关条件的企业直接转板上市，打通挂牌公司持续发展壮大的上升通道。对基础层、创新层、精选层建立差异化的投资者适当性标准，引入公募基金等长期资金，优化投资者结构。

（二十二）引导私募股权投资和创业投资投早投小。修订《私募投资基金监督管理暂行办法》（中国证券监督管理委员会令第105号），强化对创业投资基金的差异化监管和自律。制定《创业投资企业标准》，引导和鼓励创业投资企业和天使投资专注投资中小微企业创新创造企业。鼓励资管产品加大对创业投资的支持力度，并逐步提高股权投资类资管产品比例，完善银行、保险等金融机构与创业投资企业的投贷联动、投保联动机制，加强创业投资企业与金融机构的市场化合作。推动完善保险资金投资创业投资基金政策。

（二十三）推进区域性股权市场创新试点。选择具备条件的区域性股权市场开展制度和业务创新试点，推动修改区域性股权市场交易制度、融资产品、公司治理有关政策规定。推动有关部门和地方政府加大政策扶持力度，将区域性股权市场作为地方中小微企业扶持政策措施综合运用平台。加强与征信、税务、市场监管、地方信用平台等对接，鼓励商业银行、证券公司、私募股权投资机构等参与，推动商业银行提供相关金融服务。

五、加强中小微企业信用体系建设

（二十四）加大对地方征信平台和中小企业融资综合信用服务平台建设指导力度。研究制定相关数据目录、运行管理等标准，推动地方政府充分利用现有的信用信息平台，建立地方征信平台和中小企业融资综合信用服务平台，支持有条件的地区设立市场化征信机构运维地方平台。以地方服务平台为基础，加快实现互联互通，服务区域经济一体化发展。探索建立制造业单项冠军、专精特新“小巨人”企业、专精特新中小企业以及纳入产业部门先进制造业集群和工业企业技术改造升级导向计划等优质中小微企业信息库，搭建产融合作平台，加强信息共享和比对，促进金融机构与中小微企业对接，提供高质量融资服务。完善和推广“信易贷”模式。

（二十五）建立动产和权利担保统一登记公示系统。推动动产和权利担保登记改革，建立统一的动产和权利担保登记公示系统，逐步实现市场主体在一个平台上办理动产和权利担保登记。

六、优化地方融资环境

（二十六）建立健全贷款风险奖补机制。有条件的地方政府可因地制宜建立风险补偿“资金池”，提供中小微企业贷款贴息和奖励、政府性融资担保机构资本补充等，以出资额为限承担有限责任。完善风险补偿金管理制度，合理设置托管对象、补偿条件，提高风险补偿金使用效率。

（二十七）支持对中小微企业开展供应链金融服务。支持产融合作，推动全产业链金融服务，鼓励发展订单、仓单、存货、应收账款融资等供应链金融产品，发挥应收账款融资服务平台作用，促进中小微企业2020年应收账款融资8000亿元。加强金融、财政、工信、国资等部门政策联动，加快推动核心企业、财政部门与应收账款融资服务平台完成系统对接，力争实现国有商业银行、主要股份制商业银行全部接入应收账款融资服务平台。

（二十八）推动地方政府深化放管服改革。推动地方政府夯实风险分担、信息共享、账款清欠等主体责任，继续组织清理拖欠民营企业、中小微企业账款，督促政府部门和大型企业依法依规及时支付各类应付未付账款。支持有条件的地方探索建立续贷中心、首次贷款中心、确权中心等平台，提供便民利企服务。继续清理地方政府部门、中介机构在中小微企业融资环节不合理和违规收费。

七、强化组织实施

（二十九）加强组织推动。人民银行分支机构、银保监会派出机构可通过建立专项小组等形式，加强与当地发展改革、财税、工信、商务、国资等部门的联动，从强化内部激励、加强首贷户支持、改进服务效率、降低融资成本、强化银企对接、优化融资环境等方面，因地制宜开展商业银行中小微企业金融服务能力提升专项行动。

（三十）完善监测评价。探索建立科学客观的全国性中小微企业融资状况调查统计制度和评价体系，开发中小微企业金融条件指数，适时向社会发布。人民银行副省级城市中心支行以上分支机构会同各银保监局探索建立地市级和县级中小微金融区域环境评价体系，重点评价辖区内金融服务中小微企业水平、融资担保、政府部门信息公开和共享、账款清欠等，并视情将金融机构和市县政府评价结果告知金融机构上级部门和副省级以上地方政府，营造良好金融生态环境。

中国人民银行
银保监会
发展改革委
工业和信息化部
财政部
市场监管总局
证监会
外汇局
2020年5月26日

中国银保监会办公厅关于2021年进一步推动小微企业金融服务高质量发展的通知

（银保监办发〔2021〕49号）

各银保监局，各政策性银行、大型银行、股份制银行、外资银行，各保险公司：

为深入贯彻落实党的十九届五中全会精神，为“十四五”时期经济社会发展开好局、起好步，按照中央经济工作会议关于继续做好“六稳”“六保”工作、强化普惠金融服务、增加小微企业和个体工商户活力的决策部署，经银保监会同意，现就2021年进一步推动小微企业金融服务高质量发展有关工作通知如下：

一、总体目标

（一）牢牢把握高质量发展主题，进一步提升小微企业金融服务整体效能。以新发展理念为引领，深化供给侧结构性改革，在小微企业金融供给总量继续有效增长的基础上，努力实现供给质量、效率、效益的明显提升。坚持创新驱动发展，做活存量金融资源配置，扩大优质增量供给，优化小微企业金融服务的地区、产业、行业分布结构，丰富供给手段，更有力地支持小微企业在科技创新和产业结构升级中发挥作用，实现小微企业金融服务高质量发展与银行业保险业自身高质量发展的相互促进、有机统一。

二、以信贷投放为抓手，确保稳定高效的增量金融供给

（二）围绕“两增”目标，确保对小微企业的信贷支持力度。银行业金融机构要继续发挥好小微企业间接融资的主渠道作用，实现信贷供给总量稳步增长。要继续将单户授信总额1000万元以下（含）的普惠型小微企业贷款作为投放重点，2021年努力实现此类贷款较年初增速不低于各项贷款增速，有贷款余额的户数不低于年初水平的“两增”目标。五家大型银行要努力实现普惠型小微企业贷款全年增长30%以上。

（三）突出各类机构差异化定位，形成有序竞争、各有侧重的信贷供给格局。大型银行、股份制银行要发挥行业带头作用，主动“啃硬骨头”，下沉服务重心，覆盖小微企业融资供给“空白地带”，努力实现2021年新增小型微型企业“首贷户”数量高于2020年。大型银行要将小型微型企业“首贷户”占比纳入内部绩效指标。地方性法人银行（含城市商业银行、民营银行、农村中小银行，下同）要回归服务地方、服务社区、服务实体经济的本源，把握“地缘、亲缘、人缘”的软信息优势，完善网点布局，改进信贷产

品、技术和服务，做优做实传统金融业务，筑牢本地小微企业客户基础。开发银行、政策性银行要进一步健全完善转贷款业务治理体系，强化对合作银行的准入管理，立足职能定位稳步加大转贷款投放力度，为小微企业提供较低成本的信贷资金。外资银行、非银行金融机构可根据自身业务特点和市场定位，参照“两增”要求，制定小微企业业务发展目标。

（四）完善定价机制，将小微企业融资利率保持在合理水平。商业银行要疏通内部利率传导机制，根据贷款市场报价利率（LPR）走势，合理确定小微企业贷款利率，确保2021年新发放普惠型小微企业贷款利率在2020年基础上继续保持平稳态势。开发银行、政策性银行要对合作银行明确约定，以转贷款资金发放的小微企业贷款平均利率，不得高于当地同类机构同类贷款平均水平，引导合作银行加大对小微企业贷款利率的优惠力度。

（五）落实服务价格管理要求，规范融资收费。银行业金融机构要严格执行国家价格主管部门和银保监会关于规范商业银行服务价格管理和信贷融资收费的规定，杜绝对小微企业违规收费行为。保险机构向小微企业开展融资性信保业务，应谨慎评估风险和运营成本，结合履约义务人的实际风险水平和综合承受能力合理厘定费率，建立科学合理的风险分担机制。银行保险机构通过银保合作或与第三方机构合作向小微企业提供融资服务的，要评估各环节费用，合理确定综合成本，避免多段收费加重小微企业实际融资负担。鼓励银行保险机构积极践行社会责任，向小微企业特别是因疫情遇困的小微企业主动减免服务收费。

（六）加强小微企业贷款用途监控，确保资金投向真实合规。银行业金融机构要做实贷款“三查”，强化内控合规管理，严禁虚构小微企业贷款用途“套利”，防止信贷资金变相流入资本市场和政府融资平台、房地产等调控领域。开发性、政策性银行与商业银行开展转贷款合作的，双方均应严格按照业务实质进行会计核算，建立单独的批发资金账户和管理台账，加强业务穿透管理和资金用途监测，确保贷款全部投向小微企业。

三、以支持创新为出发点，全面优化金融供给结构

（七）着眼小微企业融资“痛点”“弱点”，补齐信贷业务短板。银行业金融机构要进一步创新完善针对小型微型企业法人的信用评价模型、风险管控技术和批量授信审批机制，扩大信贷服务覆盖面，并着力优化开立对公账户、支付结算等基础金融服务。要结合小微企业所在行业资金需求特点，合理设置贷款期限，推广“随借随还”模式。要继续加大小微企业首贷、续贷、信用贷款投放力度，重点增加对先进制造业、战略性新兴产业和产业链供应链自主可控的中长期信贷支持。要根据“首贷户”真实融资需求和征信状况合理设置授信审批条件。鼓励大型银行、股份制银行与国家融资担保基金推广“见贷即保”的批量担保业务合作模式，鼓励地方性法人银行与政府性融资担保机构加强合作，优先为“首贷户”提供担保。地方性法人银行要用好用足普惠小微信用贷款支持计划，配套投入自有资金，加大对小微企业的信用贷款投放。

（八）丰富普惠保险产品业务，更好

地为小微企业提供融资增信和保障服务。鼓励深化银保合作机制，在风险可控的前提下，探索创新面向小微企业的保单融资产品。支持保险机构稳健发展出口信用保险和国内贸易信用保险，提升承保能力，合理降低小微企业投保成本。鼓励银行业金融机构为小微企业提供信用保险项下的贸易融资服务。保险机构要加强基础管理，对投保客户进行大中小微企业类型识别，提高产品和业务研发的针对性。进一步畅通线上服务渠道，提高投保、承保审批、理赔效率。

（九）主动倾斜业务布局，以金融资源带动小微企业发展。银行保险机构要主动对接行业、产业主管部门，依托高新技术开发区、产业基地、科技园区等的有利条件，发挥自身的资金、技术、资源、信息、平台优势，深化产融合作，积极参与培育、引导、支持创业创新和扩大市场，助力小微企业发展，发掘和创造有效融资需求。大型银行、股份制银行制定小微企业信贷计划时，要结合业务基础和增长潜力合理安排任务，对业务基础薄弱的一级分行加大督导帮扶力度；一级分行向下分解信贷计划时，要向辖内相对落后地区倾斜投放，压实帮扶当地小微企业发展的责任。

（十）探索完善科技型小微企业金融服务，促进新技术产业化规模化应用。银行保险机构要充分认识科技型小微企业前瞻性、高风险、高成长的特点，联动科技主管部门、科技融资担保机构、科技金融服务中介机构，全面分析、研判、评估企业核心技术、创新能力和潜在风险，针对性地开发金融产品和服务模式，满足企业技术研发、成果转化、装备购置、产能扩张等融资需求。对掌握产业“专精特新”技术、特别是在“卡脖子”关键技术攻关中发挥作用的小微企业，要量身定做金融服务方案，及时给予资金支持。鼓励银行业金融机构提供信用贷款、知识产权质押贷款、股权质押贷款等产品，探索将科技型小微企业的高管、研发等关键岗位人才信息作为授信评审要素，加强与外部投资机构合作，探索多样化的科技金融服务模式。鼓励保险机构开发推广履约保证保险、首台（套）重大技术装备及关键研发设备的财产险、产品责任险、产品质量保证险、专利险等特色产品。

（十一）加强产业链供应链金融创新，助力与资金链有效对接。鼓励银行业金融机构围绕产业链供应链核心企业，“一企一策”制定覆盖上下游小微企业的综合金融服务方案。在依法合规、风险可控基础上，充分运用大数据、区块链、人工智能等金融科技，在农业、制造业、批发零售业、物流业等重点领域搭建供应链产业链金融平台，提供方便快捷的线上融资服务。整合发挥银行在数据信息、IT系统、客户资源等方面的优势，帮助核心企业打通产业链上下游环节，培育小微企业客户集群。优化对核心企业上下游小微企业的融资和结算服务，依托产业链供应链的交易数据、资金流和物流信息，有序发展面向上下游小微企业的信用融资和应收账款、预付款、存货、仓单等动产质押融资业务。

四、做优机制体制和专业能力，实现“敢贷愿贷、能贷会贷”

（十二）对照监管评价要求，完善“敢贷愿贷”内部机制。银行业金融机构要对照商业银行小微企业金融服务监管评价指标，进一步完善内部机制体制，强化对小微企业“敢贷愿贷”的内生动力。要不折不扣落实“普惠金融类指标在内部绩效考核指标中权重占比10%以上”的政策要求。大型银行、股份制银行要将“内部转移定价（FTP）优惠力度不低于50个基点”的要求执行到位；地方性法人银行要结合自身实际，完善成本分摊和收益分享机制，对小微信贷业务实施内部转移定价优惠或经济利润补贴。

（十三）*进一步细化落实不良容忍度和授信尽职免责规定，切实保护基层积极性。*银行业金融机构要认真执行“普惠型小微企业贷款不良率不高于各项贷款不良率3个百分点以内”的容忍度标准，在内部考核中明确区分不良贷款容忍度与贷款质量管理目标，准确向基层传达政策导向。要将授信尽职免责与不良容忍度有机结合，普惠型小微企业贷款实际不良率在容忍度以内的分支机构，对分支机构负责人、小微业务部门和从业人员，无违反法律法规和监管规范制度行为的，可免予追责。

（十四）*综合运用金融科技手段和信用信息资源，增强“能贷会贷”服务能力。*银行业金融机构要综合运用互联网大数据等金融科技手段，积极参与“银税互动”“银商合作”“信易贷”等信用信息共享机制，将公共涉企数据与机构内部金融数据有机结合，改进业务审批技术和风险管理模型，为小微企业准确“画像”，实现金融资源向长尾客户的精准“滴灌”。要主动向信用信息主管部门反映数据需求，推动提高数据标准化水平，优化共享方式。要高度重视信息传输、存储和使用中的数据安全管理，压实保密责任，与第三方机构合作处理涉企信息的，要在合作机制中明确制定、严格落实数据安全管理制度，防范信息泄露和盗用。要总结新冠肺炎疫情期间拓展线上服务渠道、开展“无接触”金融服务的经验做法，进一步优化流程，提高服务效率。

（十五）*充分传导政策红利，用好用足配套支持机制。*银行保险机构要充分把握小微企业金融服务的相关货币、税收减免、地方财政风险补偿和增量奖励等政策利好，积极争取支持。通过相关激励优惠政策获得的红利，要在内部考核机制中向小微企业业务条线、基层分支机构和一线从业人员传导，激发展业积极性。

五、多措并举盘活存量信贷资源，提高金融供给效率

（十六）*做好贷款期限管理，确保惠企纾困政策平稳衔接。*银行业金融机构要继续落实好贷款阶段性延期还本付息政策。对符合条件的普惠型小微企业贷款，要向企业宣讲告知政策，双方自主协商确定本息延期安排。对货车司机、出租车司机、网店店主等个体经营者，可比照个体工商户和小微企业主，在同等条件下为其经营性贷款办理延期还本付息。要进一步加大续贷产品开发推广力度，提升续贷业务在小微企业贷款中的比重。对已延期的小微企业贷款中符合本行续贷条件的，应按正常续贷手续办理。

（十七）*鼓励开展信贷资产流转，盘活存量小微企业信贷资源。*鼓励银行业金融机构在依法合规、风险可控的前提下，通过信贷资产证券化、信贷资产直接转让等业务，盘活信贷存量，用于持续投放小

微企业贷款。银行业金融机构对普惠型小微企业贷款进行直接转让的，出让方按照法律法规规定及合同约定取得借款人同意后，即可以进行转让，并应将转让行为及时、充分地告知借款人。转让双方应确保信贷资产真实、完全转移，且不额外增加借款人实际债务和履约成本。转让双方应按照法律法规规定做好借款人个人信息保护，不得过度处理信息。

（十八）进一步拓宽不良贷款处置渠道，鼓励主动化解风险。鼓励银行业金融机构通过依法合规的核销、转让等方式，加大对小微企业不良贷款的处置力度。鼓励符合条件的银行业金融机构按照有关监管政策规定，在银行业信贷资产登记流转中心开展小微企业主、个体工商户不良贷款批量转让和小型微型企业法人贷款单户转让。

六、强化监管引领督导，推动营造更好外部环境

（十九）推动深化信用信息共享机制，加快建设综合金融服务平台。各级监管部门要积极参与推进信用信息共享机制建设工作。各银保监局要加强向地方党委政府的汇报建言，努力推动将建设地方综合金融服务平台纳入当地“十四五”规划，扩大基础公共信息数据有序开放。重点整合本地区的跨部门涉企信用信息，继续提升数据归集共享的广度和深度。协同信用信息体系建设主管部门加强数据质量治理，明确接入标准，引导鼓励银行保险机构对接综合金融服务平台，在安全合规运用数据的前提下，为小微企业提供更便利的金融服务。

（二十）用好监管评价“指挥棒”，实施分类考核督导。继续实施以法人银行业金融机构为主要对象、银保监会和银保监局上下联动的监管督导考核方式。各级监管部门要用好商业银行小微企业金融服务监管评价的“指挥棒”，以评价为载体，做好监管政策宣讲辅导和政策后评估，对辖内银行小微信贷投放、机制体制、产品模式、规范服务、数据质量等情况进行全面“体检”。结合监管评价结果，督促相关银行查漏补缺，锻造长板，补齐短板。

（二十一）加强调研监测，做好经验总结。各银保监局要指导当地银行业协会，组织辖内银行业金融机构用好“百行进万企”平台数据，巩固融资对接工作成果，对参与对接的小微企业、特别是前期反映无融资需求的小微企业加强回访，及时响应新的融资需求。要在做好常规监管统计的基础上，对阶段性延期还本付息、信用贷款支持计划等政策执行情况加强专项监测。对辖内小微企业信贷投放结构、趋势加强调研分析，重点关注贷款规模、客户数量短期内增长异常的银行业金融机构，研判是否存在为“冲规模”“冲时点”而在营销获客、授信审批、贷后管理等核心环节过度依赖第三方机构的隐患，及时纠偏。要加强对银行保险机构做好“六稳”“六保”工作举措和成效的总结，主动向地方党委政府和相关部门汇报沟通，争取监管、财政、产业、就业、区域等政策与银行保险机构的实践同向发力，推动形成更好支持小微企业融资的长效机制。

中国银保监会办公厅

2021 年 4 月 9 日

3. 知识产权质押融资

国家发展和改革委员会等六部门关于印发建立和完善知识产权交易市场指导意见的通知

（发改企业〔2007〕3371号）

各省、自治区、直辖市及计划单列市、副省级省会城市、新疆生产建设兵团发展改革委、经贸委（经委）、中小企业局（厅、办），科技厅（局）、财政厅（局），工商行政管理局，版权局，知识产权局：

近年来，各类产权市场、技术市场和技术产权市场发展较快，交易品种不断增加，交易额逐年上升，特别是知识产权交易量大幅增长，对推动各类资产流动，加快知识产权顺畅交易，发挥市场对资源配置功能，完善市场经济体制，促进企业优化重组和经济发展发挥了重要作用。

同时，现有部分产权交易机构也存在定位和服务对象不清，交易方式单一，知识产权价值评估难，成果转化率低，条块分割，缺乏统筹规划，保护和监管不到位等问题，严重影响和制约了产权交易市场功能作用的发挥。

针对产权交易市场存在的问题，为促进知识产权交易市场规范发展，构建多层次知识产权交易市场体系，国家发展改革委、财政部、科技部、国家工商总局、国家版权局、国家知识产权局在对部分省市产权交易市场调研的基础上，按照国务院要求和《国家中长期科学和技术发展规划纲要（2006－2020年）》、《国务院关于鼓励支持和引导个体私营等非公有制经济发展的若干意见》有关精神，联合制定了《建立和完善知识产权交易市场的指导意见》，请你们结合各自实际，贯彻执行。

知识产权交易市场建立和运行涉及面广，政策性强，各有关部门要加强协调配合和调查研究，及时反馈与总结实际运行中的经验和做法，提出有针对性措施，解决知识产权交易中出现的问题，促其有序发展。

附件：建立和完善知识产权交易市场的指导意见

国家发展改革委
科技部
财政部
国家工商总局
国家版权局
国家知识产权局
二〇〇七年十二月六日

附件：

建立和完善知识产权交易市场的指导意见

为贯彻落实《国家中长期科学和技术发展规划纲要（2006—2020年）》、《国务院关于鼓励支持和引导个体私营等非公有制经济发展的若干意见》及配套政策有关精神，加快知识产权交易市场规范发展，国家发展改革委、财政部、科技部、国家工商总局、国家版权局、国家知识产权局研究提出以下意见：

一、指导思想、基本原则和总体目标

（一）指导思想

围绕提高企业自主创新能力，依托和发挥现有产权、技术产权和技术等要素市场的作用，发挥市场基础调节作用，加强政策引导和综合协调，推进知识产权交易市场的合理布局和功能多元化，完善交易规则与制度，引导专业中介组织参与交易活动，促进知识产权公开公正有序交易，形成有效的保护和监管体系，创新融资模式，拓宽融资渠道，促进中小企业又好又快发展。

（二）基本原则

一是坚持市场主导与政府推动相结合。充分发挥市场配置资源功能，加强政府引导和协调，促进各类知识产权成果通过市场进行转化，落实完善相关财税政策、实施有利的金融政策，鼓励企业自主创新和知识产权成果转化，形成政府推动与市场化发展的互动机制，推进知识产权交易市场体系的建设和发展。

二是坚持重点布局与协调发展相结合。充分利用已形成的产权、技术产权、技术市场等要素市场，根据区域经济发展水平和市场发育条件，逐步建立完善知识产权交易市场准入制度，重点布局带动力强、辐射面广的区域性知识产权交易市场，避免重复建设。协调多级产权、技术市场、技术产权等市场发展，促进技术、资本等要素跨区域流动。

三是坚持规范发展与探索创新相结合。建立健全知识产权交易机构行业组织和自律机制，遵循公开公平公正和诚实守信的原则，逐步建立完善政策法规体系。围绕交易市场发展过程中的关键问题和核心环节，鼓励有条件的区域进行交易模式、交易品种和体制机制的创新，实现交易品种的标准化。

四是坚持加快发展与合理监管相结合。抓住我国重大战略机遇期，加速建立与之相适应的知识产权交易市场体系的同时，加快建立有利于其发展的监管体制与监管模式，规范交易主体行为，维护其合法权益，保证交易市场正常秩序，形成知识产权保护的市场机制和社会环境。

（三）总体目标

通过政府引导和市场推动，逐步构建以重点区域知识产权交易市场为主导，各类分支交易市场为基础，专业知识产权市场为补充，各类专业中介组织广泛参与，与国际惯例接轨，布局合理，功能齐备，充满活力的多层次知识产权交易市场体系。

二、推进知识产权交易市场体系建设

（一）规范交易主体，提高交易质量。进场交易主体应具有完全民事行为能力的自然人、法人或其他经济组织。法人或其他经济组织在资金、评估、交易程序、运作方式、制度建设和专业人员配备等方面应具备相应的资质和水平，风险识别和防控能力较强。有条件的地区，要逐步建立交易主体信用制度，提高交易透明度与效率。

（二）丰富交易品种，创新交易方式。交易主要包含专利权、技术秘密、著作权及有关权、商标专用权、名称标记权、集成电路布图设计专有权、植物新品种等各类知识产权，具备条件的市场可交易以知识产权为主要载体的有限责任公司或未上市股份有限公司的股权等品种。交易可采取转让、许可使用、合资入股等方式。中小企业股权交易要按照《公司法》、《证券法》等法律法规。探索有利于企业股权流动、投资者便利进出的交易方式。

（三）建设交易市场，完备市场功能。有条件的地区，要逐步建立知识产权交易市场准入制度。知识产权交易市场应为各省（区、市）人民政府批准设立或认定并报相关业务主管部门备案的常设交易机构，可为事业法人或企业法人，其功能主要提供信息审核、信息发布、组织交易、交易鉴证、结算交割等服务。

交易市场应具备必要的交易场所，网络化的电子商务和信息服务平台，完善的交易系统及信息发布系统，较完善的交易制度、交易程序和规范的运作方式，按规定公开披露交易信息，并有明确的发展规划，拥有专业从业人员，满足交易活动需要。知识产权可在省（区、市）认定的产权交易中心登记托管。

（四）统筹安排，合理布局。知识产权交易市场在有条件的中心城市现有的技术交易市场、产权市场、技术产权交易市场、知识产权展示交易市场等基础上优化整合而成。积极推进专业化交易机构发展，逐步建立国家交易市场、区域性市场和专业化交易市场组成的多层次市场交易体系。

（五）整合资源，配套服务。根据知识产权交易需要和业务特点，交易机构可实行会员制，选择服务好、信誉高、能力强的交易中介为指定服务机构，进场从事交易服务。

三、规范知识产权交易行为

（一）严格交易程序，履行必要手续。程序主要涉及知识产权的真实性审查、价值评估、信息披露、竞价和撮合交易、合同鉴证与结算交割等。项目挂牌成交后，由转让双方签订合同并履行鉴证等相关手续。

（二）健全内部管理，建立信息披露制度。知识产权交易市场须建立健全交易规则及登记托管、结算交割、交易监督等规章制度，并报地方监管部门备案，接受管理和监督。项目披露应包括项目财务、经营管理、研发、人才储备、资金使用、价格评估、盈利分析及限制性条件等信息，由项目所有人选择评估、会计、律师事务所等专业机构、经纪会员委托代理。交易机构履行挂牌审核、信息内容认定和披露、交易方案确定和实施、交易主体和结算资金监管等职责，确保市场安全有序运行，保护交易参与者的合法权益。

（三）建立知识产权交易信息沟通反馈机制与运营网络。通过现代信息技术手段逐步建立参与知识产权交易主体的信用信息平台，完善交易市场信用信息数据库，促进企业自主知识产权信息的互联互通。

四、改进知识产权交易配套服务

（一）促进知识产权交易市场的有序运行，推进政策法规、信用服务、融资担保、资格认证及相关中介服务的配套体系建设，加速科技成果转化，营造市场发展的良好环境。

（二）整合各类中介服务资源，积极发展技术中介、咨询、经纪、信息、知识产权和技术评估、风险（创业）投资、产权交易等中介服务机构，为知识产权顺畅交易提供支撑。逐步形成以知识产权交易机构为主，产权代理机构、会计师事务所、律师事务所、风险（创业）投资公司、资产评估机构等相配套的服务体系和协调机制。

（三）加强市场中介服务机构规范管理，提高执业水平和服务能力。通过政策法规、执业能力培训及多种形式业务交流，提高市场从业人员的专业素养和操作能力。培养一支多专业、懂法律、善经营的知识产权经纪人队伍，建立相应的考评制度。

五、加大政策扶持力度

（一）政府采取多种形式促进知识产权交易等市场发展，通过财税政策引导和鼓励交易市场或机构的信息平台与能力建设。

（二）建立适应知识产权交易的多元化、多渠道投融资机制。政策性银行按稳妥审慎原则，经批准应开展知识产权等的质押贷款业务。鼓励商业银行积极开展以拥有自主知识产权的中小企业为服务对象的信贷业务。支持和引导各类信用担保机构为知识产权交易提供担保服务，探索建立社会化知识产权权益担保机制。研究开展知识产权权益托管服务。

（三）加大创业投资对知识产权交易的支持力度。积极发展创业风险投资，发挥政府创业风险投资引导基金作用，引导和鼓励民间资本投入知识产权交易活动，符合规定的可享受创业投资机构的有关优惠政策。

（四）积极探索知识产权投融资新模式。拓宽风险（创业）投资退出渠道，经批准在发展较好的知识产权交易市场开展未上市高成长性中小企业股权流通的试点工作。

（五）国家鼓励不同形式的知识产权进场交易。政府财政性资金投入和支持的项目所形成的非关系到国家经济安全、国防安全和国家机密的知识产权应进场交易，促进民间资本投入所形成的和自然人所持有的知识产权进场交易。

六、加强领导和监督管理

（一）加强对知识产权交易市场的指导。各级政府要根据经济社会发展的需要，进一步改进工作方式，创新服务手段，加大指导与协调力度，及时发布交易信息，促进交易市场的规范发展。各地应结合实际，制定完善地方性知识产权交易市场的法规和配套政策，促进交易市场的制度化法制化。

（二）建立由国家发展改革委牵头，财政部、科技部、国家工商总局、国家版权局、国家知识产权局、国务院国资委、证监会等相关部门及部分省（区、市）级知识产权交易管理部门参加的指导委员会，加强对知识产权市场的指导和协调。依法建立和完善重大知识产权交易活动的审查制度。各业务主管部门要依法建立对知识产权等重大交易活动的特别审查机制，根据各自职能分工履行监管职责，加大知识产权保护力度。

（三）知识产权交易过程中，双方若出现争议，应协商解决，必要时依法采取纠纷调解、交易中止、撤销交易凭证、交易终止等措施解决，并及时向监管部门反映。对非法侵害知识产权、制销假冒产品和技术并造成重大损失的行为，要依法追究法律责任。

（四）国家和地方知识产权交易市场的监管部门，应依法实施管理，加强动态监管。通过年检方式，对交易不规范的机构予以警告并限期整改，对违反相关法律的机构依法予以中止、终止直至追究其法律责任。

（五）积极推进国家和区域性知识产权交易市场行业自律。切实发挥行业自律组织在自律维权、业务交流与合作、技术规范制定、管理咨询、业务培训、理论研究、对外合作等方面的作用，提高交易市场的整体效能与水平。

中国银保监会 国家知识产权局 国家版权局 关于进一步加强知识产权质押融资工作的通知

（银保监发〔2019〕34号）

各银保监局，各省、自治区、直辖市、新疆生产建设兵团、计划单列市知识产权局（知识产权管理部门）、版权局，各政策性银行、大型银行、股份制银行，邮储银行，外资银行，金融资产管理公司，各保险集团（控股）公司、保险公司、保险资产管理公司，其他会管经营类机构：

为贯彻落实党中央、国务院关于知识产权工作的一系列重要部署，促进银行保险机构加大对知识产权运用的支持力度，扩大知识产权质押融资，现就有关事项通知如下：

一、优化知识产权质押融资服务体系

（一）银行保险机构、知识产权质权登记机构应当统一思想认识、保持战略定力，高度重视知识产权质押融资工作的重要性。鼓励银行保险机构积极开展知识产权质押融资业务，支持具有发展潜力的创新型（科技型）企业。

（二）支持商业银行建立专门的知识产权质押融资管理制度。大型银行、股份制银行应当研究制定知识产权质押融资业务的支持政策，并指定专门部门负责知识产权质押融资工作。

（三）鼓励商业银行在风险可控的前提下，通过单列信贷计划、专项考核激励等方式支持知识产权质押融资业务发展，力争知识产权质押融资年累放贷款户数、年累放贷款金额逐年合理增长。

（四）支持商业银行建立适合知识产权质押融资特点的风险评估、授信审查、授信尽职和奖惩制度，创新信贷审批制度和利率定价机制。鼓励商业银行通过科技支行重点营销知识产权质押贷款等金融产品。鼓励商业银行积极探索知识产权金融业务发展模式，根据自身业务特色和经营优势，重点支持知识产权密集的创新型（科技型）企业的知识产权质押融资需求。

二、加强知识产权质押融资服务创新

（五）鼓励商业银行对企业的专利权、商标专用权、著作权等相关无形资产进行打包组合融资，提升企业复合型价值，扩大融资额度。研究扩大知识产权质押物范围，积极探索地理标志、集成电路布图设计作为知识产权质押物的可行性，进一步拓宽企业融资渠道。

（六）鼓励商业银行建立对企业科技创新能力的评价体系，通过综合评估企业专利权、商标专用权、著作权等知识产权价值等方式，合理分析企业创新发展能力和品牌价值，通过知识产权质押融资业务把握企业发展方向。商业银行应当积极同相关部门合作，完善对创新型（科技型）企业的认定及评价机制。支持商业银行运用云计算、大数据、移动互联网等新技术研发知识产权质押融资新模式。鼓励商业银行在提供知识产权质押融资服务基础上，为企业提供综合金融服务。

（七）支持商业银行与知识产权密集型产业园区开展战略性合作，给予园区合理的意向性授信额度。鼓励商业银行加大对产业供应链中的创新型（科技型）小微企业的融资支持力度，促成小微企业知识产权质押“首贷”，进一步探索将小微企业纳入知识产权金融服务体系的有效途径。

（八）支持商业银行与投资基金等具备投资能力和条件的机构开展合作，积极支持拥有较高技术水平、良好市场前景的知识产权质押融资借款人。支持保险机构依法合规投资知识产权密集的创新型（科技型）小微企业，有效提升保险机构金融综合服务能力。

三、健全知识产权质押融资风险管理

（九）商业银行开展知识产权质押融资业务应当对出质人及质物进行调查，办理质权登记，加强对押品的动态管理，定期分析借款人经营情况，对可能产生风险的不利情形要及时采取措施。

（十）鼓励商业银行培养知识产权质押融资专门人才，建立知识产权资产评估机构库，加强对知识产权第三方资产评估机构的合作准入与持续管理。逐步建立和完善知识产权内部评估体系，加强内部风险评估、资产评估能力建设，探索开展内部评估。支持商业银行探索以协商估值、坏账分担为核心的中小微企业知识产权质押融资模式。

（十一）商业银行知识产权质押融资不良率高出自身各项贷款不良率3个百分点（含）以内的，可不作为监管部门监管评级和银行内部考核评价的扣分因素。商业银行应当进一步建立健全符合知识产权质押融资特点的内部尽职免责机制和科学的绩效考核机制。对经办人员在知识产权质押融资业务办理过程中已经尽职履责的，实行免责。

（十二）鼓励保险机构在风险可控前提下，开展与知识产权质押融资相关的保证保险业务。鼓励保险机构开展知识产权被侵权损失保险、侵权责任保险等保险业务，为知识产权驱动创新发展提供保险服务。

四、完善知识产权质押融资保障工作

（十三）银行保险监督管理部门与知识产权管理部门、版权管理部门建立知识产权金融协同工作机制，加强信息数据共享，共同推动知识产权质押融资相关支持政策的制定和实施工作。

（十四）各银保监局、地方知识产权管理部门、地方版权管理部门等应当加强对本地区知识产权金融工作的组织领导，制定和完善本地区知识产权金融工作的具体措施。各银保监局、地方知识产权管理部门、地方版权管理部门要与地方政府有关部门加强合作，推动建立和完善知识产权质押融资的风险分担和损失补偿机制，促进知识产权质押融资业务可持续发展。

（十五）各银保监局、地方知识产权管理部门、地方版权管理部门应当积极为商业银行与创新型（科技型）企业创造对接机会与平台。推动建立知识产权资产评估机构库、专家库和知识产权融资项目数据库，推进知识产权作价评估标准化，为商业银行开展知识产权质押融资创造良好条件。地方知识产权管理部门和地方版权管理部门应当加强对商业银行知识产权押品动态管理的专项服务，联合商业银行探索知识产权质物处置、流转的有效途径，充分发挥国家知识产权运营公共服务平台等各类知识产权交易平台作用，做好质物处置工作。

（十六）知识产权管理部门、版权管理部门推动建立统一的专利权、商标专用权、著作权质押登记公示信息平台，便于商业银行、社会公众等进行查询。对于商业银行行使质权获得的知识产权等，可按程序减免维持费用。知识产权质权登记机构应当不断优化知识产权质押登记流程，缩短登记时间。

（十七）商业银行应当加强知识产权质押融资业务的统计分析，定期向银行保险监督管理部门报送知识产权质押融资统计数据及相关工作情况。各级银行保险监督管理部门、知识产权管理部门、版权管理部门应当积极促进银行保险机构之间、银行保险机构与知识产权运营服务机构之间的交流，适时对辖内银行保险机构、知识产权运营服务机构开展知识产权质押融资业务情况进行评估，对业务开展良好的商业银行可按规定实施监管激励。

（十八）鼓励商业银行以外的银行业金融机构以及经银保监会或银保监局批准设立的其他金融机构参照本通知的规定，积极开展知识产权质押融资业务，支持具有发展潜力的创新型（科技型）企业。

（十九）各级银行保险监督管理部门、知识产权管理部门、版权管理部门要及时总结交流知识产权质押融资典型案例和良好经验；对于政策执行过程中出现的问题和困难，要加强研究，及时报告上级主管部门。

中国银保监会
国家知识产权局
国家版权局
2019 年 8 月 6 日

国家知识产权局　中国银保监会　国家发展改革委关于印发《知识产权质押融资入园惠企行动方案（2021—2023年）》的通知

（国知发运字〔2021〕17号）

各省、自治区、直辖市和新疆生产建设兵团知识产权局，四川省知识产权服务促进中心，广东省知识产权保护中心，各银保监局，各省、自治区、直辖市和新疆生产建设兵团发展改革委：

为贯彻落实党中央、国务院关于高新区高质量发展和知识产权质押融资工作的决策部署，国家知识产权局、中国银保监会、国家发展改革委联合制定《知识产权质押融资入园惠企行动方案（2021—2023年）》，现印发给你们，请认真贯彻执行。

特此通知。

国家知识产权局　中国银保监会　国家发展改革委

2021年6月16日

知识产权质押融资入园惠企行动方案（2021—2023年）

为贯彻落实党中央、国务院关于高新区高质量发展和知识产权质押融资工作的决策部署，提高知识产权质押融资的普及度和惠益面，促进创新型中小微企业发展，国家知识产权局、中国银保监会、国家发展改革委（以下简称三部门）决定联合组织开展知识产权质押融资入园惠企行动。为做好相关组织实施工作，制定本方案。

一、总体要求

（一）工作思路。

以习近平新时代中国特色社会主义思想为指导，全面贯彻党的十九大和十九届二中、三中、四中、五中全会以及中央经济工作会议精神，深入落实党中央、国务院关于鼓励发展知识产权质押融资等一系列工作部署，按照《关于进一步加强知识产权质押融资工作的通知》（银保监发〔2019〕34号）要求，聚焦产业园区，强化“政企银保服”联动，在措施优化、模式创新和服务提升等方面积极行动，推动知识产权质押融资工作深入园区、企业和金融机构基层网点，更好服务实体经济，有效缓解创新型中小微企业的融资难、融资贵问题，激发全社会创新创业活力，推动经济高质量发展。

（二）行动目标。

通过三年行动，力争实现知识产权质押融资惠及“百园万企”的目标。到2023年底，知识产权质押融资政策可及性和服务便利度大幅提升，产业园区知识产权质押融资服务的普及面显著扩大，被质押专利的实施率明显提高，100个以上产业园区的知识产权质押项目数和质押融资金额年度增长率在20%以上，新增上万家中小微企业利用知识产权实现融资。

二、主要行动

（一）措施优化行动。

一是加强调研指导。各省级知识产权局要会同相关部门，对地市政府、国家级产业园区知识产权质押相关工作措施、工作成效进行调研摸底，形成相关政策工具箱和资源库；围绕打通知识产权评估、担保、保险、登记、贷款、质物管理和处置等各个环节，加强对园区和金融机构制定相关政策措施的调研指导力度。二是健全激励措施。建立健全政府引导的知识产权质押融资风险分担和补偿机制，综合运用保险、担保、风险补偿等方式降低信贷风险；对于资金长期闲置的，要及时调整优化管理办法和使用方式，并加大对产业园区的支持倾斜力度；探索风险补偿的前置模式，在融资出现不良时，先行按比例拨付补偿金，待质物处置后再行清算。三是落实监管政策。支持银行业金融机构建立适应知识产权融资特点的授信尽职和内部考核管理模式，鼓励银行业金融机构通过在产业园区设立的科技支行，重点营销知识产权质押融资产品；推动银行业金融机构用好单列信贷计划和优化不良率考核等监管政策，鼓励在风险可控的前提下扩大知识产权质押贷款。四是积极规范引导。各地方要树立正确的指标导向，不盲目追求扩大质押专利数量，避免层层分解指标、摊派任务，继续鼓励支持实用新型、外观设计专利质押，对出现虚构合同、数据异常等情况的及时予以查处和通报。

（二）模式创新行动。

一是评估评价工具创新。鼓励银行业金融机构加强金融科技支撑，以知识产权为核心指标分析评价企业创新能力、竞争力和发展潜力，优化审贷流程，提高贷款效率；综合运用大数据、人工智能等新技术，加强基础数据采集和智能学习，研发适用于质押融资等场景的智能化知识产权评估工具。二是企业筛选模式创新。鼓励地方知识产权管理部门会同发展改革等部门，充分利用“信用中国”网站、知识产权质押信息平台等资源，以信用、知识产权等各类数据为基础，研究建立上下联动、总分结合的授信白名单筛选机制。三是信贷合作模式创新。探索开展“政银园投”合作，鼓励银行业金融机构为园区白名单企业提供合理授信额度和续贷便利等增值服务；鼓励银行业金融机构与专业投资机构合作，共享科技型企业高成长性红利；支持银行业金融机构与国家知识产权试点示范园区深度合作，围绕产业专利集群或区域商标品牌，给予园区合理的意向性授信额度。四是质押标的创新。鼓励银行业金融机构对企业专利权、商标专用权、著作权、集成电路布图设计专有权等各类知识产权进行打包质押，积极探索知识产权许可收益权等出质的可行性，拓宽质押物范围。五是质物处置模式创新。地方知识产权管理部门、银保监局要充分发挥有关知识产权交易运营平台、机构等的专业化作用，联合银行业金融机构探索知识产权处置、流转的有效途径和可行模式，通过集中拍卖、第三方收储等方式，将短期处置转换为较长周期的知识产权运营，更大程度实现知识产权价值。

（三）服务提升行动。

一是不断优化质押登记服务。推动专利、商标业务受理窗口整合和布局优化，实现质押登记“一窗通办”，并支持向有关园区延伸服务；稳步扩大银行业金融机构专利权质押登记线上办理试点范围，通过线上办理和集中代办提升登记效率；鼓励有条件的园区建设知识产权金融服务中心，汇集多元化的公共服务和市场化服务资源，实现“一站式”服务。二是广泛开展银企对接活动。结合知识产权宣传周、“知识产权服务万里行”等重大活动，广泛组织知识产权质押融资入园惠企专项对接，面向园区加大政策宣讲和融资产品推介力度，提升服务内涵和对接实效。三是扩大相关金融产品供给。深化知识产权管理部门、园区管理机构与银行业金融机构战略合作，共同开发推广知识产权质押融资专门产品；指导推动产业园区建立企业知识产权融资需求和金融机构相关融资产品常态化调查机制，形成知识产权融资项目库和产品资源库。四是提升信息服务水平。加快建设全国知识产权质押信息平台，做好信息查询和金融产品汇集展示，与各地“信易贷”平台做好衔接，为畅通企业贷款渠道提供支撑；各地要发挥“互联网+”优势，充分利用现有知识产权服务窗口和平台，提供融资产品推广、政策咨询、登记查询、项目库管理等综合服务。

三、组织实施

（一）加强统筹协调。地方有关部门要强化协调联动，形成工作合力，把握好有为政府和有效市场的关系，充分调动产业园区和金融机构积极性，做到有计划、有督导、有落实、有成效，共同推动知识产权质押融资工作迈上新台阶。各级知识产权管理部门要发挥好统筹作用，牵头做好措施优化、服务提升、宣传培训和总结推广等工作。各银保监局要重点抓好模式创新和监管政策落实，推动银行业金融机构切实提高重视程度，加强业务创新和产品开发。社会信用体系建设牵头部门要充分发挥“信用中国”网站、“信易贷”平台以及知识产权质押信息平台作用，加强信用信息归集共享，支持金融机构创新产品和服务，扩大知识产权质押融资。

（二）制定行动方案。省级知识产权局要牵头深入开展地市和国家级园区知识产权质押融资相关工作措施专题调研，摸清底数，掌握效果，找准需求，做好分析梳理，形成专题调研报告，更好指导方案制定和工作实践。省级知识产权局要会同银保监局、发展改革等部门认真筹划、周密部署，结合本地实际和园区情况，细化落实措施优化、模式创新和服务提升各项行动，拿出针对性、操作性强的务实举措，明确任务台账和时间安排，制定印发本省（区、市）行动方案，并于印发后10日内报送三部门。请各省级知识产权局于2021年7月15日前将专题调研报告和摸底情况一览表报送国家知识产权局（一览表参见附件）。

（三）强化示范带动。各地要点面结合、以点带面、梯次推进，每个省份选取3个以上的园区作为重点，打造示范标杆，发挥引领作用。国家知识产权试点示范园区要率先行动、积极参与，有关工作成效将作为试点示范考核评定的重点。专利转化专项计划支持的省份和知识产权运营服务体系建设重点城市要积极开展知识产权质押融资入园惠企行动，统筹用好中央财政资金和相关政策资源，确保达成知识产权质押融资相关绩效目标。

（四）加强宣传推广。地方有关部门要加大对知识产权质押融资的有益经验、优秀案例、特色模式等的宣传力度，及时发现和推广行动中的好经验、好做法、好产品。加强跨部门数据信息共享，及时通报行动进展和成效，共同开展重大宣传活动。地方知识产权管理部门要加强对融资企业的跟踪调查和统计监测，及时了解企业的实际融资情况、融资获得感和政策满意度，总结分析知识产权质押融资在促进企业研发、专利实施、扩大就业、增加营收等各方面的成效。各银保监局要加强对银行业金融机构的新增贷款金额、贷款余额、客户数量、质押率、不良率等各项指标的统计分析，为优化监管政策提供支撑。

（五）加强总结评价。地方有关部门要及时做好有关数据和材料报送工作，行动中产生的宣传材料、工作成果、典型案例、统计数据等要及时归口向三部门报送。省级知识产权局要适时会同有关部门组织重点园区在全国知识产权质押信息平台上集中展示工作措施和行动成效，促进工作交流和互学互鉴。每年年底前，各省级知识产权局要牵头做好年度工作总结，对照方案内各项行动，全面分析进展、问题和成效，向国家知识产权局报送工作总结。

国家知识产权局将会同有关部门搭建地方知识产权质押融资工作交流平台，按年度组织评选典型案例，分批汇编发布可复制可推广的案例，对成效突出的地方组织现场会和专题报道。同时，在银行业金融机构专利权质押登记线上办理试点、数据资源开放和相关项目申报等方面，对行动积极、成效显著的地方予以大力支持和倾斜。

附件：知识产权质押融资工作措施一览表（略）

注册商标专用权质押登记程序规定

（2020 年国家知识产权局公告第 358 号）

第一条 为充分发挥注册商标专用权无形资产的价值，促进经济发展，根据《物权法》、《担保法》、《商标法》和《商标法实施条例》的有关规定，制定本规定。

国家知识产权局负责办理注册商标专用权质权登记。

第二条 自然人、法人或者其他组织以其注册商标专用权出质的，出质人与质权人应当订立书面合同，并向国家知识产权局办理质权登记。

质权登记申请应由质权人和出质人共同提出。质权人和出质人可以直接向国家知识产权局申请，也可以委托商标代理机构代理办理。在中国没有经常居所或者营业所的外国人或者外国企业应当委托代理机构办理。

第三条 办理注册商标专用权质权登记，出质人应当将在相同或者类似商品/服务上注册的相同或者近似商标一并办理质权登记。质权合同和质权登记申请书中应当载明出质的商标注册号。

共有商标办理质权登记的，除全体共有人另有约定的以外，应当取得其他共有人的同意。

第四条 申请注册商标专用权质权登记的，应提交下列文件：

（一）申请人签字或者盖章的《商标专用权质权登记申请书》；

（二）主合同和注册商标专用权质权合同；

（三）申请人签署的承诺书；

（四）委托商标代理机构办理的，还应当提交商标代理委托书。

上述文件为外文的，应当同时提交其中文译文。中文译文应当由翻译单位和翻译人员签字盖章确认。

第五条 注册商标专用权质权合同一般包括以下内容：

（一）出质人、质权人的姓名（名称）及住址；

（二）被担保的债权种类、数额；

（三）债务人履行债务的期限；

（四）出质注册商标的清单（列明注册商标的注册号、类别及专用期）；

（五）担保的范围；

（六）当事人约定的其他事项。

第六条 申请登记书件齐备、符合规定的，国家知识产权局予以受理并登记。质权自登记之日起设立。国家知识产权局自登记之日起 2 个工作日内向双方当事人发放《商标专用权质权登记证》。

《商标专用权质权登记证》应当载明下列内容：出质人和质权人的名称（姓名）、出质商标注册号、被担保的债权数额、质权登记期限、质权登记日期。

第七条 质权登记申请不符合本办

法第二条、第三条、第四条、第五条规定的，国家知识产权局应当通知申请人，并允许其在30日内补正。申请人逾期不补正或者补正不符合要求的，视为其放弃该质权登记申请，国家知识产权局应当通知申请人。

第八条 有下列情形之一的，国家知识产权局不予登记：

（一）出质人名称与国家知识产权局档案所记载的名称不一致，且不能提供相关证明证实其为注册商标权利人的；

（二）合同的签订违反法律法规强制性规定的；

（三）注册商标专用权已经被撤销、被注销或者有效期满未续展的；

（四）注册商标专用权已被人民法院查封、冻结的；

（五）其他不符合出质条件的。

不予登记的，国家知识产权局应当通知当事人，并说明理由。

第九条 质权登记后，有下列情形之一的，国家知识产权局应当撤销登记：

（一）发现有属于本办法第八条所列情形之一的；

（二）质权合同无效或者被撤销；

（三）出质的注册商标因法定程序丧失专用权的；

（四）提交虚假证明文件或者以其他欺骗手段取得注册商标专用权质权登记的。

撤销登记的，国家知识产权局应当通知当事人。

第十条 质权人或出质人的名称（姓名）更改，以及质权合同担保的主债权数额变更的，当事人可以凭下列文件申请办理变更登记：

（一）申请人签字或者盖章的《商标专用权质权登记事项变更申请书》；

（二）主债权数额变更的，双方签订的有关的补充或变更协议；

（三）申请人签署的相关承诺书；

（四）委托商标代理机构办理的，还应当提交商标代理委托书。

出质人名称（姓名）发生变更的，还应按照《商标法》及《商标法实施条例》的相关规定在国家知识产权局办理变更注册人名义申请。

第十一条 因被担保的主合同履行期限延长、主债权未能按期实现等原因需要延长质权登记期限的，质权人和出质人双方应当在质权登记期限到期前，持以下文件申请办理延期登记：

（一）申请人签字或者盖章的《商标专用权质权登记期限延期申请书》；

（二）当事人双方签署的延期协议；

（三）申请人签署的相关承诺书；

（四）委托商标代理机构办理的，还应当提交商标代理委托书。

主债权未能按期实现，双方又未能达成有关延期协议的，质权人可以出具相关书面保证函，说明债权未能实现的相关情况，申请延期。国家知识产权局予以延期登记的，应当通知出质人。

第十二条 办理质权登记事项变更申请或者质权登记期限延期申请后，由国家知识产权局在2个工作日内重新核发《商标专用权质权登记证》。

第十三条 注册商标专用权质权登记需要注销的，质权人和出质人双方可以持下列文件办理注销申请：

（一）申请人签字或者盖章的《商标专用权质权登记注销申请书》；

（二）申请人签署的相关承诺书；

（三）委托商标代理机构办理的，还应当提交商标代理委托书。

注销登记的，国家知识产权局应当在2个工作日内通知当事人。

质权登记期限届满后，该质权登记自动失效。

第十四条《商标专用权质权登记证》遗失的，可以向国家知识产权局申请补发。

第十五条　国家知识产权局对注册商标质权登记的相关信息进行公告。

第十六条　反担保及最高额质权适用本规定。

第十七条　本规定自2020年5月1日起施行，原《注册商标专用权质权登记程序规定》（工商标字〔2009〕182号）同日起不再执行。

附件：1. 商标专用权质权登记申请书（略）

2. 办理商标专用权质权登记承诺书（略）

3. 商标专用权质权登记事项变更申请书（略）

4. 办理商标专用权质权登记事项变更承诺书（略）

5. 商标专用权质权登记期限延期申请书（略）

6. 办理商标专用权质权登记期限延期承诺书（略）

7. 商标专用权质权登记注销申请书（略）

8. 办理商标专用权质权登记注销承诺书（略）

9. 商标专用权质权登记证补发申请书（略）

专利权质押登记办法

（2021 年国家知识产权局公告第 461 号）

第一条 为了促进专利权运用和资金融通，保障相关权利人合法权益，规范专利权质押登记，根据《中华人民共和国民法典》《中华人民共和国专利法》及有关规定，制定本办法。

第二条 国家知识产权局负责专利权质押登记工作。

第三条 以专利权出质的，出质人与质权人应当订立书面合同。

质押合同可以是单独订立的合同，也可以是主合同中的担保条款。

出质人和质权人应共同向国家知识产权局办理专利权质押登记，专利权质权自国家知识产权局登记时设立。

第四条 以共有的专利权出质的，除全体共有人另有约定的以外，应当取得其他共有人的同意。

第五条 在中国没有经常居所或者营业所的外国人、外国企业或者外国其他组织办理专利权质押登记手续的，应当委托依法设立的专利代理机构办理。

中国单位或者个人办理专利权质押登记手续的，可以委托依法设立的专利代理机构办理。

第六条 当事人可以通过互联网在线提交电子件、邮寄或窗口提交纸件等方式办理专利权质押登记相关手续。

第七条 申请专利权质押登记的，当事人应当向国家知识产权局提交下列文件：

（一）出质人和质权人共同签字或盖章的专利权质押登记申请表；

（二）专利权质押合同；

（三）双方当事人的身份证明，或当事人签署的相关承诺书；

（四）委托代理的，注明委托权限的委托书；

（五）其他需要提供的材料。

专利权经过资产评估的，当事人还应当提交资产评估报告。

除身份证明外，当事人提交的其他各种文件应当使用中文。身份证明是外文的，当事人应当附送中文译文；未附送的，视为未提交。

当事人通过互联网在线办理专利权质押登记手续的，应当对所提交电子件与纸件原件的一致性作出承诺，并于事后补交纸件原件。

第八条 当事人提交的专利权质押合同应当包括以下与质押登记相关的内容：

（一）当事人的姓名或名称、地址；

（二）被担保债权的种类和数额；

（三）债务人履行债务的期限；

（四）专利权项数以及每项专利权的名称、专利号、申请日、授权公告日；

（五）质押担保的范围。

第九条 除本办法第八条规定的事项外，当事人可以在专利权质押合同中约定下列事项：

（一）质押期间专利权年费的缴纳；

（二）质押期间专利权的转让、实施许可；

（三）质押期间专利权被宣告无效或者专利权归属发生变更时的处理；

（四）实现质权时，相关技术资料的交付；

（五）已办理质押登记的同一申请人的实用新型有同样的发明创造于同日申请发明专利、质押期间该发明申请被授予专利权的情形处理。

第十条 国家知识产权局收到当事人提交的质押登记申请文件，应当予以受理，并自收到之日起5个工作日内进行审查，决定是否予以登记。

通过互联网在线方式提交的，国家知识产权局在2个工作日内进行审查并决定是否予以登记。

第十一条 专利权质押登记申请经审查合格的，国家知识产权局在专利登记簿上予以登记，并向当事人发送《专利权质押登记通知书》。经审查发现有下列情形之一的，国家知识产权局作出不予登记的决定，并向当事人发送《专利权质押不予登记通知书》：

（一）出质人不是当事人申请质押登记时专利登记簿记载的专利权人的；

（二）专利权已终止或者已被宣告无效的；

（三）专利申请尚未被授予专利权的；

（四）专利权没有按照规定缴纳年费的；

（五）因专利权的归属发生纠纷已请求国家知识产权局中止有关程序，或者人民法院裁定对专利权采取保全措施，专利权的质押手续被暂停办理的；

（六）债务人履行债务的期限超过专利权有效期的；

（七）质押合同不符合本办法第八条规定的；

（八）以共有专利权出质但未取得全体共有人同意且无特别约定的；

（九）专利权已被申请质押登记且处于质押期间的；

（十）请求办理质押登记的同一申请人的实用新型有同样的发明创造已于同日申请发明专利的，但当事人被告知该情况后仍声明同意继续办理专利权质押登记的除外；

（十一）专利权已被启动无效宣告程序的，但当事人被告知该情况后仍声明同意继续办理专利权质押登记的除外；

（十二）其他不符合出质条件的情形。

第十二条 专利权质押期间，国家知识产权局发现质押登记存在本办法第十一条所列情形并且尚未消除的，或者发现其他应当撤销专利权质押登记的情形的，应当撤销专利权质押登记，并向当事人发出《专利权质押登记撤销通知书》。

专利权质押登记被撤销的，质押登记的效力自始无效。

第十三条 专利权质押期间，当事人的姓名或者名称、地址更改的，应当持专利权质押登记变更申请表、变更证明或当事人签署的相关承诺书，向国家知识产权局办理专利权质押登记变更手续。

专利权质押期间，被担保的主债权种类及数额或者质押担保的范围发生变更的，当事人应当自变更之日起30日内持专利权质押登记变更申请表以及变更协议，向国家知识产权局办理专利权质押登记变更手续。

国家知识产权局收到变更登记申请后，经审核，向当事人发出《专利权质押登记变更通知书》，审核期限按照本办法第十条办理登记手续的期限执行。

第十四条 有下列情形之一的，当事人应当持专利权质押登记注销申请表、注销证明或当事人签署的相关承诺书，向国家知识产权局办理质押登记注销手续：

（一）债务人按期履行债务或者出质人提前清偿所担保的债务的；

（二）质权已经实现的；

（三）质权人放弃质权的；

（四）因主合同无效、被撤销致使质押合同无效、被撤销的；

（五）法律规定质权消灭的其他情形。

国家知识产权局收到注销登记申请后，经审核，向当事人发出《专利权质押登记注销通知书》，审核期限按照本办法第十条办理登记手续的期限执行。专利权质押登记的效力自注销之日起终止。

第十五条 专利登记簿记录专利权质押登记的以下事项，并在定期出版的专利公报上予以公告：出质人、质权人、主分类号、专利号、授权公告日、质押登记日、变更项目、注销日等。

第十六条 出质人和质权人以合理理由提出请求的，可以查阅或复制专利权质押登记手续办理相关文件。

专利权人以他人未经本人同意而办理专利权质押登记手续为由提出查询和复制请求的，可以查阅或复制办理专利权质押登记手续过程中提交的申请表、含有出质人签字或盖章的文件。

第十七条 专利权质押期间，出质人未提交质权人同意其放弃该专利权的证明材料的，国家知识产权局不予办理专利权放弃手续。

第十八条 专利权质押期间，出质人未提交质权人同意转让或者许可实施该专利权的证明材料的，国家知识产权局不予办理专利权转让登记手续或者专利实施许可合同备案手续。

出质人转让或者许可他人实施出质的专利权的，出质人所得的转让费、许可费应当向质权人提前清偿债务或者提存。

第十九条 专利权质押期间，出现以下情形的，国家知识产权局应当及时通知质权人：

（一）被宣告无效或者终止的；

（二）专利年费未按照规定时间缴纳的；

（三）因专利权的归属发生纠纷已请求国家知识产权局中止有关程序，或者人民法院裁定对专利权采取保全措施的。

第二十条 当事人选择以承诺方式办理专利权质押登记相关手续的，国家知识产权局必要时对当事人的承诺内容是否属实进行抽查，发现承诺内容与实际情况不符的，应当向当事人发出通知，要求限期整改。逾期拒不整改或者整改后仍不符合条件的，国家知识产权局按照相关规定采取相应的失信惩戒措施。

第二十一条 本办法由国家知识产权局负责解释。

第二十二条 本办法自发布之日起施行。

4. 多层次资本市场相关政策

国务院关于全国中小企业股份转让系统有关问题的决定

（国发〔2013〕49 号）

各省、自治区、直辖市人民政府，国务院各部委、各直属机构：

为更好地发挥金融对经济结构调整和转型升级的支持作用，进一步拓展民间投资渠道，充分发挥全国中小企业股份转让系统（以下简称全国股份转让系统）的功能，缓解中小微企业融资难，按照党的十八大、十八届三中全会关于多层次资本市场发展的精神和国务院第 13 次常务会议的有关要求，现就全国股份转让系统有关问题作出如下决定。

一、充分发挥全国股份转让系统服务中小微企业发展的功能

全国股份转让系统是经国务院批准，依据证券法设立的全国性证券交易场所，主要为创新型、创业型、成长型中小微企业发展服务。境内符合条件的股份公司均可通过主办券商申请在全国股份转让系统挂牌，公开转让股份，进行股权融资、债权融资、资产重组等。申请挂牌的公司应当业务明确、产权清晰、依法规范经营、公司治理健全，可以尚未盈利，但须履行信息披露义务，所披露的信息应当真实、准确、完整。

二、建立不同层次市场间的有机联系

在全国股份转让系统挂牌的公司，达到股票上市条件的，可以直接向证券交易所申请上市交易。在符合《国务院关于清理整顿各类交易场所切实防范金融风险的决定》（国发〔2011〕38 号）要求的区域性股权转让市场进行股权非公开转让的公司，符合挂牌条件的，可以申请在全国股份转让系统挂牌公开转让股份。

三、简化行政许可程序

挂牌公司依法纳入非上市公众公司监管，股东人数可以超过 200 人。股东人数未超过 200 人的股份公司申请在全国股份转让系统挂牌，证监会豁免核准。挂牌公司向特定对象发行证券，且发行后证券持有人累计不超过 200 人的，证监会豁免核准。依法需要核准的行政许可事项，证监会应当建立简便、快捷、高效的行政许可方式，简化审核流程，提高审核效率，无需再提交证监会发行审核委员会审核。

四、建立和完善投资者适当性管理制度

建立与投资者风险识别和承受能力相适应的投资者适当性管理制度。中小微企业具有业绩波动大、风险较高的特点，应当严格自然人投资者的准入条件。积极培育和发展机构投资者队伍，鼓励证券公

司、保险公司、证券投资基金、私募股权投资基金、风险投资基金、合格境外机构投资者、企业年金等机构投资者参与市场，逐步将全国股份转让系统建成以机构投资者为主体的证券交易场所。

五、加强事中、事后监管，保障投资者合法权益

证监会应当比照证券法关于市场主体法律责任的相关规定，严格执法，对虚假披露、内幕交易、操纵市场等违法违规行为采取监管措施，实施行政处罚。全国股份转让系统要制定并完善业务规则体系，建立市场监控系统，完善风险管理制度和设施，保障技术系统和信息安全，切实履行自律监管职责。

六、加强协调配合，为挂牌公司健康发展创造良好环境

国务院有关部门应当加强统筹协调，为中小微企业利用全国股份转让系统发展创造良好的制度环境。市场建设中涉及税收政策的，原则上比照上市公司投资者的税收政策处理；涉及外资政策的，原则上比照交易所市场及上市公司相关规定办理；涉及国有股权监管事项的，应当同时遵守国有资产管理的相关规定。各省（区、市）人民政府要加强组织领导和协调，建立健全挂牌公司风险处置机制，切实维护社会稳定。

国务院

2013 年 12 月 13 日

全国中小企业股份转让系统有限责任公司管理暂行办法

（2017 年修订）

（2013 年 1 月 31 日中国证券监督管理委员会令第 89 号公布　根据 2017 年 12 月 7 日中国证券监督管理委员会令第 137 号《关于修改〈证券登记结算管理办法〉等七部规章的决定》修订）

第一章　总　则

第一条　为加强对全国中小企业股份转让系统有限责任公司（以下简称全国股份转让系统公司）的管理，明确其职权与责任，维护股票挂牌转让及相关活动的正常秩序，根据《公司法》、《证券法》等法律、行政法规，制定本办法。

第二条　全国中小企业股份转让系统（以下简称全国股份转让系统）是经国务院批准设立的全国性证券交易场所。

第三条　股票在全国股份转让系统挂牌的公司（以下简称挂牌公司）为非上市公众公司，股东人数可以超过 200 人，接受中国证券监督管理委员会（以下简称中国证监会）的统一监督管理。

第四条　全国股份转让系统公司负责组织和监督挂牌公司的股票转让及相关活动，实行自律管理。

第五条　全国股份转让系统公司应当坚持公益优先的原则，维护公开、公平、公正的市场环境，保证全国股份转让系统的正常运行，为全国股份转让系统各参与人提供优质、高效、低成本的金融服务。

第六条　全国股份转让系统的股票挂牌转让及相关活动，必须遵守法律、行政法规和各项规章规定，禁止欺诈、内幕交易、操纵市场等违法违规行为。

第七条　中国证监会依法对全国股份转让系统公司、全国股份转让系统的各项业务活动及各参与人实行统一监督管理，维护全国股份转让系统运行秩序，依法查处违法违规行为。

第二章　全国股份转让系统公司的职能

第八条　全国股份转让系统公司的职能包括：

（一）建立、维护和完善股票转让相关技术系统和设施；

（二）制定和修改全国股份转让系统业务规则；

（三）接受并审查股票挂牌及其他相关业务申请，安排符合条件的公司股票挂牌；

（四）组织、监督股票转让及相关活动；

（五）对主办券商等全国股份转让系统参与人进行监管；

（六）对挂牌公司及其他信息披露义务人进行监管；

（七）管理和公布全国股份转让系统相关信息；

（八）中国证监会批准的其他职能。

第九条 全国股份转让系统公司应当就股票挂牌、股票转让、主办券商管理、挂牌公司管理、投资者适当性管理等依法制定基本业务规则。

全国股份转让系统公司制定与修改基本业务规则，应当经中国证监会批准。制定与修改其他业务规则，应当报中国证监会备案。

第十条 全国股份转让系统挂牌新的证券品种应当向中国证监会报告，采用新的转让方式应当报中国证监会批准。

第十一条 全国股份转让系统公司应当为组织公平的股票转让提供保障，公布股票转让即时行情。未经全国股份转让系统公司许可，任何单位和个人不得发布、使用或传播股票转让即时行情。

第十二条 全国股份转让系统公司收取的资金和费用应当符合有关主管部门的规定，并优先用于维护和完善相关技术系统和设施。

全国股份转让系统公司应当制定专项财务管理规则，并报中国证监会备案。

第十三条 全国股份转让系统公司应当从其收取的费用中提取一定比例的金额设立风险基金。风险基金提取和使用的具体办法，由中国证监会另行制定。

第十四条 全国股份转让系统的登记结算业务由中国证券登记结算有限责任公司负责。全国股份转让系统公司应当与其签订业务协议，并报中国证监会备案。

第三章 全国股份转让系统公司的组织结构

第十五条 全国股份转让系统公司应当按照《公司法》等法律、行政法规和中国证监会的规定，制定公司章程，明确股东会、董事会、监事会和经理层之间的职责划分，建立健全内部组织机构，完善公司治理。

全国股份转让系统公司章程的制定和修改，应当经中国证监会批准。

第十六条 全国股份转让系统公司的股东应当具备法律、行政法规和中国证监会规定的资格条件，股东持股比例应当符合中国证监会的有关规定。

全国股份转让系统公司新增股东或原股东转让所持股份的，应当向中国证监会报告。

第十七条 全国股份转让系统公司董事会、监事会的组成及议事规则应当符合有关法律、行政法规和中国证监会的规定，并报中国证监会备案。

第十八条 全国股份转让系统公司董事长、副董事长、监事会主席及高级管理人员由中国证监会提名，任免程序和任期遵守《公司法》和全国股份转让系统公司章程的有关规定。

前款所述高级管理人员的范围，由全国股份转让系统公司章程规定。

第十九条 全国股份转让系统公司应当根据需要设立专门委员会。各专门委员会的组成及议事规则报中国证监会备案。

第四章　全国股份转让系统公司的自律监管

第二十条　全国股份转让系统实行主办券商制度。在全国股份转让系统从事主办券商业务的证券公司称为主办券商。

主办券商业务包括推荐股份公司股票挂牌，对挂牌公司进行持续督导，代理投资者买卖挂牌公司股票，为股票转让提供做市服务及其他全国股份转让系统公司规定的业务。

第二十一条　全国股份转让系统公司依法对股份公司股票挂牌、定向发行等申请及主办券商推荐文件进行审查，出具审查意见。

全国股份转让系统公司应当与符合条件的股份公司签署挂牌协议，确定双方的权利义务关系。

第二十二条　全国股份转让系统公司应当督促申请股票挂牌的股份公司、挂牌公司及其他信息披露义务人，依法履行信息披露义务，真实、准确、完整、及时地披露信息，不得有虚假记载、误导性陈述或者重大遗漏。

第二十三条　挂牌公司应当符合全国股份转让系统持续挂牌条件，不符合持续挂牌条件的，全国股份转让系统公司应当及时作出股票暂停或终止挂牌的决定，及时公告，并报中国证监会备案。

第二十四条　挂牌股票转让可以采取做市方式、协议方式、竞价方式或证监会批准的其他转让方式。

第二十五条　全国股份转让系统实行投资者适当性管理制度。参与股票转让的投资者应当具备一定的证券投资经验和相应的风险识别和承担能力，了解熟悉相关业务规则。

第二十六条　因突发性事件而影响股票转让的正常进行时，全国股份转让系统公司可以采取技术性停牌措施；因不可抗力的突发性事件或者为维护股票转让的正常秩序，可以决定临时停市。

全国股份转让系统公司采取技术性停牌或者决定临时停市，应当及时报告中国证监会。

第二十七条　全国股份转让系统公司应当建立市场监控制度及相应技术系统，配备专门市场监察人员，依法对股票转让实行监控，及时发现、及时制止内幕交易、市场操纵等异常转让行为。

对违反法律法规及业务规则的，全国股份转让系统公司应当及时采取自律监管措施，并视情节轻重或根据监管要求，及时向中国证监会报告。

第二十八条　全国股份转让系统公司应当督促主办券商、律师事务所、会计师事务所等为挂牌转让等相关业务提供服务的证券服务机构和人员，诚实守信、勤勉尽责，严格履行法定职责，遵守法律法规和行业规范，并对出具文件的真实性、准确性、完整性负责。

第二十九条　全国股份转让系统公司发现相关当事人违反法律法规及业务规则的，可以依法采取自律监管措施，并报中国证监会备案。依法应当由中国证监会进行查处的，全国股份转让系统公司应当向中国证监会提出查处建议。

第五章　监督管理

第三十条　全国股份转让系统公司应当向中国证监会报告股东会、董事会、监事会、总经理办公会议和其他重要会议的会议纪要，全国股份转让系统运行情况，全国股份转让系统公司自律监管职责履行情况、日常工作动态以及中国证监会要求报告的其他信息。

全国股份转让系统公司的其他报告义务，比照执行证券交易所管理有关规定。

第三十一条 中国证监会有权要求全国股份转让系统公司对其章程和业务规则进行修改。

第三十二条 中国证监会依法对全国股份转让系统公司进行监管，开展定期、不定期的现场检查，并对其履职和运营情况进行评估和考核。

全国股份转让系统公司及相关人员违反本办法规定，在监管工作中不履行职责，或者不履行本办法规定的有关义务，中国证监会比照证券交易所管理有关规定进行查处。

第六章 附 则

第三十三条 全国股份转让系统公司为其他证券品种提供挂牌转让服务的，比照本办法执行。

第三十四条 在证券公司代办股份转让系统的原STAQ、NET系统挂牌公司和退市公司及其股份转让相关活动，由全国股份转让系统公司负责监督管理。

第三十五条 本办法公布之日起施行。

国务院国有资产监督管理委员会　财政部关于印发《国有控股上市公司（境内）实施股权激励试行办法》的通知

（国资发分配〔2006〕175号）

各省、自治区、直辖市及计划单列市、新疆生产建设兵团国资委、财政厅（局），各中央企业：

为指导国有控股上市公司（境内，以下简称上市公司）规范实施股权激励制度，建立健全激励与约束相结合的中长期激励机制，进一步完善公司法人治理结构，充分调动上市公司高级管理人员和科技人员的积极性、创造性，规范上市公司拟订和实施股权激励计划，根据《中华人民共和国公司法》、《中华人民共和国证券法》、《企业国有资产监督管理暂行条例》（国务院令第378号），我们制定了《国有控股上市公司（境内）实施股权激励试行办法》（以下简称《试行办法》）。现印发给你们，请结合实际，认真遵照执行。现将有关事项通知如下：

一、国有控股上市公司实施股权激励是一项重大制度创新，政策性强，操作难度大。为规范实施股权激励制度，对国有控股上市公司试行股权激励实施分类指导。对中央企业及其所出资企业控股的上市公司，其股权激励计划在报股东大会审议表决前，由集团公司按照《试行办法》规定的程序报履行国有资产出资人职责的机构或部门审核；对中央企业所出资三级以下企业控股的上市公司，其股权激励计划在上市公司股东大会审议前，报履行国有资产出资人职责的机构或部门备案。履行国有资产出资人职责的机构或部门自收到完整的股权激励计划申报材料之日起，20个工作日内出具审核意见，未提出异议的，国有控股股东可按申报意见参与股东大会审议股权激励计划。

二、地方国有控股上市公司试行股权激励办法，应严格按《试行办法》规定的条件执行。在试点期间，上市公司股权激励计划由各省、自治区、直辖市、计划单列市及新疆生产建设兵团国资委或财政厅（局）统一审核批准后，报国务院国资委和财政部备案。

三、对在《试行办法》出台之前已经公告或实施了股权激励的国有控股上市公司，要按照《试行办法》予以规范，对股权激励计划修订完善并履行相应的审核或备案程序。

四、政企尚未分开的部门以及国家授权投资的其他国有资产经营管理机构（以下简称其他单位），按照《试行办法》的规定审核批准所管理的集团公司及其所出资企业控股的上市公司股权激励计划。

国务院国资委和其他单位对集团公司及其所出资企业控股的上市公司股权激励计划的批复文件抄送财政部。

上市公司在试行过程中的做法及遇到的问题，请及时报告国务院国资委和财政部。

附件：国有控股上市公司（境内）实施股权激励试行办法

国务院国有资产监督管理委员会
中华人民共和国财政部
二〇〇六年九月三十日

附件

国有控股上市公司（境内）实施股权激励试行办法

第一章　总　则

第一条　为指导国有控股上市公司（境内）规范实施股权激励制度，建立健全激励与约束相结合的中长期激励机制，进一步完善公司法人治理结构，依据《中华人民共和国公司法》、《中华人民共和国证券法》、《企业国有资产监督管理暂行条例》等有关法律、行政法规的规定，制定本办法。

第二条　本办法适用于股票在中华人民共和国境内上市的国有控股上市公司（以下简称上市公司）。

第三条　本办法主要用于指导上市公司国有控股股东依法履行相关职责，按本办法要求申报上市公司股权激励计划，并按履行国有资产出资人职责的机构或部门意见，审议表决上市公司股权激励计划。

第四条　本办法所称股权激励，主要是指上市公司以本公司股票为标的，对公司高级管理等人员实施的中长期激励。

第五条　实施股权激励的上市公司应具备以下条件：

（一）公司治理结构规范，股东会、董事会、经理层组织健全，职责明确。外部董事（含独立董事，下同）占董事会成员半数以上；

（二）薪酬委员会由外部董事构成，且薪酬委员会制度健全，议事规则完善，运行规范；

（三）内部控制制度和绩效考核体系健全，基础管理制度规范，建立了符合市场经济和现代企业制度要求的劳动用工、薪酬福利制度及绩效考核体系；

（四）发展战略明确，资产质量和财务状况良好，经营业绩稳健；近三年无财务违法违规行为和不良记录；

（五）证券监管部门规定的其他条件。

第六条　实施股权激励应遵循以下原则：

（一）坚持激励与约束相结合，风险与收益相对称，强化对上市公司管理层的激励力度；

（二）坚持股东利益、公司利益和管理层利益相一致，有利于促进国有资本保值增值，有利于维护中小股东利益，有利于上市公司的可持续发展；

（三）坚持依法规范，公开透明，遵循相关法律法规和公司章程规定；

（四）坚持从实际出发，审慎起步，循序渐进，不断完善。

第二章　股权激励计划的拟订

第七条　股权激励计划应包括股权激励方式、激励对象、激励条件、授予数量、授予价格及其确定的方式、行权时间限制或解锁期限等主要内容。

第八条　股权激励的方式包括股票期权、限制性股票以及法律、行政法规允许的其他方式。上市公司应以期权激励机制为导向，根据实施股权激励的目的，结合本行业及本公司的特点确定股权激励的方式。

第九条　实施股权激励计划所需标的股票来源，可以根据本公司实际情况，通过向激励对象发行股份、回购本公司股份及法律、行政法规允许的其他方式确定，不得由单一国有股股东支付或擅自无偿量化国有股权。

第十条　实施股权激励计划应当以绩效考核指标完成情况为条件，建立健全绩效考核体系和考核办法。绩效考核目标应由股东大会确定。

第十一条　股权激励对象原则上限于上市公司董事、高级管理人员以及对上市公司整体业绩和持续发展有直接影响的核心技术人员和管理骨干。

上市公司监事、独立董事以及由上市公司控股公司以外的人员担任的外部董事，暂不纳入股权激励计划。

证券监管部门规定的不得成为激励对象的人员，不得参与股权激励计划。

第十二条　实施股权激励的核心技术人员和管理骨干，应根据上市公司发展的需要及各类人员的岗位职责、绩效考核等相关情况综合确定，并须在股权激励计划中就确定依据、激励条件、授予范围及数量等情况作出说明。

第十三条　上市公司母公司（控股公司）的负责人在上市公司担任职务的，可参加股权激励计划，但只能参与一家上市公司的股权激励计划。

在股权授予日，任何持有上市公司5%以上有表决权的股份的人员，未经股东大会批准，不得参加股权激励计划。

第十四条　在股权激励计划有效期内授予的股权总量，应结合上市公司股本规模的大小和股权激励对象的范围、股权激励水平等因素，在0.1%~10%之间合理确定。但上市公司全部有效的股权激励计划所涉及的标的股票总数累计不得超过公司股本总额的10%。

上市公司首次实施股权激励计划授予的股权数量原则上应控制在上市公司股本总额的1%以内。

第十五条　上市公司任何一名激励对象通过全部有效的股权激励计划获授的本公司股权，累计不得超过公司股本总额的1%，经股东大会特别决议批准的除外。

第十六条　授予高级管理人员的股权数量按下列办法确定：

（一）在股权激励计划有效期内，高级管理人员个人股权激励预期收益水平，应控制在其薪酬总水平（含预期的期权或股权收益）的30%以内。高级管理人员薪酬总水平应参照国有资产监督管理机构或部门的原则规定，依据上市公司绩效考核与薪酬管理办法确定。

（二）参照国际通行的期权定价模型

或股票公平市场价，科学合理测算股票期权的预期价值或限制性股票的预期收益。

按照上述办法预测的股权激励收益和股权授予价格（行权价格），确定高级管理人员股权授予数量。

第十七条 授予董事、核心技术人员和管理骨干的股权数量比照高级管理人员的办法确定。各激励对象薪酬总水平和预期股权激励收益占薪酬总水平的比例应根据上市公司岗位分析、岗位测评和岗位职责按岗位序列确定。

第十八条 根据公平市场价原则，确定股权的授予价格（行权价格）。

（一）上市公司股权的授予价格应不低于下列价格较高者：

1. 股权激励计划草案摘要公布前一个交易日的公司标的股票收盘价；

2. 股权激励计划草案摘要公布前 30 个交易日内的公司标的股票平均收盘价。

（二）上市公司首次公开发行股票时拟实施的股权激励计划，其股权的授予价格在上市公司首次公开发行上市满 30 个交易日以后，依据上述原则规定的市场价格确定。

第十九条 股权激励计划的有效期自股东大会通过之日起计算，一般不超过 10 年。股权激励计划有效期满，上市公司不得依据此计划再授予任何股权。

第二十条 在股权激励计划有效期内，应采取分次实施的方式，每期股权授予方案的间隔期应在一个完整的会计年度以上。

第二十一条 在股权激励计划有效期内，每期授予的股票期权，均应设置行权限制期和行权有效期，并按设定的时间表分批行权：

（一）行权限制期为股权自授予日（授权日）至股权生效日（可行权日）止的期限。行权限制期原则上不得少于 2 年，在限制期内不可以行权。

（二）行权有效期为股权生效日至股权失效日止的期限，由上市公司根据实际确定，但不得低于 3 年。在行权有效期内原则上采取匀速分批行权办法。超过行权有效期的，其权利自动失效，并不可追溯行使。

第二十二条 在股权激励计划有效期内，每期授予的限制性股票，其禁售期不得低于 2 年。禁售期满，根据股权激励计划和业绩目标完成情况确定激励对象可解锁（转让、出售）的股票数量。解锁期不得低于 3 年，在解锁期内原则上采取匀速解锁办法。

第二十三条 高级管理人员转让、出售其通过股权激励计划所得的股票，应符合有关法律、行政法规的相关规定。

第二十四条 在董事会讨论审批或公告公司定期业绩报告等影响股票价格的敏感事项发生时不得授予股权或行权。

第三章 股权激励计划的申报

第二十五条 上市公司国有控股股东在股东大会审议批准股权激励计划之前，应将上市公司拟实施的股权激励计划报履行国有资产出资人职责的机构或部门审核（控股股东为集团公司的由集团公司申报），经审核同意后提请股东大会审议。

第二十六条 国有控股股东申报的股权激励报告应包括以下内容：

（一）上市公司简要情况，包括公司薪酬管理制度、薪酬水平等情况；

（二）股权激励计划和股权激励管理办法等应由股东大会审议的事项及其相关说明；

（三）选择的期权定价模型及股票期权的公平市场价值的测算、限制性股票的预期收益等情况的说明；

（四）上市公司绩效考核评价制度及发展战略和实施计划的说明等。绩效考核评价制度应当包括岗位职责核定、绩效考核评价指标和标准、年度及任期绩效考核目标、考核评价程序以及根据绩效考核评价办法对高管人员股权的授予和行权的相关规定。

第二十七条　国有控股股东应将上市公司按股权激励计划实施的分期股权激励方案，事前报履行国有资产出资人职责的机构或部门备案。

第二十八条　国有控股股东在下列情况下应按本办法规定重新履行申报审核程序：

（一）上市公司终止股权激励计划并实施新计划或变更股权激励计划相关事项的；

（二）上市公司因发行新股、转增股本、合并、分立、回购等原因导致总股本发生变动或其他原因需要调整股权激励对象范围、授予数量等股权激励计划主要内容的。

第二十九条　股权激励计划应就公司控制权变更、合并、分立，以及激励对象辞职、调动、被解雇、退休、死亡、丧失民事行为能力等事项发生时的股权处理依法作出行权加速、终止等相应规定。

第四章　股权激励计划的考核、管理

第三十条　国有控股股东应依法行使股东权利，要求和督促上市公司制定严格的股权激励管理办法，并建立与之相适应的绩效考核评价制度，以绩效考核指标完成情况为基础对股权激励计划实施动态管理。

第三十一条　按照上市公司股权激励管理办法和绩效考核评价办法确定对激励对象股权的授予、行权或解锁。

对已经授予的股票期权，在行权时可根据年度绩效考核情况进行动态调整。

对已经授予的限制性股票，在解锁时可根据年度绩效考核情况确定可解锁的股票数量，在设定的解锁期内未能解锁，上市公司应收回或以激励对象购买时的价格回购已授予的限制性股票。

第三十二条　参与上市公司股权激励计划的上市公司母公司（控股公司）的负责人，其股权激励计划的实施应符合《中央企业负责人经营业绩考核暂行办法》或相应国有资产监管机构或部门的有关规定。

第三十三条　授予董事、高级管理人员的股权，应根据任期考核或经济责任审计结果行权或兑现。授予的股票期权，应有不低于授予总量的20%留至任职（或任期）考核合格后行权；授予的限制性股票，应将不低于20%的部分锁定至任职（或任期）期满后兑现。

第三十四条　国有控股股东应依法行使股东权利，要求上市公司在发生以下情形之一时，中止实施股权激励计划，自发生之日起一年内不得向激励对象授予新的股权，激励对象也不得根据股权激励计划行使权利或获得收益：

（一）企业年度绩效考核达不到股权激励计划规定的绩效考核标准；

（二）国有资产监督管理机构或部门、监事会或审计部门对上市公司业绩或年度财务会计报告提出重大异议；

（三）发生重大违规行为，受到证券监管及其他有关部门处罚。

第三十五条 股权激励对象有以下情形之一的，上市公司国有控股股东应依法行使股东权利，提出终止授予新的股权并取消其行权资格：

（一）违反国家有关法律法规、上市公司章程规定的；

（二）任职期间，由于受贿索贿、贪污盗窃、泄露上市公司经营和技术秘密、实施关联交易损害上市公司利益、声誉和对上市公司形象有重大负面影响等违法违纪行为，给上市公司造成损失的。

第三十六条 实施股权激励计划的财务、会计处理及其税收等问题，按国家有关法律、行政法规、财务制度、会计准则、税务制度规定执行。

上市公司不得为激励对象按照股权激励计划获取有关权益提供贷款以及其他任何形式的财务资助，包括为其贷款提供担保。

第三十七条 国有控股股东应按照有关规定和本办法的要求，督促和要求上市公司严格履行信息披露义务，及时披露股权激励计划及董事、高级管理人员薪酬管理等相关信息。

第三十八条 国有控股股东应在上市公司年度报告披露后5个工作日内将以下情况报履行国有资产出资人职责的机构或部门备案：

（一）公司股权激励计划的授予、行权或解锁等情况；

（二）公司董事、高级管理等人员持有股权的数量、期限、本年度已经行权（或解锁）和未行权（或解锁）的情况及其所持股权数量与期初所持数量的变动情况；

（三）公司实施股权激励绩效考核情况、实施股权激励对公司费用及利润的影响等。

第五章 附 则

第三十九条 上市公司股权激励的实施程序和信息披露、监管和处罚应符合中国证监会《上市公司股权激励管理办法》（试行）的有关规定。上市公司股权激励计划应经履行国有资产出资人职责的机构或部门审核同意后，报中国证监会备案以及在相关机构办理信息披露、登记结算等事宜。

第四十条 本办法下列用语的含义：

（一）国有控股上市公司，是指政府或国有企业（单位）拥有50%以上股本，以及持有股份的比例虽然不足50%，但拥有实际控制权或依其持有的股份已足以对股东大会的决议产生重大影响的上市公司。

其中控制权，是指根据公司章程或协议，能够控制企业的财务和经营决策。

（二）股票期权，是指上市公司授予激励对象在未来一定期限内以预先确定的价格和条件购买本公司一定数量股票的权利。激励对象有权行使这种权利，也有权放弃这种权利，但不得用于转让、质押或者偿还债务。

（三）限制性股票，是指上市公司按照预先确定的条件授予激励对象一定数量的本公司股票，激励对象只有在工作年限或业绩目标符合股权激励计划规定条件的，才可出售限制性股票并从中获益。

（四）高级管理人员，是指对公司决策、经营、管理负有领导职责的人员，包括经理、副经理、财务负责人（或其他履行上述职责的人员）、董事会秘书和公司章程规定的其他人员。

（五）外部董事，是指由国有控股股东依法提名推荐、由任职公司或控股公司以外的人员（非本公司或控股公司员工的外部人员）担任的董事。对主体业务全部或大部分进入上市公司的企业，其外部董事应为任职公司或控股公司以外的人员；对非主业部分进入上市公司或只有一部分主业进入上市公司的子公司，以及二级以下的上市公司，其外部董事应为任职公司以外的人员。

外部董事不在公司担任除董事和董事会专门委员会有关职务外的其他职务，不负责执行层的事务，与其担任董事的公司不存在可能影响其公正履行外部董事职务的关系。

外部董事含独立董事。独立董事是指与所受聘的公司及其主要股东没有任何经济上的利益关系且不在上市公司担任除独立董事外的其他任何职务。

（六）股权激励预期收益，是指实行股票期权的预期收益为股票期权的预期价值，单位期权的预期价值参照国际通行的期权定价模型进行测算；实行限制性股票的预期收益为获授的限制性股票的价值，单位限制性股票的价值为其授予价格扣除激励对象的购买价格。

第四十一条　本办法自印发之日起施行。

上市公司股权激励管理办法

（2018 年修正）

（2016 年 7 月 13 日中国证券监督管理委员会令第 126 号公布　根据 2018 年 8 月 15 日中国证券监督管理委员会令第 148 号《关于修改〈上市公司股权激励管理办法〉的决定》修正）

第一章　总　则

第一条　为进一步促进上市公司建立健全激励与约束机制，依据《中华人民共和国公司法》（以下简称《公司法》）、《中华人民共和国证券法》（以下简称《证券法》）及其他法律、行政法规的规定，制定本办法。

第二条　本办法所称股权激励是指上市公司以本公司股票为标的，对其董事、高级管理人员及其他员工进行的长期性激励。

上市公司以限制性股票、股票期权实行股权激励的，适用本办法；以法律、行政法规允许的其他方式实行股权激励的，参照本办法有关规定执行。

第三条　上市公司实行股权激励，应当符合法律、行政法规、本办法和公司章程的规定，有利于上市公司的持续发展，不得损害上市公司利益。

上市公司的董事、监事和高级管理人员在实行股权激励中应当诚实守信，勤勉尽责，维护公司和全体股东的利益。

第四条　上市公司实行股权激励，应当严格按照本办法和其他相关规定的要求履行信息披露义务。

第五条　为上市公司股权激励计划出具意见的证券中介机构和人员，应当诚实守信、勤勉尽责，保证所出具的文件真实、准确、完整。

第六条　任何人不得利用股权激励进行内幕交易、操纵证券市场等违法活动。

第二章　一般规定

第七条　上市公司具有下列情形之一的，不得实行股权激励：

（一）最近一个会计年度财务会计报告被注册会计师出具否定意见或者无法表示意见的审计报告；

（二）最近一个会计年度财务报告内部控制被注册会计师出具否定意见或无法表示意见的审计报告；

（三）上市后最近 36 个月内出现过未按法律法规、公司章程、公开承诺进行利润分配的情形；

（四）法律法规规定不得实行股权激励的；

（五）中国证监会认定的其他情形。

第八条　激励对象可以包括上市公司的董事、高级管理人员、核心技术人员或者核心业务人员，以及公司认为应当激励的对公司经营业绩和未来发展有直接影响的其他员工，但不应当包括独立董事和监事。外籍员工任职上市公司董事、高级管理人员、核心技术人员或者核心业务人员的，可以成为激励对象。

单独或合计持有上市公司5%以上股份的股东或实际控制人及其配偶、父母、子女，不得成为激励对象。下列人员也不得成为激励对象：

（一）最近12个月内被证券交易所认定为不适当人选；

（二）最近12个月内被中国证监会及其派出机构认定为不适当人选；

（三）最近12个月内因重大违法违规行为被中国证监会及其派出机构行政处罚或者采取市场禁入措施；

（四）具有《公司法》规定的不得担任公司董事、高级管理人员情形的；

（五）法律法规规定不得参与上市公司股权激励的；

（六）中国证监会认定的其他情形。

第九条　上市公司依照本办法制定股权激励计划的，应当在股权激励计划中载明下列事项：

（一）股权激励的目的；

（二）激励对象的确定依据和范围；

（三）拟授出的权益数量，拟授出权益涉及的标的股票种类、来源、数量及占上市公司股本总额的百分比；分次授出的，每次拟授出的权益数量、涉及的标的股票数量及占股权激励计划涉及的标的股票总额的百分比、占上市公司股本总额的百分比；设置预留权益的，拟预留权益的数量、涉及标的股票数量及占股权激励计划的标的股票总额的百分比；

（四）激励对象为董事、高级管理人员的，其各自可获授的权益数量、占股权激励计划拟授出权益总量的百分比；其他激励对象（各自或者按适当分类）的姓名、职务、可获授的权益数量及占股权激励计划拟授出权益总量的百分比；

（五）股权激励计划的有效期，限制性股票的授予日、限售期和解除限售安排，股票期权的授权日、可行权日、行权有效期和行权安排；

（六）限制性股票的授予价格或者授予价格的确定方法，股票期权的行权价格或者行权价格的确定方法；

（七）激励对象获授权益、行使权益的条件；

（八）上市公司授出权益、激励对象行使权益的程序；

（九）调整权益数量、标的股票数量、授予价格或者行权价格的方法和程序；

（十）股权激励会计处理方法、限制性股票或股票期权公允价值的确定方法、涉及估值模型重要参数取值合理性、实施股权激励应当计提费用及对上市公司经营业绩的影响；

（十一）股权激励计划的变更、终止；

（十二）上市公司发生控制权变更、合并、分立以及激励对象发生职务变更、离职、死亡等事项时股权激励计划的执行；

（十三）上市公司与激励对象之间相关纠纷或争端解决机制；

（十四）上市公司与激励对象的其他权利义务。

第十条　上市公司应当设立激励对象

获授权益、行使权益的条件。拟分次授出权益的，应当就每次激励对象获授权益分别设立条件；分期行权的，应当就每次激励对象行使权益分别设立条件。

激励对象为董事、高级管理人员的，上市公司应当设立绩效考核指标作为激励对象行使权益的条件。

第十一条 绩效考核指标应当包括公司业绩指标和激励对象个人绩效指标。相关指标应当客观公开、清晰透明，符合公司的实际情况，有利于促进公司竞争力的提升。

上市公司可以公司历史业绩或同行业可比公司相关指标作为公司业绩指标对照依据，公司选取的业绩指标可以包括净资产收益率、每股收益、每股分红等能够反映股东回报和公司价值创造的综合性指标，以及净利润增长率、主营业务收入增长率等能够反映公司盈利能力和市场价值的成长性指标。以同行业可比公司相关指标作为对照依据的，选取的对照公司不少于3家。

激励对象个人绩效指标由上市公司自行确定。

上市公司应当在公告股权激励计划草案的同时披露所设定指标的科学性和合理性。

第十二条 拟实行股权激励的上市公司，可以下列方式作为标的股票来源：

（一）向激励对象发行股份；

（二）回购本公司股份；

（三）法律、行政法规允许的其他方式。

第十三条 股权激励计划的有效期从首次授予权益日起不得超过10年。

第十四条 上市公司可以同时实行多期股权激励计划。同时实行多期股权激励计划的，各期激励计划设立的公司业绩指标应当保持可比性，后期激励计划的公司业绩指标低于前期激励计划的，上市公司应当充分说明其原因与合理性。

上市公司全部在有效期内的股权激励计划所涉及的标的股票总数累计不得超过公司股本总额的10%。非经股东大会特别决议批准，任何一名激励对象通过全部在有效期内的股权激励计划获授的本公司股票，累计不得超过公司股本总额的1%。

本条第二款所称股本总额是指股东大会批准最近一次股权激励计划时公司已发行的股本总额。

第十五条 上市公司在推出股权激励计划时，可以设置预留权益，预留比例不得超过本次股权激励计划拟授予权益数量的20%。

上市公司应当在股权激励计划经股东大会审议通过后12个月内明确预留权益的授予对象；超过12个月未明确激励对象的，预留权益失效。

第十六条 相关法律、行政法规、部门规章对上市公司董事、高级管理人员买卖本公司股票的期间有限制的，上市公司不得在相关限制期间内向激励对象授出限制性股票，激励对象也不得行使权益。

第十七条 上市公司启动及实施增发新股、并购重组、资产注入、发行可转债、发行公司债券等重大事项期间，可以实行股权激励计划。

第十八条 上市公司发生本办法第七条规定的情形之一的，应当终止实施股权激励计划，不得向激励对象继续授予新的权益，激励对象根据股权激励计划已获授但尚未行使的权益应当终止行使。

在股权激励计划实施过程中，出现本办法第八条规定的不得成为激励对象情形的，上市公司不得继续授予其权益，其已获授但尚未行使的权益应当终止行使。

第十九条　激励对象在获授限制性股票或者对获授的股票期权行使权益前后买卖股票的行为，应当遵守《证券法》《公司法》等相关规定。

上市公司应当在本办法第二十条规定的协议中，就前述义务向激励对象作出特别提示。

第二十条　上市公司应当与激励对象签订协议，确认股权激励计划的内容，并依照本办法约定双方的其他权利义务。

上市公司应当承诺，股权激励计划相关信息披露文件不存在虚假记载、误导性陈述或者重大遗漏。

所有激励对象应当承诺，上市公司因信息披露文件中有虚假记载、误导性陈述或者重大遗漏，导致不符合授予权益或行使权益安排的，激励对象应当自相关信息披露文件被确认存在虚假记载、误导性陈述或者重大遗漏后，将由股权激励计划所获得的全部利益返还公司。

第二十一条　激励对象参与股权激励计划的资金来源应当合法合规，不得违反法律、行政法规及中国证监会的相关规定。

上市公司不得为激励对象依股权激励计划获取有关权益提供贷款以及其他任何形式的财务资助，包括为其贷款提供担保。

第三章　限制性股票

第二十二条　本办法所称限制性股票是指激励对象按照股权激励计划规定的条件，获得的转让等部分权利受到限制的本公司股票。

限制性股票在解除限售前不得转让、用于担保或偿还债务。

第二十三条　上市公司在授予激励对象限制性股票时，应当确定授予价格或授予价格的确定方法。授予价格不得低于股票票面金额，且原则上不得低于下列价格较高者：

（一）股权激励计划草案公布前 1 个交易日的公司股票交易均价的 50%；

（二）股权激励计划草案公布前 20 个交易日、60 个交易日或者 120 个交易日的公司股票交易均价之一的 50%。

上市公司采用其他方法确定限制性股票授予价格的，应当在股权激励计划中对定价依据及定价方式作出说明。

第二十四条　限制性股票授予日与首次解除限售日之间的间隔不得少于 12 个月。

第二十五条　在限制性股票有效期内，上市公司应当规定分期解除限售，每期时限不得少于 12 个月，各期解除限售的比例不得超过激励对象获授限制性股票总额的 50%。

当期解除限售的条件未成就的，限制性股票不得解除限售或递延至下期解除限售，应当按照本办法第二十六条规定处理。

第二十六条　出现本办法第十八条、第二十五条规定情形，或者其他终止实施股权激励计划的情形或激励对象未达到解除限售条件的，上市公司应当回购尚未解除限售的限制性股票，并按照《公司法》的规定进行处理。

对出现本办法第十八条第一款情形

负有个人责任的，或出现本办法第十八条第二款情形的，回购价格不得高于授予价格；出现其他情形的，回购价格不得高于授予价格加上银行同期存款利息之和。

第二十七条 上市公司应当在本办法第二十六条规定的情形出现后及时召开董事会审议回购股份方案，并依法将回购股份方案提交股东大会批准。回购股份方案包括但不限于以下内容：

（一）回购股份的原因；

（二）回购股份的价格及定价依据；

（三）拟回购股份的种类、数量及占股权激励计划所涉及的标的股票的比例、占总股本的比例；

（四）拟用于回购的资金总额及资金来源；

（五）回购后公司股本结构的变动情况及对公司业绩的影响。

律师事务所应当就回购股份方案是否符合法律、行政法规、本办法的规定和股权激励计划的安排出具专业意见。

第四章 股票期权

第二十八条 本办法所称股票期权是指上市公司授予激励对象在未来一定期限内以预先确定的条件购买本公司一定数量股份的权利。

激励对象获授的股票期权不得转让、用于担保或偿还债务。

第二十九条 上市公司在授予激励对象股票期权时，应当确定行权价格或者行权价格的确定方法。行权价格不得低于股票票面金额，且原则上不得低于下列价格较高者：

（一）股权激励计划草案公布前1个交易日的公司股票交易均价；

（二）股权激励计划草案公布前20个交易日、60个交易日或者120个交易日的公司股票交易均价之一。

上市公司采用其他方法确定行权价格的，应当在股权激励计划中对定价依据及定价方式作出说明。

第三十条 股票期权授权日与获授股票期权首次可行权日之间的间隔不得少于12个月。

第三十一条 在股票期权有效期内，上市公司应当规定激励对象分期行权，每期时限不得少于12个月，后一行权期的起算日不得早于前一行权期的届满日。每期可行权的股票期权比例不得超过激励对象获授股票期权总额的50%。

当期行权条件未成就的，股票期权不得行权或递延至下期行权，并应当按照本办法第三十二条第二款规定处理。

第三十二条 股票期权各行权期结束后，激励对象未行权的当期股票期权应当终止行权，上市公司应当及时注销。

出现本办法第十八条、第三十一条规定情形，或者其他终止实施股权激励计划的情形或激励对象不符合行权条件的，上市公司应当注销对应的股票期权。

第五章 实施程序

第三十三条 上市公司董事会下设的薪酬与考核委员会负责拟订股权激励计划草案。

第三十四条 上市公司实行股权激励，董事会应当依法对股权激励计划草案作出决议，拟作为激励对象的董事或与其存在关联关系的董事应当回避表决。

董事会审议本办法第四十六条、第四十七条、第四十八条、第四十九条、第五十条、第五十一条规定中有关股权激励计划实施的事项时，拟作为激励对象的董事或与其存在关联关系的董事应当回避表决。

董事会应当在依照本办法第三十七条、第五十四条的规定履行公示、公告程序后，将股权激励计划提交股东大会审议。

第三十五条　独立董事及监事会应当就股权激励计划草案是否有利于上市公司的持续发展，是否存在明显损害上市公司及全体股东利益的情形发表意见。

独立董事或监事会认为有必要的，可以建议上市公司聘请独立财务顾问，对股权激励计划的可行性、是否有利于上市公司的持续发展、是否损害上市公司利益以及对股东利益的影响发表专业意见。上市公司未按照建议聘请独立财务顾问的，应当就此事项作特别说明。

第三十六条　上市公司未按照本办法第二十三条、第二十九条定价原则，而采用其他方法确定限制性股票授予价格或股票期权行权价格的，应当聘请独立财务顾问，对股权激励计划的可行性、是否有利于上市公司的持续发展、相关定价依据和定价方法的合理性、是否损害上市公司利益以及对股东利益的影响发表专业意见。

第三十七条　上市公司应当在召开股东大会前，通过公司网站或者其他途径，在公司内部公示激励对象的姓名和职务，公示期不少于10天。

监事会应当对股权激励名单进行审核，充分听取公示意见。上市公司应当在股东大会审议股权激励计划前5日披露监事会对激励名单审核及公示情况的说明。

第三十八条　上市公司应当对内幕信息知情人在股权激励计划草案公告前6个月内买卖本公司股票及其衍生品种的情况进行自查，说明是否存在内幕交易行为。

知悉内幕信息而买卖本公司股票的，不得成为激励对象，法律、行政法规及相关司法解释规定不属于内幕交易的情形除外。

泄露内幕信息而导致内幕交易发生的，不得成为激励对象。

第三十九条　上市公司应当聘请律师事务所对股权激励计划出具法律意见书，至少对以下事项发表专业意见：

（一）上市公司是否符合本办法规定的实行股权激励的条件；

（二）股权激励计划的内容是否符合本办法的规定；

（三）股权激励计划的拟订、审议、公示等程序是否符合本办法的规定；

（四）股权激励对象的确定是否符合本办法及相关法律法规的规定；

（五）上市公司是否已按照中国证监会的相关要求履行信息披露义务；

（六）上市公司是否为激励对象提供财务资助；

（七）股权激励计划是否存在明显损害上市公司及全体股东利益和违反有关法律、行政法规的情形；

（八）拟作为激励对象的董事或与其存在关联关系的董事是否根据本办法的规定进行了回避；

（九）其他应当说明的事项。

第四十条　上市公司召开股东大会审议股权激励计划时，独立董事应当就股权激励计划向所有的股东征集委托投票权。

第四十一条　股东大会应当对本办法第九条规定的股权激励计划内容进行表

决，并经出席会议的股东所持表决权的2/3以上通过。除上市公司董事、监事、高级管理人员、单独或合计持有上市公司5%以上股份的股东以外，其他股东的投票情况应当单独统计并予以披露。

上市公司股东大会审议股权激励计划时，拟为激励对象的股东或者与激励对象存在关联关系的股东，应当回避表决。

第四十二条 上市公司董事会应当根据股东大会决议，负责实施限制性股票的授予、解除限售和回购以及股票期权的授权、行权和注销。

上市公司监事会应当对限制性股票授予日及期权授予日激励对象名单进行核实并发表意见。

第四十三条 上市公司授予权益与回购限制性股票、激励对象行使权益前，上市公司应当向证券交易所提出申请，经证券交易所确认后，由证券登记结算机构办理登记结算事宜。

第四十四条 股权激励计划经股东大会审议通过后，上市公司应当在60日内授予权益并完成公告、登记；有获授权益条件的，应当在条件成就后60日内授出权益并完成公告、登记。上市公司未能在60日内完成上述工作的，应当及时披露未完成的原因，并宣告终止实施股权激励，自公告之日起3个月内不得再次审议股权激励计划。根据本办法规定上市公司不得授出权益的期间不计算在60日内。

第四十五条 上市公司应当按照证券登记结算机构的业务规则，在证券登记结算机构开设证券账户，用于股权激励的实施。

激励对象为外籍员工的，可以向证券登记结算机构申请开立证券账户。

尚未行权的股票期权，以及不得转让的标的股票，应当予以锁定。

第四十六条 上市公司在向激励对象授出权益前，董事会应当就股权激励计划设定的激励对象获授权益的条件是否成就进行审议，独立董事及监事会应当同时发表明确意见。律师事务所应当对激励对象获授权益的条件是否成就出具法律意见。

上市公司向激励对象授出权益与股权激励计划的安排存在差异时，独立董事、监事会（当激励对象发生变化时）、律师事务所、独立财务顾问（如有）应当同时发表明确意见。

第四十七条 激励对象在行使权益前，董事会应当就股权激励计划设定的激励对象行使权益的条件是否成就进行审议，独立董事及监事会应当同时发表明确意见。律师事务所应当对激励对象行使权益的条件是否成就出具法律意见。

第四十八条 因标的股票除权、除息或者其他原因需要调整权益价格或者数量的，上市公司董事会应当按照股权激励计划规定的原则、方式和程序进行调整。

律师事务所应当就上述调整是否符合本办法、公司章程的规定和股权激励计划的安排出具专业意见。

第四十九条 分次授出权益的，在每次授出权益前，上市公司应当召开董事会，按照股权激励计划的内容及首次授出权益时确定的原则，决定授出的权益价格、行使权益安排等内容。

当次授予权益的条件未成就时，上市公司不得向激励对象授予权益，未授予的权益也不得递延下期授予。

第五十条 上市公司在股东大会审议

通过股权激励方案之前可对其进行变更。变更需经董事会审议通过。

上市公司对已通过股东大会审议的股权激励方案进行变更的，应当及时公告并提交股东大会审议，且不得包括下列情形：

（一）导致加速行权或提前解除限售的情形；

（二）降低行权价格或授予价格的情形。

独立董事、监事会应当就变更后的方案是否有利于上市公司的持续发展，是否存在明显损害上市公司及全体股东利益的情形发表独立意见。律师事务所应当就变更后的方案是否符合本办法及相关法律法规的规定、是否存在明显损害上市公司及全体股东利益的情形发表专业意见。

第五十一条　上市公司在股东大会审议股权激励计划之前拟终止实施股权激励的，需经董事会审议通过。

上市公司在股东大会审议通过股权激励计划之后终止实施股权激励的，应当由股东大会审议决定。

律师事务所应当就上市公司终止实施激励是否符合本办法及相关法律法规的规定、是否存在明显损害上市公司及全体股东利益的情形发表专业意见。

第五十二条　上市公司股东大会或董事会审议通过终止实施股权激励计划决议，或者股东大会审议未通过股权激励计划的，自决议公告之日起3个月内，上市公司不得再次审议股权激励计划。

第六章　信息披露

第五十三条　上市公司实行股权激励，应当真实、准确、完整、及时、公平地披露或者提供信息，不得有虚假记载、误导性陈述或者重大遗漏。

第五十四条　上市公司应当在董事会审议通过股权激励计划草案后，及时公告董事会决议、股权激励计划草案、独立董事意见及监事会意见。

上市公司实行股权激励计划依照规定需要取得有关部门批准的，应当在取得有关批复文件后的2个交易日内进行公告。

第五十五条　股东大会审议股权激励计划前，上市公司拟对股权激励方案进行变更的，变更议案经董事会审议通过后，上市公司应当及时披露董事会决议公告，同时披露变更原因、变更内容及独立董事、监事会、律师事务所意见。

第五十六条　上市公司在发出召开股东大会审议股权激励计划的通知时，应当同时公告法律意见书；聘请独立财务顾问的，还应当同时公告独立财务顾问报告。

第五十七条　股东大会审议通过股权激励计划及相关议案后，上市公司应当及时披露股东大会决议公告、经股东大会审议通过的股权激励计划、以及内幕信息知情人买卖本公司股票情况的自查报告。股东大会决议公告中应当包括中小投资者单独计票结果。

第五十八条　上市公司分次授出权益的，分次授出权益的议案经董事会审议通过后，上市公司应当及时披露董事会决议公告，对拟授出的权益价格、行使权益安排、是否符合股权激励计划的安排等内容进行说明。

第五十九条　因标的股票除权、除息或者其他原因调整权益价格或者数量的，调整议案经董事会审议通过后，上市公司应当及时披露董事会决议公告，同时公告律师事务所意见。

第六十条 上市公司董事会应当在授予权益及股票期权行权登记完成后、限制性股票解除限售前，及时披露相关实施情况的公告。

第六十一条 上市公司向激励对象授出权益时，应当按照本办法第四十四条规定履行信息披露义务，并再次披露股权激励会计处理方法、公允价值确定方法、涉及估值模型重要参数取值的合理性、实施股权激励应当计提的费用及对上市公司业绩的影响。

第六十二条 上市公司董事会按照本办法第四十六条、第四十七条规定对激励对象获授权益、行使权益的条件是否成就进行审议的，上市公司应当及时披露董事会决议公告，同时公告独立董事、监事会、律师事务所意见以及独立财务顾问意见（如有）。

第六十三条 上市公司董事会按照本办法第二十七条规定审议限制性股票回购方案的，应当及时公告回购股份方案及律师事务所意见。回购股份方案经股东大会批准后，上市公司应当及时公告股东大会决议。

第六十四条 上市公司终止实施股权激励的，终止实施议案经股东大会或董事会审议通过后，上市公司应当及时披露股东大会决议公告或董事会决议公告，并对终止实施股权激励的原因、股权激励已筹划及实施进展、终止实施股权激励对上市公司的可能影响等作出说明，并披露律师事务所意见。

第六十五条 上市公司应当在定期报告中披露报告期内股权激励的实施情况，包括：

（一）报告期内激励对象的范围；

（二）报告期内授出、行使和失效的权益总额；

（三）至报告期末累计已授出但尚未行使的权益总额；

（四）报告期内权益价格、权益数量历次调整的情况以及经调整后的最新权益价格与权益数量；

（五）董事、高级管理人员各自的姓名、职务以及在报告期内历次获授、行使权益的情况和失效的权益数量；

（六）因激励对象行使权益所引起的股本变动情况；

（七）股权激励的会计处理方法及股权激励费用对公司业绩的影响；

（八）报告期内激励对象获授权益、行使权益的条件是否成就的说明；

（九）报告期内终止实施股权激励的情况及原因。

第七章 监督管理

第六十六条 上市公司股权激励不符合法律、行政法规和本办法规定，或者上市公司未按照本办法、股权激励计划的规定实施股权激励的，上市公司应当终止实施股权激励，中国证监会及其派出机构责令改正，并书面通报证券交易所和证券登记结算机构。

第六十七条 上市公司未按照本办法及其他相关规定披露股权激励相关信息或者所披露的信息有虚假记载、误导性陈述或者重大遗漏的，中国证监会及其派出机构对公司及相关责任人员采取责令改正、监管谈话、出具警示函等监管措施；情节严重的，依照《证券法》予以处罚；涉嫌犯罪的，依法移交司法机关追究刑事责任。

第六十八条　上市公司因信息披露文件有虚假记载、误导性陈述或者重大遗漏，导致不符合授予权益或行使权益安排的，未行使权益应当统一回购注销，已经行使权益的，所有激励对象应当返还已获授权益。对上述事宜不负有责任的激励对象因返还已获授权益而遭受损失的，可按照股权激励计划相关安排，向上市公司或负有责任的对象进行追偿。

董事会应当按照前款规定和股权激励计划相关安排收回激励对象所得收益。

第六十九条　上市公司实施股权激励过程中，上市公司独立董事及监事未按照本办法及相关规定履行勤勉尽责义务的，中国证监会及其派出机构采取责令改正、监管谈话、出具警示函、认定为不适当人选等措施；情节严重的，依照《证券法》予以处罚；涉嫌犯罪的，依法移交司法机关追究刑事责任。

第七十条　利用股权激励进行内幕交易或者操纵证券市场的，中国证监会及其派出机构依照《证券法》予以处罚；情节严重的，对相关责任人员实施市场禁入等措施；涉嫌犯罪的，依法移交司法机关追究刑事责任。

第七十一条　为上市公司股权激励计划出具专业意见的证券服务机构和人员未履行勤勉尽责义务，所发表的专业意见存在虚假记载、误导性陈述或者重大遗漏的，中国证监会及其派出机构对相关机构及签字人员采取责令改正、监管谈话、出具警示函等措施；情节严重的，依照《证券法》予以处罚；涉嫌犯罪的，依法移交司法机关追究刑事责任。

第八章　附　则

第七十二条　本办法下列用语具有如下含义：

标的股票：指根据股权激励计划，激励对象有权获授或者购买的上市公司股票。

权益：指激励对象根据股权激励计划获得的上市公司股票、股票期权。

授出权益（授予权益、授权）：指上市公司根据股权激励计划的安排，授予激励对象限制性股票、股票期权的行为。

行使权益（行权）：指激励对象根据股权激励计划的规定，解除限制性股票的限售、行使股票期权购买上市公司股份的行为。

分次授出权益（分次授权）：指上市公司根据股权激励计划的安排，向已确定的激励对象分次授予限制性股票、股票期权的行为。

分期行使权益（分期行权）：指根据股权激励计划的安排，激励对象已获授的限制性股票分期解除限售、已获授的股票期权分期行权的行为。

预留权益：指股权激励计划推出时未明确激励对象、股权激励计划实施过程中确定激励对象的权益。

授予日或者授权日：指上市公司向激励对象授予限制性股票、股票期权的日期。授予日、授权日必须为交易日。

限售期：指股权激励计划设定的激励对象行使权益的条件尚未成就，限制性股票不得转让、用于担保或偿还债务的期间，自激励对象获授限制性股票完成登记之日起算。

可行权日：指激励对象可以开始行权

的日期。可行权日必须为交易日。

授予价格：上市公司向激励对象授予限制性股票时所确定的、激励对象获得上市公司股份的价格。

行权价格：上市公司向激励对象授予股票期权时所确定的、激励对象购买上市公司股份的价格。

标的股票交易均价：标的股票交易总额 / 标的股票交易总量。

本办法所称的“以上”“以下”含本数，“超过”“低于”“少于”不含本数。

第七十三条 国有控股上市公司实施股权激励，国家有关部门对其有特别规定的，应当同时遵守其规定。

第七十四条 本办法适用于股票在上海、深圳证券交易所上市的公司。

第七十五条 本办法自2016年8月13日起施行。原《上市公司股权激励管理办法（试行）》（证监公司字〔2005〕151号）及相关配套制度同时废止。

科创板上市公司持续监管办法（试行）

（2019年中国证券监督管理委员会令第154号）

第一章　总　则

第一条　为了规范科创企业股票、存托凭证在上海证券交易所（以下简称交易所）科创板上市后相关各方的行为，支持引导科技创新企业更好地发展，保护投资者合法权益，根据《中华人民共和国证券法》（以下简称《证券法》）、《中华人民共和国公司法》、《国务院办公厅转发证监会关于开展创新企业境内发行股票或存托凭证试点若干意见的通知》、《关于在上海证券交易所设立科创板并试点注册制的实施意见》（以下简称《实施意见》）以及相关法律法规，制定本办法。

第二条　中国证券监督管理委员会（以下简称中国证监会）根据《证券法》等法律法规、《实施意见》、本办法和中国证监会其他相关规定，对科创板上市公司（以下简称科创公司）及相关主体进行监督管理。中国证监会其他相关规定与本办法规定不一致的，适用本办法。

第三条　交易所根据《实施意见》、《证券交易所管理办法》、本办法等有关规定，建立以上市规则为中心的科创板持续监管规则体系，在持续信息披露、股份减持、并购重组、股权激励、退市等方面制定符合科创公司特点的具体实施规则。科创公司应当遵守交易所持续监管实施规则。

交易所应当履行一线监管职责，加强信息披露与二级市场交易监管联动，加大现场检查力度，强化监管问询，切实防范和打击内幕交易与操纵市场行为，督促科创公司提高信息披露质量。

第二章　公司治理

第四条　科创公司应当保持健全、有效、透明的治理体系和监督机制，保证股东大会、董事会、监事会规范运作，督促董事、监事和高级管理人员履行忠实、勤勉义务，保障全体股东合法权利，积极履行社会责任，保护利益相关者的基本权益。

第五条　科创公司控股股东、实际控制人应当诚实守信，依法行使权利，严格履行承诺，维持公司独立性，维护公司和全体股东的共同利益。

第六条　科创公司应当积极回报股东，根据自身条件和发展阶段，制定并执行现金分红、股份回购等股东回报政策。交易所可以制定股东回报相关规则。

第七条　存在特别表决权股份的科创公司，应当在公司章程中规定特别表决权股份的持有人资格、特别表决权股份拥有的表决权数量与普通股份拥有的表决权数量的比例安排、持有人所持特别表决权股份能够参与表决的股东大会事项范围、特别表决权股份锁定安排及转让限制、特别表决权股份与普通股份的转换情形等事项。公司章程有关上述事项的规定，应当符合交易所的有关规定。

科创公司应当在定期报告中持续披露特别表决权安排的情况；特别表决权安排发生重大变化的，应当及时披露。

交易所应对存在特别表决权股份科创公司的上市条件、表决权差异的设置、存续、调整、信息披露和投资者保护事项制定有关规定。

第三章　信息披露

第八条　科创公司和相关信息披露义务人应当及时、公平地披露所有可能对证券交易价格或者投资决策有较大影响的事项，保证所披露信息的真实、准确、完整，不存在虚假记载、误导性陈述或者重大遗漏。

第九条　控股股东和实际控制人应当积极配合科创公司履行信息披露义务，不得要求或者协助科创公司隐瞒应当披露的信息。

第十条　科创公司筹划的重大事项存在较大不确定性，立即披露可能会损害公司利益或者误导投资者，且有关内幕信息知情人已书面承诺保密的，公司可以暂不披露，但最迟应在该重大事项形成最终决议、签署最终协议、交易确定能够达成时对外披露。已经泄密或确实难以保密的，科创公司应当立即披露该信息。

第十一条　科创公司应当结合所属行业特点，充分披露行业经营信息，尤其是科研水平、科研人员、科研投入等能够反映行业竞争力的信息以及核心技术人员任职及持股情况，便于投资者合理决策。

第十二条　科创公司应当充分披露可能对公司核心竞争力、经营活动和未来发展产生重大不利影响的风险因素。

科创公司尚未盈利的，应当充分披露尚未盈利的成因，以及对公司现金流、业务拓展、人才吸引、团队稳定性、研发投入、战略性投入、生产经营可持续性等方面的影响。

第十三条　科创公司和相关信息披露义务人认为相关信息有助于投资者决策，但不属于依法应当披露信息的，可以自愿披露。

科创公司自愿披露的信息应当真实、准确、完整，科创公司不得利用该等信息不当影响公司股票价格，并应当按照同一标准披露后续类似事件。

第十四条　科创公司和信息披露义务人确有需要的，可以在非交易时段对外发布重大信息，但应当在下一交易时段开始前披露相关公告，不得以新闻发布或者答记者问等形式代替信息披露。

第十五条　科创公司和相关信息披露义务人适用中国证监会、交易所相关信息披露规定，可能导致其难以反映经营活动的实际情况、难以符合行业监管要求或者公司注册地有关规定的，可以依照有关规定暂缓适用或免于适用，但是应当充分说明原因和替代方案，并聘请律师事务所出具法律意见。中国证监会、交易所认为依法不应调整适用的，科创公司和相关信息披露义务人应当执行相关规定。

第四章　股份减持

第十六条　股份锁定期届满后，科创公司控股股东、实际控制人、董事、监事、高级管理人员、核心技术人员及其他股东减持首次公开发行前已发行的股份（以下简称首发前股份）以及通过非公开发行方式取得的股份的，应当遵守交易所有关减持方式、程序、价格、比例以及后续转让等事项的规定。

第十七条　上市时未盈利的科创公司，其控股股东、实际控制人、董事、监事、高级管理人员、核心技术人员所持首发前股份的股份锁定期应适当延长，具体期限由交易所规定。

第十八条　科创公司核心技术人员所持首发前股份的股份锁定期应适当延长，具体期限由交易所规定。

第五章　重大资产重组

第十九条　科创公司并购重组，由交易所统一审核；涉及发行股票的，由交易所审核通过后报经中国证监会履行注册程序。审核标准等事项由交易所规定。

第二十条　科创公司重大资产重组或者发行股份购买资产，标的资产应当符合科创板定位，并与公司主营业务具有协同效应。

第六章　股权激励

第二十一条　科创公司以本公司股票为标的实施股权激励的，应当设置合理的公司业绩和个人绩效等考核指标，有利于公司持续发展。

第二十二条　单独或合计持有科创公司5%以上股份的股东或实际控制人及其配偶、父母、子女，作为董事、高级管理人员、核心技术人员或者核心业务人员的，可以成为激励对象。

科创公司应当充分说明前款规定人员成为激励对象的必要性、合理性。

第二十三条　科创公司授予激励对象的限制性股票，包括符合股权激励计划授予条件的激励对象在满足相应条件后分次获得并登记的本公司股票。

限制性股票的授予和登记等事项，应当遵守交易所和证券登记结算机构的有关规定。

第二十四条　科创公司授予激励对象限制性股票的价格，低于市场参考价50%的，应符合交易所有关规定，并应说明定价依据及定价方式。

出现前款规定情形的，科创公司应当聘请独立财务顾问，对股权激励计划的可行性、相关定价依据和定价方法的合理性、是否有利于公司持续发展、是否损害股东利益等发表意见。

第二十五条　科创公司全部在有效期内的股权激励计划所涉及的标的股票总数，累计不得超过公司总股本的20%。

第七章　终止上市

第二十六条　科创公司触及终止上市标准的，股票直接终止上市，不再适用暂停上市、恢复上市、重新上市程序。

第二十七条　科创公司构成欺诈发行、重大信息披露违法或者其他涉及国家安全、公共安全、生态安全、生产安全和公众健康安全等领域的重大违法行为的，股票应当终止上市。

第二十八条　科创公司股票交易量、股价、市值、股东人数等交易指标触及终止上市标准的，股票应当终止上市，具体标准由交易所规定。

第二十九条　科创公司丧失持续经营能力，财务指标触及终止上市标准的，股票应当终止上市。

科创板不适用单一的连续亏损终止上市指标，交易所应当设置能够反映公司持续经营能力的组合终止上市指标。

第三十条 科创公司信息披露或者规范运作方面存在重大缺陷，严重损害投资者合法权益、严重扰乱证券市场秩序的，其股票应当终止上市。交易所可依据《证券法》在上市规则中作出具体规定。

第八章 其他事项

第三十一条 达到一定规模的上市公司，可以依据法律法规、中国证监会和交易所有关规定，分拆业务独立、符合条件的子公司在科创板上市。

第三十二条 科创公司应当建立完善募集资金管理使用制度，按照交易所规定持续披露募集资金使用情况和募集资金重点投向科技创新领域的具体安排。

第三十三条 科创公司控股股东、实际控制人质押公司股份的，应当合理使用融入资金，维持科创公司控制权和生产经营稳定，不得侵害科创公司利益或者向科创公司转移风险，并依据中国证监会、交易所的规定履行信息披露义务。

第三十四条 科创公司及其股东、实际控制人、董事、监事、高级管理人员、其他信息披露义务人、内幕信息知情人等相关主体违反本办法的，中国证监会根据《证券法》等法律法规和中国证监会其他有关规定，依法追究其法律责任。

第三十五条 中国证监会会同有关部门，加强对科创公司等相关市场主体的诚信信息共享，完善失信联合惩戒机制。

第九章 附 则

第三十六条 本办法自公布之日起施行。

科创板上市公司重大资产重组特别规定

（中国证券监督管理委员会公告〔2019〕19号）

第一条　为了规范科创板上市公司（以下简称科创公司）重大资产重组行为，根据《证券法》《公司法》《国务院办公厅转发证监会关于开展创新企业境内发行股票或存托凭证试点若干意见的通知》《关于在上海证券交易所设立科创板并试点注册制的实施意见》《上市公司重大资产重组管理办法》（以下简称《重组办法》）《科创板上市公司持续监管办法（试行）》以及相关法律法规，制定本规定。

第二条　科创公司实施重大资产重组或者发行股份购买资产，应当遵守《重组办法》、本规定等上市公司并购重组的有关规定。《重组办法》等有关规定与本规定不一致的，适用本规定。

第三条　上海证券交易所对科创公司发行股份购买资产进行审核，并对信息披露、中介机构督导等进行自律管理。

上海证券交易所经审核同意科创公司发行股份购买资产的，报中国证券监督管理委员会（以下简称中国证监会）履行注册程序。

中国证监会收到上海证券交易所报送的审核意见等相关文件后，在5个交易日内对科创公司注册申请作出同意或者不予注册的决定。科创公司根据要求补充、修改申请文件，以及中国证监会要求独立财务顾问、证券服务机构等对有关事项进行核查的时间不计算在本款规定的时限内。

第四条　科创公司实施重大资产重组，按照《重组办法》第十二条予以认定，但其中营业收入指标执行下列标准：购买、出售的资产在最近一个会计年度所产生的营业收入占科创公司同期经审计的合并财务会计报告营业收入的比例达到50%以上，且超过5000万元人民币。

第五条　科创公司拟实施重大资产重组，构成《重组办法》第十三条规定的交易情形的，拟置入资产的具体条件由上海证券交易所制定。

第六条　科创公司发行股份的价格不得低于市场参考价的80%。市场参考价为本次发行股份购买资产的董事会决议公告日前20个交易日、60个交易日或者120个交易日的公司股票交易均价之一。

第七条　实施重大资产重组或者发行股份购买资产的科创公司为创新试点红筹企业，或者科创公司拟购买资产涉及创新试点红筹企业的，在计算重大资产重组认定标准等监管指标时，应当采用根据中国企业会计准则编制或调整的财务数据。

科创公司中的创新试点红筹企业实施重大资产重组，可以按照境外注册地法律法规和公司章程履行内部决策程序，并及时披露重组报告书、独立财务顾问报告、法律意见书以及重组涉及的审计报告、资产评估报告或者估值报告。

第八条 上海证券交易所应当制定符合科创公司特点的并购重组具体实施标准和规则，报中国证监会批准。

第九条 科创公司发行优先股、非公开发行可转债、定向权证、存托凭证购买资产或与其他公司合并的，参照适用《重组办法》、本规定等有关规定。

第十条 本规定自公布之日起施行。

科创属性评价指引（试行）

（2022 年修正）

（2020 年 3 月 20 日公布　根据 2021 年 4 月 16 日中国证券监督管理委员会《关于修改〈科创属性评价指引（试行）〉的决定》第一次修正　根据 2022 年 12 月 30 日中国证券监督管理委员会《关于修改〈科创属性评价指引（试行）〉的决定》第二次修正）

为落实科创板定位，支持和鼓励硬科技企业在科创板上市，根据《关于在上海证券交易所设立科创板并试点注册制的实施意见》和《科创板首次公开发行股票注册管理办法（试行）》，制定本指引。

一、支持和鼓励科创板定位规定的相关行业领域中，同时符合下列 4 项指标的企业申报科创板上市：

（1）最近三年研发投入占营业收入比例 5% 以上，或最近三年研发投入金额累计在 6000 万元以上；

（2）研发人员占当年员工总数的比例不低于 10%；

（3）应用于公司主营业务的发明专利 5 项以上；

（4）最近三年营业收入复合增长率达到 20%，或最近一年营业收入金额达到 3 亿元。

采用《上海证券交易所科创板股票上市规则》第 2.1.2 条第一款第（五）项规定的上市标准申报科创板的企业，或按照《关于开展创新企业境内发行股票或存托凭证试点的若干意见》等相关规则申报科创板的已境外上市红筹企业，可不适用上述第（4）项指标的规定；软件行业不适用上述第（3）项指标的要求，研发投入占比应在 10% 以上。

二、支持和鼓励科创板定位规定的相关行业领域中，虽未达到前述指标，但符合下列情形之一的企业申报科创板上市：

（1）发行人拥有的核心技术经国家主管部门认定具有国际领先、引领作用或者对于国家战略具有重大意义；

（2）发行人作为主要参与单位或者发行人的核心技术人员作为主要参与人员，获得国家科技进步奖、国家自然科学奖、国家技术发明奖，并将相关技术运用于公司主营业务；

（3）发行人独立或者牵头承担与主营业务和核心技术相关的国家重大科技专项项目；

（4）发行人依靠核心技术形成的主要产品（服务），属于国家鼓励、支持和推动的关键设备、关键产品、关键零部件、关键材料等，并实现了进口替代；

（5）形成核心技术和应用于主营业

务的发明专利（含国防专利）合计50项以上。

三、限制金融科技、模式创新企业在科创板上市。禁止房地产和主要从事金融、投资类业务的企业在科创板上市。

四、上海证券交易所就落实本指引制定具体业务规则。

致谢

本书由中国科学院科技促进发展局和成都文献情报中心共同完成，是作者团队多年从事科技成果转移转化工作实践经验的总结。在书稿编制过程中，得到了多位领导、专家、同事、朋友的关心、指导、帮助与支持，没有他们的鼎力支持与热心帮助，不会有本书的出版。在此，谨向他们致以最衷心的感谢。

特别感谢中国科学院严庆副秘书长，科技促进发展局文亚局长、武斌副局长、陈文开副局长（时任），成都文献情报中心曲建升书记、邓勇主任等多位领导的关心与支持；感谢潘成利高级会计师、刘海波教授、闫文军教授、崔勇主任、张妍总经理等多位专家的指导与建议；感谢田永生、周俊旭、邱显杰、王兵、陈浩等多位领导同事的帮助与鼓励。全书编写从启动到付梓历时近两年，编委会成员许轶、李姝影、王小玉等同志为书稿编写付出了辛勤劳作；尹娟编辑及出版社相关老师严谨细致的审校促进了本书的顺利出版。在此对所有参与编写、审校、设计的同志们一并致以最诚挚的感谢。

最后，祈盼本书的出版发行能为从事科技成果转移转化工作的广大同仁更加便利地学习和运用相关国家政策及部门规章提供支持与帮助，为广大科研机构顺利地开展科技成果转移转化工作提供有益参考，为我国促进科技成果转移转化工作略尽绵薄之力。同时，由于本书内容涉及面较广，作者水平所限，难免存在不足与疏漏，敬祈广大读者朋友不吝批评指正。

编　者

2023年6月